文津论丛

国家图书馆第十次科学讨论会获奖论文选集

詹福瑞　主编

國家圖書館出版社

图书在版编目(CIP)数据

文津论丛:国家图书馆第十次科学讨论会获奖论文选集/詹福瑞主编.—北京:国家图书馆出版社,2010.6

ISBN 978-7-5013-4369-0

Ⅰ.文…　Ⅱ.詹…　Ⅲ.图书馆学—文集　Ⅳ.G25-53

中国版本图书馆 CIP 数据核字(2010)第 079632 号

书名　文津论丛——国家图书馆第十次科学讨论会获奖论文选集

著者　詹福瑞　主编

出版　国家图书馆出版社(原北京图书馆出版社)

(100034 北京市西城区文津街 7 号)

发行　010-66139745　66151313　66175620　66126153

66174391(传真)　66126156(门市部)

E-mail　btsfxb@ nlc. gov. cn (邮购)

Website　www. nlcpress. com→投稿中心

经销　新华书店

印刷　北京联兴盛业印刷股份有限公司

开本　787×1092(毫米)　1/16

印张　25

版次　2010 年 6 月第 1 版　2010 年 6 月第 1 次印刷

字数　617(千字)

书号　ISBN 978-7-5013-4369-0

定价　75.00 元

前　言

本论文汇编收录的是国家图书馆第十次科学讨论会的部分获奖论文。

2009年9月，国家图书馆召开第十次科学讨论会，本次讨论会的主题为“百年国图、百年事业”，旨在鼓励员工积极开展科学研究活动，并为员工提供展示和交流的舞台。

本次讨论会共征得11个部门138篇论文，经过初审及国家图书馆学术委员会的终审，评选出获奖论文56篇。其中一等奖空缺，二等奖6篇，三等奖20篇，提名奖30篇。现将部分获奖论文汇编成集，既可为本馆员工提供学术交流的方便，又可为广大读者提供参考和借鉴。

国家图书馆业务管理处
2009年9月

目　　录

图书馆数字参考咨询服务质量控制机制构建探讨

章鑫尧　参考咨询部

[摘　要]数字参考咨询经过25年的发展,已日趋成熟,各种评价体系也日趋完善。本文探讨了质量控制的不同要素和机制,以期对国家图书馆的网上咨询台服务有所借鉴。

[关键词]数字参考咨询　服务模式　质量控制

数字参考咨询服务是图书馆主动服务的发展方向,它充分利用图书馆的馆藏资源和人力资源,积极为广大用户提供网上咨询与导航工作;数字参考咨询也是数字图书馆建设的重要内容,它与图书馆其他服务一起构成一个有机的整体。进入Web2.0时代,信息组织的形式发生了巨变:互联网的主导权已经真正交给了用户;图书馆员对编码的垄断被打破,用户可以创建自己的图书馆,用户自己书写、传递和组织内容,并且用户之间不再是孤立地存在。用户仍然需要指导,但用户和咨询馆员之间的话语权发生了变化。传统方式是他们通过专家支持和指导,而现在则通过他们自己——特定社群成员的交互指出了新的方向,它根据大多数人(集体的智慧)的判断形成对资源的推荐——基于用户服务建立的数字参考咨询系统也相应地发生改变:从信息源的筛选、组织过程,问题的辨别和分派到核心知识库的构建、更新和维护的全过程都添加进了用户参与的主动因素。

数字参考咨询用户拥有自身完整的信息处理流。通过blog发布自身的信息需求,并通过自助服务进入虚拟社区相互交流经验、寻求帮助或可以自己作为专家作答,也可以用户身份来评判问答。用户已经充分地参与进咨询过程,而咨询专家也不是绝对的信息权威——咨询用户与咨询专家之间的互动构成了新的信息环境,用户的中心地位愈加突出——通过多渠道的信息获取和交互,用户更多地参与了答案的组织和评价过程。

因此,在对图书馆数字参考咨询服务进行质量控制时,也必须从各个层面充分考虑用户的因素。首要的是根据不同图书馆的定位,各自明确服务对象,确认自身的使命和任务;然后根据不同的用户需求来规划愿景和目标,制定优先性排序和服务策略——明确的服务定位是制定政策的基本前提。然后再根据不同的用户群体对咨询服务的全过程设计合理的用户参与和质量控制方式。最后,还要与用户之间建立良好的互动反馈机制,这样才能使参考咨询服务一直紧贴用户需求,保证用户满意度。

一、数字参考咨询服务质量控制内涵分析

数字参考咨询作为一项服务,其质量内涵可分解为服务产出和服务过程两个基本方面:产出方面强调的是用户通过服务得到的实际内容,是服务的结果,一般用户能相对客观地评价;服务过程是指服务的产出要素被传递的方式,涉及各种因素,如服务手段的建设质量、服务人

员的服务能力、与用户交互的质量以及服务规范的设计水平等。

控制是一项基础的管理职责，它既是一个流程（使各项工作按计划进行），又是一种结果（使产品和服务达到标准）。质量控制（Quality Control），在ISO 8402（1994）中被定义为：为达到质量要求所采取的作业技术或活动。也就是说，质量控制是设定标准（根据质量要求），监视产品或服务质量形成的全过程，消除质量形成环节上所有引起不合格或不满意效果的因素，以达到质量要求而采用的各种质量作业技术和活动。

具体到数字参考咨询服务的内在特质看，由于服务的对象是用户，因此服务质量必须从其服务对象——用户的视角去考察；服务质量不能由管理者单方面决定，它必须适应用户的需求和愿望，用户认可的才是质量。而用户满意的程度是由不同的预期、感知和个人评价组成的，根据用户所需要的内容和要求的紧急程度的不同，预期也会有明显的变化。因此服务质量和用户满意不能简单地直接等同，有时候用户的满意并不一定依赖于服务的质量。在缺乏评价电子信息服务更可靠的方法之前，用户满意度和服务质量测度至少提供了用户对于这些新服务形式的一些意见。[1]

基于以上的分析，数字参考咨询服务的质量控制可以理解为根据数字参考咨询服务的相关标准和具体规程，来监控服务的每个环节程序的动作、语言、时间、工具等，包括对意外事件、临时要求的化解方式、方法，从而使之达到服务质量标准化、服务岗位规范化和服务工作程序化、系列化的各种质量作业技术和活动。因此，要对数字参考咨询服务进行质量控制，必须从影响其质量的相关因素进行剖析，对咨询服务的过程和结果进行全程控制。而构建数字参考咨询服务的质量控制机制必然紧扣保障服务质量的各个环节，与质量控制的各种理论和技术手段密不可分，同时又是紧紧依赖于数字参考咨询服务的各种标准和评价指标体系的建立和完善而不断更新的。

二、数字参考咨询服务质量标准内涵分析

质量控制机制须建立在质量标准制定基础上，而质量标准的设定又依赖于相应的评价指标和体系。质量标准定义了对于一项特殊的服务或行为，一个组织愿意接受的结果或性能的标准或级别。数字参考咨询服务的质量标准是非常重要的，因为：（1）质量标准鼓励图书馆员和行政管理人员对一项特定服务的质量要素由什么构成的进行讨论并达成一致意见；（2）质量标准为一项特定服务和活动所应提供的服务质量的预期提供清晰的指导；（3）质量标准可以用来教育图书馆员，特别是新图书馆员，以达到所应提供的预期服务质量；（4）对不同的数字参考咨询服务可能存在不同的可接受的质量水准，这点已得到公认；（5）质量标准可为奖励和明确责任提供依据。[2]

咨询馆员可以从用户那里得到从外部对数字参考咨询服务的质量标准适当性进行评估的结果：用户对于服务质量不同的期望水平可能会使咨询馆员感到惊讶，如果咨询馆员提供的服务和用户对服务水平的质量期望有重大的分歧，争论也就在所难免了。[3]

在数字参考咨询服务的质量标准体系方面，国外已有了比较充分的研究：

（1）美国AskA虚拟参考咨询台协会（the Virtual Reference Desk AskA Consortium）于1997年率先将数字参考咨询服务从衡量与评估的角度对其质量内涵进行了较为详细和全面的分析。2003年6月作了最新修改，[4]它从参考咨询服务过程和服务发展管理两个层面11个指标

界定了数字参考咨询服务的质量指标体系，对每项指标又提出了必备级（Essential）与建议级（Recommendations）两级标准，[5]通过制定具体可以衡量的标准，便于成员馆根据具体信息资源、专家力量、政策实施情况的不同，选择合适的层次标准。与此同时，还为各成员馆提供了合理的建议和努力的方向。

（2）在 OCLC 的支持下，由美国佛罗里达州立大学信息利用管理与政策研究所和雪城（Syracuse）大学信息研究所共同主持的“数字参考服务质量评价”项目（Assessing Quality in Digital Reference Services）于 2002 年 7 月提出了下列 8 项数字参考咨询服务的质量标准及数据产生过程：礼貌（Courtesy），正确性（Accuracy），满意度（Satisfaction），重复用户（Repeat Users），公知性（Awareness），费用（Cost），完成时间（Completion Time）和无障碍性（Accessibility）；并指出数字参考咨询评价应包括确定数字参考咨询服务目标的完成程度等 12 个方面。[6]该项目最后以参考咨询评价实践操作比较困难的数据统计和评价方法的描述作为重点，具体设计了 35 个实践性指标。[7]

（3）国外学者还提出有其他质量评价标准体系，如马里兰大学信息研究学院 Marilyn Domas White 建立的分析评价框架，包括分属 18 类的 110 个问题，[8]具体分为 4 个方面：①使命和目的；②结构和责任；③核心功能；④质量控制。Eric Novotny 对 RUSA、SERVQUAL 等五种网络参考咨询评价指标作了相应比较。[9]

综上，数字参考咨询服务的质量标准体系可以根据咨询服务的过程和产生的结果，从信息源、咨询人员和系统设计等方面对其内涵进行详细构建。但是对于某一具体的数字参考咨询服务而言，由于其设计系统的差异和服务对象、服务目标的设定不同，并没有特定统一的“正确”标准，它依赖于每个特定图书馆的任务和目标的不同。例如，对某一个图书馆来说，某一项指标有 50% 的正确率就认为数字参考咨询服务是可以接受的，而相对于另一个图书馆来说，这个标准则可能需要达到 80%。

针对特定用户而设置的具体服务模式而言，进行质量控制的措施也必须依赖于具体的各项指标和标准，而这往往与其系统设计时功能的设定直接相关。因此，我们构建一个合理的数字参考咨询服务的质量控制机制，必须从以上的标准体系入手，根据用户的使用习惯来合理设定系统功能，使用户对服务水平的质量有合理预期，才能更加客观地反映服务质量，并使我们的控制达到预期的效果。

三、图书馆数字参考咨询服务质量控制机制构建

一个好的咨询答案必然得从内容和逻辑关系两方面来判断（内容是咨询传递的核心要素，而逻辑关系正确则保证了传递的畅通；两者密不可分，它们的有机结合构成了完整的咨询答案），因而衡量数字参考咨询质量应包括以下三方面共同特性：高有用性（Utility）、高用户满意（User Satisfaction）和高准确性（Accuracy）。[10]

有用性内涵：主要是对于内容的判断——用户得到的结果必须是可被用户理解的并且可以被应用于解决用户的问题；有用性可以看做是衡量用户对咨询传递的信息的可利用程度；它依赖于图书馆员对于用户需求以及用户领会答案的能力的清晰认知。

用户满意内涵：包括内容和逻辑关系两方面——用户满意适用于咨询的整个过程；用户在相信图书馆员已经提供了很好的服务并且竭尽所有方法去解决他的问题时才会满意，而不是

关注答案的有用性和准确性。

准确性内涵:包括内容和逻辑关系两方面——图书馆员提供的答案必须自身正确并且能完全解决用户问题的各个方面。

本文以高有用性、高用户满意和高准确性为内涵,从用户、系统技术和服务与管理三个层面来构建图书馆数字咨询服务的质量控制机制——调整各种服务模式来满足不同的用户需求,充分调动用户的积极性参与服务评价,大力推进图书馆的联盟,真正走进联合知识服务,走出共建同赢的创新之路。

1. 用户层面

(1)了解用户需求,制定服务策略

使用者是图书馆成功经营数字参考服务的关键因素,也是该项服务中最主动和最活跃的因素。图书馆在提供数字参考咨询服务时,需了解使用者的使用行为及态度,以便更符合使用者的需求,这是达到咨询服务"准确性"的基本前提。需要根据不同使用者的特殊需求,来制定相应的服务策略,"准确"地反映用户需求,解决实际问题,最终达到用户的满意。

我们需从整体和局部各个层面具体了解用户的需求和行为习惯,并依此来制定我们的分层服务策略,提高咨询服务的针对性和质量。很多图书馆一直以来都有馆藏统计、到馆读者使用的调查,但对于数字环境下用户信息行为及需求的变化缺乏更多的数据支持。因此,需要针对不同目标用户群体的差异,进行专门的用户行为调研,并根据研究结果合理开发馆藏。在制定政策时,需要根据实际承受能力及数字参考咨询服务不同模式的特点,明确服务对象范围以进一步推进数字参考咨询服务的个性化。尤其需要对显化性服务政策如"服务条款"、"用户须知"、"服务声明"等进行补充与完善,制定内容更全面、更系统的服务规范。内容越详细,咨询问题和咨询服务的针对性就越强,相应地可以提高用户的满意度,以便为咨询服务问答质量控制等建立明确规范的基础。

在服务对象的分层设置上,参照 QuestionPoint 依据本地、地区、全国三个级别来确定,通过吸收成员馆自愿加入,并由此建立相关的知识库体系和服务运营机制——从面向普通用户、图书馆用户、特殊用户到全球用户的服务体系。为了保证图书馆能有足够的资源和人力服务于其特定的目标用户群,所以必须有适当的认证机制,同时也是对数据库使用许可、用户个人隐私和信息安全的有效防范,再者也为用户提供更个性化的服务开辟了空间。在具体的分层模式上,可以引入商业网站的会员制模式,既有普通会员的一般服务来体现开放性;又有通过 IP 地址、电子邮件、借书证号、学号或其他个人号码认证的高级会员服务,来满足这些主要或重要服务对象优先的信息需求。

(2)提高服务营销,增强用户认知

由于服务质量评估的主动权在于用户,因此不可避免地带有主观性。咨询服务要使用户真正满意,首先要让用户对服务有正确的认识和预期。如果用户期望未能实现,即使服务的实际质量以客观标准衡量是不错的,用户的整体评价仍然可能是不满意的。用户对数字参考服务质量的印象,从服务开始前就已经产生。因此要做好服务营销,尽可能地使用户产生能满足自身需要的合理的服务期望,从而减少期望质量与认知质量间的差距。

用户对服务期望的产生是一系列因素综合作用的结果,因此需要正确地引导用户对自身需求有一个正确的预期,首先要注重服务政策的充分公开性,使用户对服务的总体情况有一个清晰全面的认识,以便指导用户积极地利用该项服务。具体的宣传内容包括:数字参考咨询服务的对象和宗旨、提供服务的方式和程序、有效用户范围与性质的界定、有效提问与回答的界定、服务的开放时间和响应时间、服务转发过程和答案的跟踪与处理、隐私保护条款等。其次,要使用户对咨询馆员所能提供服务范围、深度、广度有正确预期,以便其选择合适的问题并对最终结果有合理的预期。

营销服务与数字咨询服务的运营、评价及反馈改进一系列工作构成完整的服务运行保障策略。数字参考咨询的服务营销体系包括针对用户的整合营销、针对用户、影响者、推荐者、供应商的关系营销、针对内部员工的内部营销以及品牌营销等多项策略的组合,最终形成一体化的服务营销。在这里,畅通与读者交流的各种渠道是营销成功的重要保障:营销服务以"用户满意"改善为出发点,所有营销策略的实施最终都直接或间接地以"用户满意"为落脚点,在营销战略中始终贯穿了用户导向的基本原则。整个营销战略实施就是一个以"用户满意"为动机的决策制定和服务质量、服务效益提升的过程。

(3)促进用户交互,提升用户体验

Web2.0 时代,众多社会化网络工具的出现,更多地注重用户体验,鼓励用户参与,进一步凸现了用户的中心地位。但图书馆专门咨询软件的使用仍然与许多传统服务一样,是把图书馆置于用户信息世界的中心。要彻底改变这种服务设计模式,需要在数字参考咨询系统中引入与用户互动沟通的机制(如 Wiki、Blog、IM 服务模式等),将用户置于他们自己信息世界的中心,让用户参与进咨询服务的全过程——咨询馆员与其共同讨论检索策略,鼓励他们阐述自己的见解,并在咨询服务全过程一直陪伴用户左右。这样才能真正实现准确地满足用户各个方面需求,不但可以提高用户的检索技能和信息素质,而且还可以提高参考咨询的服务质量和用户的参与兴趣。

为了迎合用户使用习惯的变化,在数字参考咨询系统的设计中,可以引入 IM 软件的一些优点:做到界面图形文字简练,人机对话简单自然,用户接入、认证便利等,要尽可能使用户很容易地熟悉并掌握其使用方法,获得良好的使用体验。同时可以考虑采用类似于 MSN 小 I 之类的机器人方式解决常见问题,并全面整合各种方式(E-mail、即时通讯、语音视频、推送),形成综合业务平台——通过各种咨询方式的联合服务全方位提升用户服务的质量。

在 Web2.0 环境下,数字参考咨询也要倡导用户主导信息的生产和传播,改变惯用的单向传输模式,让网民自己参与到整个信息服务流程中,定制和管理自己需要的信息内容。参照商业网站交互的机制,引入网上虚拟社区的管理方式,鼓励用户参与和共建,实现咨询馆员与用户的真正互动。而且,通过随时的互动活动,我们可以了解用户行为习惯的变化,以便调整服务方式,不断改进服务质量。

(4)加强用户培训,提高信息素养

数字图书馆需要实现的一项重要任务,就是培养用户的信息素养,而数字参考咨询服务就是其中的重要形式之一。节省用户的时间,提高其信息素质,也就自然地成为衡量数字参考咨询服务质量的重要因素——这也是用户满意的重要内容之一。

数字咨询服务的用户培训内涵包括对利用咨询服务本身的培训和通过咨询服务对用户整体信息素质提升的培训。一方面需要培训用户掌握并正确使用数字参考咨询服务,以便提高服务效率和用户满意度;另一方面咨询服务的过程本身也是提高用户信息素养的教育过程(包括利用网络检索各种类型数据库的基本技能,让用户熟悉网络信息资源的分布规律等),专业性的咨询问题解答过程中咨询馆员为用户在每一次问答中提供更深层次的引导,帮助用户正确认识和清晰、无误地表述自己的信息需求,准确理解问题解答的内容。

图书馆应积极寻求新技术的应用,并解决带宽等的限制,加大对数字参考源收集、深加工与展示的力度,在用户教育与学习中心建设的基础上大力开展用户自助式服务的数字参考咨询,全面提升用户的信息素质。

(5)建立反馈机制,增进用户参与

用户对数字参考服务质量的评价贯穿咨询的全过程:从服务期望的产生到与馆员交流的整个服务过程和参与服务的监督、评估以及更进一步的深化服务。因此,建立畅通的用户反馈机制,是提升用户满意的重要保障。

咨询馆员为用户提供了问题的答案后,并不代表参考咨询服务的全过程已经结束,需要有用户对提供的答案及整体服务的评价——对服务的跟踪也是提升竞争力、保持服务长期活力的重要环节。对于数字参考咨询这样一种数字环境下的虚拟性服务,只有与用户加强各种形式的交流,通过用户的反馈才能不断改进服务。需要建立相应的用户建议机制和图书馆服务改进机制,把用户这个最活跃因素充分动员起来,使服务始终保持强大生命力。后期服务主要包含服务评估和用户跟踪服务两个方面,它们与用户参与程度有着十分紧密的联系。

图书馆应充分挖掘与用户有关的信息,如用户个人基本信息、需求类型、需求范围、对服务的评价等,建立完整的用户档案,并在此基础上采用数据挖掘等技术和方法,分析用户及需求特点,预测其需求方向,针对不同身份的用户以及他们的研究进展,分门别类地定期与用户保持联系,向其推荐可能需要的最新信息,提供更为个性化的服务,以不断拓展和深化的增值服务,提升服务的形象,从而影响用户对服务的期望和实际感受。[11]

2. 系统技术层面

(1)优化问题分配

问题分配是各种类型数字参考咨询服务质量控制的关键性因素之一,合理地分配提问是保证参考咨询服务"准确性"的前提。

对问题分配的优化处理,一方面需要解决好机器与人的关系,合理地解析用户提问的各个要素,对不同的提问进行准确的定位;另一方面,要对不同咨询馆员的值班安排作合理的匹配,对于提供学科化服务的数字咨询这一点尤为重要。对于前者,应将用户的提问作更详细的分类处理,对可能被忽视的信息如语种要求、已检索资源、对资源种类的特殊需求等包括进来,减少处理过程中需澄清提问而交互的次数,合理简化处理流程提高咨询的效率。同时,通过保留下来的用户信息,为今后的用户反馈评估以及服务开发,提供个性化跟踪服务。对于后者,则须对人力资源的配置作整体的合理规划。

问题分派机制需要考虑问题自动匹配咨询员比例和人工分配问题比例,既要保障问题传递的正确率,又要综合考虑咨询服务的效率问题。对于异步咨询,要规范表单分类设计,既能清晰地反映用户需求,同时注重个人隐私的保护,又不至于让用户感到厌烦。利用结构化的格式,将用户在提问中可能忽视的需求信息包括进来,如语种要求、所需资源的类型等,从用户个人信息、问题相关信息、用户个人倾向信息三部分来解析其个性需求。建立分类科学、不断更新的 FAQs 数据库,有效地分解和剥离大量简单性重复提问。建立强大的专家知识库储备,设置合理的路由机制,组合人工分配和机器解析的策略,最终实现问题和咨询专家的相应匹配。

对于实时咨询，要尽量减少处理过程中需澄清提问而交互的次数，迅速地为用户找到合适的咨询专家来作答。而在协作式参考咨询中，除考虑以上的因素优化问题分配外，如何根据各个成员馆各自的资源、服务优势对用户提问进行相应地分配和传递是其要实现的重要目标；另外还需平衡参与馆的权利与义务，在平等的基础上分工合作，发挥各自的特长，促进知识的传播和共享。

(2)加强时间控制

加强数字参考咨询服务的时间控制，是保障"有用性"和"用户满意"的基本要求。它包括两个方面的含义：一是图书馆提供实时咨询的服务时间；二是图书馆接受表单提问到反馈咨询结果的时间间隔。

在读者的评比中，回复速度并非使用者考量的第一优先，而是排在参考馆员的素质以及提供电子版资源之后。在实时咨询服务中的时间控制对于提高服务质量尤为重要，如对于那些登录后长时间不提问者的处理、服务器的问答响应时间、实时交谈过程中咨询馆员要保持多长时间的频度与用户接触等。

因此，需要在数字参考咨询系统中设置对时间控制的监督，对于异步和实时咨询都设定专门的问题接收/答复时控机制，如 E-mail，声音提示或设置不同颜色以显示紧急的程度。而对于联合参考咨询，则需添加传递问题的超时提示机制，以保障问题和答案的顺利接收和传递。

(3)整合服务资源

当我们看到前台数字参考咨询服务的顺利进行时，需要有来自后台采购、编目、数据库维护等诸多部门和人员的鼎立支撑，因此进行数字参考咨询服务质量控制需要理顺图书馆的整体业务流程，整合全部的服务资源通力合作才能达到。其中信息资源是数字参考咨询服务产出质量控制的基础性保障，它是实现咨询服务"有用性""用户满意"和"准确性"的必要前提。我们应通过数字图书馆的建设将海量的信息资源实现最大化的开发利用，并以最快捷的方式提供给用户，这样才能使用户对数字参考咨询服务质量达到高度的认同。

具体可以通过：①对商业性电子数据库的重组和整合，通过跨库联合检索的实现既方便了用户和咨询馆员，也减少了此类提问，提高了效率；②加强特色参考资源库的建设，包括诸如有针对性的 FAQs 知识库、参考工具书库、主题词及分类规范库等，为参考咨询馆员提供强有力的知识储备；③我们还要充分利用因特网的免费信息资源，对各种分散的网络信息进行搜集、评估、筛选和整合，为用户提供有价值的网络信息资源导航，建立有序的网上虚拟专藏，选取标准可以借鉴 AskERIC 标准，[12]具体分为权威性、从属关系、内容、目的、用户、新颖性和比较 7 个方面，④加强信息/咨询产品的开发和研究，进行各类专题的二、三次文献信息产品的再生产和再创造。

另外，充分发扬联合服务的精神，建立强大的专家智囊团，储备丰富的人力资源，不断挖掘和整合各种可利用的服务资源，是数字参考咨询服务不断走向深入发展的不竭动力。

(4)完善知识库建设

为了使用户接收到的答案更具有针对性，符合"有用性"和"准确性"，我们要完善知识库建设：从确定性(结构和系统的稳定性)、可扩展性(遵循开放标准)、灵活性(不同类型模块和功能的组合)、易用性等方面来构建一个知识共享和交流的平台——以知识的应用为核心，在规划、构建、维护、运营和评估的整个流程中贯穿知识管理的理念。

通过数字参考咨询接收到的问题在分布上与传统参考咨询具有很强的模拟性(如快速咨

询,服务及政策,文献提供,科技问题等);图书馆可以通过知识库的建设来解决用户信息需求的重复性、咨询馆员有限的知识构成与用户多层次的信息需求、信息服务有限的人力资源与用户无限的信息需求之间的矛盾,以更有效地节省读者和参考咨询馆员的搜索时间。通过建立良好的人机关系,让人工智能充分地参与进咨询服务过程,提高咨询的效率。

知识库建设主要包含四个方面:①内容:提出的咨询问题、对咨询问题的回答,以及完成问答过程的附件和链接;②基本数据:描述信息、咨询问答记录、个人信息、权限管理、费用信息、对咨询答复者和资源的确认等;③维护:更新数据、增减记录、记录之间的相互参考(Cross-reference Among Records)等;④报告:知识库记录的统计与分析以及发展趋势等。[13] 如果从国际范围来说,还涉及语言、种族、知识产权、个人隐私、政治司法、文化、法律等内容,其他还有如知识库中提问信息之间的平衡、数据元素、权重、值是否正确及其表单设计等。

在知识库的内容管理和维护中可以引入知识树、知识地图、目录索引、分类结构等,来建立知识链接,将原本各自独立的知识关联到一起,形成由点到线,由线到面的知识结构,Wiki 就是一个很好的构筑工具。为增进用户参与,并保证质量,可以引入商业网站的评论机制:对用户同意开放的问答引入以用户为主导的评论、评估等,并辅以一定的奖惩措施。

(5)促进协作交流

基于用户广泛的地域分布和多样化的信息需求,我们通过建立分布联合式参考咨询来满足其个性化的要求,以保障咨询服务的"准确性"和"用户满意"。

为了更好地实现信息共享,对各协作机构的知识库结构、咨询问题的主题分类等需要采用统一的元数据标准,或使用异构系统间数据转换的共通格式,创建一种信息交互的无缝方式能使信息共享更加容易、更加经济。目前有许多现存的标准或推荐标准可以参考借鉴,或者可以与之整合、协调,如 ILL、SOAP、QUIP、QATP、ISO2146、N-CIP、Z39. 50 等。

协作不仅需要有共同的意愿,还需要有规范的合作协议标准及合理的运行机制来保障和协调。这也是制定不同成员馆之间问题路由规则的重要基础。一方面须审核参与机构资格,另一方面协调不同成员馆的利益,保证在互信、互利、互补的基础上开展合作交流,以有效地控制分布联合式参考咨询的整体服务质量。为了平衡协作式参考咨询成员馆的权利和义务,需要实施一定的补偿机制,界定其博弈收益:一是内部补偿,就各成员馆之间的资金、资源、技术和人员的差异性进行相互补偿,以期通过有效的合作共享模式创造最大的经济效益;另一个是外部补偿,包括对外融资补偿、市场价格补偿和服务收费补偿,即将补偿作为统一体进行商业运作,来配置咨询服务的供给和资助咨询服务的开展。[14]

3. 服务与管理层面

(1)合理人员配置

技术的应用从根本上改变了参考咨询服务的形态,但技术仅仅是一种手段,数字参考咨询应更多地运用人的智慧和能力——咨询人员是数字参考咨询服务中最宝贵的因素,他们是知识的直接创造者。设置合理的人员配备,才能使得既满足用户的需求,又充分发挥他们的知识才干,保障咨询的质量和效益,提高用户满意度。

保证数字咨询服务顺利运营所需咨询馆员的数量依赖于以下四个因素:①你所需要覆盖的时间段,②用户请求的咨询数量,③咨询馆员能同时处理的请求数量,④任何一名参考馆员可以被连续指派值虚拟咨询台的最长的时间。欧拉 C 公式(erlang c calculator)(公式 1)可精确地计算数字参考咨询服务的员工需求，它提供了使该服务正常运营的基本人员安排（这是保障性人员配备）。[15]

$$P(>0)=\frac{\frac{A^{Ne}-A}{N!}\ \frac{N}{N-A}}{1-P+\frac{A^{Ne-A}}{N!}\ \frac{N}{N-A}} \qquad \text{（公式1）}$$

Where：

P(>) = probability of delay

A = total traffic volume of calls arriving measured in erlangs(e)

N = number of customer service officers available

在具体的咨询专家配置上，还可以引入商业网站咨询的自选模式，咨询管理员接收问题，在对问题进行初步规范处理后，由咨询人员自由选择那些自己具有专长的问题作出回答的模式。咨询管理员可以实行分派，而咨询馆员根据问题的主题情况可以拒绝或转发，以便找到更合适的咨询人员作答。

（2）咨询专家认证

人力资源是决定数字参考咨询质量高低的关键性因素，实施咨询专家认证，对其定期进行培训和考核，是保证咨询服务“准确性”，提高满意度的人力保障。严格实行资格认证，可以充分保证咨询人员的权威性，因此应制定相应的标准进行审核，并通过严格的培训加以认定。咨询人员一般可分为咨询专家和学科专家两大类，为了充分开发人的主动因素，提高效益，咨询专家一般直接参与回答用户提问，而学科专家可作为保障资源来处理那些深层次的专题服务。

目前国内还没有形成一个统一的学科馆员制度，需要逐步建立并完善，以保障服务质量和水平。我们可以对以下几个方面进行认证：①获得图书馆学硕士学位（作为职业教育培训）；②熟悉在数字环境下提供图书馆服务的各种方式；③具有诊断和解决妨碍用户利用电子资源的技术问题的能力；④良好的交流及人际关系能力；⑤具有提供参考咨询与信息素质教育的能力等。另外，还可以参照商业网站的开放机制，引入用户推荐、评价咨询专家的相关手段，增进参与，保持与用户的互动。

（3）服务规范制订

服务规范既要得到管理者、规划者的认同，又要得到服务提供者的认同。服务规范如果太具体、太细致，就会制约一线员工的主观能动性，从而影响服务质量。因此，既要规范服务流程，又要保证员工的灵活性，这样才能提供真正满足用户个性化需求的服务，提高用户满意度。

对数字参考咨询服务流程进行规范控制，需要制订相应的服务规范，一方面是对服务流程进行规范化管理，这个层面要求的是能尽量地详尽，并最好对每一个相应的环节都能建立起具体的细分指标和量化标准。另一方面是政策层面的规范制度，涉及建立服务规范和数字参考咨询工作条例等，既包括对用户的使用说明又包括咨询馆员界面的具体规章，这些需要配有案例的具体操作说明，以便参照执行。

（4）效率效益分析

数字参考服务的效率效益分析，也是实施质量控制的重要因素。只有把有限的人力物力实施合理的分配，才能最大限度地保证服务质量，提高用户满意度。

Steve Coffman（2004）指出，仅从成本和收益的角度来看，由于用户/提问数量少，服务效益较低，我们的在线咨询是一项代价很高的服务。成本包括软件价格、软硬件配置成本、人员费用（工资和培训相关费用等）、数字资源费（如版权费、技术支撑费等）、市场营销和广告费、提供支持及其他任何与数字参考咨询服务有关的费用（其中有些是与其他服务共用的）等。[16]除了成本分析外，我们还要对数字参考咨询服务的回答正确率和效率进行综合考量。基于世界范围的很多的调查研究一致表明［Hernon and McClure（1986），Dilevko（2000）等］：图书馆员往往只能以55%的概率提供准确和完整的回答。[17]当然，有争议指出，这个检验并没有衡量出咨询工作的核心业务，但这至少是一个可参照的指数。

图书馆数字参考咨询服务的总体效益还需结合其整体服务目标来综合考虑其社会效益，尤其是面对现阶段蓬勃兴起的各种网络信息服务，图书馆可以考虑与这些商业性服务机构的横向联合，形成优势互补，从而为用户提供更优质高效的咨询服务。

（5）建设法律规范

在实施数字参考咨询服务中，制定相关的法律政策和规范，为用户创造一个轻松的交流空间，增强与咨询馆员之间的互信关系，是保证咨询质量，提高用户满意度的重要保障。

用户最关心的法律问题主要来自数字参考咨询过程中的用户隐私权保护，Paul Neuhaus（2003）指出图书馆必须与政府部门和数字参考服务软件的提供商共同努力对读者的隐私权进行保护。[18]要实现有效保护用户隐私权，加强咨询机构的技术防护和管理制度建设。首先，应加强技术防护，改进软件安全。其次，通过建立健全相关的制度规章，建立诸如《咨询员行为守则》《关于保护用户隐私的规定》《网络服务公约》等政策，明确咨询馆员和相关人员的责任和义务，以及相应的奖罚制度。

数字参考咨询服务面临的另一个重要的法律问题就是知识产权，尤其是收费知识库的使用问题，在这方面至今没有统一的规定。协作参考咨询提供者面临的问题将更为特殊，因为对于一群通常拥有不同的数据库和在线资源的图书馆共享着同一个数字参考咨询台。对于在协作式服务中，一个图书馆能和来自其他图书馆的用户共享其在线资源这个问题上，图书馆分化成两个阵营：一些图书馆要求那些私人所有的数据库必须为图书馆的授权用户所使用；其他的则认为这些私人所有的数据库在虚拟咨询系统内可以为任何用户共享使用，因为假定这些用户如果来到图书馆查询的话，也会获得进入这些数据库的许可。

数字参考咨询服务的扩展面临着与数字图书馆建设和服务同样的难题，解决数字环境下新的用户认证机制、合理使用信息资源，并最终建设一个可信任的服务空间——在这里，CC（Creative Commons）创作共享模式是一种很好的探索。

参考文献

1 Kamla Sinha. Evaluation of the Electronic Libraries. Delhi：Vista International Publishing House，2005

2 R. David Lankes. The Roles of Digital Reference in a Digital Library Environment. ［2009－06－20］. http://quartz. syr. edu/rdlankes/Publications/Proceedings/DigRefWP. pdf

3 谢志佐，金国强. 数字参考咨询服务的质量评估研究初探. 情报理论与实践，2005（1）

4 Facets of Quality for Digital Reference Services（version 5）.［2009－06－20］. http://www. webjunction. org/c/document_library/get_file? folderId＝438979&name＝DLFE-11466. pdf

5 张娴等. 国家科学数字图书馆网络联合参考咨询服务质量控制及评价方案研究. 现代图书情报技术，2005（11）

6 卢海燕，王磊. 图书馆数字参考咨询服务评价——统计指标、评估方法和质量标准. 北京：北京图书馆出

版社,2007
7 卢海燕．图书馆参考与信息咨询服务发展走向分析．图书馆学刊,2006(6)
8 Marilyn Domas White. Digital reference service: Framework for analysis and evaluation. Library & Information Science Research,2001(23)
9 Eric Novotny. Evaluating Electronic Reference Services: Issues, Approaches and Criteria. The Reference Libarian, 2001(74)
10 Matthew L. Saxton, John V. Richardson, Jr. Understanding Reference Transactions: Transforming an Art into a Science. San Diego, Calif.: Academic Press, 2002
11 潘卫．用户对数字参考服务质量的影响分析．[2009－06－20]. http://www.lib.sjtu.edu.cn/UserFiles/File/Teaching/thesis/7006.doc
12 张珍连．数字参考咨询服务的质量控制研究．太原:山西大学,2006
13 卢海燕,张曙光．对数字参考咨询建设中几个重要问题的思考．国家图书馆学刊,2003(4)
14 鄢凡．合作数字参考咨询的博弈分析及改进策略建议．情报杂志,2005(8)
15 Steve Coffman. Going live: starting and running a virtual reference service. Chicago: American Library Association, 2003
16 Steve Coffman. To Chat Or Not to Chat—Taking Another Look at Virtual Reference. http://www.infotoday.com/searcher/jul04/arret_coffman.shtml
17 Kamla Sinha. Evaluation of the electronic libraries. Delhi: Vista International Publishing House, 2005
18 Neuhaus Pau1. Privacy and Confidentiality in Digital Reference. Reference & User Services Quarterly, 2003(1)

初探国家图书馆读者信息管理模型的构建

葛　良　典藏阅览部
赵　星　参考咨询部

[摘　要]本文从分析读者信息入手,通过收集大量转型期读者的资料,得出这一时期读者信息需求的特点,同时对数字环境下的读者特征及实施读者管理的必要性进行了说明,最后通过 CRM 的管理方式建立起一套读者信息管理模型,以期作为数字时代读者信息管理的参考。

[关键词]数字时代　读者信息管理　CRM

用户信息,是指图书馆的用户在使用图书馆资源、接受图书馆服务时所产生的一切与用户有关的信息。读者大致分为到馆读者和非到馆读者。而"信息"既包括浅层次的一般性的用户数据,也包括深层次的、具有个性的、需要通过分析才能得到的信息。用户信息的收集和管理有助于发现和掌握用户需求。如今,伴随数字图书馆的发展,大量读者在阅读习惯、查找资料方式等方面都发生了变化,通过互联网络访问图书馆,通过 OPAC 和数字资源查找资料成了更多读者的选择。时处过渡转型期,通过读者调查,我们会发现大量读者的信息及读者利用数字图书馆的信息。基于此,本文通过问卷调查的方式搜集国家图书馆南区包括办证处、外文图书阅览室、中文图书外借室和期刊阅览室的读者来分析转型期读者形成的信息,并对实施过程中产生的有用结论进行归纳,最后依据 CRM 管理方式提出一个用户信息的管理模型。

1　读者信息管理的引入

结合论题内容,设计了调查问卷;通过收集,汇总了大量的读者信息与读者需求信息。通过此次调查,我们可以清晰地看出新环境下读者的信息特点。研究这一时期读者的特点,对进行数字图书馆环境下的读者研究有很大的参考价值,并可最终推动服务创新的发展。

1.1　读者调查问卷分析

调查问卷的发放共选取了 4 个地点,其中在典藏阅览部选取了 3 个阅览室,另外包括办证处,共发放问卷 1140 张,收回有效问卷 1074 张,通过分析形成以下结论。

- 读者年龄呈现年轻化、学历呈现高学历的特点

表 1　年龄分布表

年龄分布	办证处	外文图书阅览室	中文图书外借室	期刊阅览室
18 岁—30 岁	89.47%	47.83%	61.70%	46.43%
31 岁—45 岁	5.26%	36.96%	27.66%	21.43%

续表

年龄分布	办证处	外文图书阅览室	中文图书外借室	期刊阅览室
46 岁—60 岁	3. 51%	4. 35%	10. 64%	14. 28%
60 岁以上	1. 75%	10. 87%	0%	17. 86%

表 2　学历分布表

学历分布	办证处	外文图书阅览室	中文图书外借室	期刊阅览室
大专	8. 93%	0%	28. 57%	17. 86%
本科	57. 14%	28. 26%	36. 73%	42. 86%
硕士	25%	52. 17%	12. 24%	21. 43%
博士以上	5. 36%	19. 57%	14. 29%	10. 71%
其他	3. 57%	0%	8. 16%	7. 14%

从表 1 和表 2 可以看出，期刊和外文图书阅览室的读者年龄集中在 45 岁以下，其中 18 岁—30 岁的读者约占读者总数的半数。另外，以研究型读者为主的期刊和外文图书阅览室的读者均以本科及以上学历为主，比例分别为 75% 和 100%。中文图书外借室则集中了 61. 7% 的 30 岁以下读者，且本科以上学历读者较少，仅有 27. 53%，因此可推断出，此阅览室的大众读者较多，非研究型读者占大部分。另外，从办证处的情况可以看出，年轻化的读者和学历高的读者比例增加迅速。

• 研究型读者居多

表 3　文献用途表

文献用途	办证处	外文图书阅览室	中文图书外借室	期刊阅览室
科研工作	27. 40%	46. 48%	23. 44%	40. 54%
撰写论文	36. 99%	36. 62%	31. 25%	35. 13%
休闲娱乐	21. 92%	8. 45%	26. 56%	2. 70%
其他	13. 70%	8. 45%	18. 75%	21. 62%

从表 3 可以看出，在外文阅览室、中文图书外借室和期刊阅览室的读者群体中，以科研工作和撰写论文的读者为主，分别占到总人数的 83. 1%，54. 69% 和 75. 67%，研究型读者占较大比重。

• 期刊报纸、电子期刊成为读者需求的重要资料

表 4　资料需求途径表

资料获取途径	办证处	外文图书阅览室	中文图书外借室	期刊阅览室
图书资料	67. 12%	71. 21%	71. 21%	35. 85%
期刊报纸	20. 55%	13. 64%	13. 64%	47. 17%

续表

资料获取途径	办证处	外文图书阅览室	中文图书外借室	期刊阅览室
电子文献	10.96%	12.12%	12.12%	11.32%
音像资料	0%	1.52%	1.52%	1.89%
缩微文献	0%	1.52%	1.52%	1.89%
其他	1.37%	0%	0%	1.89%

从表4可以看出,分布在各个调查地点的读者对于期刊报纸和电子文献的需求比例相比于以往有明显增加,特别是期刊阅览室的读者,他们对于期刊和电子文献的需求总量达到了58.49%。对于很多读者,国图采购的电子数据库并未广泛知晓,因此,电子文献的需求数量从调查的结果并没有充分体现。目前,国图也已经在购买电子数据库方面给予了更多的购买倾向,因此向读者推荐使用电子数据库来检索论文和资料是需要强化的一方面。

• 使用网络手段的读者群体不断扩大

表5　沟通方式选择表

沟通方式选择	办证处	外文图书阅览室	中文图书外借室	期刊阅览室
发送 E-mail	52.24%	45.61%	42.19%	26.19%
电话告知	11.94%	10.53%	10.94%	16.67%
通过馆员告知	11.94%	26.32%	20.31%	30.95%
通过意见簿留言	16.42%	14.04%	17.19%	21.43%
其他	7.46%	3.51%	9.38%	4.76%

从表5可以看出,当读者需要和图书馆进行有效沟通时,读者的沟通途径相对集中,有40%—50%的读者选择通过电子邮件的方式。对数字时代的读者,电子邮件已经成为不可缺少的交流工具,他们与外界沟通都转移到E-mail、网络聊天工具或SMS等方式进行。在WEB2.0时代,个性化需求不断增加,E-mail等网络工具已经成为图书馆与读者沟通联系的桥梁,成为定制推送服务的主要途径。

由上述结论可以看出,目前读者正在潜移默化中发生着改变,呈现了越来越明显的数字时代读者的特征。数字时代的读者需求更加专业化,且个性化需求不断增加,更多的读者群体转向网络来获取信息与资源。

1.2　数字时代读者的特征

传统图书馆以书等人的被动式服务,数字图书馆则变被动为主动,通过提供数字资源、推送资源使读者得到更强大的数字资源支撑。图书馆2.0技术推进了个性化服务的进程,同时也满足了个性化读者的需求。从近些年收集的数据不难看出,网上读者的数量增长迅猛,他们利用图书馆来检索书目数据,通过搜索引擎来查找所需文章及材料,这些是数字时代带来的新特性,是不可改变的趋势。[1] 从一般意义上分析,数字时代的读者通常有如下的特性。

• 读者对象更加广泛

在传统图书馆中，读者对象一般仅限于到馆读者；数字时代的图书馆，用户范围变得非常广泛，几乎任何联网的用户都可以利用和使用图书馆，用户群日益庞大。它也使图书馆从小圈子、小社会中走出去，发展到为广泛的社会化群体提供服务。传统图书馆对读者提供的是面对面服务，而在网络环境下，读者接受的服务更多是从图书馆转移到工作单位及家庭；读者可以不必亲自进入图书馆，仅仅通过网络接受图书馆的服务，获取有关的信息资源，读者群体呈现广泛化的特点。

• 读者的信息素养存在较大差别

读者的教育背景、阅读理解能力、外语能力、计算机能力等都随个体的兴趣和素质有所不同，这使得其信息行为和行为效果产生差异。混杂的读者来源使得管理相对困难，大部分读者已能熟练使用数字资源，但有很多人依旧没有相应的检索能力和利用文献的能力，仍需图书馆员的辅导。针对不同读者，管理策略和服务内容要有所差别。目前，大多数读者存在的主要问题是不能较好地使用检索工具，不知道如何利用网络信息资源，尤其是电子期刊及数据库的检索和使用，这些问题得不到解决会直接影响信息资源的获取。

• 读者需求更加专业化

传统图书馆读者服务的内容以常规借阅等事务性工作为主，在网络环境下，图书馆读者服务将从基础性工作更多地转向高层次信息服务，如文献传递、联机检索、参考咨询等；相应的用户所需信息的内容也由原来片面的需求扩展到多元化的信息需求；[2] 部分读者已经开始向"自我服务"方向发展，读者可以直接通过网络进入图书馆的服务系统，如读者指南、网上咨询、定制特殊服务等来享受相关的信息服务。据统计，更多数字图书馆读者是以查阅学术性专业知识为主，为撰写论文、开题、答辩或学术性课题查找资料。总之，数字时代的读者已经出现了信息需求复合化、多样化及高深化的特点。

1.3　图书馆用户信息管理的必要性

新时代读者出现了新的特征，对于新型读者的新型服务也随之而来。通过分析读者群体的信息，对其进行有效的管理，是图书馆应对新型读者的实施管理的内容之一，也是制订重要决策及图书馆和谐发展的必要前提。

1.3.1　读者信息管理的定义

读者信息管理是建立在收集到的读者信息的基础之上，经过信息综合、加工、整理和分析等过程，最终形成定性、定量的分析，通过建立的指标来提供决策支持的管理系统。目前读者信息管理管理还很欠缺。经分析，表 6 提供的信息项可作为数字环境下用户信息的来源。可以看到，我们在进行读者信息管理时，不仅包括其静态信息，还包括其行为信息。

表 6　用户信息来源及类型

用户信息来源	用户信息类型	具体指标
用户静态信息	用户注册信息 用户登录信息	用户姓名、性别、年龄、职业、学历、单位、注册名、密码、邮箱等
用户行为信息	资源利用信息 交互信息	资源访问记录、下载记录、网页访问历史、页面逗留时间、接受网络服务情况等

续表

用户信息来源	用户信息类型	具体指标
其他	用户调查信息 日志文件	用户特殊需求、使用偏好等 浏览历史、系统日志

1.3.2　读者信息管理的必要性

• 读者信息管理是信息资源整合与服务有效开展的前提

随着图书馆信息资源整合与服务的发展,传统的资源管理方式与服务方式越来越无法满足用户的实际需求。从2008年12月对国家图书馆读者所需文献类型的问卷调查结果示意图(见图1)可以看出,与传统纸质文献资源相比,数字化资源的利用虽然没有成为主导,但比例已明显增大。由于数字化信息资源的无序性、分散性、多样性和异构性特点,又增加了用户的获取难度。同时,用户需求的多样化日益凸显,信息资源的组织方式与用户需求变化之间的矛盾日益突出,因此图书馆对用户信息进行管理,研究用户的构成及其信息需求已经成为图书馆信息资源整合与服务有效开展的前提。例如可根据用户的不同特点和需求,按照方便用户检索利用的原则组织数字资源,对信息资源进行二次加工,提供专题导航等。

• 读者信息管理有利于优化资源配置,提高图书馆资源利用率

图书馆建立读者信息管理系统,将以读者真实的信息需求来组织信息资源,能避免出现图书馆与读者之间的供需非均衡性。从图1还可看出,图书的需求仍是一段时间内读者需求的重要资源。因此在进行纸质书籍和电子资源的经费分配中,仍要在确保纸质书籍的前提下,适当的增加电子资源的采购与加工整合。合理分配资金,优化资源配置,最大限度地提高文献信息资源的利用效率是读者信息管理的重要目的之一。

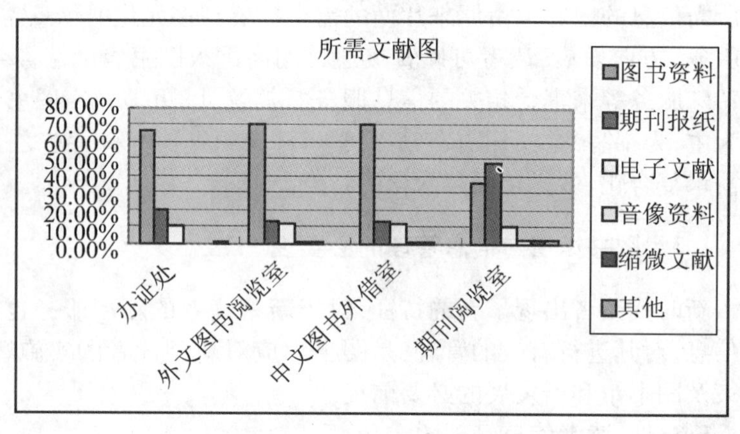

图1　读者所需文献类型图

• 图书馆用户信息管理是提供个性化增值服务的要求

对图书馆来说,不同的用户具有不同的价值,图书馆应有选择的对不同用户提供不同的服务;不同的用户对图书馆也有不同的要求,读者对图书馆的信息需求差异明显。整合各种用户信息,分析用户信息需求的变化,根据不同的信息需求进行个性化增值服务,已经成为目前图书馆实现其自身价值的重要途径。由于不了解用户的特点和真正需求或受自身资源的限制,许多图书馆都无法给用户提供个性化增值服务。而个性化增值服务是用户关系发展到一定程度时用户的必然要求,一个图书馆如果不能及时捕捉读者的需求,或者没有能力持续满足不断变化的个性化读者要求,将引起读者的不满,失去其信任,并导致读者的最终退出。个性化信

息服务是 Web2.0 时代的主要特征，开展以“用户信息需求”为中心的个性化服务是提升图书馆用户服务质量的重要手段。通过实行读者信息管理，可以挖掘出不同群体或个人读者的兴趣及需求，能更有效地开展和推动个性化服务。[3]

• 图书馆用户信息管理是开展主动、针对型服务的基础

面对社会的信息需求，图书馆的服务已经开始走出图书馆，工作人员主动与用户联系，了解用户需求，根据其不同特点提供针对性服务。如：国家图书馆剪报中心，主动与大中型企业联系，了解其信息需求，编辑专题剪报，收到较好的社会效益和经济效益。国家图书馆企业信息服务中心根据政府机构和企事业单位的不同需求，提供媒体跟踪、舆情监测等服务。2008 年国家图书馆成立了立法决策部，强化为政府立法决策服务，与国家机关和各部委图书馆联系，主动提供政策法规方面的专题咨询服务。这些主动、针对型服务都是基于图书馆对于特殊用户信息需求进行的系统分析。

• 读者信息管理是“以读者为中心”理念的必然要求

读者信息管理将给图书馆文献信息服务理念带来变革，按照 CRM 理论，读者是图书馆资源的重要组成部分，以读者为中心，就等于把读者提升到战略地位，是图书馆在以文献信息产品为中心的服务模式向以读者为中心的服务模式转化过程中的关键。从图 2 中可以看出，对比于高校图书馆和公共图书馆，国家图书馆在到馆读者中的认同度方面还是首屈一指的。不可忽视的一个问题在图 2 中也可以很直观地看出，目前，读者通过数字图书馆或通过网络获取资源已经成了他们查找资料的非常重要的手段，这也为我们提出了建立强大数字图书馆的艰巨任务，同时我们的数字资源网络要网罗更多的资源，这样读者才会面对 Google、Baidu 的时候，把国家图书馆作为之中的一个选择。

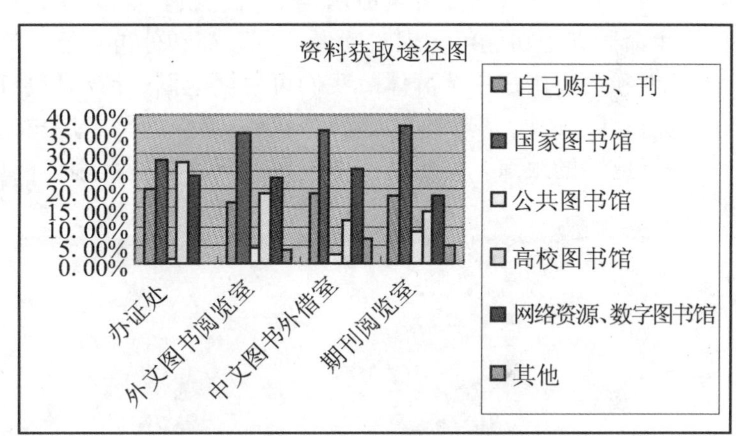

图 2　读者资料获取途径图

读者信息管理还有利于提升读者满意度，有利于提高自身竞争力，也有利于推动智能决策，制定正确方针等。这其中会涉及数据库技术、数据挖掘技术及智能决策架构等多方面的信息技术，这些技术也为及时跟踪和把握读者的需求提供保障。

2　读者管理模型的构建

2.1　引入 CRM 实施读者管理

CRM（客户关系管理系统）是商业领域广泛应用的管理系统，图书馆“以读者为中心”的观念与企业的 CRM“以客户为中心”的理念是相似的。[4] 由此，考虑将 CRM 的管理方法应用于图

书馆，建立一套以读者为中心的管理系统。通过该管理系统模型可以分析读者需求，制定相应决策，为数字图书馆用户服务和决策支持等提供一个自动化解决方案。

2.2 读者管理模型的构建

根据论题设计，我们尝试建立了读者信息管理模型，模型由三部分构成，包括用户模块、服务模块和分析模块。用户模块主要是收集读者的信息，包括静态读者信息，各类调查问卷信息等，同时在读者模块可以实现读者信息的查询、导出，以及查阅读者跟踪信息等。服务模块包括推送各类服务信息，制订读者活动计划，活动管理，以及满足个性化需求设置的邮件及短消息服务等。在分析模块，主要是对读者的信息进行数学模型的描绘，通过绘制各类曲线，分析读者信息及业务趋势等，可随时跟踪各类读者变化的情况，为决策和新型服务的推出提供依据。下面结合各个模块的实际应用进行简单说明。

• 用户模块：用户模块主要包括读者信息的收集，读者的简单统计，读者信息查询，读者信息导出，读者满意度调查，读者生命周期等信息项。现以用户生命周期子功能进行说明（见图3），用户生命周期子功能可实现对读者信息跟踪和分析功能。读者可分为办理读者卡读者、登录网站读者和咨询用户三个群体。我们可根据他们的活动信息确认其处于用户群体中哪个状态，此分类包括“发现”，“考核”，“确认”三种，可作为判断用户的重要程度的标准，对“确认”的用户可进行持续的跟踪。左册链接中提供的五种功能是用户模块的重点内容。

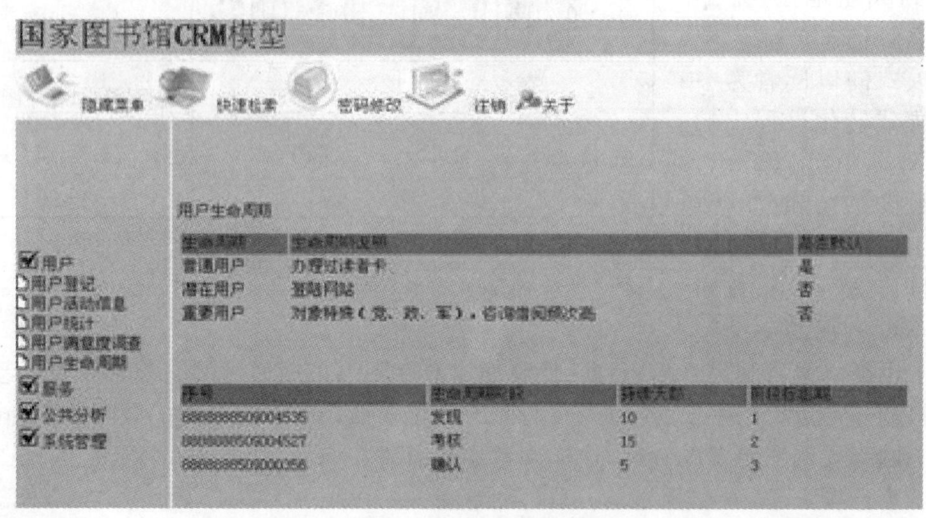

图3 读者管理模型之用户模块

• 服务模块：服务模块包括服务活动计划，服务活动管理，邮件和短消息服务，呼叫中心和知识库等信息项。其中服务活动计划和服务活动管理可对服务进行设定、修改和删除等操作，同时可绑定至某个特定读者列表。邮件及短消息服务可作为个性化服务的推送工具（见图4），当读者选择了某种特定服务项目后，管理员可通过此统一平台发送邮件或短信息。呼叫中心是通过电话的方式进行读者问题咨询的平台，读者也可根据语音提示进行自助的服务。知识库可作为虚拟咨询服务的信息库，它既可以对过往问题进行收集和入库操作，也可根据具体问题进行知识库特定问题的查询操作。

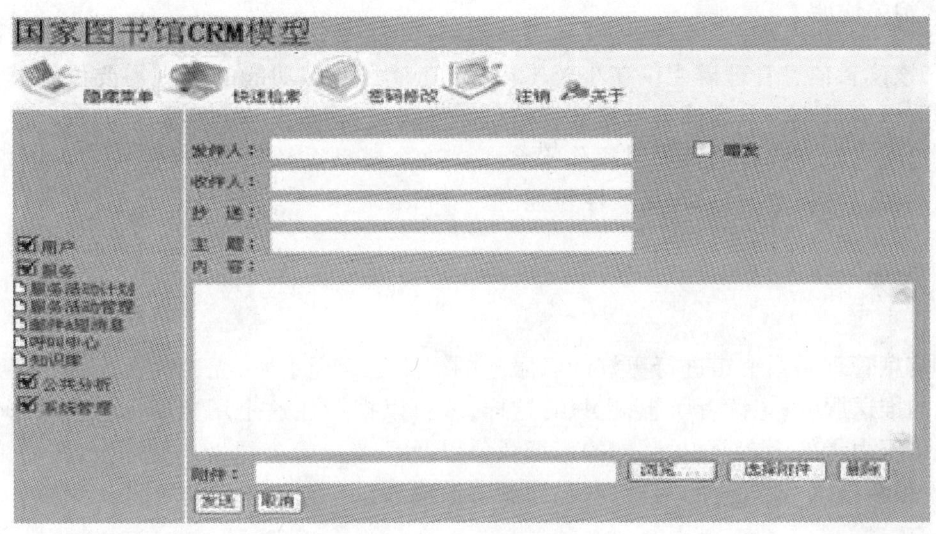

图4　读者管理模型之服务模块

• 分析模块:分析模块的主要功能是进行用户各类数据的指标分析,用户分析功能可有多种统计方式的选择。图5是读者成分的构成图,可以看到,学生在2005至2008年间一直是读者群体的主要部分。通过用户分析及各类曲线的绘制,可以直观地看到用户业务趋势分析、用户同期对比等信息,这些信息可以对决策制订和改善服务提供参考依据。

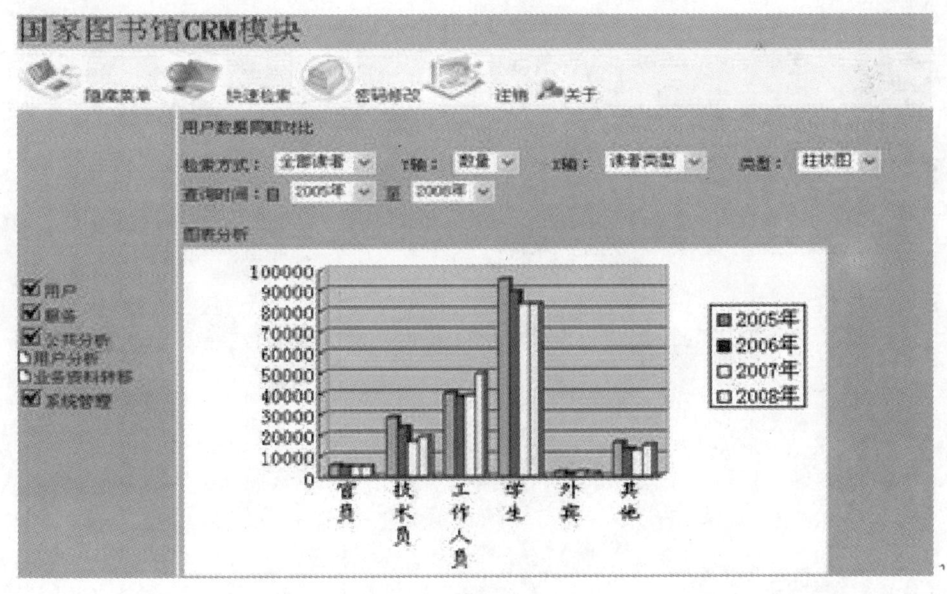

图5　读者管理模型之分析模块

2.3 相关说明

目前,该读者信息管理模型仅在小范围内得到应用,许多功能的实现需要做继续的开发,模型的源数据也需要一个测试用批量读者信息导入做支持,因此,可用性方面还待完善。模型的提出是为深入研究读者信息提供操作平台。在这个模型系统中,每个模块都可以根据需要增加和改动相应功能及信息项,扩展性较强。

3 结束语

用户信息管理是图书馆进行更好读者服务的智能化管理手段,无论在哪个时期,图书馆都需要主动的推送服务,想读者所想,也只有这样,才可以把握住这个用户群体。在新形势下,图书馆的竞争压力无处不在,面对激烈的市场竞争以及 Google 等公司带来的冲击,图书馆必须想在前面,紧跟新技术、新理念的前进步伐,让图书馆成为数字时代读者的家园。

参考文献

1 徐有华. 浅谈网络化图书馆读者服务工作. 江西图书馆学刊,2007(3)

2 黄晓斌,朱俊卿. 数字图书馆用户的心理研究. 图书馆学研究,2006(1)

3 杜道群. CRM:顺应图书馆发展趋势的选择. 图书馆工作与研究,2006(2)

4 李劲. 引入 CRM 提升图书馆用户满意度. 科技情报开发与经济,2006(22)

一批珍贵的抗战文献

——国家图书馆所藏中日战事史料征集会藏书发现始末记

李　娟　典藏阅览部

[**摘　要**]介绍国家图书馆馆藏部分抗战文献的发现进行研究。

[**关键词**]国家图书馆　抗日战争　藏书

一、中日战事史料征集会藏书的发现

1937年,"七七事变"爆发。北平沦陷之后,国立北平图书馆馆长袁同礼带员南下抗日,在后方开展馆务工作。期间与社会各阶层开展各种形式的合作,通过各种渠道,利用多种途径,征集了大量的文献。这批文献历经风雨沧桑,通过代代相承,成为国家图书馆所藏67万册民国文献的重要组成部分。近年来,社会各界对民国文献的关注日益增加,国家图书馆加大对民国文献的保护整理与开发,笔者有幸参与了其中的部分工作,在整理文献的过程中,一批重要的文献引起了笔者的注意。这批文献虽然内容繁复,形态各异,但都具备共同的一个特征:不论在该书的封面或是封内,均盖有"中日战事史料征集会"或"西南联合大学图书馆藏"的蓝色藏书印章。众所周知,西南联合大学为抗战时期北京大学、清华大学、南开大学合组的综合性大学,西南联合大学图书馆应为该大学所属图书馆,此批书籍则应为该图书馆之藏书。但是中日战事史料征集会是何种组织,与西南联合大学图书馆有何关系,为何此批文献上印有中日战事史料征集会的藏书章印,印有藏书印章的这批文献又有何种价值。笔者就以上问题进行了一番考察,经过一段时间的查阅与考证,逐步弄清了以上问题。

二、中日战事史料征集会的若干问题

抗战史上是否有过中日战事史料征集会。《国家图书馆馆史资料汇编》中记载:"北平图书馆与西南联合大学合组中日战事史料征集会,于1939年1月1日正式成立,地址在昆明大西门外地坛,经费由两机关分担。"①"……北平图书馆负采访、征集和初步整理之责,西南联合大学则负责编纂。"②书中的这一记载,随后得到了实物史料的证实,在民国文献整理开发时,笔者从书库中发现了两份工作报告书以及一份期刊:《国立北平图书馆国立西南联合大学合组中日战事史料征集会工作报告》(民国二十八年一月至三月)、《卢沟桥事变以来中日战事史料搜集计

---

① 北京图书馆业务研究委员会编．北京图书馆馆史史料汇编．北京:书目文献出版社,1992:1352

② 北京图书馆业务研究委员会编．北京图书馆馆史史料汇编．北京:书目文献出版社,1992:1353

划书》、《中日战事史料征集会集刊》，报告书及集刊详细记载了中日战事史料征集会的成立情形及工作概况。国家图书馆馆员戚志芬在1989年1月《北京图书馆通讯》上的文章《袁同礼与中日战事史料征辑会》也再次证实了中日战事史料征集会的存在。

中日战事史料征集会的历史存在得到了确认，该会的性质随着有关资料的不断充实也逐渐明朗：它是中国人民救国心与使命感的产物，是社会各界赤诚爱国、通力合作的成果，是一个组织严密、工作高效的专业文化机构。

抗战爆发后，面对战时文化资源的大量流失损毁，社会各界掀起了挽救保护战时文化资源的高潮，有识之士大力呼吁抢救保存战时文献资源。1939年，高惜冰、卢前、罗隆基、杭立武等人在国民参政会第三次大会上提出第四十六号提案《提议从速编纂抗战史以重战时文献案》，[①]要求相关机构迅速征集档案、报告、通讯等史料，[②]并提议由国立大学史学系、中央研究院、国立编译馆等文化机构对史料进行编纂。[③]随后，杨于毅、卢前、黄炎培等人向大会递交了第七十一号提案《编纂战史体例意见》，[④]指出战史的编纂工作“实繁巨而无量，……实有分工合作之必要”[⑤]。此后，马乘风等人再次向国民参政会递交了《请政府设立抗战史实编纂机构以昭来兹而保永久案》的提案，呼吁尽快实现战史的编纂。[⑥]

参政会上提出的搜集保存战时文献资源的种种主张与文化界学术界保存中国文化资源的想法不谋而合。1938年8月北京大学史学系教授姚丛吾在蒙自分校时拟了一份《卢沟桥事变以来中日战争史料搜辑计划书》[⑦]，认为应当及时收集史料，设立专门的保存机构，编修史志。[⑧]抗战爆发后，国立北平图书馆馆长袁同礼带员南下，在后方工作中注重抗战资源的搜集保存。在北大、清华、南开三所大学合组为长沙临时大学，国立北平图书馆与之合作的过程中，[⑨]双方“深感此次中国人民的抗日战争是我国反对帝国主义侵略空前伟大的民族解放战争，关于此次战争的文献，亟应及时搜集整理，加以保存，以备将来纂成专书，记录我中华民族此次伟大的奋斗经过”。[⑩] 1938年8月国立北平图书馆馆长兼国立西南联合大学图书馆馆长袁同礼在蒙自分校与姚丛吾商议征集战事史料计划，“彼此意见，甚为融洽。旋由西南联合大学与北平图书馆合组中日战事史料征集会”[⑪]。1939年1月1日，中日战事史料征集会正式成立。

中日战事史料征集会成立以后，组建了一整套的组织机构，设立了主席、副主席以及委员等职务对史料征集会的工作进行指导，并根据具体工作的需求下设各类编辑以及工作小组。[⑫]

---

① 中日战事史料征集会集刊．第一期，中华民国二十九年六月：35

②③ 中日战事史料征集会集刊．第一期，中华民国二十九年六月：36

④ 中日战事史料征集会集刊．第一期，中华民国二十九年六月：37—40

⑤ 中日战事史料征集会集刊．第一期，中华民国二十九年六月：40

⑥ 国民参政会秘书处编印。国民参政会第三届第三次大会纪录，中华民国三十四年三月：312—313

⑦ 北京图书馆业务研究委员会编．北京图书馆馆史史料汇编．北京：书目文献出版社，1992：1353—1354

⑧ 卢沟桥事变以来中日战事史料搜辑计划书．中日战事史料征集会集刊．第一期，中华民国二十九年六月：26

⑨ 中日战事史料征集会集刊．第一期，中华民国二十九年六月：2

⑩ 北京图书馆业务研究委员会编．北京图书馆馆史史料汇编．北京：书目文献出版社，1992：1352

⑪ 中日战事史料征集会集刊．第一期，中华民国二十九年六月：34

⑫ 中日战事史料征集会集刊．第一期，中华民国二十九年六月：25

国立北平图书馆馆长袁同礼代表北平图书馆担任委员会主席，西南联大文学院院长冯友兰代表西南联大担任副主席，姚丛吾与刘寿民分任总编辑，该会设立中文、日文、西文、事务等小组，聘请西南联大史学系、外语系教授为编辑，大部分工作人员从北平图书馆现有职员以及联大史学系外语系卒业生中选聘。[①] 组织成立后，该会成员各司其职，全身心做好本职工作，“至全部采访征集工作，则由袁守和先生指挥整个北平图书馆人员协助其事，冯芝生先生则督促联大同人力助其成，本会得有今日之成就者，袁守和及冯芝生二先生之力为多”。“而胡绍声先生参加西文组资料整理工作以外，兼任本会干事，以身作则。劳怨不辞，更为可感。”[②]

中日战事史料征集会的具体工作分为采访、编辑整理两个部分。

采访工作由国立北平图书馆负责，国立北平图书馆“除在北平昆明设立办事处外，并在国内外各大都市设置采访专员，广事搜罗，力求完备”。[③] 文献征集的范围极广，“如军事，政治，经济，财政，教育，交通，建设等等，凡有关抗建大业者，皆在搜之求列”。[④]

编辑整理工作由两者共同完成，编辑部分主要“由国立西南联合大学历史系外语系诸同人负责”[⑤]，而“本会资料之编目及索引，则由国立北平图书馆负责”[⑥]。各项工作以姚从吾的《卢沟桥事变以来中日战争史料搜辑计划书》为指导有条不紊予以实施，工作积极富有成效。中文工作组方面，“如邓逢源，高亚伟，周培仁，袁克勤，纳汝莫诸先生之于剪报，王丰年、邓逢源、邵景洛诸先生与鄙人之于战事分区记事长编，邓衍林先生之于编目，赵芳瑛容琬二女士之于索引，高亚伟先生之于战事书籍提要，冯芝生先生与鄙人之于战事文录，均经着手工作[⑦]”。西文工作组方面，“由刘寿民，袁守和，刘泽荣，张荫麟诸先生任指导，工作者有胡绍声，容琬，吴春曦诸先生，译著积稿甚多，发表者亦有多种”[⑧]。日文组方面，“工作由王信忠，傅锡永二先生任指导，工作者有赵玉良，徐祖慧，王勉诸先生”[⑨]，除了编译专稿，还与中文组合编《中日战事史料丛刊》，并且在昆明、重庆的《中央日报》上刊行《敌情》与《敌伪资料》两附刊。

三、国家图书馆所藏中日战事史料征集会藏书

抗战结束后，中日战事史料征集会圆满完成了自身的历史使命，由于诸多原因，其所藏图书下落在文献中没有确切记载，据相关调查，发现其中有部分文献经云南师范大学图书馆前馆长杨德华搜集整理，存于该馆所设西南联合大学图书特藏室。[⑩] 但是仍有部分文献具体去处不甚明确。从历史沿革上讲，国家图书馆的前身为国立北平图书馆，作为该馆的继承馆，国家图书馆应当也继承了此批文献，国家图书馆书库中大批抗战文献的存在证实了此点。从其中部

① 中日战事史料征集会集刊．第一期，中华民国二十九年六月：34

② 中日战事史料征集会集刊．第一期，中华民国二十九年六月：35

③ 中日战事史料征集会集刊．第一期，中华民国二十九年六月：11

④ 中日战事史料征集会集刊．第一期，中华民国二十九年六月：11

⑤ 中日战事史料征集会集刊．第一期，中华民国二十九年六月：12

⑥ 中日战事史料征集会集刊．第一期，中华民国二十九年六月：12

⑦ 中日战事史料征集会集刊．第一期，中华民国二十九年六月：35

⑧ 中日战事史料征集会集刊．第一期，中华民国二十九年六月：35

⑨ 中日战事史料征集会集刊．第一期，中华民国二十九年六月：35

⑩ http://www.luobinghui.com/ld/zx/s/200601/10152.html

分文献所盖印章看,该批文献应当为中日战事史料征集会所藏图书。随着笔者的进一步搜集,更多相关资料的发现,这一问题也越发得到证实。在笔者搜集到的文献中,有十来本文献,如由军政部学兵管理处1938年6月编印的《毒气防御问答》;中支派遣军山下部队宫崎部队佐藤强著、第三十集团军总司令部参谋处1939年3月15日译的《从军日记》;南岳训练班1939年5月监印、陈震东编辑的《情报业务之研究》;军事委员会政治部印发、游击干部训练班翻印的《望全国同胞一致起来声讨卖国叛党之汪精卫》等书籍封面上均用蓝色钢笔题记:"冯友兰先生赠,二十八年八月卅日",以及"任济世"的红色印章。另有1939年12月由中国国民党中央宣传部编印的《宪政建设程序》一书,封面题记:"姚从吾先生惠赠",并加盖"中日战事史料征集会"蓝色章印。还有一本出版于1942年10月,由中国国民党中央执行委员会宣传部编印的《战时宣传纲要集》(一),封面盖有"西南联大宣传股区党部""中日战事史料征集会藏"以及"国立西南联合大学图书馆藏"的印章。再有一本1939年6月天文台半周评论社出版的、林薰南所著、陈孝威校正《国防原则之战争指导》,该书封面题有"国立北平图书馆昆明办事处惠存,陈孝威敬赠,廿八、十二、十二"的亲笔题赠。还有一本在图书书内空白页上印有"中华民国卅一年十一月廿三日收到"蓝色印章的文献《第二次长沙会战纪实》,封内书名页有"送给中日战事史料征集会,吴相湘,卅一年十一月,长沙精忠部"的亲笔题赠以及吴相湘的个人藏书印章。从以上题赠涉及人名以及相关内容来看,国家图书馆所藏该批文献确系中日战事史料征集会所藏书籍。

国家图书馆所藏这批文献,经过笔者的初步搜集,约有七百余册。这在中日战事史料征集会所藏文献中所占比重是较小的。据相关资料记载,中日战事史料征集会所征集文献极多,"……而尤以后者为最完备。本国,敌人,外国,伪组织所出的杂志报章,以及传单,标语,照片之类,几乎可以说应有尽有"。[①] 史料征集会成立后,1939年1月至12月短短一年间,便征集到5300册书籍和小册子、1422种期刊、215种报纸以及公文、电稿、钞件、照片等500余种资料。[②] 不仅如此,史料会的工作人员还对文献进行加工整序,编订了"政府机关各社团之出版物如公报、宣言、油印文件等、外国政府及国际联合会出版之类似资料、私人著作及演讲稿"等十五大类目,[③]编制了《伦敦泰晤士报论文选录》《俄文真理报社论选录》等剪报、《日寇朝野谬论选译》等文摘、《中日关系书目》《中文抗战书目》《中文抗战论文索引》《西文抗战论文索引》《日文杂志论文索引》《中日战事论文索引》《中国问题论文索引》《日本问题论文索引》等目录索引,出版了《中日战事分区纪事长编》《中日战事史料丛刊》《敌情副刊与敌伪资料副刊》《暴日侵华与国际舆论》《建设中之中国》等专题汇编以及《中日战事史料征集会集刊》等刊物。[④]

虽然如此,国家图书馆所藏这批文献仍不失其珍贵的价值,这批文献不仅种类众多、内容丰富,而且因其独到的特点,有着较为重要的史料价值、版本价值、经济价值,具备相关的学术价值和积极的社会意义。

(一)国家图书馆所藏中日战事史料征集会藏书概貌

从种类上看,这批文献资源是丰富多彩的,全部文献都出版于20世纪30—40年代。其中,既有国内著作,也有译著;既有国民政府出版物,也有红色革命文献,亦有伪政权出版物;既

① 中日战事史料征集会集刊. 第一期,中华民国二十九年六月:3

② 中日战事史料征集会集刊. 第一期,中华民国二十九年六月:11

③ 中日战事史料征集会集刊. 第一期,中华民国二十九年六月:11,12

④ 中日战事史料征集会集刊. 第一期,中华民国二十九年六月:12,13,24,25

有单行本论著，亦有连续出版物；既有学者的理论著作，亦有时人的记载言论；既收录中央性的布告文献，亦收录地方性的特色文献；既有正式出版物，亦有官方保密文件，还包括当时诸多协会、研究社、编辑社、研究会的印刷品。其中不乏许多品相较好、印刷精美的初版书籍，图文并茂的画册，数量可观的丛书，大量未曾出版过的油印资料以及线装书籍，也包括了许多作者签名赠书以及他人转赠书籍。

从内容上看，这批文献资源是十分充实的。国家图书馆所藏中日战事史料征集会文献其内容涉及政治、经济、军事、文学、外交、法律、教育、社会、文化等各个领域，以政治、文学、军事类资料居多，其中，政治类文献占整体文献数量的四分之一，文学类占19%，军事类约占16%，史学类约占12%，经济类约占9%，外交约4%，以及部分法律、教育、社会类书籍。整体文献涉及理论著述以及实际问题论述两个层面，涵盖国内问题与国际问题两个方面，包括根据地政权、国民政府、伪政权三方内容。就政治方面而言，政治类涉及政治制度、国家行政管理、政治宣传、政治教育、政治运动、地方政治、党务问题、华侨问题、统一战线问题等具体政治内容。文学方面有戏剧、小说、故事、报告文学、诗歌、传记、杂著、书信、日记、合集、散文等多种文学形式的文献，文化方面有绘画、音乐、文化运动、出版事业等书籍。军事类文献涉及各军、兵种、战略战术、国防与动员、军事教育、军事训练、军队政治工作、军事制度、军事后勤、军事史、军事技术等方面内容。史学类文献包括战前回顾、战时各地、东北问题等内容，经济类文献涉及财政、农业经济、工业经济、贸易经济、交通运输经济、金融、合作经济等方面。外交类文献涉及对外方针政策、对外关系、与各国关系以及条约协定等方面内容。法律类文献包括宪法、国际法、法学总论、行政法、司法、法规汇编等方面内容。而教育与社会类则包括各级、各类教育、教育事业、社会事业、青年问题等方面内容。

（二）国家图书馆所藏中日战事史料征集会藏书特点

国家图书馆所藏这批文献不仅种类丰富，包罗万象，而且具有其独到之处：政治色彩浓烈、时代性强。

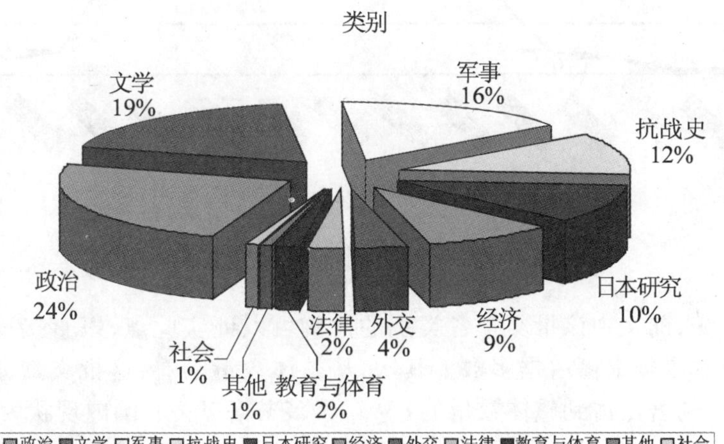

图1 类别

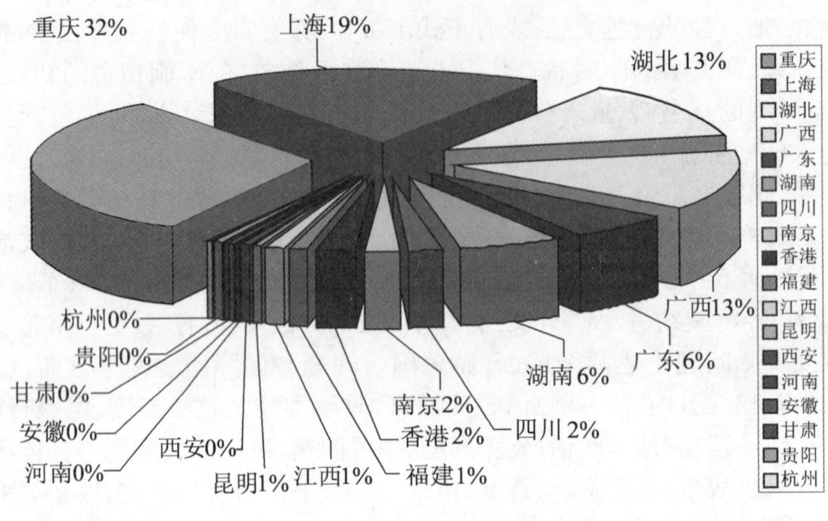

图2　出版地

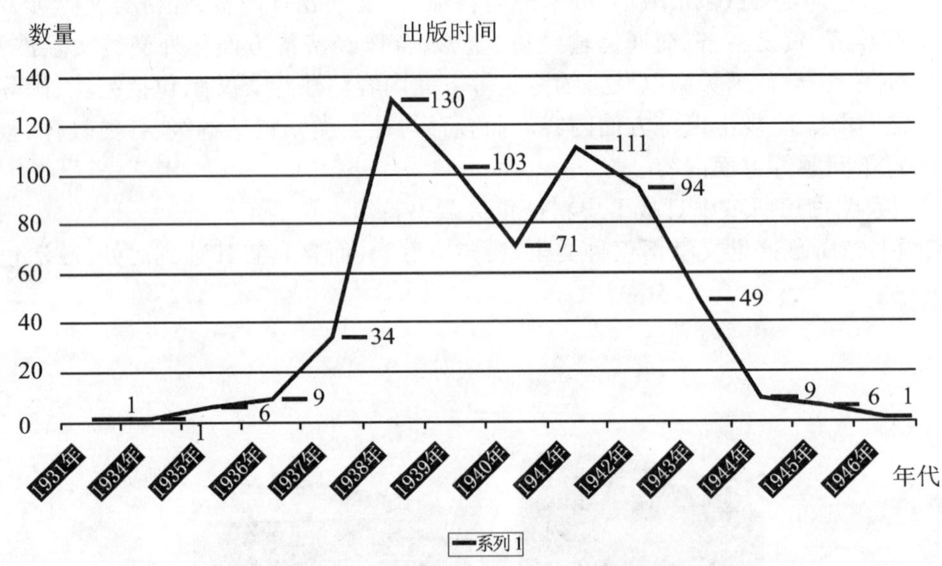

图3　出版时间

如图所示，首先，前文中该批文献各类别的比例可以证实此点，以直接反映抗战情况的政治类以及文学类、军事类书籍占据多数。其次，从整体数量来看，这批文献大多以国内著作为主，其中，有关国内的著作占到整体数量的83%，大多书籍以关心国内现状为主，并且偏重于实际问题的讨论。再次，从出版地来看，这批文献32%出版于重庆，19%出版于上海，13%出版于湖北，13%广西，6%出版于广东，6%出版于湖南，其余出版于四川、南京、福建、江西、昆明等地，整体出版情况以西南地区出版为主，这与抗战时期政府机构以及文化机构的所在地情况相一致。又者，从出版时间来看，1938 年出版的占 22%，1941 年出版的占 19%，1942 年出版占15%，1940 年的为11%，其余的为 1943 年以及 1937 年，出版时间上“七七事变”爆发后1938 年以及1941年出版的书籍峰值立即升高。

国家图书馆所藏这批文献之所以呈现以上特色，一方面直接源于中日战事史料征集会的征集工作，该会成立于战争爆发后的1939年，它以收集保存战时史料为主，所以这部分史料无不深深打上了抗战特色的烙印，不论在内容还是在数量上，都以直接反映抗战情况内容的书籍居多。另一方面这与当时社会环境有着密切的关系，国家告急，民族危亡，社会各界的目光皆关注于此，实业救国、文化救国，出版界迅速出版大量书籍呼吁抗战救国，讨论实际问题的书籍自然大量增加。而随着战事的推进，政治文化中心的转移，大部分书籍自然也随之出版于大后方，国家图书馆所藏这批文献既是社会文化的反映，又真实地反映了当时的社会文化。

（三）国家图书馆所藏中日战事史料征集会藏书价值意义

1. 史料价值、版本价值、经济价值

国家图书馆所藏中日战事史料征集会征集的文献不仅具有很强的时代特色，而且有着重要的价值。

首先，这批文献具有较高的史料价值。这部分资料均出版于抗战时期，原书作者皆为民国时期人物，可谓原始的资料。并且，与其他抗战文献所不同的是，这批文献是由专门的文献征集机构、有目的地加以搜集整理而成，中日战事史料征集会是由当时知识界、学术界的著名机构国立北平图书馆与西南联合大学合组而成，该会的工作得到了当时专家学者如刘崇鋐、姚从吾、陈寅恪、钱端升、傅斯年、顾颉刚等人的指导，这批资料由有充分经验的图书馆员与学识渊博的学者搜集而成，故而能够称作具备一定历史意义与价值的史料。

其次，这部分书籍有着较高的版本价值。

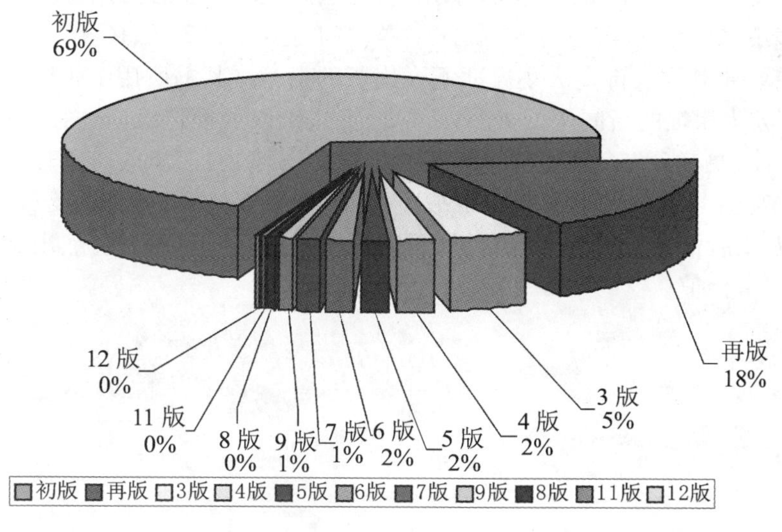

图4　版次

由图4所示，从版本上看，这批文献中初版图书占69%，再版图书占18%；就内容而言，近一半的书籍中有大量图表，四分之一的图书中有插图，许多书籍中有大量当时的照片。从资料类型看，三分之一的图书为油印非正式出版物，还有部分线装书籍，并且丛书书籍约175种，在整体文献中占70%。

再次，这批文献有着重要的经济价值。目前，随着民国文献收藏热的增温，抗战文献的经济价值也不断攀升，作为有着一定历史背景的特定抗战文献资料，它的价值自然不容置疑，特别是其中有着冯友兰转赠的签名本图书，以及许多作者的题赠图书，由于此种珍贵信息的增加，其经济价值也随之上升。

2. 研究价值与社会意义

该批文献的珍贵价值，决定了它的学术研究价值与积极社会意义。

由于国家图书馆所藏该批文献为抗战时期出版的文献，它详细记载了当时的国家阶级、历史民情及社会文化，对于研究抗战时期的政治政权、政党状况，阶级情况、社会团体、人民生活等，有着重要的参考价值，对于研究抗战时期的政治史、经济史、文化史、社会史，也是不可多得的参考资料。例如，由中日战事史料征集会1942年所征集到的一捆油印资料，内有《情报摘要》《军事情报》《政治情报》《经济月报》《经济情报》五类资料共41册，这些书均由战地党政委员会纪要组编印，出版于1942年，内容十分丰富，涉及敌伪动态(包括敌伪的经济状况、敌伪的经济掠夺、敌军动态、敌伪汉奸政治动态等)、国际经济形势、国内外大事动态等，该批书籍为当时机密文件，书页上均注明："本报系机密文件，阅后请妥存或焚毁，以免流传。……本报系供各机关长官之参考，绝对不可传观。"[①]这批资料中关于当时国内外情形的详细记载，对于研究当时的国内外政治、经济、军事等情况有着一定的参考价值。又如中日战事史料征集会于1942年4月21日收到的一本《名城杂记》的剪报，剪自1942年3月17日至25日出版的长沙《国民日报》，该剪报粘贴了当时作战人员陈阵所写《随泰山军保卫长沙纪念作》，共有九篇文章。陈阵为湖南人，当时参与了长沙保卫战，该文记载了作者随国民党第十军保卫长沙会战取胜一事，此剪报对于长沙会战的研究，也有较为珍贵的参考价值。

同样，这批文献也是我们研究抗战时期图书史、印刷史、出版史的重要素材。中日战事史料征集会所搜集的图书出版形态各异，版式多样，既有正规的32开、16开、8开出版物，还有横32开、大8开，横14开以及许多大小尺寸不一出版的书籍。其书所用纸张纸质不一，既有精美的道林纸，又有较为粗糙的新闻用纸，还有一部分毛边纸以及模造纸。这批书籍出版于不同的机构，仅粗略统计，便有180余家机构组织印制了这些书籍(见表1)。它们出版于不同地区与年代，从1931年至1946年，覆盖了整个抗战时期，图书的版权页、书名页及封面上包含了大量的版本信息以及出版信息，对于了解当时的图书版本状态、出版机构概况、出版界状况、出版意向等有一定的参考价值。

① 《经济月报》，第5期，1942年3月20日，战地党政委员会纪要组。《军事情报》，第97期周刊，1942年1月12日，战地党政委员会纪要组。《政治情报》，第153期周刊，1942年1月4日，战地党政委员会纪要组。《情报摘要》，第9期，1942年4月4日，战地党政委员会纪要组。

表 1

出版机构	出版社	独立出版社、生活书店、战时出版社、商务印书馆、民团周刊社、正中书局、上海杂志公司、青年书店、国民图书出版社、中华书局、国防常识出版社、一般书店、大众文化丛书社、黑白丛书社、新建设出版社、亚东图书馆、中山文化教育馆、大众出版社、光明书局、救亡日报社丛书部等 120 余家。
	政府组织	国民政府军事委员会政治部、蒙藏委员会编译室、中国国民党中央执行委员会宣传部、第四战区司令长官司令部政治部、中央陆军军官学校、浙江省抗日自卫委员会战时教育文化事业委员会、安徽省政府秘书处、第三战区司令长官司令部政治部、教育部民众读物编审委员会、南岳干训班、三民主义青年团中央团部、浙江省地方行政干部训练团、边区政府秘书处、第九战区司令长官司令部政治部、第七战区政治部、福建省政府教育厅、福建省政府统计处、甘肃省政府建设厅、广东省政府秘书处编译室、广西壮族自治区地方行政干部训练团、军事委员会委员长桂林行营政治部等 40 余家。
	协会社团	艺文研究会、中国抗战史料社、中华全国基督教协进会、中苏文化协会、成都民族学会、上海法政学院、中国地方政治学会、上海抗战文学会、中华民国留日同学会等 10 余家。

不仅如此,它还是研究中日战事史料征集会的重要参考资料,因为历史等诸多因素,中日战事史料会征集整理后的文献资料汇编等书籍分散各地,这批文献于是成为了解该会及其著作文献的重要线索与材料。[①] 它也是研究国家图书馆的重要参考资料,从中日战事史料征集会的资料中,我们可以了解到国立北平图书馆在抗战时期的相关活动,加强对国家图书馆馆史的研究;作为馆藏资源的组成部分,对该批文献的研究,将有利于增强我们对馆藏资源的了解,充实对馆藏资源的研究与建设。

除了学术上的诸多价值,国家图书馆所藏中日战事史料征集会藏书还有着十分积极的社会意义。中日战事史料征集会以保存整理抗战文献资源、服务社会为己任,"惟念生此强敌压境,国家民族存亡绝续之时,……则将此日我国民为国家民族抗战图存所留之记载及时征辑,整理保存,以为后来治国史者之采用"。[②]"使后日治历史的人,不至于縻费工夫于搜集材料,这对于历史学科的进步,实在可以说有一种划时代的进步"。[③] 它搜集图书、整理文献,一切的工作都是为了挽救国家危亡,挽救民族文化,为后人留下历史文化资源,就此点而言,中日战事史料征集会所留下的文献,不仅是一批实体资源,更是一种精神财富,体现着中国人民爱国奉献的伟大情怀以及知识分子传承文化的历史责任感,从这一意义上讲,这批文献更有着爱国主义精神与奉献社会的积极意义。

由于中日战事史料征集会所藏图书数量庞大,以及时间与人力的关系,笔者统计有限,国家图书馆所藏民国文献中的中日战事史料征集会藏书,还有待进一步发掘。另一方面,因为中日战事史料征集会由国立北平图书馆与西南联合大学合办,在西南联合大学图书馆中,也会有大量资料被保存下来,可能存于北京大学、清华大学以及南开大学图书馆中,这些资料与问题还有待日后进一步发现探讨。

---

① 见:http://www.luobinghui.com/myq/jz/200510/6269.html,如有的研究者将中日战事史料征集会误作联大与北平研究院合办。

② 中日战事史料征集会集刊. 第一期,中华民国二十九年六月:35

③ 中日战事史料征集会集刊. 第一期,中华民国二十九年六月:3

到馆读者使用国家图书馆网上资源情况统计与分析

李晨光　数字资源部
延卫平　业务管理处
李雁冰　数字资源部

[**摘　要**]本文根据电子阅览计费管理系统的原始日志，对近6个月到馆读者使用国家图书馆网上资源的情况进行统计，分析研究读者使用习惯与偏好以及对国家图书馆网上资源的需求情况，并对国家图书馆数字资源建设与服务模式提出改进建议。

[**关键词**]中外文数据库访问量　国家图书馆网站　特色资源

数字资源服务是图书馆服务的重要组成部分。随着数字资源与网络信息资源的飞速增长，如何了解读者对该类资源的使用情况及需求，使图书馆数字资源建设服务更加科学有效，成为图书馆员需要研究的一个重要课题。

国家图书馆是国内最早为读者提供数字资源阅览及网络服务的公共图书馆，从1995年开始相继开放了第一、第二电子阅览室，读者用机约100台。2008年9月国家图书馆数字共享空间投入使用，为读者提供数字资源阅览及上网用机464台。硬件设施水平、网络速度、可使用的数字资源数量较从前都有了很大提高。随之而来的是读者使用人次的大幅提升，日均读者上机近3000人次。

国家图书馆购买了大量中外文数据库，其中多数数据库限于国家图书馆局域网内查阅，读者须在馆内使用。为了更好地了解到馆读者使用国家图书馆购买的中外文数据库、自建特色资源库及主页上各栏目等情况，从而发现问题进一步改善读者服务工作，我们对读者使用习惯与偏好以及对国家图书馆网上资源的需求情况进行了深入系统的分析研究。此次研究以2008年11月到2009年4月期间到馆读者对各类数据库及国家图书馆网站的访问量统计结果作为参考依据。

一、统计基本情况说明

（1）统计时间段：2008年11月到2009年4月的6个月时间。

（2）统计对象：国家图书馆网上资源的馆内访问量，即国家图书馆网站所列的中文数据库、外文数据库、特色资源、主页的主要栏目，以及一些使用单独服务器的网站的馆内访问量。

（3）统计深度：以网站（主机+域名）、同一网站下不同端口号、同一网站下不同栏目、数据库统一前缀等为单位统计，或根据实际需要进行更加细化的统计。

（4）统计来源：以国家图书馆电子阅览计费管理系统后台日志为主，同时采用了个别数据库后台统计数据。

(5)统计上网语句:以"http://"开始的有效 URL 语句,一个 URL 语句,称为一次点击,或称为一次访问。

(6)不列入统计范围的 URL:浏览器预设主页 URL(http://www.nlc.gov.cn)。

(7)百分比计数:小数点后 2 位,四舍五入。

完成统计的方法:由于使用自定的统计专题、内容和规则,且统计时间段较长,需处理多个 2G 日志文件,所以整个后台日志数据的处理、挑选、累计等全部通过自行编制的程序加必要的人工处理进行。同时,为了对比和细化,采用了个别数据库后台统计数据。

二、统计的结果和分析

1. 网上资源访问量总体统计结果

表 1　国家图书馆网上资源总体统计

统计范围	点击量(次)	百分比
资源列表—中文数据库	15 558 767	88.46%
OPAC	749 091	4.25%
资源列表—外文数据库	691 460	3.93%
主页专栏	220 123	1.25%
文津图书奖	134 073	0.76%
数字资源门户	107 994	0.61%
特色资源	102 692	0.58%
读者管理系统	26 534	0.15%
总计—国家图书馆网上资源	17 590 734	100%

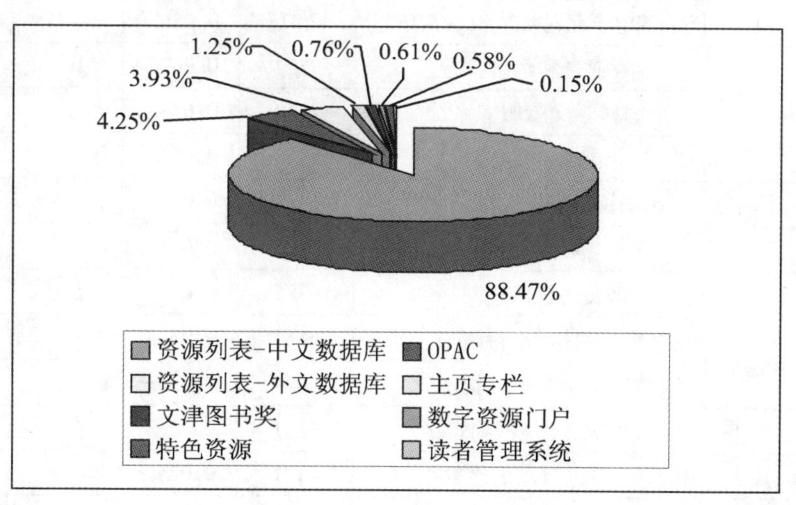

图 1

2. 资源列表—中文数据库

中文数据库提供了电子图书、全文期刊、电子报纸、学位/会议论文、专利/标准、数值事实、索引/文摘、工具类和音视频等多种资源类型数据库的入口。其中,清华同方知网 CNKI 包括了全文期刊、电子报纸等多种资源数据库的入口,但点击进入后,实际多为清华同方知网主页面(http://dlib. edu. cnki. net/kns50/),并且从主页面或其他页面可以进入其他 NKI 专栏,如知识超市、知识搜索—翻译助手等。因此在统计时,与 CNKI 相关的网站网址一并进行统计。类似的还有其他据库。

中文数据库一共有15 558 767条相关 URL 语句。

表2　中文资源库访问量统计

资源类型	资源或网站名称	点击量(次)	百分比	备注
全文期刊等	清华同方知网	13 641 138	87. 64%	含多种资源类型
全文期刊	维普资源系统—镜像站	600 128	3. 85%	早期为维普中文科技期刊数据库
全文期刊等	万方	476 941	3. 06%	含多种资源类型
电子图书	方正电子图书	258 040	1. 66%	
音视频	VOD 视频点播	217 929	1. 40%	
电子报纸	人民日报全文数据库	77 026	0. 49%	
数值事实	国务院发展研究中心信息网	72 407	0. 46%	
全文期刊	人大复印资料全文数据库	45 404	0. 29%	
全文期刊	龙源期刊网	41 131	0. 26%	
音视频	新东方多媒体学习库	21 932	0. 14%	
索引文摘	全国报刊索引数据库	18 556	0. 12%	
全文期刊	TEPS 台湾电子期刊数据库(台湾华艺)	12 417	0. 08%	
电子报纸	参考消息和经济日报	9554	0. 06%	
索引文摘	中国科学文献服务系统	7808	0. 05%	
工具类	核心期刊总览	7428	0. 05%	
全文期刊	中国财经报刊数据库	6922	0. 04%	
数值事实	中经专网	6905	0. 04%	
数值事实	北大法律信息网	6785	0. 04%	
数值事实	故宫在线数据库(台湾华艺)	5151	0. 03%	
电子报纸	慧科中文报纸数据库	5024	0. 03%	
工具类	中国大百科全书	4681	0. 03%	
数值事实	中国/世界进口商名录数据库	3171	0. 02%	
音视频	多媒体光盘管理系统	3170	0. 02%	

续表

资源类型	资源或网站名称	点击量（次）	百分比	备注
索引文摘	中文社会科学引文索引	2564	0.02%	
电子报纸	新闻智慧网（台湾十大报纸）	2532	0.02%	
数值事实	北大法意数据库	1256	0.01%	
数值事实	世界美术资料库（台湾华艺）	773	<0.01%	
电子图书	文渊阁四库全书	717	<0.01%	
学位论文	CETD 中文电子学位论文服务（台湾华艺）	656	<0.01%	
电子图书	台湾文献汇刊	583	<0.01%	
电子图书	阅读中国——当代文学作品（数字）推荐工程	505	<0.01%	新增数据库
电子图书	四部丛刊	140	<0.01%	
索引文摘	中图电子期刊导航服务	57	<0.01%	
电子图书	台湾文献丛刊全文数据库	24	<0.01%	
数值事实	历代石刻史料汇编	19	<0.01%	新增数据库

由表 2 可知，清华同方知网（CNKI）数据库访问量达到13 641 138次，占中文数据库访问总量的 87.64%。因此，我们对该数据库各子库的文献下载量也作了详细统计，以了解读者对不同类型文献电子文献的下载情况。

表 3　清华同方知网（CNKI）2008 年 11 月—2009 年 4 月下载量统计

数据库名称	下载次数	百分比
中国期刊全文数据库	1 311 079	75.72%
中国优秀硕士学位论文全文数据库	268 580	15.51%
中国博士学位论文全文数据库	78 192	4.52%
中国重要会议论文全文数据库	48 297	2.79%
中国工具书网络出版总库	12 541	0.72%
中国重要报纸全文数据库	6925	0.40%
中国年鉴全文数据库	5943	0.34%
总计	1 731 588	100%

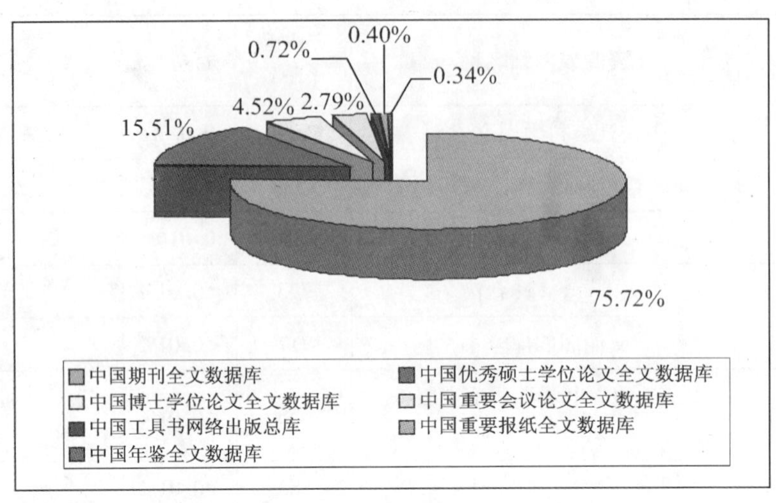

图 2

根据统计数据得知,该系列数据库中期刊全文、学位论文下载占总下载量的 95% 以上。

同样以期刊、学位论文为主的维普、万方数据库访问量也分别达到600 128次、476 941次,分别占中文数据库访问总量的 3. 85% 、3. 06% 。三大数据库访问量之和超过中文数据库访问总量的 94%。由此可以得出结论:国家图书馆到馆读者查询下载中文数据库资源主要以期刊、学位论文为主。

方正电子图书数据库访问量为258 040次,位居第四,占中文数据库访问总量的 1. 66% 。方正电子图书数据库共有电子图书约 23 万种、46 万册和年鉴 1684 余种,其中电子图书为来自 400 多家出版社的正版电子图书,覆盖了中图法所有二级分类,因其学科齐全、专业性强收到读者欢迎。VOD 视频点播访问量为217 929次,占中文数据库访问总量的 1. 40% 。访问量在 1—10 万次的数据库包括人民日报全文数据库、国务院发展研究中心信息网等 7 个数据库,其中龙源期刊网收录的期刊以资讯、文化类为主,新东方多媒体学习库主要提供外语学习类等多媒体视频课件,受到较多普通读者的欢迎。其他几个数据库则属专业性较强的数据库,涵盖了电子报纸、数值事实、全文期刊、索引文摘、工具类等多种资源类型。

访问量在 1 万次以下的有 25 个数据库,以电子报纸、数据事实、电子图书类数据库为主,总访问量为75 718次,占中文数据库访问总量的 0. 49% 。这部分数据库访问量极低的原因包括:(1)数据库内容较为专业,研究者较少,如四部丛刊等;(2)新增数据库,读者对该数据库了解较少,如阅读中国——当代文学作品(数字)推荐工程;(3)数据库相关宣传推广不够,读者对其不够了解。

3. 资源列表—外文数据库

外文数据库一共有691 460条相关 URL 语句。

表4　外文资源库访问量统计

资源类型	资源或网站名称	点击量（次）	百分比	备注
全文期刊等	ProQuest	96 878	14.01%	含多种资源类型，7种数据库
全文期刊	IEEE/IEE Electronic Library(IEL)	93 044	13.46%	
学位论文	ProQuest Digital Dissertations(PQDD)（外文学位论文全文数据库）	68 359	9.89%	通过中信所、CALIS、上海交通大学访问
全文期刊	Springer LINK(德国施普林格电子期刊)	61 824	8.94%	
全文期刊	Wiley InterScience 全文数据库期刊目录	47 145	6.82%	
索引文摘	Ei Compendex Web 工程索引	43 463	6.29%	
全文期刊	Taylor & Francis Online Journals 电子期刊	43 380	6.27%	
全文期刊	EBSCOhost 数据库	42 412	6.13%	
索引文摘等	ISI Web of Knowledge	32 798	4.74%	含多种资源类型，8种数据库
全文期刊	JSTOR 过刊数据库	26 170	3.78%	
全文期刊等	Emerald	25 950	3.75%	还包括索引文摘共2种
电子报纸	Access World News（世界各国报纸全文库）	18 022	2.61%	
全文期刊	Elsevier(Science Direct)学术期刊	13 770	1.99%	
全文期刊	ACS 网络数据库	13 100	1.89%	
全文期刊	Cambridge Online Journals 剑桥大学出版社电子期刊	12 098	1.75%	
全文期刊	AIP/APS 电子期刊全文数据库	9109	1.32%	
全文期刊	LexisNexis. com 法律库	8856	1.28%	
全文期刊	GALE	7005	1.01%	包括2种全文期刊
全文期刊	NSTL(中国国家科技文献中心)订购的国外网络版科技期刊	5414	0.78%	
全文期刊	RSC 英国皇家化学学会电子期刊（37种期刊）	3346	0.48%	
全文期刊	IoP 英国皇家物理学会电子期刊	3076	0.44%	
全文期刊	Factiva 数据库	2604	0.38%	

续表

资源类型	资源或网站名称	点击量（次）	百分比	备注
全文期刊	East View Universal Database 俄罗斯大全数据库	2136	0.31%	
索引文摘	INSPEC 英国科学文摘	1384	0.20%	
数值事实	GlobalBooksInPrint.com 在版书目	1367	0.20%	
工具类	Encyclopedia Britannica Online	1194	0.17%	
数值事实	China:Trade,Politics and Culture——海外收藏的中国近代史珍稀史料文献库	1186	0.17%	
全文期刊	SAGE Journals Online	1153	0.17%	
全文期刊	Oxford University Press Journals 牛津大学出版社期刊全文期刊目录	958	0.14%	
索引文摘	Scopus 文摘引文数据库	881	0.13%	
工具类	RefWork“个人图书馆”管理系统	785	0.11%	
全文期刊	PsycARTICLES 美国心理学会期刊	716	0.10%	在同一网站下提供服务
索引文摘	CSA Internet Database Service 剑桥科学文摘			
工具类	Credo 全球工具书大全	701	0.10%	
电子图书	ECCO,EEBO,MOMW,MOML	498	0.07%	四种电子图书
索引文摘	MathSciNet(数学评论网络版)	342	0.05%	
全文期刊	UDB STATISTICS 俄罗斯统计出版物	288	0.04%	
工具类	Ulrich's Periodicals Directory 乌利希期刊指南等	39	0.01%	包括 Ulrich's Serials Analysis System 乌利希期刊分析系统
全文期刊	Westlaw International	9	<0.01%	新增数据库

通过统计数据可以看出，对外文数据库的访问量差距相对较小，未出现像对中文数据库中某个数据库访问量极大的情况。访问量排在前十位的数据库以全文期刊、学位论文、索引文摘为主。访问量在1万次以下的数据库有30个。其中部分数据库属于研究者较少的学科，如MathSciNet(数学评论网络版)、PsycARTICLES(美国心理学会期刊)。个别数据库为新增数据库，如Westlaw International。

电子图书类的ECCO 18世纪文献在线、EEBO 早期英文图书在线(ProQuest)、MOMW 现代经济之路、MOML 现代法律之路数据库，以及工具类数据库 Encyclopedia Britannica Online、

Credo 全球工具书大全等数据库访问量过少。

从中外文数据库访问量总数来看，中文数据库访问量总数为15 558 767次，外文数据库访问量总数为691 460次。前者为后者的 22 倍之多，差距极为悬殊。虽然考虑到读者外语水平、使用习惯等因素，外文数据库访问总量理应与中文数据库存在差距，但差距如此之大，是出乎我们预料的。

4. 特色资源

国家图书馆特色资源库以本馆自建特色数字资源为主，网络发布资源总量已达 4. 01TB。文献涵盖了中文图书、博士论文、民国文献(图书、期刊和法律)、音视频、数字方志、甲骨实物与甲骨拓片、金石拓片、西夏文献、年画、中国学数据库等。为了解读者对特色资源的使用方法与需求情况，我们专门针对检索和选中一条(很可能继续看对象)的情况进行了详细的统计。(注:该统计不包括多条显示列表等情况)

表 5　特色资源检索访问量统计

一级栏目	二级栏目	简单检索	高级检索	单条显示	单条百分比
中文图书		12 773	830	8778	61. 58%
博士论文		11 549	0	2867	20. 11%
民国专栏	民国图书	416	14	115	0. 81%
	民国期刊	242	30	280	1. 96%
	民国法律	43	5	24	0. 17%
音视频		1029	88	334	2. 34%
数字方志		698	34	173	1. 21%
图片专栏	甲骨世界	374	10	175	1. 23%
	碑帖菁华	146	14	289	2. 03%
	年画撷英	188	6	1085	7. 61%
	西夏碎金	113	3	60	0. 42%
	前尘旧影	13	1	25	0. 18%
	敦煌遗珍	http://idp. nlc. gov. cn/，独立网站，未统计			
中国学	中国学汉学家	353	5	13	0. 09%
	中国学网络	106	9	36	0. 25%
全库检索		3552	498		0. 00%
总计		31 595	1547	14 254	100. 00%

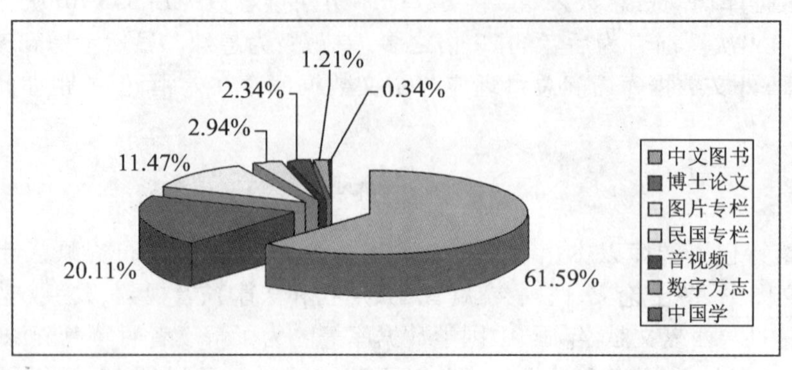

图 3

由统计数据可知,"博士论文"与"中文图书"两个栏目最受读者关注,二者访问量之和占总访问量的82%,远超其他栏目。其他栏目的访问量以"图片专栏"为最高,其后依次为"音视频资源"、"民国专栏"、"数字方志"和"中国学"。

5. 网站栏目与频道等

国家图书馆网站主要栏目与频道及专题页的统计,未包括最新公告、国图新闻和近期活动。如特色资源、馆藏目录、登录注册、文津图书奖等属独立网站,单独进行了统计。如电子图书、电子期刊、电子资源、工具书在线等合并至数字资源门户中。由于进入专栏后,将会继续链接到上述已统计过的数据库,因此,本文基本上只统计进入栏目与频道等的点击量。

表 6　国家图书馆主页栏目访问量统计

栏目/频道/专题页名称	访问量
在线服务	2826
科研参考	2274
图书馆界	1430
华夏记忆	1113
企业资讯	964
新农村建设	696
读者指南	5410
掌上国图	3177
特色服务	2041
数图工程	1071
期刊	56 611
论文	39 275

续表

栏目/频道/专题页名称	访问量
图书	21 913
影视	15 807
音乐	10 906
报纸	9395
古籍	4869
缩微	3517
资源列表	27 892
网上咨询台	3510
在线讲座	3418
新馆漫步	1262
意见和建议	453
数字版权征集	293
总计	220 123

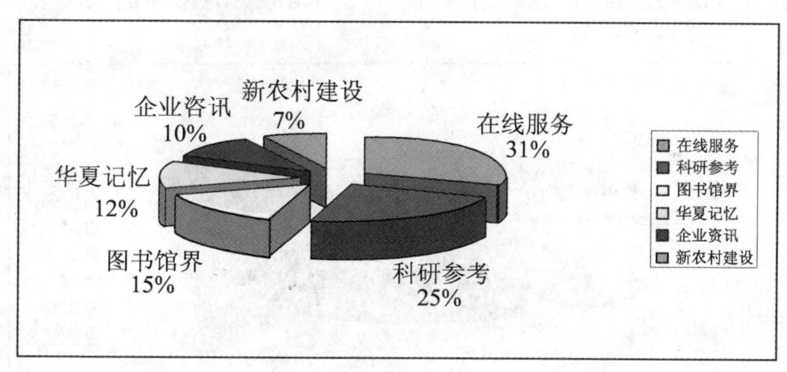

图 4

第一组包括“在线服务”“科研参考”“图书馆界”“华夏记忆”“企业资讯”“新农村建设”六个频道,位于国家图书馆网站首页左侧中部。“在线服务”主要包括“在线展览”“在线讲座”;“科研参考”主要为读者介绍“科技查新”“文献查证”“科技咨询”等国家图书馆为读者提供的科研参考服务,以及部分科研参考资源的介绍;“图书馆界”则包括业界动态、相关机构介绍、图书馆学与图书馆界相关资源与信息导航等;“华夏记忆”包括“古籍博物馆”“书籍图书馆”“文津书院”等子项;“企业资讯”主要提供了与企业相关的行业资讯、法规、专利等信息、资源导航;“新农村建设”栏目包括农业供求、农业技术、农业法规、专利等相关信息导航。

在这一组中,读者对“在线服务”“科研参考”两个频道点击次数最多,表明大多数读者对其较为关注,其内容比较契合大多数读者的需要。“企业资讯”“新农村建设”点击次数最少,读者关注度较低。

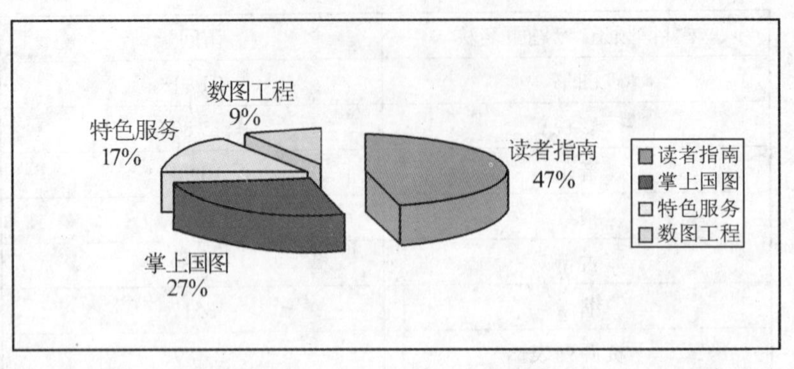

图 5

第二组栏目包括“读者指南”“掌上国图”“特色服务”“数图工程”，位于国图网站首页右侧中部。这一组栏目中，“读者指南”包括“国图方位图”“入馆须知”“阅览室介绍”“借阅须知”“馆藏一览”“常见问题”等对读者利用图书馆最有帮助的内容，因此理所当然地受到了最多的关注，点击量最大。“掌上国图”介绍了以手机为媒介的国家图书馆移动服务；“特色服务”介绍了“盲人数字图书馆服务”“数字共享空间服务”“国家数字图书馆基层资源服务”“自助借还书系统”等具有国图特色以及新技术特点的服务。“掌上国图”“特色服务”点击量排在本组栏目中的第二、三位，说明读者对新颖及有特色的图书馆服务有浓厚的兴趣。

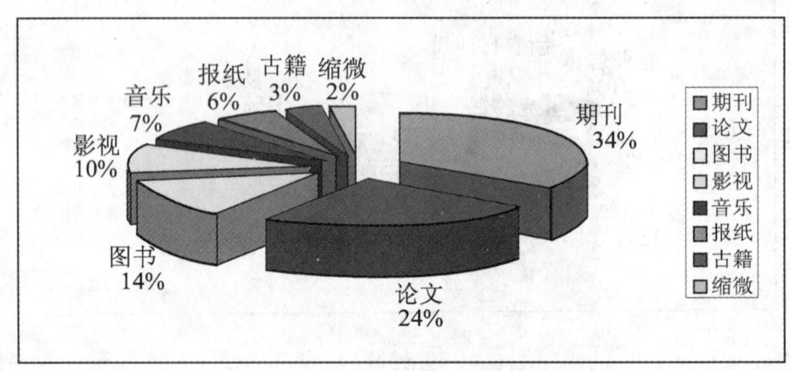

图 6

在国家图书馆网站首页上部“图书”“期刊”“报纸”“论文”“古籍”“音乐”“影视”“缩微”等以文献类型区分的各专题页中，读者访问量从大到小顺序依次是“期刊”“论文”“图书”“影视”“音乐”“报纸”“古籍”“缩微”。由此可以了解到读者对各类型文献需求的情况。其中“期刊”“论文”“图书”三大类文献最受关注，“古籍”“缩微”类文献读者群人数最少。

特别要提出的是“资源列表”专题页访问量较大，这是因为许多读者通过“资源列表”进入各数据库查询下载。

三、结论

根据以上统计数据,可以基本了解 2008 年 11 月至 2009 年 4 月期间国家图书馆到馆读者对数据库资源的使用偏好以及对国家图书馆网站内容的兴趣点。

中外文数据库使用情况方面,中文数据库中全文期刊、学位论文类数据库使用率很高。部分数据事实、电子图书类数据库访问量较低。外文数据库中全文期刊、学位论文类数据库使用率较高,部分电子图书、工具类数据库访问量较低。外文数据库访问量在数据库访问总量中所占比重较低。

国图网站内容访问情况方面,对读者利用图书馆有直接指导和帮助作用的内容以及介绍国图新技术与特色服务的内容如:“科研参考”“读者指南”“掌上国图”“特色服务”等,读者访问量较大。读者查找、利用较多的文献类型包括:期刊、论文、图书、音视频资源等方面的内容,如国图网站首页上部“图书”“期刊”“论文”“音乐”“影视”以及“在线服务”与特色资源中的“博士论文”“中文图书”等内容,受到较多关注。其他如“企业资讯”“新农村建设”特色资源中的“民国专栏”“数字方志”“中国学”等内容读者关注度较低。

四、建议

针对部分使用率较低的数据库,应加强宣传推广,提高其使用率。中文数据库如“世界美术资料库”“CETD 中文电子学位论文”等;外文数据库如“英国皇家学会学会电子期刊”“剑桥科学文摘”“牛津大学出版社期刊”等具有较高的学术价值,但使用率较低,可针对不同数据库特点与读者群进行宣传与推广,丰富数据库相关说明及常见问题解答,完善数据库导航,对相同学科或相同类型数据库集中介绍等。同时应加强读者信息素养培训,指导和帮助读者发现和使用有价值的数据库,提高读者检索技能与使用数据库的效率。

在帮助和指导读者使用国家图书馆网上资源方面,建议采取如下做法:

(1)制作适宜读者在机器上自学的国家图书馆网上资源详细说明,该教材应易于读者学习,可制作不同版本,适应各种学习需求的读者,如全文期刊类数据库使用说明、外文数据库使用说明等。

(2)增加问答式数据库介绍,穿插数据库说明。从多个方面对读者进行帮助,如查一篇中文期刊论文,如何在多个期刊数据库(清华同方知网、维普、万方)中选择较为合适的一个;某一种数据库适合解决哪些问题等。

针对部分中文数据库访问下载量极大的现状,建议在馆域网内建立数据库镜像,使读者访问下载相关数据库更加顺畅快捷,并有利于减轻国图网络出口流量压力。

对于使用率极低的数据库,如“乌利希期刊指南”等,建议组织专人进行评估,以决定是否继续采购。

国家图书馆网站内容与布局方面,“企业资讯”、“新农村建设”等具有较高的实用价值;特色资源中的“民国专栏”等栏目具有较高的学术价值,但读者关注度较低,可对此类栏目进行布局调整、突出显示等,增强显著性,提高读者关注度,进而发挥此类资源的实用与学术价值。

五、结束语

通过本次统计，我们获取了到馆读者使用国家图书馆网上资源情况的第一手资料。这将对提高各种数据库的使用率，改进网站设计提供有益的参考，并有助于我们更有针对性地帮助读者使用好各种资源，提高国家图书馆的数字资源服务质量和服务层次。

但是，由于本次调研统计数据仅限于国家图书馆到馆读者访问数据库与国图网站情况，也存在一定的缺憾。国图大部分数据库限馆内局域网访问，小部分数据库可远程访问。因此到馆读者访问数据库的数据虽能基本体现读者的使用数据库的比例与趋势，但还不能完整的体现所有读者使用此类资源的情况。国家图书馆网站的访问来源多数为外网用户，目前的统计数据只能体现到馆读者访问国图网站的基本情况，同样无法代表国图网站所有访问者对网站内容与栏目的关注和使用情况。另外，由于时间及技术等原因，本次调研的统计维度与深度尚显不够，统计数据较为单一，仅限于数据库与网站的访问量与部分数据库的下载量，对于读者年龄、教育背景、职业背景等用户信息以及其他使用信息未能做统计分析。

在今后的调研中，我们将对这些信息进行全面的统计与分析，扩展与加深调研的统计维度与深度，根据调研结果对国家图书馆数字资源建设与服务模式、网站内容布局等提出更完善的建议。

参考文献

1 王杨，刘康宁．国家图书馆数字资源服务调查与分析．见：文津论丛—国家图书馆第九次科学讨论会获奖论文选集．北京：国家图书馆出版，2008

2 索传军．论电子资源在线使用统计数据的收集与分析．中国图书馆学报，2006(3)

3 周健，余海宪．电子资源使用统计及其应用初探．情报资料工作，2006(4)

4 程坤．中外文电子资源的使用统计与分析——哈尔滨理工大学图书馆案例研究．现代情报，2006(10)

国家图书馆馆藏方志来源与书目编次

杨印民　古籍馆

[摘　要]国家图书馆馆藏旧方志7000余种、12万余册，约占全部存世旧志的80%左右。其来源主要有清内阁大库拨交；国子监移藏；北海图书馆并入；民国教育部征集；建国后文化部社会文化事业管理局拨交；南京图书馆移交；坊间购得；各地机构和个人捐赠等方式渠道，目前仍在不断搜集完备之中。国家图书馆具有编修方志书目的良好传统，并涌现出以缪荃孙、袁同礼、谭其骧、袁宝琳等为代表的一批海内外知名方志、目录学家，对馆藏古籍文献的保护、整理、开发和利用做出了不可磨灭的贡献。

[关键词]国家图书馆　方志　书目　来源

中国地方志素以起源早、持续久、类型全、数量多四大特点享誉于世界文化之林，因其内容网罗了政治、经济、军事、文化等诸多方面，故而具有极高的史料价值。清方志学家章学诚将之概括为"补史之缺，参史之错，详史之略，续史之无"。实非虚言。

据不完全统计，目前我国现存旧方志(1949年10月以前成书)约8500余种，[①]在全部现存古籍中的比例近乎十分之一，主要分藏在国内各公共图书馆和大学图书馆，也有少部流失海外和散存于私人手中。有"国家总书库"之称的国家图书馆馆藏旧志7000余种(含缩微胶片)、12万余册，约占全部旧志的80%。如此丰富的一笔历史文化遗产，如果货弃于地而不加整理利用，无疑是对历史的失职和最大的浪费。一直以来，国家图书馆就有编修方志书目的良好传统，并涌现出以缪荃孙、袁同礼、谭新嘉、谭其骧、冯宝琳等为代表的一批海内外知名方志、目录学家、学者。

一、馆藏旧志来源途径

国家图书馆所藏志书，其来源主要有：清内阁大库拨交；国子监移藏；北海图书馆并入；民国教育部征集；抗战时期在后方采购；建国后文化部社会文化事业管理局拨交；南京图书馆移交；坊间购得；各地机构和个人的捐赠等方式渠道。经过几代学人的努力，目前，国家图书馆古旧方志的收藏，无论是品种，还是数量上，在中国乃至世界均遥居榜首，鳌头独占。

中国国家图书馆肇基于清季成立的学部图书馆。学部图书馆成立之初，即由清内阁大库拨交方志一千数百余部，后又由国子监移藏方志100余部。《北京图书馆馆史资料汇编》载录有《1913年1月30日京师图书馆呈教育部造送书籍数目册》(档采藏1.8)，当时这部分书籍共分善本书、阅览书两大类，计5425部、151 475卷52 326册，另有敦煌石室唐人写经长短卷计8662卷。其中，阅览书包括经、史、子、集书、志书、新书、丛书，共4544部122 963卷41 504册，当

① 参见：金恩辉，胡兆述主编．中国地方志总目提要．汉美图书有限公司，1996

时的志书为1646部19 138卷6150册。[①]

民国五年(1916),教育部征集全国方志,凡征得两部以上者,拨交京师图书馆一部,计得300余部。至民国八、九年间,由坊间购入者又约百部。民国六年至民国十八年,陆续由各地人士捐赠者亦百余部。国民政府成立教育部,又将之前所征得仅有一部移拨本馆,凡300余部。这些都是京师图书馆的旧藏方志,合计约3000部左右,[②]比清末民初增加了近约一倍左右。

北海图书馆自1926年开办,陆续购入,先后约得500部志书,这些志书多为京师图书馆所未备。1929年9月,北海图书馆并入北平图书馆,两处志书亦合为一家。迄于1933年陆续购入、捐入的志书凡千数百部,总计5200余部,除复出外,计3800余种。[③] 这些志书多为传世孤本,其珍贵程度自不待言,时任国立北平图书馆馆长的袁同礼先生曾不无自豪地矜夸道:“其中内阁大库旧藏,及近三年来采购范氏天一阁、毛氏汲古阁、陈氏稽瑞楼古地志书,无一非孤本秘笈,开海内外藏家未有之著录。第以本馆创办以来,多经改组,此5000余部方志,乃分载于六种书目中……”[④]《北京图书馆馆史资料汇编》所收另一件文件《1934年1月国立北平图书馆概况》,谈及新增藏书亦提及此事,想来也应出自袁先生之手:

> 自十八年下半年两馆合组以来除购置外,承国内外公私家所赞助惠赠图书为数至多,不惟本馆有庆,亦文艺之光,兹将二十二年六月以前新收图书略志如左:中文书籍7908种59 647册,其中,古今地志近年所收古本如毛氏汲古阁、陈氏稽瑞楼旧藏明清地志无一非旧槧孤本,又新征购者约千余种,合之旧藏,共五千余本。

从1933年起至1936年6月的约三年时间里,北平图书馆又入藏方志862部,这些书中超过十分之九为采购而得,不足十分之一为各地捐赠。[⑤]

1938—1956年,特别是1949年新中国成立后,北京图书馆又收购和接管多部方志,凡约2000余种。[⑥] 其中,抗战爆发后,北京图书馆设在重庆,昆明的办事处大力收集西南川、滇、黔、桂、西康五省地方志374种。[⑦] 这样,国家图书馆全部馆藏旧志已近7000种,这些方志不仅奠定了现有馆藏旧志的规模和数量,也无疑砌筑了馆藏志书的主体与核心。此后几十年的旧志收藏应该都是零星可数的。

2009年1月,中国国家图书馆方志馆正式挂牌成立后,开始对馆藏旧志比照《中国地方志联合目录》《中国地方志总目提要》等公认较为权威的方志书目开展查漏补缺工作,对于查出的缺藏方志正在进行积极不断地搜集完备之中。

---

① 参见:北京图书馆业务研究委员会编. 北京图书馆馆史资料汇编. 北京:书目文献出版社,1992

② 参见:袁同礼. 国立北平图书馆方志目录·序. 国立北平图书馆,1933

③ 同②

④ 同②

⑤ 国立北平图书馆方志目录二编·略例. 国立北平图书馆印行,1936年

⑥ 朱士嘉. 中国地方志综录·自序·附注. 增订本. 北京:商务印书馆,1958

⑦ 张秀民. 袁同礼先生与国立北平图书馆. 北京图书馆馆刊. 1997(3)

二、馆藏方志书目的编修

（一）缪荃孙与《清学部图书馆方志目》

缪荃孙（1844—1919），字炎之，一字筱珊，晚号艺风，自称艺风老人，江苏江阴人。近代著名学者、方志学家、教育家、目录学家，中国近代图书馆事业奠基人，誉称为中国近代图书馆之父。曾亲自主持、参与修纂《顺天府志》《湖北通志》《江苏通志》《江阴县续志》等多部方志。1908 年，张之洞负责学部，奏请缪荃孙调北京创办京师图书馆。缪亲自清理秘阁藏书，分类清理内阁大库珍本，纂成《善本书目》八卷，《各省志书目》四卷等。同时，广购图书馆古籍，集刻京师藏书目录。1912 年民国成立后，他移居上海，继续从事目录学的研究，著书立说，包括有《清学部图书馆善本目录》和《清学部图书馆方志目》等不下两百余卷。

《清学部图书馆方志目》由上海国粹学报社于 1912—1914 年间刊印，本书刊印之前，当时的京师图书馆应该做了细致的准备工作，国家图书馆至今还收藏有著录题名为《京师图书馆山东方志目录旧稿》手抄本和《京师图书馆方志目录》草稿本，考诸两书内容，皆与《清学部图书馆方志目》相关部分内容相符，故可视为二书成果的吸纳和转化。据《清学部图书馆方志目》凡例所记，是目编修原则依据如下：

（1）各种志书分各省各府各县再以时代分次。

（2）书记卷数册类主修人年月可考者必书，重分者记二部或三部。

（3）各志不全者用天一阁书目例记所存卷数每卷至每卷。如只有一卷，下又有一卷，加又字以清眉目。另一部虽有缺卷而书可存或刻可观，则书又一部，记欠几卷以示区别。

（4）国朝志书通以府县为主修人，不以属起草者，如明及边省无从指出府县则亦变例。

《清学部图书馆方志目》共收录各省府州县志 1676 部，其中明志 224 部、不全志 360 部，[①]这其中还包括省通志 37 种共 60 部，所录府州县志如下表：

表 1　《清学部图书馆方志目》所收各府州县方志数

府州县志	统计（单位：部）	明志（单位：部）	不全志（单位：部）
盛京	9		2
直隶	224	31	58
江苏	73	20	26
安徽	87	10	39
山东	169	38	23
山西	120	20	18
河南	193	18	27
陕西	108	13	8
甘肃	38	6	4
福建	60	12	8

① 缪荃孙．清学部图书馆方志目例．上海：国粹学报社，1912—1914

续表

府州县志	统计(单位:部)	明志(单位:部)	不全志(单位:部)
台湾	1		
浙江	82	17	23
江西	126	9	27
湖北	80	5	20
湖南	84	3	33
四川	53		1
广东	78	11	32
广西	4	2	2
云南	66	3	7
贵州	3		
总计	1658	218	358

表1总计数目与凡例所记数字存在一定差距,笔者不知为何因。参阅上表,可以得出如下两点认识:

(1)从内阁书库所存各地志书数量来看,直隶最多,达200余部,其余超过百部以上的,主要为长江以北的北方地区,江南惟江西一省而已。长江以北各地志书数量明显多于江南,这应该与自元明清以来,封建王朝的统治中心居于北京,更便利于北方方志的收藏有关,而不能说明南方修志数量少。

(2)清以前方志中,明志约占全部收藏志书的比例13%多,宋元及前代更少,清志明显居于主流,这与我国历朝总体修志状况是完全相符的。清代诸帝大都对修志十分重视,清代地方志成书数量之多,分布区域之广,质量之高,超过以往任何时期,达到了古代方志的顶峰。现存的8000多种旧志中,清代约5000多种。

(二)袁同礼、谭其骧等与《国立北平图书馆方志目录》

袁同礼(1895—1965),字守和,河北徐水人,生于北京。中国现代图书馆创始人,著名图书馆学家,目录学家。从1929年开始,袁先生实际主持北平图书馆工作长达22年之久,使北平图书馆在较短时间内便成为国内最大,藏书最多的现代图书馆。袁先生还聘请不少知名专家学者来馆,整理出版大量善本丛书,编纂了馆藏甲、乙两库善本书目、普通书目目录等,对于图书馆文化事业的传播和学术研究的推动起了重要作用。

谭其骧(1911—1992),字季龙,浙江嘉兴人。历史地理学家,中国科学院学部委员(院士)。谭先生平生最大的贡献之一,就是他从50年代开始,几乎倾注了30多年心血主持编绘的《中国历史地图集》,这是当今内容最为详确的中国历史政区地图集,在我国边界谈判和外交、国防、社会主义经济建设中发挥了重要作用,被中央领导誉为新中国社会科学最重大的两项成就之一。关于《国立北平图书馆方志目录》一书,袁先生是主持人,谭先生则承担了汇集校订的全部工作。

《国立北平图书馆方志目录》共收方志5200余部,其中前北海图书馆所藏500余部为大兴李翰章属稿，其余部分皆为谭其骧伯父谭新嘉先生完成。关于此书编纂背景，1933 年 5 月，袁同礼先生在该书序文中写到：

> 方志者，地方之史也，疆域建置之沿革，典章制度之变迁，于是焉备。惟自明清以来，各地府州县志虽不乏硕彦秉笔，然僻陋之区往往为功令所迫，因而出于胥吏之手者，辞义芜浅，致不为通儒所重，弃置于屋壁山崖者久矣。近今学风丕变，文史道分，凡著述之可资探讨者，不以其辞之不雅驯而轻之。于是学者渐以读方志相倡中外，各图书馆翕然景从，并皆广务搜集编次专目。

可见 20 世纪二三十年代，一向偏离人们视线的地方志，开始重新得到广大学者的认知与重视，一股修志的热潮也在勃然兴起，以黄炎培、黎锦熙等人为代表的一批文化界知名人士，痛感于国运衰微，通过修志表达他们对国家和民族命运的思考，这些志书冲出封建旧志的藩篱，着意揭露帝国主义侵略，重视科学和民生，增加诸如民政、教育、交通、实业等新类目，编修方法多采用浅近文言，加新式标点，插入照片和统计图表，给方志界吹进了一股清新之风。各大图书馆亦与此潮流相激荡，竞相搜集编目，地方志书一时炙手可热。

《国立北平图书馆方志目录》的编修，体现了如下原则特点：

1. 随编随印，“故年月之断，各省不一。”由于历史原因，在编修《国立北平图书馆方志目录》时，当时馆藏旧有中文书目计凡六种：前京师图书馆善本书目；前京师图书馆普通书目；前京师图书馆普通书目二编；前北海图书馆书目；教育部保管处移藏书目；暂编书目。《国立北平图书馆方志目录》除了包含上述各种书目中的方志之外，也包含两馆合并后续得之志书，随编随印，先后时间历一年之久，“故年月之断，各省不一”。①

2. 以省府厅州县志为主，兼及边镇志、卫志、所志、关志、场志、盐井志等，而将清末各直省州县所修之乡土志，以及江南浙西私家所撰之乡镇志别为附录。

3. 书有以志为名，但所纪无关地方经制者，概不采入。

4. 书有不以志名，但所载为一地方之掌故者，则视其体例以定取舍。至边远诸省自未可与内地等视，例限较宽。

5. 凡方志之汇刻于丛书内者，是编不采。这一点可以说是本目录编修的一丝瑕疵，使得一部分方志书目遗漏而未收入。

6. 重金石、目录之学。“金石目录之学，时人所重，本编为切应此种需求起见，凡各志之有此二类者，并标出之。”②

是书分四册装订，《北京图书馆馆史资料汇编》一书留存的《1934 年 1 月国立北平图书馆概况》就有专门记载。因为此书在编写方志目录体例上有许多独到之处，其垂范作用，对后来影响很大。此后朱士嘉先生编修《中国地方志综录》，主要以此为参考。

作为《国立北平图书馆方志目录》的姊妹篇，《国立北平图书馆方志目录二编》于 1936 年接踵问世，所收方志书目为本馆自 1933 年至 1936 年 6 月通过采购和读者捐赠渠道收藏的志书 862 部，规模自然比前者要小得多。“二编”条例与前《国立北平图书馆方志目录》大体相同，较为明显的区别有两点：一是对于那些原书已缺失修纂名氏和刻版年代的，“二编”就于各种册数下另行标明；二是对于那些过去残缺后来配补完善的书，“二编”全部于册数下另行标明旧藏若

---

① 谭其骧．国立北平图书馆方志目录·凡例．国立北平图书馆印行，1933

② 同①

干卷，新购若干卷。这点从侧面可以说明，当时本馆已经做了大量残书配补工作，让残缺分离的古籍“破镜重圆”。

（三）万斯年与《国立北平图书馆西南各省方志目录》

万斯年，原为国立北平图书馆编纂员，抗战时期，作为北平图书馆昆明办事处的主要联络人，对采集云南武定彝文经典和丽江纳西文献，以及西南地区的地方志、石碑、石刻等付出巨大心血，这些文献现皆珍藏于国家图书馆。20世纪40年代后期，他被应聘到北大史学系授课，后又出任江西财经大学校长。

1941年，经万斯年先生整理的《国立北平图书馆西南各省方志目录》由图书季刊社出版（国家图书馆缩微中心库存缩微胶卷）。据国家图书馆研究员张廷银先生统计，本目录计收四川方志351种536部，云南方志173种227部，贵州方志58种74部，广西方志93种115部，西藏方志23种33部。①

（四）北京图书馆编《北京图书馆方志目录三编》

该书目由北京图书馆1957年出版，主要为1957年11月之前一段时期内本馆所整理编次的地方志书目，除去重复外计收方志2177种，附录名胜古迹志等180种，共2357种，约55 000余册。这批志书的来源主要通过以下途径：抗战时期在大后方的采购；建国后文化部社会文化事业管理局拨交；南京图书馆移交；上海商务印书馆捐赠等。

（五）张秀民、冯宝琳、刘树楷对朱士嘉编《中国地方志综录》的配合

朱士嘉（1905—1989），字蓉江，江苏无锡人，1924年考入燕京大学历史系，毕业后考取同校硕士研究生，此间即着手编辑《中国地方志综录》。该书于1935年由商务印书馆出版（第一版），收录自宋熙宁间至民国二十二年（1933）传世方志5832种，93 237卷，这是第一部全国性的方志联合目录，引起了国内外史地学界的重视，并给予高度评价。著名历史学家顾颉刚曾为此书作序云：“学者拥此一编，智珠在握，左之右之，俱足以达津梁，其供应研究方志学者之便利，不待言也。”从国家图书馆退休的冯宝琳先生是朱士嘉的老朋友，她在《朱士嘉先生与〈中国地方志综录〉》一文中回忆道：“在四十年代，朱先生的地方志综录是我们从事图书馆工作的案头必备、常看常查的重要参考工具书。”“在朱士嘉先生编制《中国地方志综录》问世之前，有关地方志的目录文献，仅仅有各公共图书馆及私人编制的各自入藏的地方志目录，但却没有综合各家所收藏的地方志而编成的一个包括公藏私庋全方面的中国地方志总目录。”②

1935—1938年间，朱士嘉先生继续搜集了730种方志，辑成“补编”，发表于《史学年报》第二卷第五期。随着时代的变化，特别是建国后，原“综录”著录的藏书者发生了很大变迁，从1955年5月开始，朱先生又对原“综录”做了必要的修订工作，这次修订工作的收获是：新发现326种，内珍本约有60种，分藏在全国各图书馆；原综录中的错误，更正约1200条；对藏书者变

---

① 参见：张廷银．收集地方文献须责任与识见并驾而行——抗战时期北平图书馆收集西南文献述论．国家图书馆学刊，2005(1)

② 冯宝琳．朱士嘉先生与《中国地方志综录》．湖北方志，1994(6)．收录于作者非公开出版物《留痕集》，北京，2006年。

迁情况以及收藏方志情况，进行调查和正确记录。

1958 年 1 月，朱士嘉先生将修订后的《中国地方志综录》（增订本）在商务印书馆出版。增订的“综录”著录全国各图书馆所存方志 7413 种109 143卷，较原“综录”多出 1581 种15 906卷。此外，增订综录将台湾地区藏稀见方志 232 种 3487 卷列入附录；美国国会图书馆藏中国方志 4 千种，内中稀见志书 80 种，也列入附录。此后，在 1958—1966 年的九年间，朱先生又补充编成地方志综录第二次增订本 30 册。

颇值一提的是，当时的北京图书馆在朱士嘉先生修订、增补《中国地方志综录》的过程中，不断给予帮助。“综录”除了直接参考《国立北平图书馆方志目录》外，北京图书馆张秀民、冯宝琳、刘树楷三位先生为配合“综录”的编修，将 1938 年至 1956 年间，特别是 1949 年以后本馆接管和收购的方志约有 2000 多种编成目录。① 笔者多方查阅未有发现这部三人所编目录，估计没能正式出版发行，但成果为《中国地方志综录》纳入其中。此间，中央地质部得到北京图书馆的协助，搜集地方志中有关矿产的记载，取得了一定成绩。

多年之后，冯宝琳先生回忆说：“从 1946 年开始在工作中受到朱先生综录的鼎力帮助，虽然心仪已久，但直到 1956 年朱先生增订综录，来馆了解从抗战到新中国成立前北图陆续所入藏的地方志，经张秀民先生介绍，我方得识荆。我在 1955 年正好整理编目这批方志共 2300 余种 5 万多册，已经排好卡片。朱先生收集到一些新品种，很是满意。时光飞快，又是 20 多年过去了，朱先生听说我已退休了，乃邀我参加这一《中国地方志联合目录》的编辑工作，底定于成。”②朱士嘉先生年轻时虽非北平图书馆的馆员，但是能够留学美国，亦是得到过袁同礼先生的大力资助。

（六）庄威凤、朱士嘉、冯宝琳与《中国地方志联合目录》

1985 年 1 月，由庄威凤、朱士嘉、冯宝琳任总编，中国科学院北京天文台主编，中华书局版《中国地方志联合目录》问世，著名版本、目录学家顾廷龙先生作封面题字。本书目著录全国 30 个省、市自治区的 190 个公共、科研、大专院校图书馆、博物馆、文史馆、档案馆等所收藏的历代旧志共 8264 种，收录范围通志、府志、州志、厅志、县志、乡土志、里镇志、卫志、所志、关志、岛屿志等。凡具有方志初稿性质的志料、采访册、调查记等均予收录，山水、寺庙、名胜志等不收录。编纂年代截至 1949 年。是书成为当时所收最完备之地方志目录，使中国旧志宝藏得以昭示世界。

“联合目录”在编辑过程中，得到了全国各有关单位的大力支持，特别是北京图书馆，提供了种种便利条件，保证编辑工作的顺利进行。朱先生在该书序文中提及：“北京图书馆给予密切配合，不厌其烦地查核了大量地方志。冯宝琳编辑上海、陕西、甘肃、宁夏、青海、新疆、江苏、云南、贵州的资料。以她多年积累的经验和高度负责的精神，做了许多编辑工作，而且在定稿中复查了两千多种地方志。在定稿时，得到北图张秀民等热情帮助。他们逐省审阅，提出了许多宝贵意见。”可见国图人在《中国地方志联合目录》一书的编纂上，付出了辛勤的劳动和汗水，作出了不可磨灭的贡献。

---

① 朱士嘉．中国地方志综录·自序·附注．增订本．北京：商务印书馆，1958

② 冯宝琳．朱士嘉先生与《中国地方志综录》

（七）石光明与《北京图书馆普通古籍总目·地志门》

北京图书馆普通古籍组编《北京图书馆普通古籍总目》（北京图书馆出版社 2003 年 12 月）第四卷《地志门》由现任职于古籍馆普通古籍组，具有 30 多年岗位工作经验的石光明老师担纲主编，是书共收地志 8774 种17 670部137 329册，囊括志书可谓十分丰富。其中出版于 1911 年以前的有 5665 种11 579部98 001册，1911 年以后的有 3109 种 6091 部39 328册。本卷书目在编辑过程中，徐自强、薛英两位先生曾任总编，现古籍部主任张志清先生担任过分卷主编，都付出过相当多心血。

全书分地理学、方志、专类地志三大部分。地理学又分通论、地图学、辞典、期刊、丛书、论丛、杂文，教科书、索引、总志及从先秦到民国的分期。方志在分类法上有所调整，以中国三大水系流域——黄河、长江、珠江流域以及地域板块包括东北、宁夏、内蒙古、新疆、西藏、青海等为主，另外，将香港、澳门、海南从传统旧志的广东区域区分出来。县名表的调整，以 1985 年颁行的行政区划为根据。所收专类地志包括山川、名胜古迹、陵寝、宫殿、祠庙、苑囿、书院、学宫以及关隘、边区民族、游记、外国地理、外国游记等。

（八）孙学雷、张爱芳、郝瑞平与《地方志·书目文献丛刊》

《地方志·书目文献丛刊》40 册，2004 年 12 月由北京图书馆出版社出版，孙学雷任主编，张爱芳、郝瑞平任副主编。孙学雷先生供职国图多年，好学深思，颇留意地方文献，而尤钟情于地方志之文献著录，穷年累月，不辞辛劳，潜研馆藏地方志，搜求汇集，不遗余力。

是书具有类编性质，其价值在于资料性强，可资参证者颇多：(1）与今通行的古籍总目与馆藏目录比，因包括了存与佚两大类文献，更加全面，可考知流传与真伪。(2）与正史经籍志比，地域特征明显，对于区域文化研究甚便，便于区域的考较，且搜罗更为细致、详尽。(3）本书记载一地俊彦著述较详，是以其名人之遗漏著述，于此有所补正，于扩大文献著录量大有裨益，并为学人检索更开辟捷径。

本书从国图地方志专藏中，选出的清末民初通志艺文志中经籍志部分，加以选编、汇集而成。在各地历次递修志书中，选取撰修年代最晚、包含经籍志内容最全的方志。在区域范围上，涵盖全国各省、直辖市、自治区，在通志经籍志阙如的个别省份，以相应区域性书目文献加以配补，从而在地方历代存佚书目的基础上，形成全国性的通代经籍志集成。编排时则依照《中国地方志联合目录》的顺序，按华北、东北、西北、华东、中南、西南为主线，间以分册需要，排列而成。并另编《书名拼音索引》与《书名笔画索引》，以便检索。丛刊所收版本主要集中于清代至民国时期，版本类型包括稿本、刻本、石印本、铅印本。

其内容特点往往与地方通志编例直接相关。著录体例上，古今存佚书籍一并照录，或详载一地经籍总目，备列朝代、书名、卷数、作者、存佚、出处、提要，或仅略记书名、卷数、出处，间有叙录体，著录书名与篇目，著者生平与思想，校勘的经过与内容，并对书籍的成书原委、性质、内容、真伪、学术源流等进行概述、评价。分类则多依四部法作基本类分，其间类目互有异同，也有的以朝代为一级类目，如《（光绪）顺天府志》《（光绪）重修天津府志》《河北通志稿》《（宣统）新疆图志》等。也有以"先正遗著""本省方志""他省士夫"为序或者以府州为别者，如《（民国）奉天通志》均构成一地系统而珍贵的经籍志资料。在时间范围上，多上起有史以来经籍之始，下至清末民初各地方志修讫之时，时间跨度长，堪称从古代至近代的经籍志全编。

综合上述内容，我们不难看出，一代又一代国图人为馆藏方志的收集和书目的编修整理等工作付出了极大的辛勤劳动，为国图方志事业的发展奠定了坚实而雄厚的基础。2009 年 1 月，国家图书馆现任领导班子高瞻远瞩，在古籍部地方文献组的基础上成立了中国国家图书馆方志馆，国图的方志事业又迎来了一次新的发展契机。方志馆的工作重点正在从之前的阅览咨询服务逐渐转移到文献采访和信息服务两大方面，这对于国内外地方文献的搜集、整理、开发和研究，以及培养一支致力于方志建设与服务的国家级团队，势必起到不可估量的作用。目前，摆在我们面前的首要任务就是查漏补缺，不遗余力地收集完备全部存世旧志的同时，大量采入新志，编修若干本能真正代表国家级图书馆水平的方志书目，并承担起若干项重大科研课题。

基于 RFID 的读者借阅行为与偏好研究

邢 军 茹 文 计算机与网络系统部

[**摘 要**]本文在分析了 RFID 在图书馆应用现状基础上,研究了读者借阅行为特点,探讨了读者在图书馆 RFID 技术环境下的借阅行为和偏好数据采集方法,并给出了基于 RFID 的读者借阅行为与偏好系统的具体实现思路和方法。

[**关键词**]RFID 自助服务 借阅行为 用户偏好

射频识别(Radio Frequency Identification,RFID)技术在图书馆的应用是近几年图书馆界关注的一个热点。正是 RFID 技术的运用使采集读者借阅过程中的动态数据成为了可能,也为进一步研究读者借阅行为与偏好提供了重要的数据基础。借阅行为是读者行为的重要方面,反映了其在借阅过程中的心理、需求、行为、资源利用效率等多方面的规律。深入了解和研究读者借阅行为与偏好将为图书馆工作带来诸多益处。其研究成果的运用将有利于提高读者服务水平,有利于指导采访策略的制定,有利于优化流通政策。图书馆管理水平的提高与否很大程度上取决于决策的科学与否,而本文的研究能够为图书馆领导的科学决策提供强有力的保障。

1 RFID 技术在图书馆的应用

RFID 技术于 20 世纪 90 年代开始兴起,在图书馆的应用最早始于 21 世纪初,2000 年美国内华达州立大学图书馆大规模将 RFID 技术应用于馆藏流通。[1] 新加坡国家图书馆于 2002 年全面部署了 RFID 系统,是当时世界上规模最大的。[2] 之后,美国、澳大利亚、荷兰、马来西亚等国的图书馆也相继建成了 RFID 系统。在全球范围内,约有 8% 的图书馆使用 RFID 技术。而且,世界大型图书馆应用 RFID 技术的速度正以每年 30% 的速率增长。[3]

国内方面,厦门市集美大学诚毅学院图书馆最早应用 RFID 技术,于 2006 年 2 月 20 日正式对外投入使用“RFID 智能馆藏系统”。[4] 深圳市图书馆于 2006 年 10 月 25 日首次较完整应用全自动 RFID 系统,并在 RFID 应用的水平和数量上超过了前者。[5] 国家图书馆、杭州图书馆和深圳市龙岗区图书馆也于 2008 年先后投入使用。此外,还有一些单位内部范围的应用和测试使用,这里不一一列举。

国内许多图书馆开展了基于 RFID 服务项目,主要包括网络检索、网络漫游、网上注册 E-mail 帐号与 E-mail 收发、信息检索、用户信息查询、BBS 的注册与使用、电子阅览、各种中英文光盘数据库的检索与利用、各种中英文光盘欣赏、入库寻书、网络续借以及文件编辑和打印等。跟随 RFID 技术在图书馆中的应用,包括自助借书、还书、办证等给予读者更大自主权和参与权的自助服务模式应运而生。

RFID 技术在图书馆行业的应用,使得图书馆的服务水平和工作效率得以根本性的提高,其技术所催生的设备对图书馆的服务模式、业务拓展产生很大改观,提升了对馆藏建设的信息化、智能化水平。同时,读者对 RFID 技术在图书馆的应用产生了浓厚的兴趣,对其便捷与高效地操作一致认同和接受。整体来说,我国图书馆 RFID 的应用起步较晚,使用规模和普及程度落后于国外发达国家,但在实际应用水平上差距不大。

国内外学者针对 RFID 技术在图书馆的应用,一般来说理论研究先于实践应用,但是图书馆 RFID 技术的实践应用反过来促进了 RFID 技术在图书馆应用的理论研究。新加坡的 K. H. Yua 和 A. C. Hong(2002),Carp 和 Douglas(2004),Erwin 和 Emmit(2005),Shamsudin 和 Salami(2007)等国外学者都对 RFID 在图书馆的应用进行了探讨。国内从 2004 开始出现 RFID 在图书馆应用方面的论文,近年来,有 100 多篇相关论文相继发表,已成为我国学者的研究热点。总的来说,国内学者对 RFID 技术的关注点虽然已经从介绍和探讨 RFID 在图书馆的应用,转到对存在问题的认识[7][8]和未来应用前景的分析[9],但对 RFID 应用的深度还不够,特别是 RFID 的安全问题,读者隐私的保护,以及利用 RFID 技术实时获取读者借阅数据并对该数据进行挖掘利用方面的研究还较少。

2 基于 RFID 的读者借阅行为及偏好研究优势

对读者阅读心理、阅读需求、阅读行为等规律的研究主要采用数据挖掘分析的方式。进行数据挖掘分析时不可避免会对数据质量有较高的要求。目前主要通过以下四种方式来获取这些信息:①观察法,通过馆员与读者直接接触进行观察,或者通过与读者有联系的其他人进行观察;②调查法,以问卷或者体温方式系统收集读者的活动状况;③分析法,通过分析读者借阅记录,了解读者的行为与活动;④实验法,可在图书馆日常环境中通过改变某些服务条件来研究读者心理和行为的变化。其中观察法和调查法存在时间周期长、统计不准确等缺点;而随着图书馆自动化信息系统建设和服务模式的发展,为分析法和实验法提供了技术支撑。

现今国内图书馆自动化信息系统建设发展较为普及,可以通过数据挖掘技术在图书馆自动化信息系统中的应用来统计和了解读者心理与行为。但是,由于图书馆传统的服务模式,特别是封闭、被动和单纯型的服务模式很难实时了解读者借阅的行为和心理。RFID 技术在图书馆中的应用,特别是自助服务这种新型服务模式使得分析法和实验法有机地结合起来,同时为实时地了解读者的借阅行为和把握读者的心理提供了先决条件。

基于 RFID 技术环境通过数据挖掘技术可以实现实时对读者借阅行为和偏好的统计,特别是为读者阅览行为数据的采集提供了前所未有的条件。该技术为图书馆获取读者需求和服务以及图书馆自身前瞻性建设提供以下优势:

(1)以实时的读者借阅行为和读者偏好统计数据为基础,对馆藏结构、馆藏文献资源种类和馆藏文献资源数量作适量调整。

(2)以实时的读者借阅行为和读者偏好统计数据为基础,了解读者关注度,了解读者需求取向,同时可以了解读者关心热点。

(3)以实时的读者借阅行为和读者偏好统计数据为基础,可以增添响应的设备,例如自助终端设备等。

(4)统计工作量。工作量与读者的阅读量、借阅量成比例,据此分析读者往来大致流量。

(5)依据统计数据,分析图书热点度,配合图书上下架管理。

3 对读者借阅行为与偏好的数据挖掘

3.1 读者借阅行为特点分析

读者阅读行为大致分成两类:一类是为特定的目的而寻求某种知识或者某种文献的行为,这种行为往往表现为利用图书馆馆藏资源的行为;另一类是消化、吸收从文献中所得到的知识内容的行为,这种行为则表现为阅读行为。

根据读者对获取文献的阅读行为一般表现以下几个特征。

(1)知识拓展型

这类读者通过获取图书馆的馆藏资源,用于获取相关的基础知识或专业知识,从而扩大自己的知识面或对阅读的兴趣,满足对精神追求的需要。

(2)学习研究型

这类读者通过获取图书馆的馆藏资源,用于开拓新的知识、技术领域,接收更深层次的创造性科学研究的需要。

(3)消遣型

这类读者通过获取图书馆的馆藏资源,主要是用于满足个人的精神需要或者兴趣爱好的需要。

(4)资料型

这类读者通过获取图书馆的馆藏资源,主要是用于解决某项具体问题或具体任务对相关的文献进行参考的需要。

3.2 基于 RFID 环境下读者借阅环境分类

(1)RFID 馆员流通工作站

馆员流通工作站用于流通部门对粘贴有 RFID 标签及条形码的流通资料进行快速的借还操作,提高工作人员的流通资料借还工作效率。读者借阅操作由工作人员在工作站多本统一借还,适合于老年或者年龄段小的读者。

(2)RFID 自助借还服务终端

自助借还服务终端可对粘贴有 RFID 标签的流通资料进行扫描、识别和借还处理,用于读者自助进行流通资料的借出操作,方便读者和工作人员对流通资料进行借出处理。

(3)RFID 自助图书馆

自助图书馆是对图书馆馆舍和服务在空间和时间延伸的一种新型服务模式,它基于 RFID 技术实现了图书馆的一些基本业务,比如:借书、还书、办证和缴费等业务。

(4)阅览室 RFID 智能书桌

阅览室智能书桌可以对读者在馆阅读行为信息进行采集,动态记录读者的活动。

3.3 读者借阅行为和偏好的数据挖掘方法

数据挖掘就是从大量的数据中挖掘出有用的信息,它通过抽取大量的读者业务数据,经过转化、分析和模块化处理,从中提取辅助决策的关键知识,即从一个数据库中自动发现相关的读者借阅行为和偏好,甚至是一些潜在的行为和偏好。数据挖掘的步骤一般如下:数据采集→数据预处理→数据调整和技术选择→模型的研发和知识发现→模型和知识的综合解释与评价。整个流程是反复进行的,需要不断优化和趋近。

以数据挖掘技术中的聚类分析方法举例说明。聚类分析就是把一个数据集分解或划分成组,使同一组中的点彼此相似,但与其他组中的点尽可能不同。

按照读者借阅图书的分类,使用划分的聚类方法可将读者划分成为具有不同借阅特点的组,每一组的读者在借阅图书的分类构成上具有很大的相似性,而不同组的读者在借阅图书的分类构成上则有较大的相异性。由此可以发现读者在借阅行为方面的一些行为趋势和个性,同时在此基础上对不同的组再进行不同的统计和其他的分析。

4 基于 RFID 的读者借阅行为与偏好系统具体实现思路方法

根据目前图书馆统计读者偏好难的情况,我们设想出一种通过智能书桌的方式来统计这些偏好,形成一个偏好数据库,据此了解各项读者需求。

目前读者在图书馆对于资料的需求方式有以下三种:(1)正常借阅;(2)网络资料下载阅览;(3)图书资料阅览。下面将根据这三种不同的需求方式来讨论,如何实现读者偏好的数据统计。

4.1 正常借阅类型

目前国家图书馆的中文外借库都已实现了自助借还的方式,读者进库后自行选择需要的图书,在自助借阅终端上自助操作。图书选择的自主性,反映了读者的不同偏好。这些数据可以通过两种方式得出统计:一方面通过国图现有 ALEPH 系统得出各种图书的借阅次数。但是作为基本的部门可能无法及时的得出这些数据。另一方面,读者借还的操作都是在自助借还终端上进行,自助借还终端上都有读者借还图书的条码信息,通过网络访问或者数据传递的方式,将这些数据交给我们的智能分析平台,再通过数据的分析整合,得到基本的偏好数据库。

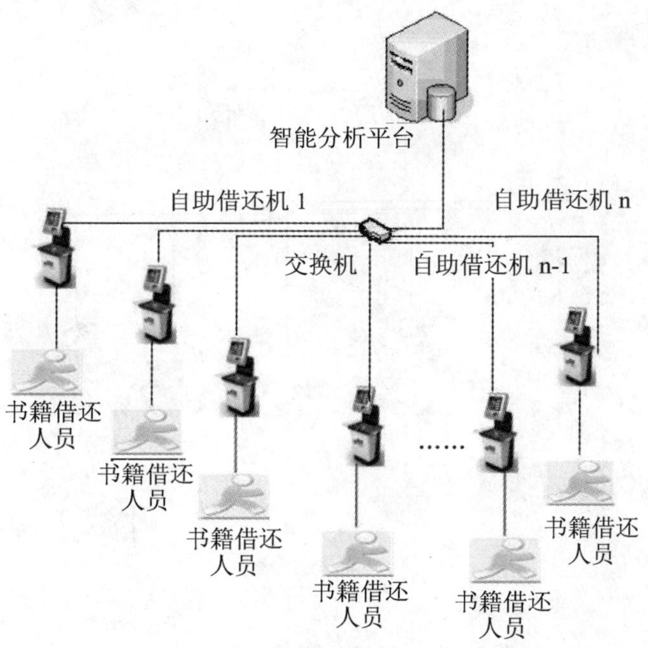

图1 正常借阅流程示意图

数据流程图如图2。

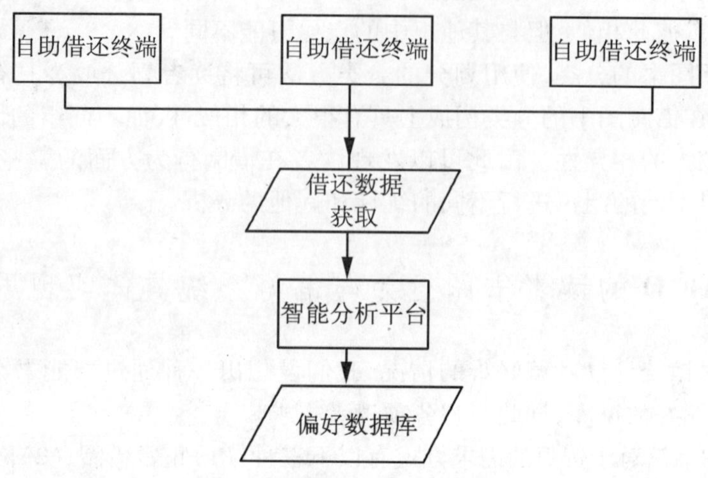

图2　正常借阅数据流程图

4.2　网络资料下载阅览

每位通过网络资料下载的读者，在后台网络资料服务器上面都有具体的统计，通过网络传输将数据发给智能分析平台，再加以分析，加入到偏好数据库。流程如图3。

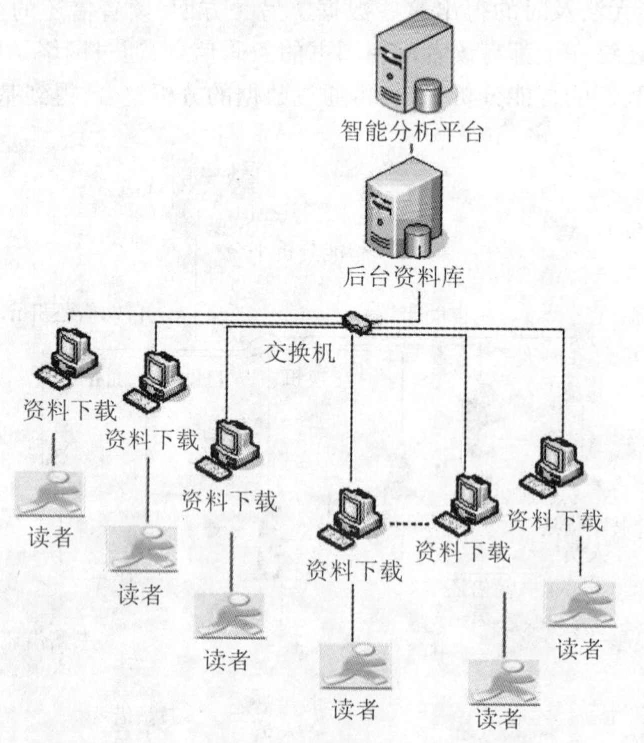

图3　网络资料下载阅览流程示意图

数据流程如图 4。

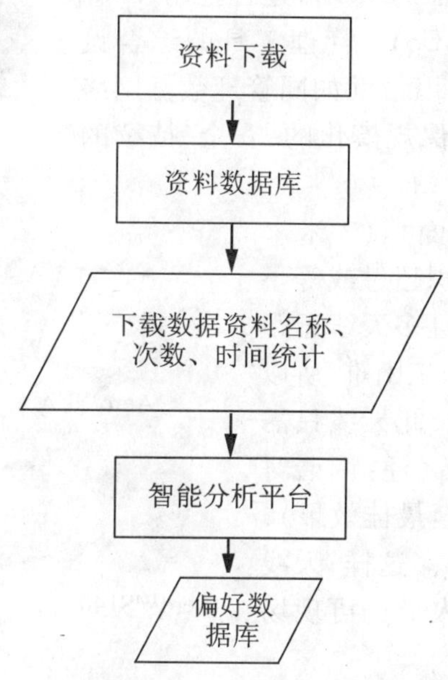

图 4　网络资料下载阅览数据流程图

4.3　图书资料阅览

读者在预览区的自由性,取书的不确定性,是导致任何系统在阅览区作统计的难点。阅览区为封闭地区,图书不能带出,读者在任何书架取完自己的图书,带到书桌上,看完后放在专门地区或者由工作人员上架。对于杂乱无章的图书,要准确统计图书信息异常困难。

结合图书馆阅览室具体特性,同时和 RFID 技术相结合,通过智能书架能够便捷地实现读者偏好统计。

RFID 智能书桌包含 RFID 网络智能结构 L400、天线、电子连接软件、后台分析系统。通过在桌面安装阅读器、天线,当阅读器检测到图书信号时,通过 L400 的无线模块,将图书信息发射到后台智能分析平台,再将信息整合。基本模型如图 5。

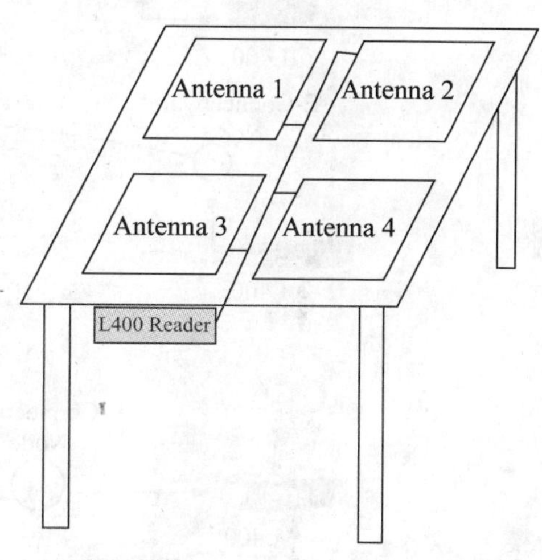

图 5　书桌上图书阅览模型图

该模型是由国际知名品牌 TAGSYS 公司的 RFID 网络智能结构 L400 与 4 个天线四个分路相连接。L400 阅读器通过电子连接软件以及专用接口与后台分析系统主机相连接,将图书信息发送到后台系统,通过智能分析平台再将信息加以整合。

RFID 网络智能结构 L400：L400 是首个工业级具有自我修正功能的智能 RFID 阅读器。L400 可远程控制，L400 和相对应的电子连接软件，TAGSYS 管理工具的综合设置，共同创建了一个智能平台，以帮助如同管理数据网络一般，管理 RFID 系统设施，确保规模化的，安全、持续的 RFID 服务质量。

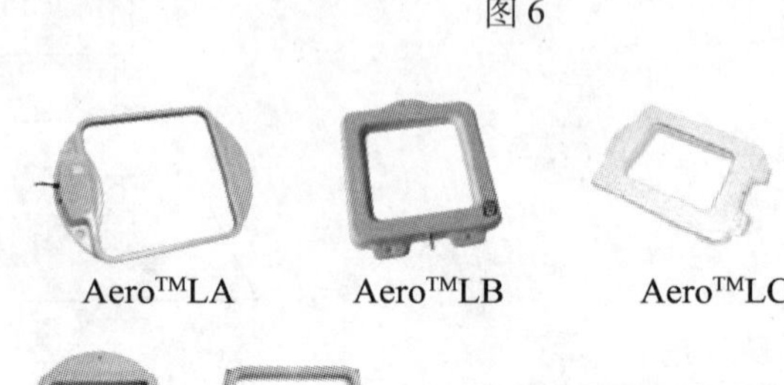

图 6

分路天线（见图 7）：书桌面积（2 米 × 1.2 米）很大，按经验当天线面积超过或等于 0.6 平方米时调谐较困难。而且多天线近距离摆放时也会互相干扰，现场施工困难，所以我们采用自动调谐的智能天线，此天线只需在第一次使用时进行自动调谐（注：调谐时间约 5 秒/次，可重复调谐，直至最佳效果），并记录调谐结果（掉电不丢失）。这样，天线安装和调整非常方便，非专业人员也可现场操作，且不影响使用效果。

Aero™S140　Aero™S200　Aero™R120-470

图 7

具体流程图见图 8。

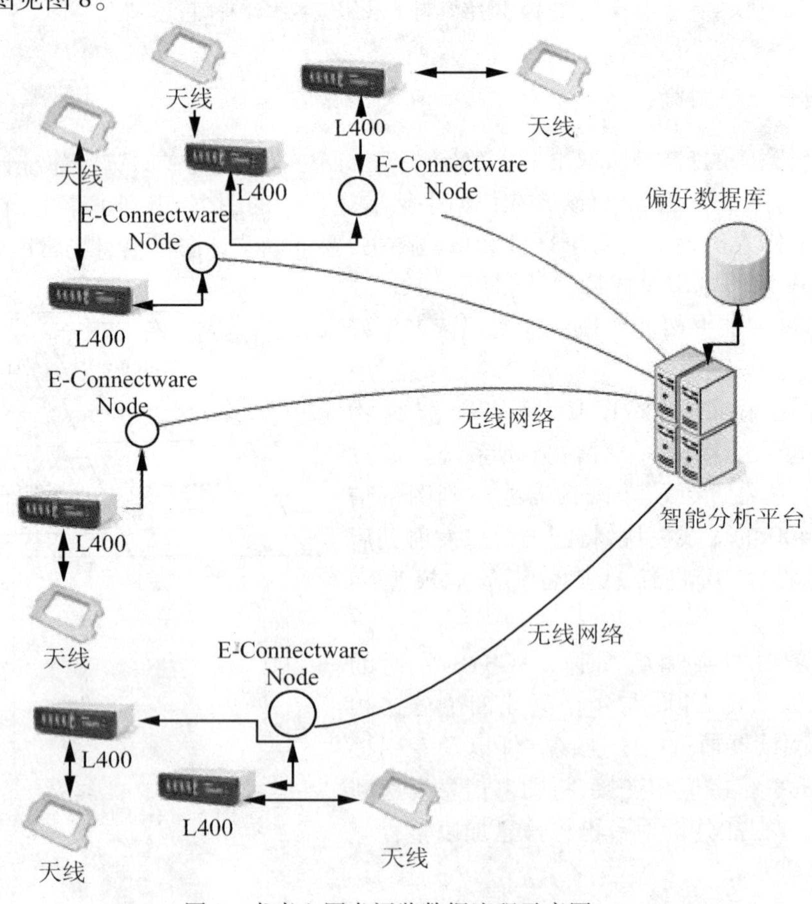

图 8　书桌上图书阅览数据流程示意图

图书馆读者看书一般将图书放在馆内书桌上。书桌分为两种类型,一种为分布在各阅览区内的书桌,另一种是围绕在各层中厅单排书桌。为统计读者所取的图书,通过在每张桌子增加天线,暗藏在桌子背面,不会损坏桌子整体美观。然后,所有桌子天线通过阅读器,无线连接到后台主控电脑,监测读者阅读过的书籍,既可以实时查询,也可以一段时间分类统计。

当读者来到阅览室,来到书架取完图书,当看完图书,会将图书放回指定地域,或者由工作人员收走。当图书放到书桌时,天线感应到图书的 RFID 标签,将信号发给 L400,L400 通过无线网络将信号发给智能分析平台。规定当读者换位时认为再次阅览该图书,将数据再次写入偏好数据库。基本流程如图 9。

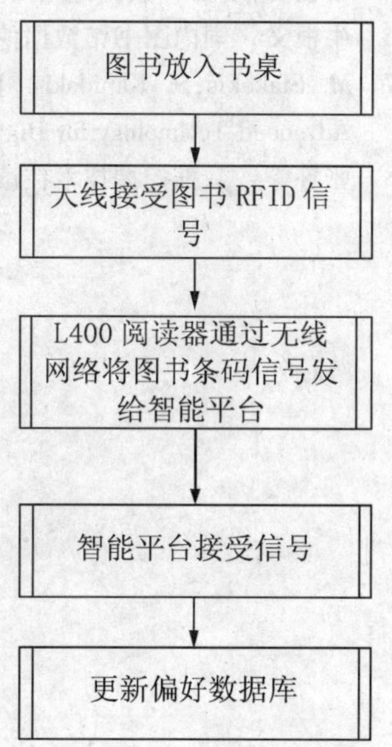

图 9　图书阅览数据流程图

通过偏好数据库分析,可以得到需要数据。

5　总结

基于 RFID 技术的服务终端属于读者研究方法中的试验法范畴,数据挖掘技术属于读者研究方法中的分析法范畴。基于 RFID 技术的服务终端的产生和发展使得其与数据挖掘技术能够有机地结合起来,实现了对读者借阅行为和偏好的实时统计成为可能,为图书馆前瞻性的决策管理、图书馆获取文献利用状况、优化馆藏、提高资源配置利用率、获取读者需求提供个性化服务提供了科学的依据。

参考文献

1　Smart, Laura J. Making Sense of RFID. Library Journal NetConnect, 2004(Fall)

2　Kho Hao Yuan, Ang Chip Hong, M. Ang, et al. Unmanned library: an Intelligent Robotic Books Retrieval & Return System Utilizing RFID Tags Systems, Man and Cybernetics, 2002 IEEE International Conference, 2002(4)

3　周文豪. 数字图书馆以及 RFID 在世界图书馆中的应用状况. 中国电子商情(RFID 技术与应用),2008(3)

4　王巧珍. RFID 在高校图书馆中应用——以集美大学诚毅学院图书馆为例. 情报探索,2007(1)

5　吴晞,马瑞,李星光. RFID 系统及其在图书馆中的应用. 图书馆论坛,2005(1)

6　刘白秋. 我国图书馆 RFID 技术应用现状分析与研究. 图书情报工作,2008(12)

7　何文昌. RFID 在深圳图书馆的应用及思考. 中国电子商情(RFID 技术与应用),2008(3)

8　邓攀. 试论 RFID 技术在图书馆应用中的利弊——以武汉图书馆青少年阅览室为例. 科技情报开发与经济,2008(18)

9　王若琳. RFID 技术及其在我国图书馆领域的应用前景分析. 情报杂志,2006(3)

10　胡昌平,乔欢. 信息服务与用户. 武汉:武汉大学出版社,2003

11　胡昌平,邵其赶,孙高岭. 个性化信息服务中的用户偏好与行为分析. 情报理论与实践,2008(1)

12　杨艳,李建中,高宏. 数字图书馆系统中基于 Ontology 的用户偏好模型. 软件学报,2005(12)

13　刘静春,余玲. 数字图书馆中读者偏好智能分析系统. 情报杂志,2008(5)

14　Ohsawa Y, Hosoda T, et al. RFID Tags without Customers ID in Book Library for Detecting Latent Interest of User Group. Knowledge-based Intelligent Information and Engineering Systems. 2007, Vol. 4693

15 李朝葵,凌云. 数据挖掘及其在图书馆中的应用. 情报杂志,2002(6)
16 牛根义. 国内图书馆数据挖掘研究. 现代情报,2009(1)
17 M. Sfakakis, S. Kapidakis. User Behavior Tendencies on Data Collections in a Digital Library. Research and Advanced Technology for Digital Libraries. 6th European Conference. 2002, Vol. 2458
18 张鲁等. 数据挖掘技术在读者借阅行为分析中的应用. 情报杂志,2005(6)

数字环境下国家图书馆读者意见新特点

赵　俭　业务管理处

李继红　业务管理处

[摘　要]本文介绍了国家图书馆新馆开馆以来,在全新的数字环境下读者意见在数量上、内容上、方式上等方面出现的一些不同以往的新特点,分析了产生这些变化的原因及应对策略。

[关键词]数字图书馆　读者服务　读者意见　服务监督

万众瞩目的国家图书馆二期工程暨国家数字图书馆(以下简称新馆)一亮相就好评如潮。新馆智能化、现代化的楼宇给读者一个舒适的阅读环境,无线网络全覆盖、无线射频识别技术(RFID)、电子读报触摸屏、自助借还系统等现代技术与设备的运用均让读者耳目一新。新馆开馆后每日接待读者约1万人次,文献流通量7.3万册次。然而,在一片赞扬声音的后面,新馆开馆以后读者意见却大幅度增加、读者意见的不同类型呈现不同的变化、读者意见的内容带有很强的数字图书馆特色。本文介绍了国家图书馆新馆开馆以来,在全新的数字环境下读者意见在数量上、内容上、方式上等方面出现的一些不同以往的新特点,分析了产生这些变化的原因及应对策略。

一、新馆开馆后读者意见数量大幅度增加

国家图书馆历来重视读者意见,读者的意见均有详细的记录。据国家图书馆读者意见摘编记载(以下简称据记载):2005年收到读者意见1069件[1],2006年收到17 011件[2],2007年收到1041件[3],2008年收到1397件[4]。读者意见总量与往年大体持平,但是新馆开馆前的8个月收到563件(平均每月70件),开馆后的4个月就收到834件(平均每月209件),从表1中我们可以清楚地看出,2008年全年新馆开馆前后对比读者意见月平均量增加了近2倍。(新馆开馆前:读者意见数据采自2008年1月1日—8月31日,实际应为9月8日。新馆开馆后:读者意见数据采自2008年9月9日—12月31日。)

表1　新馆开馆前后读者意见总量对比情况(件)

读者意见	表扬	批评	建议	咨询	总量	件/月
2008年1—8月	89	7	379	88	563	70
2008年9—12月	70	17	530	217	834	209

除了纸质读者意见单、读者来信、读者座谈会、服务监督电话、面对面投诉、读者意见箱等传统渠道接受读者意见方式外,新馆开馆后,国图新网站将接收读者意见的“意见与建议”栏目

上移至首页显著位置，以其方便、快捷、反馈快的特点接收世界各地读者的服务监督。以前读者意见来源主体的曾经“读者非常满意的意见箱”[5]，如今基本退出历史舞台。新馆开馆后读者意见的一个显著特点就是：电子意见数量有超越纸质意见的趋势。

二、电子意见数量有超越纸质意见的趋势

本文对新馆开馆后读者提意见的方式进行了统计，比较了读者利用传统的纸质意见单提出意见的数量和利用网络提交的电子意见的数量进行了对比后发现：新馆前读者意见的主要来源依靠纸质意见单，新馆开馆后以后，读者意见的另一个显著特点就是：读者利用网络提出电子意见的数量已有超过传统纸质方式的趋势，这一特点从表2中可以看出。新馆开馆后读者提意见的手段也有所创新：有的读者利用录音、录像等技术手段使自己提出的意见更加鲜活。

表2　新馆开馆后纸质意见与电子意见数量对比情况(件)

读者意见	2008年9—12月	2009年1月	2009年2月	2009年3月	2009年4月	2009年5月
纸质意见	387	140	125	119	133	102
电子意见	312	144	184	156	172	124

新馆将“意见与建议”栏目上移至首页显著位置，国图在读者心目中的位置也提高了。读者有话愿意说、有地方说，读者意见总量的大幅度增加体现出国图开放的心胸和广大读者对国图的关心。同时也可以看出，读者面对新建筑、新技术、新服务的数字图书馆需要一个认识、了解、熟练掌握的过程，新馆开馆后读者意见另一个显著的特点就是：意见内容具有明显的数字图书馆特征。

三、意见内容具有明显的数字图书馆特征

新馆开馆前读者比较集中的意见有：办卡条件高、押金高；地域限制文献利用；复印费高；环境差；标识不清；开东大门等。这些“老大难”的读者意见随着新馆现代化建筑的落成，开放性、公益性的服务政策的落实，先进技术、设备的投入使用，应该迎刃而解了。然而，读者意见并没有消失，而是产生出更多、更新的意见。这些热门意见均带有很强的数字图书馆的特色，有些意见至今还没有找到好的解决方法。现在介绍一些新馆开馆后的热门意见。

1. 关于不能正常网上阅读问题

网上阅读对计算机的硬件、软件均有配置要求，最常见问题是必须安装PDF阅读器，一些外文资料需要设置代理服务器，还有一些服务不针对个人用户。有位自称是研究生读者，一晚上就通过网上提交3封电子意见，第一封内容是咨询为什么网上阅读不成？第二封就变成了抱怨，第三封就变成了谩骂。从提交的时间看从晚上10点到第二天凌晨1点多。怎样让读者快速掌握各种数字资源的正常使用，一个实用的“数字资源读者服务指南”急需编制。

2. 关于免费1小时问题

新馆开馆时,为了让更多的读者降低体验数字图书馆的成本,实行了免费1小时上外网的优惠政策。然而,许多读者,尤其是学生读者,利用免费时段看电影、打游戏、QQ聊天等。自己的免费时段用完后再用其他人的卡继续免费进行娱乐活动,致使新馆数字共享空间人满为患,真正的科研读者查资料找不到机位。馆方也积极采取了一些措施。如:限制了大部分的视频、电影、游戏网站;加强了阅览区的巡视,也考虑过调整上网的费用、内外网分区管理,但是都没有从根本上解决一人多卡问题。怎样将嫁接在公益服务项目中的个人娱乐分离开来,还图书馆的本来属性,新的收费标准和服务政策亟待出台。

3. 关于只能阅读24页问题

国图的网上读书,应为涉及版权问题,大多数图书,尤其是新书,只能允许访问前24页、下载当前页,音视频曲目只能听前30秒的内容。如果想看图书的全文,只好到馆内阅读实物。这使得兴冲冲的读者非常失望,常常抱怨数字图书馆名不副实,希望国家馆带头将各种馆藏作品一律免费向公众开放。这类涉及版权的意见目前还不能很快地得到解决,只能将能够阅读全文的文献与展示性的明示给读者,使他们了解到:如果国家图书馆将各种馆藏包括并没有取得原权利人授权的作品免费向公众开放的话,必然会侵犯著作权人的利益。

4. 关于外地读者无法登录问题

目前,许多数字资源还无法实现远程访问,有版权问题、技术问题及政策因素制约。阅读"中文图书全文"的只有解决了版权的部分书刊;"外文图书"中的电子图书在馆外访问需要设置代理服务器;"方正电子图书"在馆外阅读时需要用到本馆读者卡。我们已经注意到,外地读者实际能享受到的国图的电子资源很有限。外地读者即使利用出差来京的机会办理了一张物理读者卡,有些电子资源远程也无法访问。外地读者呼吁尽早实现网上办卡、网上阅读等远程服务的呼声很高,致使读者意见的另一个显著特点就是非到馆读者意见数量大大增加。

5. 关于笔记本电脑保护问题

有读者联名留言:"要求上厕所、吃午饭等临时离开座位时,图书馆工作人员应保证其笔记本电脑的安全!"经过咨询馆聘律师,贵重物品需要读者自行看管,馆方尽到提醒责任即使发生丢失问题,也不负有赔偿责任。本文认为,律师考虑问题的职业习惯是用法律保护自己,但是图书馆作为服务部门,考虑问题应该首先想到读者的实际需要。可以考虑借鉴奥运会新闻中心的做法,为各国新闻记者的笔记本电脑配备一个简单的物理锁。

6. 关于无线上外网问题

目前,读者自己带笔记本电脑,通过无线网只能访问国图内网,需要通过外网访问的数据库不能通过内网访问,如果需要访问这些数据库,只能通过馆方配备的电脑使用。这就使得以前对新馆的美好憧憬——坐在咖啡厅、坐在馆区草坪上,只要有无线上网卡就可以享受"无线网全覆盖"服务的内容大打了折扣。

7. 关于数据库被封问题

新馆开馆后由于有些 IP 存在过量下载，被封，使得读者无法继续使用。在媒体报道之前，读者就多次提意见要求馆方继续提供其服务。这只是一个特例，但也暴露出不少新问题：读者版权意识薄弱，图书馆的版权保护宣传、教育和管理需要提高，实时监控的技术手段应该加强，确保在知识产权相关法律框架下共同维护数据库的正常服务。

通过对热点读者意见内容的分析，我们可以看出，新馆开馆后读者意见的另一个显著特点就是均带有浓郁的数字图书馆特色，如版权的保护、远程服务、监管技术的完善等，这些意见至今仍未找到快速、有效的解决方法，咨询类读者意见具有"重复性"、"反复性"的特点，致使新馆开馆后咨询类读者意见飙升。

四、新馆开馆后咨询类读者意见飙升

国家图书馆将读者意见分为表扬、批评、建议三个大类，2006 年年底增加了一个新的类别：咨询类的读者意见。2007 年收到 147 件；2008 年收到 305 件，比上一年增加了 1 倍多，新馆建成前收到 88 件，新馆建成后收到 217 件。从表 3 中我们可以看出，开馆前后咨询类读者意见月数量激增到 4. 9 倍，是各类读者意见中数量增加最快的一种。

表 3　新馆开馆前后咨询类读者意见对比情况（件）

读者意见	意见总数	咨询类	件/月
2008 年 1—8 月	563	88	11
2008 年 9—12 月	834	217	54

新馆开馆后，咨询类的读者热门意见主要集中在"如何使用数字资源"方面，新馆开馆半年（2008 年 9 月 1 日—2009 年 2 月 28 日）以来这个问题一直很严重。数字资源部的读者咨询类意见数量（见表 4）远远超过全馆其他各个部门，从而导致读者意见总数（见表 5）位于全馆第一位。咨询类读者意见的重复性、反复性的特点增加了读者意见的数量；网络的方便、快捷加快了咨询类读者意见的产生速度，即："越答问题越多"，处理读者意见转变成一种在线咨询。

表 4　新馆开馆半年咨询类读者意见排名情况（件）

排名	部门	咨询类意见数量
1	数字资源部	165
2	参考咨询部	56
3	计算机与网络系统部	52
4	典藏阅览部	47
5	业务管理处	45

表 5　新馆开馆半年读者意见总量排名情况(件)

排名	部门	读者意见数量
1	数字资源部	221
2	典藏阅览部	187
3	参考咨询部	110
4	业务管理处	106
5	计算机与网络系统部	72

新馆后读者意见的另一个显著特点就是读者对图书馆提意见并不是读者对图书馆真有意见。伴随着咨询类读者意见飙升,新馆开馆后不同类型意见变化各异。

五、新馆开馆后不同类型意见变化各异

1. 表扬类读者意见:比历年减少,新馆开馆后更少

据记载:2006 年收到读者表扬类意见 248 件,2007 年收到 251 件,2008 年收到 159 件,只是上一年的 63%,是近年来收到最少的一年。新馆开馆前收到 89 件,开馆后只收到 70 件。

表 6　新馆开馆前后表扬类读者意见对比情况(件)

读者意见	意见总数	表扬类	件/月
2008 年 1—8 月	563	89	11
2008 年 9—12 月	834	70	17

提出表扬意见的主动者是读者,读者之所以对图书馆的工作或服务人员提出表扬,是因为读者对当时接受的服务很满意,这和读者当时的心理感受有很大关系。以前,国图办证条件严格的近于苛刻,只有北京地区的、少数研究人员和社会高层可以办理。如 1989 年,中、高级以上职称,处、局级以上职务的“双高人员”占读者总数的 99%。[6]读者能来国图看书是一件多么荣幸的事情,生怕得罪了馆员“吊销”了借书证,谁还敢对馆员提出批评意见。给一个“好脸”就感恩般写表扬信。难怪 1999 年共收集读者意见 411 件,其中表扬 384 件,占读者意见的 93.4%。[7]本文不认为这是一种正常现象。如今,读者数量是那时的数百倍,微笑服务、规范服务、精细服务已经是馆员的一件平常的事情,读者也习以为常,欣然接受。新馆后,读者表扬意见下降说明我们的工作还有差距,但是并不表明我们服务的就不好,只是社会的服务水平普遍提高了。

2. 批评类读者意见:总体大幅度下降,新馆开馆后反弹

据记录:2006 年收到读者批评类意见 35 件、2007 年收到 5 件、2008 年收到 24 件。新馆开馆前收到 7 件,开馆后收到 17 件,比起开馆前批评类读者意见有较大反弹。

表7　新馆开馆前后批评类读者意见对比情况(件)

读者意见	意见总数	批评类	件/月
2008年1—8月	563	7	1
2008年9—12月	834	17	4

读者之所以对图书馆的工作或服务人员提出批评意见,除了个别工作人员服务素质差以外,多数是因为图书馆存在服务政策、服务条件、服务技术上的"死结",导致读者批评。随着国家图书馆不断地、科学地发展,读者的批评意见也有大幅度下降的趋势。如:1987年,收到读者批评类意见263件,占意见总量的22.2%。[8]虽然新馆开馆后批评类意见有所反弹,用历史的眼观看,读者批评类的意见比起过去还是大幅度下降了。

新馆开馆后,批评类热门意见主要集中在"辅导自助借还机"不够耐心上,随着读者使用自助设备的逐渐熟练,这类批评意见也会自然减弱。

3. 建议类读者意见:意见类主体,新馆开馆后大增

建议类的读者意见一直是意见的主要成分,是我们改进服务工作的重要参考依据。2006年收到601件、2007年收到638件、2008年收到909件。新馆前收到88件,新馆后收到127件,对比开馆前后读者意见数量却增加了2.8倍。

表8　新馆开馆前后建议类读者意见对比情况(件)

读者意见	意见总数	建议类	件/月
2008年1—8月	563	379	47
2008年9—12月	834	530	132

通过对新馆开馆后各种读者意见的分析,找出读者意见产生的原因、条件、形式上的特点,研究出数字环境下减少读者意见的对策。

六、数字环境下减少读者意见的对策

新馆的建设不仅仅是一个物理馆舍的建设,更是融合了数字图书馆理念、技术与手段,对图书馆服务进行拓展与延伸的一个新的平台。申报2008年度国家图书馆服务创新奖的就有:RFID综合应用、数字资源整合发布系统、ALEPH 500系统升级、身份证借阅、手机门户、无线局域网等38个项目,比2007年增加近1倍。这些新技术的推出,好处不言而喻。但是任何技术创新、技术发明和技术扩散都是一把双面刃,技术创新的负面效应往往被漠视。全新的图书馆带给读者服务工作的负效应必然是读者咨询类意见激增,导致新馆读者意见总量大幅度增加。在当今新的数字环境下,怎么才能减少读者意见,本文认为有以下三点国家图书馆应该加强。

1. 开展读者培训活动

记得大约20世纪70年代,当时的北京图书馆目录厅举办过每日"一小时"的读者培训活动,辅导读者查目录。新馆应该开设读者课堂,对进馆读者常年进行培训:主要讲解图书馆的基本情况、藏书布局、检索方法、服务方式、规章制度、读者的权利义务,为利用图书馆打下了良好的基础。除了上述常规培训之外,还可以定期举办电子资源使用的专题讲座。做好读者培训与辅导工作,帮助读者找到其所需要的资料,这是图书馆服务工作永远的主题,也是减少到馆读者意见的最有效的办法。

2. 建立读者网上大讲堂

针对非到馆读者意见增加和电子意见增多的情况,采用传统的授课、讲座等形式,已不能满足这部分读者的要求。新馆应该建立读者网上大讲堂,利用国图新网站这一平台,对于非到馆读者使用馆藏进行先期指导,在主页上加载各种形式的讲解音、视频,比起邮箱、虚拟咨询台等被动问答模式更加生动形象。

3. 建立数字资源 FAQ

FAQ(Frequently Asked Questions)中文意思就是"经常问到的问题"或"常见问题解答",是一种在线帮助形式。一个好的 FAQ 系统,具备浏览、分类、检索、交互、链接、更新等功能,[9]应该至少可以回答用户 80% 的一般问题,以及常见问题。国图网站首页上在读者指南、资源列表、网上咨询台 3 个栏目下设有常规问题解答,对于新馆后数字资源使用出现的新问题没有任何的板块提及。新馆应该尽快建立数字资源 FAQ。咨询人员收集、汇总经常遇见的、带有普遍性、典型性的问题,周密解答,汇集答案,分类编排,将其设计成网页,形成新馆数字资源 FAQ。这样不仅方便了读者,也减轻了工作人员的咨询量,同时也减少了读者咨询类意见的数量,这就是建立数字资源 FAQ 的价值。

我国近代著名图书馆学家杜定友先生曾说过:"凡是要阅读书报的人,都是可爱的。"图书馆应本着"以人为本"的理念,了解、研究、甄别、采纳读者意见,有针对性地改进工作,从读者身上发现改善服务与促进发展的新机会,努力把图书馆工作办成读者满意的事业。

参考文献

1 国家图书馆读者意见摘编,2005 年,1—12 期(内部)
2 国家图书馆读者意见摘编,2006 年,1—12 期(内部)
3 国家图书馆读者意见摘编,2007 年,1—12 期(内部)
4 国家图书馆读者意见摘编,2008 年,1—5 期(内部)
5,7,8 牛春兰. 国家图书馆读者意见的管理与作用. 国家图书馆学刊,2000(4)
6 赵俭. 国家图书馆与大众服务. 见:中国图书馆学会年会论文集(2006 卷). 北京:北京图书馆出版社,2006
9 王忠华."211 工程"高校图书馆 FAQ 服务调查分析. 江西图书馆学刊,2006(3)

编目工作实践中的不足与对策

朱青青　黄梦洁　中文采编部

[摘　要]本文以国家图书馆中文图书编目工作为立足点,分析了当前编目工作实践中存在的不足,涉及著录、标引、规范以及编目观念等方面,并就这些不足提出了相关对策。

[关键词]编目工作　用户需求

1　编目工作现状与不足

国家图书馆(以下简称国图)是国家总书库、国家书目中心,履行保存本国出版物的职能,其职责之一是收集中国内地出版的所有正式出版物。近年来,逐年激增的图书出版量对国图的中文图书编目工作提出了进一步挑战:如何在解决图书积压、保证图书编目时效性的同时保证书目数据的质量。笔者所在的国家图书馆中文采编部书目数据组是一个拥有 48 名员工的庞大科组,承担着全馆中文图书的编目工作,目前每年须完成 13 万种以上的新书编目量。编目工作量繁重、编目时效性与书目数据质量之间的矛盾,并没有因为人员编制的增多而减轻。笔者认为,想要解决这样的矛盾,除了改进管理以外,更需要处理的是编目工作实践中存在的一些不足。

1.1　编目工作日趋复杂化

笔者对国图从事中文图书编目工作的 25 名编目人员进行了问卷调查,其中 15 名编目员认为现行编目工作较 5 年前相比复杂许多;9 名编目员认为较 5 年前相比复杂程度无明显变化。有些编目员认为目前的中文图书编目规则太过细化,因此在实际操作层面表现为复杂化;有些编目员则表达他们所谓的"人为复杂化"是指这种编目规则的细化根本没纳入用户的需求,更多时候只是编目员制作给编目员看的书目数据而已。此外,15 名认为编目工作明显复杂化的编目员中,有 10 名认为编目工作复杂的原因之一是名称规范控制工作的日趋复杂。调查情况如下表所示。

复杂程度	人数百分比	体现的方面
明显	60%	1. 著录格式复杂,著录规则越来越细 2. 字段启用较以前多,个别字段繁琐 3. 主题标引跨学科,标引难度增加 4. 规范控制内容增多、难度加大 5. 编目工作与读者需求脱节

续表

复杂程度	人数百分比	体现的方面
无明显变化	36%	1. 所谓复杂主要是编目流程的繁杂 2. 所谓复杂主要是编目量大,使编目工作从技术工作沦为"检索、著录工作" 3. 编目工作与读者需求脱节
无变化	4%	

笔者认为,编目工作日趋复杂化的主要原因之一是随着联机合作编目的发展,为合作编目、编目共享所制定的标准化编目规则造成了编目条款急剧增加。为了要达到标准化,编目员的很多时间花在了一些机械化的操作上,很多情况下并无助于目录职能的改善,反而导致编目效率的相对下降、待编文献积压。编目工作沦落为只是针对纸质形态的图书进行目录加工,是与编目的时代发展要求相脱节的,与编目的本质——对知识的加工→整理→发掘→传播——相违背的。

1.2 编目工作与用户需求脱节

在笔者的调查中,一些编目员提出了编目工作与用户需求脱节的现状,这与大多数编目员完全不从用户使用的角度考虑编目工作是分不开的。传统的编目观念注重文献的物理形态,编目工作着重于文献实体,重视文献外部特征的描述,例如题名、责任者、出版者、载体形态等信息,多是一些目录学知识。不管是现在还是将来,这些目录学知识对于用户检索都是必不可缺少的,是行之有效的。但长期以来,编目工作所遵循的客观著录原则,使得编目员一味追求书目数据的精确性,而忽略了用户的需求,造成了编目工作与用户服务工作脱节、与 OPAC 检索脱节。这种以文献资源为中心而非以用户为中心的编目观念,使得著录格式日趋复杂、MARC 字段启用繁多。与此相反,编目工作的复杂化,却并未很好地体现出书目数据的功能和内涵。目前,国图的书目数据确实已为用户提供了充分的检索点,在一定程度上发挥了各个著录项目的功能。但需要改进的是,编目工作还没有充分注重用户的检索习惯,目录功能还不够强大、并不能完全反映图书馆的馆藏。

笔者认为,在对联合目录、在线目录呼吁极强的今天,编目工作的开展应积极围绕以用户为中心而不是被动的由各种条规所限制,应积极渗透到用户服务工作中去。

1.3 人为因素对标引工作的影响

随着当前学科发展日益深入,领域日益扩展,交叉学科文献数量日趋增加,文献主题的用词变化较大,增加了标引工作的难度,影响主题标引、分类标引的速度和准确程度。除这些客观因素外,人为因素增加标引工作难度的现象也不少。

首先是人为对标引规则的限制。其中包括对相关标引词的选择、对标引深度的限定;对文献主题采用整体标引还是分析标引;地名、时间因素等有关规定等。例如,规定"语文课""数学课""英语课"这些词不能启用;对"高等学校""高等教育""中等专业教育""职业高中"等教材类文献的主题词进行机械的限定;等等。很多主题词之间并没有严格的截然不同的差别,但是在长期的编目过程中,形成了这些习惯性的用法,人为地对它们的使用范围加以限制,甚至对其意义加以重新定义,并要求编目员遵守这些规定。在笔者看来,这些用俗话讲的"土规定",大多缺乏科学、合理的依据。这些习惯用法同样是事倍功半的,编目员花费大量的精力去区别意义并不明显的主题词,但是它们对用户的意义却微乎其微,因为用户不可能按照编目员的自定规则来使用检索词。更何况,人为所规定的某些主题词之间的区别往往有违于一般的语言习惯。这种状况的后果是,这部分数据并没有实际的检索意义。

其次是对电子版分类主题词表的启用问题。由于电子版的分类词表在主题词方面有了部分改变。国图目前的现状是:过去的主题词继续延用,新版的主题词只有在不得已的情况下才允许启用。由此,造成一些很简单明了的主题词也是需要通过旧版主题词组配来实现。此外,国图标引工作中特有的"后组"问题,并没有随着编目自动化系统的改进与升级,得到及时取消。原本可以用机器解决的问题,却仍旧采用人工干预的方式,费时费力。

1.4 规范控制工作的欠缺

规范控制工作是伴随着书目产生发展起来的。书目记录起初并不着重用标目的规范控制去实现目录的集中职能。随着文献数量日益增多,同人异名、同名异人、同书异名、同名异书的情况也逐渐增多,为提高读者的书目检索效率,规范控制也就应运而生了。规范控制亦称标目法,其目的在于实现检索点规范化,即确定统一标目形式,编制规范款目,建立不同名称之间的参照关系。可见,规范数据是书目记录的重要组成部分,是为书目数据的使用服务的。

反观国图目前的规范控制工作,笔者认为并未在真正意义上服务于书目数据,也没有很好地实现提高书目检索效率的功能。现简要分析如下。

1.4.1 标目缺乏统一性

标目的统一性是指检索款目选定的标目形式(统一标目)应该唯一,并足以区别其他名称,不致混淆。以国图的名称规范控制为例,工作流程规定必须为每一个标目制作规范数据,编目员为达到标目的一致性,在信息不够充分的情况下大量采用学科、职务、职称等属性对标目进行区分。为了区分而刻意制作出的规范数据不仅没有起到规范控制的效果,反而造成了规范数据库的混乱,降低了数据的质量,也为数据维护带来诸多的问题。由于区分度较低,这些规范记录无法具备控制书目记录的功能,也难以实现帮助用户快速、查全、查准他们所需要的书目记录的目的。

1.4.2 标目缺乏稳定性

标目的稳定性是指检索款目选定的标目形式,需相对固定,不可频繁改动。目前,国图规定对于每一个提供检索点的责任者均须制作规范数据。编目员为了统一标目而刻意进行区分,因此,许多附加了限定成分的标目必然就缺乏稳定性。例如,用职务进行限定的标目,很容易随着责任者职务的变动而发生变化。此外,编目员当前所掌握的信息不足以区分时,也要求制作一条空白数据或挂接到已存在的一条空白记录上以供今后区分。这些数据存在于规范库中,也非但起不了规范控制的作用,反而造成了规范数据库的紊乱。

1.5 编目数据有待整合

载体是著录的基础。这种观念在为传统文献编目时是行之有效的,因为一种著作一般只有一种载体,书目记录之间的关联性较小。但是随着技术的发展,新的信息载体不断问世,一种著作可能有多种载体。当一种著作有多种载体形态时,可能就会有多条单独的记录,而现有的基于手头文献的编目规则就无法系统地揭示这些书目记录之间的关系,这种书目结构很难满足用户对检索系统性和全面性的需求,因为用户检索的关注点是著作的内容,而不是其载体形态。为此,国际图联成立了专门的研究小组,就"书目记录的功能需求"展开调查研究,以期用明确的语言界定书目记录相对于各种载体、各种应用、各种用户需求所履行的功能,并于1998 年正式颁布了《书目记录的功能需求》(简称《 FRBR》)的研究报告。

目前,国图的中文图书编目工作并未与博士论文编目、港台图书编目、外文图书编目、数字资源编目、古籍编目建立必要的联系,各种不同载体的编目工作处于割裂状态。体现这一割裂状态最直观的一个例子,即是书配盘、盘配书的编目问题。对于一本图书配有光盘,中文采编部门对此种图书制作了一条书目数据,并在附注项对光盘情况进行简单描述;而与此同时,另一个部门——数字资源部,可能还会对此光盘制作一条编目数据,并在附注项对图书的情况作简单描述。然而,这两条编目数据之间却并未建立必要的联系,根本没有体现出 FRBR 的精神。笔者认为,这是对编目资源的浪费,也是对人力资源的浪费。

因此,新环境下编目数据的整合显得格外重要。编目数据不仅需要体现一种多维的书目实体关系;还应该可以根据用户的需求,既能反映单个资源,也能反映特定层面的全部资源,而且这种资源也不再限于印刷出版物,而是囊括了所有已知的文献类型。然而,编目数据的整合也必然会对图书馆的编目工作、对文献编目规则的制定工作提出更严峻的挑战。

2 编目工作实践的对策

2.1 编目格式应适当予以简化

笔者认为,有以下三种方法可以采用:(1)可以在满足用户需求的前提下,适当简化编目过程;(2)在标准化的前提下,减少 MARC 数据中冗余及非必备信息,提高编目效率;(3)在保证检索点受规范控制的前提下,要求更少的附注、主题标目及附加标目。

例如,对于基础课程教材、计算机类普及图书,可对其进行编目简化,采用简编方式。因为:从横向上看,这几类图书的内容、结构方面的相似程度比较高,330 字段的内容提要的内容重复率也比较高;从纵向上看,计算机类图书更新较快、时效性强,这就需要图书馆在尽可能短的时间内完成编目,以便读者利用。与其花费大量的时间进行重复而意义不大的工作,不如将其简化,以更好地满足读者早日利用文献的需求。

另外,在实际编目工作中,可以对 CNMARC 格式中 3 字段的著录进行简化处理。《中文图书机读目录格式》使用手册规定的 3—附注块共有 14 个字段,编目员在进行格式著录时都会频繁地使用 3—附注块中的字段,但由于 3—附注块的分类过细而且大部分又不用于检索,这无形中增加了编目员的劳动量,降低编目工作效率。事实上,除了 330 字段与 327 字段之外,300 字段可以取代 3—附注块中的大部分字段。这样做的优点是很明显的,它可以减去编目员的大量劳动,但并不会影响数据结构与读者检索。这种简化处理也并不是毫无根据的。《新版中国机读目录格式使用手册》在 300 字段下规定:"它可以代替字段 301 至 315 任何一个附注字段。"这一规定可以为我们进行相应的简化处理提供依据。

2.2 编目工作应积极适应用户需求

卡特在《字典式目录规则》中提出了著名的三条目录原则，其中，“读者至上”原则——读者的方便要永远在编目员的方便之上——是最重要的原则。因此，在编目实践中，我们应更多地考虑用户的需要，更主动地适应用户的检索习惯，而不应该试图去“规范”用户的检索行为，让用户跟着图书馆的规则走。编目人员对文献进行主题分析、主题标引时，也应尽量考虑用户的检索需要和检索习惯，标引时不硬性规定主题或主题的内容范围，而是视文献中具有检索意义的内容决定。

对于大部分用户而言，使用自然语言进行检索往往是其首要的选择。我国现在使用的《汉语主题词表》用叙词来揭示文献的内容，叙词语言是目前较为主流的受控主题语言，它以从自然语言中精选出来的、经过严格处理的词语作为文献主题标识，通过概念组配表达文献主题。由于叙词是经过规范化处理过的词语，所以有时并不符合用户的检索习惯。用户未曾接受主题词表的训练，图书馆界也不可能要求用户熟悉主题词表及其组配规则。笔者认为，恰当地使用自然语言进行标引，可以在一定程度上避免这种问题，从而更好地满足用户检索的需求。

另外，由于叙词表的内容远远赶不上学科发展的速度，大量新名词、新术语没有及时收入主题词表。举例说，我们在标引 photoshop 类图书的时候，往往采用“图像处理—应用软件”这一组配，同时将“photoshop”放在 610 非控主题字段，以供用户检索使用。采用这样的方式，既达到了规范标引的目的，又方便了用户检索。因此，在处理新兴学科的时候，最符合用户检索需要的做法是更多地采用 610 字段，使用最切合图书内容的词汇来标引图书，在一定范围内突破主题词表的限制，从而达到弥补其缺陷的目的。同时，采用非控主题词的这种做法，也可以为主题词表的下一步修订提供依据。

2.3 重新审视规范控制工作

编目实践证明了规范控制是因使用而产生的。因此，我们不能为了规范而规范。笔者认为，国图的名称规范控制工作应该转变一下思路——我们未必需要对所有名称进行规范控制的。关于对全部名称还是部分名称进行规范控制，笔者也曾与一些编目人员进行过讨论。他们总是会反问一句话：“你如何区分哪些是重点著者？”所以大部分人的观点是宁可做全，不可缺一。笔者始终认为，在现有条件下，规范控制的立足点是重点著者和已知著者，而不是全面展开、针对所有名称进行规范控制。否则规范控制工作的规范程度、专业化程度是令人担忧的。

除此，对于规范数据中的区分信息，我们应尽可能地选择与生俱来的、不会改变的内容，而不应该选取那些数年之内可能改变的或者模糊不清的内容。区分限定应该首选著者的自然属性例如生卒年月等，然后选择不容易改变的社会属性，切忌采用没有任何意义的社会属性来区分。同时笔者也希望，在不久的将来，国图的规范控制工作能涉及其他类型的文献资源，如报刊、善本、古籍、博士论文、音像资料等。如果能将规范数据与各个文献类型的书目数据进行对应，那规范控制工作的效果可就不容低估了。

在当前中文图书出版量大幅提升的大环境下，处理编目工作实践中存在的不足，已经刻不容缓。我们只有不断地改进自身的业务能力，提升工作效率，才能更好的适应新环境、满足日益增长的用户需求。这不但符合“读者的方便要永远在编目员的方便之上”的“读者至上”原则，也最终体现了国家图书馆“服务立馆”的发展战略。

参考文献

1 胡小菁．编目的未来．大学图书馆学报，2008(3)

2 张云瑾．数字化环境下编目工作的变革．科技情报与开发，2006(8)

3 刘素兰．编目部门在提高读者服务中的作用．[2009－06－22]．http://www.xuexi.la/lunwen/PM/2356.html

4 黄俊贵．规范控制概说．高校图书馆工作，1999(3)

5 顾犇．中国国家图书馆中文名称规范工作的思考．国家图书馆学刊，2007(3)

6 吴小茵．也谈 CNMARC 格式中 3——附注块的著录和简化．[2009－06－22]．http://www.chinalibs.net/ArtInfo.aspx? titleid=118183

7 林明，王绍平．从巴黎原则到国际编目原则．[2009－06－22]．http://www.chinalibs.net/zhaiyao.aspx?titleid=74377

8 黄丽琼．略论编目工作与读者服务．内蒙古科技与经济，2007(8)

9 王子舟．图书馆学是什么．北京：北京大学出版社，2008

馆藏民国时期中文图书整理工作的启发

贾丽华　中文采编部

[摘　要]图书馆的发展从初期到现在,已有百余年历史。图书馆的基础工作也正在经历传统手工编目、简单服务,向现代计算机编目、高效服务发展的飞跃。这当中图书馆人还有很多细致的工作要做,我们必须以高度的责任心,稳重踏实的心态,做好各自的工作。

[关键词]民国图书　书目数据　数据整合

1909 年 9 月 9 日,京师图书馆的成立到今天,国家图书馆已经走过了百年历程。从刚开馆的不到 10 册藏书,到现在的 2700 万册(件),居世界第五,馆藏极为宏富,古今中外,册府恢弘,品类齐全。如此多的藏书,从最初的无序或简单手工的编排,再到现在的通过计算机,采用最新的编目软件,对到馆文献,一一处理,工作方法在改进、处理技术在更新,管理理念也在与时俱进,更便捷、更及时、更全面、更细致、更到位地向读者揭示馆藏文献。新时代对我们图书馆人的要求是,我们必须以更高的标准,服务于社会,这同时是也历史赋予我们的责任。

目前我馆的民国书状况在我馆百年历史中,收藏了大量各文种文献,尤以中文文献居多。民国时期出版的图书可以说是一大特色,约有 40 万册。其中,大多数保存较好,已做了正规编目,并提供给读者使用。但由于历史的原因,约有 16 万册,只有简编书号,未作正式挂接,部分图书缺少书目数据信息,基本处于一种无保护状态、书况极差的境遇中,无法正常提供使用。针对这样一种情况,2006 年,业务处正式启动了新一轮的简便民国书核对、挂接、编目的工作,旨在彻底厘清民国书的混乱状态,进而达到更好的保护、使用的目的。回顾三年的工作,有几点感触。

一、必须要做的工作

1. 深刻理解工作的意义,增强责任感,自觉做好工作。虽然,以前我馆曾多次做过数据核对和补藏,但由于种种原因限制,实际效果很不理想,也导致了大量问题的累积。

2. 实施步骤清楚。任何一项工作,从开始到完成,应该有一个完整的实施步骤。工作进度把握、工作环节的衔接、人员类型配置等,都需要我们认真对待。

3. 确定工作标准。(核对、数据补藏两方面)这应该是一个比较难的问题。自从我馆开始使用计算机编目工作以来,已有 20 余年历史。著录格式、文献标引、主题规范等,一直都在不断改进,因此,在现在看来,数据中不规范、不准确的问题,也贯穿了整个编目工作。制定怎样的数据修改标准,是一个很重要的问题。

4. 加强与上级主管部门的沟通。馆藏数据核对(整合)工作的性质决定,很多问题不是出现在工作前,而是出现工作中,怎样处理更妥当,需要及时向上反映,使问题得到更好的处理。

二、关于民国书的核对、编目问题

馆藏民国时期中文图书的整理工作,应该包括两个方面:书目数据核对、馆藏单册挂接与缺藏书目数据补藏。其中第一项属基础业务工作范畴,主要侧重于对现有馆藏已编民国书的清查、核对,以达到掌握书目数据与馆藏的对应情况。第二项是在核对后基础上,对缺藏书目数据进行补编与馆藏单册挂接。两项工作融合是对馆藏民国时期出版图书的基础整合。

谈到数据整合,其实是一个很广义的问题,而且随着图书馆事业的发展,赋予其自身的含义会越来越深刻,越来越宽泛。我们图书馆人的工作就是要将图书馆各种文献,甚至将来各种媒体、载体上文献,更有效、更清晰、更完整的整合到一起,服务于社会。

1. 关于核对问题

主要涉及已编目加工完,进入正式馆藏的中文图书。这些图书经过编目加工的几个阶段:手工编目阶段、半手工编目阶段(书目数据制作、单册馆藏登录号挂接、单册馆藏条码置换)、采用集成系统的自动化编目阶段。民国书的数据基本上在前两个阶段完成,由于各种条件的制约,数据和馆藏的对应上,存在很多问题。经过几年的核对工作,发现问题主要表现在三个方面。

(1)书目数据制作本身导致的问题

①重复数据多,馆藏单册多头挂接。这实际上是手工编目的遗留问题,早期图书馆的发展,使得藏书越来越多,卡片也越来越多,一本书分到哪一类,人的认识是不同的,极易出现同书,不同类号现象。例如:《崔兴沽模范灌溉工程筹办经过及计划大纲》一书,共出现三条馆藏书目数据,其类号下均有馆藏单册挂接:官/443. 811//71,官/443. 9/582,官/443. 92/413。这种情况仅在条码核对的情况下,很难发现,必须通过题名认真核对,需要大量时间。

②图书版权年概念模糊,仅在 210 字段@ d、@ h 上著录,没有明确的年代概念,导致几乎所有不同出版年的同名图书,都挂在一条数据上,不符合书目数据与单册图书对应的要求。

(2)挂接人员对书目数据知识,知之甚少导致的错误

①分不清数据类型的关系,随意找一个类型的数据挂接,馆藏单册图书挂在“期刊”“善本”上的错误屡屡出现;或以手中文献的索书号为准,找条数据一挂了事,不去考虑是否同种图书,在其他类型文献中,也同样存在。文献多头挂接,多处存在的现象,是否需要整合。民国时期文献问题比较严重。如《内政调查统计表》一书,期刊系统号:1753096,挂接 1933—1935 年六本单册记录。专著以单册形式出现,共六条书目数据:分别为 1360355(第 17 期)、1357409(第 6 期)、1360354(第 9 期)、1357410(第 7 期)、1357411(第 9 期)、1008158(第 1—9 期 此数据已挂接专著索书号 D/573. 502/426)。

②丛书名挂错。例如《万有文库》《国学小丛书》与《国学小丛书》挂错的最多,可以说,完全混淆了不同丛书的隶属关系。

③副题名挂错。挂接时只看到了正题名,未注意其他题名信息,错将不同内容的图书挂接到一起。

④丛书总记录和单册丛书记录的关系不清,多卷册总记录和分卷册记录挂接错误。很多丛书或多卷册图书,有些挂接在总记录上,有些挂接在分卷册记录上,很难分清到底丛书或多

卷书,全或是不全;同时,由于错挂书目数据,单册信息无法揭示的问题也很严重,读者无法根据书目数据信息,确定自己所需图书。

(3)工作人员责任心问题

①索书号录入错误,张冠李戴。

②卷册标注错误。

③明知书目数据与单册有误,勉强挂接。

(4)其他问题

①大量已剔除图书,子库不予删除,其单册仍挂在馆藏数据上,所属分馆指向,实际已为空,因而造成单册数据混乱。

②装订错误。本不应装订在一起的图书,被人为装订在一起,特别是丛书、多卷册、统计报告、政府报告等,造成实际工作中,与原有数据对接不上,单册图书难以与数据对接或被迫拆书的结果。丛书《东方文库》就是一个典型的例子。

③原有加工错误,索书号张冠李戴。

2. 关于编目问题

谈到编目问题就不能回避民国书时期出版物的特点。民国时期是我国历史发展进程中的一个重要时期,他虽然只有38年的历史,却承载了丰富的历史内容,经历了南京临时政府、北洋政府和南京国民政府三个阶段统治政权的嬗变,其间发生了诸如洪宪帝制、张勋复辟、五四新文化运动、北伐战争、第二次国内革命战争、抗日战争、第三次国内革命战争等一系列重要的政治、思想文化事件。而每一次的动荡,都被文献真实、清晰的保留下来,以其特有的方式与时代潮流共起伏,反映其变化,接受其影响,参与其进程,并在时代潮流的变革中,显示其本身的阶段性特点,是非常珍贵宝物。为了更准确,更完整地揭示民国文献,必须掌握其特点,分析以往的书目数据,我们更注意在细节上做文章,如书名。民国时期出版的图书,由于时代限制、著作人的认知度、各种表达方式的特点,导致图书著录时所需的各种信息不全面、不准确、不规范的问题大量存在。如题名比较乱:无题名页、只有封面页;只有版权页;只有目次页;多个题名存在,且题名均不一致的;跟随题名出现的很多附加内容;给我们的题名选择,出了很多难题。再比如格式010中(091)币种问题,现代文献中是很好标注的,但那一时期,国家动荡,大洋、小洋、金元、银元、国币、金圆券、金卢布、流通券、新币、仙等多钟币值存在,名堂很多,怎样标注更清楚,没有什么先例。如纸质:嘉乐纸、片艳纸、土纸、报纸、新闻纸、道林纸等,现在著录中,基本可以不考虑,但对民国图书,这些看似简单的信息,却对文献最终的区分著录,进而保证书目数据的准确,起着重要的作用。如出版年,在抗战前后,多次出版的图书,版本上的区分特点,就在"国难*版""上海初版""重庆初版"的标注上,如果不标,就不能正确揭示图书的内容。以上这些,仅仅是民国图书的一些典型特点,正确的认识它,是我们著录格式中要考虑的重要一环。

我馆的数据制作,从开始到现在,经历了20余年,整个数据库从无到有,从少到多,从不成熟逐渐走向成熟,在很多同仁的不懈努力下,数据库越来越大,库存量也越来越多。中文编目系统也经历了大系统编目、文津编目,丹城编目等几个大型编目系统的适用和转换,数据问题比较多。过几年的核对工作后,我们发现了不少编目工作中存在的问题。

(1)重复数据多

同一类型书目数据多头编目，这在手工编目年代，不足为奇，主要是原编目人员对文献的认识的程度不同，导致格式卡片著录不一致，书目数据重复，索书号也各异。采用计算机回溯数据后，由于查询图书不易等原因，书目数据重复问题也没有得到很好的解决。

（2）跨类型编目的同种书数据多

《目前教育的指针》（东北教育丛书 第六集）一书，专著系统号 1235334；新善本系统号 1817595。此书均为 1948 年，东北行政委员会编辑出版，专著、新善本各做一套数据，且数据的著录格式、主题标引、分类上都存在很多的不一致。极易让人对数据的标准产生质疑，也造成了一书多头存放，读者使用不便的问题。

（3）著录问题

①著录格式的前后一致问题、主要字段排列位置，差异很大。例：200 中@ d、@ h、@ i、@ e 等。

②200 正题名的选择问题。民国时期出版的图书正题名的出现很不规范，没有题名页的书很多，因此，制作书目数据时，正题名的选择上五花八门，甚至同一种书会出现不同的题名。

③题名一般附注、丛书名，著录比较乱，很多同一系列图书的相关内容，著录分散，有放在揭示题名字段的，有放在一般附注项的，有放在丛书项的，也有放在内容提要里的，导致书目数据使用时，判断困难，极易造成馆藏单册挂接错误和重复补藏书目数据的问题。

（4）必要的历史知识非常重要

因为，我们著录时要依据原书的信息，核对时发现错误，必须更正。比如说，抗战时期的首都到底在哪。南京？北京？要是出版地不详，需要凭历史知识和查询判断，如果错了就要出常识问题。再有北京、北平的称呼问题，时间界定在什么时间段，也是非常重要。

（5）主题标注不规范、不准确问题

例：《私立东吴大学法律学院一览》一书，原有的主题标目，60102 L $$a 苏州大学$$z1935—1936 $$x 史料，实际上东吴大学在 1982 年才改为“苏州大学”，规范词库中有东吴大学一词，所以在主题标目时，应依据历史面貌，进行客观标注，才更为贴切。

（6）210 出版地标注问题

很多图书出版地全是以“省”的标注形式出现的，完全忽略了出版发行“地”的概念。

（7）责任者问题

主要是人名的规范与连接，外国著者的规范著录和连接等，很多都未作过认真处理。

三、馆藏文献与数据整合是一个细致、长期的工作

随着图书馆事业的发展，图书馆的藏书量越来越多，图书数据制作的优劣，直接影想着图书馆的声誉，这不是一件小事。

（1）从核对、整理工作的全过程看，本次的整理工作并不彻底，根上存在的问题，很难一次彻底解决，各种问题交织到一起，颇有些剪不断、理还乱的感觉。

（2）同种文献涉及多种类型的多个馆藏地，进而牵涉到多个部门的业务，需要共同合作解决。就目前而言，民国书、刊，书目数据、馆藏单册分而治之的现象比较严重，应提早解决。

（3）馆藏单册图书数据处于变化状态中。图书馆为适应自身的发展和读者的需求，业务格局的调整，藏书的剔除、丢失、损坏、调拨等原因，造成图书实际上已不存在的问题，都需及时对

馆藏图书数据做及时的调整。建立一只长期数据维护队伍,及时完成馆藏文献建设中的各项后续工作,是一项很重要的工作,否则,我们的数据库中无用的“垃圾”,就会越来越多,直接影响数据库的质量。

(4)大量馆藏数据外包,非专业人员参与完成的数据,质量参差不齐,需要检查与维护。

(5)编目规则的修订,使各个时期著录格式、规范等方面,都有不同程度的修改、增减,书目数据维护工作必不可少。

(6)追查长期不归图书。由于我馆提供的咨询服务很多,有些图书借出后,长期不归还,三个月、五个月,一年、两年,使馆藏实际处于缺失状态,直接影响读者使用。(可否提供缺失书单,以便追讨)

因此,建立一支馆藏数据维护的队伍,这也是适应新时期图书馆工作的需求。鉴于几年馆藏核对、数据补藏工作的实践,以及工作的情况看,回溯书目数据工作看似简单,却从实际上解决了不少积压已久的问题,使我们对的馆藏做到真正的心中有数。

四、从书目数据整理中引发的思考

随着馆藏图书的整理,我们还同时发现了大量未被正式编目的珍贵书籍,基本上都出版于民国时期,部分图书甚至出版于清末,书籍涉及各类,无论是作者,出版者,还是文献内容,都有很深的研究价值,仅举几例。

政法类:《政法类典》该书出版于清光绪二十九年(1906),馆藏甲、乙、丙、丁四部。该书为作新社藏版图书,涉及历史、政治、法律、经济,笔者在网上查询,鲜有信息,是一本难得的早期百科全书图书。

教材类:《初学苏白功课》出版于清光绪十六年(1890),《初学土白功课》出版于清光绪十六年(1890),两本书均为当时地方吴语口语教科书,少有收藏。《测绘教科书》光绪三十二年(1906),是一本早期的测绘方面的图书。

名人名著类:《戴褐夫集》出版于清宣统己酉年(1909)。戴褐夫是清代古典散文学家、史学家、桐城派奠基人开山鼻祖。他的著作很多,但我馆收藏很少。

史学类:《日本维新三十年大事记》出版于清光绪二十八年(1902);《欧洲列强近世外交秘史》出版于清光绪三十三年(1907);《卢史二公书牍》出版年不详;《吴可读奏折》出版于清光绪五年(1879)等历史类图书,书目数据均无记载,对历史研究很有意义。

文学类:《绣像红楼梦补》清光绪己亥年(1899),该书岁为残本,但有四十八回,自《红楼梦》九十七回之后写起,很有研究价值。《武士魂》[清]光绪丙午年(1906),该书为古代戏曲新剧本之一,鲜有留存。

新善本图书:藏书中30、40年代共产党领导的解放区出版物存量可观,解放日报社、晋察冀日报社、东北画报社、新华书店等出版社出版的文献,非常多,很多图书我馆新善本都没有收藏,如此多的珍贵文献,时隔半个多世纪,经我们的核查发掘出来,为以后进一步的整理奠定基础,我们感到很欣慰。

还有很多,不再列举。这些珍贵文献多年来,一直藏于“深山”,没在书海,无人问津,无人知晓,本次我们仅仅是作了一个简单的书目数据与馆藏单册的核对,还有很多细致的工作,有待开发、完成,应该说,我们的工作刚刚开始。

图书馆收藏的书刊文献是人类知识的结晶,他始终都在社会发展的进程中,起着重要的推动作用。作为图书馆人,我们每天做的工作很普通、很平凡、很琐碎,但在图书馆整体工作中,都是可缺少的一部分,切切实实扮演好我们的角色,甘于寂寞、乐于奉献,为文献、信息资源的组织、开发,利用奠定扎实的基础,其实是我们最神圣的职责。

RDA 的主要内容与特点分析

吴晓静　外文采编部

[摘　要]RDA 将于 2009 年第四季度正式出版,它以 FRBR、FRAD 为理论基础,遵循国际编目原则声明。其主要内容分为 10 个部分,前 4 个部分用于记录 FRBR 所定义的实体的属性,后 6 个部分用于揭示这些实体间的关系。RDA 体现了国际编目界的最新成果,也必将对编目领域产生广泛而深刻的影响,有望成为国际性的资源著录与检索的内容标准。

[关键词]RDA　编目标准　FRBR　FRAD　ICP

RDA 基于英美编目规则,遵循国际编目原则声明,以 FRBR、FRAD 为理论基础,体现了国际编目界的最新进展,并且得到了 IFLA 的大力支持。从 2004 年开始制定以来,广泛征求各方面的意见并不断进行修改,目的是成为国际性的资源著录与检索的内容标准。RDA 将于 2009 年第四季度正式出版,它必将对编目领域产生重要影响。本文介绍 RDA 的主要内容,并试图对其特点进行分析。

一、RDA 的主要内容

RDA 将包括导言,10 个部分的指南和使用说明,它们按照 FRBR、FRAD 模型定义的实体、属性和关系来组织,还有几个附录。每个部分的各章集中支持特定用户任务——查找、识别、选择、获取的元素。

1. 导言

导言将简单介绍 RDA 的目的和范围、主要特点以及和其他资源著录与检索标准的关系。它将阐明 RDA 的基本原则,并简要介绍作为 RDA 基本框架的概念模型。导言还将介绍 RDA 的结构,列出其核心元素,解释用于表现使用说明和示例的惯例;涉及语言和改编本时,RDA 使用说明和惯例怎样调整以适应不同的环境(如某机构的主要使用对象所用的语言不是英语)。

2. 记录属性

(1)第一部分　记录载体表现与单件的属性

第一部分将包含 4 章,指导如何记录 FRBR 所定义的载体表现与单件的属性。

第 1 章记录载体表现与单件的属性的一般规则。提出第 2—4 章的用法和指南所体现的基本目标和原则,说明识别和描述载体表现与单件的核心元素。本章还提供转录、记录编号和日期,以及附注构成等一般方法。

第 2 章载体表现与单件的识别。主要集中在通常用于识别载体表现与单件的元素。包括题名、责任说明、版本说明等,用户根据这些信息确定所描述的资源与所查找的资源相符,或区别两个或多个具有类似识别信息的资源。

第3章描述载体。包括用户根据自己的需要选择资源所考虑的载体的物理特征,信息在载体上存储的格式和编码等元素。

第4章提供获取与检索信息。包括用于获取或检索资源的元素,如获得方式、联系信息、限制检索等。

(2)第二部分　记录作品与内容表达的属性

第二部分包含3章,指导如何记录FRBR所定义的作品与内容表达的属性。

第5章记录作品与内容表达的属性的一般规则。提出第6—7章的用法和指南所体现的基本目标和原则,说明识别和描述作品与内容表达的核心元素。提供构建作品与内容表达的选用检索点和变异检索点的用法和指南。此外,第5章还指导识别作品或内容表达的数据如何记录规范等级,记录作品或内容表达的题名和其他信息的来源如何引证、怎样做附注以便数据的使用和修改。

第6章识别作品与内容表达。集中识别作品与内容表达的主要元素,包括作品的选用题名和变异题名、格式、日期、起源地、内容表达的语言等,用户根据这些信息确定数据所描述的作品或内容表达与所查找的资源相符,或区别两个或多个具有类似识别信息的作品或内容表达。还包括构建表现作品或内容表达的选用检索点和变异检索点,音乐作品、法律作品、宗教作品、官方通信的选用题名和变异题名与其他识别属性。

第7章描述内容。焦点是用户选择满足其内容需求的资源时所依据的作品与内容表达的属性,包括内容的性质和范围、预期读者等。

(3)第三部分　记录个人、家族与团体的属性

第三部分将包括4章,指导如何记录FRBR、FRAD所定义的个人、家族与团体的属性。

第8章记录个人、家族与团体属性的一般规则。提出第9—11章的用法和指南所体现的基本目标和原则,说明识别个人、家族与团体的核心元素。对于记录名称、构成表示个人、家族和团体的选用检索点和变异检索点提供指导。此外还指导与名称使用有关的各种元素(如范围、日期)如何记录,识别个人、家族和团体的名称与其他信息的来源如何引证、怎样做附注以便数据的使用和修改。

第9章　识别个人。

第10章　识别家族。

第11章　识别团体。

第9—11章重点在于识别个人、家族和团体最常用的元素,将包括个人、家族和团体的选用名称和变异名称,与个人、家族和团体相关的日期和地点等,用户根据这些信息确定数据中的个人、家族和团体与所查找的相符,或区别两个或两个以上具有类似名称等的个人、家族和团体。本章还指导如何构建表示个人、家族和团体的选用检索点和变异检索点。

(4)第四部分 记录概念、实物、事件、地点的属性

第四部分包括5章,指导如何记录FRBR、FRAD所定义的概念、实物、事件、地点的属性。

第12章记录概念、实物、事件、地点的属性的一般规则。提出第13—16章的用法和指南所体现的基本目标和原则,说明识别概念、实物、事件、地点的核心元素。本章将提供记录术语和名称的一般规则,概念、实物、事件、地点的选用检索点和变异检索点如何构成。此外,还将

指导与术语和名称有关的各种元素(范围、使用日期等)怎样记录,术语和名称及识别概念、实物、事件、地点的信息来源如何引证、怎样做附注以便数据的使用和修改。

第 13 章　识别概念。

第 14 章　识别实物。

第 15 章　识别事件。

第 16 章　识别地点。

第 13—16 章重点在于识别概念、物体、事件、地点的最常用元素。包括概念、实物、事件、地点,概念或实物的类型等选用和变异的术语或名称,用户根据这些信息确定数据中的概念、实物、事件、地点与所查找的相符,或区别两个或两个以上具有类似名称的概念、实物、事件、地点等。本章还指导如何构建表示概念、实物、事件、地点的选用检索点和变异检索点。

3. 记录关系

(1)第五部分　记录基本关系

第五部分只有一章,指导如何记录 FRBR 所定义的作品、内容表达、载体表现与单件的基本关系。

第 17 章记录基本关系的一般规则。包括记录作品、内容表达、载体表现与单件的基本关系的用法和指南所体现的目标和原则,说明实现这些目标的核心元素,还提供标识符、选用检索点、记录基本关系的综合描述等应用指南。

(2)第六部分　记录与资源相关的个人、家族和团体的关系

第六部分包含 5 章,指导如何记录 FRBR 所定义资源和与其相关的个人、家族和团体的关系。

第 18 章记录与资源相关的个人、家族和团体关系的一般规则,提出第 19—22 章的用法和指南所体现的基本目标和原则,说明反映资源和与其相关的个人、家族和团体关系的核心元素。本章将指导如何用标识符和选用检索点记录这些关系,如何用关系指示符准确说明个人、家族和团体与资源的确切关系。

第 19 章　与作品有关的个人、家族和团体。

第 20 章　与内容表达有关的个人、家族和团体。

第 21 章　与载体表现有关的个人、家族和团体。

第 22 章　与单件有关的个人、家族和团体。

第 19—22 章集中在作品、内容表达、载体表现、单件和与之相关的个人、家族和团体间的关系。所含元素用于识别作品的创作者,对作品的内容表达负责的编者、译者等,载体表现的生产者和出版者,单件的所有者和保管者等,用户根据这些信息查找与特定的个人、家族和团体有关的资源。第 19 章还包括适用于与法律作品、宗教作品相关的个人、家族和团体的特定指南。

(3)第七部分　记录主题关系

第七部分只有一章,指导如何记录 FRBR 所定义的作品与作品的主题间的关系。

第 23 章记录作品主题关系的一般规则。提出记录作品主题关系的用法和指南所体现的基本目标和原则,说明适应这些目的核心元素,本章还指导如何用标识符和选用检索点记录主题关系。

(4)第八部分　记录作品、内容表达、载体表现与单件之间的关系

第八部分包括 5 章，指导如何记录作品、内容表达、载体表现与单件之间的关系。

第 24 章记录作品、内容表达、载体表现与单件之间关系的一般规则。提出第 25—28 章的用法和指南所体现的基本目标和原则，说明反映作品、内容表达、载体表现与单件之间关系的核心元素，还包括标识符、选用检索点的使用，各种关系如何记录，以及明确各种关系实质的关系标识如何使用。

第 25 章　相关作品。

第 26 章　相关内容表达。

第 27 章　相关载体表现。

第 28 章　相关单件。

第 25—28 章的焦点为作品、内容表达、载体表现与单件之间的关系，包括记录衍生作品与原作品的关系，复制品与原载体表现的关系等元素。用户根据这些信息确定数据所表示的作品、内容表达、载体表现和单件是否符合其查找需求。

(5)第九部分　记录个人、家族与团体之间的关系

第九部分包括 4 章，记录 FRAD 所定义的个人、家族与团体之间的关系。

第 29 章记录个人、家族与团体之间关系的一般规则，提出第 30—32 章的用法和指南所体现的基本目标和原则，说明反映个人、家族与团体之间关系的核心元素，还包括标识符的使用、记录这些关系的选用检索点以及明确各种关系实质的关系标识如何使用。

第 30 章　相关个人。

第 31 章　相关家族。

第 32 章　相关团体。

第 30—32 章的焦点为个人、家族与团体之间关系，包括用于记录合作者、家庭成员、上级团体、下属团体等关系的元素，用户根据这些信息确定检索点所表示的个人、家族和团体与其所查找的目标相符。

(6)第十部分　记录概念、实物、事件、地点之间的关系

第十部分包含 5 章，记录概念、实物、事件、地点之间的关系。

第 33 章记录概念、实物、事件、地点之间关系的一般规则。提出第 34—37 章中指南的基本目标和原则，详细说明反映概念、实物、事件、地点之间关系的核心元素，指导如何使用标识符、选用检索点记录这些关系，如何使用明确关系实质的关系标识。

第 34 章　相关概念。

第 35 章　相关实物。

第 36 章　相关事件。

第 37 章　相关地点。

第 34—37 章焦点在于概念、实物、事件、地点之间的关系。包括用于记录广义概念与狭义概念的关系元素，用户根据这些信息确定检索点所表示的概念、实物、事件、地点是否与其所查找的目标相符。

4. 附录和术语表

附录 A　大写：含英语和多种其他语言数据转录中的大写惯例。

附录 B　缩写:用于著录和检索点的缩写表。

附录 C　首冠词 多种语言的定冠词和不定冠词的列表,它们位于检索点的起始位置与表示作品或内容表达的名称/题名检索点中题名的开头时应当省略或不予排挡。

附录 D　描述数据记录句法:包括一个 RDA 的特定数据元素与 ISBD 所定义的著录项目与元素的映射表,按 ISBD 各著录元素的顺序和规定的标点符号显示,包括 ISBD 中的分级著录法,还包括 RDA 的数据元素与 MARC 21 书目数据格式的映射表。

附录 E　检索点控制数据记录句法:包括一个 RDA 的特定元素与 MARC 21 规范数据格式元素的映射表。

附录 F　个人名称补充说明:如何选择与记录各种语言的个人名称,对第 9 章中的一般规则进行补充。

附录 G　贵族头衔或等级:某些国家的贵族头衔或等级等信息。

附录 H　公历日期:根据公历记录日期的信息。

附录 I　关系标识:资源与和资源有关的个人、家族和团体的关系。

附录 J　关系标识:作品、内容表达、载体表现、单件的关系。

附录 K　关系标识:个人、家族和团体的关系。

附录 L　关系标识:概念、实物、事件、地点间的关系。

附录 I,J,K,L　提供作为关系标识使用,准确揭示关系实质的一系列术语的列表和使用指南,分别对应于第 6、8、9、10 部分中的关系元素。

术语表定义 RDA 中具有特定技术含义的术语。其中大部分术语的定义在第 1—37 各章的使用说明中介绍过。[1]

二、RDA 的特点分析

1. 先进性

RDA 遵循新的国际编目原则,以 FRBR、FRAD 为理论基础,去掉了“主要款目”、“标目”等传统的过时的编目概念、词汇,在概念和结构上与 FRBR、FRAD 相一致,在著录方面与《国际标准书目著录》(统一版)相协调,体现了国际编目界的最新进展。

(1)与 FRBR、FRAD 概念模型的一致

FRBR 问世后,对国际编目界产生了很大的影响,也成为修订 AACR2 的理论基础。FRBR 中的第一组实体包括作品、内容表达、载体表现、单件,它们与 AACR2 中的概念有很大不同。AACR2 采用“作品”这一术语,但并没有给出一个明确的定义,在某些情况下可以是个抽象的概念,有时也可以指具体的编目对象;AACR2 没有“内容表达”、“载体表现”的概念;“单件”的概念与 FRBR 中的表述也不一致。不言而喻,RDA 要体现 FRBR 的模型,没有二者在概念的一致是不可能实现的。2001 年 JSC 决定将 FRBR 的术语融入 AACR,[2] 并致力于这方面的努力。现在,它们在 RDA 中的定义与 FRBR 中所定义的完全一致。

除了实体的定义外,相关的属性和关系也是一致的。FRBR 的 4. 2—4. 5 定义了作品、内容表达、载体表现、单件的属性,5. 2—5. 3 定义了实体间的关系。[3] 这些属性和关系在 RDA 中基本能有相应的元素与之映射。RDA 所包括的描述与资源相关的实体的数据元素,一般来说反映了与 FRAD 所定义的个人、家族、团体、地点这些实体相关的属性与关系。[4] FRAD 的 4. 1—

4.7 定义了实体的属性,5.3—5.4 定义了实体间的关系,[5]这些属性和关系在 RDA 中大多有相应的元素与之映射。

在 2005 年的会议上,JSC 决定进一步使 RDA 的结构与 FRBR、FRAD 模型相一致。[2]2007 年 10 月,JSC 接受了 RDA 的编者 Tom Delsey 的建议,决定 RDA 采用新的结构,使数据元素与 FRBR 的实体和用户任务更密切地联系起来。FRBR 最终报告第六章确定了四个基本的用户任务,即查找、选择、识别、获取。将各个实体的属性和关系映射到书目记录所支持的四项基本用户任务,显示了每个属性或关系与用户任务的相关性,进而评估实体的属性及相互关系对实现用户任务的价值,相对值分别为:高、中、低和不适用。RDA 元素集与 FRBR 相映射,RDA 元素和关系继承了赋予 FRBR 的属性和关系的值。RDA 将按照 FRBR 的实体、属性和关系来组织,各部分各章集中在支持特定用户任务的元素,[1]RDA 核心元素选自那些与 FRBR 和 FRAD 定义的用户任务具有"高"匹配值的属性和关系。[6]可以说 RDA 充分体现 FRBR 概念和结构,是一部 FRBR 化的编目标准。

(2)与 ISBD 相协调

RDA 虽然独立于任何数据显示格式,但它与 ISBD 有极强的适用性,RDA 在附录 D 中列出了包括一个 RDA 的特定数据元素与 ISBD 所定义的著录项目与元素的映射表,按 ISBD 各著录元素的顺序和规定的标点符号显示,并对 AACR2 中与新的 ISBD 不一致的地方进行改动。例如,在 AACR2 1.0C1 中规定"如一个项目的几个相邻单元须加方括号,将它们置于一个方括号中…"[7]。相应内容在 RDA 附录 D.2.2.1 中改为"每个相邻的需要方括号的数据元素,分别置于各自的方括号内"[8]。AACR2 1.0C1 中还规定"如一个单元的末尾为一缩写,其后为一句点,或结尾为节略号,而该单元后的标点为一句点,或以句点开始,则省略此句点"[7]。相应内容在 RDA 附录 D.2.2.1 中改为"当一个元素或项目以句点结尾时,规定的标点符号仍需加上"[8]。再如,AACR2 1.1G3 规定,无总题名的文献"如各作品由不同作者所作,或出自不同的团体,或者,若有疑问,在每一作品的题名之后,著录其并列题名、副题名和责任说明。将各组数据用句点和两个空格分开"[7]。相应内容在 RDA 附录 D.2.2.2 规定该组数据将仍由句点分隔,但句点后的空格现在是一个而不再是两个。[8]

(3)适于网络的编目规则

• RDA 是一种为数字环境设计的资源描述与检索新标准,在设计上利用了新的数据库技术在数据获取、存储、检索和显示方面的有效性和灵活性。[1]

• 作为一种载体类型,网络资源的数量急剧增加。RDA 将描述网络资源方面的规则作了进一步的改善,便于应对网络资源的编目。

• RDA 的使用是基于网络的,适于 Web 环境的应用和操作。RDA 主要是一个网络产品(Web-based Product),虽然也会出版活页印刷型版本,但以网络版为主,使用 RDA 产生的编目记录适于在网络环境下的获取和利用。

2. 广泛性

(1)内容的广泛性

RDA 是以英美编目规则为基础,但在内容方面有很大扩充。AACR2 是描述性编目规则,包括两大部分,第一部分是著录,第二部分是标目、统一题名和参照。AACR2 虽然有规范方面的条文,但没有关于规范的定义,没有说明哪些实体可以作规范,也没有将规范记录的使用作为目录中实现规范控制的途径。而 RDA 包括完整的规范记录的指南,既可用于创建书目记录,也可用于创建规范记录。此外,RDA 包含 FRBR 的第三组实体(概念、实物、事件、地点),RDA 的核心元素要求至少一个主题关系,[6]可通过特定主题揭示资源内容特点,对于主题标引也具有指导作用。

(2)适用资源的广泛性

文献资源包括纸质、胶片、磁带等各种载体形态,图书、唱片等各种格式,模拟的、数字的等各种信息记载方式。对于多元化、多样化的编目对象,编目标准要为各种内容和媒体资源提供著录与检索的指导,适应范围的广泛性是必不可少的。采用 FRBR 模型扩大了 RDA 的使用范围,使它可用于各种内容和媒体资源的著录与检索。

(3)用户的广泛性

由于预期的使用者不但包括专业的编目人员,还包括非图书馆人员,如出版者、技术人员,所以 RDA 尽量减少图书馆方面的专用术语,以便用于艺术馆、档案馆、博物馆及其他信息机构使用。RDA 虽然源于英语的语言习惯和惯例,但所用范围不限于英语世界,而是要强调它的国际化,这也是英美编目规则(Anglo-American Cataloging Rules)去掉“英美”这个地域性名词而改名为资源著录与检索(Resource Description and Access,RDA)的一个重要原因。

3. 便利性

RDA 的制订遵循新的国际编目原则声明,国际编目原则声明在总原则中提出指导编目规则的制订工作的若干原则,其“最高原则是用户的便利性”。即“在对著录以及用以检索的名称的受控形式做出抉择时应该考虑到用户”[9]。RDA 在结构上按照 FRBR 的实体、属性和关系来组织,各部分各章集中在支持特定用户任务的元素。在设计上不但为书目记录的最终用户提供便利,同时也为编目员的使用带来很大便利。

(1)分层次

AACR2 繁琐、难于熟练掌握,RDA 力图做到易于理解、易于掌握、易于使用。它对资源著录与检索的基本使用说明进行简练、清晰的阐述,对于著录某些资源的特性加以进一步指导,对于特殊类型的内容、媒体和发布模式提供更加详细的使用说明。例如对那些只需要进行简单著录的规则使用者,方便他们识别基本使用说明,并屏蔽掉在更详细著录级别上才需要的说明[1],给使用者提供了很大方便。

(2)网络版

作为网络产品,RDA 具有许多印刷版所没有的优势,它使编目过程更加简便、快捷、合作性强。如果对编目规则不熟悉,通过联机工具就可以很方便地检索到所需要的规则。除了可以利用超级链接从一个说明访问另一个说明,在线 RDA 的用户可以浏览、滚读、在线评注、任意打印其内容、为特定说明添加书签、按不同级别检索,可以设计、存储和共享工作流程,还可以访问其他相关编目工具。[10]此外,以网络格式发布 RDA,让培训和使用比印刷版更为迅速。

(3)判断和选择

RDA 允许编目机构根据本地需要采用相关规则,也给编目员留下了分析判断的空间。RDA 提供作品、内容表达、个人、家族、团体的选用检索点和变异检索点的构成,还提供记录某些类型关系的选用检索点构成,而不提供作为检索点的其他数据元素的指南,使用机构可根据各自的用户需求和数据管理系统的性能决定为哪些附加元素做索引。RDA 包括许多选择或选用，对创建数据负责的机构可规定本地所用的选择和选用政策，也可由创建数据的个人判断决定。[4] 例如，在 AACR2 1. 1F5 限制可记录在一个责任说明中的人或团体的数量，规定“如果一个责任说明中提到三个以上人或团体，承担相同的职能，或者负有相同程度的责任，则除第一个人或团体外，省略每一组所有这样的个人或团体。用节略号‘…’表示节略，并加‘et al.’置于方括号中[7]”。RDA 没有这种人为的限制。相应内容在 RDA 2. 4. 1. 5 规定既可按照资源上的形式著录，也可选择省略，只著录第一个人或团体，并将省略信息概述置于方括号中。[11]

（4）一次编目、多次使用

RDA 允许作品和内容表达层面的数据一经创建，即可根据需要多次使用。节约了编目员创建数据的时间，有利于提高工作效率。

4. 通用性

通用性是国际编目原则声明在总原则中提出的指导编目规则的制订工作的若干原则之一，其含义是“在著录与检索中使用的词汇应与大多数用户所用的词汇相一致”[9]。

AACR2 中有许多编目界专用的表示方法，例如出版地不详，用拉丁文缩写“s. l.”；出版者不详，用拉丁文缩写“s. n.”，对于非专业人士来说难于理解。在 RDA 中分别改用“place of publication not identified”和“publisher not identified”[12]；再如，AACR2 在 2. 5B15 中规定“如果出版物的最后一部分遗失，而无法确定完整一册的页数，著录最后一页的页码，其后著录‘+p.’。做一个本书不完整的附注”[7]，RDA 3. 4. 5. 6 对于这种情况则是用增加“(incomplete)”向目录用户传递更多信息。[12]

AACR2 中规定了许多缩写，除了经常用到的记录载体形态的缩写，如“p.”是“pages”的缩写，“v.”是“volumes”的缩写，“ill.”是“illustrations”的缩写外，还有不太常见的缩写，如“Ms”是手稿“Manuscript”的缩写；再如音乐统一题名的一些附加中，“改编”用缩写“arr.”，“伴奏”和“无伴奏”分别用缩写“acc.”和“unacc.”等。在 RDA 中上述这些缩写将不再使用，而是采取完全拼出的形式。[12]

5. 表达性

表达性也是国际编目原则声明提出的指导编目规则制订工作的原则之一，其含义是“著录以及名称的受控形式应按实体描述其本身的方式来确定”[9]。

RDA 注重转录信息的表达性，通常是“taking what you see”[13]，简化著录过程，大大减少了编目员在转录中对数据的改变，节约了编目员的时间，也方便了机器抓取，提高存储和检索的效率。

- AACR2 1. 1B1 说明正题名中某些标点符号应被替代。RDA 中标点符号以其所出现的形式转录。按照 RDA 的指导，资源的错误应照录，可做附注进行更正。
- AACR2 对于一个以上出版地及一个以上出版者、发行者如何著录都有详细的规定，而 RDA 指示按信息源所见名称的次序、版式、印刷所显示的顺序记录。
- AACR2 22. 15C 规定，以姓氏标目的名称不要加与姓名相关联的其他头衔或名词，除非需要用它们来区别两个或多个相同的姓名，而且没有日期或较完整的姓名。然而，人们用诸如“Jr.”这样的名词自我识别，用户查找他们时也可能包含这样的名词。RDA 中表示关系的名称，例如“Jr.”，被视为名称的一部分（RDA 9. 2. 2. 9. 5）。

• AACR2 25.5C1 规定当文献有 3 种或多种语言时,用"Polyglot"作为统一题名的附加。RDA 说明如果一部作品的单一内容表达有一种以上语言,均应列举出来(见 RDA 6.12.1.4);一部作品有不同语种的内容表达,则为每一种语言的内容表达建立单独的检索点(见 RDA 6.28.3.7)。

• RDA 对圣经新旧约作为检索点的选用题名采用完全拼出的形式,而不是现在 AACR2 所用的缩写"O. T."和"N. T.",圣经各书的选用检索点将书的名称紧接在"Bible"后,而不再插入其所属的约书名称。选用检索点的形式为"Bible. Old Testament"、"Bible. New Testament"和"Bible. Apocrypha",用于识别圣经集合作品的分组。[12]

6. 兼容性

(1)与以往数据兼容

根据不同标准产生的书目记录各自独立不是长久之计,整合在一起是一个必然的趋势,而集中和统一既不可能一刀切,也不可能推倒重来,这就要求编目规则能够兼容已经存在的编目成果之微小差异,尽量减少以往记录中不必要的修改。RDA 的设计充分考虑了与已经存在的 AACR2 的数据库的特点,尽量减少回溯调整。

(2)与业内其他标准兼容

RDA 为了最大限度地体现的数据在存储和显示上的灵活性,将记录数据和显示数据划分出清楚的界线,以独立格式应用于书目信息交流,与其他资源描述与检索标准兼容。各种元数据格式都可以采用这一标准,不论是传统的印刷型资源格式 MARC,还是网络数字资源格式 DC。

(3)与相关行业的标准兼容

RDA 不仅能兼容应用于图书馆界的资源描述与检索标准,也能用于其他领域的信息系统。现在,大多数出版商、经销商都开始对所售图书进行编目,但这些编目数据常常与图书馆界的编目要求存在很大距离。如果出版界和图书馆界采用统一的编目标准,就能有效地解决这个问题。OCLC 进行了一个实验,要使用出版社/书商的 ONIX 元数据,将其映射为 MARC 数据,供图书馆编目人员使用,这是图书馆采用出版界数据的有益尝试。从长远来看,出版界和图书馆界加强合作,积极探索各个环节书目数据的整合,实现书目信息资源的共建共享,可避免重复建设、方便使用。

除了出版商使用的信息交换在线网络(ONIX),RDA 还可与档案界、博物馆界的标准兼容,能用于档案界、博物馆等机构的信息系统,为跨行业的合作与共享创造了条件。

7. 扩展性

所谓扩展性有两个方面的意义:一是能够允许不同的编目机构按照实际需求增加本地内容;二是能够适应今后可能出现的文献类型。

从历史上看"任何编目规则总是落后于出版物的发展,只能随出版物的发展而发展"[7],由于数字技术极大地改变了资源著录和检索利用的环境,最新数字技术的广泛应用产生了迅猛增长的新资源,AACR2 虽经多次修订仍不能完全适应数字环境的要求。作为 AACR2 的后继者,RDA 的生命力如何不但要看它对于现有内容类型和媒体类型能否应对,还要看它能否适应未来还将出现的新型的信息载体形式。FRBR 提供了新的概念模型和思维方式,RDA 由于采用FRBR和FRAD模型,不仅具有了可覆盖各种内容类型和媒体类型的广泛性,也具有了接纳资源新特点的灵活性,形成了一个可扩展的框架。这种灵活的可扩展的框架使RDA不至于因为新的资源类型出现而过时,因而具有更长的生命力。

三、结语

RDA基于英美编目规则,遵循国际编目原则声明,以FRBR、FRAD为理论基础,与ISBD相协调,体现了国际编目界的最新进展,并且得到了IFLA的大力支持。它将于2009第四季度出版,2010年投入使用。RDA的出版和使用必将对编目领域产生极为重要的影响,它有望成为21世纪资源著录与检索的国际化、现代化的内容标准。

参考文献

1 Joint Steering Committee for Development of RDA. RDA:Resource Description and Access. Prospectus. [2008-11-20]. http://www.collectionscanada.gc.ca/jsc/rdaprospectus.html

2 Joint Steering Committee for Development of RDA. RDA:Resource Description and Access. Incorporating FRBR terminology and concepts. [2008-10-20]. http://www.collectionscanada.gc.ca/jsc/rda.html#presentations

3 IFLA Study Group on the Functional Requirements for Bibliographic Records. Functional Requirements for Bibliographic Records: Final Report. [2005-11-26]. http://www.ifla.org/VII/s13/frbr/frbr.pdf

4 Joint Steering Committee for Development of RDA. Full Draft of RDA, Chapter 0. [2009-03-09]. http://www.rdaonline.org/constituencyreview/Phase1Chp0_10_22_08.pdf

5 IFLA Working Group on Functional Requirements and Numbering of Authority Records (FRANAR). Functional Requirements for Authority Data: a Conceptual Model. Draft, 2007-04-01. [2009-02-17]. http://archive.ifla.org/VII/d4/franar-conceptual-model-2ndreview.pdf

6 Deirdre Kiorgaard. RDA Core elements and FRBR user tasks. [2009-03-02]. http://www.collectionscanada.gc.ca/jsc/docs/5chair15.pdf

7 吴龙涛,叶奋生,吴晓静译,解释,补充. 最新详解英美编目规则,第二版,2002修订本. 北京:北京图书馆出版社,2006

8 Joint Steering Committee for Development of RDA. Appendix D. [2009-03-09]. http://www.rdaonline.org/constituencyreview/Phase1AppD_11_4_08.pdf

9 IFLA Cataloguing Section, IFLA Meetings of Experts on an International Cataloguing Code. 国际编目原则声明. [2009-05-11]. http://www.ifla.org/files/cataloguing/icp/icp_2009-zh.pdf

10 Oliver, C. RDA: Resource Description and Access. Features & Functionality. [2009-03-11]. http://www.collectionscanada.ca/jsc/docs/iflasatellite-20080808-demo.pdf

11 Joint Steering Committee for Development of RDA. Full Draft of RDA, Chapter 2. [2009-03-09]. http://www.rdaonline.org/constituencyreview/Phase1Chp2_11_6_08.pdf

12 Schulz, N. Changes to AACR2 Instructions. [2009-03-16]. http://www.collectionscanada.gc.ca/jsc/docs/5sec7.pdf

13 Tillett, B. RDA Overview. [2008-10-26]. http://www.collectionscanada.gc.ca/jsc/docs/iflasatellite-20080808-tillett.pdf

国家图书馆海外中国学文献的收藏

陈　蕊　外文采编部

[摘　要]中国学的研究是世界性的课题。为此,各国的国家图书馆都将有关中国学的文献列入重要的馆藏范围。许多国家的图书馆都设有专门的书库或阅览室,以供研究中国学的专家学者们阅览、研究。国内的海外中国学研究起步较晚,各图书馆的海外中国学文献都有收藏,但还远没有形成规模。国家图书馆的特色馆藏——海外中国学文献,为国人研究海外中国学创造了条件。

[关键词]中国学　世界性课题　中国学文献　馆藏　资源共享

讲到图书馆的文献收藏包含有两层意思:收与藏。收,即是图书馆文献的采集——用图书馆的工作术语讲为采访。她包括对各种出版物的出版情况的调研、采集与获取。而图书馆的采访调研又因每个图书馆所承担的任务、性质、职责不同,面对的读者群不同(服务对象不同),采访的侧重面也就不同,因而她所收藏的范围也不尽相同。中国国家图书馆是全球中文文献中心,将世界各国研究中国的文献作为收藏的重点,历来是中国国家图书馆的责任与使命。经过多年的努力,海外中国学文献的收藏已经成为该馆的特色馆藏。她为国人研究海外中国学提供了丰富的文献资源。

一、现状

1. 国外的汉籍收藏

中国学研究是一个世界性的研究课题。为了这个课题研究的发展,世界各国都把汉籍收藏列入了各图书馆的重点文献收藏范围之内。有的国家还设有专业的汉学图书馆。

美国国会图书馆的中文书的收藏,可以追溯到1869年(清,同治年间),并有主管亚洲书刊及服务的部门——亚洲部。亚洲部成立于1928年,最初称中文部;1931年改组为中日文部;1932年扩大为东方部;1942年改名为泛亚部;到1978年才正式定名为亚洲部。目前有藏书(已编目的)约282万册,其中包括大量地中文古籍善本、手稿、方志等。

以收藏有大量中文古版书籍为主要特点的俄罗斯列宁格勒亚洲研究所图书馆。其汉籍收藏从18世纪20年代就开始了。从建馆(1818年)时的226种中文图书,到目前拥有历史、地理、文学、思想体系、法律与权利、百科、丛书等学科的、古代和现代的中文书籍、手稿及连续出版物等的丰富馆藏。

成为俄苏学者研究中国学的基地。

1958年成立的俄罗斯科学院亚洲研究所的专业汉学图书馆,中文图书占全部馆藏的61%;中文连续出版物占66.9%。藏品包括历史、哲学、经济、国家与法、文学、文化、艺术和语言,以及手册、百科、书目等。它是俄苏中国学的全面研究基地。它面向的读者是莫斯科地区的科研工作者、大学教授和研究生。同时,它还向其他城市寄送中国学文献资料。

各国各类图书馆的汉籍文献的收藏,均为该国的中国学研究提了宝贵的文献资料。位于世界各地的汉籍收藏地均是各国汉学家们研究汉学的基地,也是海外中国学研究经久不衰的原因之一。

2. 国内海外中国学文献的收藏

海外中国学文献,即海外学者研究中国问题的专著、译著及论文。其特点可以总结为一长、一广、两多。一长,即国外研究中国问题的时间长。有文献记载的海外中国学(汉学)的研究已有几百年的历史,而汉籍的收藏还在此之前。数百年来,中国的文化已深深地渗入到西方文化之中,成为推动西方文化发展的重要契机之一。自 1585 年西班牙人撰写的《大中华帝国史》问世以来,中国就以一个强大、发达、一体的大帝国的形象屹立在世界的东方。在短短的七年内,这部书用七种语言出版了 46 次,可见西方对中国的兴趣。从此,世界开始关注中国。例如:18 世纪,中国艺术推动了欧洲艺术风格的蜕变,形成了欧洲建筑史上的"园林时代";中国的瓷器、丝绸及其他发明直接或间接地促进了欧洲的社会风气,以及制造业的革新。中国五千年的历史文化激发了诗人歌德关于"世界文学"的宏伟构想,他不断地呼唤德国人努力理解中国文化,因为中国文化是世界文化中十分重要、十分宝贵的组成部分。

中国学(汉学)的研究是个世界性的课题。早在 400 余年前,欧洲各国就已经开始研究中国了,如意大利、荷兰、法国、德国、瑞典等国都是汉学研究较早的国家。俄罗斯的汉学研究也有 300 多年的历史。在漫漫的人类历史长河中,世界各国的中国学(汉学)研究积累了丰厚的研究成果。

一广是指涵盖的学科范围很广,纵观世界中国学研究的发展,有一点是可以肯定的:同中国的频繁交往促进了各国汉学的产生和发展。这个交往包括外交、文化、宗教等。因此,也就形成了海外中国学文献主要以研究中国的哲学、宗教、艺术、历史、文学、语言等的人文学科为主,也包括对中国的政治、经济、地理等社会科学领域的研究。可以说,世界各国收藏中文资料的过程,本身便是一部中外文化交流史。

两多,一是由于世界各国都在研究中国,海外中国学研究文献涉及的语种多;二是专门从事研究中国问题的学者多。仅以俄苏为例:专门研究中国学的专家,仅科学院院士级别的就有数位。他们分别代表了俄苏汉学的不同时期,均是划时代的领军人物。他们的各种专著、论著、译作丰硕。除此之外,还带动了他们所处时代的汉学研究。比如:以著名的俄苏汉学家 B. M. 阿列克谢耶夫(B. M. Алексеев,1881—1951)为代表的"阿翰林学派"的整整一批人,在 20 年代下半叶从事科学研究工作,对中国学有很深入地研究,名著如林,人才辈出。至今仍有不少人活跃在俄罗斯汉学研究领域。因此,了解、掌握海外中国学(汉学)研究的现状与进展,收集相关的研究文献是关键。而国内的海外中国学文献的收藏,既要收集得全,还要收藏得有系统、有规模,以对国内海外中国学的研究起保障作用。这点既是对馆藏能力的考验,也是对馆员学识、知识面的全面考验。

20 世纪 80 年代,中国国家图书馆针对国内的海外中国学(汉学)研究的兴起,成立了专门收集、整理海外中国学文献的科组,选派专人负责此事。这个组编制的海外中国学文献卡片目录,在国内很有声誉。这套目录不仅将中国国家图书馆所藏海外中国学文献编在其中,而且还包括了国内各图书馆的中国学文献的馆藏以及国外出版的、国内尚未收藏的中国学文献目录。

20 世纪 90 年代以来，国家图书馆加快了对海外中国学文献的数字化工作的进程。目前正逐渐形成规模，如国家图书馆的网页上，设有“国外中国学”专栏。这个专栏“本着尽可能地为读者提供专业化数字信息资源的初衷，在借鉴大量相关研究文献的基础上，专注于对海外中国学家及其文献的介绍，其中包括海外中国学研究机构、学术研究简介、大事年表、主要学术成果等部分”。第一阶段的数据就已经涵盖了美、法、英、俄等十几个国家。读者可以在中国国家图书馆的网页上，直接链接到“海外中国学导航”查询。这是工作人员花大力气从“Internet 海量的中国学研究的站点中，通过比较、筛选，最终遴选出”的 310 个不同国家、不同语种的专业中国学网站，并按学术研究机构、社会团体、社会组织、哲学、宗教、经济、历史、地理、社会、文化、资源等方面进行了分类。在这套数据库中，可以查到世界级的汉学家 150 位，中国学网站的元数据 308 条，图片 308 张。

2005 年起，中国国家图书馆加强了对海外中国学文献的采访力度，并欲建立专门的海外中国学文献研究的阅览室。这无疑是中国学者们的佳音。

中国国家图书馆的采选方针是“中文全，外文精”。本着这一采选原则，馆里外文文献的收藏也就以精选为特点。中国以外的各类学科中的出版物（中文版的除外），以各学科中有代表性的、主要的文献为收藏重点。如各学科中的核心期刊的收藏等。因此，也就形成了海外中国学文献收藏目前的状况：

（1）需要加强对海外各国中国学研究的进展、汉籍收藏的最新成果等的相关文献收集。世界各国著名的汉学家的作品，馆里均有收藏，但收集得不全。比如，俄罗斯著名汉学家、俄罗斯科学院院士 B. M. 阿列克谢耶夫（中文名：阿理克，被郭沫若先生尊称为“阿翰林”和“苏联首屈一指的汉学家”。1929 年，被北平图书馆特聘为通讯员）的著作在馆里只能查到十几本。虽然这十几本当中不乏珍本、孤本（国内只有我馆有藏），但距 B. M. 阿列克谢耶夫院士毕生研究中国的千余本（篇）的著作、译著来讲，就显得太少了。

（2）学科没有形成系统。如：60、70 年代出版的、由苏联列宁格勒大学编辑的东方文学史，由四卷（五册）组成：《古代东方文学》《中世纪东方文学》（1、2 册）《近代东方文学》《现代东方文学》，其中的中国文学部分系苏联著名的汉学家波兹涅耶娃（Любовь Дмитриевна Позднеева，1908—1974）教授亲笔撰写的。这是第一部由外国人编写的中国文学史，而我馆却只收藏了《Литература Востока в новейшее время》（《近代东方文学》）和《Литература Востока в новое время》（《现代东方文学》）两卷，而描写《古代东方文学》《中世纪东方文学》（1、2 册）都没有收藏。

国内海外中国学文献收藏的现状，制约了中国学者全面掌握对象国的中国学研究进展、了解海外中国学研究的现状。因此，可以说这是我馆海外中国学文献收藏的缺憾。

二、任重道远，责任重大

由于海外中国学文献的“一长一广两多”的特点，给收藏工作增加了难度。需要投入巨大的人力、物力、财力和时间。工作难度之大、工作量之多是可想而知的，但却是十分必要而有意义的。

收藏的目的

国际间的文化交流是双向的。20 世纪 70 年代末以来，随着我国改革开放的不断深入，国内海外中国学(汉学)专门机构相继成立,各种著述和译作大量涌现,连续出版的专业期刊陆续创刊,高水平学术交流不断开展,如:1975 年,中国社会科学院情报研究所成立了国内第一家专门研究国外中国学(汉学)的机构——国外中国学研究室。编辑出版了《国外中国研究》等系列丛书。中国学已经成为我国学术界不可忽视的一个新兴的学科领域。而海外中国学研究文献的收藏是国人了解、掌握外国人研究中国的最便捷地途径和方式,是国人研究海外中国学的基础和保障。因此,加强这类文献的收藏是履行图书馆职责与使命的体现,更是国人的职责与使命。

(1)建立国内海外中国学文献资料研究中心

这个中心,首先是文献资料中心。要承担起收集、整理海外中国学研究的专著、论文、译文,以及国人翻译海外汉学家的著作、国人的研究论文以及纪念文集的收藏工作。其次,还应当是文献资料研究中心。这个中心要做的工作是:①拾遗补缺:将馆藏、国内收藏不全的文献收集齐全;②资料研究:研究国外中国学文献的出版状况。从现有资料上研究海外中国学的研究动态,制定国人的研究方向。③成立海外中国学研究沙龙,目的是集结国内的中国学研究专家、大学生及中国学研究的爱好者,培养本馆的中国学资料收藏、中国学资料研究的专家队伍。

中国国家图书馆应该是中国学文献资料中心的首选机构。一是国家图书馆已经走过了百年历程,她富宏的馆藏资源是任何一个机构都不可比拟的;二是国家图书馆与世界各国均有交往,可以借助其与国际间的图书交换等的有利条件,系统地采集到最新的海外中国学的研究成果。三是国家图书馆有一支常年从事文献收藏工作的专家队伍。

(2)建立文献资源的共建共享网络

以国内海外中国学文献资料研究中心为核心,在全国乃至世界范围内形成中国学文献的资料网。将国内外有关中国学的文献资料连接起来,构成网络。通过 Internet 方便不同国籍、不同肤色的中国学专家的查询,实现人类文献资源的共建共享。

三、几点想法

为了贯彻馆里重点收藏海外中国学文献资料总的采选方针,就目前的现状可以有以下几项工作要做。

1. 在藏上做文章

(1)原馆藏地不变。将现有馆藏的海外中国学研究文献作成数据库:文献目录→全文录入。这样可以让读者了解馆藏文献的状况,也有利于我们摸清家底。

(2)将馆藏中所有的海外中国学的文献集中收藏。设立专门的海外中国学文献研究阅览室、书库。

(3)清查家底,编制馆藏海外中国学文献目录。

2. 在收上做文章

(1)制定详细地馆藏海外中国学文献的采访方针、采访规划,确定收藏范围:①海外专家学者的研究性专著、论文、译作应该是收藏的首选;②国人翻译的海外汉学家们的著作、论文集,以及纪念性文章,也应当在收藏的范围之内。

（2）在摸清馆藏的基础上拾遗补缺。通过海外购买、影印、交换、鼓励捐赠等方式，尽快完善馆藏，为国人的中国学研究，提供更多、更系统的文献资料。

3. 在研究上做文章

（1）发挥国家图书馆的优势，与国内国际专业研究机构（如北京外国语大学中国海外汉学研究中心等单位）联手，统筹国内海外中国学的研究课题，结束目前国内海外中国学研究的单打独斗的局面。打造中国的海外中国学研究的品牌。

（2）关注海外中国学的研究方向，确定文献收藏的侧重点。如：今年是亚·谢·普希金（Пушкин，A. C，1799—1837）诞辰210周年，世界各国都将举行纪念活动。具查国内《普希金诗集》的译本有六个版本，我馆馆藏有几个版本，与之相关的研究文献有多少，这都是应该深入研究的课题。

（3）编写馆藏海外中国学文献目录，在原参考研究部收集的"中国学目录"基础上，补充新内容并出版书本目录，以扩大影响，让更多人了解馆藏、使用馆藏。

（4）编辑出版《研究性论文集》，以国人研究性论文为主，兼顾国际友人用中文出版的论文；编辑出版各学科的海外中国学《目录》等。

（5）培养本馆的海外中国学研究专家。这样做一是有利于本馆员工岗位成才；二也有利于相关文献的全面收集。

总之，建立海外中国学研究文献专藏，是国家图书馆的责任与使命。其虽然已初具规模，但还要不断完善，并要加快工作速度，以跟上世界中国学研究的发展步伐。为国人的海外中国学研究提供更多、更全、更系统的文献资源。

参考文献

1 李华伟．美国国会图书馆中文馆藏汉学研究资源．广州：新世纪图书馆，2008（1）

2 李明滨．中国文化在俄苏．广州：花城出版社，1990

3 http://www.orientalistica.ru/org/ivran/index.htm

4 http://www.orientalistica.ru/org/spfivran/index.htm

5 http://www.nlc.gov.cn

国家图书馆出版物交换工作自动化平台建设之构想

王萌萌　蔡　丹　罗　翀　外文采编部

[摘　要]随着世界文化交流的日益繁荣,出版物交换也越来越成为宣传本土文化,了解世界文明的重要窗口。计算机网络等信息技术的迅速发展为交换工作实现自动化提供了有力保证。本文从回顾我馆出版物交换工作传统模式入手,进而分析改进传统交换模式对于拓宽交换渠道,提高交换效率的重要性。通过调研国内外出版物交换工作自动化方面所取得的进展,按照我馆出版物交换工作的实际需求,设计了出版物交换工作自动化平台的建设方案。

[关键词]国家图书馆　出版物交换　自动化平台

1　引言

出版物交换是我馆对外进行文化交流的重要窗口,是采访工作的有机组成部分,是补充馆藏的有效途径。通过出版物交换的窗口,不仅能使世界各国和各地区及时了解我国的文明成果以及社会主义现代化建设所取得的巨大成就,同时可以获取海外出版的对我国政治、经济、文化和社会建设有益的出版物。

国家图书馆出版物交换工作历史悠久,可以追溯到1949年。经过60年的开拓和建设,出版物交换工作已经取得了丰硕的成果。截至2009年6月,国家图书馆已与全球117个国家和地区的国家图书馆、大学图书馆、公共图书馆等500多家单位建立了出版物交换关系。在我馆宏富的馆藏中,有许多宝贵的文献都是通过交换渠道获得的。

在当今图书馆界,加强国际合作、实现资源共享的呼声愈发强烈。在新形势下,更好地发挥出版物交换作为对外文化交流窗口的重要作用,进一步拓宽交换渠道,与世界上更多的图书馆及信息服务机构建立良好的合作关系,增加交换文献的数量和提高交换文献的质量是出版物交换工作的重要使命。改进出版物交换工作模式,打造方便、快捷、交互性强的交换工作自动化平台是实现上述目标的有效途径。

2　拓展出版物交换业务关键在于创新工作模式

国家图书馆历来重视出版物交换工作,始终把它作为采访工作的重要组成部分。我馆二期暨数字图书馆的开馆对文献资源建设提出了更高的要求。作为重要采访途径的出版物交换工作也需要转型以适应新的发展形势,在不断提高交换品质、加强专藏文献入藏的同时,应更好地顺应国际化合作与发展的新趋势,更好地发挥对外交流窗口的作用。要进一步拓展我馆的出版物交换业务关键在于创新交换工作模式。

我馆开展出版物交换业务的工作模式经历了纸本信件邮寄和电子邮件通信两个阶段。在网络技术广泛应用以前,出版物交换业务长期保持着传统的纸本信件传递、卡片记录的工作模式。虽然,这种直接与交换用户和目标用户建立联系的点对点的方式具有较好的针对性,但存在严重的效率低的问题。我们提供的可用于交换的文献目录、需求订单,以及希望建立交换关系的意向函等重要信息,都要经历较长的时间才能得到反馈,有的甚至由于沟通渠道障碍而使各种信件犹如石沉大海般再无音讯,这些在一定程度上影响了交换工作的开展。实现电子邮件通信之后,工作效率虽然有了明显的提高,但是电子邮件也存在目标性过强的弱点,不利于进行自我宣传,吸引新的交换户。同时,传统工作模式的成本较高。无论哪种工作方式,都需要对各交换单位进行单独联系,需要付出较多的人力成本,而且目前国际信函特别是航空信函的邮寄费用也是一笔不小的开销。

3 他山之石,可以攻玉

在建设之前,对业界相关领域的研究进行调研,可以使我们博采众长,充分吸收国内外同行的经验,对我们的自身建设起到良好的参考借鉴作用。为此,笔者对国内外出版物交换工作自动化的情况进行了调研。

从调研的情况看,国内外已经利用网络平台开展自动化交换业务的机构还比较少,可见出版物交换业务的自动化还是一个比较新的事物。国内方面目前还没有很成型的交换服务平台,国外方面发展较好的是美国,目前已有几家图书馆开展了此项业务,但时间也不长,而且自动化的水平也参差不齐。下面就以美国国会图书馆、印第安纳大学图书馆和佛罗里达大学图书馆为例,对出版物交换业务网络平台建设的情况进行简单的介绍。

3.1 "复本资源交换计划"——美国国会图书馆

"复本资源交换计划"(Duplicate Materials Exchange Program,DMEP)是美国国会图书馆开展的出版物交换项目,目前已与世界约2600家单位建立了交换关系。目前,国会馆还推出了该项计划的网络版,即Web DMEP,其形式与功能在世界上处于领先水平。与传统的通过邮寄/接收印刷型交换目录的工作模式相比,Web DMEP在直观性、便捷性、交互性等方面都有了很大的改进,主要体现在:

(1)用户可以即时查看所选书目(如图1和图2),其中图1通过复选框选中书目后,可先放入"选书车"(Cart)中备查。图2显示"选书车"中书目,进一步选

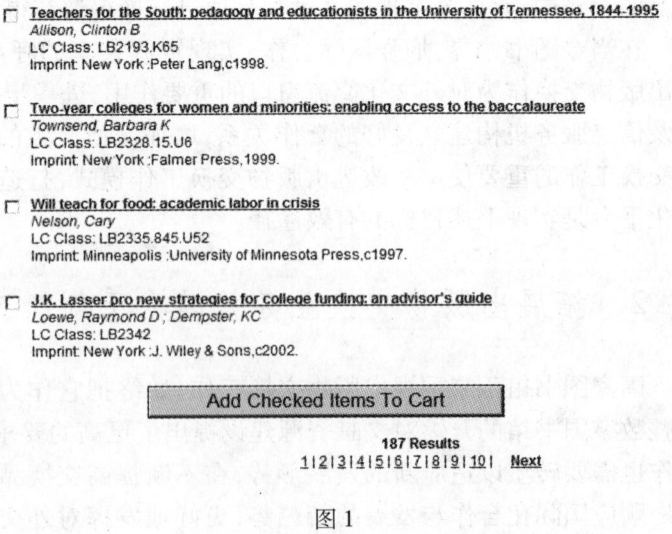

☐ Teachers for the South: pedagogy and educationists in the University of Tennessee, 1844-1995
Allison, Clinton B
LC Class: LB2193.K65
Imprint: New York :Peter Lang,c1998.

☐ Two-year colleges for women and minorities: enabling access to the baccalaureate
Townsend, Barbara K
LC Class: LB2328.15.U6
Imprint: New York :Falmer Press,1999.

☐ Will teach for food: academic labor in crisis
Nelson, Cary
LC Class: LB2335.845.U52
Imprint: Minneapolis :University of Minnesota Press,c1997.

☐ J.K. Lasser pro new strategies for college funding: an advisor's guide
Loewe, Raymond D ; Dempster, KC
LC Class: LB2342
Imprint: New York :J. Wiley & Sons,c2002.

Add Checked Items To Cart

187 Results
1|2|3|4|5|6|7|8|9|10| Next

图1

择确认后方能生成真正的订单，一条书目记录一旦被某一用户选中，则不再会被其他用户选择。

Subject
DMEP
Search
Cart
Logged in as
National Library of China
NAVIGATE
HOME
ADVANCED SEARCH
ABOUT DMEP
MY CART
MY PROFILE
MY ORDERS
CHANGE PASSWORD
MANAGE ASSOCIATES
HELP
CONTACT
LOGOUT
PLEASE NOTE:
Cart contents are automatically saved at the end of a session. However the contents of all carts are automatically cleared on the first Saturday of every month at 11:00 PM Washington, DC, time.
Will teach for food: academic labor in crisis
Nelson, Cary, , ,
ISBN: 081663033X (alk. paper)
J.K. Lasser pro new strategies for college funding: an advisor's guide
Loewe, Raymond D, Dempster, KC, ,
ISBN: 0471219894 (cloth : alk. paper)
<<< Back
Click in the box to the left of each item that you want to order or remove from the cart, then click on the appropriate button: "Remove from cart" or "Submit Order".
Check All Boxes
Remove from Cart
Submit Order

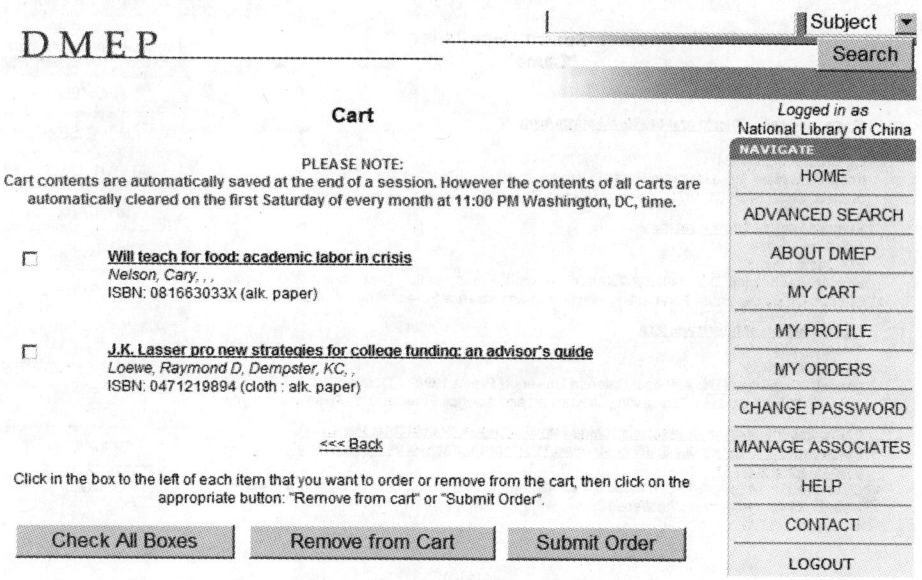

图 2

（2）传统的主题分类模式仍然保留（如图 3），同时用户可以依据自身需要设置检索条件进行自主检索（如图 4）。

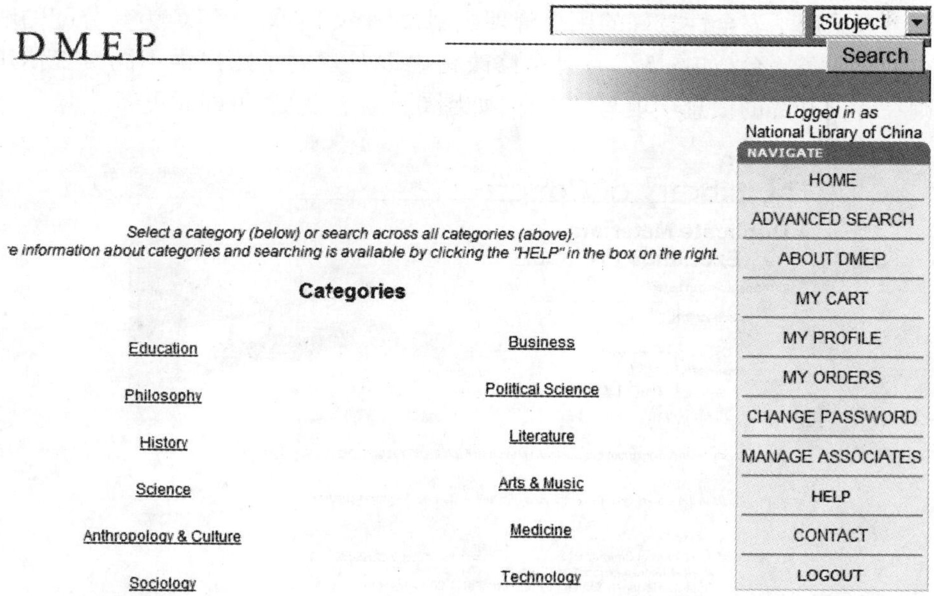

Subject
DMEP
Search
Logged in as
National Library of China
NAVIGATE
HOME
ADVANCED SEARCH
ABOUT DMEP
MY CART
MY PROFILE
MY ORDERS
CHANGE PASSWORD
MANAGE ASSOCIATES
HELP
CONTACT
LOGOUT
Select a category (below) or search across all categories (above).
e information about categories and searching is available by clicking the "HELP" in the box on the right.
Categories
Education
Business
Philosophy
Political Science
History
Literature
Science
Arts & Music
Anthropology & Culture
Medicine
Sociology
Technology

图 3

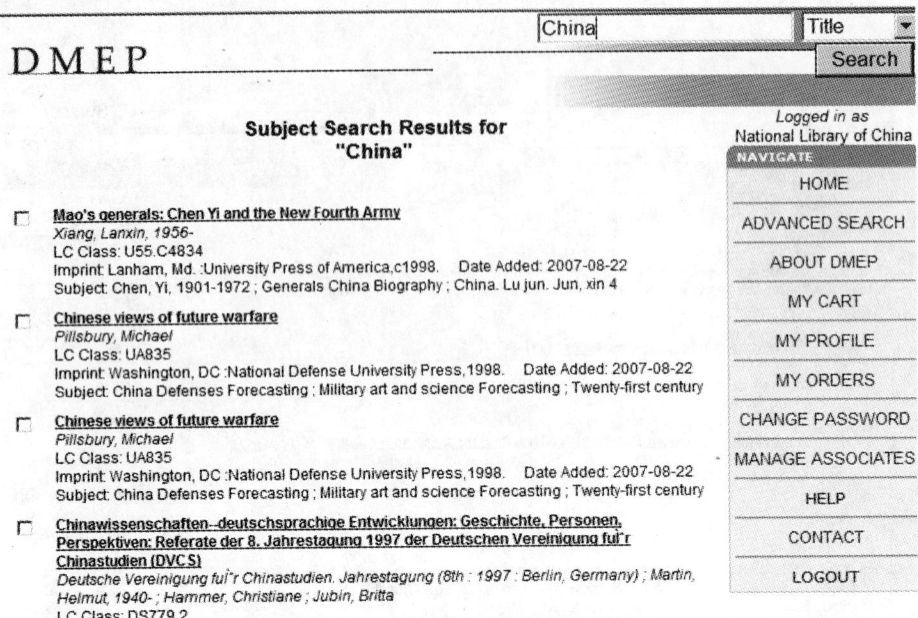

图 4

(3)用户可以收到即时的需求反馈,包括订单提交后立即会收到电子邮件形式的确认函,当物理形式的交换文献被打包邮递出发时,还会收到一个电子邮件通知。

(4)订单在提交后会被及时处理,不会再像传统模式中等待几百个订单成批处理,同时每个用户的可选配额会随着每笔交换订单的生成而自动改变。

Web DMEP 采用了安全性较好的用户管理机制,每个交换单位用 LC 为其分配的账号和密码登录该自动化服务平台(如图 5),并且可修改密码以及建立子账户供不同员工使用。账户基本信息则在专门开辟的信息项填写并保存(如图 6),若有变更,可即时更新。

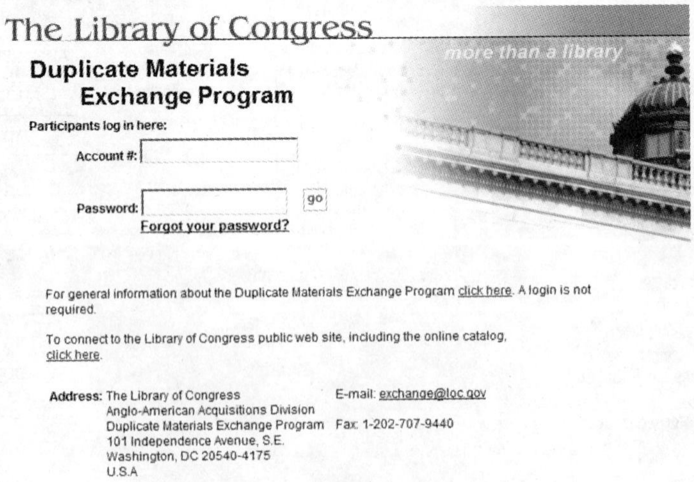

The Library of Congress

more than a library

Duplicate Materials Exchange Program

Participants log in here:

Account #:

Password: go

Forgot your password?

For general information about the Duplicate Materials Exchange Program click here. A login is not required.

To connect to the Library of Congress public web site, including the online catalog, click here.

Address: The Library of Congress
Anglo-American Acquisitions Division
Duplicate Materials Exchange Program
101 Independence Avenue, S.E.
Washington, DC 20540-4175
U.S.A

E-mail: exchange@loc.gov
Fax: 1-202-707-9440

图 5

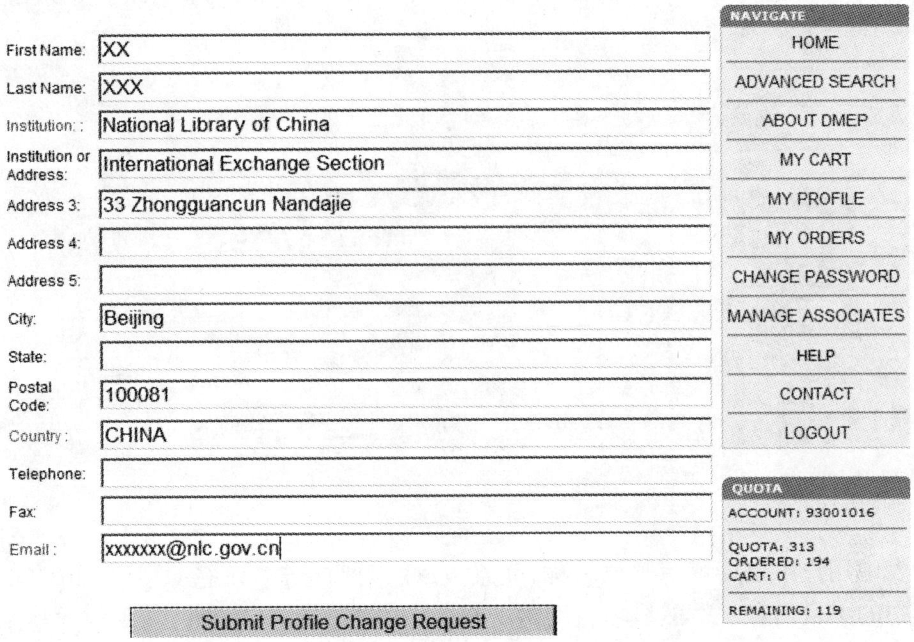

First Name: XX
Last Name: XXX
Institution: : National Library of China
Institution or Address: International Exchange Section
Address 3: 33 Zhongguancun Nandajie
Address 4:
Address 5:
City: Beijing
State:
Postal Code: 100081
Country : CHINA
Telephone:
Fax:
Email : xxxxxxx@nlc.gov.cn

Submit Profile Change Request

NAVIGATE
HOME
ADVANCED SEARCH
ABOUT DMEP
MY CART
MY PROFILE
MY ORDERS
CHANGE PASSWORD
MANAGE ASSOCIATES
HELP
CONTACT
LOGOUT

QUOTA
ACCOUNT: 93001016
QUOTA: 313
ORDERED: 194
CART: 0
REMAINING: 119

图 6

此外,Web DMEP 为每项功能都提供了详细的帮助信息,即使是第一次使用,也可以在“帮助”的指导下,轻松进行自助选书。

3.2 “拉美图书交换”项目——印第安纳大学图书馆

“拉美图书交换”项目(Latin American Book Exchange,LATAMEX)是印第安纳大学图书馆对其复本馆藏进行赠送或交换的项目,交换文献以英文为主,同时包括西班牙语、葡萄牙语及少量加泰罗尼亚语文献,覆盖内容包括涉及拉丁美洲、加勒比海地区、西班牙及葡萄牙等地区的多个主题领域。该项目的交换目录及用户需求表格均已在网络平台实现。其交换目录每两个月更新一次,以 PDF 文件的格式在网络平台发布(如图 7)。

Latin American Book Exchange (LATAMEX)
Servicio de Canje y Donaciones de Libros Iberoamericanos
Indiana University Libraries

http://www.indiana.edu/~libsalc/latamex/welcome.html
Email: latamex@indiana.edu
http://www.indiana.edu/~libsalc/x/welcome.html

Titles offered – June/Junio 2009

1. Adame Goddard, Jorge, coord. Derecho civil y romano : culturas y sistemas jurídicos comparados. México, D.F. : Universidad Nacional Autónoma de México, 2006.
2. Adams, Steven, Michael Adas, and Kevin Reilly, eds. World history: selected course outlines and reading lists from American colleges and universities. New enlarged and updated ed. Princeton: Markus Wiener Publishers, 1998.
3. Alcover, Antoni Maria. Aplec de rondaies mallorquines d'en Jordi d'es Racó. **Tomo I only.**

图 7

用户可任意浏览交换目录,若有符合需要的图书,则需填写需求表(request form)(如图8)。

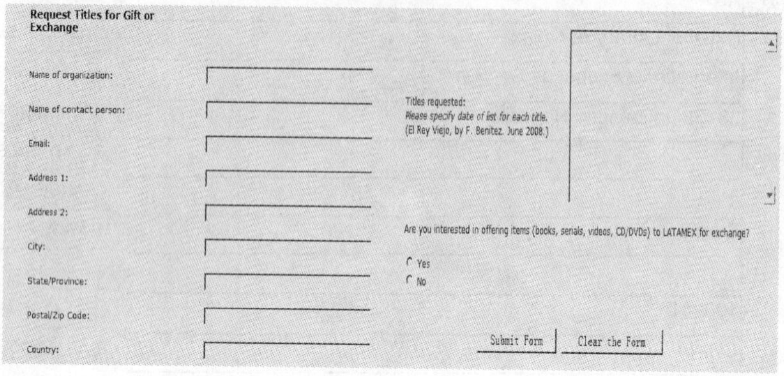

图8

需求表中用户不仅要填写单位名称、联系人、联系地址等基本信息,也要填写自己从交换目录中选中的书目信息。虽然该项目网络平台的交换资源和服务的自动化程度都不及国会图书馆,但是选书功能和用户信息的保存、更改两大主要功能得到了很好的实现。英文、法文两个文种的界面也满足了不同地区的用户需求。

3.3 佛罗里达大学图书馆交换计划

佛罗里达大学图书馆交换计划(Exchange Program)已有50余年的历史,目前已与世界上650多家图书馆、科研机构、博物馆等建立了交换关系,同时获取了约1150多种的期刊或丛书,从中受益颇多。该计划的网络平台设计相对简单,已发布的内容主要有项目简介、交换目录、交换成员单位以及交换统计四个部分。交换目录以网页形式展示(如图9),用户可随时浏览,发现符合需要的书目后,则可自主发送电子邮件与其联系,并没有统一格式的表格。该平台的交换统计内容详尽,形式多样,颇具特色(如图10)。

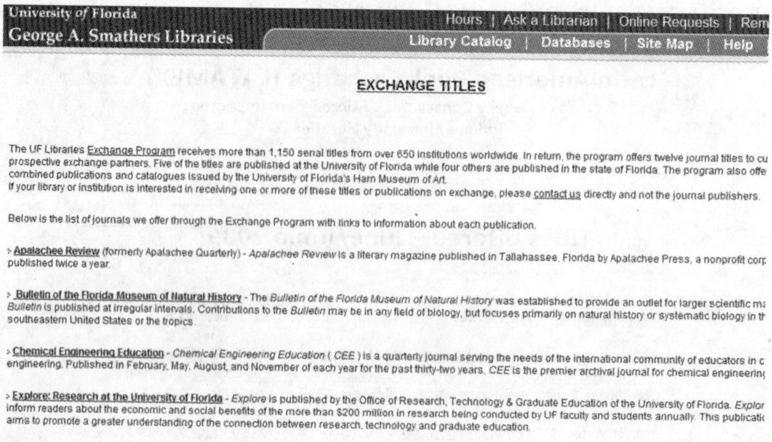

图9

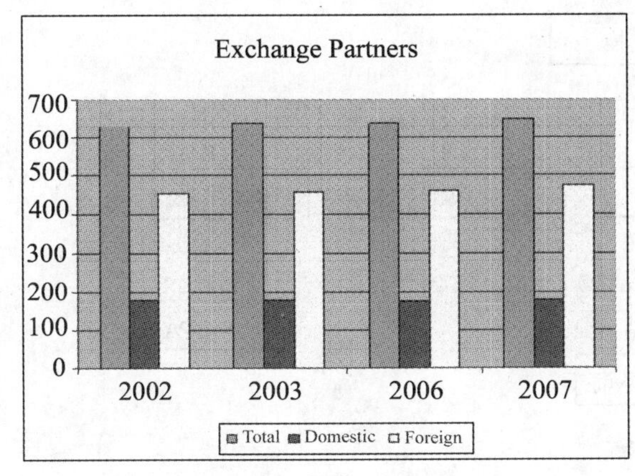

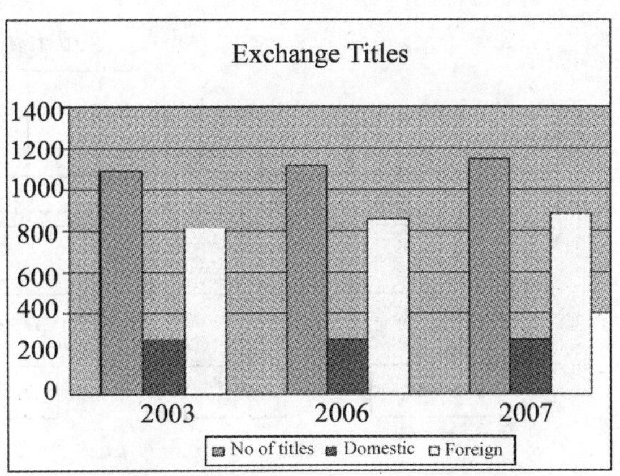

图 10

通过上述调研的情况，笔者发现，三家图书馆都依据自身的定位与馆藏的实际情况，以及对网络技术不同程度的应用设计了出版物交换自动化平台，虽然各具特色，但总体看来，还是可以归纳一些共性特点。三个交换平台的构成都大致包括三个部分内容：

(1)交换项目/计划简介。出版物交换业务常被称之为“项目”(Project)或“计划”(Program)。项目/计划的内容主要通过对本馆交换业务的目的、意义、历史、原则、方式等基本内容的介绍，可以使更多的网络用户了解、关注并参与到项目中来。简介部分的内容多以文字形式表现。

(2)出版物交换目录。交换目录是出版物交换工作必不可少的资料。目前，在利用网络发布交换目录的具体方式及实现自动化选书的程度上，各馆仍差异较大。有的可直接在线选书，如美国国会图书馆；有的则只能浏览书目，之后仍需填表或手动发送电子邮件实现，如印第安纳大学图书馆和佛罗里达大学图书馆。无论功能完善与否，交换目录都成为利用网络开拓出版物交换业务必不可少的内容，也是开发空间较大的部分，其功能的繁简程度，应依据本馆馆藏，以用户需求为根本出发点来进行综合考量。

(3)用户管理机制。有效的用户管理对于提高出版物交换效率并保障交换质量具有重要意义，数据库等信息网络技术为安全、有效的用户管理提供了有力保证。同样，目前利用网络进行出版物交换用户管理的功能实现也不尽相同，有的对每个交换用户分配账号、密码，登录后方可浏览或选择目录，有的甚至还没有成形的用户管理机制，这主要与本馆交换用户管理模式及用户规模有较为密切的关系。

4 我馆出版物交换工作自动化平台构建之设想

为了推动我馆出版物交换工作的进一步发展，展现出版物交换工作成果，进一步拓展出版物交换关系，利用现代化手段提供便捷的交换平台，实现网上自助选书，提高交换效率，笔者在参考国外出版物交换业务自动化平台已取得成果的基础上，结合我馆出版物交换工作的实际，并充分考虑传统业务模式转变的需求，初步设计了我馆出版物交换工作自动化平台的整体框架，如图 11 所示。

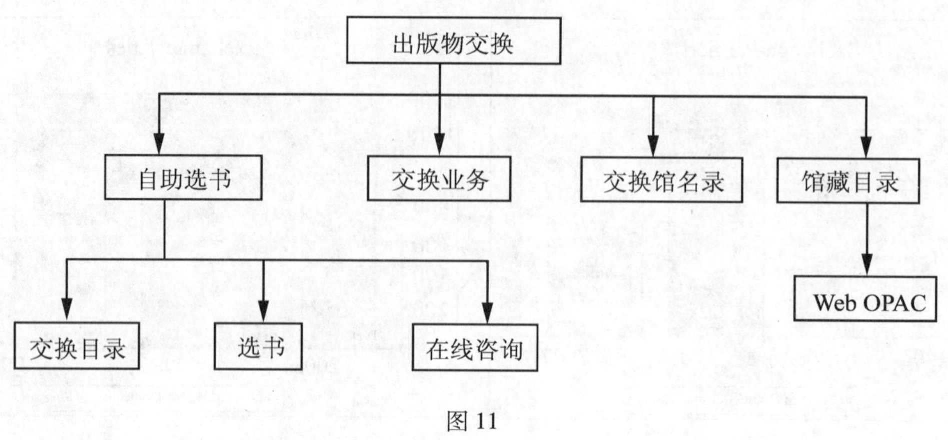

图11

4.1 自助选书

“自助选书”顾名思义，就是希望用户在应用网络平台时，可以浏览交换目录，并实现选书的自助式服务，这应当是整个自动化平台设计的重点，也是出版物交换工作模式转变的集中体现，由过去点对点的传统服务模式转变为现在的点对面的服务模式，从而提供更加人性化的、自助式的、全方位的服务。一方面，利用现代网络技术实现自助选书，可以大大提高工作效率；另一方面，选书目录的及时发布方便相关部门查询和掌握信息，提高工作质量，避免交换资源的重复。

“自助选书”应当实现的功能主要包括提供目录浏览、在线选书两大部分的服务。

(1)目录浏览。网络用户通过我们的网页导航可以直接浏览我馆的提供交换的文献目录，了解我馆丰富的交换资源，吸引潜在的交换用户与我馆建立新的交换关系。交换书目按《中图法》五大基本部类进行分类，一目了然，同时还可以提供目录检索功能，用户可以根据自己的需求设置不同的检索条件进行书目查询，如可以从书名、作者、ISBN、出版年等检索点实施检索。浏览目录是不需要登录的，有兴趣浏览的人都可以随时了解交换文献的情况。

(2)在线选书。在线选书功能专门针对已与我馆建立交换关系的用户。用户依据我们为其分配的账号和密码登录“选书系统”进行在线选书操作。关于在线选书的流程，笔者认为美国国会图书馆的选书系统功能比较完善，较好地体现了方便化、自助化服务的原则，我们可以参考。即通过标记书目前置的复选框，选中所需书目，生成一个预览表单，待用户确认无误后再次提交生成正式订单，若需要修改，则返回选书界面重新选择，这样可以防止用户误操作生成废订单。最终生成的订单可以通过电子邮件的形式自动发送至我馆指定信箱。

4.2 宣传阵地

我们构建出版物交换业务自动化平台的另一个重要目的就是把它打造成宣传我馆出版物交换工作成果、传播我国璀璨文化的阵地。网络宣传覆盖面广，传播速度快，信息更新及时，通过网络平台可以使更多国家和地区的用户了解我们的出版物交换业务，从而建立更多的交换关系，在获取丰富的文献资源同时，把反映我国政治、经济、文化发展的优秀出版物推广出去，促进文化交流与合作。总之，建立我馆出版物交换工作的宣传阵地需要我们解放思想，创新思路，本着发展品牌项目的出发点，既要有长远的设计思路，又能踏实做好每一阶段的内容。我们传播的是文明文化，传达的是信念理念。

从基础业务着手，目前宣传阵地可以包括以下三部分的内容：

(1)出版物交换业务概览。主要介绍我馆交换工作的方针、政策、交换原则、历史沿革等概述性内容。其中可以详细列出我们的交换需求，从而使我们与交换用户之间的业务往来更加有的放矢。

(2)交换馆名录。目前我馆与117个国家和地区的500多家图书馆和科研单位建立了交换关系，其中不乏美国国会馆等世界强馆。一直以来我们同交换单位之间保持着良好密切的合作。介绍这些成员馆信息，也是展示我们的交换成果，同时体现我馆出版物交换业务的权威性。就展现形式而言，可以提供文本的成员馆名录，并对主要交换馆进行主页链接；也可以学习上海图书馆"上海之窗"成员馆的展示方式，用世界地图的方式来展现，当鼠标箭头指向某大洲时，则弹出一个附注栏，显示该大洲所包括的交换馆数量、主要交换馆等简短信息。如图12所示。

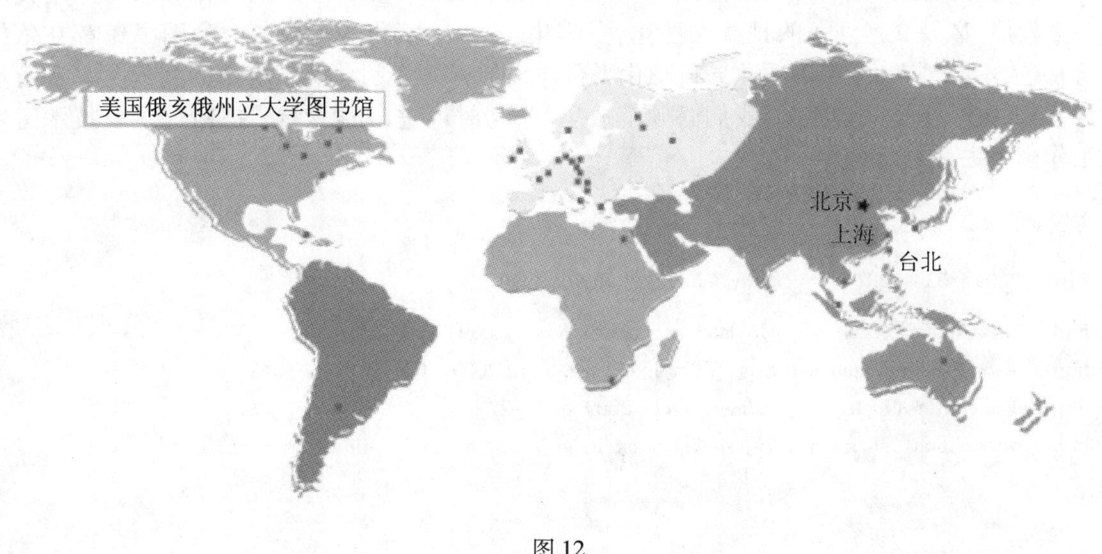

图12

(3)馆藏目录。提供国家图书馆Web OPAC(http://opac.nlc.gov.cn)的链接，便于网络用户查询我馆馆藏，以及获取编目信息。

4.3 网络平台管理

我们希望构建的出版物交换业务自动化平台界面清晰、简单实用、功能完备，这就需要对网络平台进行有效管理，它是实现出版物交换业务自动化服务的重要保障。主要包括用户管理和相关技术支持。

(1)用户管理。对用户的管理主要包括对已建立交换关系的用户的管理和对新注册用户信息的管理。对于已与我馆建立了交换关系的用户，在自动化服务平台启用前，我们会为其分配账号和密码，供其在线选书之用；对于希望与我馆建立交换关系的用户，则可以在线填写注册信息，待我馆工作人员审批后再为其分配账号和密码。采用登录账号和密码管理的模式优势明显:①提供安全保障,包括网络安全和用户安全;②便于用户信息管理,用户信息的更改和用户的交换需求会及时发送到我馆指定邮箱,提高工作质量;③通过账号信息统计的交换单位出版物交换数量,便于工作人员把握交换业务整体动态。

(2)相关技术支持。网络自动化工作平台,应当充分体现技术优越性。因此,除了基本业务功能需求外,该平台还应实现以下几点功能:①统计功能,提供某一时间段内网页浏览量、在线咨询量的统计功能,以及新注册用户数量的统计;②备份和恢复功能,当平台出现软件或硬件问题,如网络瘫痪、病毒入侵时,网页内容不至丢失,一旦问题解决,自动化服务平台可迅速恢复使用;③时延要求,要求打开链接等后台运行速度时延在允许范围内。

(3)帮助及在线咨询。在平台界面提供帮助信息,使用户能够更好的使用系统,提高工作效率。同时提供在线咨询服务,及时回答用户提出的各类问题,实现方式有很多,如:直接对话聊天式、表单浏览式等,最重要的是实用有效。

此外,由于我馆的交换用户大部分是国外的图书馆或信息机构,因此出版物交换平台提供的是双语的服务,英语版和中文版可方便的切换,以满足国外用户的需求。

出版物交换工作是一项政策性强、内容丰富、涉及面广、技术性高的工作。随着网络技术的不断发展,以及交换业务的日益人性化、多样化,各个国家和地区的各类型图书馆都在依据自身特色,不断创新,拓展该项业务自动化平台建设的开发空间。实现资源的共建共享和行业的规范化、国际化是大势所趋,我们必须解放思想,与时俱进,开拓创新,把新理念新技术运用到工作当中去。

参考文献

1 CBI. [2009-03-22]. http://www.chinabookinternational.cn

2 http://www.indiana.edu/~libsalc/latamex/english.html [2009-03-22]

3 http://www.uflib.ufl.edu/acqlic/ge/Main_Exchange.htm [2009-03-22]

4 http://loc.conversationtech.com/dmep.html [2009-03-22]

5 http://www.library.sh.cn/windowofshanghai/cn/index_cn.aspx [2009-03-22]

浅谈国家图书馆双语服务的平台建设

贾　琳　外文采编部

[摘　要]图书馆的双语服务是国家图书馆提高服务质量的一个重要标志,也是国家馆确立其旗舰地位的重要一步。作为国家级图书馆,建设国家图书馆双语服务的平台,是其提升国际地位的重要手段。本文将探讨双语服务的意义,国家图书馆双语和多语服务的现状与不足以及对服务的未来展望,最后探讨一些实施方案。

[关键词]图书馆　双语和多语服务　实施方案

国家图书馆作为国内最大的图书馆,应该担当起文化领航者的角色。在北京这座国际化的文化大都市中,国家图书馆的地位越来越重要。随着奥运会的成功举行,北京人的英语水平逐步提高,也吸引了大批国外人士来到北京。如今在中国,交通、电信、旅游、商业、幼教、医护等各个服务行业,都陆续实行了双语服务。双语服务方兴未艾,逐步形成燎原之势。[1]

双语服务是指英语和汉语两种语言的服务。多语服务是指包括德语,法语,西班牙语等各种小语种的对外服务。网络知识与外语服务就像图书馆的“左膀”和“右臂”,缺一不可,如今数字化图书馆搞得如火如荼,那么外语服务也要提上一个台阶,与网络的发展齐头并进。为了使图书馆的服务再上一个新档次,我们应提倡逐步在国家图书馆开展双语和多语服务,它既会给图书馆带来机遇,也会带来挑战。[2]

1　重要意义

1.1　双语和多语服务可以提高外文资料的使用率

外文文献资料由于其价格昂贵,购买需花费大量资金,但使用率却很低。图书馆员特别是提供外文资料的馆员,首先要具备较高外语水平,充分熟悉本馆外文资料,只有做到触类旁通,有的放矢,才能提高服务水平。遇到外宾来访或来电,可以用外语介绍馆藏资料,迅速找到外宾所需资料,这样才会提高外文资料的使用率。在接待外宾时,多使用专业图书馆词汇来介绍,会给读者留下好的印象,树立良好的国际形象,自然会吸引更多的读者慕名而来。

1.2　双语和多语服务可以提升国家馆的国际地位

图书馆与国外各图书馆的交流越来越多,随着各国来馆参观者的增加,不仅要求一线人员外语水平的提高,二线人员同样需要流利的外语口语能力,向各国来宾介绍图书馆的各种流程。同时,每年我们都有员工走出国门,研修、访问。对外交流的机会逐年增加,过硬的业务水平,精准的专业外语口译和笔译能力,是提升国家图书馆形象的重要标志。

1.3　双语和多语服务可以提高员工的综合素质

在员工精神建设方面,外语学习是一种健康的导向。既获得了业务的提高,又充实了精神世界，一举两得。在学习外语的同时，我们还了解了西方文明与文化，这对于我们与各国友人的沟通极为有利。[3]

2　国家图书馆双语服务的现状

2.1　国家图书馆的环境设计已经采用了双语和多语对照导引

当读者一走进图书馆的大门，扑面而来的是浓郁的外语环境，随处可见中外文对照的导引标识，各区域、阅览室、书库的标识，读者须知等。此外，图书馆的读者手册、通知、国际交往文本、图书馆功能介绍等都采用了双语和多语形式，它让人的视野内都有外文的存在，让读者不由自主地走进外语文字点缀的环境中，对学习外语起着积极的导向作用，同时也方便了数量不断扩大的各国读者和各种涉外交往活动，进而提升了国家图书馆文化的对外影响力。[4]

2.2　国家图书馆网页设计也采用了中英对照的形式

无论何时、何地，只要你打开计算机，进入中国国家图书馆的网站，都可以同时使用中英双语进行检索，网页就是一扇通向世界的窗口，拉进了国家图书馆与世界人民的距离，扩大了图书馆的影响。

2.3　我馆拥有丰富的外文馆藏资源和外语人才

在国家图书馆，我们拥有外文图书资料，外文期刊与报纸，外文数据库等种类繁多的各种资源。近几年，大量外语人才来到我馆，并且参加了各种外事活动，例如国际图联大会的服务工作，已经产生了一定的国际影响。

3　国家图书馆双语和多语服务有待提高的几个方面

3.1　各岗位工作人员的外语水平有待提高

无论一线和二线的工作人员，都应该树立双语服务的意识。一线人员应该注重日常服务用语的熟练掌握。而二线人员平时接触读者较少，往往对外语水平的提高不够重视。我们要转变传统观念，即外语只有在接待读者时才会使用。面对丰富的网络资源，没有足够的外语水平，如何能迅速准确的找到我们想要的数据和资源。这是对于每个工作人员来说都是很现实的问题。如果外宾来访，你能否流利的介绍图书馆的近况和你工作的流程。对于编目员来说，了解世界各地的最新动态，各行业的信息与知识，查找著者的国籍、所研究的领域，文章出处等，都需要外语的帮助。同时，多阅读国外同行的文章，对于员工的科研水平也会有很大的提高。因此，员工的外语阅读能力仍然有待于提高。[5]

3.2　国家图书馆应该扩展外语服务的项目

例如服务大厅设置中外文滚动式的屏幕介绍，详细介绍图书馆最新信息与动态，新书推荐，图书内容简介，文化交流和讲座信息等内容。还可以每年都邀请各国友人来馆参加双语读书知识竞赛活动，借此机会扩大图书馆的国际知名度。我馆可以开通双语和多语服务热线电话，双语和多语服务专区等设施。[6]

3.3 增加对外服务的设备

购置多语自动翻译机,它可以像导游人员一样引导读者寻找各种图书资料。国外读者来馆时,可以像耳机一样戴在耳朵上,非常方便。这样一来,既节省了人力资源,也有效避免了语言沟通所带来的障碍。

3.4 注重馆藏建设资源保障设计

实行双语服务,应充分考虑外文资源的入藏和开发利用权重。在开发利用原有外文文献的同时,还应调整采购的思路和比例,重视最新外文文献的收集和采访工作。如外文图书、外文期刊、外文教学课件、外文影视作品等,同时,要特别重视外文网络数据库资源的建设,凡与本馆科研密切相关的各种外文网络数据库理应齐备。它表明了图书馆服务的文献资源实力和深刻的知识质量内涵。具备丰富的信息资源,又具有"双语服务"的能力,图书馆的知识导航作用就能得到很好的发挥。

3.5 在双语服务的基础上,可以进一步扩展多语种的服务

多语种服务是在双语服务基础上的更高层次的服务,它对员工的语言水平要求更高。多语种服务可以包括法语,德语,西班牙语,日语,韩语等各种语言的服务。由于来访外宾多数讲英语,因此一线服务岗位可以引进少量小语种人才,如果临时需要,也可以从各部门调拨小语种人才。

3.6 基础部门多引进小语种人才

在基础性较强的采访编目部门,小语种人才非常缺乏,因此很难保证小语种图书采购的质量,和及时、高质量的送到阅览室去,服务于读者。

3.7 双语和多语服务更需要热忱的态度

从培训到使用,不仅需要把双语外化为服务条例,更要内化成一种服务习惯。强学的语言和强扭的瓜一样,都不会"甜"。双语服务需要的,是和语言一样自然流露的亲切和热忱。从心底里产生的对服务的热爱,会从脸上自然流露出来,也会影响到来馆的每一位读者的心情。[7]

4 实施方案

4.1 提高认识

这是非常关键的问题,认识不足会使得做事没有压力也没有动力,会使原本能做好的事情失败。这种不足有来自领导的,也有来自图书馆员自身的。而图书馆领导认识不足又是关键中的关键,直接影响到双语服务的开展与否,开展的好与不好,换句话说,只有领导认识到了,工作才能开展得好。对于图书馆来说,外语和计算机就如同人的两条腿,缺一不可。只有认识到这点,双语服务才能更好地开展。

4.2 创建外语学习小组

由于国家图书馆员的工作主要是从浩瀚的信息海洋中去搜寻知识、过滤知识、加工知识。因此,图书馆员的英语素质要求应该是:在一定的英语基础上扎实掌握专业英语知识,同时还要具备基本的听、说能力,快速阅读能力以及一定的翻译写作能力。因此,创建外语学习小组非常重要。应坚持每周上课1—2次,上课形式可以多样化。例如采用大家轮流上课的形式,每人做一次老师,通过备课,找材料,选题材,讲述给大家的过程,就是一种极好的提高外语的形式,这样的形式比被动接受提高的更快。也可以两人一组进行情景对话,模拟图书馆的各种场景练习口语能力。例如,可以模拟外宾来访时,作为一名编目人员如何介绍图书馆的概况和自己的工作,或者看些国外图书馆的影片,情景剧,模仿其常用对话,可以学到更加地道的英语。经过学习小组较系统的阅读学习,使馆员达到能看懂各专题外文文献题录和摘要部分,逐步深入达到能看懂全文大意,并能对文献进行鉴别和挑选,选取出对本馆教学科研和发展有用的文献。定期向员工推荐好的外文期刊,网上的最新图书馆的文章,提高阅读能力和专业词汇量。如多阅读国外图书馆网站上的新闻报道。通过阅读,既了解了国外图书馆动向,又熟悉了图书馆常用句型和词汇。

4.3 充分利用网络资源,多从网上了解国外图书馆的最新动态

Internet 是世界上最大的信息资源宝库,是最大的"数字金矿",可以挖掘出许多有价值的文化、商业、科技和经济等信息资源。据统计,目前 Internet 上有 95 % 以上的信息是英文的。[8] 现代图书馆建设,必须重视网络信息资源的挖掘和利用,延伸本馆馆藏,为广大读者实现"虚拟图书馆""全球图书馆"的资源高度共享服务。馆员的外语素质将直接影响国图同国际间的接轨和交流,以及馆网络职能的发挥。因此,图书馆员尽快掌握外语知识,已成为图书馆员继掌握计算机技术后必须具备的另一项基本素质。只有掌握娴熟外语的馆员才能及时跟踪国际科学发展的最新动态,才能获取最新的知识和信息,才能更好地进行国际间的交流与合作,才能更充分地发挥新世纪图书馆的新职能。[9]

专门了解图书馆的专业网站有:http://www.worlddigitallibrary.org;http://www.opencontentalliance.org/;http://www.libraryjournal.com;http://www.memory.loc.gov/;http://www.globalgateway.org.uk/ 等。这类网站内容丰富,阅读此类网站不仅可以了解世界,增长见识,还能学到一些实用的最新英语词汇,例如一些常用图书馆词汇:Stackroom(书库),Label(书标),Open Shelves(开架),Circulation Desk(出纳台),Renewal(续借),Retrieval(检索),Information Retrieval Service(信息检索服务)等。

4.4 开展各种形式的对外交流及培训活动

语言只有通过使用才能越用越灵活,因此应该开展形式多样的交流活动。建议在工作之余,开办外语角活动。员工还要多走出去,与学校图书馆和区县图书馆开展外语交流活动。还可以邀请国际友人来馆参观,多举办各种国际交流活动,例如最新国际图书馆界常用外语讲座,图书馆外语文化交流会,采访编目常用外语培训班,参考咨询与服务工作实用外语交流会,流通与阅览服务常用外语,网络资源中的图书馆外语,活动及展览中的外语会话培训等。也可以采取在职培训的形式,即不脱产学习。其特点是不脱产,边工作边学习,既能保证工作正常

进行,又能培养专业人才,而且理论与实践又可以紧密联系。

4.5 人力资源管理梯队设计,图书馆要有计划地按现有馆员的外语能力进行在职培训

可将馆员队伍分成三个梯队:外语基本功扎实、有口语能力的馆员作为第一梯队。第一梯队馆员可以娴熟地运用外语口语指导读者阅读和提供信息服务;具有一定外语基础但缺乏外语交流经验的馆员作为第二梯队,第二梯队馆员,应调动其积极性,鼓励其主动自觉地学习与实践,日常工作中馆员要多使用外语进行对话,使读者能听懂、接受并逐渐习惯馆员的双语服务;外语基础比较薄弱但勇于双语服务实践的馆员作为第三梯队,要鼓励其加强学习,由一、二梯队的人员带动其学习的积极性,进而提高其双语对话与服务的能力。其他不懂外语的馆员,要发挥他们的积极作用。图书馆必须依据专业和外语水平来合理组配工作岗位,示范实践双语服务,逐步推广和扩大,最终完全走向双语服务的创新服务模式。同时,对不同的梯队,图书馆要提出不同要求,在阶段绩效考核中,应把双语服务水平作为综合考核的条件之一。[10]

4.6 多语种语言服务的具体措施

如果现阶段员工达不到一定的口语水平,我们可以聘请青年志愿者定期来馆服务,借此机会,馆内员工应该多向志愿者学习和交流,潜移默化中我馆员工也能达到一定的多语言交流的水平。解决基础部门缺少小语种人才的办法可以有多种:聘请外面的小语种专家定期来我馆帮忙,协助员工采访与编目;可以多引进小语种人才,用来充实图书馆的服务队伍,以满足不同读者的需要;开展小语种的培训与交流,对现有人员的语言能力进行培养与提高。我们应该全方位,多渠道地开展多语种服务的推广与应用,为我馆的高层次语言服务奠定基础。

图书馆也应像旅游行业等服务行业一样,培养多语种人才,与国际进一步接轨。如果此项计划能长期执行下去,那么国家图书馆的国际化程度会日益增强,知名度也会增加,世界人民也会越来越多地了解国家图书馆,图书馆的服务会更加完善和周到。

参考文献

1 潘德利. 双语服务——大学图书馆的新选择. 沈阳师范大学学报(社会科学版),2005(6)

2 刘丹. 浅谈从双语教学到图书馆双语服务. 网络财富,2009(2)

3 张楠. 21 世纪高校图书馆员英语素质浅说. 情报探索,2007(7)

4 左建新. 双语服务在高校图书馆. 图书馆学研究,2003(5)

5 魏建国. 数字图书馆时代高校图书馆工作人员英语素质的基本要求和培养模式浅说. 河北科技图苑,2005(1)

6 刘冬华. 论新形势下高校图书馆员英语素质的培养. 福建图书馆理论与实践,2004(2)

7 孟知行. 迎世博 600 天窗口双语服务差强人意. http://sh.xinmin.cn/shehui/2008/12/29/1486464.html

8 周思繁. 依托网络资源提高图书馆员的外语能力. 福建图书馆理论与实践,2008(2)

9 刘龙. 对网络环境下高校图书馆员英语能力的探讨. 经济师,2004(4)

10 张楠,彭妍,于冬梅. 试论 21 世纪高校图书馆员英语素质的提高. 当代图书馆,2006(12)

美国国会图书馆最新馆藏资源发展政策评述及对国家图书馆外文文献资源建设工作的启示

雷　亮　外文采编部

[摘　要]在当前社会文化发展背景下,研究国外重要图书馆的文献资源发展政策对国家图书馆的馆藏建设具有重要的现实意义。2008 年年底美国国会图书馆对其馆藏资源发展政策进行了整体修订,与此前的政策相比既有延续又有创新。文章旨在通过对其主要特点进行介绍分析,为国家图书馆外文文献资源建设工作提供借鉴。

[关键词]资源建设　馆藏发展政策　外文文献　美国国会图书馆

2008 年 11 月,美国国会图书馆组织几十个来自全馆的学科馆员和工作人员对所有学科的《馆藏政策声明》和关于载体格式的《补充规定》进行了全面的审订和更新。并增加了“人类学、考古学和人种学”“计算机科学、电信及人工智能学”“烹饪、营养和食品技术”“舞蹈”“环境科学”和“老兵历史”几个新的学科,希望通过这次修订建立惯例,使未来所有《馆藏政策声明》都能定期进行审订和更新。[1]与此前的馆藏资源发展政策相比,修订后的政策声明既有延续又有创新,对中国国家图书馆的外文文献资源建设工作具有很大启发。

1　美国国会图书馆最新馆藏资源发展政策的特点

通过这次系统修订,美国国会图书馆的馆藏资源发展政策体现出以下几个特点。

1.1　定位明确,馆藏资源建设紧绕图书馆使命

《美国国会图书馆 2008—2013 战略规划》[2]中明确指出:“美国国会图书馆的使命是满足美国国会和美国人民获取和使用其馆藏资源的需要,并为子孙后代维护和保存全人类的知识和创新成果。”

目前国会图书馆的主要任务为:

首先,在可持续的基础上向美国国会提供知识和创新;

其次,为美国国会当前和未来的使用需要、为整个民族采访、组织、保存、保护和维持一个最广泛的关于美国历史和知识创新的记录,最广泛地收集人类知识;

第三,使其馆藏最大限度地为国会、政府和公众使用,例如通过 www. loc. gov 网站等;

第四,对国会图书馆的基础馆藏附加阐释和教育性价值,以体现国会图书馆对于国民福祉和未来发展的重要性。[3]

其中国会、政府机构及主要科研单位是其核心用户,所有馆藏政策均是围绕着为这些机构服务的根本使命制定,优先侧重立法和社科类文献。如特别关注国内外的法律出版物、政府与

国际组织出版物、发展中国家出版物、少数民族出版物、民俗文献等的收藏;科技文献依靠国内几家图书馆的联合分工与协调进行资源建设,侧重科技政策、基础设施建设相关的文献。例如“科学综合”类文献的采访政策规定应“重点采访各国的科学政策说明,包括科学管理、科学研究、科研成果、科学教育和科学输出的数据”①;“技术(Technology)”类别规定“收藏反映其他国家科学和政府政策的文献,重点关注自然资源、环境和基础设施方面的数据”②。

1.2 数字资源的采集和保存政策体现时代性

采集、编目、保存并向美国国会和美国人民提供具有重要历史意义的文献资料,是美国国会图书馆的传统职能,现在这一职能范围已经扩大到数字资源领域(包括网页)。在数字资源海量激增的今天,适用于传统格式(印刷和缩微格式)出版物的采访方式已显乏力。美国国会图书馆未来将面对的最大挑战是如何采访美国出版的所有各学科数字出版物。目前由于版权法在数字资源呈缴方面的缺失及经费的限制,数字资源的收藏率较低。尤其是商业性电子文献,由于数据库提供商的使用权限限制、有效期限制,使得美国国会图书馆意识到建设属于自己的永久性数字馆藏的重要性。因此新政策中提出“针对印刷出版向数字出版转化的趋势,需要制定新的政策以确保这些资源加入到美国国会图书馆的永久馆藏。在存档技术和法律政策允许的时候,美国国会图书馆将通过呈缴方式采访原生数字和网络资源”[1]。今后,随着技术的发展,美国国会图书馆将根据网络资源不断变化的特点“及时重新评估、制定网站资源的筛选标准”。未来几年内国会图书馆“将致力于引导立法和政策提案,积极与数据库供应商和软件技术开发人员沟通合作”,争取通过法定呈缴、谈判协商存档许可、参与或主持数字资源开发项目等多种方式保证用户对原生数字资源和网络资源的永久访问。[4][5]

在本次采访政策的修订中,电子及数字资源的采访是变化最为显著的部分。可以预见今后的资源建设工作必然会在网页抓取及其长期保存方面有所侧重。

1.3 将馆藏作为一个动态的有机体

选择馆藏总是要受到已有馆藏的影响,对于国会图书馆传统收藏优势的部分,《馆藏政策声明》指出应当尽量保持;而对于国内研究机构已经收藏较全但国会图书馆主要用户利用率并不高的文献,则主要通过馆际互借满足,不再主动采访。

以地方志文献的收藏为例,政策规定:“一般地,国会图书馆采访世界各地地方志文献的收藏级别为学习级(即满足维持对某一学科一般性的学习需要)。”但是,“由于图书馆传统上已拥有丰富的加拿大和拉丁美洲地方志馆藏,因此对这些馆藏应进行专门的建设,馆藏水平为研究级”③。

此外,根据相互协议,临床医学、农业技术类文献归美国国立医学图书馆和国家农业图书

---

① LOC. Library of Congress Collections Policy Statements: Science-General. [2009-06-22]. http://www.loc.gov/acq/devpol/sci.pdf

② LOC. Library of Congress Collections Policy Statements: Technology. [2009-06-22]. http://www.loc.gov/acq/devpol/technology.pdf

③ LOC. Library of Congress Collections Policy Statements: Local History. [2009-06-22]. http://www.loc.gov/acq/devpol/localhistory.pdf

馆负责,国会图书馆对此类文献不再收藏,但也不排除出于国会或其他学术团体需要采访一些不在收藏范围的临时馆藏。这些临时馆藏在完成使用后将再次进行评估,决定是否纳入永久馆藏。如果最终没有纳入永久馆藏则可有以下几种处理方式:(1)与其他临时馆藏资源整合编号拍摄保存(多为篇幅较小、本身不具有永久保存价值,但与其他临时馆藏整合后具有永久保存价值的文献);(2)调拨给国内其他图书馆或政府机关、公共机构或学校等;(3)用于文献交换。

这些灵活务实的政策有效地保障了美国国会图书馆主要用户的文献需求,在馆藏空间的有限性与文献资源外延的无限性之间取得了较好的平衡,使得图书馆馆藏能够始终保持活力。

1.4 政策修订定期化

美国国会图书馆在其《2008—2013 战略计划》中提出,今后采访工作具体策略的第一条即为“定期优化文献采选和保存标准”[2]。并在部分学科的《馆藏政策声明》里规定“本声明应及时根据文献出版情况及用户需求进行调整更新,至少每两年修订一次”。[1][4][5]之前,其《馆藏政策声明》的修订并不规律。例如,普通期刊馆藏政策于 1990 年制定,少数民族文献采集政策于 1989 年制定,发展中国家文献采集政策于 2000 年修订,它们均是在本次修订中更新。电子资源采集政策的修订更新较快,1999 年制定了电子资源的采集指南,2004 年进行更新,2008 年再次修订更新,形成了目前较为完善的政策体系。

2 对国家图书馆外文文献资源建设工作的启示

2.1 明确使命,研究用户需求,细化馆藏定位

在国家图书馆的馆藏资源建设历史上,馆藏建设始终是与图书馆的自我定位密不可分的。是“公共图书馆”,还是“国家图书馆”;是否所有读者的需求都应该得到满足;如何在大众需求与我馆“研究型图书馆”定位之间取得平衡;如何解决科研人员所需信息的时效性要求与图书馆对文献价值的长期性要求之间的矛盾。这些讨论一直影响着我们的文献资源建设策略。

经过多年的探索和改革,国家图书馆确立了“综合性研究图书馆”的定位和“中文求全,外文求精”的基本方针。这对外文文献资源建设的未来发展具有非常重要的指导意义。但仅有这一纲领性框架还远远不够,现在应该着手在这个框架下构建具体细节,即研究用户构成及其需求,按学科细化馆藏定位。例如对某一学科文献,它的首要用户是谁;首要用户的需求是什么;面对这些需求国家图书馆如何定位;如何围绕这些需求构建馆藏;对此美国国会图书馆的《馆藏政策声明》对不同学科的定位与具体收藏策略都给予了详细说明,值得我们借鉴。

2.2 对非传统格式文献确立新的采访渠道和采访方法

数字资源的出现改变了图书馆的采访模式。由于版权、呈缴等相关立法的缺失、存档技术的不够成熟以及商业利益的关涉,呈缴、调拨、交换、捐赠、购买等传统的采访方式面临着全新的挑战。同时飞速变化的信息环境也要求我们尽快制定外文数字资源政策,构建一个灵活而有效的资源建设框架,以适应不断变化的电子信息世界,及时收集、捕获最具有潜在价值的信息。

除上述问题外,还应考虑以下问题:(1)单一电子资源的编目与揭示。目前我们对电子资

源主要以数据库形式购入,但对于无法从数据库中获得的、单独出版的电子文献,应以何种方式纳入馆藏、编目、保存与提供使用。(2)相似数据库的整合。有一些数据库彼此之间既有重复内容也有独家材料,全部购买过于昂贵,且长期保存与使用都不方便,不买又有缺失,对这类数据库如何进行重新整合,使之更适合图书馆的保存方案,最大限度节约采访经费、方便用户使用。(3)网络原生数字资源的抓取与保存标准的建立。

可以说,上述非传统格式文献资源的建设问题也正是世界各国图书馆都在面临并尝试解决的问题,作为中国国家图书馆,应该不仅仅满足于学习与借鉴,还应努力作出自己的创新和开拓。

2.3 提高采访人员的专业素质和学术敏锐度

随着出版业的繁荣和信息的全球化进程,各种类型文献资源(尤其是科技文献)出版数量激增,出版周期加快,面对海量的文献信息,如何跟上学术文献的出版速度,从中甄选最有价值的信息,是图书馆文献资源建设面临的一个挑战。此外新兴的数字出版形式大大改变了传统的采访渠道,对忽然由印刷出版转变为电子出版的文献的追踪、对连续性出版物出版情况的把握、对新兴文献种类学术价值的判断等,都对采访人员的专业素质和学术敏锐度提出了很高的要求,如有差池,很可能会造成无法弥补的遗憾。在美国国会图书馆《馆藏概览》[6]中便有这么一段话:"对于电视及视频资源,由于当时相关的版权法未及时建立、采访人员对电视节目的研究价值认识不够等原因,导致早期一些电视及视频馆藏的缺失,未能收集完整。"

随着信息环境的不断变化,国家图书馆外文文献资源建设必将遇到更多前所未有的新情况,而政策的制定总会滞后于实践的发展,在政策缺失的情况下因应这些新的变化做出及时、有效的反应,避免因缺乏政策前瞻性而导致的馆藏缺憾,是对采访人员的迫切要求。

2.4 改进与学术团体间的系统咨询,增强文献控制能力和知识服务能力

在搜索引擎已经非常发达的今天,图书馆在文献信息服务领域的核心竞争力主要体现在公共记忆能力、知识组织能力和服务能力三个方面。其中图书馆对客观知识加以整序的能力,亦即图书馆的知识组织能力,是图书馆最重要的优势之一。[7]因此在增加实有馆藏、建设自身科研队伍的同时,也应注意通过与学术团体的密切合作,挖掘深层资源,借力发力,通过增强自身的文献控制能力提升知识服务能力。对此可以效仿美国国会图书馆,与国内外一些重要学术机构达成一些合作协议,内容包括:(1)图书馆保证向这些机构的学者开放馆藏;(2)这些研究机构愿意永久保存其自身生产的文献(如学术出版物、会议录、工作报告、文件档案等),并允许图书馆对其馆藏的控制,必要时辅助图书馆向用户提供专业咨询服务;(3)一旦研究机构决定对该类文献进行剔除处理,图书馆有优先获赠权;(4)图书馆的临时馆藏一旦完成使用使命,在进行剔除时可优先调拨或赠送给合作研究机构;(5)如有可能,双方愿将资料缩微化或数字化进行共享等。以最后一条为例,美国国会图书馆的大部分外国报纸都是通过海外缩微化项目获得,目前正在进行的全球数字化项目也大大补充了它在海外重要文献方面的缺藏。[1]在此国家图书馆也可考虑通过类似的项目,乘着《国家"十一五"时期文化发展规划纲要》提出的"扩大我国文化海外影响力","鼓励走出去"[8]的政策东风,充分利用海外文化中心等驻外机构,努力进行外文文献采集渠道的拓展与优化。

3 结语

美国国会图书馆的《馆藏政策声明》充分体现了其在藏书建设方面的发展思想，它既是社会对图书馆提出的客观要求，也是图书馆人追求职业知识化与规范化的自觉行动。通过对其进行解读研究，可以帮助我们汲取成熟经验、博采众长，站在建设世界性综合研究型图书馆的高度把握国家图书馆外文文献资源建设的未来。

参考文献

1 LOC. Collections Policy Statements and Supplementary Guidelines. [2009 - 06 - 11]. http://www.loc.gov/acq/devpol/cpsstate.html

2 LOC. The Library of Congress Strategic Plan Fiscal Years 2008 - 2013. [2009 - 06 - 11]. http://www.loc.gov/about/strategicplan/2008 - 2013/StrategicPlan07 - Contents_1.pdf

3 LOC. About the Library. [2009 - 06 - 22]. http://www.loc.gov/about/faqs.html

4 LOC. Library of Congress Collections Policy Statements Supplementary Guidelines: Web Archiving. [2009 - 06 - 22]. http://www.loc.gov/acq/devpol/webarchive.pdf

5 LOC. Library of Congress Collections Policy Statements Supplementary Guidelines: Electronic Resources. [2009 - 06 - 22]. http://www.loc.gov/acq/devpol/electronicresources.pdf

6 LOC. Collection Overview-Television and Video. [2009 - 06 - 11]. http://www.loc.gov/acq/devpol/colloverviews/television.pdf

7 何文波．文献获取能力与文献控制能力的关系及地位．见：国家图书馆图书采选编目部．信息资源建设中的图书馆采访工作．北京：北京图书馆出版社，2007

8 国家“十一五”时期文化发展规划纲要．[2009 - 01 - 16]. http://news.xinhuanet.com/politics/2006 - 09/13/content_5087533.htm

图书馆新型文献查证服务方式的尝试与探讨

朱　亮　辜　军　参考咨询部

[**摘　要**]国家图书馆科技查新中心作为国家图书馆专职从事科技文献信息咨询服务并具备科技查新工作资质的机构，在多年开展的为科研用户出具科技查新报告及论文收录引用检索证明服务的基础上，尝试推出了"馆藏文献检索复制证明"服务，该项服务目前的主要目标用户群为知识产权代理机构及知识产权纠纷当事人或企业。本文将从该项服务的需求分析出发，对国家图书馆开展这项服务的优势和意义，服务的流程和基本要求、业务的可持续发展等多方面进行一些有益的探讨，以期这项服务能够健康稳定地开展，在国家加大知识产权保护力度和进一步解放社会生产力的进程中发挥应有的作用。

[**关键词**]图书馆　文献查证服务　知识产权纠纷　公开出版物

进入21世纪以来，全球知识经济高速发展，知识产权正受到前所未有的关注，人们的知识产权保护意识也在不断增强，知识产权纠纷日渐增多，常见的有专利权纠纷、商标所有权和企业名称所有权纠纷、版权纠纷等。在知识产权诉讼和应诉过程中相关证据的采集十分重要，图书馆作为大量正式出版物文献收藏及提供公开阅览服务的机构，自然成为企业、公民或知识产权代理机构、律师事务所等用户收集以出版物公开的相关证据的首选之地。在这种需求的推动下，国家图书馆科技查新中心作为国家图书馆专职从事科技文献信息咨询服务并具备科技查新工作资质的机构，在多年开展的为科研用户出具科技查新报告及论文收录引用检索证明服务的基础上，尝试推出了"馆藏文献检索复制证明"服务，该服务部分沿用了科技查新规范中的相关管理制度，在馆藏检索复制证明模板的设置过程中参考了相关律师用户的意见和建议，最终形成了目前相对规范统一的检索复制证明服务模式，经实践检验，检索复制报告得到了法庭或知识产权仲裁机构的普遍采信和认可，慕名而来的用户数量呈逐年上升趋势，服务取得了良好的社会效益和经济效益。

1　用户搜集公开出版物文献证据的需求分析

1.1　知识产权纠纷案件中申请专利无效或专利侵权的有效证据的搜集需求

在专利纠纷案件中，很大一部分是关于请求宣告专利无效或者专利侵权的案件。专利法第22条第2款规定："新颖性是指在申请日以前没有同样的发明或者实用新型在国内外出版物上公开发表过、在国内外公开使用过或者以其他方式为公众所知"，[1]在专利权无效宣告请求中，以出版物公开的现有技术作为比对文献资料来评价发明、实用新型专利的新颖性和创造性是最常见的无效请求理由，同样，在因专利侵权而产生的纠纷中运用"已有公知技术"对专利的创造性、新颖性进行抗辩的方式，在国内外的司法实践中也是被广泛采用的一项否认侵权的抗辩原则。[2][3]

因此在有纠纷的专利申请日期以前的，与侵权产品采用的技术方案相同或等同记载公知技术的出版物或有确切来源、销售或使用时间的产品实物及有关的辅助凭证如产品说明书、产品图册、销售发票以及证人证言、法院选定专家的技术鉴定结论等是这类案件中常采用的证据。

其中记载公知技术的公开出版物可以是各种印刷的、打字的纸件，例如各类图书、期刊、报纸、学术论文、技术手册、教科书、专利文献、会议文献或者技术报告、产品样本、产品目录、广告宣传册以及在互联网上和各种电子出版物数据库中存在的电子文档、图标，网页页面等。对于印有“内部资料”“内部发行”等字样的出版物，确系在特定范围内发行并要求保密的，则不属于公开出版物。[4]

1.2　商标侵权诉讼和应诉的有效证据搜集需求

商标侵权诉讼是指商标权利人对侵犯自己商标的行为人所提起的一种民事诉讼，该类证据要证明：被告实施了或正在实施被控侵权行为。例如，被告的促销宣传材料和媒体报道，被告的产品样品或照片、被告的产品销售合同、销售发票、工商或公安部门立案材料、处罚材料等。[5]反之，应诉方可提供不侵权证据，《中华人民共和国商标法实施条例》第四十九条规定，“注册商标中含有的本商品的通用名称、图形、型号，或者直接表示商品的质量、主要原料、功能、用途、重量、数量及其他特点，或者含有地名，注册商标专用权人无权禁止他人正当使用。”[6]通常在公开出版物中可以搜集到有被诉侵权商标或企业名称的记载文字、图形、型号等的相关内容报道。

1.3　知识产权纠纷案件中以公开出版物作为比对文献证据资料的搜集方式

目前，知识产权诉讼案件取证的方式主要表现为当事人或者企业自行搜集或者由接受用户委托诉讼或应诉的知识产权代理机构或律所出面负责搜集。

刊载证据文献的公开出版物，可以是从出版社或零售商处购买的原版出版物，但如果用户自身没有储备且出版物已退市流通的，图书馆便是最佳的获取来源地。除部分纸本专利文献、技术标准和产品样本、产品目录、广告宣传册外，公开出版物的大部分类型在国家图书馆中都有相对连续完整的入藏，利用国家图书馆馆藏的检索工具，国内外专利说明书全文大部分也以被检索并获取。由于国家图书馆的馆藏文献保护要求，大部分文献原件不能外借出馆，但允许在遵守版权保护规定的前提下进行复制。

《最高人民法院关于民事诉讼证据的若干规定》第十条明确规定，当事人向人民法院应当提供原件或者原物作为证据，如提供原件、原物确有困难的，可以提供经人民法院核对无异的复制件或者复制品。[7]因此，在知识产权纠纷的众多案件中，相关佐证材料的复制件也具有一定的法律效力，可作为证据使用。

2　国家图书馆开展为知识产权诉讼提供文献检索复制证明服务的优势和意义

2.1　国家图书馆开展为知识产权诉讼提供出版物文献复制证明服务的优势

国家图书馆作为全国综合性研究图书馆、国家总书库，不仅全面入藏中文图书，外文文献的入藏量也居全国之首。馆藏文献中期刊、报纸等连续性出版物的可追溯性较好,不同版次的图书保存比较完整。同时,国家图书馆大部分中文馆藏来源于正规出版社的法定呈缴,即使部分馆藏通过购买采集,通常也来源于正规的出版发行渠道,具有一定的可靠度,对出版物是否真伪产生疑义的可能性较小。另外,国家图书馆作为全国书目中心,其全面性的书刊目录检索工具也为用户证据文献的检索和获取提供了便捷。

通常情况下,法院对诉讼当事人提交的证据资料若存有疑义,往往需要由国家公证机关依法进行保全公证,即公证机关对资料的来源和真实性作出说明。相对于其他类型的证据而言,国家图书馆馆藏公开出版物文献的复制件,来源比较明确,复制过程可以控制,用户往往要求图书馆的文献信息服务部门直接对文献检索过程和文献内容的复制情况作出符合客观事实的证明,以简化证据搜集的程序,避免因申请公证机关到场保全公证而产生的高额费用。依据《最高人民法院关于民事诉讼证据的若干规定》第七十七条"(一)国家机关、社会团体依职权制作的公文书证的证明力一般大于其他书证"的相关规定,[7]这种要求也是合理合法的。

相对而言,图书馆专门从事文献信息咨询服务的部门,作为客观的、有机构信誉的第三方,其参考咨询馆员对馆藏各类文献的分布非常熟悉,具有丰富的文献查询经验,与用户没有任何的利益关系,能够忠实于客观的事实,按照图书馆业务管理规范要求出具馆藏文献检索复制证明,大大节省用户收集文献证据的时间、精力和费用。

实践证明,国家图书馆科技查新中心所出具的馆藏文献检索复制证明已得到了法院或纠纷仲裁机构的认可,服务受到了用户的普遍欢迎。据统计,该项服务完成数量从2006年最初的12项,上升到2007年的40项,2008年达到198项,2009年仅上半年已达到了160项。

2.2 图书馆开展为知识产权诉讼案件提供出版物文献检索复制证明服务的意义

国家图书馆作为国家的公益事业单位,国内举足轻重的文献信息查询基地,秉承有传播知识、服务社会的理念,有责任和义务利用自己的资源和人员优势为广大用户在文献查询方面的合理需求提供相应的帮助和支持服务,为有效解决企业在生产经营活动中面临的专利或商标侵权的困扰,扫除各种名目的专利或商标壁垒,[8]依法摆脱侵权指控的维权活动提供文献信息服务。这也是知识经济环境下国家图书馆的企业服务职能的良好体现。

国外大英图书馆为企业开展的知识产权服务中已有类似的先例可为我们提供有益的借鉴。大英图书馆通过开展的一项名为Public Availability Date service (PADS)的有偿服务,即:文献公开获取日期查询服务,为专利诉讼代理过程中律所或专利代理人所要求的某具体馆藏文献被公众在大英图书馆的任何地方公开获取的最早时间的事实查询提供服务,并以书面形式提交附有部门签署的报告文档,同时提交文献的复印件。[9]国家图书馆科技查新中心为知识产权诉讼所提供的文献检索复制证明服务与上述服务从实质上来讲是完全同类的服务,在为企业提供方便快捷的知识产权服务的同时,也创造了一定的经济效益。

3 图书馆开展为知识产权诉讼案件提供文献检索复制证明服务的工作流程

国家图书馆科技查新中心在实践中摸索出了一套适应于用户需求并且可为知识产权仲裁机构采信认可的文献检索复制证明服务工作流程。

3.1 委托程序

在接到用户的申请后,会要求用户填写文献检索复制证明委托单,其中注明委托人的联系方式、所属单位、委托查询目的及需要检索和复印文献的详细信息。工作人员同时在档案管理文档予以登记编号。

3.2 检索和查询程序

如果用户未能提供所需资料刊载的确切出处,工作人员需帮助用户检索相关的书目数据库或全文数据库,并根据检索到的文献出处在馆藏目录系统进行可借阅单册的查询,如果确定有馆藏并且处于公开可借阅的状态,则提交借阅请求。从书库提出全部的相关资料之后,需请用户当场确认所需文献的内容刊载页码或版面。

3.3 复制程序

查新中心的工作人员根据用户填写的起止页码,负责全程复制,除正文内容页外,一般还需要复印封面、版权页、目录页,完整地体现文献的来源和出处。复制完成后需要与原文核对查看,确定无误后,每篇文献均按用户所需顺序做出附件编号,由工作人员按该编号顺序出具复制文献的清单。文献复制清单中一般列有所复制资料按照国家出版管理条例所要求的详细著录信息,包括作者、出版者、印刷者、发行者的名称、地址,书号、刊号或者统一书号、版号,出版日期、卷期以及其他有关事项,如馆藏单册条码号、复制文献内容部分的页码、总页数等信息。

3.4 报告程序

每份文献检索复制证明报告都需按档案管理文档登记的编号给号,报告的首页内容包括委托者的需求信息、委托人和委托单位名称、负责复印和出具报告的工作人员的单位和名称、报告出具的时间及检索复制的说明内容。

报告说明内容包括报告机构的属性,本次使用的文献检索工具、检索策略及检索结果。同时报告中要注明:根据委托单位的请求,本馆工作人员负责提取其中的资料并由本馆工作人员复制,经核实,该复制件内容与原件相同。

终审无误后在报告署名单位上加盖科技查新中心机构章,报告正文和各份附件上均加盖骑缝章,最后,检索复制证明报告和复印内容附件作为一份完整的报告提交用户。

3.5 档案存档

工作人员需将最后完成的有统一编号的报告电子档和报告纸本与用户的委托单各存档一份,以备日后查询。

4 图书馆为知识产权纠纷提供文献检索复制证明业务的可持续发展

4.1 服务的规范化管理

馆藏文献检索复制证明服务是一项以图书馆部门的职责和信誉承担责任的工作,其生命力在于服务过程的严谨和规范，所谓的规范化管理，涉及对开展此项业务的部门及公章的管理，工作人员的管理以及工作流程的管理。图书馆提供文献复制的窗口很多，但此项业务的开展必须相对集中在同一个部门，才有利于实施统一的规章制度，进行有效的监督管理，承担此项业务的机构公章须有专人管理并在公安机关备案。

从事此项业务的工作人员要求具有文献检索和文献描述的基本素养，需要进行常规性的制度和流程培训，能够根据用户的需求变化和文献检索的情况变化对证明事实做出有客观而有逻辑性的表述，科技查新人员的培养准入机制和审核机制能够为这项服务提供必要的人员保障。

用户的具体服务需求可能千变万化，但服务过程需要遵循几项原则：其一，检索过程和结果能够客观再现；其二，忠实于原文，不允许添加任何人为推断；其三，要有据可查（比如清单中列入馆藏条码号标识，可将文献来源锁定到具体单册）；其四，报告项目完整，格式统一，复制文献参见标识清晰明确；其五，责任到人，报告、公章和档案专人负责。

4.2 服务的资源保障

文献检索复制证明服务的可持续地开展，有赖于馆藏文献资源的可靠保障。目前许多文献资源都以数字化的形式被保存，但因其稳定性可靠性不如纸本文献，且大部分电子资源无法可供打印的封面封底、版权页、广告页内容，纸本一次文献依然成为馆藏文献检索复制证明服务的首选，从这一角度来说，国家图书馆文献资源建设中应当坚持首先保证出版物纸本载体文献的收藏策略。

另一方面，纸本文献内容中的一些信息，如报纸的中缝信息，在数字化过程中有可能被舍弃，纸本报纸的中缝装订形式也有可能被破坏。因此从长远看，如何完整地保存页面的全部信息也是我们的馆藏资源保护和加工过程面临的一项新的课题。

4.3 服务的展望

馆藏文献检索复制业务目前主要的用户群为知识产权纠纷中的当事人或其代理机构，但服务过程中我们还遇到不少对企业或品牌知名度的媒体追踪结果、企业文化溯源结果等提供文献检索复制证明的需求，我们可以在这些领域进一步拓展，更好地发挥国家图书馆服务社会的职能。

参考文献

1 中华人民共和国专利法．中国法律出版社，2005

2 张柳坚．在专利侵权纠纷中合理运用自由公知技术抗辩．电子知识产权，2004(4)

3 杨志敏．关于“公知技术抗辩”若干问题的研究．比较法研究，2003

4 李中奎．小议专利纠纷中的举证问题．中国发明与专利，2007(10)

5 商家泉．商标侵权证据固定操作实践．http://www.Law-Lib.com/Lw/Lw_View.asp? no=9842

6 中华人民共和国商标法实施条例[国务院令第358号 颁布日期：20020803 实施日期：20020915]

7 最高人民法院关于民事诉讼证据的若干规定[法释2001 33号]

8 崔静．面对涉外知识产权纠纷 中国企业主动“亮剑”走向主动维权．企业科技与发展，2007(13)

9 英国国家图书馆网站 http://www.bl.uk/reshelp/atyourdesk/docsupply/productsservices/researchservice/products/dateservice/

国家图书馆馆藏民国年鉴调研

王燕亭　典藏借阅部

[摘　要]本文通过对馆藏民国年鉴的调研,发现了迄今为止最早的年鉴,它将为改变我国年鉴的历史提供重要的依据。概述了民国年鉴的创始和发展、馆藏民国年鉴的收藏情况及其馆藏民国年鉴的主要特点。建议在做馆藏民国年鉴的开发工作时,首先考虑开发馆藏民国年鉴收藏较多的门类与现在读者需求较多的门类相吻合的部分年鉴,即经济类、统计类、综合类、文化教育类,然后是其他各类年鉴。

[关键词]国家图书馆　民国年鉴　调研

年鉴,过去又称年刊、年报,是概述或汇集一年之内的时事文献、统计资料或学科最新进展,按年度逐年出版的资料性工具书。本来以政府机关名义出版的资料性工具书称为公报,以学会、研究会等学术团体名义出版的称为年报,由于早期创办的年鉴分工不细,常常身兼公报、年报、年刊数任于一身。因此,过去意义上的年鉴实际包括公报、年报、年刊和年鉴。

本文重点对以年鉴为题名、民国时期出版的馆藏年鉴进行一些梳理和研究。

1　民国年鉴的创始和发展

1.1　晚清至民国初年,是民国年鉴的创始时期

清末许多富于忧国忧民传统的有识之士,为挽救愚昧、落后、腐败的中国,呼吁打破闭关锁国的状态,要求了解、研究、学习世界先进国家,与其进行比较,找出差距,寻求救国之路。为适应这种要求,国人翻译出版的第一批中文年鉴在20世纪初应运而生。

这里特别值得一提的是我国年鉴事业的创始人清光绪举人卢靖。他教过书,担任过直隶和奉天的提学司使。长期热心于出版事业,著、译、编、辑了十余部著作,他还出版了著名思想家严复所译的《天演论》,使这部在我国思想界具有重大影响的著作广为传播。1909年至1911年三年间,卢靖从找原著、请译者、审定书稿到印刷、发行,亲自组织出版了《新译世界统计年鉴》《最新世界统计年鉴》《世界教育统计年鉴》《欧美教育统计年鉴》四部年鉴。这是中国人自己编辑出版的第一批年鉴,为中国年鉴出版事业奠定了基础。辛亥革命后,上海神州编译社于1913年、1914年先后编译出版了两部《世界年鉴》。之后中国人自己出版了《中华基督教会年鉴》《银行年鉴》《外交年鉴》《时事年鉴》等,十年后,1924年2月上海商务印书馆出版的第一回《中国年鉴》,是中国人自己编辑的综合反映中国国情的第一部中文年鉴。截至1930年以前,我国出版的各种年鉴有40多种。这一阶段也是我国年鉴的创始时期。

1.2　20世纪30年代,民国年鉴步入发展时期

随着社会的相对稳定,文化事业的发展,从1931年到1937年7年间,各地出版各种年鉴

80余种。许多著名学者参加了年鉴的编辑出版工作。如史良才于1932年发起创办了《申报年鉴》，从30年代到40年代，《申报年鉴》共出版了5卷，是当时影响较大的全国性综合年鉴。翁文灏、竺可桢、侯德封、金仲华等各行各业专家参加了《申报年鉴》的编写工作。1936年3月，由上海生活书店出版的《世界知识年鉴》创刊，邹韬奋、沈志远、胡愈之、张仲实、张乃器等数十位专家学者为该年鉴撰稿。当时在国内有较大影响的年鉴还有《中国经济年鉴》《中国外交年鉴》《中国教育年鉴》《中国保险年鉴》《全国银行年鉴》《铁道年鉴》《财政年鉴》《岁计年鉴》《内政年鉴》《航业年鉴》等。1937年抗日战争爆发后，年鉴的出版受战争影响，许多被迫停刊，后来一部分在大后方复刊，在敌占区上海等地也有一部分年鉴出版。如果把伪满在东北办的年鉴也算在内，再加上抗战胜利后复刊和新办年鉴，总数有百余种。从30年代到40年代也是我国年鉴不断发展的时期。

2 我馆民国年鉴收藏情况调研

经过近一年时间的调研，统计出我馆共收藏民国时期出版的年鉴类书刊952种，其中年刊479种、年报280种、年鉴193种。这里重点对以年鉴为名的年鉴进行调研和分析。

我馆民国年鉴的收藏率占民国时期我国出版年鉴总数的93.2%（据2003年李维民、肖东发等《中国年鉴概览》一书统计，我国民国时期出版年鉴总数是207种）。

2.1 发现了迄今为止最早的年鉴

在对我馆民国年鉴的收藏情况进行调研时，意外地发现了比目前我国年鉴界公认的1909年出版的《新译世界统计年鉴》更早的年鉴。这本年鉴的名字是《明四代年鉴》，（明）[佚名]撰，1函4册，抄本，1851年成书。书名据书衣题，有朱笔圈点。在我馆普通古籍阅览室收藏。该书概述明太祖（朱元璋）洪武元年、惠帝（朱允炆）建文元年、英宗（朱祁镇）正统九年和孝宗（朱佑樘）弘治元年过去一年的要事、新事，并连续出版了4年，完全符合年鉴的特征和定义。

该书的发现，将比此前记载的"近代年鉴在中国出现始于清代同治三年（1864）创刊的《海关中外贸易年刊》"早13年，比"中国最早以年鉴为名的由奉天图书馆出版1909年《新译世界统计年鉴》"早58年，比"1913年上海神州编译社出版的《世界年鉴》是中国最早的中文年鉴"早62年，比"1924年由商务印书馆和申报印书馆分别出版的《中国年鉴》《申报年鉴》则是最早由中国人编纂的年鉴"早73年。

更重要的是，它将更正我国年鉴是"在本世纪初经日本由西方传入"的说法，因为日本最早的年鉴起源于1876年（明治九年）刊行的《万国年鉴》，它比《明四代年鉴》要晚25年。

2.2 几种未被研究领域发现的年鉴

在对我馆民国年鉴的收藏情况进行调研时，还发现《图画年鉴》《暹罗经济年鉴》《闵侯医师公会第一届年鉴》和《西堤年鉴》等20种年鉴，目前在我国年鉴研究领域中没有被统计和提及过，尚属首次发现。

《西堤年鉴》1949年5月出版，西堤年鉴编著委员会编。本书指出了西堤联区的整个华侨社会，如何经营业务，如何辛勤工作，如何进行设立文化及慈善机构。全书分历史、地理、人民、宗教、机关团体、领事馆、华侨会馆公所、同乡会、法令、税则、经济、财政、银行、保险、文化、教育、体育、艺术、卫生、慈善、商会、行商工会、各行业、工会、交通、邮电、旅行、娱乐、杂录和大事记 30 章节，记述越南华侨情况。

《图画年鉴》是唯一一本以副标题形式出现、以图片集的形式出版的年鉴。1931 由上海良友图书公司出版。介绍 1930 年中国概况。分美术、政治、军备、教育、农工商、交通、名胜、都市、建筑、家庭、妇女、儿童、体育、电影、戏剧、社会等 16 类，收照片千余幅。

《闽侯医师公会第一届年鉴》1935 年由福州闽侯医师公会编。内有该会会章、法规、医师信条、本届职员表、议案、事略及文件等。

《暹罗经济年鉴》1948 年由新加坡大南洋文化事业公司出版。该年鉴目录内容丰富，首先用彩页标识正文之前的目录，肖像、题词、序、例言等；到正文时，再编有正文目录；然后列有图表目次。全书分概述、暹罗经济之自然基础、暹罗经济之社会基础、交通、财政与金融、贸易、商业、工业、农林业、畜牧业、矿业、水产业、附录等。

2.3 馆藏民国年鉴时间段分布

馆藏民国年鉴收藏 1919 年以前 12 种，1920 年到 1929 年 32 种，1930 年到 1939 年 94 种，1940 年到 1949 年 55 种。（见表 1）

从上表中我们可以清楚地看到馆藏民国年鉴收藏最多的时间段是在 1930 年到 1939 年之间。抗战之前，馆藏民国年鉴的收藏量逐步增加。受战争影响，许多年鉴被迫停刊，1940 年到 1949 年之间我馆年鉴收藏数量明显下降。

表 1 馆藏民国年鉴时间段分布

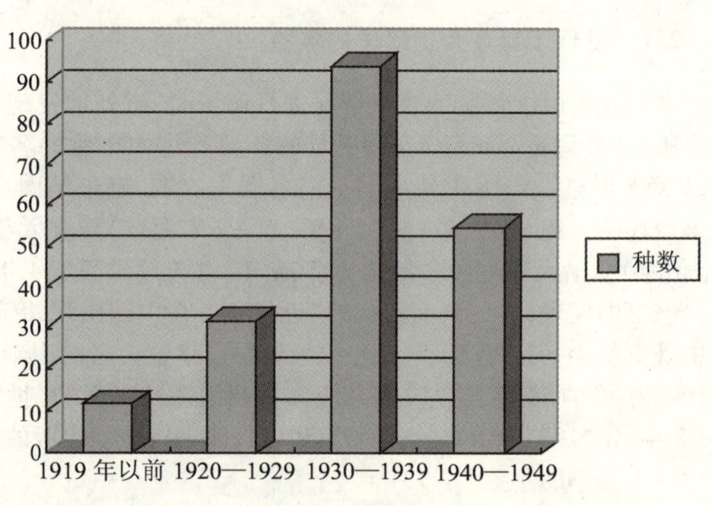

南京政府成立以后，改大学院为教育部，建立中央研究院等举措，到 1935 年 1 月，全国各部门设立的学术研究团体和机构 142 个，汇集了一批著名学者，各学科领域都取得了许多重要成果。新闻、出版业增长迅速，原有的一些大报《申报》《大公报》等，通过不断创新（创办年鉴等）、增加销量，扩大影响。图书馆、博物馆等文化机构也相继创建，我馆（国立北平图书馆）于 1931 年新馆落成，1933 年又设立了南京国立中心图书馆，到 1936 年博物馆总数达到 77 所。

我馆收藏了 1930 年到 1939 年期间出版的、当时在国内影响较大的《申报年鉴》《世界知识年鉴》《中国经济年鉴》《中国外交年鉴》《中国教育年鉴》《中国保险年鉴》《全国银行年鉴》《中国金融年鉴》《铁道年鉴》《财政年鉴》《中国电影年鉴》《岁计年鉴》《内政年鉴》《航业年鉴》等，反映了这个时间段社会相对稳定，文教事业有了较大的发展。

2.4 馆藏民国年鉴出版周期

馆藏民国年鉴的出版周期相对现在来说,都不是很长。除《申报年鉴》收藏15册,《中国经济年鉴》收藏10册,《中华基督教青年会年鉴》收藏8册,《第一次中国教育年鉴原稿》收藏7册外,其余年鉴多是收藏1至5册不等。

这些年鉴大多寿命不长,或因政局变化,或因编纂经费来源短缺等各种原因未能连续出版,有的甚至只出了一两本就夭折了。

2.5 馆藏民国年鉴收藏门类众多

馆藏民国年鉴涉及哲学宗教、政治、外交、华侨、教育、经济、保险、商贸、统计、地方制度、行政制度、交通运输、史地、法律、军事、社会问题、艺术、文学、医药、总记等众多门类。(见表2)

表2 馆藏民国年鉴类别分布

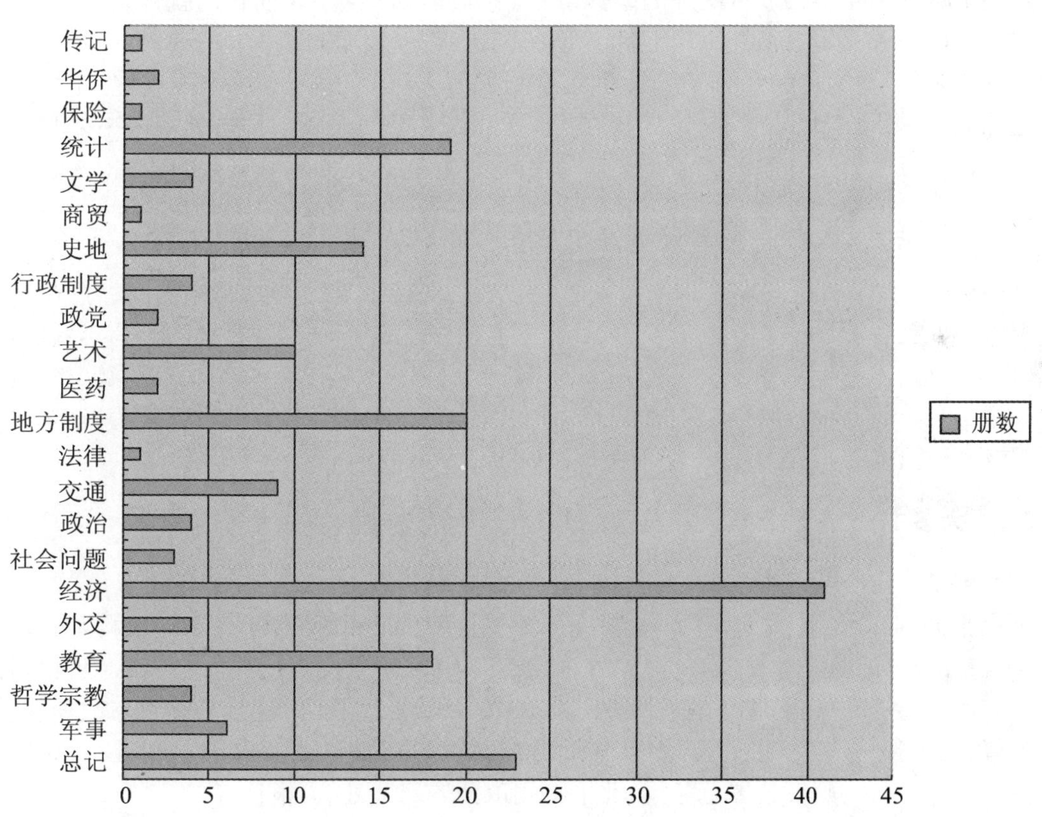

从上表中我们可以看到,馆藏民国年鉴经济类占21.2%;总记(综合类)占11.9%;地方制度占10.4%;统计类占10%;教育类占9.3%;史地占7.3%;艺术占5.2%;交通运输占5%;军事3%;其他各类占16.7%。

这些馆藏民国年鉴收藏较多的门类与现在读者需求较多的门类基本相同。

2006 年在《保存本阅览室中文年鉴流通情况调研》一文(见《国家图书馆第九次科学讨论会获奖论文选集》第 219 页)中统计,现在流通量较大的年鉴依次是经济类、统计类、综合类、文化教育类、其他各类。

馆藏民国年鉴中,经济类年鉴所占比重突出,也是有其很深的历史背景的。当时中国民族工商业在经历了第一次世界大战期间的黄金发展时期后,在 20 世纪 20 年代仍然处于平稳发展中。南京政府成立以后,建立了以"四行二局"为中心的金融体系,实施废两改元,统一货币。1935 年 11 月,正式实施法币政策,对中国社会经济的发展产生巨大影响,金融危机得到缓解,全国各大城市物价普遍平稳回升,同时也刺激了农工商各业生产及对外贸易的发展,国民政府财政收入大为增加。这期间反应当时社会经济发展概貌的经济类年鉴相继出版。

3 馆藏民国年鉴的特点

3.1 有明确的编纂宗旨

这些馆藏民国年鉴大多有明确的编纂宗旨。如《西堤年鉴》的创刊词就开宗明义地指出:"本年鉴旨在认识海外华侨。"1936 年《世界知识年鉴》序言中指出:"本书编辑的目的,一是为了便利一般著作家和研究者的查考,二是为了适应读者大众的需要。"《申报年鉴》第一次的发刊,"适当国难深重之日。国家与民族正在忍辱负重、整甲砺兵以期抗击外侮……要是在增加国民认识这一点上,对于抗日反帝的工作,有些微的效劳,这是同人们最大的期望了"。

3.2 社会各界非常重视

许多社会知名人士,都对年鉴出版事业给予热情支持。爱国老人马相伯、教育家蔡元培、实业家张謇、虞洽卿及一些军政官员熊希龄、蒋中正、张学良、宋子文、孔祥熙等为年鉴题词、作序,表现了社会各界对年鉴的重视。如 1933 年《国际联盟军备年鉴》介绍法、比、德、奥、匈、葡、西、荷、意、土、英、苏、中、日、美等 64 国的陆海空军情况,包括组织编制机构、实力、征募服役制度、国防经费等,内有蒋介石(原题:蒋中正)序及原序等等。

3.3 大多由官方机构和组织编纂

从年鉴编纂出版的组织形式来看,民国时期组织、筹划年鉴编纂、出版的不是单一的"部门",而是不同的学术团体、机关及学者,多由政府主管部门和所属文化、新闻机构及经济调查组织等编纂的。如北京陆军部、江苏省教育会、寰球中国学生会、外交部統計科、银行周报社、小说研究社、商务印书馆、新文化书社、江苏省长公署统计处、北平社会调查所、市政公所、财政部盐务署、辽宁省财政厅第四科、财政部河北财政特派员公署、上海电声周刊社、时代图书公司、北平光社、青岛特别市公署总务局、北平特别市公署秘书处、申报社等。

3.4 编纂体系日臻完善

3.4.1 年鉴事业开创者对年鉴功能及实用价值的最初认识

在《新译世界统计年鉴》等第一批出版的年鉴序言中,卢靖认为统计年鉴是"合世界万有之现象,条理而贯串之,放之则弥六合,卷之则缩为一册,不出户庭而周知天下"。这是年鉴事业开创者对年鉴功能及实用价值的最为朴实、直观的认识。

3.4.2 《中国年鉴》为我国年鉴体例的最终形成，奠定了基础

20世纪20年代，年鉴业者在重视并充分利用统计年鉴优势的同时，逐渐意识到这类年鉴的局限性。阮湘在他主编的《中国年鉴》中，"各门内容，特措意于数字统计，篇幅逾全书三分之二；而于各种典制沿革，以及凡百近况，加以简要说明，以补统计之不足"。所以《中国年鉴》是由数据资料与文字资料相结合，共同构成了我国年鉴发展史上的第一部综合性年鉴。这种形式的年鉴信息量大，内容宽泛，资料类型多样，为年鉴编纂形式的创新开了先河，也为我国年鉴体例的最终形成，奠定了基础。因此，无论其在资料价值上，还是在社会价值上，都比统计类年鉴更胜一筹，具有深远意义。

3.4.3 对年鉴的记述模式与功能有新的认识

到20世纪30年代，《中国劳动年鉴》将每段资料的来源加以注明，以便读者判断资料的价值，开始注意年鉴资料在记述事物过程中的完整性及对于读者的实用性。《铁道年鉴》已经意识到年鉴的资政与存史作用，并且进一步探索通过合理有序的资料编排，使年鉴资料得到有机整合，年鉴功能得以更大发挥。

3.4.4 年鉴编纂理论的形成

《航业年鉴》提出年鉴资料要"量出为入"，要专门化、标准化、系统化，为年鉴编纂理论的形成作了认识上的准备。《中国经济年鉴》首次明确了年鉴是资料性工具书。《南洋年鉴》认为"因年鉴之体例，有类于合典、志、考而为一之史乘，为史中之最新者"。与传统史体进行比较，首次将年鉴定位于史学范畴，并准确地判断出史、志、鉴等文体有相通之处，这个观点持续至今，为我们当代年鉴理论研究，奠定了认识基础。《上海市年鉴》对年鉴的功能又有了进一步的认识，第一次明确了年鉴为修志服务的编辑思想，而这一远见卓识，正为我们今天所用。

3.4.5 年鉴编辑体例不断进步和发展

馆藏民国年鉴在反映了我国早期年鉴编纂思想的形成与发展的同时，也反映了在年鉴编辑体例方面的不断进步和发展。创始初期年鉴体裁主要以统计图表为主，体裁单一，1914年《中华基督教会年鉴》有统计表外，还设有总论、名录等，1924年版又增加了各教堂概况及调查录。1931年《世界年鉴》除图表外，增加了概况、大事记、专载、附录等体裁。1932年《商业新年鉴》内设26幅照片，图文并茂。1935年《航业年鉴》内设序文、编例、论说、译述、专载、法规、调查、统计及附录等栏目。伴随着早期年鉴事业的不断发展，对年鉴功能的逐步了解，年鉴体裁多样化成为趋势，为我们今天年鉴体裁的确立及应用奠定了基础。1909年《新译世界统计年鉴》的编排结构也成了以后年鉴的编纂模版，即横排门类，纵述事实，这种结构模式一直沿用至今。

3.5 反应年鉴人的高尚品质

早期年鉴的编辑出版，由于政府很少干预，使年鉴在编辑出版过程中常受人员及财源方面的困扰，许多年鉴的出版都依赖于同业及同仁的支持与赞助，在年鉴业者中普遍倡导一种敬业、节俭与合作的精神。

1934年出版的《中国经济年鉴》认为，用科学的态度去工作，与政府职能部门的工作人员合作，以保证资料的准确性，同时达到节俭办年鉴的目的。要求参加者采取埋头工作与不计报酬的态度，"一律纯尽义务"。这种精神成就了我国早期年鉴业的发展，以至于惠及当代，成为年鉴人的高尚品质。

3.6 具有显著的存史功能和很高的信息价值

年鉴是连续性出版物，不仅具有“资政”“鉴戒”功能，也有“存史”功能，把各年的年鉴“串”起来，就是一部编年史。这些馆藏民国年鉴就是年复一年不断出版的史册，它的信息随时间的积累而升值。

如1989年国务院发表一个报告，需要有抗战前我国粮食产量的数据，而唯有《申报年鉴》上有这项信息资料。在进行新旧中国经济发展对比时，许多重要文章所引的30年代的数据都出自《申报年鉴》，因此说它的信息价值异常珍贵。

这些年鉴虽然在编纂质量、资料来源、装帧形式等方面存在不少问题和不足之处。但在内容上毕竟是当时中国现状的记录，为人们了解和研究中国近现代史，提供了不少难得的历史资料。

4 结束语

年鉴作为时代的镜鉴，若作回溯性查考，便是珍贵的史料。

这193种馆藏民国年鉴以记载反应社会现实的第一手资料而成为了民国时期历史进程的见证者；这些珍贵的创始初期年鉴对于我们研究中国年鉴史，了解民国时期社会发展概貌和汲取年鉴之精华、促进今天年鉴编辑出版事业的发展，都将有十分重要的参考价值。

馆藏民国年鉴的开发很有必要，建议首先考虑开发馆藏民国年鉴收藏较多的门类与现在读者需求较多的门类相吻合的部分年鉴。即经济类、统计类、综合类、文化教育类，然后是其他各类年鉴。

日本在追求新刊年鉴的出版速度，以保证年鉴内容的新颖性，同时也在开拓过刊年鉴史料价值，以发挥年鉴历史镜鉴的功能。据说，这些影印出版的过刊年鉴，有良好的营销业绩。从人们对史料建设的迫切需求和民国文献保护的角度看，这一做法，对我们不无启发意义。

参考文献

1 李维民，肖东发等. 中国年鉴概览. 北京：华艺出版社，2003

2 运子薇. 我国早期年鉴编纂思想的形成与发展. 年鉴信息与研究，2004(6)

3 魏宏运. 中国现代史. 北京：高等教育出版社，2002

国家图书馆所藏民国时期官书的史料价值及其利用

路国林　典藏借阅部

[摘　要]民国时期出版的“官书”,作为这一时期的产物和社会变迁的写照,对于相关研究课题及民国研究的各个领域,有着非常重要的作用和参考价值。本文在概述国家图书馆所藏民国时期“官书”的基础上,举出例证,论述了官书的史料价值,探讨了如何开发、利用的问题。

[关键词]民国时期　官书　史料价值

国家图书馆收藏的民国时期文献中,“官书”作为其中的组成部分,占有重要的一席之地。其分布的类别、范围很广,内容涉及政治、经济、军事、文化、法律、外交等多个方面。因此,它对于民国史的一些重要问题,包括一些重要历史事件的深入研究显得弥足珍贵。对于研究课题涉及民国研究的各个领域,其历史价值和作用更不可忽视。为了使大家能够更好地认识和了解这一馆藏文献,以便于利用,本文现就国家图书馆民国时期“官书”的收藏情况,其史料价值及其开发、利用作一简要概述。

一、民国时期“官书”概述

1. 民国时期及其“官书”

民国时期是距今最近的一个历史时期,它是辛亥革命,推翻清朝统治的结果。它使中国在历经几千年帝制统治之后,进入了共和时代,这在中国历史上有着重要意义。虽然只有短暂的38年,却是中国社会历史发生巨大变化的时期,是近代中国发展最值得重视、最需要认真研究的一个历史阶段,其历史现象复杂纷纭,错综曲折。虽然这一时期社会动荡,经济衰败,但思想文化方面却大放异彩,形成了思想文化中西汇流、百家争胜的兴盛局面。在社会科学、自然科学以及翻译等诸多方面,以不同的方式出版了大量的书籍及各种资料,其中的“官书”资料,就是这一时期的产物和社会变迁的写照。

相对于私家著述而言,“官书”旧时指由官方编修或刊行的书。据考证,最早的一部“官书”,是春秋末期齐国政府编撰的《考工记》。通常来讲,“官书”具有史料完备,大事一般不漏,较私家著述更为系统。

2. 国家图书馆所藏民国时期“官书”

在国家图书馆收集、整理的民国文献中,现存的“官书” 作为其中的一部分,仅刘国均分类排架的数量就有4216种左右。简编的民国文献中的“官书”尚未统计在内。其中绝大部分是中央政府机构和部门及其下属的地方机构和部门等相关机构和部门编撰的,文献名称大都冠之以“统计提要”“统计要览”“统计”“统计表”“概略”“概况”“报告”“报告书”“调查”“纪要”

“计划书”“会议录”“会议案”“计划大纲”“汇刊”“汇编”“法规”“条约”“一览”“职员录”“草案”“年鉴”等字样,通过文字、数据、图像、图表、照片等,记录和反映了当时这段历史的多个方面以及各行各业的状况。现将其中部分书目摘录如下:

(1)医疗卫生与社会救济事业类:《台湾省卫生统计要览》《中央卫生院设施概况影集》《社会救济》《振务统计图表》《一年来振务之设施》《赈灾委员会报告》《黄河水灾救济委员会报告书》等;

(2)工业类(冶金、矿业工程等):《中国纺织品产销志》《山东矿业报告》《直隶临榆柳江煤矿公司报告》《邮传部统计图表》《河南省矿业史》《华北水利建设及概况》《长沙市政纪要》等;

(3)农业类:《天津市农业调查报告》《河北省农村调查》《河北省棉产调查报告》《江苏十八年度年农业状况》《调查乡村建设纪要》等;

(4)交通运输与通讯类:《交通部统计年报》《港政纪要》《交通部统计图表汇编》《北平通航计划草案》《福建公路概况》《平绥铁路概况》等;

(5)经济类:《全国经济委员会报告汇编》《(民国二十五年)全国实业概况》《全国物价统计表》《中国土地行政概况》《浙江经济调查》《台湾省经济调查报告》《江苏省各县荒地统计汇编》等;

(6)财政类:《东三省金融整理委员会报告书》《遗产税》《商标会刊》《全国物价统计表》《纸卷烟各牌名称价格表》《京城总商会行名录》《湖北财政报告书》《天津市税捐概况》《河南省财政统计月刊》《海关税务纪要》《福建历年对外贸易统计》《四川财政概况》等;

(7)政治、法律类:《中华民国法规汇编》《工商法规汇编》《著作权法及实施细则(民国十七年)》《筹办中俄交涉事宜公署意见书》《(新订)中外条约》《北京市教育法规汇编》《浙江省政府县长考试特刊》《北京监狱纪实》《京师第一监狱报告》《刑事统计年鉴》等;

(8)社会科学类(社会学等):《内务报告》《河南省民政厅施政统计》《广州市市政统计年鉴》《天津社会局统计汇刊》《开封社会统计概要》《上海市公务统计报告》《南京社会调查统计资料专刊》《天津市妓户妓女调查报告》等;

(9)文化教育类:《全国大学生统计》《全国高等教育统计》《全国中等教育统计》《最近十年全国专科以上学校各科系毕业生数》《二十五年全国中等学校招考新生统计》《潮安教育统计》《全国初等教育统计》《山东省教育统计》《全国社会教育概况》《全国社会教育概况统计》《全国社会教育统计》《历年度全国社会教育统计简编》《浙江社会教育概况》《南开大学概况》《北京大学概略》等;

(10)专门性的统计资料:《中华民国统计提要》《海军统计》《广州近两年来自杀统计》《湖南省人口统计》《广东省人口调查统计概要》《北京市政府警察局户口统计》《台湾居民生命表》《台湾户政》《(民国十七年)各省市户口调查统计报告》等;

(11)地方性的资料:《台湾省民意机关之建立》《台湾现况参考资料》《台湾分署工作报告》《台北市政概况》《外国记者团眼中之台湾》等。

此外还有历史与地理类、语言与文学类等,这里不再赘述。

从上述列出的书目类别看,其所涉及的范围非常广泛。在几乎所有的学科类别中,都能够寻觅到它的踪影。那些关乎国计民生,反映社会现状的内容占有相当大的比例。同时,也印证了民国时期,处于大动荡和大转变时期的人们,思想文化活跃的程度。

二、民国时期“官书”的史料价值

国图收藏的民国时期“官书”资料，其丰富的内容与翔实的记载，为认识和了解这段历史，提供了难得的资料。为了直观地认识和了解“官书”，现对馆藏“官书”摘引若干为例，以见一斑。

1.《平定阳泉附近保晋煤矿报告》，民国十五年，由农商部矿政司印行出版的矿业报告

内容包括：阳泉附近地理风土大略；矿区、地质及煤层、煤量及媒质；公司沿革及资本；公司组织、职员；各矿区大略情形；采煤、炸药、支柱法、排水法、运搬法、选煤法、通风法、三灯法、工人、包工法；产煤额、历年营业盈亏情形、产煤成本、危险预防、运输情形、销路及煤价、地方公堂及矿警、坑外设备及原动力、附近阳泉铁矿、寿阳、大同、晋城各分矿厂大概情形、其他附带事业、保晋公司现在及将来计划等。此外还有：附规则（矿工服务细则、矿工抚恤规则坑内保安规则、矿警规则、管理火药规则）、照片（图片）、插图、附图等。

从这份民国十五年出版的矿业报告里，透过字里行间的表述，可以很方便地了解到当时该矿的情况，从煤矿的规模、管理的水平、产品的销售、制度的建立与完善、安保的措施等，其工矿企业的概貌跃然纸上。通过该矿的照片及图表等，还可以观赏和领略到当时企业的风貌。这也从一个侧面反映了当时我国工业的概况。对比于今日的矿产企业，会得出泾渭分明的结果，是反映社会发展与进步的一个缩影。

2.《二十年河南水灾报告书》，由河南振务会编纂出版

内容有：水灾照片、弁言、各县水灾概况表、各县水灾损失调查表、河南被灾各县河堤决口表、各县水灾统计图、各县报灾文电、本会呼吁文电、本会施振计划等。在各县水灾概况表中，现摘录鄢陵县表述的水灾情况：“鄢陵县政府呈报本年入夏以来，大雨时洼地早已淹侵，六月二十九日，倾盆昼夜，平原水深数尺，低洼地方，灾不堪言，房屋倒塌，粮物漂流，洪业、双泊、清流、沙河向后决口，城北部村、铺洪等村，城南，追岗、南坞等村，悉被淹没。平地行舟，宣泄无地，秋禾已属无望，二麦补种无期，被难灾黎，逃之无地。”在河南各县水灾调查表中，则用数字记录了受灾情况。如村数、面积、山体、土地、灾户数，受灾人口数，灾民死亡人数、牲畜死亡数、损坏房屋间数、粮食财务损失数目等都有详细的记载。

从上述报告中，可以看到和不难想象当时灾情的严重程度，通过书中的数据，加上书前登载的反映当时水灾情况的照片，可以更直观地感受和清楚地了解到当时的灾情及灾后的状况以及黎民百姓灾后的生存窘况。

3.《全国高等教育统计（民国二十四年度）》，教育部编辑出版，是一本关于全国高等教育统计的汇编

其内容包括：全国各大学概况，各独立学院概况，各专科学校概况，留学概况，学术机关及团体情况等内容，且又分有细目，如各大学概况的细目由沿革（附学校年龄），概况（校址及经费、员生等总数），编制，课程科数及每周授课时数、经费（来源及支配并附百分比）、教职员、在校生、毕业生、设备状况等组成。其中，教职员的具体统计内容包括教员之等级、性别、与职别

(附百分比)、各科教员、教职员月俸及资格,在校生的具体统计内容包括院科别、性别、年龄、籍贯、家庭职业、婚姻状况等。从中可以很便利地查阅到有关方面的资料,其内容的详细和具体,可见一斑。

民国时期,教育事业是一个很宽泛的概念。从初等教育、中等教育、高等教育、社会教育到学术机构与团体等。对于民国时期教育事业的状况,例 3 所记载的内容只是其中的极少部分。从国图所藏"官书"的丰富统计资料中,我们可以看到枚不胜数的相关资料,有许多方面值得我们深思和研究。

上述列举的民国时期出版的"官书",从不同侧面,反映了"官书"资料的概况。通常其文字叙述精练,如上述的《二十年河南水灾报告书》中,在表述鄢陵县的水灾情况时,了了百余字,就将灾情通报得一清二楚。"官书"中所蕴藏着大量的信息资料,从上述例证中也不难看出端倪。

这里需要着重指出的是,在国家图书馆收藏的"官书"中,统计方面的资料占有相当大的比例。如上述的《二十年河南水灾报告书》中,就含有相关的水灾方面的统计资料。

这些"官书"中,各级政府部门编撰的统计资料具有独特的价值。值得我们深入挖掘和研究。因为这些统计数据除了提供当时政府施政参考及社会各界借鉴外,今天我们还可以透过这些留存下来的政府统计资料,更透彻地理解当时的历史。同时,要认识和了解民国时期我国与其他国家的差距,也可以通过这些统计资料,与世界上其他一些国家进行比较研究,是十分便利的。同样,以统计资料为依据,对民国时期的中国与当代中国及其他一些发展中国家进行比较,还可以帮助我们更好地理解中国建设取得的成就。只有深入到数据的背后,才能寻找到更深层次的东西。其次,与文字资料相比,由于数字是最精炼、最便于使用的记录符号。而统计资料主要是以数字形式表达的史料,这就使得统计资料具有其他很多史料无法比拟的优势。

总之,从"官书"资料中,可以认识和了解这一时期发生的许多事件和东西,把握社会进程的脉络。它对于研究中华民国史,辨别历史真相,为后人进行的中央政府和地方政府的各部门,学校以及各行各业的修史编志等工作,提供了不可多得的第一手资料,具备很高的史料价值。

三、民国时期"官书"的开发与利用

文献资料的搜集和整理,是历史研究不可或缺的前提和基础。综观中国近代史,在求亡图存成为时代主题的历史条件下,图书的出版活动,直接或间接地推动着近代中国的社会进程。包括辛亥革命、五四运动等在内的一系列重大事件之所以发生,同近代中国图书的出版密切相关。这一时期出版的"官书"资料,反映和记录了当时社会变革与发展的概况,它为民国研究搭建了一个提供原始资料的平台。但由于国家图书馆收藏的民国时期"官书"资料,分散存放在不同的类别中,没有设立专藏集中存放,使检索查阅,非常不便。以至于其中的大量有用信息,伴随着资料载体长眠、沉寂于书架上,对此关注和问津者不多。因此,为了更好地发挥和体现民国时期"官书"的史料价值,发掘、甄别和整理这些"官书"资料,显得十分迫切和重要。

1. 专题性资料的搜集、整合与开发

目前,国图收藏的这些"官书"资料,人们对其还缺乏认识和了解。仅仅依靠书目来反映和

揭示其内在价值是远远不够的。原因在于,从查找馆藏文献的 OPAC 检索系统中查找和查全这些资料,很难达到预期的效果。再者,仅从书目上,还难以完整地判断和了解书中的内容,即便找到了自己要的资料,结果是否满意,还未可知。因此,为方便需求者对“官书”资料的查阅和利用,更好地挖掘和发挥其应有的内在价值,编制专题性的资料不失为一个好的途径。这项工作可以在调研和了解读者需求的基础上进行,通过对馆藏的“官书”资料,开展相关专题性资料方面的调研,制定专题性资料的搜集、整合、开发工作的发展规划。对现存的“官书”资料,分门别类,进行归纳和集中整合,分轻重缓急,逐一落实到实际工作中。同时,积极探索和开展二次文献的编制工作。通过编撰分类资料、提要、索引等工具书,从多种途径与角度来揭示和反映“官书”的内容与价值,以满足需求者对“官书”资料的需求。

2. 统计资料的搜集、开发与利用

前面提及的民国时期出版的“官书”中,统计资料占有相当的比例。除了专门的统计文献如《中华民国统计提要》中的统计资料比较集中外,在当时中央政府各部门和地方政府各部门出版的其他“官书”中,都散布有大量的政府统计资料,其数量庞大,要系统搜集和查阅这些资料,面临着诸多困难和麻烦。因此,开发“官书”中的统计资料十分必要。这方面需要做的,一是将民国时期的政府统计资料集中起来,分门别类地进行整理、归纳、甄别,形成一套专题性的统计资料,汇编出版;其二,应用现代的科技手段,将纸质“官书”资料上的统计资料及相关数据、数据表等进行数字化加工处理后,设立一个专门的民国时期统计资料数据库。通过对上述统计资源的整理、汇编与加工处理后,而形成的不同载体文献,使得民国时期的“官书”中的统计资料即可以方便检索查阅,发挥其应有的价值。同时,经过“汇编”和“数字化”的加工处理,使得这一不可再生的文献资源,得以长期保存,避免因自身的老化而受到损坏。

四、结语

相对于文献的史料价值而言,如果将民国时期文献比作皇冠的话,那么,这一时期的“官书”资料,可以看做是皇冠上的明珠。它为研究中国近现代史,特别是研究中华民国史,提供了不可多得的资料,是认识和了解这一时期的重要窗口。“官书”资料只有在民国历史研究及其相关的研究课题中得以应用,才能体现出应有的价值。因此,如何尽快地将这些资料进行深层次的开发,为需求者提供多种检索利用的渠道,发挥其应有的史料价值作用,对于认识历史发展规律,认清中华民族的前进方向,实现中华民族的伟大复兴,极有意义。

参考文献

1 河南省振务会编. 二十年河南水灾报告书. 河南振务会,1931

2 全国高等教育统计(民国二十四年度)

3 中国社会科学院近代史研究所编. 中华民国史研究三十年(1972—2002). 北京:社会科学文献出版社,1991

数字环境下体现读者服务工作质量的一种量化指标

——谈国家图书馆基藏书库拒绝与拒绝率问题

孟小槟　李　晔　典藏阅览部

[摘　要]数字环境下,国家图书馆基藏书库的拒绝与拒绝率同过去相比发生了巨大变化。本文通过对上述变化进行分析,提出如何降低拒绝率,改进读者服务工作的三个途径。

[关键词]数字环境　拒绝率　读者服务工作

1　问题的提出

长期以来,有关图书馆拒绝与拒绝率方面的研究并不鲜见。数字环境下,读者服务模式正在发生着很大的变化。在读者服务系统处于不断进步不断完善,服务手段不断创新的过程中,图书馆员们所有的努力都在积极地影响着读者服务工作质量。

数字化背景下,文献检索已由卡片目录发展到多语种的OPAC检索系统,图书馆业务流程的集成系统,已形成跨越式的发展。注册用户只需以读者卡号或ID号登录国家图书馆OPAC系统,检索、预约,基藏书库工作人员接到索书单后取书刊传至阅览室,读者办理借阅手续后便可阅读。如果发生了拒绝的书刊,电子条屏就会显示出读者卡号告知"未找到",读者个人信息里也会显示"未找到"。此时读者可自己取消请求,工作人员也可以帮助删除。使人感到读者服务工作已得到极大的改善,读者是在方便、快捷地享受服务,似乎已没有必要再研究拒绝以及拒绝率方面的问题了。然而在表面的"拒绝"现象下,却隐藏着文献流通管理中的深层原因。

2　网络环境下拒绝问题的表现特点

流通工作中的拒绝问题是图书馆自我检查读者服务工作质量的一种量化指标。也是读者意见的一个反馈点。它涉及的问题受图书采访、编目、典藏流通各个环节的影响的同时,也不可避免地受到数字化技术环境发展的制约。随着数字图书馆的诞生、成长和不断发展,图书馆工作的网络化、自动化进程对拒绝率问题的影响是本文讨论的重点。

2.1　拒绝与拒绝率相关分析

拒绝(Refuse),又称拒借。是读者由于各种原因不能借阅到自己所需要的文献的一种现象。[1]

在传统图书馆服务模式下,读者通常通过分类、著者或书名卡片目录检索后,他们对所需文献相对稳定，对指定文献的书名、著者甚至版本都有确切的要求，假如书库工作人员不能在规定的时间内提供该文献供读者阅读则表现为拒绝。

数字化时代，读者通过关键词、书名、著者、分类等进行检索，也可以借助索取号、条码号、系统号查找，还有的通过所有字段组配进行检索，他们在确定自己所需文献时表现灵活并可能不断调整，相当多的读者即使纸本文献不能得到，也能及时地转向数字资源寻求帮助。从这个角度看，读者对拒绝现象好像不如过去那么敏感了，事情真的是这样的吗？

至少从这个思路出发，我们可以得到某些启示，提高读者服务工作质量并不必局限于某一册图书是否被拒绝，而是如何最终满足读者的阅读需求，满足读者特定需求的不仅是纸本文献，也包括数字资源，这就是所谓广义的拒绝和拒绝率的概念。即使存在某些读者对特定书名特定著者的需求，尝试通过同类书或其他版本的文献提供满足读者需求，甚至了解读者到底需要何种信息、知识或方向上的帮助，从根本上解决读者需要解答的问题，则更有意义。读者服务工作实践证明，相当多的读者对自己所需文献的认识本身就不精确，并且随着检索的目标的变化不断调整，他们更加关注的是自己对某种信息需求的回应，而不是具体某册图书的请求的得到与否，[2]这对馆员最终满足读者的根本需求提供可能。

同时，传统狭义的拒绝率本身还是揭示图书馆藏书质量的指标，有助于了解图书馆某类图书的缺藏率或确定复本数量预测与规划的参考指标，馆际互借和图书馆网制度以及虚拟馆藏的建设使这个指标的功能产生相当程度的弱化。

2.2 拒绝与拒绝率性质的讨论

2.2.1 传统拒绝率定义及相关说明

只是因为在定性分析上证明了数字条件下拒绝与拒绝率存在了一定的弹性空间，并不等于定量计算拒绝率是没有意义的事情。恰恰相反，正如图书馆员为满足读者需求的努力从没有像今天这样具有迫切的需求，也从未有今天这样广阔的发展空间。认真统计、分析、研究拒绝现象所揭示的读者服务工作中的问题，最大限度地提高读者服务工作质量一直是图书馆员的追求，更是图书馆赖以生存的基础。

传统(狭义)上的拒绝率是未借阅到文献在所有文献流通中的百分比。图书馆书库流通统计一直沿用这样的公式来表示拒绝率(Refused Rate of Books)：

$$\text{图书拒借率} = \frac{\text{读者未借到图书索书条数}}{\text{索书条总数}} \times 100\%$$

或：

$$\text{拒绝率} = \frac{\text{拒绝册数}}{\text{已借阅到的书刊册数} + \text{拒绝册数}} \times 100\%$$

这是通过把读者想要借到的书与实际未借到的书的百分比值，在数量上体现读者服务工作质量，[3]它是客观的，但从发展的角度看并不合理。不但存在把书库目前缺藏部分与读者反复请求某些无法满足的图书，造成了重复统计；从全局考虑也不能真实反映图书馆读者服务工作的质量水平。

表 1　2007—2009 年的中文图书拒绝率统计表

月份 \ 百分比 \ 年份	2007	2008	2009
1	5.41	4.74	5.49
2	5.07	5.27	4.10
3	5.07	4.54	5.74
4	4.91	5.27	7.41
5	4.49	4.66	6.50
6	4.97	4.26	
7	5.45	4.59	
8	4.36	4.24	
9	4.95	5.10	
10	4.93	4.04	
11	4.62	6.67	
12	4.66	5.64	

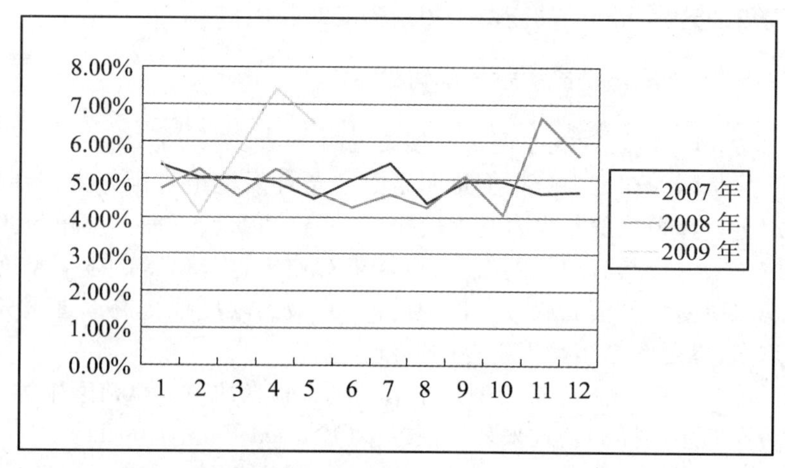

图 1　2007—2009 年基藏书库中文图书拒绝率折线图

从图 1 中可以看出这三年的拒绝率在 4.1%—7.4% 之间，走势基本稳定。

由于受到读者检索能力的限制，他们具体的索书行为并不能真实体现读者的需求，发展过程中的技术缺陷也被以拒绝的形式表达，造成统计数值上的失真。近年来馆员为满足读者各方面需求的努力却无法得以体现和正确显示。

2.2.2　广义拒绝率定义及其评价指标的数学模型

广义上的拒绝率是综合评价读者服务工作质量的一种量化指标，我们引用模糊综合评判的评价方法。[4]

生活中人们对某种事物的质量评价通常用“好、比较好、或一般”等模糊评语，只有量化这些评语，才便于科学地统计。

现实社会里存在大量的模糊现象。如健康与不健康，年轻与不年轻。量化这些现象的数学工具包括模糊综合评价方法（Multiple Goals Decision-Making）。人们通过考察集合及其映射，依靠描述其特征函数与隶属度 u：U→［0，1］的数量关系找出符合特定函数及其评价空间，得到量化的对应值。

设论域 $U = \{u_1 u_2 --- u_n\}$

此处 u 为因素集，可以为一册图书，也可以为一件具体的数字化信息、知识、数据库等。

又设 $V = \{v_1 v_2 --- v_m\}$

V 为评价集，即评语等级，优(A)、良(B)、中(C)、差(D)、劣(E)等。

$R \in F(U \times V)$

则 $R = (r_i \quad y) n \times m = \begin{vmatrix} r_{11} & r_{12} & r_{1m} \\ r_{21} & r_{22} & r_{2m} \\ r_{n1} & r_{n2} & r_{nm} \end{vmatrix}$

给定 $A \in n \times m$ 为分配集，也称为因素的权重向量。

$A = (a_1, a_2, --- a_n) a_i > 0$ 且 $\sum_{i=1}^{n} a_i = 1$

因此，可以通过考察 A 趋近于 1 的程度，评价读者服务工作的质量水平。

这样统计尽管在目前测量上比较烦琐，但适应了读者对于信息需求本身存在不确定的状况，“人为”地增加读者关于信息(图像、图表)、知识、具体数据(公式)等获取量 U，均可以提高读者对服务的满意程度 V。这不仅为提高读者服务工作质量的量化统计方法上开辟了较大测量空间，同时也为从服务手段、服务模式上创新提供了量化的评价依据。

2.3 影响拒绝与拒绝率的因素

由于传统上的拒绝率是未借阅到文献在所有文献流通中的百分比，它实际上只由读者的总索书量与未获取的册数决定的。如前述，它在表达数字环境下读者服务质量水平存在一定局限性。

2.3.1 产生拒绝因素的构成

拒绝的原因包括 1 错架、2 未入库、3 错号、4 有人看、5 保存本、6 原缺、7 未找到等。

表 2 1997 年 4 月 11 日基藏书库阅览流通量拒绝单分类统计表[5]

	有人看	借出	保存本	原缺	未入库	错号	未找到	其他	合计
中文图书	38	2	76	0	0	63	5	4	188
外文图书	7	12	0	2	3	5	5	2	36
中文期刊	14	0	1	18	9	6	0	1	48
外文期刊	2	0	0	18	10	7	1	1	39

注：表 2 是实行计算机检索之前基藏书库一日拒绝单分类的统计。目前，这些原因的分析都被“未找到”所代表，无法进行比较研究。

2.3.2 各个拒绝因素对拒绝率的影响

2.3.2.1 通常图书馆闭架书库的错架率规定的指标为 0.5%，[6]长期以来，国家图书馆基藏书库错架率规定的指标为 0.1%，事实上这个指标也是基本反映了基藏库实际排架质量水平的。[7]值得思考的是，从图 1 中可以看到，这个质量水平的提高并未对降低拒绝率产生应有的影响。

2.3.2.2 通常基藏书库书刊入库的程序是书卡合一，同步进行，数字环境下书刊入库则通过库藏地址数据的转换。但库藏地址错误竟是相当多拒绝的产生的原因。

2.3.2.3　数字环境下读者索书并不需要填写索书单，这消除了读者书写方面的错误造成的书库人员找书的麻烦，仍然存在错号因素显然是由于机读目录上发生错号造成的。同时，多年找不到的书总挂在网上，等着读者索书并且拒绝；或者仅仅因为条形码未挂接上就拒绝都是遗憾的事情。

2.3.2.4　有人看、原缺、保存本三项都被认为是复本量少或缺藏所形成，这与基藏书库藏书状况还是有出入的。事实上两个以上读者同一时间索同一本书的概率很低，绝大多数的有人看，均为该读者昨日未看完今日再索未上架的图书；系统甚至允许读者在阅图书未还，自己还可重复索该书，也被统计为"有人看"。

2.3.2.5　正如篇首所介绍的那样，无论如何，前述的各种因素被读者得到的信息都是"未找到"。既然是未找到，那么继续找。被拒绝后的索书单反复被索，拒绝率能不提高吗？真正"未找到"的仅是那些暂时无法确定究竟属于错架还是其他原因的"死书"。

通常，拒绝后的图书被复查找到的图书可能超过了三分之一。不论是合理性拒绝和不合理性拒绝的，对读者在网上不能预约的书刊，馆员应告诉他准确的信息，如该书刊被别的读者借阅或送装订等原因。若不能向读者提供，至少能告知读者书刊的去向。

3　有效降低拒绝率的措施

3.1　科学规划预测，长远稳定布局，优化排架方法，有效降低错架

书库布局调整、倒架容易产生错架，保持书库的相对稳定有利于降低拒绝率。图书馆书库布局的调整或每年基藏书库书刊退库，进行紧架、倒架、合流之后拒绝率会有所上升。

表3　1988、1997、2007 年三个阶段基藏书库中文期刊流通量统计表[8]

	流通种数	流通册数	拒绝册数	拒绝率(%)
1988 年 1—5 月	15 789	16 646	8940	34.94
1997 年 1—5 月	19 178	19 937	4340	17.88
2007 年 1—5 月	16 360	19 117	518	2.64

从表3 的具体数据和图2 的趋势图可以看出：中文期刊拒绝率从1988 年至2007 年呈不断下降的趋势。因1997 年后书库书刊排架未进行大范围调整，只有局部微调，故拒绝率持续降低，其中2007 年中文期刊拒绝率达到2.64%。

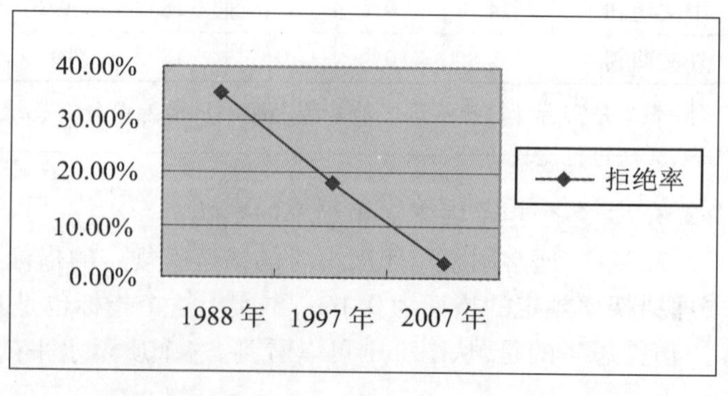

图2　1988、1997、2007 年三个阶段基藏书库中文期刊拒绝率趋势图

就原因而言，图书馆一期搬迁时不可避免造成图书的混乱及拒绝率偏高的情况，之后，由于基藏书库调整较少而趋于稳定，拒绝率逐渐降低。当图书馆使用计算机

网络实现数据挂接后,消除了卡片目录时期的原缺、未入库等拒绝因素,使拒绝率大大降低。

经验证明,各类图书关于占用书架搁板长的增长率是可以预测的,条件是必要的数据采集积累和测算。采用优化分类排架方法可以使错架率水平趋于零。[9]同时还要注意对倒架后的库藏地址数据及时正确地修改。

3.2 规范数据录入,减少机读目录中的错误信息

读者在数字环境下体现图书馆数字资源的最重要的窗口是馆藏书目数据库。图书馆的OPAC公共查询系统对读者了解熟悉馆藏非常重要。但相当多的读者对图书数据的检索及进一步的了解还存在着某些的困惑。个别的读者只是通过输入主题词大海茫茫地查找书名,得到了一些书目,却不能进一步从图书的分类号、著者、出版年代以及开本、页数、有否插图或照片等信息中分析是否是自己选择的书目,经常盲目索书,等到见到取出的书又大失所望,不看就还掉了。可见,对馆员来说,如何帮助更多的读者了解正确使用OPAC是非常必要的事情。

尽可能减少录入的数据错误的意义不言而喻,下面结合相关个例进行说明:

(1)状态错。2003/B25/3《大同书》,目前的状态仍是“订购中”。86/G633.7/86 –2/:3/3《高中物理(甲种本)第三册的教学要求》,状态是“正在清点”。

(2)馆藏地址错。2004/F323/81/《乡村中的异乡人》,索书单上馆藏地是14层中,实际应为7层南。

(3)条码不符或未挂接。99/R282.7 –49/4/2《中药趣话》,条码不符。92/TM921/5 =2/2:1《电机及拖动基础》,条码显示找不到单册。

(4)错号。194.1/7/:5《中华活叶文选》合订本之五,实为H194.1/7/:5。工作人员很难分清究竟是中图法还是刘国均分类法的索书号。

(5)重号。B822.9/59《职业选择与职业道德》与《闪光的足迹》重。

(6)索书号未录入。《拉康结构主义精神分析学》X/K103/1N1/:4,索书单上看不到分类号,必然影响馆员取书速度。

从上述机读目录数据出现错误状态的事例中我们不难发现,机读目录数据库的建立不是一蹴而就的事情,建立和完善必要的补救机构,采取必要的积极措施尽快修改数据错误显得非常必要。

3.3 优化工作方法,不断开拓进取,创新服务模式

数字网络技术给图书馆带来了空前的发展机遇,也使图书馆人遇到前所未有的挑战。提高读者服务工作质量的本身,就是一个不断解放思想,开拓创新的过程。在实际工作中我们看到,故步自封因循守旧并不是老年人的专利。思想有多远,人们才能走多远。例如,基藏书库的老员工就有千方百计降低拒绝,为读者查找疑难书刊的传统。我们基藏书库阅览室的员工在读者闭馆时间还书时,询问读者明早是否需要继续看,并给读者留书。不但减少了读者第二天的等候时间,还避免了万一书库未及时归架可能产生的拒绝。另外,对破损需要装订书的状态及时地修改在数据库上,就能避免被拒绝。有人说:专心做事可以把事情做“对”,用心做事才可能把事情做“好”。

即使是数字资源不断日新月异,由于读者长时间形成在阅读习惯上多为有纸本就更偏爱阅读纸本,传统图书馆服务的功能不但不能削弱,反而应继续固本强基,在加强基藏书库基础

管理工作的同时,不断创新读者服务模式。

数字环境的发展优势,使人们可以尽情享受现代科学技术发展的成果,也为我们带来了读者服务模式创新的有利条件,读者服务工作发展创新潜力很大。在目前读者普遍检索水平不高的情况下,主动了解读者的真正的阅读需求,帮助指导读者检索所需文献,着重把那些读者找不到的图书,及时进行手工查找并想办法解决读者的阅读问题,不仅仅在数值上降低拒绝率,提高了读者服务工作质量。实际上正是图书馆员服务社会,体现社会效益的重要方面。

参考文献

1 张占荣,郑小月. 实用图书馆统计学. 北京:中国矿业大学出版社,1989
2 张元璞,厉淑纯. 读者心理学. 北京:学苑出版社,1990
3 李景春,图书馆统计学. 大连:东北财经大学出版社,1987
4 李柏年. 模糊数学及其应用. 西安:陕西科学技术出版社,2008
5 张煜. 北图基藏书库书刊流通中的拒绝问题. 北京图书馆馆刊,1998(2)
6 刘小琴. 图书馆规章制度选编. 北京:北京图书馆出版社,2001
7 国家图书馆业务处. 国家图书馆业务工作考核标准规定
8 赵俭. 关于北京图书馆大书库拒绝情况的分析研究. 北京图书馆通讯,1988
9 孟小槟. 一种优化图书分类排架的方法. 图书情报工作,2003

数字图书馆无障碍服务研究

李春明　李　彤　胡宏哲　数字资源部

[**摘　要**]论文着重介绍了中国盲人数字图书馆的发展现状,从无障碍新技术的应用、内容选择等方面阐述了其特点,亦对其尚存的不足之处进行了反思。在大量分析调研基础上,归纳出适应我国数字图书馆无障碍服务的四条建设标准,并依据国际通用标准 WCAG2.0,从多媒体相关资讯的可及性等四方面提出了今后我国数字图书馆无障碍建设应遵循的作业方式和考虑原则。

[**关键词**]数字图书馆　信息无障碍　残障人士

1　研究背景

截至 2006 年 4 月 1 日,中国各类残障人士总数达 8296 万人,残障人士占全国总人口的比例为 6.34%,[①]并呈现出知识贫困的显著特点。我国残障人士知识贫困表现为文盲数量大、低教育水平的人口太多,文盲残障人士占残障人士总数的 60%,其文盲比例较之非残障人士的 8.33% 高出 51.67 个百分点。近几十年来,社会对残障人士的支持正在从“医疗”模式转向“权利”模式。以往社会一般将残障人士看成身体缺陷者或病患者,认为他们需要医疗和救济。当下社会则越来越将残障人士看做是权利享有者,将其视为自己命运的主人,而不是被看护、怜悯的对象。他们每个人都有平等参与社会生活和决策的权利与义务。促进残障人士合法权益的实现是每个社会组织、社会个体义不容辞的责任。社会如何对待残障人士,能否为他们构筑一个平等、人道、和谐的生存发展环境,是社会文明的标志之一,是一个社会政治、经济、文化状况的综合反映。

国外图书馆在为残障人士提供数字图书馆服务方面开始得较早。2002 年,韩国的一个视障人士数字图书馆——“开放数字”已经通过网络向社会开放,通过读屏软件,共计 13 万能上网的盲人可以浏览 1 万种图书和 200 多种多媒体资料。巴拉圭盲人数字图书馆是全世界第一家专门为盲人免费服务的西班牙语数字图书馆,创建者是阿根廷“盲人阅读”网站的负责人巴勃罗·莱库奥纳。莱库奥纳也是一名盲人,他与几个志同道合的朋友在布宜诺斯艾利斯创建了“盲人阅读”网站。莱库奥纳说,在线图书馆采用读屏软件,将文字转化成声音,从而帮助盲人“浏览”网页或“阅读”电子版图书。即便是传统的印刷读物,也可以先扫描到电脑里,再通过软件朗读出来。读者还可以将自己喜爱的文学作品刻录成光盘或下载到磁盘中,反复收听。此外盲人读者还可以在这家数字图书馆通过电子邮件交换各自扫描、保存的电子图书,或交流

---

① 中国残障人士增加 3000 万 占总人口比例提高 1.44%.[2009-05-31]. http://news.xinhuanet.com/politics/2006-12/01/content_5419243.htm

彼此的读书心得。"盲人阅读"网站目前收录了万本电子图书,除西班牙语外,还有意大利语、德语和法语等语种书籍,点击量超过万次。

2 数字图书馆无障碍服务

联合国《残障人士权利公约》[①]指出:残障人士有权在与其他人平等的基础上参与文化生活,并要求向公众开放的文化服务场所,在各个方面为残障人士创造无障碍环境。如何获取有用的知识,如何提高自身素养,能否平等地参与社会生活,对残障人士来说既是生存问题又是发展问题。在信息时代和网络社会中,向残障人士提供信息无障碍服务是建设社会主义和谐社会的具体体现。目前,国内许多图书馆已相继开展各种面向残障人士的服务,但对残障人士来说,多种障碍依然存在,如"过程障碍""空间障碍"应该说是残障人士获取知识的最大障碍。IBM 世界信息无障碍中心主任王馥明指出:"经过市场调查,我们发现残障人士上网的频率比普通人要高。"[②]残障人士利用电脑来发短信、上网聊天,与更多的人交流,这样可以走出残障人士的自我天地,交许多朋友,使自己的生活不再处于封闭状态;他们还能通过电脑网络接受远程教育,学习各方面的知识;还可用电脑来记账、开处方、交流按摩经验、学英语、制作音乐。尤其是盲人在掌握了电脑使用技能后,可以实现盲文和汉字的互通,可以像正常人一样在电脑上输入汉字,从而提高他们的生活质量、个人素质和生存价值,实现大多数盲人的个人理想,最终走向成功。残障人士读者是图书馆在传统服务中坚持优先对待的一个群体,图书馆在过去的几十年中在为残障人士读者服务方面一直走在国家前列。如今基于到馆服务为核心的传统图书馆服务平台,已经越来越无法适应新的信息接收方式的变革。以网络为媒介的服务平台的建立,将极大地解决这个特殊群体行动不便的窘境,变有限的人—人对话为人—机对话,把储存在网络平台上的数字资源最大化地传输给坐在电脑旁的残障人士读者。图书馆需要积极拓展服务内容、创新服务形式,借助先进的计算机技术手段,创建无障碍数字图书馆,为残障群体提供知识信息平台,借助网络平台让其接触更多的新鲜事物。

数字图书馆无障碍服务就是让数字图书馆服务可以满足残障人士使用需要,它突出体现在信息无障碍、网络无障碍。信息无障碍是指无论健全人还是残疾人、无论年轻人还是老年人都能够从信息技术中获益,任何人在任何情况下都能平等地、方便地、无障碍地获取信息、利用信息。[③] 网络无障碍指残疾人、有特殊需求的健全人可以获取网络上的任何信息,为了做到这一点,就要实现网页内容无障碍以及上网使用的辅助软件技术的无障碍。[④]无障碍服务是面向残障人士的一个开放、平等的信息知识交流平台,它与一般数字图书馆最大的区别就是多媒体视觉信息可以转换为盲人使用的触觉或听觉信息。如盲人利用专门为其设计的读屏软件,不仅能进行数据及全文检索,播放各种音频文件,自行下载电子文件,还能进行汉字录入、文字编辑、收发电子邮件、网上浏览、网上聊天等,甚至在网上实现与普通人的无障碍接触与交流。无障碍数字图书馆不但减少了过去残障人士借阅图书时,由书籍递送所造成的时间损耗,同时也

---

① 残障人士权利公约. [2009-05-31]. http://www.un.org/chinese/disabilities/default.asp? id=991

② 信息无障碍论坛将召开 缩数字鸿沟共享信息文明. [2009-05-31]. http://www.wscl.gov.cn/Art_Show.asp? id=5244

③④ 《互联网天地》杂志社. 关注信息无障碍:从量变到质变. 互联网天地, 2006(11)

大幅度提升了残障人士获取知识信息的"实时性"和"便利性"。

3 我国数字图书馆无障碍服务现状

中国盲人数字图书馆是国内唯一的为残障人士服务的数字图书馆。由国家图书馆(以下简称国图)和中国残疾人联合会信息中心(以下简称残联信息中心)及中国盲文出版社合作建设完成,依托国图丰富的馆藏资源,借助残联信息中心和中国盲文出版社在信息无障碍建设方面的经验,构建支持盲人阅读的数字资源采集、加工、保存的技术支撑平台;通过国家骨干通信网向国内外盲人提供中文开放、平等的信息知识交流平台。

3.1 特点分析

中国盲人数字图书馆服务对象为视障人士,这就要求其从特殊视角考虑服务内容和表现形式。大到项目的规划、栏目的设置、资源的选择,小到字体位置的摆放,无一不要虑及视障朋友的使用便利。做到心中有读者,才能把现实中的图书馆服务很好地延伸到数字网络中。

中国盲人数字图书馆在内容选择方面,既包括符合盲人朋友中特殊群体的研究型、专业性资源,同时还包含了符合一般盲人读者的审美口味和习惯的资源。在栏目设置上,做到静态信息与动态信息相结合。规划设置了新闻动态、电子图书、音乐欣赏、在线讲座、最新公告、读者指南、新书速递、机构介绍、友情链接、网站导航等十个栏目。

中国盲人数字图书馆网站依据2008年3月13日信息产业部发布的《信息无障碍身体机能差异人群网站设计无障碍技术要求》,遵循国际上通用的由W3C组织(World Wide Web Consortium 万维网联盟)出台的WCAG2.0标准(Web内容可访问性指南)进行无障碍网页设计,网站符合XHTML1.0技术规则,适用于盲用读屏软件。网站的资源建设和栏目设计均面向盲人的需求,栏目规划简单清晰、分区清楚、导航明确,可以轻松方便地让盲人读者依其需求来浏览网站。所有发布到网站上的多媒体信息(包括图像、音乐、视频等)均加入替代和等值文字以提高这些资讯信息的可及性,网站图片均标示文字说明,所有链接均添加提示文字,光标所到之处均能听到解释文字;针对认知障碍或弱视人士,避免使用眩光、快速动态影像等媒体效果,以免造成其在使用网页时的不适。

3.2 存在问题

中国盲人数字图书馆的建成满足了一定数量的视障群体的需要,但因视障人士能够掌握电脑的还是少数,故用户群体相对较窄,存在局限性,需要扩大用户的使用范围。内容建设与实际用户需要存在差异性:古典文学的内容偏多,与视障人士职业教育密切相关内容相对较少,而且类似"听书馆"形式的内容还没有。无障碍建设不足:技术需要改进,尤其表现在内容加工技术、呈现技术方面。并且目前还没有对用户进行管理,由于所提供内容全部为免费服务,而其中部分内容涉及知识产权问题,因此应加强版权保障措施,开发网站身份认证平台,将认证系统与中国残联人口库结合起来,切实保护所承载资源的著作权;弥补程序编写上的遗漏,利用多种技术手段继续完善网站防下载功能也是十分必要的。

4　无障碍服务原则

数字图书馆无障碍服务建设中，笔者认为应注重以下几个原则：

(1)信息读取无障碍

信息无障碍的建设是无障碍数字图书馆建设的根本要求。如对于视障人士来说，语音是与计算机的重要沟通方式，盲人可对计算机以语音方式下指令，计算机则需对盲人所需要内容作分析、解释，再将使用者所需的资料以语音方式输出。利用点字触摸显示器、语音合成器、语音输入指令方式等技术将会方便盲人的使用。

而对于聋人来说，字幕是最好的收看方式，各种视频音频资源加配字幕、解说，将可使聋人收看无障碍。2008 年，中国通信标准化协会(CCSA)制定了我国第一个信息无障碍领域的标准《信息无障碍——身体机能差异人群——网站设计无障碍技术要求》(标准编号为：YD/ T 1761—2008)，这一标准将成为数字图书馆网站无障碍建设的重要指导依据。

(2)资源建设特色化

资源建设面向残障人士的需求，要坚持非数字可替换格式资料文献资源的数字化和 Web 上原生数字内容资源的加工、组织并重。建设专题数据库，同时购置残障人士所需要的数据库，注重对与残障人士相关的网络资源的集成、导航和本地化转换。

(3)共建共享

无障碍数字图书馆建设非一己可为之，需要多方的合作，图书馆、出版商、作者、残疾人协会、IT 机构等都是参与者，应共建平台、共同管理、共享资源、共谋发展、优势互补。

(4)公益性服务原则

无障碍数字图书馆是一项公益性服务事业，对于残障人士的服务采取免费的方式。因此需要政府机构为主导，提供相应的财政保障。

5　无障碍服务设计考虑要素

信息无障碍设计准则是说明开发人员在设计网页时应该依循的作业方式和考虑原则。网页开发人员在规划无障碍数字图书馆网站的构架、资源内容的整理和呈现的处理、相关技术的取舍等相关因素时，应该依据以下的原则来实现。

5.1　多媒体相关资讯的可及性

针对网页内各种多媒体资讯信息(包括摄影、图像、语音、音乐、视频等)应加入替代和等值文字以提高这些资讯信息的可及性。因为这些替代文字可以让屏幕阅读器等各种特殊输出装置做进一步处理，让视觉障碍者或听觉障碍者可以使用其他替代方式获得其资讯内容。至于针对认知障碍或神经疾病人士而言，应该在网页的重要资讯上避免使用眩光、快速动态影像等媒体效果，以免造成其在使用网页时的不适。

5.2　网页结构和表现的可及性

网页结构的设计很容易因为网页呈现美观的考虑而牺牲可及性设计。例如，网页设计者可能因为考虑网页文字对称和美观,而采用表格和页框做排版功能,如此一来网页就可能具有许多无任何意义的表格和页框而混淆了特殊输出入装置的处理功能;网页设计者可能因为要突出资讯内容的对照关系而采用不同颜色的区域,这可能造成特殊输出入装置无法辨识的状况。以上设计的方式都可能破坏网页的可及性设计,因此在规划网页结构和呈现时应同时考虑可及性的因素,适当地使用网页的结构元素,合理的利用结构和表现元素等原有的设定功能,勿贪一时的便利美观而混用不当的元素。

5.3 网页开发和输入输出装置相关技术处理的技术可及性

互联网相关技术的进步日新月异,随时会出现许多新的技术,包括新的输入和输出装置、Script 语言、网页内的程式物件、网页排版语言以及特殊媒体技术等。网页设计融入这些技术时,应考虑提供给身心障碍人士的特殊上网装置可能尚不支持此项技术,因此在新技术引入时,应该考虑网页资讯在不支持此项技术时,仍然被可以成功读取。例如,网页设计应考虑网页使用者可能无法使用滑鼠,因此必须考虑使用替代键盘操作网页的相关需求;网页设计在使用到网页内的尝试物件时,必须考虑特殊上网装置可能无法执行此程式物件,因此应该提供替代网页或相关措施让使用者可以获得其资讯内容。

即对网页使用未来新技术的应用上,应该考虑身心障碍人事的特殊装置及对其不支持时的处理元素。

5.4 网站浏览机制的可及性

站内各个网页的浏览机制考虑可及性操作的需求,避免产生障碍。网站内各网页的浏览机制应考虑可及性操作的需求,避免产生障碍。身心障碍者因为其障碍所导致的差异,在使用特殊上网装置浏览网页时,其浏览操作不如一般浏览器那么方便和灵活,因此网站浏览机制的设计应简单清楚,让网页使用者可以依其需求来浏览网站。例如有些肢体障碍者只能做小区域的操作,网页信息的安排和设计应考虑其限制,让使用者仍然能够浏览网页信息。

6 结语

中国图书馆学会《图书馆服务宣言(2008)》①指出:图书馆是一个开放知识与信息中心,各级各类图书馆共同构成的图书馆体系,保障全体社会成员普遍均等地享有图书馆服务,并在服务中体现人文关怀,特别应致力于消除弱势群体利用图书馆的困难,为全体读书者提供人性化、便利化的服务。图书馆作为社会支持网中的一个组织,应该承担起对残障人士知识援助的责任与义务,通过有效的知识服务,让残障人士实现平等获取知识信息的权利。数字图书馆的建设和相关问题的研究已成为当今图书馆的发展趋势。破除各种信息障碍,打通信息通道,使全社会信息障碍人群实现畅通交流、共享信息化成果,这是我国社会各界的共同责任和目标,更是体现社会公平所在的图书馆义不容辞的责任。

---

① 中国图书馆学会图书馆服务宣言(2008).[2009-05-31].http://www.gslib.com.cn/xh/tqxw/08ztxy.htm

谈国家图书馆网站的无障碍改造

张　炜　数字资源部

[**摘　要**]为残障人群提供无障碍的网络服务已经成为网站发展的重点,在法律和政策的指导下,国内外众多网站已经开始了相关尝试,作为知识传播的中心,图书馆网站的改造迫在眉睫。在总结目前网站无障碍建设中出现的问题的基础上,针对国家图书馆的第九版网站提出了详细的无障碍改造方案,以期作为今后工作的开展提供依据。

[**关键词**]网站　无障碍　改造

1　背景

受身体条件的限制,残疾人成为社会上一个特殊弱势群体。目前,我国共有残疾人约 8300 万,已经占到总人口的 7%。如何获取知识,提高自身素养,平等地参与社会生活,对残疾人来说既是生存问题又是发展问题。

数字时代,网络已经成为人们获取信息的首要手段,近年来,国内外已经开始进行利用网站为视力障碍人群提供平等服务的研究和实践。

1996 年美国司法部通过了《美国残障人法案》,①该法案明确规定网站属于公共领域的范畴之一,1998 年美国国会通过了《残疾人康复法案 1998 年修订案》②,其中第 508 条旨在消除信息鸿沟,以及保证联邦政府机构的信息服务能够为残疾人所用。英国法律规定,所有的商业网站和政府网站必须实现无障碍化。2002 年 5 月,德国颁布实施《残障者平等权利法案》,规定政府及各种公共服务部门要在 2006 年之前将本机构网站建成无障碍网站。这部法案旨在使残障人士在最大程度上融入一切社会公共事务中,包括对于各种互联网服务无障碍的浏览和使用。随后又在 7 月颁布了《无障碍信息技术条例》,规定所有联邦机构都有义务在其网站、网页及各种图形用户界面中采用无障碍设计。

为切合盲人朋友的需求,国内诸多大型网站也都进行了改造。

2008 北京残奥会的官方网站上提供了无障碍网页浏览工具,帮助视障人士更方便地浏览网站信息。有视力障碍的群体在访问官方网站的时候不需要购买额外产品或安装额外软件就可以利用该服务提供的中、英文本语音播报、背景反色、字体放大等功能无障碍地浏览网站信息。残奥会官方网站上还部署了手语播报软件,可以方便听力有障碍的人士浏览和获取残奥会相关信息。中国残疾人联合会网站在 IBM 的协助下完成了无障碍网页浏览的改造。目前中

① Americas with Disabilities Act. http://www.ada.gov/pubs/ada.htm

② USA Congress Section 508. http://www.section508.gov/

国残疾人联合会的网站上部署了 IBM 提供的 Easy Web Browsing，这一应用程序是为了帮助视力不好或者眼睛容易疲劳的人快速舒服地浏览网站。使用 Easy Web Browsing 不需要任何安装过程，可以直接在特定的网页上使用。只要把把鼠标移动到网页上不容易阅读的地方，该处文字就会放大显示，并且自动用合成音朗读被放大显示的文字部分。①

百度推出了专为残障人士设计的产品——百度盲道，百度盲道和百度首页的主要区别是页面更加简洁，在原来的各产品首页上去掉了很多会影响读屏软件使用的内容。百度盲道目前包括新闻、网页搜索、MP3、贴吧、知道、百科和网址导航等盲人使用较高的栏目，并且充分简化了登录页面，使其更适合被读屏软件读取。

央视网站也对其界面进行了无障碍改造，页面具备放大和缩小网页字体的功能。

新浪网推出了语音验证码功能，并应用于网站调查、博客等各个页面上。为配合奥运会新浪网还订制了无障碍首页，首页适用于盲用读屏软件，隐藏的导盲砖技术可以帮助跳过导航栏、立刻到达页面相应内容。

21CN 的无障碍首页主要以文字链接为主，没有过多的图片，以方便于读屏软件的应用。②

南京和广州等地的政府网站为色盲色弱人士提供了纯文字版本网站。香港特区政府继成功完成对所有政府部门网站的易用性改进后，又进一步鼓励私营机构进行无障碍网页设计。台湾地区有关组织今考 WAI 规范并结合自身经验，制定了《无障碍网页开发规范》③。

在门户网站和各类专业网站纷纷推出无障碍服务的同时，图书馆作为重要的社会公共服务设施和文化机构更应发挥其服务社会的作用，承担起对残疾人知识援助的责任与义务，通过有效的知识服务，让残疾人实现平等获取知识信息的权利。联合国教科文组织在其《公共图书馆宣言》中写到："每一个人都有平等享受公共图书馆服务的权利，而不受年龄、性别、宗教信仰、国籍、语言或社会地位的限制。"

2 网站无障碍建设中易被忽视的问题

《信息无障碍标准体系框架》对信息无障碍的定义为：任何人在任何情况下都能以相近的成本，便利地获取基本信息或使用通常的信心沟通手段。包括电子、信息技术无障碍和网络无障碍。前者是指电子和信息技术相关软硬件本身的无障碍设计以及辅助产品和技术，后者包括网页内容、网络应用无障碍以及它们与辅助产品和技术的兼容。据此 2008 年制定完成我国第一个信息无障碍领域的标准《信息无障碍—身体机能差异人群—网站设计无障碍技术要求》（标准编号为：YD/T 1761—2008）。④ 目前国际上通用的国际标准为 W3C（World Wide Web Consortium 万维网联盟）下属的 WAI（web Accessibility Initiative 网页可访问性倡议）制定的 WCAG2.0（Web Content Accessibility Guidelines 2.0 网页内容可访问性指南）⑤和 html1.0

---

① 刘炳芳. 主流网站实现奥运信息服务无障碍. 中国残疾人，2008(11)

② 树子. 经无障碍改造的国内主流网站. 互联网天地，2008(9)

③ 无障碍网页开发规范. http://www.inc.ndhu.edu.tw/enable/docs/doc1.pdf

④ 网站设计无障碍技术要求. http://www.ptsn.com.cn/standard/std_query/show-yd-2920-1.htm

⑤ Web Content Accessibility Guidelines 2.0. http://www.w3.org/TR/WCAG20/

(Hypertext Markup Language 超文本标记语言)。①

根据上述标准,网站在无障碍方面通常存在以下问题:②

2.1 图片无描述

越来越多的网页使用图片表达网页内容,对视力正常人来说,图片使网页的浏览变得更加舒适,但大量无描述或描述不明确的图片,无疑增加了视力障碍人群的困难,因为辅助的读屏软件无法识别图片内容。

2.2 标题无注释

标题是用户判断是否需要进一步浏览页面的重要依据,对视力正常人来说,可以通过辨认来获得信息,但对于视力障碍人群来说,如果不通过标题标签将无法获得准确的信息。

2.3 导航问题

导航栏是出现在页面上部的一组链接,它可以使视力正常的用户方便快速地在整个网站的网页间快速穿梭。但对于视力障碍人群来说,读屏软件或在每个打开的新页面中不停地重复读出同样的内容,这大大增加了他们的听觉负担。

2.4 键盘盲区

页面中部分内容键盘无法直接到达。为适应视力障碍人群的需要,页面中的全部栏目键盘均应该可以直接触发到达。

2.5 出现闪烁性文本或链接

网页中常会出现闪烁性文本或链接以吸引用户的注意,但是某些认知有障碍的用户阅读快速移动的文字或闪烁的图形会造成其注意力分散或者身体不适。

2.6 链接描述不明确

链接描述对于依赖读屏软件的用户来说是其判断内容是否需要浏览的唯一依据,“点击”“更多”之类的用语,对他们来讲是毫无意义的描述。

2.7 新窗口弹出无警示

对于视力障碍的用户来说,他们看不到浏览器是否已经打开了一个新的窗口,因此如果没有任何提示会给他们浏览内容造成很多障碍。

2.8 无脚本缺失替代

由于部分浏览器不支持脚本或部分用户为保障计算机安全不愿意打开脚本,因此应加入脚本缺失的替换代码。

---

① Hypertext Markup Language. http://www.w3.org/MarkUp/draft-ietf-iiir-html-01.txt

② 晏尔伽. 书馆网站易用性研究——基于 A-Prompt 软件的分析. 新世纪图书馆,2008(2)

2.9 表格框架无概述

网页设计时大量使用如“顶端框架”“左框架”之类指向不明的标签，应该变为有意义的标签说明。

3 国家图书馆网站的改造设想

经过哈尔滨E时代公司对国家图书馆网站的测评，认为在以下方面需要进行改造：

3.1 提升网站内容的可感知性

WCAG2.0要求信息和界面组件必须以用户可感知的方式呈现。包括为非文本格式内容（指字符组成的图画、表情、火星文或由图片组成的字符）添加可替代性说明文字，以便于转换成用户需要的盲文、语音或符号等格式；为音视频添加替代性文字；改用更简化的内容呈现形式，确保信息可以轻松读取；为便于用户更容易观看或听到内容，前景颜色与背景颜色应彼此呈现明显的对比。

国图网站搜索功能可以让用户自己根据个人的爱好选择搜索感兴趣的内容，从而使网站更具个性化、人性化和智能化。但是在操作过程中会对视障人士造成不可知的麻烦。例如：内容制定设置多选按钮，如图1、图2。

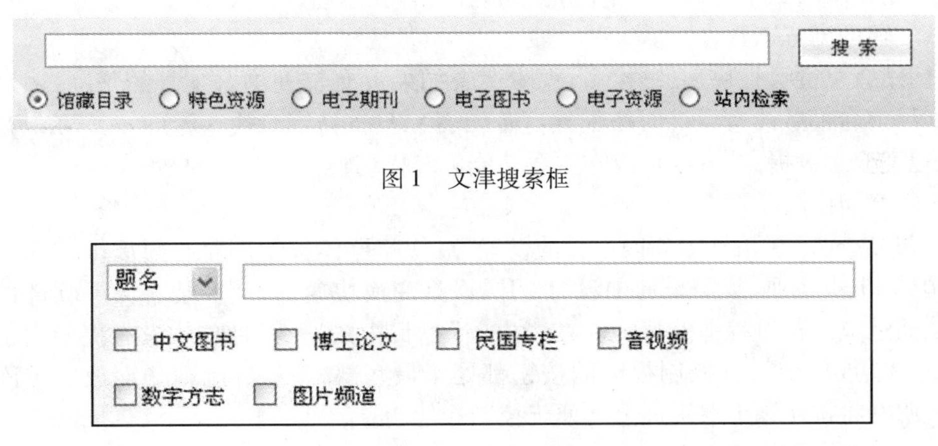

图1 文津搜索框

图2 特色资源检索

这里的多选按钮对于视障人群来说是否选中是不可知的。针对选框的问题，我们可以通过添加提示说明等方式告知视障人士当前是否被选中。

就国图网站目前提供的音视频资源而言，介绍文字与媒体内容没有建立起关联，所有音视频资源都应该添加上同义文本。

3.2 调整网站结构的呈现方式

在网站结构设计方面，应使用更简化的内容呈现形式，确保信息可以轻松读取，如适当地使用标记语言和样式表，保证文档内容清楚简单，并使用编排良好的表格。

国图网站运用Web2.0技术丰富自己的网页结构,尤其是RSS样式表的应用,极大地简化网页结构并强化了网站链接的聚合更新功能。在以用户为中心的理念下,整个网站设计简明但重点突出,特色资源和使用频率最高的功能均被安置在首页的醒目位置。

为了进一步提高无障碍化程度,还需要兼顾实用与美观双重原则,避免使用不当的标签元素,网站栏目整体规划尽量简单直观、整齐划一,省略因为考虑网页文字对称和美观而采取的无意义的表格和边框。

鉴于国图网站应用的Flash、3D等技术,有些用户受网络速度限制浏览不通畅,应考虑对非宽带用户提供备用的简化HTML(文本)版本。

3.3 色彩的运用贴近阅读习惯

为了满足部分弱势群体的浏览需求,网页文字颜色与背景搭配要尽量符合其使用习惯,应该在兼顾美观原则的基础上考虑使用对比度稍高的配色系统,如可参考使用黑底白字、黑底黄字、蓝底黄字或蓝底白字等对比度较高的配色方案;字体设置再大些,并建议用CSS来设定缩排。

3.4 操作上考虑更具实用性

用户界面组件和导航必须可操作。包括方便键盘操作;用户可以控制时间敏感性内容的变化;针对认知障碍或神经疾病人士而言,应该避免使用眩光、快速动态影像等媒体效果,以免造成其在使用网页时的不适;帮助用户导航,查找内容和迅速定位。

3.4.1 辅助浏览工具

国图网站首页栏目板块多、链接多,视障读者如果没有辅助浏览工具的帮助,浏览起来非常不便,如果前台模版改造设计时搭配导盲砖(:::),且支持键盘快速键(Access Key)的使用,无障碍化程度会大大提高,盲人可以在主要功能区轻松切换。

3.4.2 时间控制

首页“最新公告”栏滚动型新闻条目的设置,对视障群体控制浏览时间提供了障碍;“华夏记忆”频道的Flash动画,模版设计中没有“引题”且变换快速,即使安装有读屏软件也不会自动发声,从而造成浏览过程中的盲区;“在线讲座”栏目内的所有讲座,均没有提示文字提醒视障读者“正在播放什么”,且控制视频的按钮都处于最底部,不易控制视频播放。应该控制速度、添加说明并将按钮集中在页面上部便于控制和使用。

3.4.3 动态媒体效果

就国图首页设计而言,Flash技术的应用可能会对视障或弱视人士造成视觉上的眩晕感。例如头部banner处运用了快速变换的图片群,移动速度过快;页面中部“我如鱼,书如水,国图如海”的动画效果,字体淡入淡出的速度过快且加入了模糊效果,不利于弱视人士使用;“新馆漫步”采用3D特效,同样容易造成视觉上的眩晕。

虽然Flash及3D技术给图书馆的网站增添了生机、活力和朝气,比静态页面更容易引起用户的注意,然而对于视障群体确实造成了使用上的不便,也不利于添加替代性说明文字。在无障碍网站的设计中,要少用Java Script、Applet选单以及其他动态效果,若要使用的话,至少确保能用键盘操作。

3.4.4 导航定位

首页上虽然有帮助导航的站点地图，但设计较为复杂，视障群体在各栏目之间切换不方便；逐级打开首页、二级页面及三级页面时，产生过多的浏览器页面，这样会给视障读者返回上一页面造成障碍。实现功能强大的导航定位，除了前台模版设计中加入导盲砖及支持键盘操作之外，还应有设计简约但功能丰富的站点地图（Sitemap）相配合才能达到。站点地图应能够清楚地呈现出整个网站的层次架构，且应与导盲砖的操作说明放置在一起，形成“无障碍声明”。此外，技术上不应限制用户返回前一页面或不将用户定位至不想访问的站点，应尽量减少打开的浏览器数量。

3.5 保证用户的可理解性

信息和用户界面组件必须可为用户理解。

3.5.1 可读性

可读性是指使内容便于阅读与理解。国图网站一些组件的设置缺乏必要的引导机制，从而影响到视障群体的理解和操作，如图3。

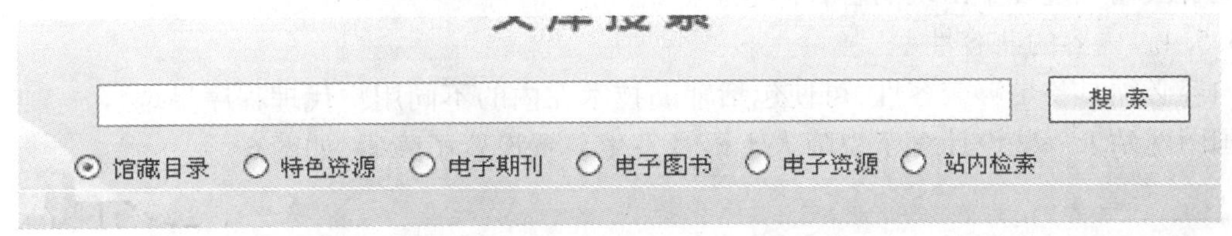

图3 文津搜索

左边框内的组件设置使得视障人士很难找到输入信息的位置，应提供一种机制引导视障人士正确操作。右边框内的组件设置使得视障人士很难理解其作用，应提供一种机制引导视障人士正确理解其用途。

3.5.2 可预知性

可预知性是指使网页的呈现和运作方式可预知。有效的意念传达是告知视障读者下一操作来临的基础。国图网站普遍存在对弹出窗体缺少提醒说明的现象，如图4，应增加说明提示用户将打开一个新的窗口。

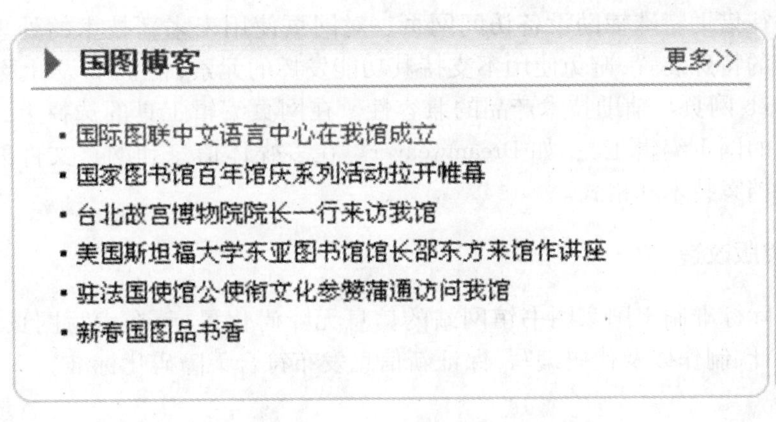

图4 国图博客

3.5.3 输入辅助

输入辅助是指帮助用户发现及纠正错误。国图网站的互动平台可以使用户在网上进行信息交流。健康人群可以通过输入相关信息提交表单完成一定操作，但是对于视障人士可能无法顺利完成表单提交的操作，如图5。

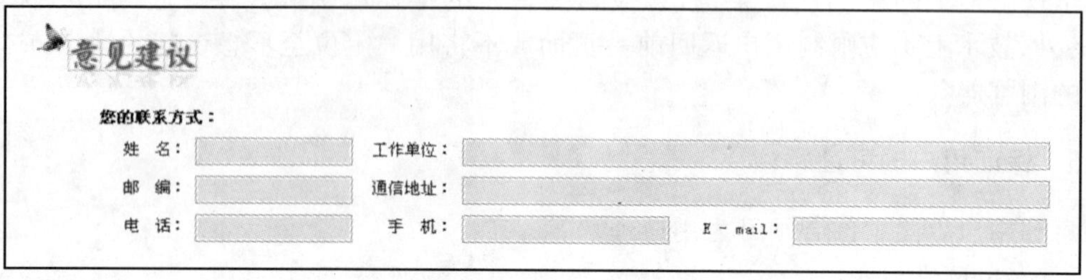

意见建议
您的联系方式：
姓 名：
工作单位：
邮 编：
通信地址：
电 话：
手 机：
E - mail：

图5 意见建议

基于前述组件对视障人士的引导作用，还应把其与语音辅助工具结合起来，随时提醒用户方便地解决输入过程中出现的各种问题。

3.5.4 内容的兼容性

内容必须具备足够兼容性，可使包括辅助技术在内的不同用户代理程序呈现。

国图网站上一些设计对于视障人士语音发生装置设置了障碍，如图6。

资源列表
网上咨询台
工具书在线
工具下载
意见建议

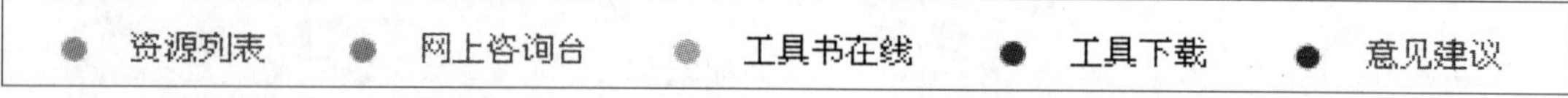

图6 首页内容选择区

文字与文字之间不应用空白分隔连接，建议修改如图7。

资源列表　网上咨询台　工具书在线　工具下载　意见建议

图7 首页内容选择区

残障人士往往借助特殊辅助设备访问网页。对网页使用未来新技术的处理上，要充分考虑身心障碍人士的特殊装置，避免使用不支持其功能发挥的元素；在Web设计及开发技术的取舍时必须考虑Web网页与辅助技术产品的兼容性。在网页编辑工具的选择上，尽量选择具有网页可及性功能的网页编辑工具，如Dreamweaver。在多媒体信息和网页文件的格式上，选用具有先进稳定的档案技术和格式。

3.6 前台模版改造

可以遵循国际标准制定国家图书馆网站的信息无障碍化目标，在编写网页或模板的时候进行无障碍化设计、制作以及代码编写，保证新信息发布符合无障碍化标准。

3.7 无障碍功能对后台的要求

为保证系统稳定性,配合前台模版无障碍改造,需修改部分无障碍关键功能。需要选择与信息无障碍标准相符合的内容管理平台,能够比较方便地兼容现有数据,支持多种编码格式和代码编写,支持自动改变网站配色方案及无障碍内容发布检测过滤功能,并适应各种信息无障碍功能网页、模板的编写。

3.8 内容改造

内容改造主要是解决历史网页内容不符合无障碍标准的问题,应结合前台模版改造同时进行,同时还应运用其他辅助技术手段加强网站的信息无障碍功能,如利用语音抓取技术、网站浏览辅助工具等信息无障碍技术辅助增强网站服务功能。

4 结语

实现无障碍访问是今后网站发展的趋势,作为一种新的社会交往方式,互联网能够消除残障群体社会交往中的物理和心理上的障碍,为残障人士创造更多的教育、社会参与和就业的机会,改善残障人士与社会隔离的状况。

国外发达国家对开展网站信息无障碍访问工作已经形成基本的社会共识,美国、日本等国家还通过立法或其他形式对特殊人群的信息无障碍需求予以保护。在我国,针对包括盲人在内的特殊群体的公共文化服务也越来越受到党和国家以及整个社会的关注。《中共中央国务院关于促进残疾人事业发展的意见》[①]指出:要"积极推进信息和交流无障碍""公共机构要提供无障碍服务,影视作品和节目要加配字幕,网络、电子信息和通信产品要方便残疾人使用",让残障人士平等地享受到文化繁荣的硕果。

作为为读者提供多种信息交流方式的国家图书馆网站,更应把特殊服务群体的需求纳入到工作重点中来,把实现无障碍访问作为今后网站发展的方向。

参考文献

1 刘炳芳. 主流网站实现奥运信息服务无障碍. 中国残疾人,2008(11)

2 Americas with Disabilities Act. http://www.ada.gov/pubs/ada.htm

3 USA Congress Section 508. http://www.section508.gov/

4 树子. 经无障碍改造的国内主流网站. 互联网天地,2008(9)

5 无障碍网页开发规范. http://www.inc.ndhu.edu.tw/enable/docs/doc1.pdf

6 网站设计无障碍技术要求. http://www.ptsn.com.cn/standard/std_query/show-yd-2920-1.htm

7 Web Content Accessibility Guidelines 2.0. http://www.w3.org/TR/WCAG20/

8 Hypertext Markup Language. http://www.w3.org/MarkUp/draft-ietf-iiir-html-01.txt

9 晏尔伽. 图书馆网站易用性研究——基于 A-Prompt 软件的分析. 新世纪图书馆,2008(2)

---

① 中共中央国务院关于促进残疾人事业发展的意见. http://www.gov.cn/fwxx/cjr/content_1307301.htm

“国家图书馆文津图书奖”评选活动中的版权授权工作

李华伟　刘曦雨　数字资源部

[摘　要]文津图书奖评选活动自2004年设立以来已成功举办了四届,对参评图书的版权解决工作也已持续了四年。本文对版权解决情况及版权解决工作中出现的问题进行了总结并加以简要的分析,建议今后文津图书奖评选可采取诸如规范著作权许可使用协议文本,对部分参评图书的版权进行有偿征集,以导航与深链方式共享其他来源的内容,借力新闻出版总署等措施来加以改进。

[关键词]文津图书奖　参评图书　版权授权　著作权许可使用协议

1　文津图书奖概况

文津图书奖自2004年设立以来至今已经成功举办了四届,第五届评选活动已经正式拉开帷幕。国家图书馆主办这一公益性的图书评奖活动目的在于发挥国家图书馆在倡导读书、组织读书、服务读书方面的重要作用;反映和引导读者的审美取向和文化消费,为家庭藏书和公共图书馆藏书建设提供参考;增加图书馆与读者和出版社之间的互动,促进全社会阅读习惯的形成,鼓励作者写好书,出版社出好书,读者读好书。

文津图书奖评奖活动每年举办一次,每次评选出10种获奖图书以及30种推荐图书(均可空缺)。评选范围包括了哲学、社会科学和自然科学类的大众读物,侧重于能够传播知识、陶冶情操,提高公众的人文素养和科学素养的普及型图书。参评图书由出版社推荐、读者推荐、作者推荐、专家推荐、国家图书馆推荐等五种方式产生。评审工作由以国家图书馆为主组成的组委会策划组织,聘请馆内外专家学者组成评审委员会对参评图书进行评审。获奖图书通过读者投票与专家评审相结合的方式产生,国家图书馆设计有专门的网页用于网络投票,获奖及推荐图书会通过国家图书馆网站、文津图书奖网站及其他媒体予以公布。

文津图书奖的评选设有读者网络投票的环节,读者对参评图书的投票情况会作为初评评选的重要参考。如果没有取得参评作品的版权①授权,国家图书馆会将该作品的封面、目录、摘要等信息数字化后上传到评奖网站②,如果获得授权,则会把被授权部分的全文内容上传到网站供读者阅览。相较而言,有具体内容的参评图书更受读者青睐,点击率也较高。所以,为促进评奖活动的顺利进行,国家图书馆历来重视解决参评图书的版权问题,设有专门人员负责相关事宜。

笔者就第一至四届文津图书奖版权解决情况进行解析,试图总结出一些经验,并对其中的一些问题提出改进建议,以期促进该项工作进一步的良性开展。

---

① 根据我国著作权法,版权与著作权为同义语,在各种行文中一般交替使用。

② 具体网址为:http://wenjin. nlc. gov. cn

2　文津图书奖版权解决情况分析

2.1　文津图书奖版权解决情况介绍

文津图书奖版权解决工作的主要内容是与出版社、作者签订著作权授权许可使用协议，以获得作品的信息网络传播权授权，从而使读者能够在文津图书奖网站上阅读到该作品。

2.1.1　双重授权，多种实现方式

(1)双重授权——与出版社及作者签订三方协议或与出版社签订双方协议

为避免在使用中出现隐患，消除授权瑕疵，文津图书奖评选采用双重授权模式。所谓双重授权是指国家图书馆同时取得出版社与作者的授权。

国家图书馆专门制订了文津图书奖著作权许可使用协议，并经法律顾问律师审定后采用。协议文本分为三方协议与双方协议。三方协议由国家图书馆与出版社及作者三方签订，该三方协议约定：

①作者授权国家图书馆以电子文本的形式使用参评作品国家图书馆文津图书奖网站相关网页的内容，出版社同意授权国家图书馆使用参评作品的版式及装帧设计，以电子文本形式作为文津图书奖网站相关网页的内容。

②作者和出版社授权国家图书馆根据活动的要求对参评作品的电子文本进行数字化加工、编辑等，使之成为符合网上评选要求的电子文本。

③作者和出版社同意国家图书馆在评选活动结束后，在国家图书馆网站上继续提供该著作电子文本的网络浏览。

双方协议由国家图书馆和出版社签订，内容与三方协议基本相同。在与出版社签订协议时，国家图书馆会要求出版社提供相关的权利证明，以确保出版社拥有作品的信息网络传播权授权与转授权。权利证明大体上有两种，一种是出版社与作者所签出版合同的相关条款，主要是关于作品电子版本的信息网络传播权及其转授权的约定；另一种就是作者的授权书，即作者直接授权国家图书馆在文津图书奖网站上使用参评作品，或者作者授权出版社可以把相关权利转授国家图书馆行使。

采用双重授权的目的在于避免不必要的著作权纠纷，确保文津图书奖评选活动顺利进行。

(2)多种实现方式

国家图书馆制订了著作权许可使用协议文本，具体签约过程主要有以下三种方式：

①通过挂号信的方式寄送协议及相关材料

每一届文津图书奖评选正式开始后，国家图书馆都会向出版社寄送关于本届文津图书奖的邀请函、评选办法、参评图书推荐表以及著作权许可使用协议。出版社若有参评意向，则可将参评图书推荐表与著作权许可使用协议在填写完毕后寄回，国家图书馆收到以后会及时签约，自留一份后，尽快将协议文本送达给协议相关方。

邮寄的方式是最基础的方式，但是往往时间较长，双方沟通不顺畅，为了弥补这个缺陷，国家图书馆往往随后再通过电子邮件和电话对已寄送的邮件进行追踪，及时了解出版社的反馈动态。

②在官方网站上提供协议文本的下载

在寄送印刷版书面协议的同时，为了使出版社或作者能够及时获得授权协议文本，文津图书奖网站还在第一时间发布著作权许可使用协议电子文本，供有需求的出版社或作者下载使用。

③对重点出版社实地走访

为力争高质量的精品图书参评并且将其内容尽量通过评选网站发布,国家图书馆每届都会派专人去一些重点出版社实地走访。对于重点出版社的确定,综合参考以下因素:积极参评的出版社;上一届文津图书奖获奖(含推荐)图书的出版社;参考各大书店销售排行榜、国家图书馆借阅流通排行榜、读者推荐及专家推荐等确定的有一定社会影响力的图书。确定出版社名单后,国家图书馆会与这些出版社先进行电话联系,说明意图,再度介绍文津图书奖评选概况,之后磋商签订著作权许可使用协议事宜,还顺便邀请出版社补充推荐参评,以最大程度拓展参评图书的参与数量。一般可以直接与总编室负责人联系,或者与参评图书的责任编辑联系,有的出版社(如人民出版社)设有专人负责各类评奖事宜,更可一步到位。

在与出版社进行初步沟通后,双方确定会谈时间,之后,国家图书馆派专人到出版社商谈具体的版权解决事宜。

2.1.2 版权解决工作效果分析与比较

经统计,前四届文津图书奖评选活动共有1979种图书参评,其中签订授权许可使用协议的图书有519种,约占26%。详细情况与版权解决率如表1、图1所示。

表1 参评图书版权授权状况一览表

界别	参评图书	获版权授权的参评图书	版权解决率
第一届	383	118	31%
第二届	427	120	28%
第三届	563	112	20%
第四届	606	169	28%
合计	1979	519	26%

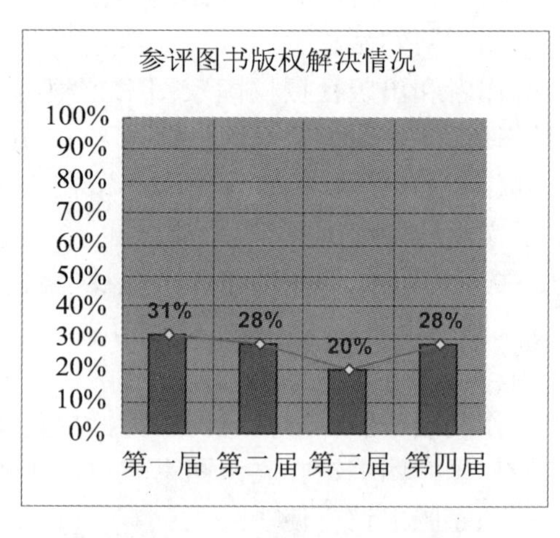

图1 参评图书版权解决率

由以上图表可以看出,与第三届相比,无论是参评图书数量,还是版权解决量,第四届均创历史新高,版权解决率比上一届增加了8个百分点。

第四届文津图书奖评选活动参评图书版权解决率提高的一个主要原因就是国家图书馆加大了实地走访游说签约的出版社范围。以前,由于人力所限,去实地走访解决版权的重点出版社多集中在外地,对北京地区所属重点出版社实地走访的反而较少。到了第四届,由于成立了专门的科组,从事版权解决工作的人员数量较前几届大为增加,得以有力量加大对北京地区重点出版社的版权解决力度,具体情况见表2。

表2 北京地区第三、四届文津图书奖版权解决情况对比

界别	参评出版社	参评图书	签订协议的出版社	获得版权授权的参评图书
第三届	73	258	18	49
第四届	76	334	35	110

由表 2 可以看出，与第三届相比，第四届北京地区参评的出版社只增加了 3 家，变动不大，而参评图书种数却增加了 29%，签订协议的出版社增加了近 50%，解决版权授权的图书则增加了 61 种，比上届翻了一番。在第四届文津图书奖评选活动中，北京地区出版社参评的图书中，解决版权授权的有 110 种，约占第四届已解决版权授权参评图书总数的 65%。

据统计，第四届文津图书奖评选活动中，国家图书馆以电话方式有效联系了北京地区的 68 家出版社，其中实地走访了 17 家；外埠地区实际联系走访了 70 家。由于有了人员保证，科学设计了工作流程，签约各方之间的沟通较为顺畅，使解决版权授权的参评图书总量达到了历史新高。

2.1.3　译著的授权状况

在版权方面，译著具有特殊性，因为译者对译著著作权的行使得基于原著权利人的授权并履行一定的手续。

国内出版社或译者取得译著版权授权的方式一般有两种：一是在与国外出版商或原著作者直接签订中文版出版合同时约定译著的版权归属与转授权；二是通过版权代理机构获得授权。如果出版社或译者在合同中并未约定其已取得译著的信息网络传播权，那么其无权在中国境内将作品通过网络进行传播或者向第三方转授。从前四届的实践来看，未获得版权授权的情况较为普遍。因此，译著的版权授权解决情况并不理想，将成为今后相当长一段时间内的老大难问题。

2.2　版权解决工作的作用

2.2.1　促进活动顺利开展

解决版权授权后，文津图书奖网站可以及时登载授权内容，方便读者对参评图书有一个较为直观的了解，在增加网站点击率的同时，也增加了读者投票的几率，实现了国家图书馆设置读者网络投票环节的初衷。读者的积极参与，在很大程度上促进了评选活动的顺利开展。

2.2.2　积累精品数字资源

大家知道，由于评奖标准与获奖数量有限等原因，大部分参评图书不会在终评中胜出，成为获得正式奖或提名奖的图书，但是这些图书是出版社、作者、专家、国家图书馆等推荐的，是从众多图书中精挑细选出来的，可以说是当年度的精品图书。

而那些获得正式奖或提名奖的图书更是优中选优，经过了层层投票筛选，可谓精品中的精品。

通过文津图书奖的版权授权解决工作，国家图书馆逐年积累了一批精品图书，随着以后各届评选活动的继续开展，相信国家图书馆会获得更多的精品图书版权授权，向读者提供更多文化大餐，逐步形成服务品牌。

2.3　文津图书奖评选活动遇到的问题

2.3.1　出版社自身的桎梏

文津图书奖的版权授权主要涉及信息网络传播权。作为作者等权利人的一项私权，信息网络传播权在 2001 年著作权法修订时得以确认，2006 年，国家出台了专门的《信息网络传播权保护条例》。

在 2006 年之前，由于尚无关于如何行使信息网络传播权的法律规定，多数出版社在出版合同中并未与作者明确约定该项权利或仅表述为“电子形式的传播”等形式，因而在国家图书馆寻求参评图书版权授权问题时，出版社并不拥有或者未明确拥有这项权利，这时就需要去向权利人寻找回溯授权。由于出版社掌握作者的信息，国家图书馆大多通过出版社去寻求作者授权。很多时候，出版社自身的机制问题却导致这项工作不能有效开展。因为，出版社往往采取责编负责制，一般只有责任编辑才掌握作者的联系方式，因此需要责编代为寻找作者，而时过境迁，作者散布在全国各地，流动性很大，联系方式也不固定，甚至有的作者远在国外，所有这些，都造成联系极为不便，很多情况下联系不上；加之参评图书责编出现退休、岗位调整等变动情况，使获取版权授权“雪上加霜”。

这些出版社自身历史原因或者自身体制带来的问题一时半刻难以克服，对于涉及的参评作品，国家图书馆尽力在责编身上下工夫，实在不行，只能暂时搁置。

2.3.2　获取授权的成本过大

在文津图书奖评选活动著作权许可使用协议中，双方协议与三方协议的签约情况与所占比例分别如表3、图2所示。

表3　著作权许可使用协议中三方协议与双方协议比例

界别	总数	双方协议	所占比例	三方协议	所占比例
第一届	118	80	68%	38	32%
第二届	120	66	55%	54	45%
第三届	112	57	51%	55	49%
第四届	169	134	79%	35	21%

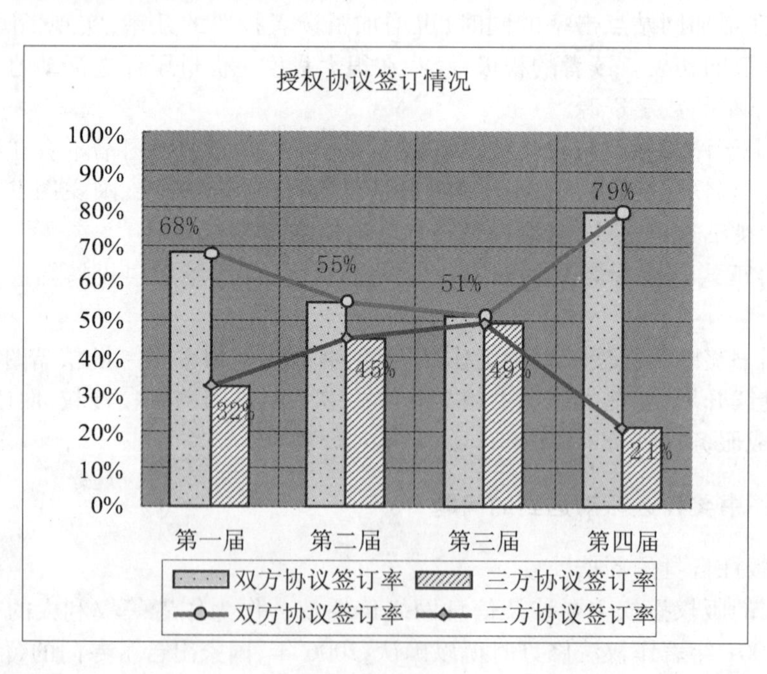

图2

(1)三方授权协议签订效率较低

由图表可见,三方授权协议签订率较低,前几届增长缓慢,第四届已呈明显下降趋势。在三方授权协议模式下,由于手头缺乏有效信息,国家图书馆只能采取通过出版社联系作者签订协议的方式,本身就辗转多手,影响了签约实现率。一部分出版社则嫌程序繁琐:自己签约后还要联系作者签字,作者签字后寄回出版社,再由出版社寄回国家图书馆,甚至在收到三方都签完字的合同文本后还要再寄给作者一份,于是对签订三方协议持抵触情绪;更有甚者,有些出版社明确表示不愿参评。事实上,也发生过有些出版社愿意签订协议,却由于寻求作者签字耗费了时间未来得及将参评图书上网发布因而缺乏读者投票评分权重的情况。

(2)双方协议中的授权凭证"一票难求"

双方协议实际上也是双重授权,因为出版社需要提供出版合同中有关作者授权条款的复印件或者作者授权书等权利凭证。有的出版社与作者在出版合同中对信息网络传播权以及转授权作出了约定,为参评图书的版权解决工作带来了便利,但有的出版社在出版合同中并无相关约定,因此需要再向作者争取授权,这就增加了出版社的工作量,影响签约的实现。

(3)出版社与作者已将权利或者独家使用权转让,无权再行授权

此种情况下,出版社与作者已经把权利让渡,成为空壳,权利转移到资源提供商等实际持有人手中。因此,著作权许可使用协议的各方不再是国家图书馆、出版社或者作者,需要重新洗牌,另辟他途。

2.3.3　缺乏有效的激励,出版社积极性不够

与政府主办的奖项相比,文津图书奖是由国家图书馆主办的"民间"奖项,不是全国出版管理主管机构——新闻出版总署规定的对出版社进行等级评估的加分因素(目前仅认可政府出版奖、"五个一"工程奖和中华优秀读物奖),因此,"参评不参评一个样,得奖不得奖一个样"成为一部分出版社的心态,体现在行动上就是参评积极性不高,版权解决率低,致使国家图书馆很多时候无法拿到授权。

2.3.4　授权协议有待进一步规范

(1)协议内容有可异议之处

文津图书奖著作权许可使用协议签订工作从第一届开始尝试,由于时间仓促等多方因素,没有在大量调研的基础上制定规范的文本,实践过程中有些出版社反映有些条文规定得不太清楚,可操作性不强。以双方协议为例,其中最饱受诟病的一条就是"协议期满若需截止,一方需要至少提前一个月告知对方,否则视为自动延展同样期间。"出版社认为,如果授权期限到期,忘了提前通知,就相当于出版社与国家图书馆签订了一个无限期协议,该条规定对出版社明显不利。因此许多出版社在看到这条规定时都颇为为难。因为出版社与作者签订的出版合同的有效期基本上都是至多10年,一般为3—5年,按照该条款,出版社很有可能在与作者签订的出版合同期限届满之后,与国家图书馆签订的著作权许可使用协议仍然有效,而实际上出版社已经没有权利了,此时的授权属于"空头支票",越权无效,这将使出版社承担巨大的侵权风险。有所进步的是,在第五届文津图书奖著作权许可使用双方协议中,已经删除了该项内容。

(2)一些协议的重要内容无持续性

①授权范围

第一届文津图书奖授权范围可以在"全文"和"不少于全书内容的三分之一"两者间进行

选择;第二届同上;第三届则改为只有全文授权;第四届又恢复第一届的样子。这些变化固然及时反映了组委会一些调整思路,但是文津图书奖是一个几乎每年都在进行的持续性公益活动,开展5年来,已经在社会上产生了一定影响。对那些连续参评的出版社或作者而言,各届授权协议内容不统一将会导致他们对奖项的权威性产生质疑。另外,由于参评的都是上一年度出版的新书,很多出版社出于对销售量的考虑,表示全文授权有困难。因此笔者建议,今后还是考虑将授权范围定位为全文或不少于全书内容的三分之一或图书重点章节,以供选择。

②授权年限

文津图书奖第一届协议规定的授权年限是10年;第二届协议授权年限是空白,由国家图书馆和出版社或作者协商填写;第三届授权年限也是可以自行填写的,但需要在2—5年间选择;第四届同样可自行填写,但不同的是需要在5—10年间选择。

根据笔者分析,出版社出于自身利益的考虑,在可以自行填写授权年限的情况下,他们往往只填写3年、2—3年甚至1年。由于协议的授权期限太短,所以截至目前,第二届、第三届文津图书奖的参评图书许可使用协议中已经有出现相当一部分协议中的授权已经到期的情况,若继续挂在网站上发布供读者浏览,我们国家图书馆就需要再度寻求授权。

关于签约授权年限太短的原因,笔者认为,大致有以下三点:

第一,文津图书奖一般每年度举办一次,出版社认为版权授权仅仅用于评奖,一两年的授权期限已经足够;

第二,由于出版社与作者所签出版合同期限的在先限制,出版社只能在此期限内给国家图书馆授权,鉴于出版合同约定的期限有限,在与国图签约之前已经所剩不多,所以出版社与国家图书馆签订的授权协议期限不可能更长;

第三,如上文中所述,由于参评图书都是上一年度的新书,出版社基于自身利益的考虑,不愿签订授权年限太长的协议。

总结了前几届的经验与教训,国家图书馆将第五届文津图书奖将授权年限的门槛适当提高:约定最低3年,最长10年,供出版社或作者选择。当然,这个年限是否合理,还有待于实践的检验。

(3)公益性、无偿性是把“双刃剑”

文津图书奖评选坚持公益性、无偿性,社会反响良好。但是,凡事都有两面性,在实践中有利也有弊。

①在目前出版社集团化、市场化的大背景下,公益性已无法作为刺激出版社参加文津图书奖评选活动的一个兴奋点,因为绝大多数出版社是经营性单位,追求效益的最大化,于情于理不能强求出版社为支持公益而放弃对利益的追求。

②出版社与作者在出版合同中的约定使公益性受阻

笔者发现,在作者将作品的信息网络传播权授予出版社的情况下,出版社可以取得自行或授予第三方行使该项权利,但是须将所获得的利润按一定比例与作者分享。另外,有些出版合同虽然约定出版社享有信息网络传播权,但同时有不得将该项权利授予第三方行使的限制。文津图书奖评选活动是公益性的、无偿的,因此,在以上情况下,出版社出于自身利益的考虑,往往不愿无偿授权给国图;在不具有信息网络传播权转授权的情况下,出版社也不能授权;此外,如果仅为一两本书再去寻求作者授权,成本较大,有些出版也不愿做“赔本买卖”。

以第二届文津图书奖参评图书《帆船史》的出版合同为例,作者(甲方)与上海交通大学出版社(乙方)在合同第一条就约定“(在本合同有效期内)甲方同时将本作品在世界各地区的翻译权、注释权、表演权、汇编权、电子出版权和信息网络传播权作为从属权利授予乙方,并许可乙方将上述权利转授第三方使用。乙方应将因转授第三方使用所获收益的50%向甲方支付使用费。”

2.3.5　组委会统筹效率有待提高,上下流程不畅

文津图书奖的评选活动主要有国家图书馆以下三个部门配合完成:

(1)业务管理处,作为组委会办公室负责统管文津图书奖评选事宜,主要负责书目推荐,参评图书初评、终评与颁奖仪式;

(2)数字资源部(2007年前为数字图书馆管理处),主要负责解决参评图书版权授权问题,同时兼顾邀请出版社补充推荐工作;

(3)计算机网络与系统部(2007年前为自动化部),负责参评图书的数字化工作,并将其中已解决版权的图书上传到文津图书奖网站以供读者浏览、投票,其余未获授权部分则仅提供封面与目录、摘要信息。

由于种种主客观原因,文津图书奖工作流程协调性不佳,影响了工作效率。

以第四届为例,版权授权是文津图书奖评选流程的中间环节,但是由于组委会办公室向数字资源部提供参评图书书目的时间较迟,因而留给该部版权管理组工作人员用于解决版权问题的时间有限,这无疑对版权解决产生了一定的影响。例如,对于外埠地区的部分重点出版社,需要工作人员出差实地走访,由于时间紧迫,组委会办公室未能有效协调、及时调整初评时间,导致一部分著作权许可使用协议寄达时初评已经开始,读者投票环节付诸阙如,补充推荐的抗震救灾类图书等未能列入初评对象,这不能不说是一个遗憾。

此外,第四届文津图书奖评选活动中,有些参评图书的版权授权早已解决,却未能及时发布。因为迟迟未完成数字化加工,导致读者不能及时看到相关内容,即便是能够看到相关内容,在活动初期由于网站系统不稳定,投票功能时好时坏,影响了读者的投票活动,这使文津图书奖一直以来宣称的将读者投票结果作为参评图书初评的重要参考成为一纸空文,对文津图书奖的诚信度产生了一定程度的不良影响。而有些出版社自荐的图书,截至初评日期①,竟连封面和目录都未及网络发布。

3　改进建议

总体来讲,每届文津图书奖的评选活动都基本圆满结束,达到了预期目的,但是也存在着包括上文中的一些问题或瑕疵。为促进该项工作更好开展,笔者提出以下建议,作为参考。

3.1　规范协议文本

国家图书馆应在了解出版社需求,听取出版社意见和建议的基础上,制定符合双方或三方利益的协议文本。

例如,在第四届文津图书奖评选活动版权解决过程中,湖南某家出版社建议对出版社自荐类的参评图书,可以把提供全书至少三分之一内容的电子版网络使用授权作为参评的硬性条

---

①　根据第四届文津图书奖评选办法,为2008年9月1日。

件之一,从而保障文津图书奖网站上有具体内容的参评图书占到一定比例。对于该项建议笔者认为有一定道理,可以在时机成熟时予以采用。

此外,笔者认为,合同文本内容应尽可能地保持相对稳定,这不仅有利于树立文津图书奖的良好形象,同时也有利于包括版权授权期限到期后再授权工作等后续工作的开展。

3.2 将图书奖版权解决工作与国家图书馆数字版权征集项目挂钩

鉴于出版社与作者签订的出版合同中存在关于信息网络传播权利益分成的约定,笔者建议与国家图书馆有经费支持的"国家数字图书馆普通中文图书公益性网络阅览项目"(即原来所称的数字版权征集项目)相结合,对这部分图书进行有偿征集版权。具体操作上,可与出版社协商,先行授权国家图书馆使用,然后将该图书列入下一年度的版权征集项目中,届时再支付费用;或者,在财政支付规则允许的条件下,签订有偿使用协议后直接从版权征集经费中列支。这样一来,有了资金的保障,便可使出版社无须考虑收益问题,必然会大大提高出版社版权授权的积极性。

3.3 "改弦更张",寻找版权实际持有人签约

针对出版社与作者已将版权或者版权独家使用权转让因而无权再行授权的情况,国家图书馆需要进行调查,首先搞清这些权利的实际持有人,然后"顺藤摸瓜",直接与这些权利人如一些数字资源提供商联系。通过多条腿走路,争取获得尽量多的参评图书版权授权。

3.4 以导航与深链方式共享其他来源的参评图书内容

在信息爆炸的网络时代,各种来源的信息汗牛充栋,虽然良莠不齐,泥沙俱下,但毕竟为大家提供了比以前数量远为庞大的信息源,其中也不乏"真金"。实践已经证明,通过签约获取版权授权只是内容获取的一种方式,而远非全部。在网络上,通过一次性发布或者连载的形式,很可能出版社在自己的官方网站或者一些有合作关系的网站上①已经发布了参评图书的部分内容甚至全部内容。这时候,从目的实现的角度,国家图书馆如能采取网站导航或者在征得相关网站允许的情况下采取深链的方式,使读者能够看到参评图书的内容,可谓殊途同归,有异曲同工之妙。

3.5 借力新闻出版总署

3.5.1 建议新闻出版总署在出版合同样本中规定"参评国家图书馆文津图书奖"

作为全国出版的主管机构,根据出版工作需要,新闻出版总署会不定期发布出版合同样本,作为出版社与作者签约的参考。一般情况下,出版社会原样采用,少数出版社则会作细微改动。

今后,如果国家图书馆能够向新闻出版总署申请,在发布的出版合同样本中增加"国内出版物参评文津图书奖并允许在网络上公益性阅览(不能复制)"(或类似)的内容,则可一劳永逸,省却不少工夫。做到这一点,在我国的国情下有一定难度,但也并非没有可能。尤其是在有了经费支持以后,国家图书馆可以采用有偿方式对出版社与作者进行经济上的回报。

---

① 如新浪网"读书频道"及类似网站相关栏目,淘宝网、卓越亚马逊等图书销售类网站。

如果能够借力成功，一方面会大大降低文津图书奖版权解决的工作量；另一方面可以促进公众网络阅读，为实现公民的基本权利提供有力的内容支持。

3.5.2　由文化部与新闻出版总署会商，请该署向各省市出版集团发出支持参评与版权授权的通知

在入世的大背景下，为了提高整体竞争力，中国出版集团与各省市出版集团相继成立，于是，一些原本属于独立法人的出版社成为这些出版集团的下属分支机构，不再具有法人资格，如上海世纪出版集团下属的学林出版社和汉语大词典出版社，北京出版社出版集团下属的北京教育出版社等。

对于这些出版社的参评图书，我们在解决版权授权时需要与出版集团签订著作权许可使用协议。这样一来，再按照原来的操作模式就有点“此路不通”了。鉴于新闻出版总署对出版集团的领导与指导关系，笔者建议国家图书馆向文化部提出申请，由文化部与该署进行协商，以新闻出版总署的名义向各省市出版集团发出支持参评文津图书奖与给予版权使用授权的通知，如是，则效率必将大为提高。

3.6　提高组委会办公室统筹效率

如上所述，在之前的评选活动中，由于种种主客观原因，文津图书奖评选工作流程未能保证全馆一盘棋的统筹效率，致使版权解决工作的效果未能最大化。笔者希望在以后的评选活动中，组委会办公室能够起到更加有效的统筹协调作用，确保上下流程形成良性循环，使版权解决工作的成果最大化，推动评选活动圆满成功。

清末上海民办书局及其部分石版书与近现代全国书局概览

苏晓君　古籍馆

[摘　要]通常提到的"书局"是指涌现于清季出版发行书籍的机构。清末上海民间出现了一大批标有书局之名的出版发行机构,它们的存在大多数没有留下文字记录,已无法完整地了解到真实的发展情况。本文根据国家图书馆馆藏图书,将书籍上记录的点滴信息尽可能做了汇集,广列书局之名,泛谈石印之事,虽然不一定全面,但展现出来的是清朝后期以来上海民办书局一派空前繁荣的景况;特别是石版书的重点介绍,对了解石印技术在我国尤其是在上海地区的发展历程,具有一定参考价值。文末还开列了清末至民国间(1851—1949)全国各地一些书局的名称,扫视之后,在数量上也可与上海的书局做一个对比。

[关键词]上海书局　民办书局　石印　石版书　石印本

"书局"之名在北宋时就已出现,那时所指的是官家编书的机构。作为出版机构的书局,目前所知是在明朝开始出现的,明曾有桐阴书局,刻印过宋阮逸注的《中说》十卷。早期比较著名的书局,当是清康熙后期江宁织造兼两淮盐运使曹寅(1658—1712)在扬州创办的扬州书局(初名扬州诗局),它是清朝最早的官书局,以刻印精良著称,现存世有康熙五十二年扬州书局刻雍正二年续刻本《绿意词》,是一部由清吴贯勉撰写的词别集,这两部书现都藏于国家图书馆善本库中。清朝中期偶然也有以书局命名的出版机构,如嘉庆二十四年有维新书局曾刻印过《南海观音全传》,《瘟疫论类编》是道光二十年宝庆仁记书局的刻本,还有道光二十五年刻本《本草备要》,则是由瓶花书局雕印的。咸丰时也有,如咸丰七年的《区田编加注变通区田省工法合刻》,就是友益书局所刻,尊经广业书局咸丰间也曾出版过刻本《读史方舆纪要序》。除扬州书局外,上面出现的书局都应是属于民间经营者所开设。可以说清同治以前,书局这种称谓虽然就曾出现过,但寥若晨星,并未形成规模,也不流行。清朝后期出现了所谓的"局本",它是版本学一个特有的名词,在古汉语中"局"字有一个表示官署的意项,所以它所指的是清末各省官书局刻印的书。有一些辞书将"书局"因之定义为"清季官府刊行书籍的机构",这却是片面的。因为这个"局"字不只是专指官署,如同"机构"一词一样,它所表示的是一个官民通用的单位名称。事实上书局既有官方开设的,也有民间创办的,而且数量众多,远远超过了官办书局。同治三年(1864)曾国藩创设金陵书局后,全国范围内出现了一批以官府资本为主的官书局,印刷制版基本上仍然沿用传统的雕版方法。不久之后,也就是同治九年(1870)开始,直到宣统三年(1911)的四十余年中,民间经营者也以个人独资或集资方式纷纷效仿,其中也有外资、社会团体、教会等方面的参与,则多采用各种直接或间接从国外引进的先进印刷技术,以振兴民族出版印刷事业为己任,内容广泛形式多样地出版了大量书籍,当然更多的还是为了获得最大经济利益,他们往往也冠以书局之,林林总总,展现了我国出版业一派空前的繁荣景况,而且延展至民国间。此时"书局"之名成为很时髦的名词被普遍使用,这些机构的名称有些是全新的,有些则初期仍使用堂号或坊名,渐后加上书局之名,新旧合一,具有明显的传统与时尚过渡期的特点。不过这期间直至民国间出现的民办书局存在的时间大都不很长，经营规模及名声或大或小，在行业间不断的竞争与合作过程中，并伴随着印刷技术的不断改进和设备的更新换代，有的进行了重新组合，成立了新的出版机构；有的改变了多功能的经营方式，只承办单一的出版、印刷或发行一项业务；有的犹如昙花一现很快就消失了；也有不少家坚持经营了半个世纪以上，有的直到新中国成立的初期；从出书情况看，还有一些书局在经营了一段时间后便停业了，之后又重新开张，这与自身经营状况和时局的变化都可能有关系。它们也不完全等同于出版业专业分工后的书店，因为不光是单一的买书，大多实行的是编、印、发一体的体制。因此将“书局”概括为“涌现于清季出版发行书籍的机构”才为恰当。

石版书在中国近现代所出版的书籍中数量巨大形式多样，从版本角度看也是一种重要的类型。自清光绪早期开始，石版印书盛行，这项平版印刷技术比旧式的雕刻木板不但省时省力，而且制版费用低，这些优点使得它很快得到普遍应用，并以强劲的势头给传统出版业带来巨大的冲击。叶德辉在《书林余话》中就曾给予了高度评价，他认为“自清末传石印法，中国出版界遂开一新纪元”，这是十分准确的评价。这一时期，特别是在文化经济发达的上海，民办书局大量的出现，使其成为全国采用石印技术出版发行图书的中心。应该指出石版书与石印本是有区别的，所谓石版书，就是指以特殊的经过打磨的天然石板为印刷用板印出来的书。既包括据原书摄影上石的影印本，它们或是原大影印或缩印，或将原底本书按设计要求重新拼页粘贴，缩小摄影，以增加每个版面的内容，然后上石制版，行话叫“落石”，这些都属于对原品的复制；也有先用特制的油墨抄写下来，转印于石板之上来印刷，因此也有人把这种方法叫做“抄印”，以别于雕版的“刻印”和活字的“排印”，它不是保留原本形态或基本特征的复制品，而是一种再创作；还有用油墨直接书写在石板上，行话叫“绘石”，然后印刷，这是发明初期应用的技术，只能印刷简单的印件，在出版图书方面很少见；还有一部书是石印铅印并用印刷出来的。石板影印与石印虽然都依托于石板印刷，但制版方法不同，分属于两种不同的版本类型，在版本著录时也是需要加以区别的，然而这一点在当时以及之后的一些人却往往将两者混为一谈，统称为石印，这种情况也是比较普遍的。

大多数民间书局的历史没有留下文字记录，已无法完整地了解到真实情况。下面 90 家上海书局的统计，均有实品可以查证，依据文献全部来自国家图书馆馆藏。其中 21 家书局开办时间及创办人还介绍了“《上海出版志》附：1843 年—1949 年上海出版机构一览表”的有关记载，占总数不足四分之一，有部分书局在开办时间上明显与其是不相符合的，另外 69 家一览表中则没有表示。还有一些书局未见有石印本书，故只列名于后，未作过多介绍。所选取的书目以具有代表性的石版书为主，用来说明各书局存在的事实，不是出版总目。为了表示其发展情况，也选择了一些刻本、铅印本和珂罗版本。部分书局名称后的纪年，是现存图书中题写的年月，将一年四季中的每个季节依次分成孟、仲、季三段是传统的表示方法，月份为农历，所以用中文数字表示，这样做为的是将实际情况表示得更准确一些。它们不一定是各书局实际经营年，仅提供一个从实物上可以查证到的年代参考。而外，这些书的装订还沿用着传统样式，绝大部分都是线装。

1. 宝文书局（1870 年—1896 年秋）

上海宝文书局开办初期，使用的仍然是传统的雕版印刷技术，因为那时石版印刷还未普及。如《司空诗品注释》就是宝文书局在同治九年（1870）的一部刻板书。它使用石版印书的时间比较晚,8 册石印本《绘图增像后列国志》十卷六十回出版时,已是光绪十九年(1893)的季秋。据光绪十年湘阴郭氏岵瞻堂刻本影印的 2 册本《名贤手札》,也是在这年出版的,但这部书的影印并不是首次,早在八年前就曾被同文书局影印过。三年后的光绪二十二年(1896)秋,还缩印了《子史精华》一百六十卷。缩印本就是将原书按一定比例用照相法缩小,然后制版印刷,成书版本尺寸小于原书,它既保留了底本原貌又可以节省纸张,这是中国早期石版印书采用的主要的印刷方法。

2. 文星书局(1874 年仲夏—1904 年孟夏)

文星书局在上海创办的时间也比较早,但出版的图书似乎并不多,同治十三年(1874)仲夏曾有《御批历代通鉴辑览》一百二十卷,同样是刻本。在新技术潮流冲击下,它在印刷方式上也做过调整,如光绪三十年(1904)孟夏的《康熙字典》十集,就是一部 6 册石版影印本。在文星书局前后经营的这 31 年过程中,目前查找到的只有这两部书,当然作为一个书局这不可能是全部。

3. 申昌书局(1875 年—1908 年)

申昌书局由英国商人美查创办,前身是申昌书画室,开设在上海棋盘街《申报》馆旁。它有一部《京都义顺和班京调》,是采用楷体字书写上石印刷的袖珍本,共收京调六十种,装订成 12 册,出版者被分印在每册的书签及版心上,由"上海申昌书局总发行所精印"12 字组成,每册的一个字表示一集,如第一册"上集"、第二册"海集",只有将它们全部组合在一起才能看得明白。书上虽然没有标注年份,但从印刷特征及版本风格推测应是在光绪年间出版的。这个"总发行所"既印刷又发行,功能上与一般认为 1912 年商务印书馆创办的最早发行所是有区别的。这部书在申昌书局被合并后,还以"集成图书公司"的名义出版过,各集书签上的名称也作了相应的改动。[注:《上海出版志》开办时间记录为 1874—1907 年,地址棋盘街,创办人(英)美查。]

4. 点石斋石印书局(1879 年春—1907 年冬)

简称点石斋,创办人也是美查,光绪五年(1879)开办于上海,是中国最早大量采用石版印书的出版机构。创办的头一年,春季据清康熙间刻本影印了《御制耕织图》4 册本,四月据咸丰六年刻本影印了《圣谕像解》二十卷本,夏六月据乾隆间刻本又影印了《历代名媛图说》二卷本,秋季还据咸丰间刻本还影印了《於越先贤像传赞》二卷本,全部为缩印本。这些书统由申报馆申昌书画室出售,表明此时点石斋还没有建立起独立的发行机构。之后它还出版过为数众多的中国典籍,粗略统计达四百余种,盛极一时。光绪三十一年(1905)曾有一部清衔石生编撰的铅印本《宪法古义》出版,说明后期印刷上已不再只是采用石印一种方法。现在可以查找到它出版最晚的书是光绪三十三年(1907)冬月的影印本《梦庐画谱》,牌记题"光绪丁未年冬月天津文美斋藏本上海点石斋印"。此外,民国间在江西南昌(1905 年)、安徽桐城(1930 年)、河南杞县(1934 年),也曾有名为点石斋的机构出版发行过图书。《中国大百科全书 · 新闻出版卷》记录创办时间为 1879 年,宣统元年(1909)它与图书集成铅印局、申昌书局、开明书店三家合并为集成图书公司。[注:《上海出版志》开办时间记录为 1876—1907 年,地址抛球场,创办人(英)美查。]

5. 校经山房成记书局(1879 年—1937 年)

有一些出版机构书局之名是后来加上的,上海校经山房成记书局就是这样,早期只名为校经山房,也多是刻本书,如光绪五年(1879)的《本草备要》、光绪九年(1883)的《新刊良朋汇集》等。光绪十三年(1887),同文书局有《全唐诗》三十二卷石印本,牌记题“光绪丁亥孟冬上海同文书局石印”,但在这部 32 册分装四函的套签上,却印有“上海校经山房成记印行”一行小字,因此可以理解为同文书局是出版者,而印刷者则是校经山房,这部书应是由两家共同完成的。民国二十二年(1933)十月画家马骀的《马骀画问》被它石版影印成 4 册,这已是第二版印刷,书上有局址题:上海四马路中市。它最晚的一部书是民国二十六年(1937)的弹词《何必西厢》,这正是抗战开始的那一年。1937 年抗日战争爆发,一些书局或停办或内迁,像这种情况下面还有几家。[注:《上海出版志》有“校经山房”,创办时间记录为 1886 年,地址大东门内朝宝路,创办人朱槐庐(朱记荣别号)。]

6. 千顷堂书局(1879 年秋—1956 年)

千顷堂至少有七十余年历史,光绪中期后改叫千顷堂书局。清阮葵生撰写的十二卷《茶余客话》,在光绪五年(1879)秋被它刻印,牌记题“光绪已卯新秋上海千顷堂重镌”,这也进一步表明,此时雕版还是被普遍使用的印刷方法。其后,它曾设计了一个很独特的商标:由两株稻穗环成一个圈,中间置一函线装书,在函套正面题有“上海三马路千顷堂书局”,这个少见的图案可以从光绪二十四年(1898)它的石印本《本草便读》扉页上看到。千顷堂后来一直以出版石印本医书为主,如光绪三十四年(1908)的《中西汇通医书五种》、民国四年(1915)的《类证治裁》八卷等,到了 1956 年还重印过杨医亚编纂的《针灸处方集》。(注:《上海出版志》创办时间记录为 1883 年,地址南市城内后迁汉口路 296 号,创办人黄产生。)

7. 学海书局(1880 年 6 月—1935 年)

上海学海书局经营的时间比较长,但出书量不大。光绪六年(1880)六月所出清人尺牍类著作《嘤求全集》1 册,是使用引进的西洋铅活字印成的。这种铅印技术在咸丰年间就已经出现,据瞿冕良先生介绍,我国最早的汉文铅字本,为咸丰七年(1857)上海墨海书馆出版的《六合丛谈》。从存世的藏书看,铅印书的出现比石印书要早二十余年,并且持续的时间也更长,它与石印一起是逐渐替代传统雕版的两大主要印刷技术。民国二十二年(1933)九月的《青年谋生锦囊》十三卷 12 册本,是一部石印书,这时的学海书局只是总发行所,分发行所是上海文瑞楼书局和启新书局,印刷则是由上海铸记书局完成的,这表明它的经营方式已经发生了变化,更加注意与其他书局的合作。民国二十四年(1935)还有《隐遁术秘笈》,此时发行的已是第四版。

8. 文瑞楼书局(1881 年—1941 年冬)

棋盘街中市上的上海文瑞楼书局,也偶被叫做书庄,更多地被简称为文瑞楼,出版量也很大。据邹登泰民国六年撰写的一篇序文(见《文瑞楼书目提要》)中讲,设肆主人浦鉴庭还在苏州设立有绿荫堂分号,主要经营木版精刊,而铅模和石印由在沪本号完成的。同学海书局一样,文瑞楼早期的 8 册《水道提纲》二十八卷也是一部铅印本,出版于光绪七年(1881)。点石斋曾经影印过的那部著名的《御制耕织图》，于光绪十一年(1885)孟夏也被它做过缩印。此外还有民国七年(1918)16册石印本《篆学丛书》三十三种，以及民国三十年(1941)冬月《经义述闻》三十二卷16册铅印本等。早在清雍正间也有一个文瑞楼刻印过书籍，不过它的主人是安徽桐乡金氏。

9. 同文书局(1882年冬仲—1915年秋)

据《中国大百科全书·新闻出版卷》介绍，光绪八年(1882)广东商人徐润(1838—1911)等创立于上海的同文书局，是中国人集资创办的第一家石印书局。光绪八年(1882)它有五卷本《碧血录》，牌记题"光绪八年冬仲上海同文书局石印"，这个"石印"应理解为石版影印才为恰当，也就是在制版时采用了摄影复制技术，它与正确的石印概念是有区别的，因为实际上这部书就是据咸丰间的刻本影印的。同文书局最可炫耀的一页是光绪十八年(1892)依旨为清廷按原大影印的殿本《古今图书集成》，这部雍正四年的铜活字类书，共有一万卷目录四十卷。同文书局共影印了一百部，每部5044册，售价平银三千五百余两。为了影印清楚，对原书进行了描润，并增加了龙继栋撰考证二十四卷，连同制版、印刷、装订，历时三年才完成。成书后由两江总督验收解进，所以每部首册尾页钤有"江南江西总督关防"满汉文朱印。但并未全部运往北京，另有一部分被留在了同文局，很可惜它们都毁于不久发生的火灾中。有人说光绪二十四年(1898)同文书局的停办，是因为书籍销路不畅积压过多引发的，恐怕与那场大火也不无关系。但事实上同文书局经营了十六年后并没有歇业，直到宣统三年(1911)春还影印了乾隆五十三年的刻本《草字汇法帖》十二卷；民国四年(1915)秋也有影印本《云溪山馆画稿》出版，只是出版规模远不能同以往相比。(注：《上海出版志》创办时间记录为1881或1882年，地址虹口，创办人徐润、徐鸿甫；另外1934年还曾出现过一个同名书局。)

10. 文宜书局(1884年—1901年)

至少在光绪十年(1884)上海文宜书局就已经存在了，这一年它曾发售过长沙左锡九敦怀书屋刻本《海防要览》，第二年又成为敦怀书屋刻板《兼济堂纂刻梅勿庵先生历算全书》的藏板地。文宜书局独自出版的石印书不多，从现有藏品看主要是文学类书籍，都是4册袖珍本，如光绪二十一年(1895)夏季的《绘图古今眼前报》，光绪二十二年的《绣像木兰奇女全传》和《新刻秘本云中落绣鞋》。在光绪二十七年(1901)《沪滨怪怪奇奇》的封二上，还印有该局代售各种书籍四十多种，多为通俗小说。

11. 古香阁书局(1884年—1902年春)

上海古香阁也被称为古香阁书局，与文宜书局相同，早期采用的也是雕版印刷，如光绪十年(1884)魏景文的《七言古诗声调细论》就是一部刻本。清王巨源编写《书经精华》同样是一部刻本，书上没有具体刻印时间，书名页上却题有"古香阁主人魏朝俊"字样，这个魏朝俊应该就是它的实际经营者。之后没过多少年，古香阁也开始出版石印本书。光绪十八年(1892)仲冬十六卷石印本《皇清经解缩本编目》很特别，在序文里有"缩版悉遵学海堂原刻"之语，印刷字体虽有类刻本，但与学海堂刻本行款却是不同的，增加了行字的数量。或许所谓悉遵原刻，只是就内容而言，在制版时还是对原书做了拼页粘贴，然后摄影而成。光绪二十八年(1902)春的《御撰资治通鉴纲目三编》，版式上也与之相同。古香阁真正的石印本如光绪二十二年

(1896)《唐四家诗》以及隔年的《水道提纲》都是袖珍本,这大概都是窘于资金,不无对出书成本的考虑。

12. 文海书局(1884 年孟冬—1900 年)

《曾文正公水陆行军练兵志》四卷,是上海文海书局早期的刻本书,于光绪十年(1884)孟冬出版。光绪十九年(1893)魏源撰写的《圣武记》十四卷,则是6 册石印本。翌年小春月,它又石印了《达生编》二卷1 册本。金圣叹的《绘图才子梦》十六回,光绪二十二年(1896)被其石印为4 册袖珍本,由上海十万卷楼发兑,这种出版与发行的分开,是同行业间一种新式的合作方式,标志着近代图书出版专业化分工的逐渐开始。光绪二十六年(1900)文海书局还有一部石印书,是徐光启的六十卷本《农政全书》。

13. 著易堂书局(1884 年 11 月—1923 年)

用铅字排版印刷,是上海著易堂书局采用的主要方法。光绪十年(1884)冬十一月清但明伦的《聊斋志异新评》8 册本,以及光绪十六年(1890)夏六月清张汝南的《金陵省难纪略》1 册本,和民国十年(1921)清袁枚的十六卷补遗十卷《随园诗话》,民国十二年(1923)蔡竹铭的一卷《闲闲录》,都是铅印本。民国四年(1915)十二月宋黄庭坚的《山谷诗集注》三集三十九卷,是著易堂不多见的影印本,被装订成了16 册巾箱本。著易堂书局,也简称著易堂。(注:《上海出版志》名称为著易堂,创办时间记录为清末,地址南市城内后迁棋盘街,创办人涂紫巢、涂筱巢父子。)

14. 大成书局(1884 年—1936 年)

从序文的推断,《八贤手札》1 册本是上海大成书局在光绪十年(1884)石印的,其中部分的行书字体,在石印本中是不多见的。还有《字学七种》是光绪十三年(1887)的1 册石印本。进入民国后大成局仍然主要沿用石印法出书,有六年(1917)的《重楼玉钥》四卷4 册,十年(1921)的《薛立斋医案全集》二十四种24 册,十六年(1927)的《绣像八仙四游记》2 册,以及二十五年(1936)匈牙利人巴基的《秋天里的春天》。民国期间在北平、镇江、桂林都曾出现过同名的书局,它们与上海的大成书局有无关系,还难以搞清楚。

15. 中西书局(1884 年—1900 年或 1937 年)

光绪十年(1884)上海中西书局有铅印本《史姓韵编》六十四卷,书上冯祖宪的题识称,这部书用聚珍版共排印了一千五百部。光绪二十一年(1895)春,它出版过《绣像金台全传》十二卷六十回,是6 册石印本。光绪二十六年(1900)16 册的《五经味根录》,也是一部石印本。民国十八年(1929)另有石印本《小仓山房尺牍》4 册,民国二十六年(1937)还发行过《浑元一气功》。民国间的这两部书,有可能是上海另一家同名书局所出,这个中西书局出的书不少,以医学保健类为主,直到1937 年。抗战开始后,上海之外还出现过三家中西书局,分别在重庆、成都和汉口。(注:《上海出版志》名称亦为中西五彩书局,创办时间记录为1882 年,地址铁大桥,创办人魏允文、魏天生;另外1923 年还有一个同名书局出现,创办人叫吴骏公。)

16. 上海书局(1885 年仲春—1914 年仲春)

同早期多数书局一样,上海书局也是采用了很多缩印原本的影印技术。光绪十一年(1885)仲春《比例汇通》四卷 4 册,就是根据嘉庆二十三年(1818)甘泉罗士琳刻本缩印的。光绪十四年(1888)的《皇清经解》一百八十种,将道光九年(1829)广东学海堂刻本 360 册,缩印成了 64 册。光绪二十八年(1902)的《西学新政丛书》五种 4 册,是重新书写然后上石印刷的石印本;还有民国三年(1914)仲春康有为的《不忍杂志汇编》二集十二卷 12 册,也是一部石印本。(注:《上海出版志》名称亦为上海石印书局,创办时间记录为清光绪年间,地址福州路山西路,创办人孙玉声;另外上海在 1946 年也曾出现过一个同名者。)

17. 积山书局(1886 年—1903 年孟夏)

光绪十二到二十九年(1886—1903),这十七年是上海积山书局的鼎盛期,出书品种多,数量大,基本都是小开的袖珍本和巾箱本。五卷 6 册《诗韵全璧》是光绪十二年(1886)的石印本,这年秋还据明万历间刻本影印了《牡丹亭还魂记》。光绪二十二年(1896)季春,它将同治六年(1867)金陵刻本《则古昔斋算学》十三种,重新拼贴,然后摄影制版,缩印为 2 册巾箱本。五种一百九十二卷的《御纂五经》,是积山局光绪二十八年(1902)季夏的石印本。转年(1903),还有一百二十卷《新学大丛书》32 册,牌记题"光绪癸卯孟夏上海积山乔记书局石印",以此推断该书局应是一位乔姓人所开办。

18. 鸿文书局(1887 年 7 月—1942 年)

偏爱于影印的上海鸿文书局,民国间仍有影印书,如《前后男女二十四孝悌图说》,就是在民国八年(1919)仲春据光绪二十年刻本影印的。早期有《芥子园画传初集》六卷 3 册,是光绪十三年(1887)秋七月鸿文局据康熙十八年刻本影印的。它影印最大的一部书是《守山阁丛书》四集一百一十二种,共 99 册,底本是道光二十四年的刻本,于光绪十五年腊月影印,腊月即农历十二月,所以公元纪年应是 1890 年初。二十三种《白芙堂算学丛书》当时是一部畅销书,鸿文书局在光绪二十四年(1898)曾经影印过,版式略同于龙文书局光绪十四年(1888)的影印本,只是版心没有书名题字,原白口改成了黑口,说明摄影之前,对原同光间古荷花池精舍刻本曾进行过改动。直到民国三十一年(1942)它还有书出版,名为《洪秀全演义》。(注:《上海出版志》开办时间记录为 1882—1905 年,地址棋盘街,创办人凌佩卿。)

19. 蜚英书局(1887 年—1910 年)

江西人李盛铎(1858—1935),三十一岁时了考取光绪十五年进士,在此之前于上海成立了蜚英书局,初期叫做蜚英馆。光绪十三年(1887)它出版过两部书目,一部是据嘉庆五年士礼居刻本影印的《汲古阁珍藏秘本书目》,另一部是据嘉庆十年士礼居刻本影印的《延令宋版书目》。《河工策要》四卷 1 册,是光绪十四年(1888)的石印本,这部书七年后还曾被再版过一次。光绪十五年(1889)季春的《兰闺清玩》、光绪十九年(1893)的《增广试帖诗海》三十二卷和光绪二十一年(1895)仲春的《海防策要》四卷,也都是石印本。蜚英书局于光绪二十九年(1903)仲夏出版的《五千年中外交涉史》九十七卷 20 册,则是少有的一部铅印本。宣统二年(1910),它还再版过 8 册石印本《说文解字注》十五卷,这部书的初版是在光绪十四年的正月。

（注:《上海出版志》名称为蜚英馆,创办时间记录为 1887 年,地址大东门内朝宝路新马路,创办人朱槐庐、李盛铎。）

20. 文盛书局(1888 年仲春—1937 年)

自从光绪十四年(1888)仲春,上海文盛书局影印了黄葆真编辑的《增补事类统编》九十三卷袖珍本,时隔二十七年即民国四年(1915)的四月,又将其放大影印出版了一回,这种改动原版的再版是不多见的,因为它需要重新花费一笔制版费。李元度六十卷的《国朝先正事略》,在光绪二十一年(1895)被石印出版,为了加强出版书籍内容上的相互关联,六年之后朱孔彰八卷《续先正事略》也被石印成书。民国间,文盛局还出版过畅销的《医学十书》十二种,这部由陈璞编纂的石印本上没有出版日期,因为前冠陈璞光绪七年序文,有人就将这一年定为出版年,但此书封二开列有书目一百种,其中包括《中华民国新编白话字典》等书,这种民国年号表明它不可能是光绪七年出版的。周瘦鹃编辑的《现代小说选》很畅销,民国二十六年(1937)文盛书局出版时,已是第十版。

21. 鸿宝斋书局(1888 年夏 5 月—1936 年)

阮元撰写的训诂类著作《经籍纂诂》一百六卷,上海英界四马路的鸿宝斋书局在光绪十四年(1888)夏五月出版了 12 册影印本,这次影印对原刻本做了较大变动,以至于难以确定出所依据的底本,完全成了一个新的版式。鸿宝斋后期比较偏重于印刷,光绪二十七年(1901)代印的石印本《三通考详节》三种 22 册,是由上海江左书林经售的;而民国二十五年(1936)承印的影印本《金山龙游禅寺志略》四卷 2 册,出版者则是江苏镇江的江天寺。(注:《上海出版志》创办时间记录为清同治年间,地址福州路 269 弄 18 号,经理乌仁甫。)

22. 龙文书局(1888 年 6 月—1941 年)

龙文书局开设在上海铁马路穿河滨。它出版比较大的书是清丁取忠编辑的《白芙堂算学丛书》,共收子目二十三种,光绪十四年(1888)夏六月据同治光绪间长沙古荷花池精舍刻本影印,共 8 册。为了扩大版面,这部书选择了拼页的方法,就是将原刻本筒子页的两面缩合为一页,中间以双栏分隔。这样印出来的书,可以降低与等大影印一半的费用,但字体缩小后,看起来比较费力。光绪三十四年(1908)八月,龙文书局还石印了一部宋朱熹集传的八卷本《诗经》,卷首所冠"毛诗品物图考"一卷,图像由黑、绿、红、兰四色影印,彩印在当时是很先进的技术,有关这种彩色印刷技术,可见格致书局条目中的介绍。从这部书的版权页可以看到,印刷所位于上海吴淞路寿椿里,与发行所分处于不同地段,书局整套机构的建制是很完善的。到龙文书局《上海人名录》的出版时,已经是在民国三十年(1941)。

23. 慎记书局(1888 年—1900 年仲春)

精打细算的上海慎记书局,光绪十四年(1888)影印了《御制数理精蕴》二编二十三卷 24 册,每页上下双栏,行密字小,非有一双好眼力不能卒读。它所制的版是将原清刻本一页的两面拼合为一栏,这样影印后的一个单面页,包含原刻本的两个筒子页,只需要原大影印八分之一的花费。胡光斗笺释《音注小仓山房尺牍》是它光绪二十六年仲春(1900)石印本,共八卷 2 册,视觉效果比上者要强一些。慎记书局与慎记书庄有何关系还不清楚,从现存藏书看,慎记书庄早期有光绪二十二年(1896)6册石印本《池北偶谈》二十六卷,后期有光绪二十九年(1903)仲夏24册石印本《光绪谕折汇存》二十二卷,它出现的时间比慎记书局晚八年,结束晚三年,前后共存在了七年。

24. 珍艺书局(1889年秋—1896年)

几乎上海珍艺书局出版的书都是铅印本,早期的有光绪十五年(1889)秋《绣像说唐前后传》6册本,光绪十六年(1890)春《四书古注群义汇解》12册本,以及后期的《徐氏医书八种》12册本,这是在光绪二十二年(1896)出版的,全是铅印的。而在光绪十八年(1892)所出的《绘图平山冷燕四才子书》四卷4册本的牌记上,题有"光绪壬辰珍艺书局石印"十字,但它并不是一部完全的石印本书,书中的文字仍然是铅印,只有插图才是石印,这同下面中和书局的情况是相同的。

25. 锦章书局(1891年—1956年)

经营了半个多世纪的锦章书局,在上海是持续时间最长的书局之一,位于棋盘街上。光绪十七年(1891)开始推出五卷《增广诗韵全璧》,是6册石印本。接下来有光绪二十二年(1896)仲冬阮元的《畴人传》6册,由该局石印,发兑则是由著易堂书局负责。《瘦竹山房诗画合稿》六卷4册,根据蕉雪撰绘原稿影印于民国二十六年(1937)。《书经集传》六卷,则石印于抗战时期的民国三十二年(1943)。新中国成立后转为以出版医学类书籍为主,如1955年石印本《张氏医书七种》16册、《经验良方》二卷2册和1956年胡光慈的《实用中医药理学》等。注:《上海出版志》创办时间记录为1901年3月,地址河南路后迁吴淞江路135号,经理许振辕。

26. 焕文书局(1892年季春—1916年仲春)

光绪十八年(1892)季春,上海焕文书局石印的十一卷《赋学正鹄集释》2册本,具有清末石印本常会见到的特征,为了节省版面,将竖排的行距缩小到了极限,字体也小到将将可辨认,看起来十分费力气,这样做的目的同并页影印一样,无非是为了让每个页面最大限度地排字,以降低出版成本。光绪二十八年(1902)焕文书局还与点石斋共同校印了石印本《史学丛书》四十二种,书局间的合作一般是在出版、发行、印刷间进行,而这种共同来完成一部书的校印并不多见。民国五年(1916)仲春它出版的五卷《增广诗韵全璧》,采用的是精抄宋字,与通常石印本的楷体字很不相同。从这部书可以知道焕文书局的主人为朱姓,因为在序文及目录的版心下有小字题"朱氏焕文出版"六字。

27. 中和书局(1892年)

对于光绪十八年(1892)上海中和书局出版的十二卷《闺阁才子奇书》的版本,基本上都认为是石印本,这大概有两点考虑,一是印刷后的纸面较平,二是纸上多油渍。石印与铅印分属于两种印刷类型,一个是平版一个是凸版,在早期铅印本中,有时会看到因印刷时用力过大,字体留下的砑痕,使纸面不如石印那样平展,但这只是一些偶然现象。纸上的油渍是因油墨调配失当留下的,这也非石印所独有,所以不能认为纸面平有油渍就一定是石印本。这部书使用的是同一的宋体字,边栏、鱼尾很不密合,这些都是铅印活版最显著的特征,因此将它定为铅印本才恰当,不过其中的插图确是石印的,也算是应用了一些石印技术。这一年中和书局还有《闺秀英才传》1 册，版本情况与《闺阁才子奇书》相同，都是小袖珍本。

28. 袖海山房书局(1893 年春—1899 年)

"申江"是春申江的简称，即指黄浦江，是上海的旧称。光绪十九年(1893)的石印本《分类尺牍备览》三十卷本的牌记，就题"光绪癸巳春申江袖海山房印"。光绪二十年(1894)它的石印本《峡江图考》，分 2 册装订，由清江国璋编辑。此书是记录三峡水文地理、沿岸风土人情、名胜古迹的图集，从湖北宜昌画起，溯江而上，直到山城重庆，对光绪五年刻本多有补充。袖海山房这一年还有一部清唐宗海的八卷《血证论》石印本，此书是《中西汇通医书五种》之一，共 3 册，属于医学类书籍，书上也题有"申江袖海山房书局"八字。还有四十卷《万国分类时务大成》28 册石印本，袖海山房书局出版于光绪二十五年(1899)。

29. 宝善书局(1893 年仲冬—1902 年)

仲冬就是冬季的第二个月份，光绪十九年(1893)仲冬，上海宝善书局有据道光间刻本影印的《大兴徐氏三种》和石印本《汉书西域传补注》两部书出版，此外《皇朝藩属舆地丛书》六集，也是这年出的，但是书上只有记年没有具体月份，因此难分先后。第二年仲春下浣，为了使用者携带方便，它将《分韵诗赋题解统编》一百六卷石印成了 6 册袖珍本。其后有一部文盛书局主人编辑的《中外时务策府统宗》四十四卷，不在自己的书局出版，却在光绪二十四年(1898)孟春，被宝善书局石印成了 20 册，这也是一件挺奇怪的事。《御批历代通鉴辑览》自从同治十三年文星书局的刻本后，宝善书局在光绪二十八年(1902)还出版了 20 册的石印本，牌记题"光绪壬寅上海宝善书局石印"。

30. 文林书局(1894 年 5 月—1936 年)

在光绪二十年(1894)夏五月，上海文林书局出版了清江藩的《经解入门》八卷 2 册石印本，这年九月还影印了任伯年高足俞礼(1862—1922)的《俞氏画稿》2 册。光绪二十九年(1903)，又石印了我国第一部纪事本末体史书(宋)袁枢编撰的《通鉴纪事本末》二百三十九卷，共 18 册。民国二十五年(1936)还出版过徐逸如选辑的《鲁迅近作精选》。

31. 万选书局(1894 年夏)

将影印称为石印是比较普遍的事，光绪二十年(1894)万选书局的《骈雅训纂》十六卷卷首一卷序目一卷骈雅七卷，由明朱谋玮撰，清魏茂林训纂，书的封二上有"光绪甲辰夏"、"上海万选书局石印"等字，但这部书并非石印，而是据清刻本缩印的，缩印特征是很突出的，这也使得后来人在对它的版本理解上产生很大歧异。

32. 顺成书局(1894 年—1906 年仲冬)

除上海外，顺成书局在广东、江西都设有分号，以扩大发行，具有一定规模。大部头的《中外地舆图说集成》一百三十卷，在光绪二十年(1894)石印成 24 册。光绪二十四年(1898)的《自强西法类编》十八卷，也是一部石印本，由沈敦和(1865—1920)编辑，他在凡例最后一条中讲到石印在改版上的麻烦，对了解石印制版有一定参考价值。《注释绘图六千字文》是光绪三十二年(1906)仲冬又一部石印本，封二记有各分号所在省份，这些分号的作用与不久后大量出现的发行所功能是一样的。

33. 博文书局(1894 年—1946 年)

上海博文书局是一家石印小书局,光绪二十年(1894)有《绣像秘本雅调七美全传》四卷四十回 4 册石印本。两年后,它还石印了隋朝太医博士巢元方的《重刊巢氏诸病源候总论》十二卷 6 册。英国人伟烈亚力所撰《数学启蒙》二卷,书后附有对数表,是博文书局于光绪二十四年(1898)出版的 2 册石印本。民国三十五年(1946)还有钱一鸣的《最新公文程式》。

34. 复古书局(1894 年)

张穆(1805—1849)山西平定人,道光十一年(1831)优贡生,充白旗汉教习,后因应试误犯场规被斥责,自此专志著述。善言地理,兼好金石、碑版,书法劲逸。在他去世四十五年后,也就是光绪二十年(1894),上海复古书局将张穆撰写的《蒙古游牧记》十六卷石印成书,这也是该局仅见的出版物。

35. 文澜书局(1897 年 3 月—1903 年春)

晚于龙文书局九年,也就是在光绪二十三年(1897)春三月,上海文澜书局也缩印了《白芙堂算学丛书》,底本和册数也完全与其相同。光绪二十八年(1902)它石印了汪钟霖编辑的《九通分类总纂》二百四十卷,每部 80 册,为了保护版权,每部书前还附有苏松太兵备道除该局外禁止翻印和出售此书的影印告示,这是当时常被用来防止盗版的一种方法。早此两年,顺成书局在石印本《代数术补式》前,也曾附印过这样的告示。自光绪二十九年(1903)春,文澜局出版了石印本《史姓韵编》二十四卷和《分类历代通鉴辑览》六十四卷本,之后就再没有了消息。

36. 三元书局(1897 年重九)

"三元"这个词有多种含义,如天地人、科举中乡会殿三试具为第一,还有表示时日的等。以三元作为书局的名称固然很响亮,但实际上这个三元书局出的书很少,可以查找到的只有石印本《增像全图西汉演义》四卷一百回和《增像全图东汉演义》四卷六十回这两种,共 6 册,牌记题"光绪丁酉(1897)重九上海三元书局校印"。

37. 算学书局(1897 年—1898 年 6 月)

《古今算学丛书条例》是上海算学书局光绪二十三年(1897)的刻本,共六条 3 页,卷端有小注题"先列章程以定款式,石印仿此",这里说到的石印指的是即将集股出版的《算学丛书》。条例中规定聘请五人校勘,三人绘图,绘图就是对原图不清楚的重新描绘,但没有聘请缮写人员,说明还不是重抄上石。因为有底本,所以主要工作是对原书的校勘与描绘,所谓石印应该就是石板影印。丛书编辑处设在京城,印书售书在上海。第二年六月由刘铎编辑的《古今算学丛书第三》七十种被推出,这部丛书选用了多家不同的底本,如白芙堂丛书本、微波榭原刻本等,因此字体不一,版式风格差异较大,影印本特征是十分明显的。与文海书局一样,算学书局也有一个同名者,由乌程徐树勋开设于成都学道街,光绪二十八年(1902)曾经出版过徐氏辑刻本《形学习题解证》八卷,从书后附该局所刻书的价目表可知,它是名为《算学丛书》的一个子目,这部丛书共汇集中外人士撰写数学类著作有十七种。

38. 大同译书局(1897—民国初)

康有为的学生广东番禺人汤叡(1878—1916)编译的《英人强卖鸦片记》八卷附录一卷,最早是由上海大同译书局于光绪二十四年(1898)石印出版的,这年汤叡二十岁。头一年,即光绪二十三年(1897),大同译书局曾有赖鸿翰译《地球十五大战纪》十五卷石印本发行。民国初年康有为撰写的《春秋董氏学》八卷,则是它的一部木刻本。(注:《上海出版志》创办时间记录为1897年秋,地址南京路河南路口,创办人梁启超,经理康广仁。)

39. 铸记书局(1898年—1921年)

石印是上海铸记书局采用的主要印刷方法。它先后出版有光绪二十四年(1898)杨守敬等编撰的《历代舆地沿革险要图说》1册本,宣统三年(1911)王道亨编辑的《新订王氏罗经透解》4册本,以及民国四年(1915)黄元御《黄氏医书八种》12册本,民国五年(1916)四卷《双鞭记鼓词》4册本,民国十年(1921)四十回《明清两国志》4册本,都是石印书。(注:《上海出版志》创办时间记录为1911年,地址青岛路18号,经理赵伯棠。)

40. 介记书局(1898年)

袖珍石印本小说类书是清末大多数小书局出书的选择,这类书投资少且易于销售,因为它们的实力不够,只能用这种方法来赚取小额的利润,维持生计。上海介记书局光绪二十四年(1898)的《新刻绘图粉装楼全传》,就是这种情况比较典型的实例。

41. 炳记书局(1899年新春)

"光绪己亥(1899)新春上海炳记书局精校石印"是印在《史鉴节要便读》封二上的一则牌记,这部蒙学读物以介绍名物、掌故为主,每小节之后都配有相关掌故的注解以及编者的短评,由清鲍东里编纂,共六卷,被装订成2册。

42. 富文书局(1899年仲春—1901年仲春)

《绘图平金川》四卷三十二回,上海富文书局于光绪二十五年(1899)仲春重抄石印,成4册袖珍本。两年后焕文书局也步其后尘做了石印,可见这类章回小说是很受欢迎的。严复翻译的二卷《天演论》1册,有光绪二十七年(1901)富文书局本,牌记题"光绪辛丑仲春富文书局石印",这给人造成很大误会,因为从受墨、断板和印刷等方面看,反映出来的都是刻本特征,而非石印。《增补音义渊海子评》五卷3册石印本,是与上海锦章书局共同出版的,书上没有纪年标注,书目著录时定为光绪间。

43. 仓海山房书局(1899年孟夏)

光绪二十五年(1899)上海仓海山房书局有一部小说,名为《绣像英雄大八义》八卷五十六回和《绣像续英雄大八义》八卷四十四回,被装订成8册袖珍本,封二的牌记牌记题"己亥年孟夏月上海仓海山房书局付印",在它的左侧另有一行小子题"城内月记石印处代印",这个"月记石印处"应该就是月记书局,是由它承担了这部书的印刷业务。

44. 藻文书局(1900 年—1902 年)

以出版地理类图书为主的上海藻文书局,光绪二十六年(1900)有《皇朝一统舆地全图》2册石印本;第二年又有四卷《蒙学课本地球歌韵》2 册石印本;因反对义和团事被杀的清朝大臣许景澄(1845—1900),曾编译有《西北边界图地名译汉考证》二卷,在他死后两年(1902),藻文书局将这部考证石印,装订成 2 册出版,不无纪念死者的意义在。

45. 文明书局(1900 年—1954 年)

局址也设在上海棋盘街的文明书局,前期以铅印为主,其后还影印了大量的碑帖名画,而民国时期出版的大部头书则多是石印本,可以说当时各种主要印刷方法都曾使用过。光绪二十六年(1900)的《书法约言》,是文明局早期出版的铅印本之一。光绪二十八年(1902)十二月还发行了铅印本《续译华生包探案》。从光绪三十二年(1906)九月影印的《草书习字帖》的版权页可知,文明书局设有专门的石印部,位于上海四马路胡家宅。此书尾页附有光绪二十八年直隶总督一纸公文,讲到户部郎中廉泉(1868—1932)在沪设立文明书局事,文中明确提到了创立者的身份和姓名。《楷帖四十种》,是在宣统元年(1909)二月应用珂罗版技术影印的,文明书局还设有玻璃版部,负责珂罗版书籍的印刷业务。民国间的石印本有:四年(1915)的《说库》60 册,十一年(1922)三月的《宝颜堂秘笈》六集二百二十五种 48 册等。晚至 1954 年,文明书局还有《学生家庭作业的组织与领导》,这是苏联人叶尔莫申的著作,由毕慎夫翻译。(注:《上海出版志》开办时间记录为 1902—1932 年,地址南京路后迁福州路,创办人廉泉、俞复、丁宝书等。)

46. 文宝书局(1901 年孟冬—1917 年)

湖南邵阳魏氏在上海新马路福海里开办的文宝书局,出版图书以内容多样的石印本为特色。光绪二十七年(1901)孟冬的《啸亭杂录》八卷续录二卷,是代扫叶山房印刷的 6 册石印本。七卷《江南制造局记》、十卷《绘图上海杂记》和四卷《李氏倡随集》,都是在光绪三十一年(1905)石印的。之后,在宣统元年(1909)石印了《大佛顶首楞严经》十卷,民国六年(1917)还石印有吴定崧编辑的《精校奕谱》。

47. 会文堂书局(1901 年小阳月—1955 年)

会文堂书局位于上海河南路抛球场,光绪二十七年(1901)它称为"书庄",这年的石印本《逊志斋策论经义录》三十二卷,牌记题"光绪辛丑小阳月会文堂书庄石印",小阳月抑或小阳春,指农历十月。光绪三十一年(1905)的《心理易解》上,始有会文堂书局的名字出现。宣统元年(1909)有《古今医按》十卷,是 10 册石印本。翌年秋的《河东先生文集》六卷 6 册,也是石印本。进入民国后,又称为会文堂新记书局。它选择书籍很符合市场需求,一些书曾被一再出版。纪昀的《详注阅微草堂笔记》五种二十四卷,是民国七年(1918)八月出版的 10 册石印本,定价大洋二元,到民国二十年(1931)六月,涨价到二元六角,此时发行的已是第十九版。民国十年(1921)十一月的 5 册石印本《新式标点四书白话注解》初版,到民国二十四年(1935)三月再版时已是第三十九版。到了 1955 年,会文堂还有书出版,名字叫《怎样写信》。(注:《上海出版志》创办时间记录为 1903 年,1927 年改组改名,地址河南路 325 号,创办人沈玉林等。)

48. 广益书局(1901 年—1954 年)

规模较大的上海广益书局出书很多,除上海以外,还在广东、北平、汉口、南昌、长沙、开封等地都设有分发行所。6 册石印本《前后汉书菁华录》,广益书局出版于光绪二十七年(1901)。《国朝先正事略》正编八卷续编四卷,是光绪二十八年(1902)夏季的 8 册石印本。翌年的袖珍本《新编二十四史菁华录》十二卷,也是密行小字的 6 册石印本。民国二十四年(1935)六月的石印本《金匮心典》三卷 3 册,是继民国十六年(1927)第一版之后的第六版。广益局不只有石印本,也有很多铅印本,如宣统元年(1909)的《西湖佳话古今遗迹》、民国二十七年(1938)的《易经读本》等。新中国成立后,它还出版了一些苏联人的著作以及介绍苏联情况的书,如 1954 年的《幼儿肺炎》,由苏联人多布罗夫斯卡娅著,周邦锡翻译。(注:《上海出版志》创办时间记录为 1900 年,地址河南路 137 号,创办人魏天生等。)

49. 捷记书局(1902 年春—仲夏)

光绪二十八年(1902)小春月,上海捷记书局的石印本《历朝纪事本末》八种 42 册,是捷记主人增辑的。这部书有多家书局曾经出版过,之前有光绪二十五年(1899)慎记书庄 56 册的石印本,之后有宣统二年(1910)文盛书局的石印本则是 40 册。这年的仲夏,捷记书局还出版了《历代边事汇钞》十二卷,是 4 册石印本。

50. 鸿宝书局(1902 年仲春—1915 年)

也是在光绪二十八年(1902),上海鸿宝书局出版了大量石印书籍,如仲春月的石印本《皇朝文献通志》三百卷 32 册,石印本《钦定续通典》一百五十卷 8 册,还有这年的《各国政治艺学分类全书》32 册石印本等。光绪二十九年(1903)季秋的《曾文正公全集》十五种 40 册,也是石印本。民国四年(1915)的《唐王焘先生外胎秘要》四十卷 16 册,仍然是石印本。从出书情况看,它与鸿宝斋书局似应是不同的机构。

51. 天章书局(1902 年夏)

在上海天章书局之前,清葛士浚编辑的《皇朝经世文续编》一百二十卷,有三家机构曾经出版过,即上海图书集成局光绪十四年(1888)32 册本,上海鸿文阁光绪二十四年(1898)24 册本,上海久敬斋光绪二十七年(1901)24 册本,都是铅印。光绪二十八年(1902)夏,天章书局的 20 册本,是那时唯一的石印本。

52. 玉麟书局(1902 年秋月)

纪事本末体是传统史书的一种体裁,以历史事件为目,独立成篇,按事件发生的先后顺序排列。上海玉麟书局光绪二十八年(1902)秋月的石印本《九朝纪事本末》55 册,将这种体裁的主要史书汇印在一起,所谓九朝包括左传、通鉴、宋史、西夏、辽史、金史、元史、明史、三藩,这是很有意义的事。玉麟书局的名字被印在总书名页的左下端,题"上海玉麟书局石印",但在各子目书名页的背面都印有"光绪壬寅秋月上海书局石印"两行字,说明这部书的出版应该是与上海书局合作完成的。但玉麟书局的这部书不是首创,比它早四年湖南官办的思贤书局就已经有 120 册刻本发行,而外,上海校经山房成记书局步其后尘,于民国十四年也有 48 册石印本。

53. 长兴书局(1902 年—1919 年)

民国七年(1918)出版的《万木草堂藏画目》是据康有为(1858—1927)手稿影印的藏画目录,版权页上有上海长兴书局的地址是在上海三马路。这个书局大都出版康有为的著作,早的有光绪二十八年(1902)康氏撰写的《书镜》,晚期有民国八年(1919)康有为所著的《大同书》等。

54. 宝华书局(1902 年秋月—1917 年仲春)

王步青(1672—1751)雍正元年进士,曾官检讨,性冲淡,学务质实,文有法度,著有《四书朱子本义汇参》。这部书,上海宝华书局在光绪二十八年(1902)曾出版过,牌记题"光绪壬寅秋月上海宝华书局石印",是一部 8 册袖珍本,半页 15 行 34 字小字双行 51 字,看起来很费眼力。民国六年(1917)仲春的石印本《红楼二百咏》2 册,宝华书局只承担发行,印刷是由石竹山房完成的。

55. 开文书局(1903 年 2 月—1937 年)

集有二十六种的《史论汇函甲编》,是开文书局光绪二十九年(1903)二月的一部石印本,与袖海山房书局光绪二十年的《血证论》相同,出版地题为"申江",当然它同样指的是上海。抗日战争爆发的那一年(1937),开文书局还出版过一部名为《非常时期中国经济问题研究》的书,由中国经济研究社编辑。另外,民国间天津也有一个同名者。

56. 通文书局(1903 年仲春)

与天章书局相同,上海通文书局也是以石印为主,出书时间不长。在光绪二十九年(1903)的仲春,有 16 册石印本《校正尚友录统编》二十四卷,由清钱湖编著;同年清和月(即四月),有 10 册石印本《绘图增像后列国志》,这部佚名撰写的十卷六十回小说,上海宝文书局在十年前也曾经发行过石印本;这一年,还出了通文主人编辑的《皇朝舆地通考》二十三卷,是 40 册石印本。

57. 维新书局(1903 年 4 月—1915 年 7 月)

由日本人绿冈隐士撰写,钮瑗翻译的《清俄关系》二卷本,光绪二十九年(1903)四月上海维新书局有 2 册石印本出版。而它民国四年(1915)七月出版的缪尔纾所辑的《嘤鸣集》1 册石印本,则是由上海文汇石印局印刷,维新书局发行的,说明其经营方式上也有了转变。嘉庆间曾有一个维新书局出过刻本书,但它位于何处没有明确记录;其后,民国间在桂林还有一个书局与它同名。

58. 绍先书局(1903 年孟夏)

十二卷《读史兵略》是胡林翼(1812—1861)的代表著作,上海绍先书局于光绪二十九年(1903)出版过 12 册石印本,牌记题"光绪癸卯孟夏绍先书局石印",版心下题"上海绍先书局校印",出版者和出版时间表示得都很明确。

59. 知新书局(1903 年仲夏—1947 年)

从出书情况看,清末上海的一些书局起步点比较低,如知新书局光绪二十九年(1903)仲夏的《谜语采新》,就只是一部消遣性的石印小书。进入民国它有了很大发展,出版了一些畅销和大部头的书,如民国二十二年(1933)的《小学生字典》,民国三十四年(1945)的《中国药物学集成》,民国三十六年(1947)范文澜的《中国通史简编》等。

60. 五洲同文书局(1903 年冬 10 月)

光绪间,《二十四史》曾被多家出版机构影印过,有同文书局、竹简斋、俟实斋、史学斋和光绪二十八年(1902)文澜书局的影印本等,但最好的是上海五洲同文书局光绪二十九年(1903)冬十月的影印本,它将乾隆四年(1739)武英殿刻本缩印成 710 册巾箱本,缩印开本适中,印刷精良,是商务印书馆民国间百衲本出版之前,影响广泛的一部。

61. 时中书局(1903 年—1932 年)

望平街上的上海时中书局,以铅字印刷为主,并且设有专门的活版印刷部。光绪二十九年(1903),时中书局编译了《丈夫之本领》等书,宣统元年(1909)冬还有铅印《陈卧子先生安雅堂稿》十五卷,共 6 册。铅印本《梨洲遗著汇刻》二十一种 20 册,首先在宣统二年(1910)五月出版,到民国四年(1915)三月又发行了再版。《评选环溪草堂医案》二卷 2 册,是时中书局的一部石印本,书上也没有标注出版纪年,从版式特征看,约在光绪末年到宣统这一段时间内。在 1903—1915 这十来年中,基本上每年都有书出版。直到民国二十一年(1932),时中书局还出过《青春的悲哀》一书。(注:《上海出版志》创办时间记录为清光绪年间,地址望平街,创办人顾子安。)

62. 华美书局(1903 年—1925 年)

以出版外国人著作为主的上海华美书局,多是铅印本,如光绪二十九年(1903)美国人惠廉的《美国教士慕翟先生行述》,光绪三十一年(1905)德国人柏特元的《造物论》等,英国人华特史脱的《侏儒媒》是宣统元年(1909)一部不多见的石印本,在民国元年(1912)还有一部《延寿通论》,是美国人蔚克约翰所著。国人著作也有,如民国十四年(1925)清袁枚的《诗学全书》四卷,是 4 册石印本。

63. 奎章书局(1903 年)

传统姓氏书籍编排方法通常都是分韵摘录,上海奎章书局光绪二十九年(1903)的石印本由清吴佐清编辑的八卷《海国尚友录》,以时间先后为序,全部采用中国朝代纪年法,始自唐虞,迄至清同治间,人物依次排列,并且年代兼具中西,条理分明,方便了读者使用,这在当时也是一种创新。

64. 文林惠记书局(1904 年孟夏—1937 年)

一个书局可能会有不止一个名称,多是简称与全称之别。在光绪三十年(1904),20 册一百二十卷石印本《御批历代通鉴辑览》的牌记上有"光绪甲辰(1904)孟夏之月上海文林惠记书局”这样的称呼，而版心下则题“文林书局校印”，民国二十六年(1937)的《隔帘花影》则被认为是上海惠记书局出版的，算来它总共有三个不尽相同的称呼。

65. 经艺书局(1904年孟秋)

《御批历代通鉴辑览》，清高宗御批，排辑历朝事迹，起自黄帝，讫于明代，编年记载，纲目相从，乾隆三十二年大学士傅恒(？—1770)等奉敕编撰。除文林惠记外，这部书在光绪三十年(1904)还被上海经艺书局石印过，共一百二十卷24册本，牌记题“光绪甲辰孟秋月上海经艺书局印”，行距、字体都比惠记书局大，整体版面显得要疏朗些。

66. 通元书局(1904年—1905年)

一百二十卷的《御批历代通鉴辑览》看来是很畅销的书，自乾隆到清末，曾被十余家出版过，刻本、铅印本、石印本都有，最精彩的当数同治十年浙江书局的朱墨套印本。也在光绪三十这一年(1904)，上海通元书局也出版了石印，与经艺书局相同，也是24册。在这三家的本子中，通元本是最好的，开本更大，有类刻本。转年通元书局还石印了《鲸华社钟选》二卷，由清吕景端编辑。

67. 开智书局(1904年—1929年)

清末的书局不都是出版他人的著作，也有自己做编辑的。《历代奸庸殷鉴录》三十二卷卷首一卷，就是由上海开智书局编辑，并于光绪三十年(1904)由其石印出版的。而外，民国十八年(1929)，它还出版过谢瀛洲编著的《五权宪法大纲》。

68. 育文书局(1905年—1921年1月)

上海育文书局似乎不具有影印技术，光绪三十一年(1905)，它根据明万历十八年(1590)刻本重抄上石，成《烟霞小说》六卷石印本6册，每页字如聚蚁，难以速读，如果是做成影印，即便是缩印效果也会好得多。《中国丛书综录》收有育文局宣统三年(1911)编辑出版的《子书二十八种》，同样是石印本。民国十年(1921)春正月，育文书局编辑出版的《子书三十六种》，也是40册石印本。这时育文书局在汉口和南昌还设立了分发行所。

69. 有正书局(1905年—1941年10月)

德国人发明的珂罗版也是一种影印方法，不过它使用的印刷用板不是石头，而是毛玻璃，影印效果更为逼真，光绪间被引进中国。光绪末年狄葆贤(1872—1921)创办了有正书局，位于上海望平街上，同文明书局广泛地使用了这项技术，内容则多为书法类作品，包括拓本、手稿两类。它出的书有数百种之多，但有一大批都没有标注出版年。早期印本中，如光绪三十一年(1905)的《金冬心先生自书诗稿墨迹》《王梦楼行书》等，出版前往往请一些名人对作品墨笔品题一番，也有狄葆贤自己所题，落款多有纪年，这有可能就是出版年，书后类似版权页上，只有定价、发行所、严禁翻印等项。后期比较规范，如民国三十年(1941)影印的唐欧阳询《九成宫醴泉铭》，从版权页上还可知它是在这年十月再版的。除影印外，有正书局也有石印本，如光绪三十一年的《郁华阁遗集》等；也有铅印本，如宣统元年(1909)的《宋稗类钞》等。(注：《上海出版志》开办时间记录为1904—1943年，地址威海卫路后迁福州路山东路口时报馆内，创办人狄葆贤。）

70. 六艺书局（1906 年仲春—1932 年 7 月）

《初白庵诗评》三卷是上海六艺书局据乾隆间刻本缩印的，出版时间约为光绪末年。光绪三十二年（1906）仲春《中等小学和文学译》1 册，是该局有明确纪年最早的石印本。宣统三年（1911）一年中，六艺书局出版新书最多，有石印本《二十世纪奇书快睹》等十余种。民国二十一年（1932）七月发行的第三版《曲苑》二十六种 7 册，则改为时尚的铅印平装本，印刷是由上海大同书社承办的，此时它还扩大了发行机构，在杭州成立了分发行所。

71. 乐群书局（1906 年 8 月—1915 年）

乐群书局也开设在上海棋盘街，它曾与上海图书编译局有过密切的合作。光绪三十二年（1906）八月《东瀛警察笔记》四卷，就是由图书编译局石印，乐群局发行的。这个月它还承印并发行了《黑海钟》十八回 1 册石印本，而总发行由图书编译局承担。它还有个名字叫泰记乐群书局，如民国四年（1915）的 3 册《绣像海上繁华梦》，就这样被用过。（注:《上海出版志》创办时间记录为清光绪年间，地址棋盘街南，创办人汪继甫。）

72. 海左书局（1906 年—1929 年）

位于上海四马路中市的海左书局，光绪三十二年（1906）出版的《燕山外史注释》八卷，是 4 册石印本。《改良新西游记》十六回，是在宣统元年（1909）冬月石印的。潘世恩的四卷《消暑随笔》，则是宣统三年（1911）二月根据道光间刻本影印的。海左书局还有石印本《中国革命四大首领合传》，在清末它是不会公开发行的，因此由书的内容看，出版应该是在民国初年。直到民国十八年（1929），海左书局还有《美人碧血记》出版过。

73. 医学书局（1906 年—1947 年）

日本人田村化三郎所著《子之有无法》，出版于光绪三十二年（1906），开上海医学书局出版之先声。这个书局由丁福保（1874—1952）创办，以出版医学、宗教类书籍为主，多为铅印本，影印、石印本不多。民国间有《诗词杂俎》7 册，是据明末毛氏汲古阁刻本影印的；民国二十七年（1938）丁福保所编的《古钱大辞典》二编，则是少见的一部石印本，共有 13 册。医学书局出版的书籍很多，开办的时间也较长，晚至民国三十六年（1947）还出版了《衰老之原因及其预防》，由德国人罗兰撰写，日本人太平得三日与丁福保共同翻译。

74. 文新书局（1906 年）

冯云鹏、冯云鹓兄弟是清嘉庆、道光间江苏南通人，平生广搜金石碑刻，汇集有《金石索》十二卷卷首一卷，有道光三年（1823）邃古斋刻本传世。上海文新书局在光绪三十二年（1906）将这部刻本石版影印，装订成 24 册，由千顷堂书局协助发兑，这是文新书局仅见的一部书。不过光绪十九年（1893）这部书就曾被积山书局影印过，比文新书局早了十三年。

75. 飞龙阁书局（1906 年）

清陈念祖（1753—1823）福建闽县人，乾隆五十一年中举，精通医术，有四十多部医术传世，其中《医学三字经》四卷，被尊为医学启蒙四小经典之一，对后世影响颇大。现在看到的上海飞龙阁书局唯一一部石印本书，就是这部《医学三字经》，被装订成1册，出版于光绪三十二年(1906)。

76. 月记书局(1906年)

前面提到在光绪二十五年的时候，上海月记书局曾为仓海山房书局印刷过《绣像英雄大八义》，那时它被叫做“月记石印处”，以月记书局名义出版书籍，从藏书看是在光绪三十二年(1906)，这年它有石印本《新刻绣像白绫扇》，共四卷三十二回，是一部鼓词。

77. 萃文斋书局(1907年孟春—1912年)

出版发行通俗、实用类书籍是上海萃文斋书局的特色。在有记录可查的前后六年中，最早的是光绪三十三年(1907)孟春八卷7册本《绣像郭秀下两广》，最晚的是民国元年(1912)《中华民国二年岁次癸丑阴阳合历便民通书》1册，这两部书都是石印本。

78. 商业书局(1908年6月—1936年)

新马路西福海里的上海商业书局，在光绪三十四年(1908)校印了《普通尺牍全壁》八卷8册石印本，从版权页上可以看到出版整部书完成的时间：四月印刷，五月出版，六月发行，各环节紧凑有序，说明它的石版印刷业此时已相当成熟。这部尺牍出版和发行也是分开的，总发行者是六艺书局。它的《普通尺牍全壁》大概很受欢迎，民国二年(1913)还被再版过一次。民国二十五年(1936)商业书局仍然有书出版，名为《投考邮局海关指南》。此外，民国间在大连也出现过一个商业书局。

79. 泰东书局(1908年—1939年)

英汉对照本《拜伦诗选》，上海泰东书局于光绪三十四年(1908)发行了初版，民国十一年还有第四版。泰东书局出书比较多，基本是铅印本，民国间有两部影印本，分别是民国十一年(1922)据明刻本影印的《王氏书画苑》和民国十三年(1924)的《诗经原始》，这是据民国三年云南图书馆刻云南丛书本影印的。民国二十八年(1939)还有《社会经济丛刊》出版，属于黎明学会丛书之一。民国间烟台也有过一个泰东书局，彼此间有无关系尚难确定。

80. 博济书局(光绪间，1875年—1908年)

上海博济书局的石印本《经济实考》，书前冠有朱印光绪二十六年十二月初十日行在内阁抄举上谕，其后是光绪二十三年湖南学政江标的叙文，没有具体的印刷时间，因此暂定为光绪间出版。江标(1860—1899)撰写的这部《经济实考》共八卷，反映出他注重时务教育，以舆地、掌故、算学取士的主张。他因参与新政，戊戌后被革职禁锢于家。当时博济书局出版此书，是需要有一定胆量和头脑的，非寻常单独以盈利为目的的书局可比。

81. 格致书局(光绪间，1875年—1908年)

有一幅彩色石印《皇朝东三省朝鲜地图》，光绪间由上海格致书局出版。彩色石印出现的较晚，有文献说光绪三十年(1904)同文书局开始采用这项技术，转年商务印书馆也聘请日本技

师从事彩印，因此这幅地图的出版也不会太早。彩色石印技术水平要求高，点绘分色，工艺复杂，要分版、套版来印刷

82. 蒋春记书局（清末—1924 年）

小说《绣像续编四集七剑十三侠》《绣像新编七剑十三侠五集》是蒋春记书局清末的石印本。蒋春记书局与天宝书局在出版时间、印刷方法、出书内容有很多相似之处，它们同在清末到民国早期，使用石印技术来出版普通大众容易接受的读物。民国十三年（1924）蒋春记还有八卷石印本《绣像文武香球》问世，书名页右下有双行小字题“本局开设上海新署后面海宁路裕鑫里”。

83. 天宝书局（清末—1929 年）

在上海天宝书局所出的书中，出版于清末的有两部，一部是《绘图今古奇观》，另一部是《绣像五虎平西南全传》，都是行密字小的石印本。民国十八年（1929）彭启丰的《阴骘果报图注》也是一部石印本。石印是天宝书局采用的主要印刷技术，从它现存的藏品看，全是石印本。民国间，在奉天也有一个同名书局。

84. 进步书局（清末—1930 年）

清末通常指咸丰到宣统（1851—1911）这一段，但对于石版书来讲，主要还是指光绪到宣统（1975—1911）这三十七年时间，因为以上介绍的书，都没有早于此。上海进步书局在清末有一批石印小说，如《侠义小说木兰奇女传》《绘图荡平奇妖传》《绣像绘图第一奇女传》等。民国间仍以出版小书为主，多达数百种，直到民国十九年（1930）的《夏春娘》，仍是一部奇情侦探小说。

85. 文元书局（清末—1949 年）

唯一一部被认为是上海文元书局在清末出版的书叫《绘图三千字文》，属于文字学蒙求类，是 1 册石印本，采用古老的两节版式，上图下文，印制精工。民国间文元书局也基本都是石印本，如民国六年（1917）的《绣像升仙传演义传》，民国十三年（1924）的《绣像七剑八侠十六义》等。外此，民国三十八年（1949）它还再版过一部《现代新沪剧》。除上海外，民国间浙江嘉兴也出现过一个文元书局。

86. 大经纶书局（清末）

清顺治举人唐甄有二卷《潜书》传世，图书分类上属于清代哲学类。这部书在清季被上海大经纶书局石印出版，版心下题“上海大经纶书局印行”九字，是 2 册巾箱本，行距虽密但字体较大，墨色乌亮匀净，堪称石印本的佳品。

87. 章福记书局（1909 年仲春—1921 年）

开设在上海英界派克路的章福记书局，在辽宁、汉口、徐州、蚌埠都建有发行分局。民国十年（1921）的《章福记书局图书目录表》石印本 1 册，书前有一则启示，称该局到这一年已经历三十余年，那么它实际开局时间应在光绪中前期。《曾文正公家书》十卷，是章福记宣统元年

(1909)仲春的石印本,共6册。第二年孟秋石印本《绘图定国志》八卷,是一部稀有的弹词,其他机构还没有见到出版过。(注:《上海出版志》名称为章福记书庄,创办时间记录为清光绪年间,地址新马路,店主章宸荫。)

88. 炼石斋书局(1910年—1923年)

晚清小说续书成风,上海炼石斋就是一家以编印小说续集闻名的石印书局。自宣统二年(1910)出版杭余生编撰的《绘图再续儿女英雄全传》四卷四十四回后,宣统间还发行了四续四卷三十二回本和民国九年(1920)的五续四卷三十二回本。而史长啸编辑的《新编绘图六续儿女英雄全传》四卷三十二回以及七续四卷三十二回、八续四卷三十二回本,在宣统间也分别被炼石斋石印,直到民国十二年(1923)它还出版了这部小说的九续四卷三十二回本。而外民国二年(1913)石印本《秘传花镜》六卷,题陈淏子辑,是汉口一家同名书局所出,或许是它的一家分店。

89. 宏大善书局(1911年—1940年)

以出版通俗民间宗教信仰类小书为主的上海宏大善书局,位于上海河南路吉祥里,总经理是浙江人金友生。他们也曾设计过一个很独特的香炉式商标,炉腹印有书局名称,炉中飘荡出的香烟由"为善最重"四个变体字形构成,这也可以理解是其出书的宗旨。宏大善书局宣统三年(1911)的《济世慈航》,民国八年(1919)的《感善梯航》,民国十八年(1929)的《孔子大事类编》等,都是1册小开的石印本。至民国二十九年(1940),还有《养善圣品》一书。

90. 自强书局(1911年—1948年)

在清王朝统治的最后一年(1911),上海自强书局依据清康熙间项氏玉渊堂刻本,精心校勘后,石板影印了《韦苏州集》十卷6册。民国十八年(1929)仲夏又据光绪二年四川初刻初印本,影印了张之洞的《书目答问》四卷4册。此外民国初年的鼓词《绘图说唱于公案》六卷6册、民国间天宝书局代印的《新增格古要论》十三卷8册,则都是石印本。直到民国三十七年(1948)还出版了第七版的《京剧歌谱三百首》,由京剧研究社编辑。清末到民国间,北京也有一个名为自强的书局。

这一时期,还有一些书局仍然沿用着传统的雕版印刷方式,如上海望益山房书局(1881年),上海福瀛书局(1885—1890年夏),上海锦江书局(1901年秋),上海翼化堂善书局(1894年—1935年)(注:《上海出版志》名称为翼化堂书局,创办时间记录为1857年,地址新北门后迁豫园路20号,创办人张竹铭等)。也有一些书局则只采用铅字印刷,如美华书局(1881年—1946年)、公兴书局(1886年)、图书集成印书局(1887年—1904年)[注:《上海出版志》创办时间记录为1884年—1904年,地址天保路,(英)美查创办,后由席子眉、席子佩经营]、大文书局(1887年—1946年)、六先书局(1893年—1898年)、吴云记书局(1896年—1906年)、土山湾慈母堂印书局(1898年—1930年)[注:《上海出版志》有名为"土山湾印书馆"者,创办时间记录为1864—1958年,地址徐家汇土山湾,天主教出版机构,(法)爱桑创办]、广智书局(1901年—1944年)(注:《上海出版志》创办时间记录为1898年—1925年,地址棋盘街,创办人冯镜如)、华洋书局(1901年—1902年)、文明编译书局(1902年—1903年)、时务书局(1902年)、开明书局(1903年—1952年)、通雅书局(1903年—1904年)、镜今书局(1903年—1904年)、新昌书局(1904 年仲春—仲冬)、文英书局(1904 年—1926 年)、普及书局(1906 年—1934 年)(注:《上海出版志》创办时间记录为清光绪年间,地址福州路惠福里,创办人陶甲三)、科学书局(1906 年—1914 年)、蒙学书局(1906 年—1907 年)(注:《上海出版志》创办时间记录为 1902 年,地址棋盘街北段)、中新书局(1907 年八月—1948 年)、国光书局(1911 年—1942 年)、东亚书局(清末—1953 年)、扶轮书局(光绪间)[注:《上海出版志》有名为"国学扶轮社(亦称国学社)"者,创办时间记录为 1902 年,地址棋盘街和平里,创办人王均卿、沈知方等]等。清末上海还出现过一些书局,大概也是以铅印为主,如作新译书局(1902 年),新民译书局(1903 年),一新书局(1903 年),竞化书局(1903 年),大宣书局(1903 年),启明书局(1904 年),开通新书局(1906 年),群益书局(1907 年),恒记书局(1909 年)。这样看来,如果不考虑印刷方式,从目前存世的藏书所留下来的记录看,清末上海单以书局命名的民间出版机构至少在百家以上。

进入民国后,上海不断又有一大批新书局出现,或石印、影印或铅印,少数书局的名称还比较陈旧,而更多书局的名字很新潮、文雅、亲切和响亮,如江东茂记书局、龙门联合印书局、基督福音书局、中华浸会书局[①]、沈鹤记书局[②]、求古斋书局[③]、求石斋书局、久敬斋书局、博文斋书局、富强斋译新书局、宏文阁书局、然藜阁书局、槐荫山房书局、竹石山房书局、碧梧山庄书局、锦文堂书局、润德堂书局、曾文堂新记书局、五凤楼书局、瑞文楼书局、两宜楼书局、福禄寿书局、国华新记书局、新生命书局、新书林书局、马启新书局、泰东图书局、吴承记书局、刘德记书局、大一统书局、大达图书局、大中源记书局、大文宝记书局、大法轮书局、大夏书局、大星书局、大方书局、大文书局、大通书局、大道书局、大亚书局、大雄书局、大德书局、大声书局、吼声书局、同声书局、民声书局、民立书局、民力书局、民智书局、民强书局、民族书局、民众书局、民学书局、民主书局、民志书局、志新书局、志成书局、励志书局、国泰书局、国民书局、平民书局、公民书局、全民书局、益民书局、公益书局、五教书局、五音书局、晨钟书局、九州书局、九经书局、守经书局、经纬书局、佛说书局、般若书局、尚古书局、尚武书局、博览书局、鸿章书局、艺香书局、木铎书局、雪茵书局、曼丽书局、凤鸣书局、鸡鸣书局、龙虎书局、天马书局、永年书局、永昌书局、永明书局、白光书局、青光书局、海风书局、湖风书局、潮风书局、雷风书局、三风书局、三民书局、三益书局、三通书局、达文书局、文通书局、文业书局、文林书局、文立书局、文信书局、文源书局、文风书局、文益书局、文汇书局、文化书局、文艺书局、文萃书局、萃英书局、南强书局、北新书局、广记书局、广义书局、广育书局、广华书局、广艺书局、广协书局、协和书局、孚华书局、先华书局、昌文书局、艺文书局、春江书局、金兰书局、金光书局、金屋书局、天宝书局、天一书局、统一书局、精一书局、中一书局、中医书局、武学书局、道德书局、平凡书局、普益书局、普通书局、开通书局、开华书局、知新书局、良友书局、育智书局、戏学书局、越伶书局、云记书局、生记书局、福记书局、基本书局、本立书局、读者书局、标点书局、云章书局、朝日书局、昆仑书局、霞飞书局、毅力书局、爱文书局、爱国书局、长城书局、新城书局、新村书局、新月书局、新

---

① 《上海出版志》:中华浸会书局 1902 年 2 月创立于广州,1920 年迁上海。在国图馆藏书籍中有记录可查的时间段是 1912 年—1957 年,多为铅印本。

② 《上海出版志》:沈鹤记书局创办于 1911 年。在国图馆藏书籍中有记录可查的时间段是 1913 年—1949 年。

③ 《上海出版志》:求古斋书局创办于 1911 年。在国图馆藏书籍中有记录可查的时间段是 1927 年—1936 年。

亚书局、新业书局、新兴书局、新钟书局、新声书局、新民书局、新生书局、人生书局、人美书局、同春书局、阳春书局、春元书局、春明书局、春江书局、春潮书局、春光书局、春华书局、华安书局、华人书局、华英书局、华通书局、华阳书局、华光书局、辰光书局、光华书局、兴华书局、兴业书局、兴中书局、光夏书局、荣华书局、清华书局、晓光书局、晓星书局、南星书局、三星书局、明星书局、金光书局、金城书局、金屋书局、金兰书局、万有书局、万象书局、万错书局、幸福书局、美德书局、裕德书局、明德书局、奈川书局、正午书局、武林书局、艺林书局、图画书局、复兴书局、复新书局、富强书局、富华书局、今日书局、启新书局、百新书局、现代书局、建设书局、前进书局、军事书局、法学书局、中心书局、中原书局、中外书局、中流书局、洪流书局、新流书局、铁流书局、进化书局、进步书局、求进书局、正心书局、太平书局、和平书局、公平书局、共和书局、震亚书局、振业书局、南方书局、东方书局、亚华书局、亚光书局、亚东书局、亚洲书局、亚细亚书局、东亚医学书局、中西药书局、欧亚书局、太平洋书局、世界书局、学生书局、儿童书局、勤奋书局、自然书局、天然书局、合成书局、合众译书局、福兴印书局、新中华书局、新中国书局、新生命书局、新自由书局、新民译印书局、中申新书局、熙光善书局、心灵科学书局、中国回教书局、中国农业书局、民国编译书局、小朋友书局、中学生书局、青年协会书局、汉文正楷印书局、江汉印书局、龙门联合书局、民强小说书局、职业教育书局、好运道书局等(以上排名未按时间顺序)。

这些还难说是准确的统计,但合起来也有二百多家,若再加上清末持续经营下来的,当时上海拥有的书局数量实在是太可观了。从《上海出版志》一览表的统计看,民国间以书局命名的机构有 90 余家,最晚直到民国 38 年(1949)5 月,李武陵还成立了武陵书局。此时书局之名蔚然成风,连创办于明万历间洞庭席氏的扫叶山房,在民国十四年至民国二十年(1925—1931)间也自称为扫叶山房书局了。在这些众多的书局中,最著名的要数民国元年元旦在上海成立的中华书局,它经营规模庞大技术先进,在各主要大城市都设立了分店,于 1954 年迁址北京,从编辑到出版发行不断壮大,一直发展到今天。

清末到民国时期,上海的出版业占据着主导地位,而外民间被称作书局的图书出版发行机构,在全国各地也有不少①,据不完全统计也有数百家之多,它们出现的时间有先有后,多数是在民国间,采用印刷方式主要是石印和铅印。有据可查的有北京②泰山堂书局、聚恒堂书局、德兴堂印书局、老二酉堂书局、佩文斋书局、瑞文龙书局、龙文阁书局、保阳书局、同善书局、东亚书局、中亚书局、北新书局、晋华书局、宏文书局、开明书局、传信书局、自强书局、有正书局、佛学书局、北京书局、联合书局、文艺书局、艺文书局、万全书局、佩文书局、建叶书局、经纬书局、西北书局、华北书局、华新书局、永华书局、乐华书局、义茂书局、义文书局、和平书局、法轮书局、立达书局、讲义书局、平民书局、民友书局、人人书局、北平书局、京华书局、瑞文书局、文兴书局、振亚书局、震亚书局、武学书局、大成书局、进展书局、开智书局、民国书局、农商书局、万聚合记书局、新民音乐书局、世界回教书局、增利印书局、公记印书局、中国印书局、中华印书局、文成印书局、永明印书局、新亚洲书局、精英印书局、友文印书局、斌兴印书局、四维印书局、大成印书局、大北印书局、京城印书局、京津印书局、和济印书局、金华印书局、公记印书局、文岚簃印书局、新亚洲书局。天津绛雪斋书局、文美斋书局、成文厚书局、文岚簃印书局、西普文

① 下面列举各地书局的名称,或有与上海同名及彼此相同者,有可能是重名也可能是分号,尚难考证。排名依地区划分,未按时间顺序。

② 1927 年迁都南京后,北京改称北平,因此这些书局的出版地中分别有京都、北京和北平三种称呼。

石印书局、谦益丰书局、文明书局、文贤书局、百城书局、人文书局、正大书局、江东书局、博雅书局、天津石印书局、精华印书局、复源南纸书局,清河县志书局,静海县志书局,沧县志书局。保定晓钟书局、武学书局、协生印书局,永青文林书局,新城谦益石印书局,磁县明善堂书局。山东陵阳书局、昌阳书局、共合大学堂书局,济南艺华书局、华阳印书局,兖州天主堂印书局、崇一堂印书局,德州衍庆堂善书局,潍县实雅书局,东昌三合堂书局,烟台大华书局、福裕东书局、泰东印书局,青岛敬修书局、福昌书局、天书堂书局、成和堂书局、同文印书局。河南审美书局,郑州震华书局,洛阳大东书局,南阳明善书局、百成书局,盩县盩吾新记书局。太原山西书局,大同同和书局,祁县文和斋书局,隰县积详斋书局,灵石县志书局。西安西山书局、含章书局、同兴书局、德华书局、云华书局、九州书局、大兴书局、大东书局,兰田复兴书局,榆林运通书局。甘肃陇右乐善书局,章德明善堂书局,平凉文兴元书局。沈阳振兴书局、永康书局、三友书局、文化兴印书局,奉天大众书局、文艺书局、鸿兴书局、义生书局、广艺书局、正大书局、文化书局、东方书局、文潮书局、惠迪吉书局、益文印书局,庄河永源书局,复县日新书局,辽阳大兴书局,海城大同书局,通化光明书局,大连文化书局、聚胜堂立记书局,安东辽东书局、诚文信书局、宏业号印书局。长春大陆书局、启智书局、复庆永书局,双城精益书局。哈尔滨墨林堂书局、开明书局、东北光华书局、精益书局、广盛书局、广记印书局、商业印书局,嫩江进化书局。成都扶经堂书局、茹古书局、尊经书局、桂王街书局、文伦书局、佛心印书局、众志书局、华英书局、开正书局、正声书局、大地书局、四达书局、长风书局、国风书局、算学书局、实学书局、现代书局、自力书局、友谊书局、中西书局、成都书局,重庆明星合记书局、圣家书局、广学书局、瑞文书局、进文书局、文声书局、文风书局、文力书局、史学书局、国风书局、华一书局、一心书局、金诚书局、万光书局、定中书局、中西书局、七七书局、青年书局、民联书局,内江仁义永书局、新民书局、兴中书局,万县民益书局、华星书局,达县复兴印书局,泸州开智书局。云南鑫文书局,滇南经正书局,昆明文建书局、北新书局。广西文海书局,桂林新生书局、全文书局、民光书局、集成书局、实学书局、万有书局、康健书局、建国书局、前导书局、大成书局、大时代书局,柳州光华书局、百城书局,梧州道宣书局,南宁大夏书局、三管图书局。贵州聚善书局,贵阳文通书局、崇文书局、崇学书局、向春发书局。湖南益元书局、文章书局、大雅书局、淡雅书局、实学书局、兴学书局、新学书局、艺文书局、经济书局、崇德书局,长沙古今书局、荷塘书局、竹素书局、草素书局、惜阴书局、湘芬书局、文地书局、益智书局、谦善书局、友善书局、民治书局、大千书局、楚益图书局,岳阳明善书局,新化三味书局、唤民书局,常德民兴书局,洪江熙和书局,宝庆经元书局、务本书局,南岳镇南书局。江西开智书局、群力书局、国风书局、世界书局、正中书局,南昌普益书局,赣州康健书局、合群书局,赣县合众书局、群益书局、章贡书局,吉安东南书局。湖北亚新书局,武昌益善书局、宣道书局、道艺书局、开化书局、中兴书局,汉口炼石书局、因果书局、圣教书局、协同书局、兴华书局、大达书局、湘芬书局、永益书局、信义书局、中西书局、维新印书局,襄阳大文堂书局。安徽陵阳书局,婺源曲水书局,丹扬文星堂兴记书局,安庆新民书局,泰和国风书局。南京萃文书局、保文堂书局、宜春阁书局、木下书局、天一书局、仁声书局、德新书局、前途书局、钟山书局、新国民书局、启新合记书局、仿古印书局,南通翰墨林书局,镇江大成书局、大华书局、润德堂书局、江南印书局,无锡文华书局、慎安书局、文华书局、协成印书局、游艺斋印书局、民生印书局、苏南新华书局,苏州文怡书局、新苏书局、华兴印书局、大中国图书局、玛瑙经房善书局,常郡培本堂善书局,扬州振新书局,嘉定匡华书局,盐城肇基书局,京口善化书局。浙江正楷印书局,杭州衢樽书局、复初斋书局、抱经堂书局、聚元堂书局、经香楼书局、宋经楼古书局、德记书局、弘文书局、麟章书局、宜新书局、新医书局、便益书局、华丰书局、光华印书局、集益合作书局、三星秋记书局、通记编译印书局,绍兴四有书局、育新书局、绍兴书局,嘉兴嘉华书局、文元书局,永嘉增智书局,湖州五洲书局、大房书局,瑞安仿古印书局,淳安青溪书局,余姚文化书局、普文明书局,宁波汲绠斋书局、学林堂书局、朱彬记书局、东方针灸书局、通雅书局、华生印书局,温州增智书局。福建闽南圣教书局,福州美华书局、远东书局,漳州大同书局。广东新辅英记书局、育群书局,广州石经堂书局、五桂堂书局、蒙学书局、怀远书局、荣兴书局、华兴书局、华英书局、科学书局、环球书局、万国书局、进化书局、开通书局、通亚书局、惠来书局、黎明书局、民力书局、民义书局、民智书局、惠来书局、北新书局、革新书局、光东书局、岭南书局、粤东书局、协荣印书局、志成印书局、共和新书局、大时代书局、美华浸信会书局,珠江同馨书局,东莞养和书局,东昌公益书局,韶关正光书局,佛山同文堂书局,汕头益利书局、文华书局、文明商务书局,揭阳周关盛书局,翁源联兴书局,潮安广益书局,梅县启新书局、环球书局,曲江正光书局。澳门光明书局、世界书局。香港文运书局、大众书局、大公书局、若望书局、尝奇书局、智源书局、华新书局、强华书局、波文书局、前进书局、民声印书局、香港石印书局、亚西亚书局,九龙文源书局。琼州海南书局,海口新民书局。台北台湾书局(1946 年)①、淡江书局(1946 年),嘉义台南书局(1945 年)、兰记书局(1947 年),高雄金鹤堂书局(1947 年),台南台南书局(1945 年)等。它们经营的规模大小不一,开办的时间有长有短,都在不断地采用和完善各种新的印刷技术和设备,尤其是渐臻成熟的石版印刷,来大量出版发行古今中外各类图书,而上海民办书局的数量,在与各地书局相比之下显得尤为突出。当然,还有很多不以书局命名的同类出版机构,如商务印书馆、集成图书公司、神州国光社、荣宝斋、开明书店等,与书局交相辉映,犹如秋夜繁星,分布在四面八方,使得中国近现代民间出版事业出现了一个前所未有的盛况。

浏览了以上这些书局后,不但可以对中国近代以来,出版发行机构分布的概况和数量有一个简单了解,同时也可以得出一个明确的结论:书局官府曾经开办过,而民间的数量远远超过了官书局,除西部少数省份外,全国其他各省都出现过,延续的时间也更长,这是不能忽视的事实,书局更不是专为官府所开办,也应该是一目了然的事。

① 台湾至今以书局相称的出版机构仍然很多,这六家书局都出现在 1949 年以前,后面的记年是该书局现可查到有出版物的最早时间。

谈谈陈澄中先生旧藏宋刻本《注东坡先生诗》

赵　前　古籍馆

[摘　要]2008年,中国嘉德国际拍卖有限公司从海外征集到一册宋嘉定六年(1213)淮东仓司刊本《注东坡先生诗》,为陈澄中先生旧藏。本文对此书进行分析研究和论述。

[关键词]宋嘉定六年　淮东仓司刊本　《注东坡先生诗》　陈澄中旧藏

数月前,中国嘉德国际拍卖有限公司的拓晓堂先生向我出示一册宋刻本《注东坡先生诗》,该册为《注东坡先生诗》第四十一卷。翻开此书,卷首不仅藏印琳琅满目,被火烧过的痕迹更是触目惊心。还记得2004年,国家图书馆在中国嘉德国际拍卖有限公司的帮助下,成功地从海外购藏一批珍贵善本古籍,其中就有一册宋刻本《注东坡先生诗》卷四十二。该书也是藏印累累,有过火的痕迹。出让者正是民国时期南方著名的藏书家陈澄中先生的后人陈国琅先生。眼前这册《注东坡先生诗》,首叶右上方钤有一枚长方形朱色阳文小印——"郇斋",这枚印章我曾多次见过,它常常加盖在陈澄中先生最珍爱的古籍善本上。无疑这册《注东坡先生诗》,也当出自陈氏后人的家中。

一、关于著者

最早著录《注东坡先生诗》的人是宋代的陈振孙,陈氏在其《直斋书录解题》中称:"《注东坡集》四十二卷,《年谱》《目录》各一卷。司谏吴兴施元之德初与吴郡顾景蕃共为之。元之子宿从而推广,且为《年谱》,以传于世。陆放翁为作序,颇言注之难,盖其一时事实,既非亲见,又无故老传闻,有不能尽知者。噫,岂独坡诗也哉!注杜诗者非不多,往往穿凿附会,皆臆决之过也。沈括先与坡同在馆阁,后察访两浙,至杭,求坡近诗签贴,以为讪怼李定等,论诗置狱,实本于括云。"

这段文字说明了《注东坡先生诗》的注者是施元之、顾禧,施元之之子施宿"从而推广,且为《年谱》,以传于世"。可见施宿不仅刻书流传,而且还是《年谱》的作者。

施元之,字德初,吴兴(今浙江省湖州市)人。绍兴二十四年(1154)张孝祥榜,同进士出身。以能诗著名。乾道二年(1166)二月除秘书省正字,三月罢;乾道五年(1169)六月除秘书省著作佐郎,十月除起居舍人,十一月以起居舍人兼国史院编修官,同月除左司谏。因"身居出纳言责之地,朋比相通"而放罢。乾道七年(1171),任衢州刺史;继知赣州。施元之除注有《注东坡先生诗》外,还喜刻书,清人叶德辉在《书林清话》卷三之"宋私宅家塾刻书"一节中有这样一段文字:"施元之三衢坐啸斋,乾道壬辰八年(1172),刻苏颂的《新仪象法要》三卷。…"。另清人王士祯在《池北偶谈》卷十七有这样一段话:"宋苏舜钦子美《沧浪集》十五卷,…有南宋施元之跋尾,云:'苏子美集十五卷,欧阳文忠公为之首序,子美在宝元庆历间有大名,…不幸沦落早世，故生平所著止此，而近时亦少见之，元之因俾镂版于三衢，又得尚书汪公圣锡所藏《豫章先生诗》为子美作也，并附之左方。乾道辛卯(七年，1171))六月己巳吴兴施某书。'"由此可知，施元之还刻了苏舜钦的《沧浪集》。

顾禧，字景藩，自号漫庄，又号痴绝。吴郡(今江苏省苏州市)人。禧少任侠，既壮，折节读书，于诸子百家，方技卜蓍之书，网不披究。为文辄千万言，彻日夜无倦容。声名藉盛远近。禧虽受世赏，不仕，居光福山，闭户读诵，博极坟典。所著书甚富，注苏文忠公诗尤详。宋人陈鹄《耆旧续闻》云："赵右史家有顾禧景蕃《注东坡长短句》真迹。"由此可知顾禧曾注东坡词。另宋人龚明之《中吳纪闻》称："尝注《杜工部诗》，其他著述甚富。"由此可知顾禧还注有《杜工部诗》。所与交者皆一时名士。绍兴间，郡以遗逸荐。闲居五十年不出，名重乡里。

施宿(？—1213)字武子，吴兴(今浙江吴兴市)人，施元之之子，庆元初知余姚县，《浙江通志》称其"兴废举坠，加意风教，市田置书，教诲学者"。"建庄田二千亩，以备修堤之役"。宋嘉定六年(1213)以朝散大夫提举淮东仓司时，刻《注东坡先生诗》，书成不久，卒。施宿喜好金石，广搜碑帖名帙，参订石鼓籀文，《宋史·艺文志》有：施宿《大观法帖总释》二卷，又《石鼓音》一卷。另嘉泰元年(1201)施宿还与冯景中、陆子虚等撰《会稽志》二十卷，并请陆子虚之父——陆游为此书作序。关于施宿刻《注东坡先生诗》一事，宋人周密在其著作《癸辛杂识》"施武子被劾"一则中称："施宿，字武子，湖州长兴人。父元之，绍兴张榜，乾道间为左司諫。宿晚为淮东仓曹时，…宿尝以其父所注坡诗刻之仓司。有所识傅穉字汉孺，湖州人。穷乏相投，善欧书，遂俾书之锓板，以赒其归。因摭此事，坐以赃私。其女适章农卿良朋云。"

二、题跋与递藏

该册《注东坡先生诗》卷后有冯赞勋识语一则：

道光庚子六月八日，司徒照邀同林召棠、陈其锟、罗传球、许祥光、叶应□、

海山仙馆观潘仕成所藏宋椠《苏诗》并赵松雪十札墨迹。冯赞勋记

冯赞勋，字愚阶。嘉庆二十五年(1820)进士。选庶吉，授编修。道光己酉(1825)典山西乡试。旋督学陕西，回京分校礼闱。授太仆寺少卿。任御史时，提出禁烟。《清史稿》有传。

次，顾莼用金汁绘梅花图一幅，右下方有顾氏题跋，由于此册《注东坡先生诗》曾经过火，故跋文有缺佚，用"□"代之。抄录如下：

□□□

招梅花神自喜宋伯仁有梅花喜神□(疑"谱")

昔覃溪先生闭关后犹时招介亭与余同去谭艺今□

公皆游道山

荷屋前辈出示宋□(疑"大")

苏集叙述前事

并令画某(梅)於卷□(疑"末")

不觉感慨係之

顾莼记於卓

赐书堂

顾莼(1765—1832)，字希翰，一字吴羹，号南雅，晚号息庐，长洲(今江苏苏州)人。嘉庆七

年(1802)进士,入翰林,督学滇南,官至通政司副使。书法欧阳询而变之,下笔英挺,行、草、分、隶亦沈郁入古。少好诗古文,晚岁画宗扬补之,水仙似赵孟坚。墨梅古趣洋溢,墨兰雅润,不专一家。或肆为粉披,或敛为简淡,皆天真自然,不求妍妙而别饶风趣。著有《滇南采风录》《思无邪堂诗文集》。《清史稿》有传。

再次,何绍业题诗并序:

道光丁酉(1838)腊月十二潘德畬约同人为东坡寿,并出观宋商丘所藏宋镌施顾注苏集,历传次系俱有题咏,哥瓷虬斝盘龙涎,宋镌苏集尊列前。主人肃客再拜虔,为坡祝寿延诗缘。集中旧记商丘传,注绎施顾同排笺。自从补遗出新篇,举施略顾无乃偏。覃溪学士书画船,获此巨宝输万缗。题标卷首精校甄,函间赞集欧虞妍。更作小册成编年,广寸有五经纬全。绳(蝇)头细书考核研,皇祐纪元迄雍乾。生东坡后诸后贤,生死宦迹鱼贯穿。我得其册朝夜拳,苏集虚望如蹭天。自翁及吴凡再迁,今日乃为潘子专。蓬莱水浅三作田,古人已死或已仙。世于坡公独流连,我亦俯首随俗牵。大造在手探微元,诸子出入归蹄筌。镜空月皎沧波平,开大智慧离中边。黄梅曹洞非真禅,坡公之诗安使然。去岁太史司几筵(黎樾乔太守),案头花色初拂鬈。今年此集珪璧璧,华采照曜侵杯棬。覩未曾覩人驾肩,拂拭楮墨流云烟。主人意兴醉未竣,裁茧索诗凭肊(臆)宣。古今作者谁后先,榱栋之下皆栌椽。我兴且喜狂以颠,公也有知无亦嗎。联。道州何绍业初稿。

何绍业,清代著名书法家何绍基之弟,以荫太学生,官兵部员外郎。善书法、绘画,尤精篆刻。

本册《注东坡先生诗》钤印有:大明锡山桂坡安国民太氏书画印、毛□晋氏、谦牧堂藏书记、谦牧堂书画记、商丘宋荦收藏善本、苏斋、南海吴荣光书画之印、荷屋所得古刻善本、海山仙馆、藏之海山仙馆、德畬、海山仙馆鉴藏书画印、潘印仕成、熙安潘氏子韶收藏印、子韶审定、德畬翰墨、仕成、袁思亮、伯夔、郇斋、祁阳陈澄中藏书记、陈印清华。

由此可知,该书明代曾为安国的插架之物,明末清初为毛晋所有,入清以后先有宋荦庋藏,继之为揆叙藏书,其后被翁方纲入藏,再后为吴荣光藏品,此后被潘仕成收藏,民国年间被袁思亮购藏,最终成为陈澄中藏书。

安国(1481—1534),字民泰,曾常年居胶山,并在长达二里多的山坡上种植了大片桂树,自号"桂坡"。他的室名亦称"桂坡馆"。安国是当时华南地区著名的"三豪富"之一,富可敌国。当时有民谣说:"安国、邹望、华麟祥,日日金银用斗量。"安国喜好藏书,目前所知,安氏不仅藏有宋刻本《注东坡先生诗》,在清人安仪周《墨缘汇观》里还著录他藏有三部宋拓本《石鼓文》。、安国不仅喜好藏书,他还喜欢刻书,曾私人出资,造大量金属活字,摆印书籍。据明人余安泰在安国摆印的《初学记》跋文中说:"经、史、子、集活字印行,以惠后学,二十年来,无虑数千卷"。清代著名学者钱谦益对安国摆印的铜活字本《春秋繁露》给予了较高的评价,称:"金陵本讹舛,得锡山安氏活字本校改数百字。"

毛晋(1599—1659),原名凤苞、字子晋,常熟县人。曾师从钱谦益、冯梦龙、冯班等吴中著名学者。毛晋自幼就爱好书籍,尤喜珍本秘册。成年之后,他深感近世治学因"漫患无善本"而造成的困难,立志流布古籍。他广求善本,不惜以重金悬购。毛晋遇有罕见而自己不可得的书,他总是千方百计地借来,选好的工匠,用好纸佳墨影抄。世人称此为"毛抄"。尤其是影宋抄本,使"宋椠之无传者赖以传之不朽",因此更为珍贵,有"下宋刻一等"之美誉,被孙从添赞为"古今杰作"。

揆叙(？—1717)，字恺功，又号惟实居士。满洲正黄旗人，大学士明珠之次子，纳兰性德之弟。官至左都御史、翰林院掌院学士。谥“文端”。好藏书，其藏书处称“谦牧堂”。由于生前与阿灵阿、王鸿绪等人拥护康熙第八子继为皇太子，雍正继位后被夺官削谥，其藏书充公。著有《益戒堂诗集》。

宋荦 (1634—1713)字牧仲，号漫堂、西陂等，河南商丘人。因父宋权任内翰林国史院大学士荫，得任三等侍卫。康熙朝历官黄州知府、刑部郎中、江苏布政使、江西巡抚、江苏巡抚、礼部尚书等。著《漫堂年谱》《西陂类稿》《筠廊偶笔》《漫堂书画跋》等。

翁方纲(1733—1818)，字正三，号覃溪，又号苏斋，直隶大兴人。乾隆进士，官至内阁学士，广东、江西、山东学政。擅金石、谱录、辞章、书法，著有《复初斋诗集》等。翁方纲藏书极富，但因得到此部宋刻本《注东坡先生诗》，故号“苏斋”。

吴荣光(1752—1843)别字伯荣，号荷屋，别署拜经老人，晚年又别号石云山人。广东佛山人，嘉庆四年考中进士。历任编修、擢御史及巡抚天津漕务。道光年间官至湖南巡抚兼署湖广总督，后因事被降为福建布政使。著作有《吾学录初编》《辛丑销夏录》《筠清馆金石录》《白云山人文稿》等。

潘仕成(1804—1873)，字德畬、德舆，祖籍福建，世居广州，是晚清享誉朝野的官商巨贾。潘仕成继承家业后继续经营盐务，以至洋务，成为广州十三行的巨商。另外，潘仕成博古通今，喜爱收藏，是著名的收藏家。建海山仙馆，藏古玩字画。

三、目前收藏情况

经鉴定，这册宋嘉定六年(1213)淮东仓司刊本《注东坡先生诗》，与中国国家图书馆所藏该书的第四十二卷和台湾汉学研究中心所藏该书之十九卷(目录卷下、卷三、卷四、卷七、卷十至十三、卷十五至二十、卷二十九、卷三十二至三十四、卷三十七、卷三十八)，当为同一部书。

在中国国家图书馆藏的第四十二卷上钤有：大明锡山桂坡安国民太氏书画印、汲古阁、毛晋私印、汲古主人、毛晋、谦牧堂藏书记、谦牧堂书画记、商丘宋荦收藏善本、听雨楼、翁方纲、覃溪读本、苏斋、翰墨缘、南海吴荣光书画之印、荷屋所得古刻善本、英和私印、海山仙馆、藏之海山仙馆、潘仕成收藏金石文字之印信、曾在潘德畬家、德畬、永宝用，等印章。题跋有：宋葆淳、陈庆镛、易顺鼎、王仁俊、张曾畴，吴湖帆金汁题画。

在汉学研究中心收藏的十九卷中，尚存有诸家手书题记百余则，屈万里先生当年在撰“跋‘国立中央图书馆’藏宋刊本《注东坡先生诗》”一文时，称：“覃溪珍之逾球璧，既颜其室曰宝苏，复属罗两峰绘苏斋图及东坡笠屐图，装于本书副叶(是本于清末藏邓诗盦家时，将此二图拆除，另裱为立轴，故今书中已无之)，并倩华冠绘已像，订于第三卷首，张瘦铜为赞，桂未谷书之。自是每年十二月十九日，辄招集宾朋，设奠陈书，以拜东坡生日。故当时名流，若桂未谷、伊墨卿、李南涧、梁山舟、蒋茗生、冯星实、吴榖人、阮文达等数十人，或跋语、或题诗，书于磁青纸护叶者则以金液、银液，书于副叶者则以墨。仅覃溪手跋，即达二十余则。满目琳琅，尤称大观。”

这里值得一提的是，在汉学研究中心收藏的十九卷中，存有顾莼的题跋以及何绍业之兄何绍基的两道跋语(见屈万里文)。兄弟二人之跋语萃见一书，或也可称藏书界一趣事。

这册《注东坡先生诗》何时成为陈澄中先生的藏书，有待进一步了解。但可以肯定的是，在袁思亮家被火烧后，又经张泽珩修复以后得到的。屈万里先生在文中抄录了张泽珩四则跋文，第一则是这样说的:“余得此书于湘潭袁氏,时经火厄,断乱零落,犹幸不尽为六丁取去。因属善工,装治年余始竣。藏之韫辉斋中,并题岁月。丁丑六月十八日。(在卷三后副叶,墨书。)”张泽珩第四则跋文,称:“昔年於西充白坚家,观坡公竹石短卷,后有米元章题诗,明沐府旧装,是公真迹。今流传数年,闻归海外,以未能与此书同藏为恨,爰记於此册之尾。己卯九月十七日雨窗书(在卷二十六后副叶,墨书。)”张泽珩,既张珩。张珩(1914—1963),字葱玉,又字希逸。现代著名鉴赏家、收藏家。韫辉斋为其收藏善本、珍玩之所。郑振铎先生曾为张珩编印过《韫辉斋藏唐宋以来名画集》。由以上二跋可知,《注东坡先生诗》在袁思亮家遇火后,被张珩得到,从1937年(丁丑年)修复后至1939年(己卯年)间,一直藏在张氏的韫辉斋中。这与屈万里先生谈到的入藏《注东坡先生诗》时间是相符的。屈先生在文中还有这样一段话:“光绪末年,诗龛以三千金售诸湘潭袁伯夔。伯夔时官京曹,俄因所居西安门寓舍,不戒于火,其遍镌题记之檀箧,既已气化无存;而书口书脑复颇有毁损。其后张泽珩氏,得此烬余之本,装池年余始竣。抗战期间,乃归国立中央图书馆。”笔者推测,陈澄中先生得到此册书的时间,与国立中央图书馆入藏十九卷《注东坡先生诗》的时间差不多,也当在抗战时期。

如今这册被清人翁方纲等珍若拱璧,设坛祭奠,民国年间过火不毁的宋嘉定六年淮东仓司刊本《注东坡先生诗》再次面世,小可说是收藏界的幸事,大可说是国家的幸事。

残书相合

——基于古籍保护的业务实践

郝瑞平　古籍馆

[摘　要]作为图书馆古籍工作者,会经常在业务操作中遇到"残本"古籍。造成古籍残缺的原因是天灾人祸,是无可挽回的历史。但今天的古籍专业人员既有情操,也有技术条件做保证,可以通过自己的努力,尽可能完成对版本相同或相近的残本古籍进行整合。亡羊补牢也是对中国传统文化的一种保护。

[关键词]残书相合　古籍保护

古籍中的残书相合,或曰配书,是古已有之的文化传统。一部古籍顺时而下,短则数十年,长则数百年,在传承中经历各种人祸天灾,有的幸运地保持了完整,有的残缺不全,有的则遭遇灭顶之灾。残书留给后人的总是遗憾,不论对读书人还是收藏者都有一种基于文化延续的缺失感。作为职业图书馆员,在冥冥之中总希望不期而遇的"残,残"相合,希望所有古籍能完整无损地收藏在图书馆的书库中,能在读者需要时提供全本服务。

古籍经历几百年风雨飘摇,不论是全本还是残本,能保存下来就实属不易。在这艰难的过程中,古代的私人藏书楼、近现代的图书馆都起到了重要作用。清一代藏书大家首推黄丕烈,黄氏堪称"为书籍的一生"。他经年累月汲汲不懈的一件事就是为残本配书。看到缺册残本,只要是好的,照样花大钱买下,然后到处向人借书抄配,边抄边配,随缘随喜,就算得花上几年功夫,也无怨无悔,甘之若饴。像宋刻《文苑英华纂要》,便是在1807年收到七册残本后,花了十一年时间,历经十一次借书补抄校对,直到1818年才算大功告成,配出一套完书。

中国文化史上最值得尊敬的人,著名文学家和藏书家郑振铎西谛先生穷尽一生致力于古籍的收藏和保护。郑先生慧眼识珠,除了收藏全本书外,对那些不为人所关注的残本也格外用心。《西谛书跋》一书涉及先生所购藏的古籍六百四十余种,其中就有残本五十六种,大多为明代刻本。先生曾于中国书店(上个世纪30年代创办于上海的私人书店)购得一部万历三十七年所刊《诗经类考》残本,存二十八卷(全为三十卷)。在为此书所作跋中,先生说明了购买残本的原因:本无意于复收此书,以其价廉,且明人说《诗》之作本不多,故遂收得之。《素园石谱》一书的购藏过程最能说明西谛先生钟情于古籍的良苦。是书为明万历四十一年刻本,全四卷,"殊罕见,初印者尤少"(郑跋)。先生于民国五年前后在北平书贾处购得卷三和卷四,为不远复斋旧藏。(注:不远复斋为清乾嘉间吴县潘世璜室名)。后先生携以相随,南下上海并久置橱中,不复念及。民国二十一年在上海汉口路的忠厚书庄,先生发现书架上标有《素园石谱》二册,取之一览,乃明刻本之第一及第二卷,且亦钤有不远复斋藏印。经与旧藏之两卷相勘,正是同一部书。先生兴奋之情跋于书表:此书久裂为二,乃相隔十五六载之久,相距千余里之远,终得复合为一,诚奇缘也。这两种书现均藏于国图善本书库。

一个普通的图书馆员是无法比及西谛先生爱书护书的一生,以及他深厚博大的文化情怀。

但精神同源,弘扬传统保护古籍是图书馆员义不容辞的责任。更何况通过采访编目能将残书相合,也是图书馆基础业务工作的重要任务之一。图书馆不但是读者汲取知识和信息的平台,也是知识载体整合加工分流排序的工场。

2006 年初笔者整理地方志尾库中的未编书时发现十余种残本,或为旧志或为地方杂记。这些残本是怎样形成的,主要原因是什么,从馆藏现状看,明末清初的旧志残本较多,是集版本与内容为一体的不可或缺的版本,当然大多也是不可"相合"的残本。但有些残书并非稀有珍本,其成书年代不过清中晚期,而多数为清末民国的刻本、石印本和铅印本。历史上的北京图书馆,其馆藏源于缴送、捐赠和自采。无论来自哪个渠道,不会轻易将这些仅能属于普通古籍的残本书纳入馆藏。何况我馆当时有一个专门的机构——采访委员会,参与者都是专家学者,对古籍采访有严格的标准,并非见古籍就买。残本也不应是购书的主要对象。既是如此,残书的出现就应发生在入馆之后的加工或流通环节。究其原因,从笔者所经手的地志门残书中看出,大多数残本的形成是业务人员搬迁转移古籍过程中的疏忽所至。书无过错,书的"残缺"是因人而"动"。

残本的双方(或许还有多方),已有书目数据的可称"已编书",未经整理的残本称"未编书"。根据未编书的基本信息,通过书目工具寻找已编书,确定两者之间相匹配的书目和书号,达到相合的目的。

残本相合后的两种效果:①同一部书的相合,既残书的载体和内容所显示的各种信息证明,双方在历史上原本就是一部书。②同一种书的相合,基于同一版本的残书,而其传承过程中所附加的信息又表明原本不是一部书。前一种属于完美相合,后一种属于内容保全。

本文所指的"残本",不是指书品上的残破,主要是指书目中经常见到的某某书存多少卷或缺多少卷。进行残书匹配(相合)所依据的检索工具有二:本馆机读目录和《北京图书馆普通古籍总目:地志门》(文中简称《地志门》,2003 年 12 月北京图书馆出版社第 1 版)。以下就各种残书相合的理由和依据一一说明。

一、同一部书的相合

1. 未编书:安南志略,抄本 1 册。据各卷端判断,似存卷一至三

已编书:《地志门》第 655 页 8656 号书目:安南志略二十卷首一卷. —清抄本,存卷五至八,1 册。分类号:地 938. 3/995. 1。

未编抄本末叶最左侧有半行朱文,颜色渐淡,仍可确认:安南志略卷四终。经逐叶翻检发现该书卷三末叶和卷四首叶已缺失,因而很容易被误以为只有三卷。将此书与清光绪十年(1884)上海乐善堂排印本《安南志略》比较,每叶的行、字数和内容完全一致。但抄本无目录,只存高宋氏堂、欧阳玄和夏镇三人序,且夏序有缺。总序缺半叶,自序无存。其他如程钜夫、元明善等七人序均无。

以上《安南志略》的两册抄本,其开本大小、书衣及正文用纸、书法风格、朱笔批校的位置和字迹,以及装订线完全一致。卷一首叶下端钤两方朱印,阴文为:柯昌沂印;阳文为:纯卿。第二册有两处天头位置朱笔批校的作者皆以昌沂自称。批校与藏章同为一人,可断定这两册《安南志略》抄本曾经柯昌沂收藏。此抄本用同一部石印版书的散叶做内衬,从内容上看应是诗集。筒子叶内侧可以清晰地看到书口处所印的"沈观斋"三字,且书口下端叶码序号前后相连。

第二册书衣内面托一背纸，上印有“沈观斋诗二册”，应为该书书名叶。查“沈观斋”是光绪已丑(1889)进士，湖北天门人周树模(1860—1925)之室名，有《沈观斋诗》一书存世。《安南志略》内衬用纸为该书民国二十二年的石版影印本。综上可以认定这两册抄本原为同一部书。“残、残”相合后，此抄本仍为残书，但内容增加了五分之一，附加信息有所体现。

《安南志略》是越南人黎崱于14世纪在中国撰写的一部越南史志。黎崱字景高，号东山。约生于13世纪60年代，约卒于14世纪40年代。他自谓：“出，安南人，东晋交州刺史阮敷后也。”《安南志略》的成书，大约在14世纪30年代，即元惠宗元统、至元年间。黎崱在自序中说：“内附圣朝，至是五十余年矣。”《安南志略》记录了自远古至元朝这一阶段的越南古代史，反映了中越两国在种族、文化上的共同渊源，在经济、政治上的紧密联系，因此对古代中越关系和越南历史的研究具有重要学术价值。

2. 未编书：当湖外志，刻本1册，存卷五至八

已编书：《地志门》有两条书目。其一，第292页3523号，分类号：地240.95/937，全2册八卷，该号说明《当湖外志》是浙江省平湖县的杂记类书。其二，第544页7010号，分类号：地727.24/53.893，残1册存卷一至四，该号是指记录浙江省湖泊之书。

当湖外志八卷，清马承昭辑，光绪元年(1875)刻本。辑录者马承昭(1805—1879)字偶卿，平湖人，道光已亥举人，咸同间平湖地区有影响的文人之一。当湖为湖，位于浙省平湖县东门外(今为平湖市当湖镇)，周数十里，湖滨环城，商贾鳞比。本书以“当湖”为名，实指平湖县。所谓“外志”，既该书所收资料盖取邑志以外之来源。其所记事迹得之于邑绅父老传闻、亲友宾朋谈资，占十之三四。得于先贤著述者占十之五六，凡例中列其引用书目计三十四种。从内容定其类，《当湖外志》重在“志邑”，而非“志湖”，因此将其类入地240.95/937，即平湖县之杂记最妥。

未编书中的1册卷五至八，与入湖泊的1册卷一至四内容相接，两册均无行格，半叶十行二十一字小字双行同，上黑口，左右双边单鱼尾，开本、装订和用纸相同。而且末叶都钤有“丽笙阅过”印章。毫无疑问历史上它们就是一部书。

3. 未编书：嵊县志，刻本，存2册卷二十五至二十六

已编书：《地志门》第299页3611号，嵊县志[同治]二十六卷首一卷末一卷，清同治九年(1870)刻本，部一至四全12册。部五10册缺二卷，所缺卷数与未编书同，其书衣及装订也相同。相合后全12册，与前四部一致。

4. 未编书：镇雄州志，刻本，存1册卷六下

已编书：《地志门》第446页5593号，镇雄州志[光绪]六卷，清光绪十三年(1887)刻本，全8册。部二6册缺卷一、卷六残。检该书所谓卷六残，正是缺卷六下。其载体特征的相同处：书衣用纸及颜色、毛装及纸捻。相合后为7册，仍缺卷一，也应是1册。

5. 未编书：剑阁县续志，铅印本，存2册卷九至十

已编书：《地志门》第377页4633号，剑阁县续志十卷，民国十六年(1927)成都协昌公司铅印本。部一、部二全8册，部三6册缺卷九至十。2册未编书的卷次正好补部三所缺。相合后的8册,册次标识恢复了以“金、石、丝、竹、匏、土、革、木”八字为序的八音列法。所谓八音是指八种乐器,而代表八音的八个字是这些乐器制作中使用的主材,如“鼓为革”。这是一种雅俗共赏的序列标识,“雅”表现在传统文人用所喜欢的八种古老乐器为书排序,“俗”体现在偶数八,这是国人从古至今的数字崇拜。

6. 未编书:安徽会馆志,铅印本,存1册卷四

已编书:安徽会馆志四卷,民国三十二年(1943)铅印本。普古库存两部,(书号)53568为部一,全4册。53569为部二,存3册,卷一至三,其所缺者与未编书同。此残本于2007年转交古籍组。近日查机读目录,53569号的缺卷记录已更改。记录最后处理时间为2007年12月24日,与转交时间接近。

以下均为同一部书的相合:

(1)未编书:衢县志,铅印本,存10册卷首卷一至十五

已编书:《地志门》第301页3637号,衢县志三十卷首一卷,民国二十六年(1937)铅印本。该书部一18册缺卷五至六。部二10册缺卷首、卷一至十五,与未编书中的残本相合后,全20册。按图书馆编目规则,部一应为复本中内容最全的那部。此次相合出现了部二为全本,部一是残本的个案。

(2)未编书:至顺镇江志,刻本,存1册卷十二至十五

已编书:《地志门》第246页2927号,至顺镇江志二十一卷首一卷附录一卷校勘记二卷,民国十二年(1923)如皋冒广生刻本。部一、二全8册,部三7册缺卷十二至十五,经与未编书相合,复为8册。该志作为唯一保存下来的元代镇江方志,全面记录了京口地区社会、经济、文化等珍贵史料,其价值为历代学人所重。

至顺镇江志冒氏刻本国图现存四部,一部硃印,三部墨印。冒广生(1873—1959)字鹤亭,江苏如皋人。民国间曾任国史馆纂修,解放后任上海文管会顾问。在硃印本第1册书衣发现冒氏手跋一则,恭录如下:戊午(1918)残腊将之润州,印臣吴兄以覆刻此志见属。刻过半,有楚州之行,善馀陈君为我任校勘。而善馀多病,荏苒五年甫竣工。余在楚州,《楚州丛书》先告成矣,捡寄印臣兄,故人之不忘宿议也。癸亥(1923)十月冒广生。跋文提到了两位近代著名学人。其一印臣吴兄讳昌绶(1867—1924)浙江仁和人,光绪丁酉举人,嘱托冒氏步阮文达之风“将为镇江存其文献乎”。其二善馀陈君讳庆年(1862—1924),丹徒人,提供至顺志底本并负责校勘。二人都是冒氏密友。润州为镇江古称。1918年冒氏调任镇江海关监督,自筹加赞助共集资600银元,启动复刻之举。书刻过半,冒氏调任淮安海关监督,又开始编辑刻印《楚州丛书》。跋文所提楚州乃唐宋间淮安旧称。由于冒氏工作调动,先行启动的至顺镇江志却晚于楚州丛书一年成书。这段遗憾被冒氏记录在初印本的书衣上,以向亲友及后人解释至顺镇江志“起大早赶晚集”的原因。此乃残书相合中所发现的一段鲜为人知的书史(参见该志卷首民国己未冬冒序)。

(3)未编书:宜阳县志,铅本,存1册卷十

已编书:《地志门》第157页1748号,宜阳县志十卷,民国七年(1918)河南商务印刷所铅印本。部一、二全10册。部三残,存9册缺卷十。在未编书中配得1册卷十,仍10册。该志体例独有特色,全书有总目,各卷有分目。卷一至八为正编,是对光绪志的校雠与正误。卷九和十是续编,记述光绪辛巳以后三十余年间之事变。这种旧志与新编的完美结合,在民国志中实属

不多。

(4)未编书:满蒙新藏述略,石印本,存下册

已编书:《地志门》第597页7789号,满蒙新藏述略,宣统间石印本,存上册满洲、蒙古述略。与未编书中的下册新疆、西藏述略合为完书。封面题名前冠"学部审定"字样,内有学部审定批词,称该书"致力甚勤,其中所加按语规切时局指陈利害尤见苦心"。

二、基于同一版本的相合

1. 未编书:西康建省记,存1册,铅印本

已编书:《地志门》第396页4891号,西康建省记,民国元年(1912)四川官书局铅印本,全3册。部二缺第3册。本书各册书衣和书名叶均题:西康建省记。该书各册间没有确切的册次标记,部一3册的顺序是编目时的人为给定。部二仍依据这个顺序,所以将未编书的残本据此顺序合为部二的第3册。两部6册各书名叶均钤有"胡景伊敬赠"长形朱印,应是胡氏赠与他人之书。部一3册开本大小略有差异,也应是配本。部二前2册除胡氏钤印外,还有紫阳朱氏藏书印和中法汉学研究所图书印。根据位置判断,这两枚印都是胡氏印章之后所钤。部二的3册本不是同一部书,经配本补缺成一完书。胡氏字文澜(1878—1950),四川巴县人,1913年任四川都督,1938年任第一届国民参政会参政员。解放后被邀为重庆各界人民代表。

2. 未编书:内丘县志,刻本,存1册卷一

已编书:《地志门》第76页0730号,内丘县志四卷,清道光十二年(1832)刻本。部一全4册,部二3册缺1册卷一,正是未编书所存。与部一第1册相比,该册版本一致、内容相同,只是装订顺序略有不同。与部二另外3册比,开本略小、叶面残损严重,已经托裱。这种情况表明,二者原本不是同一部书。经过相合后的部二,虽然在形式上不能求美,在内容上却可求实。

3. 未编书:重修嘉鱼县志,刻本,存4册卷十一至十二

已编书:《地志门》第337页4118号,重修嘉鱼县志[同治]十二卷,清同治五年(1866)刻本,部一全12册,部二残20册(夹衬装)。未编书为夹衬装,其卷次册数补部二所缺。相合后该志全24册,但部二原20册已做合订,4册合成1厚册,共为5大册。硬包背仿现代精装而成。这是原配前20册与后配4册的唯一区别。除外该志书衣、衬纸等多处特征均能证明它们原为同一部书。

4. 未编书:潜江县志续,刻本,存3册卷十五至十九

已编书:《地志门》第340页4154号,潜江县志续[光绪]二十卷首一卷,清光绪五年(1879)传经书院刻本,存四部全,各8册。部四第5、6、7册开本小于它册约2厘米。未编书中检出同样卷次的3册,开本与它册同。为保持该书开本整体一致,将3册未编书调换到部四,成书之美但需重做函套。是志书名据卷端题,书口和书名页题:潜江县志,目录题:续修潜江县志。邑人潘希贤续序言:应合续志旧志为一书,惟旧志已重刊重刷,未便更易。此言所说旧志重刊是指同年所刻同样是传经书院本的康熙潜江县志。光绪志与康熙志比较,除内容的续补外,凡例卷次完全相同,两志之间是前汉后汉(书)旧唐新唐(书)的关系,分而为二,合者是一。

作为一种灵活的断代体志书,后志与前志在体例结构上一致,内容上相通并互补,这种做法是志书纂修史上的一种进步。通常续修断代体志书时限掌握在 30 至 50 年,但潜江光绪续志与康熙志相隔百八十年。这样长时间的跨度通常做法是重修志书,对前志的体例和内容重新设置,加以不同程度的肯定或否定。惟光绪间潜江修志时,纂修者认为康熙潜志门类详备内容谨严,时虽过事依然,绝无变更之由。

以上是笔者对地志门中部分残书所做的相合。古籍中不同门类不同版本"残"的实际状况颇为复杂,但相合必须基于内容与版本的一致,基于完美相合与有限相合的灵活掌握。那些列入善本的残书,其传承的轨迹已经形成学术史,其收藏过程的附加信息已高于它的史料价值,相合反而破坏了它的原貌和历史。但对大多数普通古籍而言,无法相合的残缺永远是抹不去的遗憾,图书馆人的隐痛。《周易·系辞下》曰"天地之大德曰生",残书配全,古籍新生,文化延续,亦可谓大德矣!

Web2.0 环境下数字化古籍服务的应用创新
——论“全球中华寻根网”之门户建设

万　静　计算机与网络系统部

[摘　要]本文论述了“全球中华寻根网”的项目背景和其门户构建的设想、Web2.0 的概念及其主要技术应用。以作者参与建设的项目“全球中华寻根网”作为实践研究的切入点，针对数字化古籍服务的应用创新，提出了一些建议和看法。“全球中华寻根网”作为一个面向互联网的家谱数字化综合服务平台，可以充分融合资源、用户、技术三个方面的要素，深入挖掘国家图书馆特有的族谱原始资料，采用专业的分析技术手段，整理出真实、权威的族谱人物关系。并在此基础上，通过草根用户和专家团队对家谱信息的不断创建、编排、修订、融合，逐步充实完善家谱相关数据，建立起以寻根溯源为主线的网上华人社区，并以家庭、家族、族群为实体，衍生开展各类应用，构建和谐、活跃、权威、科学的寻根网络，还可有效激活我馆珍贵的历史文献资源，从而更好地为广大社会用户和专家学者服务。

[关键词]Web2.0　全球中华寻根网　古籍服务　家谱

1　引言

中国国家图书馆作为中国的总书库，拥有全球最丰富的中文文献。我馆收藏了丰富的家谱文献，它覆盖面广，涵盖姓氏多且质量水平较高。随着互联网和信息技术的飞速发展，网络传播具有不受时空限制、信息量大、传播迅速、传播范围广等优势，将家谱文献数字化、网络化，让中华传统文化借助现代信息技术手段呈现出更新、更为宝贵的价值，这一古籍知识体系在网络上的建立具有重大的意义。正是在这个意义上，澳门基金会和中国国家图书馆，决定共同合作和构建“全球中华寻根网”（以下简称“寻根网”），希望借助国家图书馆馆藏丰富的家谱资源和专业的技术力量，力将“寻根网”打造成为全球化的华人寻根中心、家谱资料的服务研究中心。我们希望能使之成为全球华人寻根问祖的家园，团结全球华人的文化平台，宣扬中华民族悠久历史文化的窗口。[1]

随着 Web2.0 概念的提出，由 Web1.0 单纯通过网络浏览器浏览 HTML 网页模式向内容更丰富、联系性更强、工具性更强的 Web2.0 互联网模式的发展已经成为一个新的发展趋势。数字化古籍的呈现可依托于 Web2.0 的技术，向更丰富、更多样的动态服务形式转变，“寻根网”的建设也将采用 Web2.0 的技术手段，提升用户的访问体验和兴趣，增强门户系统与用户之间沟通的效果。

2　Web2.0

2.1　Web2.0 概念

Web2.0 是相对 Web1.0(2003 年以前的互联网模式)的新的一类互联网应用的统称，是一次从核心内容到外部应用的革命。由 Web1. 0 单纯通过网络浏览器浏览 HTML 网页模式向内容更丰富、联系性更强、工具性更强的 Web2. 0 互联网模式的发展已经成为互联网新的发展趋势。

Web1. 0 到 Web2. 0 的转变,具体地说,从模式上是单纯的“读”向“写”、“共同建设”发展;从基本构成单元上,是由“网页”向“发表/记录的信息”发展;从工具上,是由互联网浏览器向各类浏览器、RSS 阅读器等内容发展;运行机制上,由“Client Server”向“Web Services”转变;作者由程序员等专业人士向全部普通用户发展;应用上由初级的应用向全面大量应用发展。Web2. 0 是以 BLOG、SNS、RSS、WIKI、TAG 等应用为核心,依据六度分隔、XML、AJAX 等新理论和技术实现的互联网新一代模式。[2]

2. 2 Web2. 0 的主要技术应用

2. 2. 1 BLOG(博客)

博客起源于一种网上日志,是个人或群体以时间顺序所做的一种记录,并不断更新。BLOG 之间的交流主要是通过回溯引用和响应/留言/评论的方式来进行。通过它可以搭建形成作者与读者用户之间交流的桥梁,用户可在每条信息下发表评论和意见。[3]从知识的管理和创造方面看,BLOG 提供了新的形态和途径,BLOG 充分地鼓励了个人思想的表达。从交往形态上看,BLOG 空间设定了积极的读者、作者、编者的互动关系,这是一个收集和共享任何感兴趣的事物和话题的天地。

2. 2. 2 RSS(简易信息聚合服务)

RSS,是 Really Simple Syndication 或 Rich Site Summary 或 RDF Site Summary 的简称,是基于 XML 技术的互联网内容发布和集成技术。它是站点用来和其他站点之间共享内容的一种简易方式(也叫聚合内容)的技术,RSS 服务能直接把最新的信息即时主动地推送到用户桌面,用户只需通过 RSS 阅读器,便可得到订阅的最新内容。[4]

2. 2. 3 WIKI(维基)

WIKI,是一种网上共同协作的超文本系统,可由多人共同对网站内容进行维护和更新。它支持面向社群的协作式写作,同时也包括一组支持这种写作的辅助工具。[5]我们可以在 Web 的基础上对 Wiki 文本进行浏览、创建、更改。Wiki 的写作者自然构成了一个社群,Wiki 系统为这个社区提供了简单的交流工具。

2. 2. 4 Social Bookmark(网摘)

网摘是一种在网上保持网页的链接的服务。简单地说,就是一个网络上的海量的收藏夹。它提供的是一种收藏、分类、排序、分享互联网信息资源的方式。使用它存储网址和相关信息列表,使用标签(Tag)对网址进行索引使网址资源有序分类和索引,使网址及相关信息的社会性分享成为可能,在分享的人为参与的过程中网址的价值被给予评估,通过群体的参与使人们挖掘有效信息的成本得到控制,通过知识分类机制使具有相同兴趣的用户更容易彼此分享信息和进行交流,网摘站点呈现出一种以知识分类的社群的景象。[6]

3 “全球中华寻根网”项目背景

家谱是记录家族世系、家族历史和文化的典籍,记录着我们伟大民族歌哭于斯的卓越历程，是官私史书的重要补充。历史上，家谱在团结族群、传承文化、记录历史上发挥了极大的作用。我国家谱的传统源远流长，已经形成有独特内涵、浸润着民族情愫的谱牒文化，它对民族的心理素质、价值取向、行为模式都发生着潜移默化的影响。[7]

家谱与数字方志、正史构成了中华民族历史大厦的三大支柱，是中华民族最为珍贵的文化遗产，是值得不断地整理、开发和研究的史料。[8]同时它也是海内外华人间血肉联系的纽带，对全球华人寻根认祖，增强中华民族的向心力、凝聚力都具有重要的意义。

今年年初，国家图书馆和澳门基金会合作的“全球中华寻根网”项目已正式签约了，这是中国国家图书馆首次与澳门进行文化教育方面的合作，也是为庆祝澳门回归十周年庆典活动之一。大家希望通过“寻根网”这一平台，让全球华人可透过自己为基本点，便捷地寻根访祖，获取所需家谱的有关资料。项目的总体目标是：“全球中华寻根网”是建立在广泛合作基础上的全球家谱数字化服务、教育和研究项目，以保存人类文明的共同记忆为最终目标。[1]这个项目由国家图书馆承建，具体的建设任务由我部门完成。它将分为五期建完，今年是建设的第一期。第一期项目的建设目标，是在互联网上实现网络寻根、家谱编纂互动、家谱专家咨询、寻根百科、家谱在线阅览、家谱目录和全文检索、家谱谱系分析等功能。

4 “全球中华寻根网”中门户的建设构想

“寻根网”是一个跨越多年的长期建设项目，现正处于项目建设的初期阶段，在初期阶段做好系统的整体架构设计是十分重要的。从项目的整体需求和现状出发，可以从三个层面进行考虑。

4.1 资源层面

目前，大量珍贵的历史族谱数据和方志数据虽然已经完成数字化整理，但有待进一步挖掘，很多处于沉寂状态，没有有效的业务手段激活其应有的宝贵价值，同时，越来越多的民间族谱开始被修订、完善，并逐渐成为专业研究的有力辅助资源。这些基础素材的积累，为开展大规模族谱研究，提供了很好的信息来源和依据。[9]

这里所说资源，指的是“寻根网”所拥有的可使用的数据信息，这些数据信息可以为“寻根网”提供的各种服务提供基础支撑。从对象形态分，资源包括物化资源和用户资源。

(1)物化资源包含馆藏家谱相关的资源、用户提交的可供分享的家谱相关资源；

(2)用户资源包括用户的相关信息、用户访问的历史数据资源；

(3)前者可以为“寻根网”提供基本的服务，后者可以用于改善服务，以便给用户提供更个性化、更优质的服务。

4.2 用户层面

目前，随着社会大众文明意识的提高和国家实力的进步，全社会越来越重视传统文化的继承和传扬，特别是对居住在世界各地的华人来说，族谱意味着炎黄子孙的根源记载，这种寻根愿望愈加强烈。同时，越来越多的专业研究机构和业余爱好者也加入了寻根问祖领域的研究、分享行列。[9]

4.2.1 用户分类

(1)寻根用户:用户希望通过"寻根网"的信息,找到自己的家族变迁情况;

(2)普通公众:对族谱信息感兴趣的普通人群;

(3)家谱专家:通过"寻根网"提供的信息,方便进行家谱学相关的研究支持;

(4)研究者:通过"寻根网"提供的信息,进行历史、文化变迁相关的研究,感兴趣的用户也可以在这里学习到家谱相关知识;

(5)文献拥有者:用户可以通过"寻根网"上载相关文献信息,从而不断补充完善家谱相关的信息,促进信息不断完整;

(6)管理者:对"寻根网"相关资源的管理;

(7)研究机构:专业或者民间的研究团体。

4.2.2 用户活动

用户活动指的是"寻根网"的各种用户在"寻根网"上的行为。用户可以通过"寻根网",进行相关信息的浏览、查询、信息共享及交流,自建家谱。高级用户还可以进行"寻根网"的各种配置和管理。

浏览:用户采用导航浏览的方式,获得所需要的资源信息;

查询:用户通过提交查询(简单查询、组合查询及问答式查询)的方式,获得所需要的资源信息;

分享:用户通过构建或者上载的方式建立资源,以便与人分享;

交流:用户通过 BLOG 等方式,建立人与人之间的交流;

标注:用户通过 WIKI 等方式,对族谱信息进行修订、维护;

管理:用户对"寻根网"进行各种管理。

自建家谱:用户可以便捷地创建"我"的家谱,用户自建的家谱和家谱文献确是有关联的情况,还可以将它和家谱文献进行挂接,融为一体。

4.3 技术层面

随着互联网技术、通信技术、计算机技术的快速发展,业界提供了大量丰富、实用的技术手段,对原有的科学研究方式、人员合作方式、信息发布、分享及获取的方式都产生了强烈的催化及优化动力,从技术层面上已经具备了进一步发掘族谱信息的雄厚基础。[9]

4.4 三者的融合

通过上面的分析可以看到,"寻根网"作为一个面向互联网的族谱数字化综合服务平台,可以充分融合资源、用户、技术三方面的要素,深入挖掘我馆独一无二的族谱原始资料,采用专业的技术分析和推理手段,整理出真实、可信的姓氏、族谱关系。[9]

以此为基础,通过草根用户和专家团队的不断创建、修订、编排、融合,逐步充实、完善族谱数据库,建立起以寻根、溯源为主线的网上华人立体社区,并以家庭、家族、族群为实体,衍生开展各类应用,从而构建和谐、活跃、权威、科学的寻根社会化网络,激活我馆拥有的大量珍贵历史资源,为广大社会用户和专家服务。

其中,资源、用户、技术三方面的互动关系如下图 1 所示。

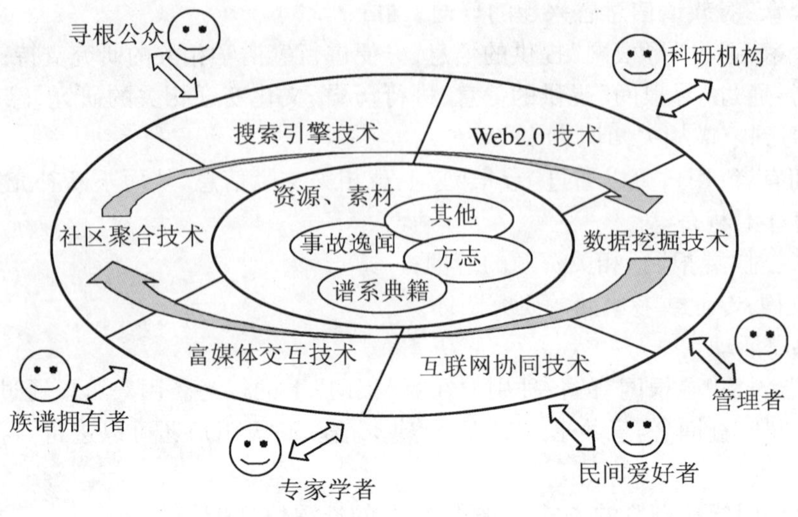

图1 “全球中华寻根网”中资源、用户和技术之间的关系示意图

4.5 技术思路

“全球中华寻根网”可以建设成为一个互联网服务平台，位于谱系资源和用户之间的信息中间层，通过对谱系相关资源的索引、关联和标注，以智能化启发的方式，为各类用户提供多维度的全息族谱展示效果，并实现各类用户的信息交流、协同和合作。[9] 其整体结构可以设计成下图2所示。

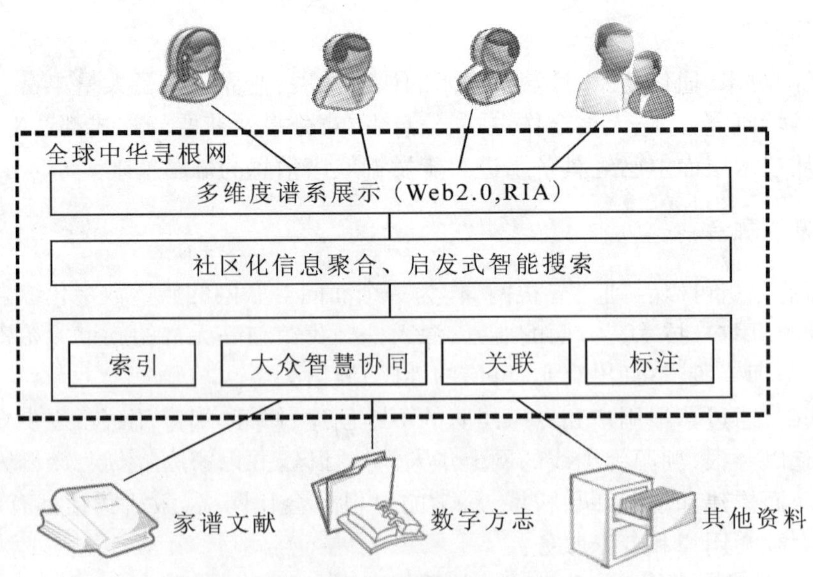

图2 “全球中华寻根网”的整体结构示意图

从技术的角度来看,Web 2.0 的核心是通过开放的 APIs、标准的编程接口,使得网站与网站之间的交互性得以大大增强。由此,互联网变成了一个大的开发环境,而提供开放 API 的网站则成了标准构件。本系统的建设将充分利用 Web2.0 技术、RIA(富互联网应用)技术,提供更加高效、友好的用户体验。力争在“寻根网”这个平台上充分发挥与联合全球华人的智慧,共建全世界华人共同寻根问祖的网上家园。

5 结语

综上所述,在如今这个 Web2.0 的时代,越来越多的互联网应用采取了和用户互动的方式,越来越多的内容由用户创造产生。在这种新的思潮影响之下,一些传统的古老文献借助这些新型的技术手段,重新焕发勃勃生机,“寻根网”的建设能让晦涩难懂的古籍变得更有亲和力,让中华的瑰宝重放光彩。它还能引起更多的受众学习研究中华传统文化的兴趣,能给用户带来前所未有的体验与乐趣。我们希望“寻根网”的构建与广泛应用最终能在全球华人间搭建起思想交流与信息交互的平台,真正成为全世界华人寻根问祖的网上家园。

参考文献

1 国家图书馆《全球中华寻根网一期工程业务需求书》

2 Web2.0 时代悄然而至. http://it.sohu.com/s2005/web2info.shtml

3 互联网新应用系列专题之—Blog. http://digi.it.sohu.com/s2005/blog.shtml

4 互联网新应用系列专题之—Rss. http://digi.it.sohu.com/s2005/rss.shtml

5 互联网新应用系列专题之—Wiki. http://digi.it.sohu.com/s2005/wiki.shtml

6 互联网新应用系列专题之—Bookmark. http://digi.it.sohu.com/s2005/bookmark.shtml

7 国家图书馆与澳门基金会合作构建“全球中华寻根网”. http://www.ccnt.gov.cn/xxfb/xwzx/whxw/200903/t20090313_61951.html

8 从家谱看炎黄子孙的寻根情结历史论文. http://www.eduzhai.net/lunwen/67/106/lunwen_107939.html

9 国家图书馆《全球中华寻根网建设规划》

国家数字图书馆基层服务构想

申晓娟　业务管理处

[摘　要]为将国家数字图书馆建设成为世界上最大的中文数字信息服务基地，并为其他行业性、地区性数字图书馆系统提供服务支撑，需要建立松散联盟式的国家数字图书馆基层服务机制，并在此基础上，构建开放式元数据集中搜索与服务提供系统、数字资源开放共享系统，从而形成全国数字图书馆开放式共建共享技术平台，充分发挥资源集成与服务集成的优势。本文阐述了这两个系统的架构，以及国家数字图书馆基层服务推进中应当重点解决的问题。

[关键词]国家数字图书馆　基层服务　共建共享　资源共享

2001年国务院批准立项"国家图书馆二期工程暨国家数字图书馆工程"，2005年国家图书馆开始进行国家数字图书馆工程建设，该项工程预计将于2010年完成。作为我国一项重要的国家级文化建设项目，工程的主要建设目标包括：建设世界上最大的中文数字信息保存基地与服务基地，与其他行业性、地区性数字图书馆系统保持互联互通，为其他行业性、地区性数字图书馆系统提供服务支撑。[①] 为完成这几项建设目标，国家数字图书馆应当根据图书馆界新的发展业态，建立起符合我国数字图书馆发展现状的、行之有效的基层服务机制，为在数字化、网络化时代树立国家图书馆"国内首馆、国际强馆"的地位奠定基础。

1　松散联盟式的国家数字图书馆基层服务机制

《图书馆合作与信息资源共享武汉宣言》指出，信息资源共享是图书馆为解决信息数量的急剧增长以及用户对信息资源的无限需求与图书馆对信息载体有限的收集和处理能力之间的矛盾，而做出的理性选择。[②] 世界各国国家图书馆也都非常重视开展国际和国内的广泛交流合作，以求达到资源的优化配置。国家图书馆作为一个图书馆个体，其服务的覆盖面、资源的保有量毕竟是有限的，而用户的信息资源需求则是无限的。为实现将国家数字图书馆建设成为世界上最大的中文数字信息服务基地的目标，国家图书馆需要将自己的数字信息服务渗透到各行业性、地区性数字图书馆系统，甚至是单体数字图书馆系统的服务网络中去，从而使全国人民可以通过身边的图书馆方便地获得国家数字图书馆的资源与服务。

近几年，以国家高等教育数字图书馆（CALIS）、国家科学数字图书馆、国家科技图书文献中心（NSTL）等为代表的行业性数字图书馆初具规模，其运行机制、管理体制、技术架构、服务

① 世源科技工程有限公司．国家图书馆二期工程暨国家数字图书馆工程数字图书馆系统部分初步设计，2005

② 陈传夫，肖希明．凝炼共识 昭示理念 推进合作共享．大学图书馆学报，2009

网络逐步走向成熟;而以深圳文献港、宁波市数字图书馆、浙江网络图书馆等为代表的地域性数字图书馆建设日渐风生水起。这种行业与地区数字图书馆间的共享机制建立起来后,极大地激发了人们利用这种图书馆联盟获取信息与服务的需求,并且必然会带动跨行业、跨地区的资源服务需求,这就在客观上对国家图书馆建立跨行业、跨地区、跨系统的信息资源与服务共建共享平台提出了迫切要求。而与此同时,行业性、区域性数字图书馆系统的发展越是成熟,就越是为国家数字图书馆在全国层面构建数字图书馆共建共享体制,建立开放式信息资源共建共享平台奠定了很好的资源基础、技术基础与服务基础。

国家图书馆应当抓住这个发展机遇,明确国家数字图书馆作为其他数字图书馆系统服务支撑与资源支撑的定位,建立起适宜的国家数字图书馆基层服务机制。笔者认为,在当前环境下,这种基层服务机制应当是松散联盟式的。一方面,我国图书馆行业的现行行政管理体制是在图书馆对主管机构的行政隶属关系上建立起来的,图书馆按系统、行业归口管理,各个图书馆依附于所在系统的各级行政管理部门。① 这种管理体制长期以来导致各系统图书馆发展自成体系,如果国家数字图书馆的基层服务机制要突破现行行政管理体制,而建立一套全新的基层服务机制,其难度可想而知。而图书馆界在联盟式共建共享方面已经积累了一些成功的经验。另一方面,数字图书馆的发展给图书馆之间的协调与合作带来了突破行政管理体制以外的另外一条路,那就是通过技术手段实现资源与服务的共建共享,从而发挥图书馆行业的整体资源优势与服务优势,使全国图书馆行业形成一个高效益、高效率的统一发展机体。因此,国家数字图书馆应当在现有管理体制的基础上,与基层图书馆间建立起联盟式的合作机制,这种联盟式的合作机制是松散的,以开放式技术平台为主导的,各基层图书馆可以自愿参与,参与机构之间通过该平台实现资源的优化配置,发挥联盟的整体优势,最终实现多赢。

近两年,国家图书馆已经陆续实施了一些基层服务项目,包括通过全国文化信息资源共享工程的服务网络提供国家数字图书馆的数字资源、建设国家数字图书馆分馆等,同时也正在规划一些基层服务项目,包括资源分发与点播系统、文津搜索系统等。下一步应当基于这种松散联盟式的基层服务机制,着力打造全国数字资源开放共享平台。

2 全国数字资源开放共享平台基础结构

在松散联盟式的基层服务机制下,最核心、最关键的应当是技术平台的搭建,该平台应当具备以下几个特点:一是开放性,使各数字图书馆的资源与服务可以以较低的技术成本,方便地在此平台之上集成与共享;二是集成性,使各参加机构的资源与服务可以无缝集成在一起,从而形成资源和服务的合力,以此满足更多的信息需求,吸引更多的参与者;三是独立性,一方面使参与机构的现有系统保持独立性,另一方面使共享平台保持与参与机构现有系统的连通。本文根据国家数字图书馆建设情况及业界当前进展,就此共享平台的基础结构做如下初步构想:

通过构建两个系统,即开放式元数据集中搜索与服务提供系统、数字资源开放共享系统,形成全国数字图书馆开放式共建共享技术平台,充分发挥资源集成与服务集成的优势,一方面推进国家数字图书馆的基层服务工作,另一方面也促进各基层数字图书馆系统的建设,探索全国数字图书馆共建共享的新机制。

---

① 苏广利. 现代信息技术环境中我国图书馆的组织管理创新. 情报资料工作,2001

开放式元数据集中搜索与服务提供系统的建设思路是:建立集中式元数据仓贮系统,搭建元数据集中搜索环境;建立开放式数字资源与服务登记系统,使参与机构可以方便自主地登记其实体馆藏与虚拟馆藏中的各项资源与对应的服务。当用户通过元数据集中搜索环境检索到所需要的资源时,系统可通过参与机构在开放式数字资源与服务登记系统上登记的信息,获得与用户所需要的资源相关的数字资源及版本情况、资源拥有馆服务政策等,或通过与全国性、行业性、地区性联合编目系统的互联互通,获得与用户所需要的资源相关的纸质资源及收藏馆,用户可根据这些信息自主申请多种服务方式,包括至目标机构申请纸本文献预约服务、纸本文献馆际互借服务、电子文献阅读或下载服务、电子文献传递服务等,这些服务申请将通过系统提供的统一身份认证系统与各参与机构用户认证系统的互联互通进行用户身份认证,并导引用户获取相应服务。

数字资源开放共享系统的建设思路是:在开放式数字资源与服务登记系统的基础上,根据各参与馆所登记的外购、自建、采集等各类数字资源及其服务政策,提供按机构、资源类型、服务方式分别汇总揭示,并提供资源互换、交易与相互开放操作,提供参与馆缺失资源目录公布及在登记资源中进行自动匹配,并根据参与馆之间的协定实现特定资源的网络上传、下载、开放访问等功能。

2.1 开放式元数据集中搜索与服务提供系统架构

通过元数据批量上载、OAI 等方式获得元数据记录,建立集中式元数据仓贮系统,并在此基本上提供元数据集中搜索环境,该搜索环境不仅集中全国各图书馆及其他相应机构的元数据,还集中各参与机构通过开放式数字资源与服务登记系统所登记的服务应用,可以根据所登记的各机构自建、购买或采集的各类数字资源的基本情况及相应的服务政策,使用户在检索到文献信息后可以方便地采用各种方式获取文献信息,如到最近的物理图书馆获取物理馆藏;通过身边的图书馆向拥有物理馆藏的图书馆提出馆际互借申请;对比不同图书馆同一数字资源的版本、格式、服务政策等,并通过网络向拥有数字馆藏的图书馆获取文献传递服务,或通过本人注册的图书馆获取相应数字资源的阅览或下载服务。

用户在获取相应服务时,如果该项服务有限制,则根据需要进行统一身份认证,由系统自动与服务提供馆的用户认证系统连接完成认证,通过认证后用户即可获取相应服务,如预约外借、数字资源阅读或下载,未通过认证则由系统推荐其他服务方式,如馆际互借申请、文献传递等。开放式元数据集中搜索与服务提供系统架构如图 1 所示。

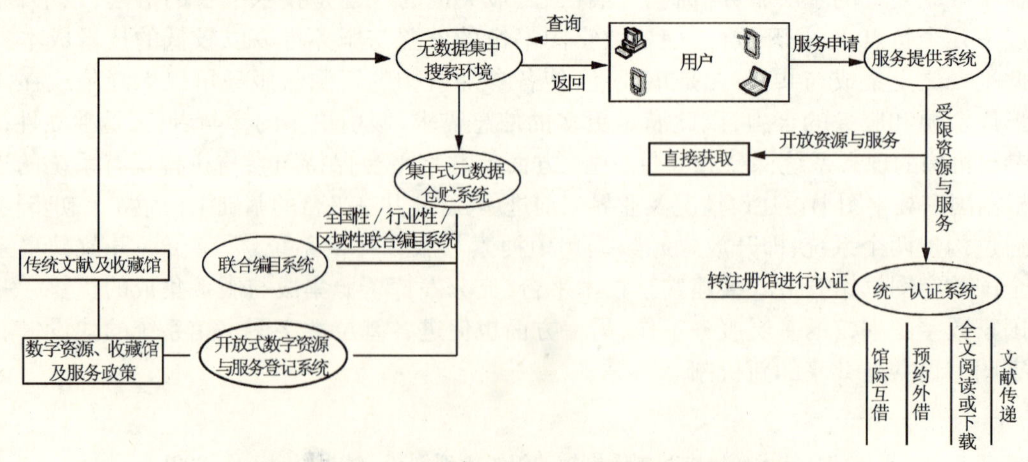

图 1　开放式元数据集中搜索与服务提供系统架构

2.2 数字资源开放共享系统架构

各参与机构登记在开放式数字资源与服务登记系统中的数据，可以分别按机构、资源类型、服务方式等加以揭示，并以该平台为基础，促进全国范围内分布式数字图书馆体系结构的形成，逐步形成由行业数字图书馆作为本行业资源的保障基地负责行业性资源建设与行业用户服务、区域数字图书馆作为本区域资源的保障基地负责区域性资源建设与区域用户服务、国家数字图书馆为其他数字图书馆系统提供支撑，并作为资源与服务的最终保障基地的体系结构。

对于登记系统中那些完全开放的、无服务限制的资源，各参与机构可以充分加以利用，以增加本馆的虚拟馆藏；对于那些有服务限制的资源，参与机构可以根据需要，通过用户的相互认证、资源的相互交换、资源购买等方式补充馆藏。

此外，参与机构还可以通过这个系统公布缺失资源目录，一方面系统可以在登记系统中进行自动匹配，并将匹配结果返回给缺失资源目录发布机构，由其根据匹配结果的登记情况选择适宜的方式获取缺失资源；另一方面其他参与馆也可以根据该缺失目录提供资源线索或资源本身。

国家数字图书馆可以将已经开发完成的基层资源服务系统嵌入到数字资源开放共享系统内，实现国家数字图书馆自建资源对基层图书馆的分发与点播服务。数字资源开放共享系统架构如图2所示。

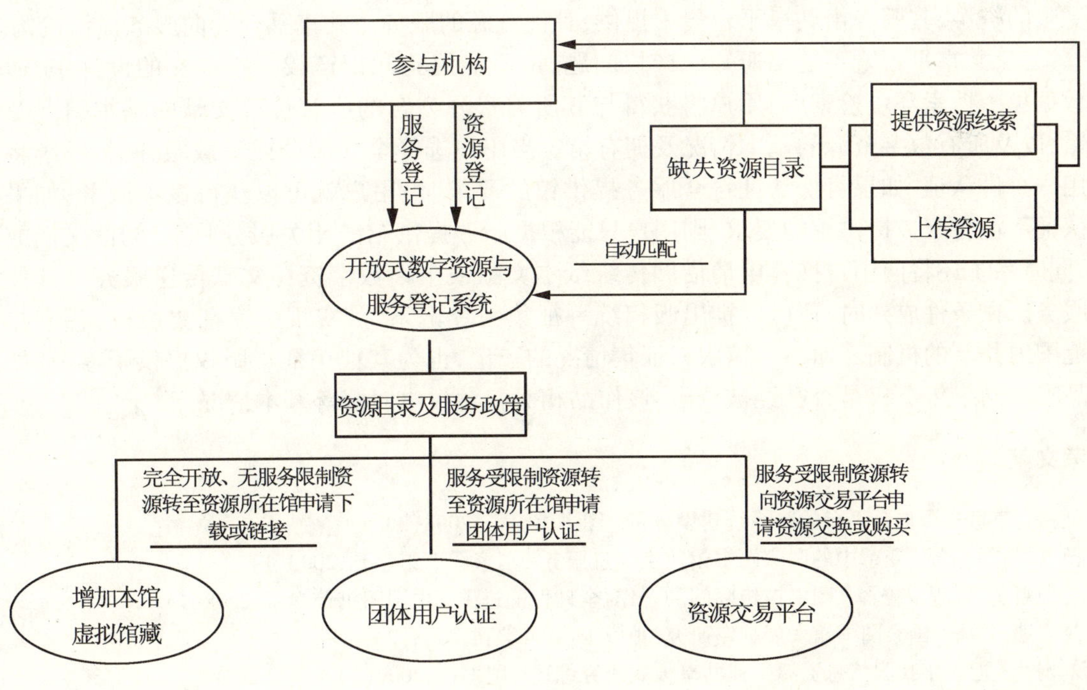

图2 数字资源开放共享系统架构

3 国家数字图书馆基层服务的推进

国家数字图书馆基层服务的推进,重点在于松散联盟式运行机制的建立,以及全国数字资源开放共享平台的搭建。可以优先考虑在国家数字图书馆分馆范围内构建共享平台,待成熟后再逐步推广。在推进过程中,应当重点解决好以下问题:

第一,一个有可持续发展能力的共建共享机制不是大鱼吃小鱼的机制,而是参与共建共享的机构既要能够保持自己的发展空间,而且还要能够借助共享平台提升自身发展能力。例如,本文在统一认证系统的搭建上借鉴了浙江网络图书馆的做法,即用户虽然在共享平台提供的统一论证系统上进行登录,但实际的用户认证工作是在其注册图书馆的认证系统上进行,用户的发展、管理工作依然由各参与机构负责,所有参与机构之间均可共享用户,通过服务提供系统为这些用户提供相应权限的服务。另外,通过开放式数字资源登记与服务登记系统,可以使图书馆通过增加本馆虚拟馆藏、资源交换、资源购买等多种方式扩充本馆数字馆藏,还可以通过公布缺失资源目录补充馆藏,从而提高本机构的资源保障能力与服务能力。

第二,共享平台的构建思路是:"元数据集中检索,对象数据分布存储,服务集中提供与分布提供相结合。"在本文设计的共享平台中构建了元数据集中仓贮系统与元数据集中搜索环境,通过统一检索入口一次性检索所有的元数据,以实现资源集合的价值。对象数据则分布存储于各参与机构,共享平台只通过数字资源登记与服务登记系统记录各参与机构对象数据及提供服务的情况,当用户提出服务请求时再根据认证结果调用分布的对象数据。公开的、服务不受限的资源,其服务由共享平台集中提供,其他资源的服务由共享平台转向服务提供机构。

第三,共享平台既不能回避知识产权问题,也不能侵犯知识产权。在本文的设计中,通过元数据集中搜索环境检索后,用户将获得与其所需资源吻合的所有传统文献的基本情况及收藏馆,以及所有数字资源的基本情况及拥有馆。当用户选择全文阅读或下载服务时,系统将进行用户身份认证,如果身份认证符合服务提供馆的要求时,用户就可以获得该项服务;如果身份认证不符合服务提供馆的要求,则用户只能根据服务提供馆的相关服务政策,阅读文摘或目次,同时系统还将向用户推荐申请借阅传统纸本文献或申请数字资源文献传递服务等其他相关服务。在条件成熟时,还可以推出版权统一征集与登记系统,实现一家征集版权,各家在一定范围内共享的机制。而参与馆版权征集情况的登记,也为其他馆征集版权提供了参考,如该作品唯一网络传播权是否已经被授出,该作品相关权益授出时限等基本情况。

参考文献

1 胡潜. 信息资源整合平台的跨系统建设分析. 图书馆论坛,2008(3)

2 范并思,胡小菁. 变革中的国家图书馆数字信息服务. 国家图书馆学刊,2009(1)

3 马迪娜著;曾程双修译. 图书馆馆际间的合作:全球性的进展. 中国图书馆学报,2008(1)

4 吴慰慈,蔡箐. 国家图书馆发展战略研究. 国家图书馆学刊,2008(2)

5 刘娟萍. 近5年我国信息资源共建共享模式研究综述. 图书馆,2009(2)

馆藏中文图书目次信息服务的思考

延卫平　业务管理处

曾　燕　数字资源部

［摘　要］为实现“国内首馆、国际强馆”的战略目标建言献策，本文建设性地提出了充分利用国家图书馆已有以及在做的自建和购买的数字资源，取其目次数据，在 ALEPH 系统的 OPAC 上为读者提供中文图书的目次显示的设想。论证了其可行性，给出了具体实现的方案和步骤，并进一步提出了拓展和改进目次服务的建议。

［关键词］国家图书馆　中文图书目次信息　目次服务

1　问题的提出

多年来，国家图书馆 ALEPH500 系统的 OPAC 采用 WEB 方式为读者提供查询、浏览馆藏文献书目等功能。读者可以通过指定文献文种、出版日期、文献收藏地点以及数据库等，以题名、责任者、主题、分类、关键词、出版者等多种检索方式进行单一或组合检索。但是，随着各学科日趋交叉、复杂，读者在查找文献时对文献的专深和准确性需求不断提高，图书馆在文献揭示的方法上必须不断改革与完善。

2009 年 3 月 2 日，首都师范大学一位读者来信中写到：“检索出来的书目不要总是干巴巴的那些信息，可否考虑在出检索结果的时候，也能显示该书的目录等，这样查起资料来也有针对性，不会等书借出来了，才发生该书中自己需要的内容不是很多。这样也许会给图书馆的工作带来一定的负担，需要给每本书的书目拍照，但却能给全中国的广大读者节省很多很多的时间。”该读者所说的“目录”即本文的“目次”，其英文名称为“Table of Contents”。

“目次”一词在《辞海》中的解释是：“书刊中，排在正文之前的文字，内容多为说明书刊结构状况、文章标题、页码等。”一般人的选书阅读习惯，翻开一本书往往先看目次部分，通过目次了解该书是否属自己需求之书，是否值得阅读。而有些图书光看书名是无法了解其具体内容的，特别是汇编、选集、全集、论文集、会议录等类型的图书更是如此。

2009 年 3 月 3 日，OCLC 发表了《Online Catalogs：What Users and Librarians Want：An OCLC Report》（联机目录：用户和馆员需要什么）。报告由主管 WorldCat 及元数据服务的副总裁 Karen Calhoun 领衔，作了基于对 WorldCat 用户的三个调查，以不同用户（最终用户与图书馆员）对目录数据质量认识作为调查重点，得出改善目录数据的建议。① 根据调查，报告给出了终

① OCLC 报告——联机目录：用户和馆员需要什么．http://catwizard.blogbus.com/logs/38491121.html

端用户和馆员对数据质量要求的综合表:①

表 1 图书馆员和终端用户对增强数据质量要求的相关度

Relative Ranking of Data Quality Enhancements in Library and End-user Surveys

Which of the following enhancements would you recommend? (Library survey)
*What changes would be **most** helpful to you in identifying the item that you need? (End-user pop-up survey)*

	Relative Ranking ● Library Survey Respondents ● End-user Survey Respondents		
Comparable Enhancements Choice*	**Top Third**	**Middle Third**	**Bottom Third**
Merge duplicate records	● #1 Choice	●	
More links to online content	● #1 Choice		●
Add tables of contents to records	● ●		
Add summaries to records	● ●		
Add cover art to results	●	●	
Add more formats		●	●
More records for non-English materials		●	●
Add excerpts to the records	●		●

Source: *Online Catalogs: What Users and Librarians Want*, OCLC, 2009 (Library survey and end-user pop-up survey)

从上表中可以看出,用户和馆员不约而同地都提出了"Add tables of contents to records"("给记录增加目次")的要求,这说明了各种类型人员对目次的需求性,说明了增加目次的必要性和重要性。

目前,读者查询国家图书馆馆藏文献信息的主要途径是使用 OPAC 检索,如何利用已有的一些资源通过技术手段在 OPAC 检索平台上深化揭示文献信息,引起了我们的思考。为此,我们对国外一些国家图书馆和国内一些较大联合编目系统进行了一些实测调查。

国外,美国国会图书馆联机目录,②在检索结果中通过 856 字段提供了出版商提供的目次数据的链接,即:美国国会图书馆将所有出版商提供的目次数据均放到网上供读者查看;英国国家图书馆,③近些年来的图书几乎都提供了目次显示;日本国会图书馆④的目次数据是放在书目记录的"contents"字段中,并进行显示的。

---

① Online Catalogs: What Users and Librarians Want : An OCLC Report. http://www.oclc.org/us/en/reports/onlinecatalogs/fullreport.pdf

② 美国国会图书馆联机目录(Library of Congress Online Catalog). http://catalog.loc.gov/

③ 英国国家图书馆(The British Library). http://www.bl.uk/

④ 日本国会图书馆 OPAC(NDL-OPAC). http://opac.ndl.go.jp/Process?MODE_10102001E=ON&SEARCH_WINDOW_INFO=02&THN=5793&INDEX_POSITION=13&DB_HEAD=01&SORT_ORDER=01&SHRS=RUSR&QUERY_FILE=7421330226_3350923&TA_LIBRARY_DRP=99&DS=0&CID=000004008499&SS=01&SSI=0&SHN=5793&SIP=14&LS=7421330226

国内，CALIS联合目录公共检索系统，[①]部分中文图书详细显示页面中提供了目次数据的链接。中国科学院国家科学图书馆的UNICAT联合目录集成服务系统，[②]从2007年开始提供图书目次的显示和检索功能。

在国家图书馆内，自建和购买了多种数字资源，其中：中国期刊全文数据库（清华同方知网）、维普中文科技期刊数据库、万方数字化期刊等中文期刊检索平台，可以很方便地从期刊论文检索。而中文图书，如：特色资源—中文图书（自建）、方正电子图书，虽然各自都带有目次显示，但是，这些系统是独立的系统，数字资源又受到版权限制，只能有条件地对读者开放，且平台都没有提供目次数据的检索功能。

国家图书馆能否在馆藏文献的OPAC上增加中文图书的目次信息服务，我们认为：应该并且能够做到。“应该”，是指为实现“国内首馆、国际强馆”的战略目标，应该千方百计地加大国家图书馆的服务力度。提供馆藏中文图书目次显示，虽然只是一个很小的改进，但是，不积跬步，无以至千里，做好每个细节，必然带来整体的提升。“能够”，是指无论从技术上还是数据上，国家图书馆都已经具备了做成这件事的条件。以下就对“能够”进行具体分析和提出我们的处理建议。

2 中文图书目次数据的来源

提起中文图书目次数据，很容易想到国家图书馆中文采编部专门编制的中文学术性图书目次记录。他们从当年入藏的中文图书中，选择汇编、个人全集、选集、学术论文集、会议录等有检索意义的学术性图书进行目次数据的编制。目次记录采用MARC格式，每一条目次标题信息都著录到一个独立的自定义970字段中。970字段的第二个指示符表示标题的层级，子字段$h章节号、$i章节标题、$f著者和$p起始页码。截至2008年年底，共编制了6万多种中文图书的目次记录。但是，这些记录的数据量相对于国家图书馆百余万种中文图书，只是杯水车薪。缺少目次数据怎么办？我们认为有一个快捷而有效的解决办法，即“拿来—整合”的办法，从国家图书馆其他数字化项目或专项任务产生的数据中，将其目次数据“拿来—整合”用到OPAC的目次服务上。

“拿来—整合1”，是从国家图书馆中文图书数字化项目中“拿来—整合”目次数据。截止到目前国家图书馆已加工完成中文电子图书30万册，且13万册都是2005年以后出版的较新图书，这些图书凡是有目录的都制作了目次数据。目次数据采用的是ACCESS数据库格式，有章节号、章节名、著者、起始页码等栏目。章节号未分层，且著者带有工作单位。

“拿来—整合2”，是从国家图书馆购买的方正电子图书数据中“拿来—整合”目次数据。国家图书馆已购买了大约30万册方正电子图书。方正公司在提供电子图书的同时，提供了单独保存的XML格式的目次数据文件，一种图书有一个或多个XML目次文件。方正电子图书目次数据的特点是，章节号、章节名和著者是放在同一个标签字段的同一个属性中，页码是放在另一个属性中。

---

① CALIS联合目录公共检索系统. http://opac.calis.edu.cn/showDetails.do?recIndex=16&recTotal=16&fullTextType=7&dbselect=all

② UNICAT联合目录集成服务系统. http://union.csdl.ac.cn/2.jsp

综合上述三种不同来源的目次数据，我们通过比较认为对于同一册图书的目次数据，虽然格式不同，著录的繁简不一，但是基本的目次标题、起始页码都存在，因此，上述三种数据来源均完全可以利用，但必须做去重处理。

经调研，我们认为在国家图书馆内，有多种数字资源或数据库的目次数据均可“拿来—整合”利用，它们包括：中文图书目次数据库、早期数字化中文图书、送书下乡工程、2007 年数字化中文图书、2008 年数字化中文图书、文津图书奖图书、方正电子图书、方正电子年鉴、民国图书、新善本图书、中文年鉴篇名数据库、中文地图篇名数据库、外国法律中译本篇名数据库等。

若能够在 ALEPH 的 OPAC 系统上提供上述数字资源或数据库的中文图书目次数据，即使去掉重复，也将增加数十万种中文图书的目次。国家图书馆每年还将以 X 万册的任务量继续进行当年入藏中文图书的数字化加工，且还在继续购买方正电子图书。

另外，还有一些网上免费的目次数据可以整合利用。

3　技术方案的选择

方案一：经核查，2005—2008 年编目的中文图书书目数据中带有 327 内容附注（目次）的书目记录有 5000 多条，且多为古籍书或地方志图书。若采用将外来数十万目次数据添入到 ALEPH 书目记录中的方案，虽然可以达到检索和显示的一体化，但是，一则，必须对书目数据做覆盖处理，处理过程非常复杂且容易带来数据安全问题；二则，需占用大量的计算机系统时间重新抽取索引；三则，可能有些目次数据过长，将超出 ALEPH 系统允许的字段和字符数量，造成数据不完整，因此，我们认为此方案不可取。

方案二：专门开发一个目次检索、显示系统，通过对其检索自动连回到 ALEPH 系统；在 OPAC 显示目次数据，则通过 SFX 按钮进行链接。这种方法的优势是可以实现目次检索，但就检索而言，是计划中的元搜索系统功能，势必将造成重复开发；另一方面，SFX 链接只能针对库指定，不能针对特定记录，这样对读者来说仍然不能明示哪些中文图书可以看到目次数据。因此，我们认为此方案也不可取。

方案三：艾利贝斯公司北京代表处已经在 ALEPH18 版的 OPAC 上实现了书目链接目次的显示。通过放在 ALEPH 系统的某一文件目录下的以系统号命名的目次文本文件（系统号 . txt 或系统号 . pdf）实现这一功能。在读者检索过程中，系统自动检查读者指定的书目记录是否连接有目次文本文件，若有，则自动增加目次显示按钮，并能够根据用户的要求显示目次信息。此种方案具有很多优势，如：目次数据与 ALEPH 系统相对独立，不会影响 ALEPH 系统的数据安全；文本文件可以做成加水印的 PDF 文件，可以避免数据非法下载；可以随时添加新目次文本数据；系统只在处理指定一条记录详细显示时才进行目次数据有无的检查，不会过多加重系统负担；读者对有无目次一目了然，即有目次显示按钮就能看到目次等。我们认为这种方案是可行的方案。

4　目次数据处理的有关问题

目次数据有多种来源，且每种数据又都有各自的定义和特点，作为与 ALEPH 系统挂接、显示，这些数据必须进行必要的格式转换和系统号挂接等整合处理。在整个处理之前，我们认为需要明确以下要求：

4.1 显示体例

需要确定目次显示文本的具体排版体例和要求：包括行宽字符数（需要程序回行）、标题缩进位数、论文作者位置、页码位置和表示方法等内容，以及文本格式（.txt 或是.pdf），是否需要增加水印等。

4.2 版权问题

文献数字化和专项数据库的目次数据属国家图书馆自建项目，并且显示格式也是自定义的，未侵犯出版社版式权，属于合法使用。但是方正电子图书 XML 目次数据，在合同中未对目次数据“是否可以用于其他系统”作出明确规定，因此在决定使用前，应与方正公司沟通。

4.3 合并拆分

因为是挂接到 ALEPH 系统，因此，应该以 ALEPH 系统现有的综合著录或分散著录书目记录为目次文件的单位。特别是方正电子图书，与国家图书馆著录不一致的，应进行必要的拆分或合并处理。

另外，有些图书，如《民国法规集成》有 100 册，国家图书馆采用的是综合著录，100 册只有一条书目记录，这样做成的目次显示数据将过于庞大，不便于读者查看，建议在 ALEPH 系统中增加每册的分析著录，然后再连每册的目次。具体哪些要增加分析记录，需要有专人管理和决定。

4.4 ALEPH 书目系统号

因为 ALPEH 的 Web OPAC2.0 需要用系统号作为目次文件的目录名，因此，各种来源的目次数据都需要增加 ALPEH 系统号。

（1）国家图书馆文献数字化的 MARC 数据均取自于传统文献书目数据，2002 年底使用 ALEPH 系统后，书目记录的 001 记录标识号就是系统号，早期的原始 001 记录标识号需要进行必要的转换挂接。

（2）专项数据库，只在 463 或 461 字段嵌套了 200 字段，因此，需要与书目记录的 200 字段的各个子字段批处理比较后，再伴以人工确认。

（3）方正电子图书目次数据，在书目部分，有些未按照子字段进行数据细分，如：在题名标签下，正题名、副题名等都连在一起，不再划分子字段，需要针对具体数据情况确定匹配规则。

4.5 查重

对于各种来源的目次数据，首先应进行内部查重，然后进行外部查重。特别的，方正电子图书目次数据，需要针对具体数据情况确定查重方法。

查重的顺序建议按以下的次序进行：

（1）中文图书目次数据库；

（2）数字化中文图书/文津图书奖图书的目次数据；

（3）中文年鉴篇名数据库；

(4)方正电子图书目次数据；

(5)其他来源。

4.6 处理顺序和时间性

一般顺序应按照查重原则中确定的次序分别对目次数据进行处理。当进行批处理挂接后，正常挂接的目次数据先上载到 ALEPH，遗留下来需要人工处理或有疑问的目次数据，待解决问题后，再行上载。

方正电子图书数据需要人工处理的数据量比较大。以前，我们曾对 15 万册方正电子图书的 MARC 记录按照正题名、分册号、分册名、其他题名信息、版本说明、出版者名称、出版时间、制作时间、第一责任者与 ALEPH 系统的书目数据进行过比对。比对结果，完全匹配的只占 38.24%。以此类推，需要人工干预比对的数据量估计很大，且方正电子图书可能与国家图书馆数字化中文图书的重复率比较高。因此，我们建议方正电子图书是否进行人工挂接，需要经过匹配部分记录的重复检测后再定。

5 其他建议

5.1 组织管理

由于目次数据的处理需要跨部门、跨系统的合作，需要有一个专门机构/人员进行管理和协调。我们建议作为专项，成立专门的小组实施。小组人员中，不仅要有自动化方面的专家，还需要有编目方面的专家，以便对出现的各种问题做出综合的决策。该小组除了对以往目次数据的回溯处理外，还应制定以后日常处理的规则、流程及各种管理要求，以保证这项工作持续、平稳地进行。

5.2 增强目次的时效性

提高服务质量，目次的时效性也是一个很重要的因素。但是，按照现有的工作流程，文献数字化的整体流程相当长，中文图书的目次数据编制是年中和年底上交并验收，这将直接影响到目次显示的实效性。

为此，我们建议在编目加工环节增加即时目次数据制作，凡是有目录的中文图书都制作目次数据。制作的方法可以有多种，如：扫描 + OCR，识别 + 人工校对；又如：人工输入，甚至可以采用先拍照，以后再用数字化加工的目次数据替换的方式。制作好的目次数据，每日或每星期或半个月上载到 ALEPH 系统一次。

另外，我们发现清华大学出版社①等出版社在网上提供了详细的目次数据，可以采用拷贝的方法获取。有些网上书店也提供了目次显示，也可以加以利用。

当然，我们认为最便捷最有效的办法是：与出版社协商，在接受缴送或购买纸质图书的同时，直接购买出版社的目次数据。

---

① 清华大学出版社. http://www.tup.com.cn/book/showbook.asp?CPBH=032590-01

5.3 其他服务的拓展

OCLC 的《Online Catalogs：What Users and Libraries Want：An OCLC Report》报告中指出：对于增强联机目录数据质量的要求，终端用户最希望的是“更多地连接到内容/文本”（“more links to online content/full text”）。

鉴于国家图书馆已在互联网提供了中文图书前 24 页免费阅览功能，我们建议与艾利贝斯公司协商，获取公司的技术支持，在上传自建中文电子图书目次数据的同时，上传链接自建中文电子图书（包括：博士论文、民国图书等）全文的 URL。这样，读者不仅可以看到目次，还能够阅读前 24 页，可从图书的前言、序言等部分获取更多有用的信息。

另外，根据国家图书馆与方正公司的约定，除了在馆内数字共享空间的读者外，凡是有国家图书馆物理读者卡的读者，在馆外也可以全文阅读方正电子图书。那么，我们也同样建议想办法实现 OPAC 到方正电子图书的无缝链接。

6 结束语

做好目次服务，不仅提升服务水平，方便了读者，同时还可以实现了馆藏传统文献与数字文献的元数据整合，提前进行了数字文献与传统文献的链接工作（即在数字文献记录中增加传统文献的系统号），为元搜索系统提供了较好的数据整合基础。此外，还便于进行馆藏文献、自建电子图书和方正电子图书之间的统计、比较，补充国家图书馆的缺藏。另外，即使将来数字图书馆全面建成，在馆藏 OPAC 上显示目次，仍有意义。它可继续为读者提供一种基于馆藏文献的目次服务。

我们相信，国家图书馆中文图书的入藏量是全国图书馆中最全的，如果国家图书馆目次数据足够多，目次显示足够及时，并且再能链接到电子图书的前 24 页阅览或全文阅览，那么，北京、全国乃至全世界对中文图书感兴趣的读者，不管其是否来国家图书馆借阅纸质图书，都将会愿意进入国家图书馆 OPAC 系统进行检索和查看。这将进一步提升国家图书馆的影响力，也将是落实“国内首馆、国际强馆”战略目标的一个很好的举措。

当然，作为目次服务来讲，不仅仅只有显示功能，显示只能展现每册书的结构和主要内容，若想了解某个人、某个专题或某篇文章登在哪册书里，则需要使用目次的检索功能。作为后一种功能，已计划在国家图书馆数字图书馆二期工程元搜索系统中实现。我们期待着元搜索系统早日完成，与目次显示一起，为读者提供更优质、更便利、更满意的服务。

消防安全监控系统在国家图书馆的应用与发展

史晓峰　保卫处

[摘　要]国家图书馆消防报警监控系统的发展与应用经历了三个时期，从应用模拟电子技术的CS100全自动消防报警控制系统升级到EST3数字化信息传输控制的智能消防报警系统，再到JB-TX-LA100型图像型高空高压消防水炮监视灭火控制系统、Danfos-Semco的消防高压细水雾灭火系统的应用，管好、用好这些设备我们责无旁贷，确保国家图书馆的消防安全，才能更好地为世人展现中国国家图书馆的时代风貌。

[关键词]消防报警系统　消防安全　EST3智能消防报警系统

中国国家图书馆作为国家的总书库，担负着提高全民族的知识水平、文化素养，传播中华文化，传承文明，服务社会的重任。消防安全监控系统作为智能建筑大厦的关键组成部分，为国家图书馆的正常开馆运营发挥着极其重要的消防安全防范作用。

自1987年国家图书馆新馆一期工程建设完成投入使用开始，到2008年9月9日国家图书馆二期暨国家数字图书馆建设完工投入运行至今，国家图书馆消防报警监控系统的发展与应用经历了三个时期，从应用模拟电子技术的CS100全自动消防报警控制系统升级到EST3数字化信息传输控制的智能消防报警系统，再到JB-TX-LA100型图像型高空高压消防水炮监视灭火控制系统、Danfos-Semco的消防高压细水雾灭火系统的应用，国家图书馆的消防报警监控灭火系统更加先进、完善。管好、用好这些设备我们责无旁贷，确保国家图书馆的消防安全，才能更好地为世人展现中国国家图书馆的时代风貌。

自从国家图书馆二期暨国家数字图书馆建设完工，并于2008年9月9日投入运行开始，中国国家图书馆的馆舍面积又增加了8万平方米，加上配套建设的各项先进的技术设备、设施的应用，使中国国家图书馆一跃成为世界第三大图书馆，这标志着中国国家图书馆的科技建设正朝着世界先进水平的行列前进。

作为一个综合性的、服务于社会的智能性建筑大厦，消防安全监控系统是其中重要的组成部分之一，为国家图书馆的正常开馆运营，传承文明，服务社会，提高全民族的知识水平、文化素养，传播中华文化，发挥着极其重要的消防安全防范作用。

一、消防安全监控系统的基本构成

根据国家图书馆一期与二期馆舍建设年代的不同，建筑结构风格的不同，建筑结构彼此相对独立的特点，分别采用了不同的消防安全监控系统。

1. 在国家图书馆一期

国家图书馆新馆一期工程的建设是在20世纪80年代中期开始，并于1987年完成建设投入使用的。当时安装的是从瑞士西伯乐斯公司引进的一套全自动消防报警控制系统,其中包括消防探测器自动报警系统,消防报警紧急广播疏散系统,消防报警电视监视系统,消防探测器报警联动保护区 1301 气体自动喷洒灭火系统,防火分区报警联动卷帘门分隔保护控制系统,消防报警联动消防排送风机控制系统,消防报警联动空调风阀控制系统等。这是一套 CS100 独立报警自动控制系统,其下包括 CD100 数据处理系统,CT100 图形显示处理系统,CF100 数据信息打印记录系统,CZ10 分区控制系统,CZ1B BTM 气体灭火喷洒控制系统,排、送风机驱动控制系统等。在 CZ10 分区控制机下挂接着消防报警探测器,分为 F910 离子感烟探测器,D900 感温探测器和 R910 感光感烟探测器共计 2900 余点。这是我国引进的第一代全自动消防报警控制系统,采用的是模拟信号传输控制技术,国家图书馆是国内第一家投入使用的,为全自动消防报警控制系统在国内的推广与普及起到了典范的作用。

随着科学研究的不断深入,尤其是数字计算机技术和自动控制技术的飞速发展,消防安全自动报警控制系统(FAS)的技术和设备也越来越先进,加之旧设备的日益老化,备品备件的逐步匮乏,维护成本的不断增加,消防报警系统的更新换代迫在眉睫。对此,国家图书馆各级领导高度重视,并于 2003 年进行了全自动消防安全报警控制系统的更新改造工作。经过大量的市场调研,对新技术设备控制系统与原有联动设备无缝连接技术的可行性分析后,引进了美国爱德华(Edwards)公司开发生产的:EST3 智能消防报警系统。

EST3 智能消防报警系统采用的是数字化信息传输控制技术,探测器中植入 CPU 处理芯片,实现了消防探测器的智能化报警功能,基本解决了探测器的误报问题。CGP 图形工作站具备了即时报警图形显示和人机对话功能,可以方便、迅速地查找火灾自动报警系统中的历史记录数据,为设备的维修保养、消防安全管理提供便利。整个消防报警控制系统的集成度提高了,投入的控制设备量得以减少,设备的功率消耗降低,运行管理的效率大幅提高。由于 EST3 智能消防报警系统采用的是先进的模块化结构组装方式,使消防报警系统的增容扩充变得更加容易、灵活,并且具备光纤传输、远距离监控功能;使国家图书馆的消防报警监控系统的硬件设施有了质的飞跃。

目前,国家图书馆一期使用的 EST3 智能消防报警系统包括:

CGP 消防报警图形控制工作站 2 个,EST3 消防报警区域控制机 5 台,气体灭火控制单元 REL 31 个,电动设备运行驱动、监视模块 740 套,重点部位漏水监视模块 174 套,SIGA-PS 光电烟感探测器 2934 个,SIGA-HRS 温感探测器 384 个,SIGA-271 人工报警器 384 个。

2. 在国家图书馆二期暨国家数字图书馆

国家图书馆二期建设始于 2004 年底,2008 年 9 月 9 日正式开始接待读者,服务社会。

作为 21 世纪的大厦,建筑智能化是发展的方向,即以建筑为平台,兼备建筑设备、办公自动化及通信网络系统,集结构、系统、服务、管理及它们之间的最优化组合,向人们提供一个安全、高效、舒适、便利的建筑环境。国家图书馆二期暨国家数字图书馆就是这样的智能建筑,它包括了通信网络系统、办公自动化系统、建筑设备监控系统、火灾自动报警与消防联动控制系统、安全防范与视频监控系统、智能化门禁管理系统等,以及智能化集成系统。另外,它的中空式、大平玻璃顶的建筑结构,对于大面积的吸收自然光取得了一定的效果,但也对火灾自动报警与消防联动控制系统提出了更高的要求。

根据这样的建筑结构特点,国家图书馆二期暨国家数字图书馆火灾自动报警与消防联动控制系统包含的内容也更加丰富,它包括了安舍公司的火灾自动报警系统,空气采样式极早期烟雾探测系统,中科大立安公司的JB-TX-LA100型图像型高空高压消防水炮监视灭火控制系统,丹麦Danfos-Semco的消防高压细水雾灭火系统,消防水喷淋灭火系统,防火分区垂直提升卷帘门控制系统,防火分区水平推拉卷帘门控制系统,防火电动阀控制系统等。

二、消防安全监控系统发挥的作用

国家图书馆消防报警监控系统的发展与应用经历了三个时期。

首先,由瑞士西伯乐斯公司引进的CS100火灾自动探测报警与消防联动控制系统在我馆一期建筑中默默地持续工作了17个春夏与秋冬,及时发现并报出各类火险,如食堂油锅着火、使用电热器导致的着火、照明日光灯镇流器过热引起的火险等;还发现了多起因管道破裂造成的跑水事件,这其中既有暖气管的破裂,也有因消防水管锈蚀造成的漏水,这些管道所处的位置均为少有人去、不易被发现的场所,一旦大量渗漏下去,将对古籍保护书籍造成威胁。这就是图书储藏保管的特点,烟、火、水隐患均是大敌,必须严密监控防范,而这只靠人防是无法保证做到万无一失的,在人员的监视下,必须借助全天候正常运转的火灾自动报警系统才能保证安全。CS100火灾自动探测报警与消防联动控制系统正是在这个前提下,为我馆的消防安全立下了汗马之功,也为火灾自动报警系统在我国的迅速发展与应用起到了典范的作用。

特别是近20年来,电子计算机技术以平均以每18个月为一个周期的速度进行着产品的更新换代,产品的数字化、集成化程度越来越高,能量消耗越来越少,产品体积越来越小,智能化程度越来越强,为消防安全监控系统的更新换代提供了有力保证。再有就是最早使用的CS100火灾自动探测报警与消防联动控制系统中的探测器均无数字智能处理芯片,探测器报警主要是通过探测现场环境烟雾、温度等因素变化产生的电压差,输出报警电流实现火灾报警功能。这类报警信息均为模拟量,传输速度慢,对线路要求高;CS100系统使用的是6800系列单片机处理系统,信息处理速度慢、储存量小,经常出现“死机”,存在严重的消防安全隐患;并且,F910离子感烟探测器中装有放射源M241,对环境保护不利,产品处在逐渐淘汰中,到了迫切需要更新换代的时候。2002年底,馆领导根据这些情况及时做出了消防监控系统更新换代的决定。

2003年,我馆进行了为期一年的消防安全火灾自动报警控制系统的更新改造工程,安装了现代化的智能型火灾自动报警和灭火控制系统。根据消防监控全天候无盲点的原则,我们首先建立起火灾自动探测报警工作站,然后采取边替换边开通的施工方式,确保施工期间的消防监控无盲点,实现消防系统换代的无缝对接。施工中我们也遇到了很多困难和难题,经过我们查阅资料,潜心钻研,深入实践,与施工方共同努力,克服了困难,问题得以逐一解决。如大量火灾探测器的更换不可能一天完成,新、旧系统又是彼此独立互不相容的,我们提出架设临时线路的方法,使两套系统探测器同时工作,逐步更换,直至新系统探测器全部安装到位;消防控制值班室的装修和室内控制设备的安装也是在不间断消防监控情况下完成的。最关键的是各种消防设备控制系统的改造,因为在这次改造中,原有的BTM灭火系统、防火卷帘门执行系统、排送风机、排送风阀等设备要保留,并且必须保证这些设备的正常运转,也就是要由EST3智能消防报警系统替代CS100火灾自动探测报警系统,控制上述消防设备,实现消防联动功能。我们通过学习和仔细阅读新系统说明书,弄清了EST3智能消防报警系统的联动控制方式;结合原有设备的控制特点，采用分散的模块控制方式取代原集中主机控制方式，避免了由于控制主机故障导致全部消防灭火设备无法运行的危险，既提高了设备控制的灵活性、可靠性，又降低了设备运转的功耗，保证了消防设备的正常运行。

在此次消防设备改造中，我们还根据新消防法的规定，增加了 EST3 智能消防报警系统报警联动强切供电回路、联动强切空调机、联动电梯降底功能，使 EST3 智能消防报警系统在国家图书馆的应用更加完善。

国家图书馆二期投入的消防设备项目和种类更多，其中：

高压细水雾灭火系统是消防领域的最新高效武器。独特设计的高细精度喷射头可使喷射出的水珠直径小于 1mm，遇火后立即气化，迅速降温，冷却速度比一般喷淋系统快 100 倍，灭火效率比传统消防水枪提高了 200—300 倍；耗水量为水喷淋系统的 1%—5%，不会对书刊造成污损，避免了大量的排水设备对设备的损坏和对环境的二次污染。在灭火的过程中还可洗涤烟雾、降尘，灭火过程中不会对区域内的人、机电设备及其他物品造成损坏。综上所述，高压细水雾灭火系统的特点是：快速灭火、高效除烟、有效防止火灾复燃、高性价比、节能环保。高压细水雾灭火系统主要应用于国图二期的保存本库。

空气采样式早期烟雾探测系统采用了主动采样的探测方式、先进的激光探测技术以及功能强大的系统应用软件，相对于传统火灾探测报警技术产生了质的飞跃。它是极其先进的新一代高灵敏度抽气式感烟侦测机。空气采样早期烟雾探测系统的灵敏度为 0.004%—4% obs/m（传统探测器一般为 5% obs/m），因此，它可以探测到很微弱的烟雾，火情报警时间大为提前，使值班人员有充足的时间寻找火源，采取适当的措施，制止火灾的发生，最终避免火灾及灭火过程中造成的业务中断或设备损毁所带来的巨大损失。空气采样式早期烟雾探测系统的取样管路的设置具有极大的弹性，系统可用在许多传统火灾报警系统无法发挥功效的场所，如计算机柜、高压电器控制柜等，我们将该系统应用在了国宝——《四库全书》保存库、计算机网络机房、电子数据机房。

图像型高空高压消防水炮监视灭火控制系统。该系统可以和火灾自动报警系统有效的结合，利用双波段火灾探测器和水炮自身定位器进行双重定位，提高响应速度，并可通过人机协同的方式启动消防炮进行定点灭火。具有体积紧凑、定位准确、灭火迅速、水渍污染少等一系列优点，实现将火灾扑灭在初期阶段。自动消防炮灭火系统特点是：

（1）空间自动定位：利用多波段火灾探测器和水炮自身的定位器双重定位，可自动寻找火源点，根据探测的火源位置，自动调节参数，瞄准起火源定点喷水灭火。

（2）水流压力损耗低、工作安全可靠：炮体制造工艺采用了进口设计技术，并采用了定减速比减速器驱动装置；带极限位置的停止开关及摩擦离合器，使水炮驱动电机工作平稳可靠。

（3）定位准确、射流集中：系统可根据空间坐标和系统压力反馈参量自动修正自动消防炮的喷射点角度，有效克服了水炮管网的压力变化影响自动消防炮的定位准确度问题。

（4）消防炮射流出水管采用特定的集水装置，使喷出的水流比较集中，在同等条件下，使水炮射流更远更集中的对着火区域进行喷洒灭火，减少了喷水过程中射流水渍二次损失。

（5）灭火效果不受高度影响：水炮压力大射程远，水量集中，水流速度快，从高空落下时几乎不损失，可以直接作用在燃烧物体的表面，扑灭火灾。

我们的图像型高空高压消防水炮监视灭火控制系统安装在国图二期的阅览中庭、滚动扶梯和疏散通道等 31 处，这些地方相同特点都是具有超高的空间，异型的建筑结构，不具备安装智能感烟探测器的基本条件,无法保证及时准确的火灾报警。

二期的消防安全监控系统仅投入运行九个月,全部设备设施还处于施工调试完善阶段,需要我们投入更大的精力用科学的方法去了解、熟悉,尽快掌握他们的特性,为全面的接手做好充分的准备,保证它们的安全、正常运行,确保国家图书馆的消防安全。

三、结论

作为大型的、智能化的建筑大厦群,国家的总书库,全球最大的中文文献服务中心,国家图书馆消防安全监控系统的正常运行,对于国家图书馆的消防安全是极其重要的,消防安全监控系统不是一成不变的,它是随着科学技术的不断发展而逐步提高、完善的。但是,再先进的设备设施,也需要有一支认真负责、常备不懈的专业管理队伍,才能保证管好、用好这些设备,确保国家图书馆的消防安全,更好地服务社会,为世人展现中国国家图书馆的时代风貌。

国家图书馆接受中文图书缴送的回顾与现状

李　伟　伍佳林　中文采编部

[摘　要]本文对国家图书馆接受中文图书缴送情况进行了较全面的回顾,对有些出版社缴送不理想的问题及原因进行了分析,并就这些问题提出了建议。

[关键词]国家图书馆　图书采访　图书缴送

国家图书馆是国家总书库,担负着接受全国各出版社图书缴送的职责。国家图书馆每年入藏的中文普通图书中约有三分之二来源于各出版社的缴送,图书缴送率的高低直接影响着国家总书库的藏书建设和藏书质量。因此,提高图书缴送率,一直就是国家图书馆不懈努力和追求的目标。但是由于种种原因,图书缴送率不理想的问题始终困扰着国家图书馆,阻碍着国家总书库的藏书建设和发展。下面结合实际,对有关我馆中文图书缴送的情况进行简略回顾与分析,并就如何加强图书缴送工作提出一孔之见。

一、全面入藏本国各种载体的出版物是国家图书馆的重要职责

联合国教科文组织在1970年通过的《关于图书馆统计国家标准的建设》中提出,国家图书馆是负责收集和保存本国所有的重要出版物,并担负国家总书库职能的图书馆。一个国家为保存本国出版物收藏完整,使自己国家的文化遗产得以保存和延续,要求国内所有出版部门每出版一种新书,都应向国家图书馆无偿缴送一定数量的样书。这已成为世界各国共同的做法。

我馆是中华人民共和国唯一的国家图书馆,责无旁贷地担负着接受国内出版物缴送的职责。早在建国之初,即20世纪50年代初,我国政务院及出版总署、文化部等有关部门就颁布了关于征集图书、期刊样本办法等文件,明确规定北京图书馆(现国家图书馆前身)为接受图书缴送的单位之一,确定了我馆接受图书缴送的职责和出版社向国家图书馆缴送图书的义务。70年代和90年代,有关部门相继颁布文件,多次重申我馆接受图书缴送的职责。1991年,新闻出版署《重申〈关于征集图书、杂志、报纸样本〉的通知》中指出:"图书、杂志、音像出版物出版后,一个月内缴送样本(以邮寄日期为准);……出版单位逾半年不按规定要求缴送样本的,给予警告处分;此后仍不缴送样本的,给予应缴送样本定价金额1倍的经济处罚;情节严重者,予以停业整顿……"历年来,我馆都是遵照国家有关部门这些规定,认真履行职责,为做好图书缴送工作付出了极大的努力。

1. 主动上门催缴,加强与出版社的联系

为了提高图书缴送率,我馆克服经费紧张、人员缺乏的困难,于1961年首次进行了覆盖面较广的上门催缴工作。我馆采访工作人员通过走访全国各省、市、区出版单位,了解了许多出

版社的历史沿革及出版方针和图书出版情况,加强了我馆与各出版社的联系,同时宣传了有关部门关于图书缴送工作的规定,促使各出版社提高了对这项工作的重视。在这次催缴中,除云南省采取通信方式进行催缴外,其他省市普遍留下了我馆采访工作人员的足迹。据统计,这次较大规模的催缴,补充了 1961 年以前漏缴的 3000 多册图书,收获喜人。这次集中催缴以后,绝大部分出版社都能按照规定向国家图书馆缴送图书了。

到 90 年代,主动上门催缴已成为国家图书馆采访工作中一个重要的、常规性的机制,无论经费多困难、人员多紧张,也都要保证采访人员外出上门催缴。我馆中采组采取全员出动,每人承包几个社的方式,首先走访了北京地区的 200 余家出版社,保证了北京地区的图书缴送率。以后又采取分片包干的方式,上门催缴:1993 年,我馆中采组工作人员分别走访了东北、西北、华东 10 个省市的 72 家出版社;1995 年,分别走访了呼和浩特、济南、上海等地的 25 家出版社;1996 年,分别走访了四川、广东、河北、天津等地的 38 家出版社和两个地方出版局。我馆中采组的工作人员随身带着有关图书缴送的文件,每到一处都向出版社宣传图书缴送的重要意义,争取得到出版社的大力支持。开始,有些出版社对图书缴送工作不理解,对前来催缴的我馆中采组的工作人员态度十分冷淡,甚至讲些刺耳的话。面对这种尴尬情况,我馆中采组的工作人员总是耐心地进行解释工作,不仅得到出版社的理解与支持,也进一步密切了我馆与出版社的联系,为打开图书缴送工作局面创造了先决条件。

2. 跟踪采访漏藏图书

国家图书馆的采访工作人员除根据《全国新书目》逐期核对图书缴送情况外,还根据各出版社编制的累积目录检查缺藏,并对漏藏的图书进行跟踪采访,这种做法在很大程度上提高了我馆中文普通图书的入藏率。

自 70 年代,我馆采访工作人员开始向当时的国家出版局和版本图书馆借用各出版社的季度出版报表,以检查图书漏缴情况,取得了良好的效果。1978 年,我馆收到 101 家出版社缴送的11 575种24 950册图书。但是,由于出版社的季度报表要等国家出版局、版本图书馆用完后才能借给我馆使用,往往一旦查出漏缴的图书,出版社已没有存书。要解决这个问题,最好的办法是尽早拿到出版社的季度出版报表。经与有关部门多次协商,1986 年国家出版局同意为我馆复印各出版社的季度出版报表。这为检查图书缴送情况提供了可靠的依据,也为提高图书缴送率创造了条件。根据有关统计资料记载,我馆采访工作人员曾根据科学出版社的十年累积目录补藏了 100 多册图书。

3. 建立专人负责催缴的工作机制

近年来,由于通讯更加发达、便利,用电话和信函催缴成为我馆中采组的主要催缴方式。为了提高图书缴送率,我馆中采组还建立了专人负责出版社的催缴工作制。催缴工作十分繁琐,但催缴工作人员总是以锲而不舍的精神与出版社联系,不厌其烦地打电话,甚至登门拜访,克服种种困难,取得了较理想的效果。此外,为了密切来往、增进感情,至 2005 年前,中采组利用每年参加全国书市的机会,与各出版社的有关人员见面,了解各种信息,认真听取各出版社的反馈意见。每到年底,中采组还给各出版社邮寄贺卡,感谢对我馆工作的支持和为国家图书馆图书入藏完整所做的贡献。通过这种与出版社直接沟通的方式,既节约了经费,又加强了我馆与出版社的联系,收到了令人满意的效果。

由于种种原因,总有一些出版社存在图书漏缴情况,所以进入21世纪,查缺补漏图书仍然是我馆中采组一项很重要的工作。为此,中采组抽调三名人员专门负责补藏工作,仅2003年一年,就补充保存本1023种2209册,金额106 890.74元。其中,缴送801种1823册,购买222种386册。

二、国家图书馆接受图书缴送情况回顾与现状

国家图书馆接受图书缴送的历史久远。据我馆1916年的档案记载,当时的教育部通会,"凡国内出版书籍,均应依据出版法报部立案,而立案之图书,均应以一部送京师图书馆(即国家图书馆前身)收藏,以重典策,而光文治"。如今过去近百年时光,我馆随着社会的变迁发生了巨大变化,但是国家图书馆的职能没有变,我馆始终行使着接受图书缴送的职责。

国家图书馆之所以达到现在的规模,成为全国收藏中文图书最全的图书馆,是离不开各出版社支持的。从各出版社图书缴送的情况来看,大部分出版社重视图书缴送工作,能较好地执行国家新闻出版总署的文件,按要求向我馆缴送图书。目前我国的出版事业有了很大发展,内地出版社的数量与60年代比增加好几倍,已达584家。据了解,在584家出版社中,重视图书缴送工作,每年都能较好地执行新闻出版总署规定的出版社占大多数。根据2008年的统计,没有向国家图书馆缴送图书的出版社有28家,占出版社总数的4.79%;极个别社只缴送1册。

表1 近10年各出版社中文图书缴送率的不完全统计

年份	1999	2000	2001	2002	2003	2004	2005	2006	2007	2008
缴送(种)	88 197	89 229	111 337	94 917	137 655	134 145	154 133	154 667	146 122	168 819
缴送率(%)	62.18	62.23	72.05	55.52	78.5	70.5	69	66.1	62.45	67.99

从以上数据可以看出,虽然缴送率的比例有升有降,但总缴送量还是呈上升趋势的。但也不能回避的是,图书缴送工作还存在一些不尽如人意的情况。

(1)一些出版社的领导对图书缴送工作仍不够重视,不能按照规定缴送图书,有的出版社甚至不清楚要向国家图书馆缴送图书的有关规定。

(2)有些出版社只缴送1册。造成这种情况的主要原因是,一些地方出版社或出版局只执行自定的缴送制度,而没有执行国家新闻出版总署的规定。根据2004年统计,有31家出版社始终坚持每种图书只向国家图书馆缴送1册。现在也有个别社只缴送1册。

(3)自费出版、合作出版的图书普遍缴不上来。有的出版社全年出书200种,其中合作出版的图书就有60种。国家图书馆对这类信息无法全面了解,而出版社本身对这类图书也无法掌握确切数字,造成自费出版、合作出版图书漏藏的情况比较突出。

(4)有些出版社缴送不及时,出版的图书积压一年甚至两年后才向国家图书馆缴送。

(5)出版社负责样书缴送的人员变动大,交接工作没做好,新人不熟悉缴送情况,造成样书缴送工作没有延续性,样书缴送不及时、不齐全。

(6)出版社经济负担重,需要赠送的单位多。出版社为减轻负担,往往擅自砍掉一些缴送单位,而首先要保证的国家图书馆却首当其冲被砍掉。

在这里,要特别提一下关于香港、澳门两地的图书缴送问题。香港有出版社200多家,全

年出版图书12 000多种。澳门只有几家出版社，每年出版图书的数量比较少。但是，一国两制下的香港和澳门，都是我国不可分割的一部分。国家图书馆既是“负责收集和保存本国所有的重要出版物”，香港和澳门的出版物当然应在我馆收集和保存之列。据说香港回归后，一些当地同胞曾提出香港的出版社应向国家图书馆缴送图书，但由于种种客观原因，至今这还是一个被搁置的问题。

三、几点建议

图书缴送率不理想直接影响到国家图书馆全面履行应有的职能，影响到国家总书库的藏书建设，同时也影响到及时为社会提供更多更好的服务。怎样才能有效地改变这种状况，特提出几点粗浅建议：

(1)提高国家图书馆的图书缴送率，首先应该设立图书缴送法，将图书缴送工作以法律的形式确定下来。如果从体制上、政策上、法律上得不到保证，只靠国家图书馆采访工作人员一家一家出版社去催缴，是很难提高图书缴送率的。如立法时机尚不成熟，新闻出版总署可在规定缴送样书的同时，考虑制定监督出版社缴送图书的措施。借鉴国外接受图书缴送的立法及惩罚的经验，要有办法制约不按规定缴送图书的出版社。

(2)新闻出版总署1991年的文件规定，凡100元以上的单册书和千元以上的套书，出版社只缴送一册，超过一册的，国家图书馆要交费。这条规定已不适应目前情况。书价几经调整，现在上百元的图书及上千元、上万元的套书已相当普遍。建议修改这条规定，应根据新形势制定新的政策。

(3)全面做好接受图书缴送工作，还需国家图书馆的采访工作人员继续做好催缴工作。催缴是一项长期的、艰苦的工作。采访工作人员要注意随时了解各出版社的情况，熟悉出版社的特点，及时收集和统计各社到书情况，要有针对性地催缴、跟踪催缴，建立完善的验收回执手续，并把图书缴送信息及时反馈给有关部门。

(4)建立奖惩机制，并在经费上予以保障。对缴送工作做得好的出版社给予奖励和表扬，这对缴送工作做得不好的出版社也是无声的鞭策。

(5)引入补偿机制，对高码洋、发行量少及自费或合作出版的图书采取缴1买1的方式，以减轻出版社的负担。

为了保存国家文化遗产，保障公民自由利用信息资源的民主权利，实现中文图书入藏齐全、完整，关键是要提高图书的缴送率。中采组要加强与全国所有出版机构的沟通和联系，做好接受图书催缴工作，保证国家总书库的藏书齐全、完整，使国家图书馆成为中国文献查询和借阅的最终基地。

期刊多版化中“一号多刊”的书目数据著录难点分析

杨　静　中文采编部

[摘　要]“一号多刊”是期刊多版化中不规范的表现形式。本文在明确“一号多刊”现象及其多种表现形式的基础上，通过分析实例，提出对待特殊刊物所采取的著录对策，同时总结该著录难点的编目规律以完善中文期刊之著录规则。

[关键词]期刊多版化　一号多刊　著录

和全国各行业一样，改革开放30年以来，期刊出版工作得到了飞速发展，期刊总量从1978年的930种增长到了2007年的9468种，增长了10倍，随之而来的是期刊的出版发行也产生了巨大的变化。为了使读者有更多的选择余地，使信息的传播速度加快，各期刊杂志社通过改频率、细化读者群等方式来达到最大限度占领市场的目的，期刊多版化的趋势日益明显。期刊多版化，指一个刊社以一种期刊为主，同时出版与主导期刊刊名、内容相似，读者对象相关但不相同，语种相同或不同的另外版本的期刊出版现象。作为一种出版现象，期刊多版化的表现形式是多样的。在这些表现形式中，既有规范的也有不规范的。本文探讨的是期刊多版化进程中的一种不规范形式——“一号多刊”。

一、期刊多版化中的“一号多刊”

多版化是多版本化的简称，版本项与刊号密切相关。刊号包含ISSN号和CN号，国际标准连续出版物编号(International Standard Serial Number，ISSN)是根据国际标准ISO 3297制定的连续出版物国际标准编码，其目的是使世界上每一种不同题名、不同版本的连续出版物都有一个国际性的唯一代码标识。CN是中国国别代码，凡通过新闻出版署和国家科委审批的正式期刊均编入了CN号(国内统一刊号)，它也具有唯一性。《国际标准连续出版物刊号(ISSN)》和《GB/T 999922001 中国标准连续出版物号》等，都强调刊号与刊种具有唯一的对应关系，即一刊一号、一号一刊。1999年，新闻出版署颁发了《关于严格期刊刊号管理问题的通知》(新出报刊[1999]1114号)中也明确规定：“一号一刊，每期期刊只准许出版一种版本。”“不得使用一个期刊刊号出版两种或两种以上的期刊，也不得使用一个期刊刊号出版期刊的不同版本。”所以从原则上讲，是不允许出现“一号多刊”这种情况的。

但现实中，“一号多刊”的现象却不在少数，这些期刊尤其集中在教辅、文化、知识、时尚等类中，而且表现形式呈现出多样化。何媛钦在《“一号多刊”期刊的CNMARC著录问题》中将“一号多刊”的形式归结为以下四种：(1)正题名不同的多种刊共用一个ISSN号(CN号)。(2)正题名相同，其他题名不同的多种刊共用一个ISSN号(CN号)。(3)正题名相同，版本不同的多种刊共用一个ISSN号(CN号)。(4)正题名相同，出版时间不同的多种刊共用一个ISSN号

(CN 号)。本身的不规范性加上形式多变,使“一号多刊”的著录工作成为了期刊编目员眼中最为棘手的问题。

二、“一号多刊”的不同著录方式

尽管“一号多刊”的形式多样,但它给编目人员带去的主要困扰可归结为“集中著录还是分别著录”这一简短命题。分别著录就是把期刊的不同版本视为不同的期刊分别著录书目数据,集中著录就是按同一个 ISSN 号(CN 号)对应的共同题名做一种期刊著录。丁明刚曾从期刊版本、版别和种类的角度提出“相互有版本关系的期刊,应该作为一种期刊、用同一条款目著录;相互为非版本关系的多版别期刊,则应依其种类逐条用不同款目进行著录”的著录原则。但在具体操作中,该原则只对部分相对规范的多版化期刊适用,对于一些特殊情况,还得具体问题具体分析。下面以实例说明面对“一号多刊”现象所采用不同著录方式。

1. 集中著录

先以《创作》为例,该刊是创刊于 2000 年的一本文学双月刊,ISSN 号 1007 - 3876,统一刊号(CN 号)43 - 1317,从 2000 年至 2006 年该刊的出版情况详见下表:

<table>
<tr><td></td><td>出版频率</td><td colspan="2">副题名变化情况</td></tr>
<tr><td>2000—2003</td><td>双月刊</td><td colspan="2">无副题名</td></tr>
<tr><td>2004</td><td>月刊</td><td colspan="2">No. 1 - 7 副题名文字客,no. 8 - 12 期隔月更换副题名,分别为新思维和智林</td></tr>
<tr><td>2005</td><td>半月刊</td><td>上半月 no. 1 副标题为智林,自 no. 2 以后副题名改为许愿树</td><td>下半月 no. 1 副题名为新思维,自 no. 2 以后副题名改为漂流瓶</td></tr>
<tr><td>2006</td><td>双月刊</td><td colspan="2">无副题名</td></tr>
<tr><td colspan="2">邮发号</td><td>42 - 24</td><td>42 - 307</td></tr>
<tr><td colspan="2">总期号是否相连</td><td colspan="2">分上下半月出版时各版本具有自己独立的卷期标识但总期号始终相连</td></tr>
</table>

从表中可以看出该刊在 2004、2005 之间副题名频繁变化,2006 年改回双月刊。如果按不同种刊著录将会出现六种不同版本的《创作》,那样不仅给读者的检索造成混乱而且给期刊书目数据的维护增加了难度。我馆的处理方法是在该刊 2004—2005 年频繁变更副题名时没有增加新的书目数据,而是在原有数据上进行维护,具体著录方法如下:(只列出相关字段)

《创作》书目数据维护的相关字段

011##$a1007 - 3876

091##$a43 - 1317

092##$aCN $b42 - 24

092##$aCN $b42 - 307

2001#$a 创作

304##$a 此刊 2004,no. 1 – no. 7 副题名为:文字客,2004,no. 8 – 2005,no. 1(下)副题分别为新思维和智林,自 2005,no. 2 起副题名分别为:漂流瓶和许愿树

326##$a 双月刊$b2006 –

326##$a 双月刊$b2000 – 2003

326##$a 月刊$b2004

326##$a 半月刊$b2005

注:该刊分上下半月出版发行时的邮发号可以通过重复 092 字段来处理。

再看《爱情婚姻家庭》这一期刊。从 2005—2009 年,该刊副题名的变化情况如下表:

	上旬	中旬	下旬
2005 年	生活版		精华版
2006 年	生活纪实	情感美文	私房心情
2007 年	生活纪实	No. 1 – 4 情感美文; no. 5 – 12 冷暖人生	私房心情
2008 年	生活纪实	冷暖人生	私房心情
2009 年	生活纪实	新情男女	私房心情
邮发号	38 – 136	38 – 410	38 – 426
总期号是否相连	各版本有独立的期号但是总期号相连		

如果按不同的版本分别著录,《爱情婚姻家庭》在 2005—2009 这 4 年中就会陆续编出 7 条书目数据,可能分别是《爱情婚姻家庭 · 生活版》《爱情婚姻家庭 · 精华版》《爱情婚姻家庭 · 生活纪实》《爱情婚姻家庭 · 情感美文》《爱情婚姻家庭 · 私房心情》《爱情婚姻家庭 · 冷暖人生》《爱情婚姻家庭 · 新情男女》,加上 2005 年以前的版本或者今后还可能出现的版本,将会有多个版本的《爱情婚姻家庭》。这些版本都是用同一个 ISSN 号 1003 – 0883(CN 号 42 – 1042),如果读者将 ISSN 号 1003 – 0883 作为检索点,那么他所面对的检索结果至少在 7 条以上。对于类似《爱情婚姻家庭》这种期刊,我馆的处理方式是无论其出版多少版本,也无论其副题名如果变化,只要各个版本的出版频率相同、总期号相连,均将其当成一种刊集中著录,不同的邮发号用重复 092 字段的方法来处理,不同的版本在附注项做说明。具体著录方法如下:(只列出相关字段)

《爱情婚姻家庭》书目数据维护的相关字段

011##$a1003 – 0883

091##$a42 – 1042

092##$aCN $b38 – 136

092##$aCN $b38 – 410

092##$aCN $b38 – 426

2001#$a 爱情婚姻家庭

315##$a 本刊 2003—2005 年上半月为生活版,下半月为精华版,总期号相连

315###a 本刊自 2006 年起改为旬刊,上旬副题名为生活纪实,中旬情感美文,下旬私房心情

315##$a 本刊自 2007,no. 5 起中旬副题名改为冷暖人生

315##$a 本刊自 2009,no. 1 起中旬副题名改为新情男女

2. 分别著录

《中国摄影》与《商业影像》,这两种期刊共用一个 ISSN 号 0529 - 6420(CN 号 11 - 1409)。尽管《商业影像》在出到 2007 年 6 月号时就在书脊和封面的位置上都标注了"B 版"的字样(意为《中国摄影》的 B 版),但我馆仍然将《商业影像》独立于《中国摄影》之外单独编写了一条书目数据。《中国摄影》是创刊于 1957 年的一份历史悠久的核心期刊,该刊在 2007 年顺应市场经济的需求推出了《商业影像》。主编吴常云在发刊词中说到"今天的中国,商业影像产业已悄然起步,国家经济的持续快速发展,预示着商业影像产业明天的辉煌。由《中国摄影》杂志社创办的《商业影像》杂志,就是在这样的新形势下应运而生的。"从这段发刊词中可以判断出该刊是想独立于《中国摄影》之外单独出版,其所强调的是《商业影像》这个题名,并且《中国摄影》自 1957 年以来一直具有自己独立的卷期标识系统,《商业影像》则具有自己的卷期标识系统,鉴于上述原因,我馆对两刊采取了分别著录,具体著录方法如下:(只列出相关字段)

①《中国摄影》的相关字段:

011##$a0529 - 6420

091##$a11 - 1409

092##$aCN $b2 - 30

2001#$a 中国摄影

207#0 $a 1957,no. 1(1957,4,30) - 1958,no. 4(1958,12,10) = [总 1 - 8]

$a 1959,no. 1(1959) - 1966,no. 6(1966,6) = 总 9 - 52

$a 1974,no. 1(1974,9) - = 总 53 -

301##$a 本刊与《商业影像》的 ISSN 号、CN 号相同

②《商业影像》的相关字段:

011##$a0529 - 6420

091##$a11 - 1409

092##$aCN $b80 - 578

2001#$a 商业影像

207#0 $a 2007,no. 1(2007) -

301##$a 本刊与《中国摄影》的 ISSN 号、CN 号相同

304##$a 本刊为《中国摄影》 的 B 版

5171#$a 中国摄影 · 商业影像

注:为了读者检索方便,可以增加其他题名 517 字段,可以多增加一个检索点。

此外还有一种特殊的情况,即具有相同题名的各个版本的出版频率不同,例如《广告大观》,该刊使用同一 ISSN 号 1672 - 9005、统一刊号(CN 号 32 - 1730)在 2006 年以后先后出版了四个不同的版本,具体情况见下表:

	上旬	中旬	下旬
1994—2005 年	广告大观		
2006 年	综合版		标识版
2007 年	综合版	理论版(广告研究)	标识版
2008 年	综合版	理论版(广告研究)	媒介
2009 年	综合版	理论版(广告研究)	媒介
邮发号	28 -292	28 -359	80 -268
出版频率	每月	双月	每月
总期是否相连	每个版本各自有期号,但总期号相连		

通过上表可知,该刊自 1994 年创刊以来一直以月刊频率出版发行,2006 年其出版频率改为半月刊,但自 2007 年起,每月出版综合版和标识版,逢双月时出版理论版,也就是说这份期刊每年出版 30 期,类似旬刊但又不是规范的旬刊。出版频率都是有一定规律的,如季刊(4 期)、双月刊(6 期)、月刊(12 期)、半月刊(24 期)、旬刊(36 期)等,就我们目前使用的图书馆计算机管理系统而言,都不能预设出每年 30 期的出版频率。如果因其是同一种刊的不同版本,而对《广告大观》采取集中著录,会给期刊登到工作和后续的下架装订工作带来一系列的困难。因此,在处理《广告大观》这种"一号多刊"的问题时就可以采取分别著录的方法,即将该刊的不同版本视为不同种期刊来对待,而他们之间相连的总期号只能忽略不描述。该刊涉及一条书目数据的修改和四条书目数据的著录,具体著录方法如下:(只列出相关字段)

①《广告大观》的书目数据修改:

011##$a1672 -9005

091##$a32 -1730

092##$aCN $b28 -292

2001#$a 广告大观

207#0 $a [1994,no. 1(1994)] -2005,no. 12(2005,12) = [总 1] -139

446#1 $12001^$a 广告大观$i 综合版

446#1 $12001^$a 广告大观$i 标识版

446#1 $12001^$a 广告大观$i 理论版

注:该条数据做停刊处理,同时增加连接字段 446 字段"分成……、……和……"。

②《广告大观·综合版》的书目数据著录:

011##$a1672 -9005

091##$a32 -1730

092##$aCN $b28 -292

2001#$a 广告大观$i 综合版

207#0 $a2006,no. 1(2006,1,10) -

300##$a 广告大观每月出版综合版和标识版,逢双月另出版理论版,无法确定其出版频率,总期无法描述

326##$a[月刊]

431#1 $12001^广告大观

注:该条数据要用连接字段431字段“部分继承”与《广告大观》主刊相连,因该版本实际是《广告大观》的上旬刊,并不是实际意义上的月刊,所以出版频率326字段的月刊要加方括号[]。

③《广告大观·标识版》的书目数据著录:

011##$a1672 - 9005

091##$a32 - 1730

092##$aCN $b28 - 319

2001#$a 广告大观$i 标识版

207#0 $a2006, no. 1(2006, 1, 20) - 2007, no. 12(2007, 12)

300##$a 广告大观每月出版综合版和标识版,逢双月另出版理论版,无法确定其出版频率,总期无法描述

326##$a[月刊]

431#1 $12001^广告大观

440#1 $12001^广告大观$i 媒介

注:该条数据除了需增加431字段以外,还需增加440字段“由……继承”,因该版本2008年更名为媒介,所以在该条书目数据中需用连接字段与《广告大观·媒介》的书目数据相连,同样出版频率要加方括号[]。

④《广告大观·媒介》的书目数据著录:

011##$a1672 - 9005

091##$a32 - 1730

092##$aCN $b80 - 267

2001#$a 广告大观$i 媒介

207#0 $a2008, no. 1(2008, 1, 15) -

300##$a 广告大观每月出版综合版和媒介,逢双月另出版理论版,无法确定其出版频率,总期无法描述

326##$a[月刊]

430##$12001^广告大观$i 标识版

431#1 $12001^广告大观

注:与上述相同,该条数据除了需增加431字段以外,还需增加430字段“继承”,因该版本的前名是《广告大观·标识版》,所以在该条书目数据中需用连接字段与《广告大观·标识版》的书目数据相连,同样出版频率要加方括号[]。

⑤《广告大观·理论版》的书目数据著录:

011##$a1672 - 9005

091##$a32 - 1730

092##$aCN $b28 - 359

2001#$a 广告大观$i 理论版

207#0 $a2007, no. 1(2007, 2, 10) -

300##$a 广告大观每月出版综合版和标识版,逢双月另出版理论版,无法确定其出版频率,总期无法描述

326##$a[双月刊]

431#1 $12001^广告大观

5171#$a 广告研究

注:该条数据除了需增加431字段以外,还需增加其他题名517字段,因该刊封面上题有广告研究的字样,所以为方便读者检索要增加一个其他题名的检索点。同时出版频率要加方括号[]。

三、"一号多刊"著录方式的选取原则及注意事项

通过上面的著录实例,可以简要归纳出在实际工作中遇到"一号多刊"问题时的处理原则:

1. 总原则是能不分则不分,尽可能选择集中著录的方法

我馆是国家馆,承担着是国家总书库的职责,而且我馆对中文期刊的入藏方针是全面入藏,因此中文期刊"一号多刊"的不同类型在我馆体现的较为全面。面对复杂多样的"一号多刊"现象的期刊著录工作,笔者通过多年的工作经验总结出一个总的原则,即为"能不分则不分"。因为使用相同ISSN号(CN号)出版的中文期刊的各版本间经常是分分合合,如果严格按照"题名发生任何变化,必须编制新款目"的编目规则来操作,会出现多个正题名相同、分辑题名不同的期刊书目数据。加之,ISSN已逐渐成为期刊登到人员及读者检索期刊的主要途径,同一ISSN(CN号)对应的书目数据越多越会增加登到人员和读者选取书目数据的困惑。所以笔者认为期刊编目人员应以不变应万变,尽量将同一ISSN号(CN号)出版的中文期刊的各个版本集中著录,这样做的益处是能保障一种刊的完整性,也能提高读者检索的准确性。需要注意的问题有:(1)各版本所用副题名的变化情况要在3XX字段作说明;(2)不同版本的邮发号可以通过重复092字段来处理。

2. 不得不分的"一号多刊"现象,则选择分别著录的方法

中文期刊的出版状况十分复杂,集中著录的方法并不能解决所有的"一号多刊"的书目数据著录问题,在何种情况下采取分别著录,笔者在工作中归纳出以下几点:(1)正题名相同,版本不同,各个版本的出版频率不规范,不利于集中登到或合并装订。例如广告大观,综合版和媒介每月出版,理论版隔月出版;(2)正题名相同,分辑题名不同而且内容相距甚远,或者读者对象相差较大。如:学报类期刊的社会科学版与自然科学版、教育类期刊的教师版与学生版;(3)不同版本的开本尺寸不同,不利于下架装订。

四、小结

虽然新闻出版总署在《关于严格期刊刊号管理问题的通知》中明确规定:"期刊出版单位必须严格遵守国家有关出版管理规定,严禁转让、出卖或变相出卖期刊刊号",但现实中假刊盗号现象频频发生,由于刊号滥用所产生的"一号多刊"情况屡见不鲜。作为期刊多版化潮流中的杂音,"一号多刊"不仅给期刊编目及日常期刊数据维护增加了难度,容易造成编目数据混乱,同时也给读者查询造成不便,直接影响了数据库建设和信息资源共享。"一号多刊"问题的解决,对期刊编目数据质量的优化以及读者服务的提高有着非常重要的意义。同时需要指出的是,规范期刊著录标准及规则只是解决"一号多刊"问题的一个方面,仅是从图书馆内部化解矛

盾,更重要的是要从根本上杜绝不规范情况的产生,严查假刊盗号以及抵制不规范的出版行为。

参考文献

1 何媛钦．“一号多刊”期刊的 CNMARC 著录问题．大学图书情报学刊,2008(6)

2 丁明刚．期刊的多版化及其管理．情报资料工作,2004(1)

3 国家图书馆《中国文献编规则》修订组．中国文献编目规则．北京:北京图书馆出版社,2001

4 新闻出版总署网站. http://www.gapp.gov.cn/

探讨国图编目工作的传承与发展

宋芸芳　孙凤玲　陆　婷　中文采编部

[摘　要]基于国图中文图书编目工作的实践，回顾了编目工作的历史发展，分析了编目工作的现状及隐忧，提出了促进国图中文图书编目工作传承与发展应采取强化管理工作、加大队伍建设、推广科技创新等具体措施。

[关键词]国家图书馆　编目工作

1　在传承中发展的国图中文图书编目工作

1.1　编目工作基础业务的发展

国家图书馆自诞生的那一天起，就注定了要承担起保存、传承中华民族优秀文化遗产的重任。一百年过去了，它始终履行着搜集、整理、保存一切有价值文献的功能，是世界上最大的中文文献信息收藏中心。这其中离不开一项重要的基础业务工作，就是对所搜集到的全部文献进行整理、整序和整合，即文献编目。纵观文献编目的历史，大致经历了手工编目、计算机编目和联合编目等阶段。计算机编目正是在继承手工编目基础上并充分利用了现代技术手段，从根本上改变了编目作业方式，使臃肿庞大的卡片式目录基本上被检索功能强大的机读目录所取代。国家图书馆是引领文献编目工作跨入计算机编目时代的先锋。我馆自上世纪 80 年代末，率先在国内开展计算机编目工作，研制开发了“文津”系列图书馆管理软件系统，成功应用于本馆中文图书采访编目和外借流通业务，并被国内外众多图书馆和情报单位所采用。联合编目工作也源自于国图，1997 年成立了全国图书馆联合编目中心，目前发展成员馆数百家，进一步加快了编目资源共建共享的步伐。

1.2　编目工作在业界的权威地位

由于国图在图书馆界的地位决定了我馆不仅要建设具有权威性、高质量的中文书目数据库，而且还要担负制定编目规则与标准的任务。翻开编目员的工作案头，每天都离不开一些主要的编目工具，从手工编目时代的《汉语主题词表》《中国图书馆分类法》到计算机时代的《中文图书机读目录格式使用手册》《中图机读规范格式使用手册》等。其中《中国图书馆分类法》是在我馆主持下于 1975 年编制而成，此后经过 2 次修订，现在使用的是 1999 年出版的第四版。它曾荣获国家科技进步一等奖，是一部综合性的，使用最为广泛的文献分类工具。《中国文献编目规则》问世以来，在图书馆等文献机构广泛使用，是编目工作人员进行中文文献编目的主要依据。可以说《中国文献编目规则》的编制与出版，在我国文献编目规则的发展历程中起到了里程碑作用。这些成就的取得凝聚了几代国图人的心血，不仅为编目工作奠定了坚实的基础，也确保了长期以来我馆编目工作在业界的示范和指导作用。

1.3 编目工作的未来属于年轻人

作为国图的老编目工作者,我们见证了国图编目工作的发展历史。一方面为我们所拥有的成果感到骄傲,另一方面,虽然这些成果多数都是由我馆这方面的专家、学科带头人承担并且组织完成的,但都不是凭空产生,其中也凝聚了许许多多普通编目员的实践经验,我们也为每一位员工长期的辛勤劳动表示敬佩。而将来的编目工作重任必将属于今天年轻、有文化、高素质的编目新一辈。在变化的新形势下,我们需要从历史中总结经验,从现状中发现隐忧,居安思危,为今后的编目事业的传承与发展提供有益的借鉴。

2 当前我馆中文编目工作的隐忧与困境

我馆由于国家总书库的性质一直执行"中文求全"的工作方针,中文图书编目工作为此处于比较高的地位,是国图的核心业务。但是,随着数字图书馆的出现和计算机网络技术的发展,加之文献编目工作出现的联合编目、业务外包以及商业化运作等趋势,不仅对于传统图书馆的馆藏和基础业务工作产生了重要影响,对于编目人员的思想观念更是产生了强烈的冲击,从而产生了一些影响工作发展的隐忧与困境。

2.1 数字图书馆的发展对传统编目工作的冲击

传统图书馆的馆藏主要是指采选的图书、期刊及其他文献资料等实体文献,这些文献资料进馆以后必须要进行编目加工等环节才能提供给公众使用,编目工作在其中的重要性不言而喻。而数字图书馆馆藏的含义已经由实体馆藏向"实体馆藏+虚拟馆藏"发展。"国家图书馆二期工程暨国家数字图书馆工程"被列入国家"十五"计划,工程建设成为国图所有工作的重中之重,二期新馆的开馆及数字图书馆的建成极大地拓展了国图的服务空间,但随之带来的是,图书馆的职能将由藏书建设和文献保障活动转变为对信息资源的开发提供和对用户利用文献信息的教育培训上。于是,中文图书编目工作在馆内的原有地位受到了冲击。

2.2 外包业务及资源共享弱化了编目的专业性

服务行业的不断发展为图书馆各项业务的外包提供了可能。现在,随着外包业的不断成熟,作为图书馆传统核心业务的编目工作也走上了外包的道路。美国加州大学图书馆在《加州大学书目服务再思考》中提出了外包计划,在业界引起了强烈的争论。争论的焦点在于作为图书馆的"独门秘技",编目工作的外包是否意味着图书馆因此而将流失自己的特色,失去其专业性。我馆中文书目数据组有一部分工作也曾进入外包的行列。就实际工作而言,中文编目基本采取两种模式:一种是原始编目,即在采访数据基础上,添加著录必备字段,并进行深入的分类与主题分析;另一种就是套录数据,即套用联编中心的数据进行简单的编修,使之转换为本馆需要的数据。即使是原始编目,中文新书在出版过程中的在版编目数据也为编目员分类与主题标引起到了很好的参照作用。这些状况似乎降低了编目工作的技术含量,容易造成编目人员对于外来数据的依赖心理,再者从专业性方面考虑,让中、高级编目员从事套录也是一种人才的浪费。如果不加以正确引导,不利于编目工作的业务创新和编目员自身素质的提高。

2.3 变革时代编目员面临的心理冲击

现在的工作环境与编目前辈的工作环境大不相同,人们的思想观念也发生了很大变化,社会的诱惑力和个人的价值取向随时对编目员产生影响,前辈们长期恪守的爱岗敬业、不求回报的精神似乎已经过时。近些年,国图在人事制度方面又经历了几次改革,但改革之后员工的情绪总会有些波动,影响员工士气的主要原因是岗位和工资待遇的变化。本身编目员长期从事着重复、单调的工作,一般员工晋升、流动的空间就不大。遇到这样的机会,每一位在编目岗位上工作的员工,特别是工作时间较长、经验比较丰富的员工,都会产生出自我实现的需求,渴望能有职务晋升、薪酬获得提高。由于各种原因现实与个人期望值有差距时,就会情绪低落。员工受到心理挫折后反映不同,多数人会以此为契机,继续努力,争取晋升机会,但也有员工会对领导有偏见,或将不良情绪投射他人身上,如在工作上出现质量问题,同事给指出来,就以为跟自己过不去。这种情况如果处理不好,容易导致不和谐因素,不仅影响老员工积极性发挥,也激发不起新员工的工作热情。

2.4 科研意识薄弱影响编目工作的科学化发展

图书馆是知识殿堂,是读者学习知识的地方,作为编目承担的又是知识组织的任务。但遗憾的是,身处这样的环境,大多数编目员主动钻研理论、学习业务知识的积极性不高,科研氛围不太浓厚,究其原因主要是:

(1)虽然“科研”“论文”这样的词句经常被提及,但中文图书编目任务繁重,定额压力过大,不仅每天加班大有人在,周末或公休日也常有员工来组里加班,每月能够完成本岗位任务已经很不错了,难以抽出时间撰写论文甚至参加科研项目。此外,即使有员工申报了馆内科研课题,但中标率很低,不但挫伤积极性,也制约本组科研工作的开展。

(2)员工撰写论文基本上只能在有限的智力空间中单兵作战,即便形成了科研成果(如论文),也只能解决以个人经验为基础、学科面不广的课题,整体水平不高。再者形成的科研成果很难有相互交流形成团队智慧的机会,论文只能束之高阁,造成成果的闲置。可以说,以书目数据组具备的科研水平和能力,即便有了创新性的科研课题,现有人力物力也难以胜任。

3 对国图编目工作可持续发展的思考

今后编目工作不论资源对象、组织方法、工作模式如何变化,只要图书馆存在,编目还会是图书馆工作的重中之重。面对新的环境及新的变革,作为国图的编目管理者和员工必须认清形势,注意解决好前述几方面的问题,把握好未来的发展趋势,在科学发展观指引下,努力建设一支优秀的编目员队伍,为传承图书馆文化,促进编目理论与实践的发展作出新的贡献。

3.1 以人为本,强化管理创新机制

创新管理的意义在于要增加科学管理的深度和广度,切实解决一些实际存在的问题。诸如对我馆电子版分类主题词表的启用问题——该词表中有很多新主题词非常好用,例如“笔记本电脑”,但目前的现状是新版主题词一般情况下不允许使用,由此造成一些很简单明了的主题概念需要沿用旧版规定的主题词或通过相似主题词的组配来实现。对于涉及笔记本电脑内

容的图书，主题标引一律使用“便携式计算机”。此外，国图标引工作中特有的“后组”问题，随着编目自动化系统的改进与升级，也未及时取消。原本可以用机器解决的问题，偏偏还是采用人工干预，费时费力。为顺应时代发展需要，必须要深入研究编目业务的管理运作方式，最大限度地发挥各项新技术的功能。

定额管理目前是书目数据组的管理核心，在定额管理中突出的问题是工作定额与人员素质之间的矛盾。因此在管理中一方面要全方位体现“以人为本”的理念，将合理有效的规章制度与人性化管理有机结合起来；另一方面有必要引入绩效管理机制，也就是目标管理方式，以此来测评和提高员工的工作效能。对于本部门推行的员工竞争上岗制度，要经过充分的调研论证，实行公开、公平、择优的原则，使之更加科学和完善。

3.2 加强队伍建设，发挥人才资源优势

近年来，“木桶理论”作为强调团队整体实力的一个概念为大家所熟知，团队成员中每一个人的教育背景、性格差异、能力大小各不相同而又各有所长，但整体实力并不取决于某几个人的超群和突出。作为编目员个人，无论年龄和文化程度如何，要想跟上快速发展的时代潮流，适应当今社会的激烈竞争，都需要正视自身在学识、业务能力、道德修养等方面存在的“薄弱环节”，要进行全方位的学习，做到学以致用，努力增高自身的“短板”。对于科组来说，基层领导的领军作用是团队建设“长板”。一个优秀的管理者应该善于营造团队和谐、向上的工作氛围，要强化团队的向心力和凝聚力，排除隔阂、化解矛盾，引导员工树立团队合作精神，摒弃个人主义思想，最大限度地提升每一位员工的综合素质，发挥团队协作的力量。

书目数据组现有员工（包括临时和派遣员工）总数接近50人，是全馆规模最大的一个科组，近年来新进组员工大多都有研究生学历，与此同时，该组五年内将面临11位员工退休离岗。本组内部编目员的知识水平在整体提高，需要积极引导促进岗位成才。除此之外，还需要充分提升老员工在岗期间的积极性，将他们几十年丰富而宝贵的实践经验和智慧毫无保留地留传给中青年员工，新老更替，承上启下，这是摆在书目数据组面前的首要任务。

3.3 落实科学发展观，全面提升科研能力

科研工作是支撑图书馆事业可持续发展的原动力。虽然各项编目标准、条例和规则由专家、学者们进行编制，普通编目员少有机会介入前沿领域，但也可以在各级领导的引导和统筹安排下，通过倡导开展理论联系实际，进行结合本职工作和编目实践的应用性科学研究。可采用的方法有：

（1）强化图书馆开展学术科研的重要性及必要性教育，使员工增强“人才兴馆、科技强馆”的意识。在日常工作中可结合实际成立若干业务、科研活动小组，建立一个稳定的科研核心班子，确定专题进行学习交流，还可为个人的科研成果提供一个相互交流的平台，方便员工之间信息传递，分享经验，共促提高。部门内部应鼓励科研课题的申报，发动有研究能力的老员工和热爱编目事业的新员工共同参与，并制订课题立项、成果获奖、论文发表等的奖励措施，激励员工的科研创作热情。

（2）员工培养问题应该列入议事日程，不论是老员工还是新员工都面临知识更新、与时俱进的任务，对专业基础好，上进心强，具有一定培养前途的编目人才需要进行重点培养。在有条件的情况下，安排专题讲座或组织业务骨干外出参观学习，使员工能关注学术前沿领域进展

和其他单位学术科研开展情况，学习成功经验，开阔眼界。

(3)过去书目数据组有经常召开会议研究工作质量的习惯，可是最近一年这样的会议基本就没有开过，还应该保持老的传统，否则员工的工作基本上倚重于过去的经验，不仅得不到新的提高，一些业务问题也难以统一。

3.4 更新编目观念，有效控制编目质量

长期以来，编目员将追求书目的精确性看得至高无上，对格式中的标点符号、空格位置或字段代码用“$j”还是“$x”等细节重视过多，却忽视用户对于书目的需求和喜好。从现阶段来说，应该深入研究目录与用户之间的关系，将各项编目规则的运用与读者的阅读需求、检索习惯有机结合起来，从“为编而编”转向“为用而编”，使所著录的项目真正服务于用户。

联合编目作为一种创新的编目模式已经深入到日常的编目环节中，国图作为联编中心的重要部门之一，上传的书目数据能占到整个联编中心上传数据的1/3，并且上传数据中的细小变化都会受到图书馆编目界的极大关注，影响面非常大，责任也非常重大。有消息称，在今年的联编中心年度书目数据的质量评比中，国图的数据质量有所下降。这不能不引起我们的重视与反思。我馆作为国内书目数据制作的最权威机构，虽然占据了天时地利人和，但我们仍要把好质量关，通过今年的流程改革，减少了校对环节，质量问题可能会愈加突出，如果把握不好，势必影响国图的声誉。为此，基层管理者的任务不再是简单的上传下达，必须要转变观念，将工作重心放在精心组织、目标管理、任务管理上，带领大家切实担负起数据质量百年大计的责任。

俗话说得好：“前人栽树，后人乘凉。”我们在享用前人成果的同时，在面临现代信息技术挑战的同时，也应该深刻地思考一下，我们的工作能给编目事业带来怎样的新发展，能给后人留下些什么。面对今天的一切，编目工作还任重道远。真心希望通过我们的努力能够使国图中文图书的编目工作保持可持续的良性发展，真正担负起历史赋予的使命。

参考文献

1 富平．从传统图书馆到数字图书馆．北京：北京图书馆出版社，2007

2 孟广军等著．国外图书馆学情报学最新理论与实践研究．北京：科学出版社，2009

3 刘贵琴著．图书馆人力资源管理．合肥：安徽大学出版社，2008

4 孙凤玲．编目的困惑与思考．见：国家图书馆图书采选编目部编．21世纪的信息资源编目——第一届全国文献编目工作研讨会论文集．北京：北京图书馆出版社，2006

5 肖希明主编．图书馆学研究进展．武汉：武汉大学出版社，2007

6 周文娟．浅析图书馆馆员心理及其影响．高校图书情报论坛，2007(6)

7 刘丽，于庆东．“木桶理论”与人力资源管理．商场现代化，2007(28)

8 焦晓渝，周钢贤．谈图书馆员的科研工作．山东图书馆学刊，2002(1)

论全国图书馆联合编目中心与我馆编目工作的融合*

王彦侨　中文采编部

[摘　要]本文分析了当前全国图书联合编目中心和书目数据组的主要工作模式，通过具体的实例，对现有模式进行了利弊分析。放眼未来，探讨联编中心与书目数据组需要从哪些方面融合的问题，以提高编目数据质量，推动全国编目事业的发展。

[关键词]联编中心　书目数据组　编目模式　编目数据

1　导论

国家图书馆中文采编部对外也称全国图书馆联合编目中心（以下简称联编中心）。其宗旨是：在全国范围内组织和管理图书馆联机联合编目工作，运用现代图书馆的理念和技术手段将各级各类图书馆丰富的书目数据资源和人力资源整合起来，以国家图书馆为中心，实现书目数据资源共建共享，降低成员馆及用户的编目成本，提高编目工作质量，避免书目数据资源的重复建设，实现书目数据资源的共建共享。中心依托于国家图书馆和各成员馆，采取中心—分中心—成员馆的组织机构。目前，已经成立了13个分中心，成员馆发展到600多家，书目数据的使用单位已超过1000家。除了加强数据建设以外，联编中心还注重编目人员综合能力的提高，通过培训、业务交流、业务论坛等诸多方式为编目人员提供不断提高业务能力的平台。联编中心下设联合编目组（全国图书馆联合编目中心办公室）。联合编目组负责全国图书馆联合编目中心的日常工作，主要包括联合编目中心的数据管理、中心服务器的维护、有关联合编目的业务咨询、用户服务及用户培训等工作。

国家图书馆是全国的总书库，负责收藏内地正式出版的所有中文图书。承担中文图书编目任务的科组便是中文采编部书目数据组。到馆新书（不包括复本）在中文图书采访组进行记到处理后，就进入书目数据组的工作流程，包括单册处理——编目（含著录、标引和规范控制）——编目审校——编目总审校等环节。这一系列操作都是在国家图书馆的集成系统ALEPH中进行的。为提高编目数据制作的时效性，经过编目审校处理过而未经总审校处理的数据就上传至联编中心数据库中。不同于其他书目数据上传单位，对于书目数据组制作的数据，联编中心实行“免审校”，采取批上传的形式。数据组除了负责本馆书目数据和规范数据的制作和维护以外，还通过培训班、电话、E-mail、QQ群、编目论坛等各种方式向联编成员和业界提供培训、辅导、网上咨询等服务。

对于全国图书馆联合编目中心来说，提供的业务主要以普通中文图书的数据服务为主。

* 本文为国家图书馆课题项目“全国联合编目工作发展研究”成果之一，项目批准号：NLC－KY－2007/05

因此,联编中心、联合编目组同书目数据组之前存在千丝万缕的联系。本文主要讨论它们的工作模式,进行利弊分析,提出发展建议。

2　现行模式的优点分析

2.1　提高书目数据制作的时效性,发挥书目信息资源共享的优势

书目数据组是一个有着优秀编目传统的队伍,无论是以前对外发行卡片目录,还是现在作为联编中心书目数据和规范数据的重要上传单位,编目水平一直处于全国前列。该组依托国家图书馆庞大的中文图书资源,建立了1 800 000余条书目记录和830 000余条名称规范记录。由于国家图书馆奉行的“中文求全”的方针,同时存在着一支业务素质过硬的编目队伍,为联编中心成员馆检索和使用国家图书馆制作的编目数据奠定良好基础,推动成员馆、地区、乃至全国编目事业的发展。从下表不难看出,书目数据组制作的原编数据量相当庞大。这与不经过总审校编目数据即上传、联编中心免审校、批上传的工作模式有很大关系。

在提倡资源共享的时代,一个图书馆的编目力量十分有限。由于受到出版社缴送时间、编目流程等因素的影响,国家图书馆对某些图书的书目数据制作速度略显缓慢。而联编中心的成员馆,对当地出版的图书编目迅速,存在自身的优势。从 2005 年开始,书目数据组也开始从联编中心下载数据,节省人力、物力、财力以及其他方面的成本,享受资源共享的成果。

表 1　中文图书书目数据组近期数据完成量和上传量统计表

(数据由全国图书馆联合编目中心提供)

月份	完成量	上传量	电子样本	备注
2008 – 01	10 612	4732		
2008 – 02	8109	4483		
2008 – 03	6179	2523		
2008 – 04	8900	3737		
2008 – 05	10 754	4180		
2008 – 06	10 310	4115		
2008 – 07	11 679	4127		
2008 – 08	9921	5178		
2008 – 09	12 213	5345		
2008 – 10	14 991	6012		一部分为遗留数据
2008 – 11	15 685	6624		同上
2008 – 12	16 534	9160		同上
2009 – 01	9387	4994		
2009 – 02	11 745	6233		
2009 – 03	11 688	6319		
2009 – 04	13 248	5371	1555	
2009 – 05	12 924	5276	1787	

备注:完成量为该月书目数据制作量;上传量为该月联编中心系统接收的数据量。

2.2 促进国家图书馆中文书目数据库和联编中心数据库共同提高质量

联编中心审校数据并没有看到实体书,对书目数据组制作的数据还实行“免审校”,同时受各馆编目任务的日益繁重及其他因素的影响,也就不能保证每条数据的完全准确性。一方面,书目数据组使用联编中心的数据;另一方面,联编中心用户使用书目数据组制作的数据。工作过程中可能会发现自身或其他机构的错误,通过反馈—修改—再反馈的过程,提高数据质量。

由于系统原因,当本馆数据库中数据已修改正确后,即使本馆制作的数据,对于联编中心数据也无修改权限。这就导致无论是自身错误还是发现别人的错误,都需要人为反馈。书目数据组目前的规定是,重要检索点的硬伤,要求反馈给联编中心;对于书目数据组业务自查和自他检查中发现的错误,也都发送给联编中心一份。联编中心也不定期向书目数据组反馈成员馆的意见和建议。

以下摘自联编中心和书目数据组反馈错误的样例:

表2　2009年5月21日联编中心反馈错误

系统号	错误	备注
004146422	200字段多子字段$z	
004144972	210与100出版年不一致	出版年为2007
004144832	210与100出版年不一致	出版年为2007
004142944	210与100出版年不一致,200第二个$a改为$d	出版年为2008
004133274	462改为461	
004130530	210与100出版年不一致	出版年为2008
004133656	461改为462	
004129241	200字段多子字段$z	
004142693	200字段多子字段$z	
004148464	225的指示符改为1	

表3　书目数据组向联编中心反馈错误

ISBN	错误	备注
978-7-80225-605-7	联编数据库中有两条记录	
978-7-80185-998-3	题名“检察”改为“监察”	书目数据组自己错误
978-7-5624-4641-5	题名“及”改成“与”	
978-7-80244-114-9	题名“揭密”改成“揭秘”	
978-7-111-20128-1	题名“普通”改为“普适”	书目数据组自己错误
978-7-308-06425-5	联编重复数据	

2.3 有利于促进编目数据的规范化,提高编目员的业务水平

联编中心和书目数据组目前的工作模式,能够促进编目业务的标准化、规范化进程。以前

都是用户使用国家图书馆的数据，书目数据组缺乏对兄弟馆编目情况的了解，不利用总体编目水平的提高。套录联编中心数据后，编目人员通过了解、熟悉、运用界内编目成果，可以开阔视线，提高自身的编目水平，减少套录数据的修改，促进编目数据的规范化，为联机编目奠定基础。

对于书目数据组来说，不仅承担着国家书目中心的建设任务，还对联编中心承担一部分培训、辅导、咨询等工作，组内每年都有人参加全国图书馆联合编目中心工作会议。这种模式，提供了同行交流的舞台，也促使书目数据组的编目员更加严格要求自己，推动编目事业发展。

2.4 书目数据组与联编中心相互配合，探讨编目工作的新形式、新方法

跨行业书目资源的共建共享成为近年来出版界、发行界和图书馆界共同关注的热点问题。全国图书馆联合编目中心也积极探讨编目的新形式。2009 年，书目数据组的一些人员参加了基于网上样本厅的编目审校的实验工作，对中版集团数字传媒有限公司制作的 MARC 数据进行审校，撰写反馈报告。表 1 中电子样本即形成的实验性的数据。

3 现行模式弊端分析

3.1 编目数据不统一、不规范甚至存在错误

联编中心的各编目成员馆呈现分散状态，书目数据存在不统一、不规范甚至错误的情况，在题名、作者、版本、出版年、著录用符号、丛书等字段都存在问题。中心审校人员无法在第一时间获得文献信息源，虽然存在 Google 图书搜索、数字传媒有限公司等提供网上样本厅的网站，但是样本厅的涵盖范围小且有些书目信息在上面无法体现，中心的有限的审校人员面对每天数量庞大的上传数据也没有精力一一仔细对照。这就导致书目数据制作单位，包括书目数据组花费在套录数据上修改工作量较大。

3.2 联编中心一定数量的重复数据

表 4 联编中心重复数据样例分析

ISBN	题名	数据制作机构	重复因素
7 - 80211 - 343 - 1 978 - 7 - 80211 - 343 - 5	领导情景口才全书	NLC,JL,110017	两条 10 位 ISBN 重复原因不清楚；另一条则是由于 ISBN 由 10 位升到 13 位所致
7 - 5019 - 5042 - 3	爱的五种语言	NLC,110019	并列题名与副题名选取不同
978 - 7 - 5045 - 7191 - 5	建筑材料（第二版）习题册	NLC,110017	版本著录不同
978 - 7 - 5615 - 2983 - 6	语法隐喻的功能	NLC,110020	著录用符号不同
978 - 7 - 03 - 021968 - 8	自然—社会环境与贫困危机研究	NLC,110017	著录用符合不同

通过上表可以看出，很多重复数据与国家图书馆有关。影响因素包括：(1)联编系统的判

重因素设定条件非常严格。只有在ISBN、题名、版本项等完全相同的前提下，系统才会认为是重复数据，这就导致当图书馆对题名、版本、符号著录有差异时，系统认定为两条数据。(2)书目数据组制作的数据采用“批上传”的方式。其他上传馆采取的都是一条一条上传，编目员在上传数据前存在查重环节，而书目数据组的上传是系统自动抽取已审校的数据打包上传。(3)联编中心对书目数据组制作的数据“免审校”，缺少人工干预，直接进入联编中心正式库。

3.3 系统功能有待改进

联编中心采用的系统是深圳图书馆开发的UACN，它是ILAS的延伸和扩展，是ILAS的姊妹产品；书目数据组则采用ALEPH系统中的编目模块进行编目。笔者在工作过程中，发现系统方面存在一些问题：(1)系统自动判重功能有待加强，可适当改变系统如此严格的判断条件。(2)书目数据无法实现自动更新。书目数据组制作的数据在图书编目总审校抽查之前已上传联编中心数据库，这保证了时效性却可能对数据质量产生影响。再者，编目数据在利用过程中可能会发现一些错误，书目数据组在修改本库中的数据的同时，需要人工反馈给联编中心，积累起来也是一项琐碎而繁重的工作。(3)以X结尾的10位ISBN号即使在联编中心有记录，书目数据组是套录不到的。例如7-80506-914-X，检索到的结果为0。当然，自从2007开始ISBN号已经升至13位，这个问题显得不是那么重要。但ISBN的升级却带来新的问题。书目数据组从联编中心下载数据通过ISBN号检索，而10位和13位ISBN的并不兼容。意思是，对同一种书而言，通过10位的ISBN并不能检索到13位ISBN的数据，反之亦然，这对重印书的套录编目产生影响。(4)套录错位问题。某些编码字段套录产生错位，如100字段、105字段。

3.4 书目数据组和联编用户之间直接的交流甚少

联编中心虽然有论坛、QQ群等方式，但受各种因素的影响，书目数据组的人员缺乏与联编用户的直接交流。比如，某些针对书目数据组制作数据的疑问，必须通过联编中心办公室人员转达疑问并负责解释，这个过程中可能存在信息的失真，也影响工作效率。

4 关于联编中心与书目数据组之间融合的探讨

4.1 推动书目数据标准化、规范化，不断提高编目质量

书目数据的标准化和规范化是网络时代编目共享的前提。目前，虽然我国已经相继出台《新版中国机读目录格式使用手册》《中国图书馆分类法(第四版)工作手册》《中国分类主题词表(第二版)及其电子版使用手册》等编目工作手册和规范，但不同的编目机构对这些规范有不同的认识，再加上各机构编目传统的差异，使得编目数据在很多方面存在差异。这些差异实实在在地影响着编目工作的正常进行。

要解决这个问题，需要联编中心出面，国家图书馆书目数据组和联编中心成员馆参与，借鉴其他联合编目经验，制定联机编目手册、细化编目规则，要从各字段、子字段、指示符的使用及中英文、标点符号的著录各方面细微的问题和有争议的标引问题制定执行规则，辅以详例，作为参与联机编目各单位的工作依据。

对书目数据组来说，要制定符合本馆特色的书目数据审校细则，详细规定馆藏书目数据的详简级次、著录部分的选择项、特殊情况的处理办法等，让套录人员在图书编目的过程中有据

可依。

4.2 有效的数据动态维护机制

书目数据是一个动态发展的过程，书目数据组经常会对编目数据进行维护，以将错误控制在最小的范围内。这样，就需要建立联编中心和书目数据组之间行之有效的数据质量检查和反馈机制。前文曾提到，书目数据组经过审校的书目记录采取成批的形式上传到联编中心，而且数据无法自动维护。此外，书目数据组即使发现联编数据有错误或疑问，也无法像联编中心成员馆一样添加批注或修改意见，必须通过其他方式反馈。因此，需要建立有效的编目数据动态维护体制。

4.3 科学的管理体制

由于是公益性事业，在联编中心下载一条的价格是0.15元，上传一条的价格是3元。基于原编的成本，一些图书馆更倾向套录数据，书目数据组原始编目的压力相当大。当然，原编数据质量的高低一定程度上显示着该馆的编目水平，书目数据组承担这个责任无可厚非。但作为国家图书馆来说，“不应该花费如此巨大的精力从事大家都能获得的现代的、以传统形式出版的资源的编目工作，这部分工作可以由大家一起来做。应该侧重对其仅有的和稀有资源的揭示工作，以方便大家利用”。而且，书目数据组一些资深编目员面临退休，要培养新一批达到同等水平的编目员，需要花费很大的代价和成本。因此，激励成员馆上传体制的建立势在必行。

4.4 适应工作需要的联合编目新系统

笔者认为，联合编目新系统应该具备如下的功能：(1)一定的数据校验的功能。目前，书目数据组采用ALEPH进行编目。既然是集成系统，对满足个性化需求方面存在一定的弊端。对于联编新系统来说，拥有一定的数据校验功能对于编目数据的质量具有重要意义。前段时间就和联合中心办公室的工作人员探讨过该问题。如果系统内有困难，可以通过系统外安插小程序来实现。涉及的内容包括系统查重、相关字段子字段不匹配时的提示、非法指示符和符号的提示等。(2)数据的更新提示功能。当原书目数据制作机构对数据进行更新操作时，联编数据库中能自动修改或在意见库自动形成带有某种标志的数据；其他机构对某条编目数据有疑问也在意见库中提出问题和修改建议。(3)更加科学、规范的权限管理机制。高级的编目员级别可以修改低级编目员级别的数据，本馆有权限修改本馆制作的书目数据，对于高级编目员已审校的数据，可在意见库中自动形成带有标志性的、已修改的数据。

4.5 机构和人员的优化组合

同是从事编目业务的科组，又同属中文采编部管辖，机构和人员的优化组合十分必要。如果由联合编目组负责套录数据的制作与维护工作，可以相对减少沟通与交流的环节，同一科组内即可完成本馆编目数据制作和联编中心数据维护的任务，对于提高数据质量有所帮助。但是国家图书馆采取岗位管理的方式，而每年套录和原编的比例是不确定的，这就给岗位核定造成困难。

在现有模式下，可以让书目数据组的人员更多地参与联编中心的工作。对于书目数据组员工来说，如果一直局限在国家图书馆中文编目的范围内，既限制本馆业务的发展，也限制编目员自身水平的发展。我们需要提供尽可能多的机会让编目员走出去。

5 结语

计算机联机编目是图书馆走向现代化的标志，也是数字图书馆的基础之一，对于加强文献书目数据资源共建共享，促进图书馆事业的发展有着重要意义。因此，要加强全国图书联合编目中心和中文图书书目数据组的融合，提高书目数据的质量和时效性，推动中文图书编目水平更上一层楼。

参考文献

1 张曙光．6Sigma 管理及其在联合编目工作中的应用．现代情报，2005(3)

2 司徒凯．关于全国图书馆联合编目改革和发展的几点思考．图书馆理论与实践，2007(6)

3 全国图书联合编目中心．http://olcc.nlc.gov.cn

4 连宇江．影响图书查重准确率的因素．科技文献信息管理，2008(2)

5 李艳芳．中文图书套录编目若干问题探讨．图书馆论坛，2005(5)

ISSN中国国家中心连续性资源注册数据库发展探讨

崔明明　中文采编部

[摘　要]ISSN中国国家中心数据库是连续性资源注册的客观记录,也是管理的依据,更是与ISSN国际中心大系统衔接的备份数据库。本文从ISSN中国国家中心的创建、与我馆中文期刊数据关系及未来发展的角度展开探讨,以期能更准确定位及更快更好地发展。

[关键词]ISSN中国国家中心　连续性资源　数据库

创建于1985年,现隶属于国家图书馆业务部门中文采编部的ISSN中国国家中心,至今已走过25个年头,在国家图书馆百年华诞之际,总结过去、立足现在、展望未来有着更加深刻的意义。ISSN中心数据库是注册的客观记录,也是管理的依据,更是与ISSN国际中心大系统衔接的备份数据库。为此,本文从ISSN中国国家中心的创建、与我馆中文期刊数据关系及未来发展的角度展开探讨,以期其能更准确定位及更快更好地发展。

1　ISSN中国国家中心的创建与迅速发展

ISSN中国国家中心是ISSN网络87个国家中心之一。ISSN网络是在联合国教科文组织和法国政府的大力支持和赞助下于1972年建立的,该网络是政府间合作组织,由国际中心和各国家中心(或地区中心)组成。国际中心设在法国巴黎。它是一个运用现代化手段,在国际范围内对连续出版物进行统一管理的各国间的合作组织,是联合国教科文组织资助的一个专业团体,受联合国教科文组织和法国政府双重领导。

ISSN中心创建时称作ISDS中心(即国际连续出版物数据系统),据国家图书馆档案资料,1985年11月18日原国家出版局(85)出字第571号文件记载:“决定建立ISDS中心,中心设在北京图书馆内,业务上接受国家出版局指导。”

大量调查研究工作是中心创建并正常运转的基础。根据全国文献标准化技术委员会1984年4月与1985年10月会议精神,在原中国国家出版局、标准局、图书馆局和北京图书馆的具体领导下,曾对中国参加ISDS必要性与可行性,参加ISDS条件、程序和有关技术问题,以及中国期刊出版、发行等情况都作了较详细地调查研究。

讲到中心的创办,自然提到李镇铭先生,1985年他出任ISDS中心工作组组长,负责该项目在中国的筹建工作,同年中国国家中心正式成立,他被任命为该中心第一任主任,全面负责该中心的组织领导工作,他带领全体工作人员仅用一年的时间,就使国家中心初具规模,开始运转。期间,还组织并编写《国际连续出版物数据系统中国国家中心与国家连续出版物文档工作手册》,完成了ISSN中国国家中心工作系统程序的分析设计、调试,并正常运行,生产磁带。

万事开头难,人员配备、经费、设备等都是从零起步,再加上重视自动化技术干部的配备及人员培训工作,在规范上参照国际标准,解决了各种著录与机读数据技术问题。从领导到工作人员都付出了辛勤的汗水与努力,克服了一个又一个困难,中心业务迅速得到发展。1986 年 4 月在巴黎进行的 ISDS 第六届全体大会上,正式宣布我国为成员国,同时我国当选为理事国,确立了我中心在 ISSN 国际中心的地位。2008 年,经 ISSN 第 17 届全体会议选举,中国连任管理委员会委员。

20 多年来,在各级领导的关怀及中心主任的领导下,ISSN 中国国家中心负责获得我国新闻出版总署批准出版的国内外公开发行的连续出版物 ISSN 的分配与管理、有关 ISSN 的各种咨询、中国连续出版物书目数据创建与上传 ISSN 国际中心等项工作都取得了较好成绩。截至现在已经注册 1.3 万余个 ISSN。作为 ISSN 国际中心的成员之一,ISSN 中国国家中心始终不懈地履行着联络、推广与管理连续出版物唯一标识的职责。

2 ISSN 中国国家中心数据与我馆中文期刊数据的关系问题

随着 ISSN 分配数量的逐年增长,中心数据总量也在相应增加,截止到目前已创建数据 1.3 万条,涵盖了中国内地出版的多文种、多载体形式的所有申请 ISSN 的连续出版物数据,包括中文(CNMARC)和罗马化(ISSNMARC)两套数据。

ISSN 中心数据与我馆中刊数据关系问题是一个现实问题,不能回避,因为这不仅关系到未来 ISSN 中心数据的管理,也关系到未来我馆中刊馆藏数据的管理,更关系到我馆整体连续性资源数据管理水平。为此,应该对此给予梳理,进行探讨。

2.1 两套数据独立存在的现实性

中刊数据是依托国家图书馆馆藏中文连续出版物所建立,是在获得缴送本或购买所得样刊的基础上创建的揭示馆藏的数据,是国家图书馆书目的组成部分。“内部资料”“内部通讯”等性质的非正式出版物和未公开发行的连续出版物也在其中。

ISSN 中心数据是在 ISSN 分配的基础上,依据第一期样刊(或创刊号)建立,依最后一期样刊终止(做停刊),同时与新闻出版总署等有关出版管理部门的批复文件进行核实,并将按规范出版的情况准确记录于数据中。也可将其称作是向国际中心报告中国 ISSN 分配使用情况及书目数据信息的备份数据库。ISSN 中心则更侧重对出版物管理的考虑,因为 ISSN 中国国家中心管理的是中国的连续性资源,管理的是多语种、多载体的出版物,所以兼顾了多个方面。

两套数据在用途上确实存在差异。中刊数据主要是揭示馆藏并供读者检索查询之用,而 ISSN 中心数据是与国际中心数据库和国内出版管理机构出版管理相衔接的。但事实上,两套数据独立存在的同时又存在着关联性,因为工作人员为查核某种刊物的详情时会经常查看、参考、借鉴对方的数据。

2.2 两套数据整合的意义

如果从国家图书馆中文连续出版物应有且仅有一套数据的角度来说,那么两套数据整合的意义是不言而喻的。

举个例子来说明需要整合的方面。如,中刊基于所收到的样刊建数据,针对一号多刊等情况有分别建数据以连接单册的情况,因此有个别刊物不只建立了一条数据。而 ISSN 中心数据库是查询中国连续出版物的创刊、出版、停刊及所获得 ISSN“真实身份”的重要数据源，一个刊号对应一条数据，对于相关出版许可或曾发生的不规范出版情况在辅助项说明。同时 ISSN 中心数据也存在部分期刊的刊期变化未得到及时更新的问题，多参照中刊数据维护。

2.3 两套数据整合的可操作性

由于两套数据的建库依据参考信息源、用途等不完全一致，那么如果合并数据库，不但整合存在困难，而且在今后的使用上也会存在问题。ISSN 中心数据不仅与中刊数据有重合，还涉及中文期刊以外的连续性资源的数据，进而与我馆其他部门和科组所创建的数据有关联。故整合还不单纯涉及与中刊数据的关系。举例如下：

涉及中文图书的，如《中国商业年鉴》，此书是按中文普通专著建立的数据，中刊没有数据。如果进行整合，读者基于 OPAC 的检索结果就可能出现只有数据而无馆藏的现象。

涉及外刊数据的。如《Journal of China Ordnance》，有中英文两个版本，不同文种应做连接，即涉及中刊与外刊数据的连接问题。现本中心中文数据（451 字段）及罗马化数据（769 字段）都做了连接。

涉及视听类数据的。音像、光盘类数据不同载体的连接，也涉及其他载体数据库的连接问题。现本中心数据已做连接，如，7762#$tAnesthesia and Analgesia (Online) $x1526 -7598。

涉及少数民族语文的。整合本中心民语刊物数据，即涉及与少数民族语文数据库关系等。

涉及补号数据。ISSN 中心数据有个别“补号”（如回溯早期刊物）的，这类数据可能我馆没有馆藏，而是依据国际中心提供信息或参照其他图书馆馆藏建立的。所以整合后这样的数据中刊没有馆藏可挂接，读者基于 OPAC 的检索结果就可能出现只有数据而无馆藏的现象。

由数据用途决定的著录格式方面也有所不同。ISSN 中心数据含有中刊数据不含有的内容，如国家中心代码、识别题名（530 字段）、DDC（676 字段）、批准创办或停刊的文号及时间等信息（300 字段）。

综上，数据整合的决定性因素并不单纯，涉及情况较多，应给与充分考量和论证。因笔者对中刊数据了解有限，因此文中所举实例多从 ISSN 数据着眼。今后也望多多听取同仁的意见和建议。

3 ISSN 中国国家中心数据库的不断完善与发展

3.1 数据质量是命脉，不断完善与维护是关键

要不断提高数据质量，加强对 ISSN 相关标准及编目工具的学习和研究是前提，如，执行《ISSN Manual》及 ISO 3297 的相关规定，及时跟踪最新版本的修订了解变化与增加的内容，更好地运用于工作实践中。

数据维护是日常的更是长期的。进行刊物与数据核对是一项重要工作，虽然工作量大，及时全面跟踪所有刊物进行核对存在一定困难，但也不应忽视这部分，至少可阶段性进行。

补建少数民族语文刊物罗马化数据是完善数据库的一个方面。我馆档案资料本中心 1986 年度工作汇报就提到民语数据罗马化问题，鉴于文字转换困难故此问题一直没有得到解决，也就是说至今国际中心数据库还没有我们的民语刊物数据。民语刊物的整理统计及核对工作现已着手，首先建立备份民语库，将中文数据库中民语数据复制单独建库，从罗马化数据库中提

出未送国际中心的“不成熟”数据提出；第二是根据原始登记进行统计，根据统计结果制订各语种数据制作方案，比如采取馆内兄弟科组协助或外包方法，同时一并考虑今后即时发生的新数据的制作。再有，注意维护民语文献不同文种（汉文等）的数据，由于民语刊物识别题名还未确定故现连接字段只连了 ISSN，待数据补建后再完善不同文种数据的相关字段，如：字段 7692# 现仅做了子字段$x，还需补充子字段$t。此外，小语种、盲文等刊物数据也需探讨解决。

3.2 提高数据上传时效性，编目系统有待更新

现使用的丹诚系统，虽然在检索和数据批量导入导出等功能方面具有灵活性、便捷、易操作等优点，基本能满足工作需要。但不能满足多语种处理需求，且是旧的版本，没有更新和维护。因此，作为过渡阶段还可用，今后势必要考虑更新问题以拓展发展空间。

使用国际中心客户端软件在国际中心系统 Virtua 上远程建立数据，应列入下一步工作计划。这样既省去了批量输出、整理、转换、传送数据的繁琐，又提高了数据上传的时效性，达到实时更新。今年馆庆期间召开的 ISSN 国家中心主任工作会议，就安排了国际中心系统客户端培训内容，利用这次机会中心工作人员可实地演练远程编目，为今后开展此项工作做准备。

3.3 数据库对业界开放是必然

目前条件下如果将完整数据全面开放，可能有些问题。简单举例：（1）由于期刊核对不及时，导致数据中刊频变化等没能更新；由于未得到停刊信息与样刊，导致一些已停刊的数据未更新为停刊状态而仍为出版状态。（2）民语、小语种等数据有待补建。（3）不完整数据（格式或内容）还需完善，这可能是数据库经历了不同阶段所导致，诸如经历了数据磁带载体阶段、手工回溯阶段，也有编目标准及规则不断推陈出新等因素的影响。因此说，目前开放的条件可能不够成熟，否则可能给使用者造成不便或误导。

实际上，本中心已开展的两项工作即属于不同形式的数据开放。一是已经将所分配 ISSN 刊物以列表形式，公布于国家图书馆网站 ISSN 中国国家中心网页，使用者可按刊名和国际刊号查询；二是于去年已经将罗马化数据提供乌利希期刊指南使用。

作为中国连续性资源注册数据库，实现资源共享提供图书馆等机构参考使用，是业界同仁的希望，也是本中心的责任所在，待条件成熟后应及时对外开放。

总之，不断探讨是为了更好地开拓未来，建设好注册数据库是实现 ISSN 中国国家中心可持续发展的关键环节之一，应该给予充分重视，付出不懈努力。

参考文献

1 蒋弘. 记 ISSN 中国国家中心创建负责人李镇铭先生. 国家图书馆学刊，2005（4）

2 国家图书馆档案资料

试论博硕士论文资源建设中的知识产权问题

方 怡 姚 蓉 中文采编部

[摘 要]本文回顾了国家图书馆博硕士论文资源建设的历史,探讨了博硕士学位论文资源建设与服务过程中所涉及的知识产权风险,对数字环境下国家图书馆博硕士论文资源建设中的知识产权保护提出了几点建设性意见。

[关键词]学位论文 数字资源 知识产权

一、国家图书馆博硕士论文资源建设的历史回顾

自1981年恢复学位制以来,我国的学位与研究生教育事业得到了长足发展。根据国务院学位办公室统计数据,截止到2008年8月,中国内地已经授予博硕士学位256万余人,并以每年30多万人的速度递增。学位论文特别是博硕士论文由于在内容价值、传播形式、版权归属及作者队伍等方面均表现出不同于其他文献的特点,已经成为一种越来越重要的文献信息资源,具有重大的开发和利用价值。

按照国际惯例,国家图书馆负有收藏和保存学位论文的职责。国家图书馆收藏学位论文,最早可以追溯到上个世纪20年代。1921年6月24日教育部训令第172号,令京师图书馆接收留学生学位论文。大规模入藏学位论文始于上世纪80年代中期。1982年,国务院学位委员会即确定国家图书馆为全国唯一负责全面收藏、整理我国社会科学、人文科学和自然科学等方面博士学位论文的专门机构,并以法律形式写入《中华人民共和国学位条例暂行实施办法》。此后,国务院学位委员会办公室先后多次发文,要求各学位授予单位严格执行向国家图书馆缴送制度,使国家图书馆全面入藏博士学位论文得到可靠保证。20多年来,在全国研究生培养单位的大力支持下,国家图书馆博士学位论文收缴率达到95%以上。为了适应形势的发展,国家图书馆专门设立了学位论文收藏中心,开辟学位论文阅览室,按年度编辑出版《中国博士学位论文提要》,为读者提供阅览和咨询服务,取得了良好的社会效益。根据读者的需求,在国务院学位委员会和博士后基金委员会等单位的大力支持下,国家图书馆除了对博硕士学位论文进行全面采集外,还有计划、有步骤地加强硕士学位论文和博士后研究报告的采集力度。在此基础上,又启动了对港澳台和海外华人的博士论文的采集。目前已入藏博士学位论文26万多种,硕士学位论文40余万种,一个以国家图书馆为龙头的大中华学位论文收藏中心初露端倪。从2002年底开始,国家图书馆将博士学位论文和博士后研究报告数字化纳入到国家数字图书馆工程之中。截止到目前,已完成博士学位论文全文影像扫描15万余种。2004年开始研发学位论文电子呈缴系统,现正在试运行阶段。应该说,国家图书馆学位论文资源建设已经取得了阶段性成果。然而,随着我国经济建设的发展,特别是信息网络的普及,传统、陈旧的服务方式

已远远无法满足日益高涨的读者需求,越来越多的读者希望国家图书馆能够将博硕士学位论文全文上网提供公众利用,但是由于知识产权问题一直没有解决,使得国家图书馆学位论文资源建设与服务不敢越雷池一步,导致博硕士学位论文的前沿性、创新性得不到有效的发挥,造成了巨大的资源浪费。

从目前国内外学位论文资源建设的发展来看,已从若干层面上涉及著作权人的权益保护问题,如印本资源的数字化、原生数字资源的管理、存取与服务、网络传播等。如何既保护著作权人的正当权益,又保障社会公众广泛获取信息资源的利益,从而实现两者之间的利益平衡,无疑已成为摆在我们面前的一个极为重要的任务。如果不能制订一套行之有效的知识产权保护方案,国家图书馆学位论文资源建设将举步维艰,进而制约学位论文资源建设的可持续发展。

正是基于这一背景,本文在分析与研究目前国内博硕士学位论文资源建设与服务过程中所涉及的知识产权问题的基础上,为数字环境下国家图书馆学位论文资源建设规避版权风险寻求应对措施。

二、博硕士论文资源建设中的知识产权问题

数字与网络技术的发展极大地推动了学位论文数字资源建设的进程,也引发了大量知识产权保护问题。在学位论文数字资源建设过程中,人们往往专注于资金投入、技术攻关与资源环境等因素,而对学位论文数字资源赖以生存和可持续发展的法律环境缺少认真的研究,导致学位论文知识产权纠纷日益尖锐。在资源利用上,著作权人、传播者与社会公众之间产生巨大的利益冲突,知识产权问题已经成为学位论文数字资源建设与发展的最主要的瓶颈问题。

1. 博硕士论文的知识产权归属问题

研究生学位论文的知识产权归属,是指学位论文著作权的主体,换而言之,就是谁享有学位论文的著作权。如果不厘清这个问题,将会因版权主体混淆而出现法律理论的悖论以及规范对象不明确,导致学位论文资源建设的版权风险。由于我国学位与研究生教育的现实情况以及研究生培养形式的多样化,博硕士学位论文知识产权归属较为复杂,业界争议很大。其中,有代表性的观点有四种:第一,研究生与导师共同享有著作权;第二,研究生享有全部著作权;第三,学位授予单位享有著作权;第四,研究生享有部分著作权。

根据我国著作权法的有关规定,笔者认为,学位论文的著作权应该归作者所有。原因有四:第一,研究生获得学位最基本的要求是学位论文必须由本人独立完成,对博硕士学位论文还要求在本学科领域有独创性,否则不授予学位。第二,博硕士学位论文虽然在选题、写作、预答辩与答辩等过程中得到导师和论文指导小组的指导,但《中华人民共和国著作权法实施条例》第三条规定,指导教师不属于研究生学位论文的创作者,故学位论文著作权不应该由导师与研究生共有。第三,从研究生与学位授予单位的关系来看,研究生与学位授予单位不具有劳动合同和聘任合同关系。研究生的职责是完成学习任务并获得相应学位,而不是完成学位授予单位的工作任务。因此,研究生学位论文著作权不属于学位授予单位。第四,即使研究生以参加导师的科研项目或完成学位授予单位科研任务的研究成果作为学位论文,学位授予单位也不具有学位论文的法人资格,因为:(1)学位论文撰写不是由学位授予单位主持的;(2)学位

论文不代表学位授予单位意志，仅仅代表研究生本人的意志；(3)学位论文发现抄袭、剽窃并不是由学位授予单位承担责任。总之，学位论文是经过作者大量的创造性劳动而独立创作完成的作品，作者应当单独享有其作品的著作权。因此，未得到学位论文作者的授权擅自开发与利用学位论文，将构成侵权。

2. 博硕士论文采集过程中的知识产权问题

数字资源的采集是学位论文资源建设的基础，通常有两种渠道：一是电子版学位论文的采集，包括软盘、光盘、网络版等；二是大型数据库的采集，包括书目数据库、文摘数据库、全文数据库等。涉及的知识产权包括两个方面：其一是原生学位论文作者的著作权保护问题，其二是学位论文全文数据库出版商的版权保护问题。未经著作权人许可采集与加工学位论文数字资源，很有可能引起知识产权风险。

3. 博硕士论文数字化过程中的知识产权问题

馆藏学位论文数字化是指利用计算机技术把其他载体形式（印刷型、缩微型等）的学位论文中的信息，包括文字、表格、图像等转换成计算机能识别的二进制数字编码的技术。法律界与图书馆界普遍认为馆藏学位论文数字化行为是一种典型的复制行为。因为将馆藏学位论文数字化，只是学位论文的载体形态进行数字化转换，而这种转换过程是由机器来完成的，不包括人的创造性劳动，其间没有产生新的作品，知识产权仍属于原著作权人。国家版权局2000年3月1日发布的《关于制作数字化制品的著作权规定》第三条规定："利用受著作权保护的他人作品制作数字化作品，应事先向著作权人直接取得授权或通过著作权集体管理组织间接取得授权。"复制权是著作权中最核心的权利，是著作权人的专有权利，未经著作权人许可将其享有著作权的作品进行数字化处理，很可能会侵犯著作权人的复制权。

4. 博硕士论文传播过程中的知识产权问题

学位论文数字化的最终目的是为了提供利用，也就是将数字化后的学位论文通过互联网络进行传播并为社会公众服务。将学位论文数字化并通过网络向社会传播，属于著作权法规定的使用作品方式，是著作权人合法权益的组成部分。学位论文的著作权人有权决定其论文是否上传网络，以及何时何地上传网络，使社会公众以其选定的方式获取该学位论文。未经著作权人的许可或授权擅自将属于权利人的学位论文上载服务器进行网络传播，将构成对学位论文著作权人信息网络传播权的侵权风险。目前国内高校图书馆、公共图书馆开展的学位论文原文传递和馆际互借、网上提供学位论文前16页或24页等服务，基本遵循的是合理使用原则，殊不知，我国的著作权法规定："合理使用"的对象应该是已经发表的作品，学位论文大多是未发表的作品，因此不在合理使用范围，如果没有著作权人的授权，就会构成侵权。

三、解决博硕士论文资源建设中知识产权问题的对策建议

鉴于"中华人民共和国学位法"和"图书馆法"尚未出台，为了尽快推进国家图书馆博硕士学位论文资源建设的进程，有效解决在数字环境下制约博硕士学位论文资源建设的法律瓶颈，笔者认为应从以下几方面入手。

1. 完善博硕士论文呈缴制度,促进相关法律的确立

鉴于学位论文资源建设中面临的种种知识产权问题,国家图书馆应尽快与国务院学位委员会办公室进行沟通,修改国家学位管理条例,通过行政手段完善学位论文呈缴制度。首先,恳请国务院学位委员会下发文件,重申向国家图书馆呈缴学位论文的法律义务;其次,明确授权国家图书馆为纸本和电子版博硕士学位论文唯一法定收藏机构,从而节省数字化成本,避免重复建设;再次,要求下发红头文件中让学位论文作者将学位论文复制权、使用权、网络传播权授予国家图书馆用于公益性服务,一方面可以避免国家图书馆学位论文建设中的法律风险,另一方面可以保障公众获得知识的权利。此外,国家图书馆还应上文上级主管部门以及相关法律制定机构,积极促成将纸本和电子版博硕士学位论文同时呈缴国家图书馆并授权国家图书馆用于公益性服务等内容,写入正在修订的“中华人民共和国学位法”之中,使国家图书馆博硕士学位论文资源建设与服务有法可依。

2. 加强对海内外博硕士论文资源建设的研究与借鉴

我国实施学位制度的时间不长,有关学位论文的资源建设还处于探索阶段,特别是在数字资源建设的知识产权问题上,由于起步相对较晚,在法律、技术措施和管理方面与发达国家如美国、英国相比还有一定的差距。因此,国家图书馆应当加强对海内外学位论文资源建设的研究,借鉴其他地区学位论文资源建设的成功模式,为我所用。近年来,笔者一直在跟踪、研究台湾汉学研究中心学位论文资源建设的进展,发现台湾博硕士学位论文的收藏与利用虽然起步较晚,但在博硕士学位论文数字化、网络化建设上却走在我们前面,这有赖于下面几个因素:第一,行政支持。台湾教育当局在汉学研究中心博硕士学位论文资源建设的整个过程中,不仅提供了大量的经费,更重要的是提供具体的行政支持。例如 1994 年新修订的台湾学位授予法规定,博硕士学位论文应以文件、录影带、录音带、光碟或其他方式,于汉学研究中心保存之;教育主管部门每年均以信函的方式通知台湾的各大学,要求他们协助研究生向汉学研究中心报送博硕士学位论文(包括电子版),以及办理全文网络使用授权事宜,否则不予办理离校手续。这些行政要求为台湾汉学研究中心的博硕士学位论文收藏与利用提供了可靠保证。第二,大学的通力协作。台湾的大学认真执行上级的指示,积极配合台湾汉学研究中心的工作。第三,台湾汉学研究中心在此项工作中扮演项目策划、承办人和传播与推广人的角色。他们的很多经验和做法值得我馆借鉴。

3. 设立博硕士论文版权管理机构

由于学位论文数量巨大,涉及学位授予单位上千家、作者有数百万,解决学位论文知识产权问题是长期而艰巨的任务。为此,建议国家图书馆会同教育部学位与研究生教育发展中心,共同设立学位论文版权管理机构。教育部学位与研究生教育发展中心是教育部直属事业单位,在教育部和国务院学位委员会的领导下开展工作,主要负责全国学位与研究生教育的评估、认证等。国家图书馆和教育部学位与研究生教育发展中心都具有得天独厚的资源优势,可以优势互补、强强联合。该版权管理机构应设在国家图书馆,可将其相关业务纳入到中国国家数字图书馆版权机构之中。国家图书馆应从人力物力上给予充分保障,使其健康、持续的发展,为国家图书馆学位论文资源建设保驾护航。学位论文版权管理机构还应聘请图书馆界、法

律界以及研究生管理等方面的专家学者，解决学位论文开发与利用中的法律问题。此外，如果条件成熟还可以成立学位论文“版权集体管理组织”，代表论文作者与学位论文商业服务公司商谈授权使用作品并向其发放使用作品的许可证，最终将获取的报酬回馈给论文作者。

4. 委托学位授予单位进行博硕士论文版权处理

早期的纸质学位论文一般都没有签署使用授权许可协议，如何解决其授权，也是一个难题。对于国家图书馆来说，查找博硕士论文作者毕业的去向并与每一位作者签署使用授权许可协议，其难度如同大海捞针。为此，国家图书馆应当主动与学位授予单位建立良好的合作关系，委托学位授予单位协助国家图书馆获得授权，因为学位论文作者与母校有着千丝万缕的联系，无论通过导师或研究生院还是校友会，都会比较容易获得论文作者的信息。鉴于国家图书馆现有未处理版权的博硕士学位论文比较多，一次全部处理，就人力、物力、财力来说是不可能实现的。因此，应分阶段、有选择地进行版权处理，可先博士后硕士，或先重点大学后普通大学，还可以按学位授予单位和学位授予年代由近及远地顺序解决。

5. 建立综合服务平台，从技术上保障博硕士论文合理使用

全国各学位授予单位的图书馆均收藏本单位的博硕士学位论文，其全文数据库也已经基本建立。国家图书馆应当积极利用这笔资源，避免不必要的重复性开发。为此，应本着资源共享、优势互补、互利互惠、自愿参加的原则，建立以国家图书馆为主导、全国学位授予单位共同参与的学位论文数字资源共建共享系统平台。为了避免网上论文被大批量恶意下载、转作他用，该平台除具有强大的查询检索、资源集成整合、数据分析与监控等功能外，还应采用最先进的知识产权保护技术对复制、下载等行为进行限制，包括认证技术、加密技术、数字水印、数字权利管理(DRM)、防火墙等，从技术角度保证学位论文的合法使用。此外，国家图书馆还必须加强行业自律，在博硕士学位论文资源建设和服务过程中坚持非营利、公益性的原则，不能利用自身作为法定学位论文收藏单位的便利，在学位论文开发与利用中牟利，损害著作权人的利益。

目前，全球范围内的数字化学位论文知识产权保护制度仍处于探索阶段。中国国家图书馆应该在这方面有所作为，形成自己的特色。

参考文献

1 王小会．数字图书馆与版权保护．北京：国家图书馆出版社，2008

2 http://www.moe.edu.cn/edoas/website18/siju_xuewei.jsp

3 徐迈．数字图书馆信息资源建设中的知识产权问题综述．现代情报，2007(3)

4 曹树人，党跃臣．学位论文馆际互借的知识产权风险及其规避．大学图书馆学报，2007(6)

5 陈传夫，汪晓方，刘婧．我国学位论文知识产权管理现状与制度创新．国家图书馆学刊，2008(4)

6 姚蓉．台湾和大陆学位论文数字资源建设述略．中国研究生，2005(3)

7 谭志君．研究生学位论文开发利用中的法律问题．学位与研究生教育，2008(12)

台湾出版新形势给图书采访工作带来的影响及对策研究

史建桥　崔云红　中文采编部

[摘　要]近年来,台湾出版界呈现出新的发展形势:内容普遍趋向轻量化,畅销书成为出版者着力投入的新宠;非原创性图书增多,整理出版著作权保护期满的前人著述成为"热力现象",翻译作品占年出版总量的比例在上升;社会阅读类型的转变改变着出版社的思路;连锁书店对出版者和经销商的强势地位也会胁迫出版者改变出版理念。另外,内地存在"借鸡下蛋"的出版现象,以"POD"版为代表的新型出版方式出现。如此种种,使图书馆的采访工作面临着很多挑战。本文以近年来台湾的出版形势和图书采访工作为切入点,深入研究出版形势的变化对图书采访工作的影响,在此基础上提出应对措施,并对未来的采访工作提出发展思路。

[关键词]台湾出版业　图书馆　采访工作

图书采访是图书馆基础业务的初始环节。目前,国家图书馆逐步实施其战略方针,对台港澳中文文献的采访政策逐步由"采精"向"采全"发展,连年增加购书经费,这就对台港澳图书采访提出了更高的要求。图书采访不是孤立的行为,采访质量的好坏不仅仅与图书采访的理念、措施及从业人员素质有关,更离不开整个出版界的出版形势。出版界的繁荣与萧条、出版物内容的发展趋势、文献载体形式的变化、销售渠道的通畅与否、读者群体及阅读趣味的变化等客观因素,都直接或间接地影响着文献采访工作。本文以近年来台湾的出版新形势为切入点,深入探讨出版形势的变化对图书采访工作的影响以及应对这种变化应采取的对策和措施。

一、台湾出版社众多,使图书采访工作面临着严峻挑战

台湾出版文献实行备案制,只要出示学历、资金、承印厂商等有关证明,经审核符合条件就可申办出版资格。1987年7月15日,台湾当局废除实施了长达38年之久的戒严法,1988年解除报禁,从此台湾出版业进入了全新的发展时期。1999年1月又废止了出版法,出版业获得了与其他商业活动相同的经营资格,出版社的数量如雨后春笋般迅速递增。解严后,国外出版公司进驻台湾出版市场。华克文化、桦舍文化、宝丽金、麦格罗·希尔、牛津、朗文、高宝等国外出版机构都在台湾开办了合资公司或独资公司。

繁荣的出版形势给采访工作提供了很多可选择的机会,同时也带来了更严峻的挑战和更多的困难。台湾出版社的构成极为复杂,既有像广文书局、台湾学生书局、皇冠文化集团、五南文化事业机构、"台湾商务印书馆"、世界书局、三民书局、尔雅出版社、联经出版公司、文史哲出

版社，时报文化出版公司、远流出版公司、九歌出版公司等成立30年左右的人文出版社，①也有像花木兰一样新成立几年却颇具特色的年轻出版社，更有非营利的政府部门、学校、研究机构、协会、财团以及个人。以下表格是对某书商2008年11月份为国家图书馆提供的511种书目所做的粗略统计，这些数字大致可以反映出版者的构成和分布情况。

出版情况统计表

	著/译		出版地址						出版社类型							
	著	译	台北(县)	高雄	新竹	台中	台南	其他	出版社(含文化公司)	文化机构	政府机构	大学(院系及研究机构)	研究机构	财团法人	个人	其他
数量	404	107	462	7	17	9	3	13	428	14	10	10	9	28	11	1
比例%	79. 1	20. 9	90. 4	1. 37	3. 33	1. 76	0. 59	2. 54	83. 8	2. 74	1. 96	1. 96	1. 76	5. 48	2. 15	0. 2

鉴于这种自由的出版体制，台湾地区出版社的数量相当可观。据不完全统计，2008年已有万余家，实际投入市场营利的达1000家左右。台湾每年出版的5万多种图书中，官方、非营利组织和个人的出版品占据了将近一半的出版量。就拿所统计的书目看，由出版社（含文化公司）出版的书有428种，占到总书目的83.8%，仅涉及了219家机构，占万余家出版社的五十分之一，相对于1000家也只不过占二十分之一。根据笔者日常工作经验，每年采访人员过手的统订目录和自选目录有近10万条，而港台地区的出版量只有5万多，看上去似乎是一个矛盾。那是因为这10万条目录是来自4家不同的书商以及采访人员自己的搜索，彼此之间有大量的目录是重复的。但是为了能够做到目录尽量齐全，我们的工作人员只能“宁可重复一千，绝不放过一个”，承担了大量的查重工作。所以采访人员过手的10万条目录与台湾全年的出版总数5万多种完全是两个概念。

现在，由于台湾地区特殊的出版制度和特点，国家图书馆不可能跟每个出版机构直接联系和合作，而是通过书商提供的书目来选择所需图书。鉴于此，采访质量的好坏，从某种程度上说受到书商服务质量的直接影响。

台湾尚无一个机构能够掌控出版社的所有详细情况，要采全万余家出版社当年的所有图

---

① 台湾登记的出版社有万家，其中有30家成立了30年左右的人文出版社对台湾的文化生活产生了重要影响。在文学黄金时期，它们各有所长，尽显特色，即使出版环境日益艰困，也仍坚持着最初的出版宗旨。这些出版社是：台湾广文书局、志文出版社、艺文印书馆、光启文化事业公司、东方出版社、台湾学生书局、幼狮文化事业公司、皇冠文化集团、成文出版社、纯文学出版社、五南文化事业机构、南天书局、商务印书馆与“台湾商务印书馆”、道声出版社、世界书局、三民书局、尔雅出版社、联经出版公司、大地出版社、文史哲出版社，洪范书店、时报文化出版公司、黎明文化出版公司、远流出版公司、九歌出版公司、远景出版公司、书林出版公司、艺术家出版社、汉声杂志社、晨星出版公司。目前城邦、五南、皇冠等出版集团很有影响力，也是台湾出版量较多的出版集团。

书，其难度可想而知。更何况，一些政府机构、非营利组织和个人出版图书的随意性很大，一般没有专门的销售渠道，也不热衷于推介宣传，如要得到这些出版物的书讯非常困难。国家图书馆作为国家总书库和文献提供中心，如果不能及时采访到这些有价值的出版物，无疑是馆藏的一大损失。

二、近年来台湾出版物的内容发生了很大变化，如何保证采访质量，采访工作面临着很多困难

1999 年出版法废止后，出版业彻底自由化、市场化。台湾的出版事业空前活跃，女权主义、智商与情绪、科普、环保、休闲、娱乐、电脑与网络、教科书的编印等都成为新的出版热点。[①] 而且，很多出版社注重出版丛书、套书，大量引进国外作品版权。引进国外书刊和有声出版物已成为台湾出版界的共同举措。2000 年之后看似兴盛的台湾出版业却寒流涌动，台湾出版进入“寒冬”的说法也越来越成为共识。“寒冬”的特征之一就是出版内容呈现出多种发展态势，采访工作因此也面对着许多新问题。

1. 出版趋向轻量化，畅销书成为出版者关注的热点。台湾推行畅销书榜已有 20 余年，近几年出版社和销售商尤为重视畅销书。台湾大型出版集团的图书营销手法日渐熟练，2007 年几乎所有荣登畅销榜的书种，都以雷同的模式运作成功。其中，《达·芬奇密码》销量近百万册、《佐贺的超级阿嬷》50 万余万册、《追风筝的孩子》40 余万册、《M 型社会》20 多万册、《蓝海策略》20 多万册、《执行力》20 多万册。如此可观的销售量，在只有两千多万人的台湾极具诱惑力，也必定会对出版走向起到一定的导向作用。出版的轻量化，使曾经活跃的哲学、经典、学术丛书等类型的图书在书市几乎无法生存。由于出版者和销售者或主动或被动地共同追求畅销书，致使 2007 年许多出版人发出“销售两极化，不是畅销就是滞销，中间书种消失，好书无法凭借内容优势与口碑自动销售”的警讯。这样的出版趋向所反映出的采访信息势必也会趋向轻量化，那么，在资金有限制的前提下若要保证馆藏的质与量，难度日益加大。宣传渠道被畅销书占据，大众型书种的出版信息推介不畅，这同样会增加采访工作的难度。

2. 非原创性图书增多。2000 年，台湾金石堂书店主办的《出版情报》杂志第一、二期合刊概括了 1999 年出现的 8 个“出版热力现象”。其一就是“公共版权著作大量现身”。1999 年，大量著作权保护期满而为公共所有的著作现身书市，一些出版社借机开辟“世界文学典藏系列”“莎士比亚四大悲剧”等丛书，且销量不俗。这些年来不少出版社热衷于再版古籍或近人著作，而很多前人作品都有单行本。有些出版社为了增加新意，就以改换专题名称或装帧形式等方式重新结集出版。从版本学和中文求全这个角度而言，国家图书馆应该入藏这些文献，但是，如果从“求精”这个角度来探讨，哪些确实是经过出版者的整理、研究、分类后的智慧结晶，哪些书充分体现了台湾古籍整理出版的特色，就要求采访人员进行深入鉴别。

《出版情报》列出的另一个“出版热力现象”是“法国翻译文学作品兴起”。这也是近十年来的出版热力现象，只不过图书的来源和内容由“法国翻译文学”拓展到欧美多个国家和政治、经济、文学、艺术等众多领域。解严前的台湾出版产业是一个以语言、文化、地域等多种元素形成的封闭的市场，解严后，日渐宽松的出版环境以及全球化经济、文化的扩张，本土作者面临着

---

① 辛广伟．台湾出版史概论．中国出版，2000(5)

前所未有的竞争。竞争对手不仅有自己的同胞，更有全球的顶级作者。翻译作品的异军乃至顶级作者作品占领出版市场，原因之一是因为国外的作者有更多的知识资源、写作助理，经历过全球市场的洗礼。文学作者的写作深度和表现技巧令那些闭门耕耘者望而兴叹，非文学作者尤其政治、经济领域的研究者同样给本土学者造成了强大的竞争压力。[1] 一旦本土作者在同国外同行的较量中失利，图书作者群体的平衡势必向国外作者群倾斜，翻译作品出版量将大增，纯粹的本土作品在出版的数量中所占比例会继续下降。这样的局面也必将导致台湾文献的采访范围趋向狭窄。上文随机选取的这组书目统计数据一定程度上很能说明这个问题，511种图书中各类翻译之作多达 107 种，占 20.9%。然而，必须注意的是，尽管每年翻译图书的出版总量大增，而西方当代文史哲领域的学术著作的译介却大幅减少。如果说译介作品与本土作品的比例已经趋向失衡，那么，翻译作品的内部结构则严重失衡。面对这种情况，如果不对众多出版社出版的大量外来作品进行精心甄选的话，采访到的符合图书馆入藏标准的书目势必会减少。

3. 阅读类型的转变改变出版社的出版思路。近年来，台湾社会环境产生巨大变化：中产阶级出走台湾，意味着阅读主力之一流失；网络的泡沫化与再崛起，导致数字阅读成熟，报纸杂志购买力萎缩、计算机书购买力萎缩；受少子化的冲击，年人口出生量已从 1976 年高峰 40 余万人，跌落至今不满 20 万人（新生儿中还包括 1/7 外籍母亲的子女），这使得童书、教科书参考书市场萎缩；租书店崛起，购者少租者多，因此，漫画与言情小说、武侠小说的销售量与出版量缓步下降；民众重视文化、设计、旅游、美学，书籍设计装订技术的提升，刺激了旅游与设计类出版品的兴起。凡此种种，反映了社会的文化形态，而读者的阅读趣味和阅读类型随着时代文化的变化而转变。例如曾在 2000 年左右热销的网络小说如今已快速淡出人们的视野，文学阅读转向了奇幻、推理，甚至“高级商业小说”，至于 20 世纪 80 年代以前风行的纯文学，则成为出版业的点缀。阅读时代的替换，成长经验的差异，社会环境的变迁，都造成了阅读类型的转向。[2] 台湾每年的出版总量虽有 5 万多种，内在结构却出现了调整。新生的阅读趣味和出版物也挑战着旧有的采访原则。以往图书馆对台港澳及海外中文文献的采访以“求精”为准则，当大量时尚元素和快餐文化出现时，采访者既不能视而不见又不能不细加甄别。如何调整自己的入藏原则，把握到什么样的尺度，必须综合考虑，慎重执行。

4. 连锁书店绑架出版者和经销商。以长销型图书为主的出版社在 2007 年几乎面临崩盘的威胁，最严重的威胁就是销售渠道的劣化。十几年来，出版业产销结构始终供过于求。连锁书店凭借这种买方市场的优势，对出版社和经销商在折扣、奖金、物流、延账等方面提出苛刻的条件。2007 年 7 月，台湾第三大图书经销商凌域倒闭，这就是连锁书店胁迫出版者和经销商的恶果。同年，金石堂和诚品书店先后实行了以进货与否为筹码的压迫性谈判，使出版者和经销商面临着“城下之盟”的威胁。如果连锁书店长期占据上风，大众型出版社又没有开辟出新的且通畅的销售渠道时，为了生存他们很有可能会终止原有的出版理念和出版计划，转向效益可观的畅销书。一旦这种推测成为现实的话，采访工作所面临的困难将会更多。毕竟大型出版社年出版图书的种类、总量和图书质量是小型出版社和非营利机构、个人所不能完全相比的。当它们放弃出版营利甚微的学术书时，就意味着这些资源必须分流给多家小型出版者。而这

① 陈颖青. 面临冰河期威胁的台湾出版业. 出版参考，2008(3)

② 王干任. 台湾出版市场，是转型不是缩小. 出版参考，2008(18)

部分书目资源对于书商来说吸引力甚微,因为增加的成本与获得的利润几乎成反比,书商必须在成本、利润和责任之间做出选择。[①] 在目前两地不同的出版政策和出版状况下,采访人员直接获得这部分书目的机会也不是很多。如果还不想遗漏这些分流到微型出版社的学术书的话,只有投入比以往数倍甚至更多的精力才能保证采访的数量和质量。

5. 另外,还有几种现象也值得关注。

随着数字资源的兴盛,台湾出版界出现了同一文献的纸质载体和数字化载体分离的现象。图书馆各部门之间采访工作的分工是不同的,采访权限的制约很有可能造成"采访盲区",以至于导致入藏文献不完整,甚至缺藏。

而今,出版界的"按需印刷"(Print-on-Demand,简称 POD)成为一种发展迅速的新型出版模式。POD 在国外也叫数字印刷、短版印刷、个性化印刷等,其流行的解释是"客户对产品的数量和生产周期及其他方面有特殊要求的印刷业务"。随着满足按需印刷要求的数字印刷技术与设备的不断发展和进步,按需印刷的市场正在逐步形成。POD 出版模式给采访人员带来了很多难题。有些 POD 版包含经销商、书店等营销客户,这种文献的书讯必然能通畅地传达出去,采访人员也容易得到书目。而有些 POD 版则仅提供给真正的用户(这也是"个性化印刷"的宗旨所在),采访人员要得到这种书讯则相当困难。因此,采访人员如要采访到或者更多地采访到有价值的 POD 版文献,其难度必定会远远大于传统采访方式。

当前,内地有一种"借鸡下蛋"的出版现象也需要引起注意。由于内地与台湾地区存在出版体制和出版成本的差异,有些人便投机取巧,申请台湾(包括香港、澳门)的书号在内地出版,一些中介公司也趁机打两地出版政策差异的擦边球。对于图书馆的收藏而言,这种名为台湾出版社使用了台湾的书号实乃内地出版的图书,不是严格意义上的台湾文献,按理应不予收藏。实际上,采访人员有时候会陷入两难境地:如果不予采访就会造成有价值图书的缺藏,如予以收藏的话,因其并非严格意义上的台湾文献,图书馆就可能会受到鼓励非正规渠道出版物的质疑。

三、应对措施

以上种种状况使图书馆的采访工作面临着很多困难和挑战。因此,我们有必要深入研究台湾的出版体制和出版内容的现状和发展趋势,以便及时了解馆藏结构和存在的问题,制定出有效的采访措施和补藏对策,确保馆藏质量。

1. 采访人员应加强学习,不断提高自身的专业素养和业务能力,时刻关注台湾地区乃至世界的出版现状,敏锐捕捉出版态势,通过全方位的努力及时准确地调整采访方针,制定相应措施,从容应对台湾出版界的风云变幻。

2. 广泛关注出版机构及其出版物,跟踪作者的研究、写作动态,建立出版机构和作者的动态信息数据库。

3. 要调整与书商的合作关系,既要及时沟通信息,又不能对书商过分依赖。采访人员要时刻保持自己的主动性,利用多种渠道主动收集图书资讯,寻查新书目,与书商报道形成互补。

---

① 近年来,国家图书馆补藏了大量的以往包括 20 世纪五六十年代出版珍贵的文献,长期合作的书商为馆藏建设作出了贡献。

4. 随着国家图书馆自身的发展以及国家政治生活的变化，我们应加强台港澳及海外中文文献的采访深度。目前，我馆纸本载体文献和电子资源的采访任务分属于不同的部门，只有港台地区的书、刊、报实现了集中采编和阅览，但是台湾地区的光盘、缩微胶片、数字资源等其他载体形式没有给统一的政策和集中。为了避免遗漏，在管理政策上应对这部分资源的采访责任进行明确，为将来台港澳中文文献的采全工作做好过渡准备。

5. 经常回溯馆藏，补查往年出版的书目，不断完善馆藏；对采访质量和馆藏进行定期评估，准确把握采访质量和馆藏质量。近年来，我馆在台港澳图书的采选和补藏方面做出了很大的努力，入藏了大批有价值的图书。以 2009 年 5 月，某参考咨询部门提供的一份某大学汉学研究中心收录的 71 种十分有价值的中国学书目为例，经查重，国家图书馆全部有入藏。详见下表。

书名	作者	出版社	出版年
华学研究论集	宋晞著	台湾学生书局	1977
“中央研究院”国际汉学会议论文集	“中央研究院”国际汉学会议论文集编辑委员会编辑	“中央研究院”	1981
国立政治大学国际中国边疆学术会议论文集	林恩显主编	政治大学	1985
西洋汉学家佛学论集	(法)列维(Levi S.)等著；冯承钧等译	华宇出版社	1985
哲学・文学・艺术：日本汉学研究论集	王孝廉编译	时报文化出版事业公司	1986
中国域外汉籍国际学术会议论文集	联合报文化基金会国学文献馆编	联合报文化基金会国学文献馆	1987
丝路与佛教文化	(日)冈崎敬等著；张桐生译	业强出版社	1987
唐代经学及日本近代京都学派中国学研究论集	张宝三著	里仁书局	1988
二十世纪中国作家笔名录	朱宝樑编	台北：汉学研究中心	1989
第二届中国域外汉籍国际学术会议论文集	联合报文化基金会国学文献馆	联合报文化基金会国学文献馆	1989
“中央研究院”第二届国际汉学会议论文集	“中央研究院”第二届国际汉学会议论文集编辑委员会编辑	“中央研究院”	1989
第三届中国域外汉籍国际学术会议论文集	联合报文化基金会国学文献馆	联合报文化基金会国学文献馆	1990
第二届敦煌学国际研讨会论文集	汉学研究中心台湾编	台北：汉学研究中心	1991
第四届中国域外汉籍国际学术会议论文集	联合报文化基金会国学文献馆	联合报文化基金会国学文献馆	1991

续表

书名	作者	出版社	出版年
第五届中国域外汉籍国际学术会议论文集	联合报文化基金会国学文献馆	联合报文化基金会国学文献馆	1991
中国人的价值观国际研讨会论文集. 上册	汉学研究中心编	台北:汉学研究中心	1992
中国人的价值观国际研讨会论文集. 下册	汉学研究中心编	台北:汉学研究中心	1992
第六届中国域外汉籍国际学术会议论文集	联合报文化基金会国学文献馆	联合报文化基金会国学文献馆	1993
西方汉学家论中国	傅伟勋,周阳山主编	正中书局	1993
脆弱的关系——1972 年以来的美国和中国	(美)哈丁(Harding H.)	三联书店(香港)有限公司	1993
民间信仰与中国文化: 国际研讨会论文集	林如主编	台北:汉学研究中心	1994
第七、八届中国域外汉籍国际学术会议论文集合刊	联合报文化基金会国学文献馆	联合报文化基金会国学文献馆	1995
中国神话与传说学术研讨会论文集	李亦园 (1931—)主编	台北:汉学研究中心	1996
中国民族学与民俗学研究论著目录: 1900—1994. 上册	简涛主编	台北:汉学研究中心	1997
中国民族学与民俗学研究论著目录: 1900—1994. 中册	简涛主编	台北:汉学研究中心	1997
中国民族学与民俗学研究论著目录: 1900—1994. 下册	简涛主编	台北:汉学研究中心	1997
鹿野忠雄	山崎柄根	晨星出版社	1998
两汉诸子研究论著目录. 1912—1996	陈丽桂主编	台北:汉学研究中心	1998
经学研究论著目录. 1988—1992. 上册	林庆彰著	台北:汉学研究中心	1999
经学研究论著目录. 1988—1992. 下册	林庆彰著	台北:汉学研究中心	1999
中国家庭及其伦理研讨会论文集	汉学研究中心主编	台北:汉学研究中心	1999

续表

书名	作者	出版社	出版年
第十届中国域外汉籍国际学术会议论文集	陈捷先主编	联合报系文化基金会	1999
社会、民族与文化展演国际研讨会论文集. 上册	王秋桂主编	台北:汉学研究中心	2001
社会、民族与文化展演国际研讨会论文集. 下册	王秋桂主编	台北:汉学研究中心	2001
朱子学的开展,东亚篇	杨儒宾 (1956—)主编	台北:汉学研究中心	2002
经学研究论著目录. 1993—1997	林庆彰主编	台北:汉学研究中心	2002
中国思潮与外来文化	刘述先(Shu-hsien Liu)主编	"中央研究院"中国文哲研究所	2002
思想、政权与社会力量	黄克武主编	"中央研究院"民族学研究所	2002
军事组织与战争	黄克武主编	"中央研究院"近代史研究所	2002
南北是非:汉语方言的差异与变化	何大安(Dah-an Ho)主编	"中央研究院"语言学研究所筹备处	2002
性别与医疗	黄克武主编	"中央研究院"近代史研究所	2002
法制与礼俗	刘增贵(Tseng-kuei Liu)主编	"中央研究院"历史语言研究所	2002
文学、文化与世变	李丰楙(Fong-mao Lee)主编	"中央研究院"中国文哲研究所	2002
汉学纵横	李焯然主编;劳悦强(James St. Andre)编辑	商务印书馆(香港)有限公司	2002
欲掩弥彰:中国历史文化中的"私"与"情",私情篇	熊秉真主编	台北:汉学研究中心	2003
欲掩弥彰:中国历史文化中的"私"与"情",公义篇	熊秉真主编	台北:汉学研究中心	2003
两汉诸子研究论著目录. 1997—2001	陈丽桂主编	台北:汉学研究中心	2003
信仰、仪式与社会	林美容(Mei-rong Lin)主编	"中央研究院"民族学研究所	2003
古今通塞:汉语的历史与发展	何大安(Dah-an Ho)主编	"中央研究院"语言学研究所筹备处	2003
国家、市场与脉络化的族群	蒋斌,何翠萍主编	"中央研究院"民族学研究所	2003
史前与古典文明	臧振华主编	"中央研究院"历史语言研究所	2003
汉文化与周边民族	陈国栋(Kuo-tung Chen)主编	"中央研究院"历史语言研究所	2003
2002 年汉学研究国际学术研讨会论文集	郑定国主编	云林科技大学	2003

续表

书名	作者	出版社	出版年
世纪之交:观念动向与文化变迁——第二届中瑞汉学国际学术会议论文集	淡江大学中国文学系主编	台湾学生书局	2003
有关中国学术性的对话:以《华裔学志》为例	魏思齐(Zbigniew Wesolowski SVD)编辑	辅仁大学出版社	2004
魏晋玄学研究论著目录:1884—2004	林丽真主编	台北:汉学研究中心	2005
其言曲而中:汉学作为对西方的新诠释——法国的贡献	林志明(Lin Chi-Ming),(法)魏思齐(Zbigniew Wesolowski)编辑	辅仁大学出版社	2005
日本人访港见闻录(1898—1941)(全二册)	陈湛颐编译	香港三联书店	2005
天体、身体与国体:回向世界的汉学	祝平次,杨儒宾编	台湾大学出版中心	2005
从中国反译日本:竹内好抗拒西方的策略	吴珮蒨著	台湾大学政治学系中国内地暨两岸关系教学与研究中心	2007
一个中国,两种威胁:美国与日本知识界的文化策略	李静旻著	台湾大学政治学系中国内地暨两岸关系教学与研究中心	2007
近代日本对华思想	石之瑜主编	台湾大学政治学系中国内地暨两岸关系教学与研究中心	2007
中日合群:日本知识界论争“中国崛起”的近代源流	陈建廷著	台湾大学政治学系中国内地暨两岸关系教学与研究中心	2007
青年蔡培火的身份论述:日本大正思潮下的台湾意识	颜欣怡著	台湾大学政治学系中国内地暨两岸关系教学与研究中心	2007
拒绝中华思想:论中嶋岭雄的中国观与台湾叙事	刘智玮著	台湾大学政治学系中国内地暨两岸关系教学与研究中心	2008
必由之路?日本进入全球化的中国途径:入江昭、大前研一与小室哲哉的论述	吴侑伦著	台湾大学政治学系中国内地暨两岸关系教学与研究中心	2008
不在中国日本漫画中的起源意识与现代身份	周德望著	台湾大学政治学系中国内地暨两岸关系教学与研究中心	2008
如何正常,怎样国家:走进石原慎太郎的国族叙事	庄雅涵著	台湾大学政治学系中国内地暨两岸关系教学与研究中心	2008

续表

书名	作者	出版社	出版年
沟口雄三的中国方法：超克亚洲的知识脉络	曾倚萃著	台湾大学政治学系中国内地暨两岸关系教学与研究中心	2008
近代日本的东洋概念：以中国与欧美为经纬	李圭之著	台湾大学政治学系中国内地暨两岸关系教学与研究中心	2008
平凡的一九九七：Japan Times对中国"去惊奇"的报道	杨静怡著	台湾大学政治学系中国内地暨两岸关系教学与研究中心	2008

四、结束语

总之，健全整个台港澳地区及海外中文文献的采访工作和资源建设，必须要把握台湾乃至港澳及海外不断发展变化的出版动态，研究新的出版形势给采访工作带来的影响，以及应该采取的对策，才能使国家图书馆的馆藏港台地区图书在品种、质量、数量等方面更具特色，更加充分的体现国家总书库和中文文献提供中心的职能。

书目关系在编目实践中的处理

郁小波　刘　彤　贾　琳　外文采编部

[摘　要]简述书目关系的作用及在目录中建立的原则,介绍了几种不同的书目关系类型,详细分析了在编目实践中是如何处理这些书目关系的,并指出处理好书目关系有助于提高目录的检索效率。

[关键词]书目关系　书目记录　文献编目　处理方法

近十几年来,由于图书馆的编目形式发生了很大的变化,从分散编目、集中编目走向了联机联合编目,促进了联机目录的发展。此外,由于互联网的发展,图书馆的馆藏越来越丰富,资料类型日趋多元化,所有这些使书目关系变得非常重要。我们在工作实践中体会到书目关系存在于文献编目的各个方面,它是未来图书馆联机目录建设的重要保障。

1　书目关系及其作用

书目关系是界定两个或两个以上书目实体在目录中以某种方式发生关联所产生的特定关系。[1]一般的,书目关系包含内在关系和外在关系。内在关系是指当一个作品被创作的同时,著者与作品之间便已存在的关系。著者与作品间的这种书目关系再加上书目资料,便形成了记录的结构,数据元素的内部连接也就体现在书目记录之中,并揭示出它们彼此之间的关系;外在关系则是指文献与文献之间的关系,是介于新创作的作品和已作为其他著者创作来源的作品间的关系,例如同一作品的不同版本、原作品与衍生作品的关系。[2]

书目关系能够把目录和相关的书目记录连接起来,进而增进目录的汇集和导航功能;它反映了书目文献之间的交集程度,可作为文献之间分类、组织的依据。揭示书目关系的目的是为了区分不同的作品、内容表达,聚合同一作品、同一内容表达,最终达到书目质量控制、改善目录职能、满足用户的期望与需求的目的。

2　目录中书目关系建立的原则

书目关系是在编目过程中揭示出来的,它对目录的结构和设计十分重要。因此,目录中书目关系的建立应遵循一定的原则。

2.1　可识别性原则

书目记录应该能够识别目录中编目实体和其他实体之间的关系,这种关系包含不受其他实体控制的独立关系和依赖于其他实体的附属关系,且这种可识别关系是双向的。

2.2 方便连接的原则

书目记录应提供足够的信息识别关系和方便的连接,且其连接是双向的。充分、足够并不意味着复杂、面面俱到,而是适可而止,相关也需要适时把握。关注文献被最广泛利用的可能性,在适当的情况下作一些分析著录,但如果以现有检索点读者已经可以清楚地找到所需文献,就不能滥用分析。

2.3 多层描述原则

编目规则应提供一个实体不同层次的独立描述,包括抽象的作品、载体表现和特定单册,这些层属间的描述应彼此连接。

2.4 一致性原则

书目关系的识别和连接应本着一致性原则,打破文献载体的界限,即不同文献类型的处理采用相同的方式,包括应用中的一致性和使用统一题名。[3]

以上原则为编目理论和实践中书目关系的处理提供一个逻辑指向,所有资料类型的处理采用相同方式,其应用将推进记录的重构和目录的设计,使书目数据的国际交换畅通,有助于特定关系识别和直接连接的书目系统的设计。

3 书目关系的类型

书目关系的分类方式有以下几种,如 Goossens 和 Majur-Rzesos 定义的三种书目关系:阶层关系、年代关系、水平关系;Hagler 提出的五种书目关系之说;Barbara 女士提出的七种书目关系之说;机读目录格式中所建立的三种书目关系。下面我们从实践的角度对机读目录格式中所建立的书目关系进行一下阐述。

3.1 垂直关系

一般指整体与部分的关系,即整体文献与其组成部分,部分与其整体文献从属关系。如期刊与其中一篇文章的关系,附属丛编与主丛编之间的关系,析出的合集中的一部分与合集书目之间的关系。下面是一个主丛编与附属丛编著录的例子。[4]

例:440 #0 $aNATO science series. $nSeries II, $pMathematics, physics,
and chemistry ;$vv. 10

3.2 平行关系

指书目文献之间不同语言、不同载体、不同形式版本之间的关系。例如同一作品的不同形式,原作品与译作之间不同语言版本之间的关系,同一作品因译名不同、译者不同、出版者不同和出版时间不同形成的不同版本之间的关系都属于平行关系。[5]下例为同一作品不同形式版本的文献(即作品的体裁发生了变化),在编目时的著录方法。

例:100 1#$aFitzgibbons, Mark.
240 10 $aTale of two cities

245 10 $aCharles Dickens' A tale of two cities:$ba theatrical adaptation /$cby Mark Fitzgibbons.

700 1# $aDickens, Charles, $d1812 – 1870. $tTale of two cities.

3.3 年代关系

相关书目实体之间呈现的时间性关系,反映作品在出版过程中的变化情况,如图书不同版次改名、期刊改名等,多见于具有先前和后续关系的连续性资源。下例为不同版次的图书,题名改变之后的著录方法。

例:100 1# $aKroeger, Alice Bertha, $dd. 1909.

245 10 $aGuide to the study and use of reference books.

500 ## $aLater edition, 1923, has title: New guide to reference books by Isadore Gilbert Mudge.

4 书目关系在编目实践中的处理方法

我们经过多年的编目实践,笔者感到 Barbara B. Tillett 女士在总结了各种编目条例后提出的较为完整且互斥的七种书目关系,涵盖了编目实践中出现的各种书目关系,有助于解决工作中出现的各种问题。下面就以此为基础,介绍其中几种常见的书目关系在编目中的处理方法。

4.1 等同关系的处理

等同关系泛指知识内容及其著作方式相同的作品,包括一个作品的相同载体表现或原作品及其复制品(即指同一作品相同或不同的载体形式)之间的关系。此两种状况皆保留了其知识与艺术内容及其著者,如复本、重印本、摹真本、影印本、缩微复制品及其他复制品。

4.1.1 复本

同一作品、同一版本及同一载体表现形式的文献,处理时可在原作品的书目记录中添加单册和馆藏信息。

例:100 1# $aChan Lau, Kit-ching.

245 10 $aAnglo-Chinese diplomacy in the careers of Sir John Jordan and Yuän Shih-k'ai.

4.1.2 摹真本

即原作品的复制品,包括缩微复制品。我们常用的处理方法有以下几种:

(1)在著录文献复制品时,要建立一条新的书目记录,并使用 500 一般性附注字段对其与原作品之间的关系进行说明。

例:100 1# $aPigott, Charles, $dd. 1794.

245 12 $aA political dictionary explaining the true meaning of words.

500 ## $a" A facsimile of the 1795 edition. "

(2)如果在复制品中提供了原作品的出版信息,一般使用 534 原版附注字段对其进行描述。

例:100 1# $aCamden, William, $d1551 – 1623.

245 10 $aBritannia.

534 ## $pFacsimile reprint of:$cLondon: G. Bishop,1610.

(3)在对翻译作品的复制品进行编目时,通常使用130或240统一题名字段,著录原作品的题名。

例:100 0# $aLe Corbusier,$d1887 – 1965.

240 10 $aModulor. $lEnglish

245 14 $aThe modulor :$ba harmonous measure to the human scale, universally applicable to architecture and mechanics.

500 ## $aFacsimile reprint of the original edition from 1954 (vol. 1),1958 (vol. 2) with title: Le modulor.

(4)如果是缩微复制品,可以在原作品的书目记录中添加其单册和馆藏信息,并在530其他载体形态附注字段进行说明。

例:245 00 $aUtne. $kperiodical.

530 ## $aAlso available in microform.

(5)对于缩微复制品,还可以采用将原作品的信息著录在书目记录的主要部分,与缩微复制品相关的信息著录在533复制品附注字段。

例:245 00 $aSentiments of Myanmar people,1998.

533 ## $aMicrofiche. $bNew Delhi :$cLibrary of Congress Office,$d2000. $e4 microfiches. $nMaster microform held by: DLC.

4.1.3 重印本

在编目中常遇到的情况有以下几种,我们的处理方法为:

(1)当处理翻译作品的重印本时,通常著录新的书目记录,使用130或240字段做统一题名,并在500附注字段对原作品的相关信息进行说明。

例:100 1# $aBaer,Gabriel.

240 10 $aArve ha-Mizrah ha-Tikhon. $lEnglish

245 10 $aPopulation and society in the Arab East.

500 ## $aFirst published in 1964.

(2)当处理授权重印本时,通常著录新的书目记录,使用534原版附注字段对原作品的出版信息进行说明。[6]

例:100 1# $aHay,David C.

245 10 $aRequirements analysis :$bfrom business views to architecture.

534 ## $pReprint. originally published:$cNew York: John Wiley & Sons,2001, $b4th ed. $z0471178691.

(3)原作品的重印本可以著录新的书目记录,在500一般性附注字段中对原作品的相关信息进行说明。

例:245 00 $aVirginia Woolf:$b the critical heritage.

260 ## $aNew York:$bRoutledge,$c1997.

500 ## $aOriginally published: London: Routledge & K. Paul,1975.

4.2 衍生关系的处理

衍生关系指原作品与其修改作品之间的关系,包括不同版本、修订本、译本、改写本等。[7]

4.2.1 作品的其他版本,如不同版本、修订版、翻译及提要、摘要

(1)翻译作品 在处理原作品的翻译作品时,可以著录新的书目记录,主要有以下 3 种处理方法:

a. 将原著者/题名作主要款目,译者/翻译题名作附加款目。

例:100 1# $aCoelho, Paulo.

245 10 $aComme le fleuve qui coule: $brécits 1998 – 2005 /$cPaulo Coelho ; traduit du portugais (Brésil) par Françoise Marchand Sauvagnargues.

700 1# $aMarchand-Sauvagnargues, Françoise.

b. 如果在编文献提供了原文题名,我们将其著录在 130 或 240 统一题名字段,并著录翻译作品的语言。

例:100 1# $aBaer, Gabriel.

240 10 $aArve ha-Mizrah ha-Tikhon. $lEnglish

245 10 $aPopulation and society in the Arab East /$cby Gabriel Baer ; translated from the Hebrew by Hanna Szöke.

c. 如果翻译作品的信息来自版权页,我们用 500 一般性附注字段进行著录。

例:100 1# $aAndriopoulos, Stefan.

240 10 $aBesessene Körper. $lEnglish

245 10 $aPossessed: $bhypnotic crimes, corporate fiction, and the invention of cinema/ $cStefan Andriopoulos ; translated by Peter Jansen and Stefan Andriopoulos.

500 ## $aTranslated from the German.

(2)不同版本作品

a. 版本变更的作品可以著录新的书目记录,用 500 一般性附注字段说明变更信息。

例:245 04 $aThe banalization of nihilism: $btwentieth-century responses to meaninglessness.

500 ## $aRevision of the author's thesis (Ph. D. -- Stanford University, 1989) under the title: The birth, baptism, and banalization of nihilism.

b. 版本变更的作品可以著录新的书目记录,用 250 版本说明字段记录版本信息。

例:100 1# $aDiederiks-Verschoor, I. H. Philepina $q(Isabella Henrietta Philepina), $d1915 –

245 13 $aAn introduction to space law /$cI. H. Ph. Diederiks-Verschoor, V. Kopal.

250 ## $a3rd rev. ed.

(3)提要、摘要 原作品的摘要可以著录新的书目记录,用 700 字段著录原作品著者和题名信息。

例:100 1# $aHume, David, $d1711 – 1776.

245 13 $aAn abstract of A treatise of human nature (1740)

700 1# $aHume, David, $d1711 – 1776. $tTreatise of human nature (1740)

4.2.2 改写或改编作品

(1)原作品的改写/改编作品可以著录新的书目记录,以原作品为主要款目,改写/改编作

品为附加款目,即原著者/题名为主要款目,改写/改编者、改写/改编题名为附加款目。

例:100 1# $aCervantes Saavedra, Miguel de, $d1547 - 1616.

245 14 $aThe adventures of Don Quixote, de la Mancha /$cadapted for the young, by M. Jones.

700 1# $aJones, M.

(2)原作品的改写/改编作品可以著录新的书目记录,在250版本说明字段或500一般性附注字段对修改信息进行说明。

例:100 1# $aGao, Wenqian, $d1953 -

245 10 $aZhou Enlai: $bthe last perfect revolutionary: a biography /$cGao Wenqian; translated by Peter Rand and Lawrence R. Sullivan.

500 ## $aAdapted and enlarged from author's work Wan nian Zhou Enlai published in 2003.

(3)若原作品是从文字或乐谱改为录音资料,还可以将演出者记录在附加款目。

4.2.3 体裁发生改变的作品 根据体裁改变后的作品可以著录书目记录,以改编者/改编题名为主要款目,原著者/原著题名为附加款目。

例:100 1# $aOsborne, Charles, $d1927 -

245 10 $aBlack coffee: $ba novel /$cadapted by Charles Osborne from the play by Agatha Christie.

700 1# $aChristie, Agatha, $d1890 - 1976. $tBlack Coffee.

4.2.4 基于原作品的文体或内容产生的新作品

(1)根据原作品产生的不同形式的模仿作品,可以著录新的书目记录,以改编者/改编题名为主要款目,原著者/原著题名为附加款目。

例:100 1# $aFlaxman, John, $d1755 - 1826.

240 10 $aDante. $lEnglish

245 14 $aThe illustrations for Dante's Divine comedy /$cJohn Flaxman; edited by Francesca Salvadori; [translated from the Italian by Translate-A-Book, Oxford].

600 00 $aDante Alighieri, $d1265 - 1321. $tDivina commedia $vIllustrations.

(2)原作品的意译作品,通常在著录新的书目记录时,用500一般性附注字段和700个人名称附加款目著录原作品的信息。

例:100 1# $aKemble, Charles, $d1775 - 1854.

245 14 $aThe wanderer; $bor, The rights of hospitality: a drama, in three acts /$ctranslated & altered from the German of Augustus von Kotzebue, by Charles Kemble. As performed at the Theatre Royal, Covent Garden.

500 ## $aAn adaptation of Kotzebue's "Eduard in Schottland", which in turn is a free translation of Duval's "? douard en ? cosse, ou, Lanuit d'un proscrit"; originally based on the adventures of Charles Edward the Young Pretender, here converted into a Swedish prince.

700 1# $aKotzebue, August von, $d1761 - 1819. $tEduard in Schottland.

4.3 描述关系的处理

描述关系指原作品与其描述、评论、评估作品间的关系,包括注释本、案例、文学评论等。如对于原作品的文学评论,在700字段著录原作品的著者题名信息。

例:100 1# $aDe Grazia, Margreta.

245 10 $aHamlet without Hamlet /$cMargreta De Grazia.

700 1# $aShakespeare, William, $d1564 - 1616. $tHamlet.

4.4 附属关系的处理

附属关系指书目文献与其附件之间的关系。这种关系一般体现为两种情况,一是两者内容和责任方式完全相同,如印本图书随附的电子版光盘;另一种是两者之间互为补充、说明和指引关系,如补编、索引、目录等。

4.4.1 第一种情况

在书目记录的300载体形态字段,著录附件信息。

例:100 1# $aEberly, David H.

245 10 $a3D game engine design:$ba practical approach to real-time computer graphics.

300 ## $axxii, 1018 p. :$bill. ;$c24 cm. +$e1 CD-ROM (4 3/4 in.)

4.4.2 第二种情况

如补编、索引、目录是单独出版发行的,可以将其题名通过245题名说明字段的文献分卷题名子字段进行描述,并与原作品进行区分。

例:245 00 $aShort story criticism. $pAnnual cumulative title index: covers volumes 1 - 106.

4.5 整体/部分关系的处理

整体/部分关系指整体文献与其组成部分、部分与其整体文献的从属关系,如文献与析出文献、合集与选集、期刊与篇章、附属丛编与主丛编之间的关系,整体/部分关系主要体现的是包含关系。

4.5.1 在书目记录的505内容附注字段揭示整体与部分的关系。

例:245 00 $aUsage statistics of e-serials.

505 ## $aPractical considerations in the standardization and dissemination of usage statistics/ Alea Henle, Donnice Cochenour -- Are we really balancing the ledger with e-journals? /Randle Gedeon …

4.5.2 多层次著录 如第1层为总记录,第2层位分卷记录,第3层为分辑记录,再将三层记录连接起来。

例:245 00 $aBritish documents on foreign affairs:$breports and papers from the Foreign Office confidential print. $nPart IV, $pFrom 1946 through 1950. $nSeries B, $pNear and Middle East, 1948. $nVolume 6, $pArabia, Iraq, Palestine and Transjordan, Syria, The Lebanon and General, January 1948 - December 1948.

4.5.3 采用分析著录法 如目次分析法、丛编分析法、名称/统一题名著录法等。

4.6 共有特性关系的处理

共有特性关系目录中两个实体虽不相关,但却共有某些特性,如相同著者、题名或提供检索的其他特性(如语言、出版信息)。对于这类作品的处理可以通过规范控制,使相同著者、相同题名、相同主题的作品产生某种关联,从而对其进行区分或归并。如对于相同著者,不同题名的文献,可以通过规范控制使这些作品联系在一起。

例:100 1# $aLu,Xun,$d1881 - 1936.

245 14 $aThe power of weakness /$cLu Hsun and Ding Ling.

100 1# $aLu,Xun,$d1881 - 1936.

245 14 $aErrances /$cLu Xun ; traduit par Jacques Meunier.

5 结语

任何形式的图书馆服务都是建立在详尽、完备、便于使用的图书馆目录体系之上的。[8]作为编目部门,我们的职责就是要通过目录将我们的馆藏展现给读者,供其利用。目录的汇集和导航功能正是借由书目文献之间的关系和连接而达成的,处理好书目关系才可能实现对某一特定文献、某一著作的所有版本、某一作者的全部作品的快速检索,进而方便读者准确地选择和获取文献,提高文献的检全率和检准率,提高图书馆文献的利用效率和读者的满意率。

参考文献

1 高红. 编目思想史. 北京: 北京图书馆出版社, 2008

2 张慧铢. 从作品与书目关系探讨图书馆目录之目的. 中国图书馆学会会报, 2002(2)

3 高红. 书目关系的综合研究. 图书馆情报工作, 2006(9)

4 国家图书馆 MARC21 格式使用手册课题组. MARC21 书目数据格式使用手册. 北京: 北京图书馆出版社, 2005

5 赵伯兴. 翻译图书之不同版本的书目关系建构研究. 国家图书馆学刊, 2005(2)

6 高红,吴晓静,罗翀. 西文编目实用手册. 北京: 北京图书馆出版社, 2004

7 王玉梅. 多版本文献书目关系之揭示. 图书馆理论与实践, 2007(3)

8 林明. 书目实体、书目关系和目录的职能. 大学图书馆学报, 1997(3)

加拿大政府出版物“托存图书馆”概述

张　燕　外文采编部

[摘　要]本文对加拿大政府出版物“托存图书馆”的建立、类型、职责、有关规定以及“托存图书馆”的分布情况进行了概述;强调中国国家图书馆的特殊地位,即该馆是中国唯一的加拿大政府出版物“托存图书馆”。论文的目的在于:通过对加拿大“托存服务计划”的了解,重视加拿大政府出版物的采集,发挥中国国家图书馆应有的作用。

[关键词]图书馆　托存图书馆　加拿大政府　政府出版物　读者服务

加拿大政府出版物“托存图书馆”可定义为:授权收集与保存加拿大政府出版物、并利用该出版物为公众服务的图书馆。加拿大在国内外都有其指定的“托存图书馆”。在加拿大国内有790多个图书馆(或机构)保存其政府出版物,在世界范围内有147个图书馆被指定收藏加拿大政府出版物。而中国国家图书馆是加拿大在中国唯一指定收藏加拿大政府出版物的“托存图书馆”。

1　加拿大政府出版物“托存图书馆”概况

1.1　“托存图书馆”的建立

加拿大政府为了使加拿大公众能够快速获得加拿大政府信息,使每一个加拿大公民无论身处何地,都有均等机会利用政府信息,也为了加拿大政府与其他各国政府、大学和企业建立联系。加拿大政府早在1927年就推出了“托存服务计划”(DSP)。该项计划的目标是:建立一个安全有效的加拿大政府信息网。为实现这个目标,加拿大政府指定“公共工程和政府服务部”负责该计划的实施,并根据一定条件确定“托存图书馆”,形成收藏加拿大政府出版物的服务网络,再通过托存图书馆网络向公众提供服务。在项目实施过程中,联邦政府各部门为确保该计划取得成功,发挥了关键性作用,他们根据DSP规定,积极为“托存图书馆”提供并分发各自的出版物。

DSP项目组总部设在加拿大首都渥太华。DSP项目组成员为两组,一组人员(12名)负责采集加拿大政府出版物及其编目工作,另外一组人员(40名)提供技术信息、网络支持以及客户服务等项工作。DSP项目组与加拿大国家图书馆合作建立了加拿大政府出版物数据库,目前,该数据库的书目数据已经超过11.5万条记录,其中超过2.3万条记录可以下载电子出版物全文。DSP在联邦政府各部门等各方面的积极配合下,形成了以加拿大国内“托存图书馆”为主、世界各国“托存图书馆”为辅的专门提供加拿大政府出版物的信息网络。

1.2　“托存图书馆”类型

DSP将“托存图书馆”分为“全部托存图书馆”和“选择性托存图书馆”两种类型。全球有

54 家“全部托存图书馆”，加拿大国内有 50 家，英国、德国、日本、美国各有一家。其余的“托存图书馆”均为“选择性托存图书馆”。中国国家图书馆属于“选择性托存图书馆”。

“全部托存图书馆”的资格必须由加拿大国家图书馆与加拿大公共工程和政府服务部共同成立的一个委员会提名和批准，才能成为“全部托存图书馆”，并有权获得所有加拿大政府出版物。“全部托存图书馆”可以根据读者要求选择收藏英文或法文版的政府出版物，也可以两个版本都选。“全部托存图书馆”将自动收到《加拿大政府出版物目录周刊》(Weekly Checklist of Canadian Government Publications)列出的全部出版物。由于加拿大国家图书馆和议会图书馆有其特殊使命，所以这两个图书馆可以获得政府出版物副本。

“选择性托存图书馆”只能自动收到一部分加拿大政府出版物，其余出版物需要按照相关规定，由“选择性托存图书馆”根据《加拿大政府出版物目录周刊》，按照要求选择符合收藏条件和自己需要的文献。自 2004 年起，加拿大政府网站增加了电子版的《加拿大政府出版物目录周刊》，“选择性托存图书馆”既可以使用印刷版，又可以利用电子版选书和发送订单。另外，在加拿大的“选择性托存图书馆”还要遵守 DSP 的规定：“公共图书馆和教育机构图书馆每星期向公众开放至少 24 小时，并且至少有一名全职负责加拿大政府出版物的员工。此外，公共图书馆所在的城镇(城市)，人口必须在 2000 人以上；大学图书馆必须有 1500 名以上教学人员及全日制或半日制学生；社区专科学校必须有 1000 名以上教学人员及全日制或半日制学生。”

在加拿大获得收藏政府出版物地位的不仅有图书馆或团体机构，还有一些个人，如总督、省长或代理省长以及参议员和国会议员等。因此，加拿大总督、各省省长或代理省长、参议员和国会议员、国家图书馆和议会图书馆、政府各部门的中央图书馆和联邦政党正式承认的下议院的研究部门、省级和省级立法图书馆、市公共图书馆等都有权得到加拿大政府出版物。

1.3 “托存图书馆”职责

“托存图书馆”职责包括：第一，要保持“托存图书馆”具有良好的收藏条件；第二，要提供足够的物质设备满足咨询服务；第三，要对收到的加拿大政府出版物进行编目，并提供书目服务；第四，要根据 DSP 的要求指定专人负责管理加拿大政府出版物，如果更换负责人或有其他任何变化，均要向 DSP 项目组通报；要把索取的诸如目录、索引、指南等资料编制成可以利用的检索工具；第五，如果“托存图书馆”还没有文献处理系统或编目方法以及没有放置加拿大政府出版物的架位，则要开发系统、设置架位；第六，要向 DSP 项目组提供有关加拿大政府出版物的流通与利用方面的统计；第七，要在收到加拿大政府出版物后 10 内进行著录与编目，20 天内将所收到的出版物提供给读者利用；第八，要宣传加拿大政府出版物馆藏，并指导读者查询及提供相关的检索途径；第九，要向社区及社区读者告知该区的“托存图书馆”情况；第十，要检查所收到的加拿大政府出版物是否完整，如有缺损，要立即申请补缺。

除此之外，“全部托存图书馆”还有其特殊职责，即要保持加拿大政府出版物的全面收藏；要在“托存图书馆”间提供馆际互借服务。“选择性托存图书馆”的特殊职责是：要根据每期出版的《加拿大政府出版物目录周刊》选择出版物，特别要注意该刊的说明内容，选择符合本馆条件的出版物。

1.4 “托存图书馆”对更新馆藏的规定

考虑到“托存图书馆”需要更新自己的馆藏，随着时间的推移、读者阅读量的下降，有必要将新的加拿大政府出版物替换掉旧资料,DSP 对加拿大政府出版物的保留与处理作了具体规定(适用于印刷型、缩微型、音乐与录像磁带、磁盘、光盘等)。但要注意,这项规定仅表明允许撤销哪些出版物,并不是要求托存图书馆必须剔除这些内容的出版物,各“托存图书馆”有权自行决定。

允许剔除的资料包括以下各类:

(1)活页;

(2)通知;

(3)已被修订版取代的出版物;

(4)在收到完整的一卷(册)时,其中各个单独部分(如:年度累积出版的资料包含每月出版的内容);

(5)截止到某一日期的资料(这类资料只需保留最新出版的);

(6)传单和小册子;

(7)任何出版年限少于一年或出版数量极少就停刊的连续出版物;

(8)可被其他类型资料代替的出版物,如:缩微产品、CD-ROM、相关网站(加拿大政府网站、DSP 网站、加拿大国家图书馆网站等);

(9)法令比较特别,只有印刷本才有法律效力,“托存图书馆”应该遵循这个规定。对于法律文件是否要以电子版取代印刷版,需要认真考虑;

(10)如果法规和规章已经修订,并被修订版取代,已过时的版本应该剔除。

此外,“选择性托存图书馆”五年后可以撤销任何出版物,对于撤销的资料需要按照下列管理办法执行。

(1)将资料的目录清单,发给 DSP 出版物交换系统(INFO_X@ lists. canada. gc. ca);

(2)资料清单将保留在该系统网上,一个月内由加拿大其他“托存图书馆”、加拿大国家图书馆图书交换中心和采访服务部门挑选;

(3)在当月的最后两周,这个清单再由 DSP 项目组寄往加拿大图书交换中心系统(CBEC-CCEL);

(4)加拿大国家图书馆工作人员首先从清单中挑选他们需要的资料,并将资料运回加拿大国家图书馆;

(5)加拿大“托存图书馆”再进行二次挑选;

(6)加拿大国家图书馆或采访服务部门挑选的资料到货时,由该馆(或部门)付款;

(7)运往其他图书馆的费用则由接收资料的图书馆付款;

(8)没有被加拿大图书交换中心选上的资料,同时也没有其他图书馆索要,托存图书馆可以自行决定处理这些资料。

2 加拿大政府出版物“托存图书馆”分布情况

加拿大政府出版物“托存图书馆”绝大多数分布在加拿大本国,其次美国、英国、等国有一定数量的加拿大政府出版物“托存图书馆”,其他国家和地区的数量很少。目前,加拿大有 790 多个、世界其他各国有 147 个托存图书馆以及其他个人和机构(如:总督、参议员和国会议员等)也收集加拿大政府出版物,总计有 1000 多个“托存图书馆”。其中最大的是加拿大图书档案馆(加拿大国家图书馆与国家档案馆合并),它收藏的加拿大政府出版物数量最多,种类最全。该馆设有“加拿大图书交换中心”,它可以与本国及世界各“托存图书馆”交换政府出版物。

为了更加直观地了解加拿大政府出版物“托存图书馆”的分布,以下用图表示(注:网站没有将所有的“托存图书馆”全部列出)。

2.1 加拿大国内“托存图书馆”分布情况

加拿大各省或地区“托存图书馆”的分布不均衡,其中,安大略省、魁北克省的“托存图书馆”数量最多。安大略省有255个“托存图书馆”,占加拿大“托存图书馆”总数的32.27%;魁北克省有165个“托存图书馆”,占加拿大“托存图书馆”总数的20.88%。其他各省“托存图书馆”数量相对较少。各省“托存图书馆”的数量与所在地区人口数量有关,这也反映了DSP的主要目的:让加拿大公众有均等机会利用加拿大政府出版物。

表1 加拿大各省或地区“托存图书馆”分布图

加拿大各省或地区名称	“托存图书馆”数量	全部“托存馆”数量	选择性“托存馆”数量	各省占加拿大“托存图书馆”百分比
艾伯特省 Alberta	46	8	38	5.82%
不列颠哥伦比亚省 British Columbia	76	4	72	9.62%
马尼托巴省 Manitoba	25	1	24	3.16%
新布伦兹维克省 New Brunswick	23	7	16	2.91%
纽芬兰和拉布拉多省 Newfoundland and Labrador	8	1	7	1.01%
新斯科舍省 Nova Scotia	23	2	21	2.91%
西北地区 Northwest Territories	3		3	0.37%
努纳乌特地区 Nunavut	1		1	0.12%
安大略省 Ontario	255	19	236	32.27%
魁北克省 Quebec	165	6	159	20.88%
爱德华王子岛省 Prince Edward Island	6		6	0.75%
萨斯喀彻温省 Saskatchewan	22	2	20	2.78%
育空地区 Yukon	2		2	0.25%
合计	655	50	605	82.91%

2.2 世界各国“托存图书馆”分布情况

加拿大在世界各国设立的“托存图书馆”,除美国、英国、法国、德国、日本、澳大利亚、荷兰、西班牙、俄罗斯、印度、韩国之外,加拿大在其他国家都只设立一个“托存图书馆”。美国的“托存图书馆”数量最多(27家)。从世界各国“托存图书馆”的分布情况看,加拿大在其他国家设立“托存图书馆”的依据并不根据各国人口的多少，分析其原因，各国托存图书馆的入选，要由加拿大外交及国际贸易部和DSP联合推荐商定。因此，入选的条件应与加拿大同这个国家的友好关系、贸易往来情况，以及图书交换合作等方面有关。

表2　世界各国“托存图书馆”分布图

各洲及地区	国家	“托存图书馆”数量（家）	各洲及地区占世界各国“托存图书馆”比例
非洲（Africa）（2家）	肯尼亚 Kenya	1	1.36%
	坦桑尼亚 Tanzania	1	
亚洲及南太平洋（Asia & South Pacific）（17家）	澳大利亚 Australia	3	11.56%
	中国 China	1	
	斐济 Fiji Islands	1	
	印度 India	2	
	日本 Japan	4	
	韩国 Korea	2	
	马来西亚 Malaysia	1	
	新西兰 New Zealand	1	
	俄罗斯 Russia	2	
欧洲（Europe）（26家）	比利时 Belgium	1	17.68%
	保加利亚 Bulgaria	1	
	克罗地亚 Croatia	1	
	法国 France	9	
	德国 Germany	4	
	爱尔兰 Ireland	1	
	意大利 Italy	1	
	荷兰 Netherlands	3	
	挪威 Norway	1	
	罗马尼亚 Romania	1	
	西班牙 Spain	2	
	瑞士 Switzerland	1	
大不列颠联合王国（United Kingdom）（8家）	英国 England	5	5.4%
	北爱尔兰 Northern Ireland	1	
	苏格兰 Scotland	1	
	威尔士 Wales	1	

续表

<table>
<tr><th>各洲及地区</th><th>国家</th><th>“托存图书馆”数量(家)</th><th>各洲及地区占世界各国“托存图书馆”比例</th></tr>
<tr><td>拉丁美洲及加勒比海地区(Latin America & the Caribbean)(1家)</td><td>牙买加 Jamaica</td><td>1</td><td>0. 6%</td></tr>
<tr><td rowspan="2">北美(NorthAmerica)(28家)</td><td>墨西哥 Mexico</td><td>1</td><td rowspan="2">19. 04%</td></tr>
<tr><td>美国 United States</td><td>27</td></tr>
<tr><td>南美(South America)(1家)</td><td>巴西 Brazil</td><td>1</td><td>0. 6%</td></tr>
<tr><td>合计:</td><td></td><td>83</td><td>56. 46%</td></tr>
</table>

3 重视“托存图书馆”地位,发挥国家图书馆的作用

中国国家图书馆自1975年开始正式收藏加拿大政府出版物至今,虽然已收藏34年,但是,由于我馆对加拿大政府出版物的出版问题研究较少,对“托存图书馆”地位重视不够,曾经一度将加拿大政府出版物转交给武汉大学美国加拿大经济研究所保管(1983—1996年)。因此,本馆收藏的加拿大政府出版物中绝大部分只是目录卡片,约3万张(文献收藏于武汉大学美加经济研究所)。自1996年至今,本馆收藏的加拿大政府出版数量有限(图书约800种;期刊70种;文件10余种;平片10余种;光盘4种),其收藏量远远少于出版量。

加拿大政府出版物的数量多、质量高是众所周知的,每年出版的加拿大政府出版物约5000种。目前,仅“加拿大政府出版物数据库”的数据就有11.5万条(80年代之后居多),这些资料包括的主题内容有:农业、文学与艺术、经济与工业、教育与培训、政治与政策、卫生与安全、历史与档案、信息与通讯、劳动、语言、法律、军队、自然与环境、人类、语言、科学与技术、社会与文化、运输等各个方面。作为中国唯一一家加拿大政府出版物“托存图书馆”有责任承担起收集、保存、利用好加拿大政府出版物、真正发挥其“托存图书馆”的作用。我国现有45家“加拿大研究中心”,我馆不但能为这些研究中心提供有针对性的研究资料,而且能为需要搜集了解加拿大情况的外交、经济、军事以及各研究机构提供及时的、有价值的信息资料。为达到此目的,当前首要的任务是要加强加拿大政府出版物的采集工作。

本馆具有加拿大政府出版物“托存图书馆”的特殊地位,通过电子版的《加拿大政府出版物目录周刊》在线选书、发送订单,就可以免费获得大量的加拿大政府出版物。这种采集形式是目前增加加拿大政府出版物最有效的方法,本馆已经开始此项工作,并已初见成效。

加拿大政府出版物网站每24小时更新一次,在线订购加拿大政府出版物方法如下:

第一步:查找到需要订购的出版物,点击"添加到我的购物车"(Add to My Shopping Cart)图标,在"购物车"窗口,可以看到您选择的数量、单价、总金额、运送费用、税金,以及总欠款等,可以修改、删除、清除或返回继续订购;

第二步:填写客户信息,标有星号(*)的位置必须填写,如果客户信息与送货信息不同,两者均要填写;

第三步:确认订购表单,选择付费方式(信用卡、支票或汇票、采购订单等)。订单中的金额是加元,如果是非加拿大客户必须支付美元,大量订购的客户(有折扣资格)会有一定比例的折扣。例如订购25—99种,折扣20%,1000种以上,折扣40%;"托存图书馆"免费订购,但要填写DPS分配的"托存图书馆"编号;

第四步:最后确认订单,如需要可以打印订购表单。

此外,还可以利用中国国家图书馆与加拿大国家图书馆签署的交换协议,通过电子邮件加强两馆的业务往来,了解对方交换出版物情况,扩大政府出版物的交换范围,增加交换数量。对于不能免费获得的加拿大政府出版物,可以通过加拿大已授权的网上书店,订购有利用价值的加拿大政府出版物。在加强印刷型出版物采集工作的同时,还要对加拿大政府网站的电子资源进行采集,丰富中国国家图书馆的特色馆藏,构建一个采集途径多样、收藏载体多种的加拿大政府出版物"托存图书馆"。

总之,本文试图通过对加拿大政府出版物"托存图书馆"的概述,介绍加拿大政府出版物"托存图书馆"的分布情况。强调要重视中国国家图书馆的特殊地位;要更快、更多、更好地收集加拿大政府出版物;要有效地发挥中国国家图书馆"托存图书馆"的作用;为把中国国家图书馆建成"国内首馆、国际强馆"而努力。

参考文献

1 http://dsp-psd. pwgsc. gc. ca/

2 http://dsp-psd. pwgsc. gc. ca/Depo/table-e. html

3 http://publications. gc. ca/

4 http://publications. gc. ca/helpAndInfo/dsp-psd/wcl_claimform-e. html

5 http://dsp-psd. pwgsc. gc. ca/INFOX/index-e. html

6 Quick Reference Guide for Depository Libraries. Public Works and Government Services Canada,2007

7 国家图书馆科研课题. 国际组织和外国政府出版物的研究与开发利用,2004

北平图书馆特聘通讯员“阿翰林”

陈　蕊　外文采编部

[文　摘]在百年馆庆之际，我们缅怀与我馆有着深刻渊源的俄苏著名汉学家 B. M. 阿列克谢耶夫。我们为他在汉学研究上作出的成绩感到震惊和敬佩，也为我馆收藏有他的多部论著而感到高兴和自豪。我馆收藏的 B. M. 阿列克谢耶夫的论著，为国人的俄罗斯学研究提供了极其宝贵的资料。

[关键词]百年馆庆　北平图书馆　特聘通讯员　阿翰林　汉学家

2009 年，是中国国家图书馆走过百年历程的一年。在庆幸作为国家图书馆的一员，赶上百年庆典之余，自然会对其历史产生兴趣。在《北京图书馆馆史资料汇编》中，笔者见到了“阿理克”(俄)的名字。因笔者素来对俄苏汉学感兴趣，所以对这位与我馆有过不平凡交往的“阿理克”知晓一、二。

阿理克，俄文名 B. M. 阿列克谢耶夫（Василий Михайлович Алексеев，1881—1951），俄苏著名汉学家，前苏联科学院院士。曾被郭沫若先生尊称为“阿翰林”和“苏联首屈一指的汉学家”，是俄苏汉学史上三个划时代的人物之一。

纵观俄苏汉学的发展进程，可以概括为四个划时代的时期。

第一个时期，为僧侣时期。从 18 世纪下半叶至 19 世纪上半叶。代表人物为 H. Я. 比丘林（Нитита Яковлевич Бичурин，1777—1853），俄罗斯科学院通讯院士，俄罗斯汉学的奠基人。曾任俄国东正教驻北京第九届传教士团领班。

第二个时期，被称为学院时期。19 世纪下半叶。代表人物为 B. П. 瓦西里耶夫（Василий Павлович Васильев，中文名：王西里，1819—1900），俄国科学院院士，俄国汉学学院派的集大成者。

第三个时期，是苏联新汉学时期。从苏联十月革命后起。代表人物就是这位有个中国名字的 B. M. 阿列克谢耶夫。

第四个时期，可以称作群是星璀璨时期。从 20 世纪下半叶起，有多位代表人物，他们均在不同程度上受到了 B. M. 阿列克谢耶夫的指导和影响。

1　“阿翰林”的生平

B. M. 阿列克谢耶夫，1881 年 1 月 2 日出生于圣比得堡的一个小职员家庭。公费进了喀琅施塔得中学。后考入圣彼得堡大学，靠助学金完成学业。1902 年毕业于圣彼得堡大学东方语言系。1916 年获硕士学位，学位论文《中国论诗人的长诗。司空图(837—907)的〈诗品〉》；1918 年晋升为教授；1919 年未经答辩获语文学博士学位。

1923 年当选为苏联科学院通讯院士，1929 年当选为院士，被尊为“阿翰林”，是苏联新汉学的奠基人。同年,他接到北平图书馆副馆长袁同礼先生签署的公函,被正式特聘为北平图书馆"通讯员"(阿列克谢耶夫为该馆同期聘任的六位外籍学者之一)。[①] 这表明,阿列克谢耶夫的学术成就同时得到两国的承认。一个年仅44岁的汉学家,就登上了学术界高位,一是年轻的阿列克谢耶夫研究成就显赫,二也说明汉学在前苏联学术界的影响。

1910—1951年,他在列宁格勒大学、地理学院、俄国艺术史学院、东西方语言和文学比较史学院、列宁格勒历史、语文和语言学院、莫斯科东方学院任教。1933—1951年任亚洲博物馆中国部(后为苏联科学院东方学研究所)主任。1904—1905、1910、1926年在中国,1911、1923、1928年在英国,1911、1926年在法国进修和讲学。1907年曾参加挖掘河南新石器时代遗址的工作。1912年曾到中国东南部,为苏联科学院人类学和民族学博物馆收集民族学资料。

主要从事中国语文学和中国考古学、民族学以及文化史的研究,发表著作260多种。主要著作有:《中国论诗人的长诗。司空图(837—907)的〈诗品〉》(1916)、《中国文学》(1978)、《东方学》(1982),译作《聊斋志异》等。

2 北平图书馆的特聘通讯员

阿列克谢耶夫受聘的决议,见于国立北平图书馆委员会民国十八年(1929年)9月2日。同年10月25日该馆向"通讯员"发出公函,内称"敬启者,本馆改组成立建设事业于焉发轫,深虑弗勝致贻讥诮,夙仰先生斗山望重学识宏通,兹特聘为本馆通讯员。庶凿匡壁而增辉。祗承明教,允望鸿篇之是锡,借照他山。谨肃芜牋,伏希惠允是幸"函中除希望其接受聘任外,还有一项内容就是祈请通讯员有"新刊图籍""一部寄赠"。

当年,北平图书馆决定同批聘任的六名任通讯员的外籍人士有:长泽规矩也(日)、王光祈(德)、阿理克(俄)、张凤举(法)、耶慈(英)、斯永高(美)。

据阿氏的门生李福清院士讲,在位于圣彼得堡的阿列克谢耶夫档案馆里,至今仍保存有北平图书馆副馆长袁同礼先生写给阿列克谢耶夫的书信。

3 馆藏"阿翰林"的著作

在国家图书馆的藏书中,收藏有"阿翰林"的专著、文集14部17本,多为各类图书馆藏书中的珍本、孤品。如:

(1)Судьбы китайской археологии
1924.. 80 с..
索书号:3\K87\A471 《中国考古学的命运》

(2)Артист-каллиграф и поэт о тайнах в искусстве письма
33 с. 出版不详
索书号:3\J292\A471 《书法家银河诗人谈书法艺术之奥秘》

(3)В старом Китае: Дневники путешествия 1907 г.
1958.. 310 с.

① 北京图书馆馆史资料汇编. 北京:北京图书馆出版社,1994

索书号：3－85\K928.5\A471　　　　　　《旧中国纪行》

这部分藏书，已经是阿列克谢耶夫院士作品的孤本，否则，在2003年版 B. M. 阿列克谢耶夫作品集中，首次公开的阿列克谢耶夫院士的研究档案资料里，不会没有体现。

国家图书馆收藏的阿列克谢耶夫院士的专著、论文集可分为两部分：

一是"阿翰林"生前入藏的有8部，它们是：

（1）Артист-каллиграф и поэт о тайнах в искусстве письма

33 с. ：　　　　出版不详

索书号:3\J292\A471　　　　《书法家银河诗人谈书法艺术之奥秘》

（2）Заметки об изучении Китая в Англии，Франции и Германии

1906.　　　　104 с..

索书号:3\K203\A471　　　　《英、法、德中国研究概况》

（3）Описание китайских монет и монетовидных амулетов，находящихся в Нумизматическом отделении Императорского Эрмитажа

1907..　　　　74 с..

索书号:3\K875.6\A471

《帝俄艾日米塔什博物馆古钱币部收藏的中国钱币与钱币护身符著录》

（4）О разговорном обозначении китайских так называемых ключевых знаков

1910.　　　　313 с.

索书号:3/H124.5/A471

《论汉字几个所谓部首符号的口语表示》

（5）Китайская поэма о поэте ：Стансы Сыкун Ту（837－908）：Пер. и исследование.（С прил. кит. текстов）

1916..　　　　9，140，481，155 с.

索书号:П52－1/23

中国诗人论长诗. 司空图(837－908)的《诗品》(翻译与研究)

（6）Безсмертные двойники и даос с золотою жабой в свите бога богатства

1918..　　　　254－318 с..

索书号:3\I27\A471　　　　《合和二仙，刘海戏金蟾》

（7）Судьбы китайской археологии.

1924..　　　　80 с..

索书号:3\K87\A471　　　　《中国考古学的命运》

（8）Китайская иероглифическая письменность и ее латинизация.

1932..　　　　178 с..

索书号:3\H125.1\A471　　　　《中国方块字及其拉丁化》

其中，第1部书系抽印本①，是从俄文杂志《苏联东方学》1947年т.4上刊登的作者长篇论文上抽印后，另做装帧的。书上即无出版页，也没有完整有序的页码(所以，在我馆的馆藏目录

① 从原发表在刊或书中的文章，单独抽出来再编成的小册子，称为抽印本。这是一种在俄苏使用较普遍的印刷书籍的方法。

上,出版地一栏,标注的是:出版地不详)。但在扉页上有作者的亲笔赠言,是作者于 1947 年赠与我馆的。此书分为三部分:(1)作者的论文《书法家银河诗人谈书法艺术之奥秘》;(2)杨景曾《书品》的俄译文,共 24 品;(3)《书品》的原文。书后还附有"虎、龙(均为善庆书)、寿(马德昭书)"三字的书法示图。

属于抽印本的还有第 5、6 部著作。而且,第 5 部书系作者的硕士学位论文,也是作者的成名作。该书的出版,在当时的俄罗斯汉学界引起了极大的反响,也使作者不仅跻身于俄罗斯,也成为世界上造诣最深、具有影响力的汉学家行列。这部书现已是国内唯一的俄文原版本。

二是后人编辑的集子;这部分是阿列克谢耶夫院士去世后,由他的后人、学生为纪念他而编辑、出版的。它们有:

(1) В старом Китае: Дневники путешествия 1907 г.

1958. .　　310 с.

索书号:И25 – 5/57

3 – 85/K928.5/A471　　《旧中国纪行》

此书已译成中文,中文书名是《1907 年中国纪行》(俄) 米. 瓦. 阿列克谢耶夫(Василий Михайлович Алексеев)著;阎国栋译. -- 昆明: 云南人民出版社,2001。馆藏索书号:2001\K928.9\A113。

(2) Китайская классическая проза: В переводах акад. В. М. Алексеева

1959. .　　386 с. : портр. ; 21 см. .

索书号:П16 – 2/44

(3) Китайская народная картина: духовная жизнь старого Китая в народных изображениях.

1966. .　　258 с.

索书号:T60 – 7/2

3/J227/A471　　《中国民间年画——民间绘画中所表现的旧中国精神生活》

此书由著名汉学家列·艾德林任主编并为此书作序。之所以翻译成"年画",是因为原书名用的是"Картина"一词。然而,实际上这本书中收入的有阿列克谢耶夫院士有关中国民间绘画、民间戏剧、传说、神话、宗教、迷信等论文。可以说,这本书是一部描写中国民间文化的论文集。书中还收入了 105 幅民间绘画(其中有五幅为彩色),这些画全部是艾日米塔什和宗教及无神论历史博物馆的藏品。

(4) Китайская литература: Избранные труды

1978. .　　594 с.

索书号:3/I206 – 52/A471　　《中国文学(选集)》

(5) Наука о Востоке: Статьи и документы.

1982. .　　534 с.

索书号:3 – 89/\K207/A471

3/ I206 – 52/A471　　《东方学(文章与文件)》

(6) Труды по китайской литературе: В 2 – х кн. Кн. 2

2003. .　　511 с.

索书号:3 – 2004/I2/1

2003 年版的《Труды по китайской литературе》(《中国文学论文集》),是阿列克谢耶夫院

士的女儿 M. 班科夫斯卡娅为展现 B. M. 阿列克谢耶夫最后的研究成果而编辑的。是 B. M. 阿列克谢耶夫 1978 年版的《中国文学》的补充本。在这本书里首次公开了 B. M. 阿列克谢耶夫院士的学术研究档案，以及他的千余篇从未发表过的译文、译著、论著等。此书由自称是B. M. 阿列克谢耶夫院士学生的 Б. Л. 里弗京（中文名，李福清。李福清院士曾多次在我馆做讲座）负责编辑、整理。这套书由 1、2 卷构成，可惜我馆只收藏了第 2 卷。

在馆藏的 B. M. 阿列克谢耶夫的这 17 部书中，有作者本人赠送给我馆的《书法家银河诗人谈书法艺术之奥秘》；有作者的女儿玛・班科夫斯卡娅赠送的《中国民间年画》；有作者的学生赠送的《东方学》。这些书不但丰富了国家图书馆的馆藏，而且也为我国俄罗斯学的研究人员提供了极为珍贵的文献资源。

在百年馆庆之际，我们深切缅怀为馆藏建设作出贡献的国人及友人。

参考文献

1 北京图书馆馆史资料汇编. 北京：北京图书馆出版社，1994

2 李明滨. 中国文学在俄苏. 广州：花城出版社，1990

国家图书馆接受日本赠书史考

黄术志　外文采编部

[摘　要]国家图书馆自建馆以来收到了大量来自日本的个人赠书和团体赠书,极大地丰富了国图日文馆藏,促进了中日文化交流。这种赠书现象分为建国前和建国后两个阶段,建国后赠书数量最多。在网络化的今天,利用互联网带来的方便,更新赠书采访观念,积极主动开展日文图书赠送采访活动。

[关键词]国家图书馆　日本　赠书　采访

1　国家图书馆馆藏日文赠书综述

1.1　全面总结日本赠书史的意义

日本赠书包括日本个人赠书和日本团体赠书。国家图书馆以其在中国文化事业中不可替代的地位,受到了日本专家学者、文化团体的重视,收到了大量来自日本的赠书,在丰富了馆藏的同时,也促进了中日文化交流。对这一现象进行全面的总结有两方面的意义:(1)明确日本方面对国家图书馆的赠书特点,促进日文图书赠送采访工作,提高日文图书采访质量;(2)从日本专家、学者和文化团体的视角来认识国家图书馆在社会文化生活中不可替代的地位,有助于我们挖掘国图潜力,更好地开展图书馆工作。

1.2　馆藏日本赠书总体现状

日文文献的收藏是国家图书馆馆藏规划之一,国图在收集这些资料的过程中,采取了购买、国际交换、缴送、接受赠送等采访手段,经过几代人近百年的努力收到了可喜的效果。到2009年,国家图书馆共收藏日文图书80多万册,日文连续性出版物2000多种,形成了一个庞大的日文资料群。在这些资料中,通过接收国内外专家、学者、友人、团体赠送等所获得的日文图书超过40多万种,占日文图书馆藏总量的50%,缓解了因经费不足给采访工作带来的困难,极大地丰富了资料内容。

在这40多万日文赠书中来自日本专家学者、文化团体的赠书超过20万种,数量巨大,图书品质优秀,在日文馆藏中占有重要的地位,这些赠书涉及日本200多个文化机构团体和近千位专家学者。与赠书相关的中日文化名人之间的友好往来、国图与日本文化机构团体之间的友好往来,在中日文化交流史上形成了一道亮丽的风景线。

1.3　记录国图馆藏日本赠书的相关资料

对于这些赠书活动,只有极少数在报纸杂志上有直接报道,更多的赠书活动并未对外进行公开宣传。对于这一现象进行考查,主要的依据是以往采访工作中形成的《日文图书采访登录簿子》,采访工作人员将赠书者的名字、赠书的种册数、所赠图书的书名以及受赠时间等内容详尽的记载在登录簿子上,为全面认识这一现象提供了翔实的依据。

本人在查阅了建国前和建国后所有日文《采访登录簿子》基础上,对夹杂其中的日本赠书进行了详细的统计,又通过查找国图档案、翻阅馆史资料、相关名人年谱等,对我馆自有馆史以来接受日本方面的赠书进行了全面总结,总结分建国前和建国后两个阶段。

2 建国前国家图书馆接受日本赠书

2.1 建国前国家图书馆接受日本赠书综述

最早记载国图接受日本赠书的文字是《北平北海图书馆第三年度报告》,该年报在最后部分,详细记载了当年即1928年收藏日文图书的情况,并对接受赠书进行了详尽记载。例如本年度接受日本学者羽田亨博士赠《敦煌遗书·第一集》2册,《四译馆则》2册;接受日人长泽规矩也赠送《娇红纪》1册,《橘浦记》2册,《顾亭林之著书》1册;接受日人萱原信雄赠送《全人》1册;接受日本静嘉堂文库赠送图书《图书分类目录》1册等。以此为始截止到1949年解放,国图共收到来自日本方面的赠书1335册左右,其中个人赠书126册,团体赠书1309册。这些赠书主要集中在1927—1932年间产生,1932年后由于中日关系激化,来自日本方面的赠书很少,许多单位和个人停止向中国赠书。

建国前国图共收藏属了属于本馆产权的日文图书56 565册,另有其他单位和个人寄存于我馆的非本馆产权的日文图书250 000册。来自日本的赠书属本馆产权部分,在当时占馆藏比例很小,大量的日本赠送产生于建国后。

2.2 建国前日本个人赠书

建国前共接到49位日本专家学者赠送图书126册(参见表1)。赠书特点明显,(1)所赠图书内容多与中国有关,是专家、学者的学术成果,大都是日本中国学文献。例如盐谷温所赠的《杨东来先生批评西游记》《宋明通俗小说传流表》《宕阴先生年谱》等;铃木大拙先生赠送的《敦煌出土荷泽神会禅师语录》《敦煌出土六祖坛经》《兴圣寺本六祖坛经》等。这类图书在建国前日本个人赠书中占绝大多数。(2)赠送者大都是日本的专家学者,他们有些人与中国的文人交好,有过书信往来,这些赠书有的是日本学者造访中国亲自赠送来的,有的是通过朋友赠送的。还有的日本专家经常到中国来,例如日本的中国古籍版本、目录学专家田中庆太郎,经常来往于中日两国,以搜集善本书为业。(3)赠送品多是专家本人的作品,赠送别人作品的较少。这些专家希望自己的学术成果让更多的人知道,尤其是与中国有关的学术成果,希望能够在中国学术界引起共鸣,因此积极向中国开展赠书。(4)连续赠书。部分专家多年持续赠书,例如铃木大拙、长泽规矩也、水野梅晓等,从中可以看出他们对国家图书馆在社会文化生活中地位的认可。

表1 建国前主要日本专家学者赠书一览表

个人赠者名	所赠书图书名	种
盐谷温	《学生必吟》《楊東来先生批評西游記》《宋明通俗小说传流表》等	6
野野垣淳一	《蜂蜜多收法》《养蜂十二个月》	2

续表

个人赠者名	所赠书图书名	种
山内晋卿	《中国佛教史之研究》	1
荒木伊兵卫	《日本英语学书志》《弥撒礼拜式》	2
长泽规矩也	《关于顾亭林的著作》《宁乐刊经史》《江户地志解说稿》等	12
神尾弌春	《道家論弁牟子理惑論》	1
德富蘇峰	《成簣堂善本书目》《成簣堂善本书影七十种》	2
田畑庄三郎	《西阵史》	1
石井光雄	《敦煌出土神会录》	1
矢吹庆辉	《关于敦煌出土古写佛典》	1
原富男	《诸子学总论》	1
鈴木大拙	《六祖壇経解说》《支那佛教印象记》《影印興聖寺本六祖壇経》等	11
庄司浅水	《书物之敌》《通俗书物故事》	2
清水董三	《阿育法王的圣业》	1
水野梅晓	《中国佛教近世史研究》《中国新宗教设立运动》等、	10
常磐大定	《超和脱》	1
宇垣一成	《诗次故》《诗经异文》《诗次故外杂》	7
山本荣次郎	《祖神垂示天照大神宫大正 15 年》等	2
渡边方扬	《简明机械工学知识》《法国文学译注丛书》《经济法语入门》等	21
田村德治	《国际社会的将来和新国际主义》	1
神田喜一郎	《中国学说林》	1
桥川时雄	《韃靼漂流记研究》《庚子照片(3 张)》《文溯阁碑拓片(1 张)》	5
羽田亨	《敦煌遗书第一集》《四译馆则》	2
田中庆太郎	《金文丛考》	1
涉泽荣一	《论语注疏》	1
服部宇之吉	《延喜钞本玉篇》第二十二卷	1
铃木吉武	《阙特勤碑释文》	1

在这些专家学者中,长泽规矩也的身份与其他专家身份有所不同。他既从事过图书馆的实际工作,又曾是当时国图聘请过的外国专家——通讯员。长泽规矩也(1902—1980),日本中国学家、目录学家。字士伦,号静庵,神奈川人。1925 年东京帝国大学中国哲学文学科毕业后,任静嘉堂文库嘱托,管理静嘉堂文库。1961 年以《日汉书的印刷及其历史》获文学博士,长期从事中国文学史、中国文化史和中国目录学的研究,讲授日汉书目学。抗日战争期间,日军从中国劫去大量书籍,其中有不少善本。这些书籍通过文部省移交当时的帝国图书馆收藏,该馆馆长松本喜一把这些善本委托给长泽规矩也进行整理,他除对每种书进行详细著录外,还作了解题。1970 年将其解题稿本《静庵汉籍解题长篇》出版,主要著有《书目学论考》《中国版本目

录学书籍解题》《汉籍整理法》《古书目录法解说》《日汉古书编目法》等，是当时日本集学术成果与实践成就于一身的版本学大家。建国前他曾四次到过中国，造访过国图。为了更好地收集到所需要的日文资料，对外宣传国家图书馆，1928 年正式邀请长泽规矩先生为我馆的日本通讯员，希望他能在日本宣传国家图书馆，建国前来自日本学术界一些赠书，与聘请长泽规矩先生为我馆的日本通讯员。

2.3 建国前日本团体赠书

建国前向国家图书馆赠送过图书的日本单位共有 133 家左右（参见表 2），共赠送图书 1309 册，赠书总量不大，但涉及的团体相对较多，赠送活动特点明显。（1）赠送团体较多，以文化事业团体为主，按团体自身职能大体可分为六类团体赠书。外交行政机构团体赠书，如日本外务省、日本大使馆、山口县政府等的赠书。日本各大学教育机构团体赠书，如来自九州大学、京都帝国大学，东京工业大学等的赠书。科研、学术机构团体赠书，如国民精神文化研究所、东方文化学院东京研究所和京都研究所的赠书，该类团体赠书频率最高，所赠图书专业性强，学术水平高。日本各类图书馆、博物馆图博机构团体赠书，如帝国图书馆、静嘉堂文库、尊经阁文库的赠书。各出版社、书店的赠书，如内山书店、栗田书店，古今书院的赠书。各个领域的协会、学会机构团体赠书，例如日本图书馆协会、儿童图书出版协会、东京工业大学内纺织学会的赠书。日本的财团和其他各种社会组织机构的赠书，如日本住友财团、育德财团、同仁会等的赠书。（2）所赠图书类目较多，内容涉及面广，个别团体赠书特色明显，例如图书馆、博物馆团体赠送以本馆所藏图书目录类图书较多，科研机构学术团体以赠送本机构的学术成果图书为主，例如东方文化学院的两个院所赠送的图书都是本所学术成果图书，全部是中国学图书文献。（3）连续赠书特点突出。原因在于这些团体大都有自己的事业发展规划，有经费支持，每年或定期向国家图书馆赠书在他们的事业规划范围之内。例如东方文化学院京都研究所、东京学院，在这段时间里，几乎每年都向国图赠书。

表 2　建国前主要日本社会团体赠书一览表

赠书团体名称	登录次数	赠书总量（册）
东京出版协会	2	405
南满洲铁道株式会社	21	167
东方文化学院京都研究所	23	99
日本公使馆	9	59
京都帝国大学	9	40
育德财团	4	40
一诚堂书店	28	38
东方文化学院东京研究所	11	27
第一次满蒙学术调查团	7	21
东亚研究会	12	20
近江兄弟社	1	19
日本外务省	3	18

续表

赠书团体名称	登录次数	赠书总量(册)
帝室博物馆	11	17
东洋文库	7	17
启明会	3	14
国际文华振兴会	3	13
满洲文化协会	8	13
帝国图书馆	2	12
日本住友财团	1	10
国民精神文化研究所	1	9
怀德堂	3	9
恩赐京都博物馆	1	8
内阁情报局	1	8
日本造船协会	5	8
东京文理科大学	5	7
九州帝国大学图书馆	6	6
东北医学会	1	5
东京帝国大学	5	5
华北产业科学研究所	1	5
史学会	1	5
同仁会	3	5
早稻田大学出版部	4	5

3 建国后国家图书馆接受日本赠书

3.1 建国后国家图书馆接受日本赠书综述

建国后,尤其是中日邦交正常化以后,国家图书馆收到日本赠书无论是在数量上还是在质量上都有了新的突破,现在所藏20多万日本赠书,绝大多数都是建国后收藏的,收到的赠书大都是当年出版的新书,图书内容新,品相好,受赠量大,受赠图书内容广泛。个人赠书中亲自到馆赠书的学者明显增多。团体赠书中有了固定的赠书机构,每年收到团体赠书总量在9000左右,国图接受日文赠书上了一个新的台阶。

3.2 建国后日本个人赠书

建国后个人赠书活动的发展具有以三个特点:(1)通过邮寄方式赠送日文图书的数量增多。近些年来,网络的运用,使得日本的一些有赠书意向的人可以通互联网,很好地找到国家图书馆的地址,通过网络了解国图日文文献的收藏信息,增强了他们的赠书兴趣和意愿。(2)

到馆赠书的日本人增多。邦交正常化后，日本的一些专家学者有更多的机会来中国，图书馆是文化的一个标志，到北京的同时，一些专家会把自己的著作带上送到图书馆，这类专家中搞中国学的专家最多。(3)赠送图书品相好，内容新，学科种类赠加。中日文化交流的全面展开，使的交流的学术成果不断增加，从社会科学扩展到自然科学，许多专家学者将这些成果赠送国图收藏。例如在医学领域，中国的一些针灸、按摩方面的专家与日本的医学界进行交流合作取得的学术成果，日本方面将这些成果寄赠给国图。

3.3 建国后日本团体赠书

建国后向国图捐赠图书的日本团体相对较少，每年固定向国图赠送图书的日本团体机构有日本出版贩卖株式会社、岩波书店、日本现代歌人协会三家，这三家每年赠送图书总量在9000种左右，远远超过建国前所有日本团体机构赠送图书的总量。这三家日本机构由于有经费支持，赠书活动在其事业发展计划之中，因此赠送活动有规律，赠书数量相对稳定，克服了一般赠书的不确定性，使得接受赠书工作能够完全纳入到日常工作管理中，这是前所未有的新突破。赠书活动也具有稳定性、规律性，赠书具有数量大、门类全、品质新等特点。

赠送活动稳定。日贩与国图自1982年开始合作以来，每五年签一次赠送合同，中间无变化，赠送活动平稳发展。岩波书店每月将当月出版的全部出版物邮寄到国图，这一行动也持续了半个世纪之久，很少有差错。赠送活动稳定，赠送图书数量在预期范围内，便于赠送后期，对图书进行加工处理和对外借阅服务。

赠送过程规律。日贩赠书每五年签一次合同，每年图书分四批送到国图，在每批到来前双方都会通过信件对赠书在数量和日期进行邀约确认，非常有规律。而岩波书店、日本歌协的赠书也都按期到来，赠书过程已经程式化，容易理解和操作。

赠书数量大、门类全。三家赠书总量每年在9000种左右，所赠图书各学科都有，其中以法律、经济、时政类图书居多。

所赠图书品质新。日贩和岩波书店赠送的图书都是当年新书，日本歌人协会赠送的也是近些年份内出版的最具有代表性的著作。这些新书随时补充了馆藏的不足，保证了知识的更新，满足了读者的阅读需求。

3.3.1 岩波书店赠书

(1)接受岩波书店赠书史考

岩波书店创立于1913年，是日本最为出名的出版社之一，战前以出版学术性图书为主，后来发展成了一个综合性的出版社。1946年岩波书店的创始人岩波茂雄本着“把来自中国的文化归还给中国的理念”，提出并策划实施向中国开展赠书活动，经过与当时政府及相关部门联系，初步实现了赠书计划。在1947—1948年间，分别向北京大学、武汉大学、中山大学、东北大学、暨南大学等五所大学赠送了自己出版的日文图书，赠书共分四批，合计483种2200册，后因中日两国战事太紧，赠书一事停止。新中国建国后，岩波书店二代社长岩波雄二郎继承其父的遗志，想继续向中国赠送图书，1954年致信当时中国对外友好协会会长楚图南，表达了赠书意愿，并具体列出自己向中国赠书的意向单位，分别是北京大学、武汉大学、中央大学、东北大学(吉林师范大学)、中山大学等五所院校，所赠内容为1953年3月份以来岩波书店出版的图书，友协表示欢迎，但是以中央大学已不存在为由，将其中赠向中央大学的图书改为赠送给国家图书馆，岩波书店同意了这一方案，这样，国家图书馆就被正式纳入到岩波书店的赠书计划范围之内。

1974年前岩波书店向我馆所赠图书的各种通关、委托提货等手续均由中国人民对外友好协会办理,友协从海关提出书后送交给我馆,这样坚持了近20年,1974年友协与岩波书店协商,改为岩波书店委托日贩代办向中方赠书的一切手续,中方接书单位改为国家图书馆,由国图自己办理通关,委托提货等手续,这样形成了目前这种岩波书店向我馆赠书的固定模式。

(2)岩波书店所赠国图文献概况

岩波书店是日本实力雄厚的出版社,现在每年出版量在700种左右,出版量位于日本出版社前列,所出图书在继承了其学术性强的特点上,又注重了时代性,以图书质量高闻名于日出版界和学术界,每月按时将所出版的图书杂志邮寄给我馆,赠送图书、杂志上均盖有"岩波寄赠"方章,精美大方,一阅便知。半个世纪来岩波书店共向我馆赠送图书和杂志总量在20 000种以上,丰富了馆藏。

(3)与岩波书店的友好往来

建立在赠书的基础上,我馆受文化部等部门委托,曾三次邀请岩波书店负责人来中国进行交流访问。1973年中日邦交正常化第一年邀请对方访华,以示对其赠书活动进行感谢,对方以本是中国文化又回归给中国,无需感谢为由,没有应邀;1983年国图受文化部委托二次邀请了岩波会长等三人来中国进行文化访问,岩波雄二郎和岩波书店的社长、总编辑三人应邀来访,通过这次访问,加深了他们对国家图书馆的认识,坚定了他们赠书的信心,1985年他们曾表达出版国图所藏善本书的意愿;1992年中日邦交正常化20周年之际,国图第三次受文化部委托邀请岩波雄二郎等三人来中国进行访问,对方应邀而来,于1992年10月5日至16日间访问了商务印书馆和"丝绸之路"上的沿途主要景观后归国。文化部鉴于岩波书店对中国长期开展无偿赠书活动,对促进中日文化交流事业作出了贡献,在岩波书店第三次访华期间向他们颁发了"中日文化交流贡献状"。

2008年中山大学代表中方,组织五家岩波书店的赠书单位与岩波书店方便进行了友好交流,我馆派代表参加了交流。

3.3.2 日本出版贩卖株式会社赠书

(1)接受日本出版贩卖株式会社赠书史考

日本出版贩卖株式会社(以下简称日贩)赠书是国家图书馆有史以来运作最为成功的团体赠书。

日本出版贩卖株式会社是日本实力雄厚的图书贩卖机构,与日本150多家出版社长期进行合作。1979年日贩与中国图书进口公司进行合作,在上海、长春举办了两次图书展览会,展览与日贩合作的100多家日本出版社出版的图书,展出受到了当地学生、教师及科研人员的欢迎,展会举办非常成功。日贩在这次书展中很受启发,产生了长期在中国展书宣传日本文化的想法,回国后,日贩会长亲自主持召开会议,研究探讨在中国从事图书展示事业,并积极着手运作。1980年委派该公司的石川博与我国外联局、文化部、国家图书馆等接触,表达他们愿意组织日本国内一些出版社在中国展书,向中国赠书的意愿,希望中方能够共同商讨运作办法。经过几次协商,确定了最后的方案:在国家图书馆提供场地,建一个不少于100平方米的专门阅览室,日贩提供部分阅览室所需阅览工具,国图委派专门人员对该室进行管理,对外展出日贩组织来的日本出版社赠书,展期为两年,两年后图书下架,进行分编入藏,产权归国家图书馆所有,阅览室定名为"日本出版物文库阅览室"。

1983 年年初日本出版物文库阅览室开始筹建,1983 年 5 月上旬建成剪彩,日贩组团参加了剪彩仪式,中国人民对外友好协会会长廖承志为阅览室题词,日贩代表团受到了国家副主席王震的接待。

(2)日本出版贩卖株式会社所赠国图文献概况

自 1982 年以来,我馆与日贩合作进行了 27 年,合作计划进行到了第六期,共从日贩获得赠书近 25 万册图书,总价值达 9 亿日元,日贩赠书形式从先赠送后采选,发展到先采选后赠送,图书管理完全纳入到了我馆图书管理流程中。

日贩赠书具有以下几个特点特点:一,图书量大,每年赠书在 8000 种以上,连续 27 年都保持这个数字,这在中外赠书史上确实是非常少见的。之所以能够保持这样的数字与日贩能够在日本组织到上百家有赠书意愿的出版社是分不开的,这些出版社中又包括了日本的许多大的出版,例如讲谈社、三省堂、小学馆等每年的出版量都在 1000 种左右。特点二,日贩所赠图书门类齐全,社会科学、自然科学类图书都有,其中东方书店、汲古书院等书店专门从事中国学图书出版。特点三,国图对赠书具有前期采选权,保证了本馆文献建设目标的完成。国图按计划每月对赠书出版社出版的图书进行采选,然后将确定好的图书目录发给日贩,再由日贩向这些出版社进行征集,这是日贩赠书与其他赠书不同之处。特点四,所赠图书内容新,品质好。日贩每年的赠书都是参加赠书出版社当年的新书,并不是库存旧书,图书内容新,品质好。

(3)与日本出版贩卖株式会社的友好往来

日贩每年除向国图捐赠图书外,还组织日本出版发行企业访华,进行业务交流;日贩负责组织培训中国图书、出版研修人员等。为表彰其在中日两国文化交流上所作的贡献,文化部在 2002 年授予日贩"文化交流贡献奖",这是该奖唯一一次以团体为对象颁发。

3.3.3 日本歌人协会赠书

1989 年日本现代歌人协会代表团到中国进行访问,国家图书馆接待了他们的来访,歌协表达了向国图增书的意愿,1990 年正式开始向我馆赠书,每年赠送一回,现在已经进行了第 20 回,累计 894 册,总体赠书量不大,但对方长期坚持赠送,具有很强的计划性

4 认识国家图书馆在社会文化生活中的地位,更新观念,开展日文图书赠送采访活动

4.1 国家图书馆在社会文化生活中的地位与价值

国家图书馆之所以受到国际学术界、文化界的关注,能够经常接受来自国外的赠书,主要是因为他在中国社会文化生活中具有不可替代的地位,是文化的一种象征。国图具有国家图书馆和公共图书馆的双重属性,这种双重属性使其在文化传播过程中集学术普及性与权威性一体,受到专家学者的青睐是自然的。

在国图的日本赠书上,有两件事情最能说明这种地位在吸引赠书中所起到的作用。一是建国后我馆被岩波书店纳入赠书对象。1954 年岩波书店提出向中国赠书,对外友协更改对方赠书对象时首先想到的是国家图书馆,而这一更改立即得到岩波书店的认可,如果不是国图在社会文化建设中的重要地位,很难被友协纳入更改对象,即使纳入更改对象,推荐给日方,也很难取得日方的认可。二是日贩决定与国图合作开展赠书。日贩赠书源于 1979 年在上海、长春两地的展书活动,日贩最初计划想在上海、长春这两个地方的其中一处选择相应单位开展赠书

活动,因为这两个地区的日语普及率非常高,但经过与国图接触后,立刻改变了原计划,决定与我馆合作,其中主要原因是因为我馆的特殊地位,使日贩在日本国内宣传赠书计划、争取赠书出版社时更有说服力。

当然岩波书店和日贩向我馆赠书也离不开我馆的努力争取,但从赠书者宣传自己、宣传自己学术的角度来看,国图在社会上的影响力更符合他们的选择标准。因此我们应该珍惜我馆的地位,积极主动地争取赠书。

4.2 更新赠书观念,积极主动开展好日文图书赠送采访活动

目前我馆日本赠书采访工作开展非常顺利,在总结过去、巩固现有赠书成绩的基础上,应该利用互联网给采访工作带来的便利,积极主动争取更多日本团体和个人的赠书。

首先,要突破传统采访观念的限制,重新认识赠送采访。在传统的采访观念中,赠送采访方式是一种被动的采访方式,很难形成自己的有效馆藏,因此不是图书馆的主要采访方式。受此传统观点影响,采访人员在利用赠送采访方式时放不开思路,不能有效地利用这一方式进行文献采集。事情都是辩证的,赠送采访确实具有很强的被动性,但这种被动也会因为图书馆性质的不同、受赠图书范围不同而发生改变,我馆的地位和影响很大程度上削弱了这种被动性,为开展积极的日本图书赠送采访活动创造了良好的条件。

其次,制定积极的赠书采访方针政策,营造良好的赠书互动氛围。在传统消极赠送采访观念的影响下,我馆的赠书方针政策没能跟上去,没有主动向潜在的赠送群体进行有效宣传,营造良好的赠送氛围。应当看到现在社会上潜藏着巨大的日本赠书市场,当然也存在许多希望获得日本赠书的对手。我馆在充分利用好自身社会地位优势的同时,还应该利用网络对外加大接受赠书宣传。在日常接受赠书过程中我们经常发现,赠书者不清楚我馆不同图书的具体接收部门科组,初赠者对我馆赠送政策更是一无所知等,这些都形成了赠送上的障碍,因此我馆网页上应该开出专门的国图赠书版面,对我馆接受赠书政策进行介绍,对外公布不同图书的具体接收科组及其联系方式,对外宣传特别需要获得赠送的图书,例如海外中国学图书等,并按时在网上公布赠书者名单,建立简单的赠书名单信息查找库,供赠书者随时查询等,与赠书者形成互动,营造良好的赠书范围,以便更多地争取日本赠书市场上的份额。

再次,日常采访工作内容安排上,对赠送采访工作安排积极主动的内容,使赠送采访工作内容在登记、回函的基础上,有更多的工作内容和要求。现在网络为我们开展积极主动的采访工作提供了便利条件,许多日本专家学者都在网上公布了自己的联系方式,采访人员在工作中应该注意收集这些信息,针对某些图书尝试向他们发出受赠请求等,图书馆在对采访工作内容的设计上,应该考虑这部分工作内容,为采访人员留出赠送采访工作的时间空间。总之我们要更新观念,与时俱进,利用好网络工具,积极主动地开展好日文图书的赠送采访活动。

参考文献

1 国图档案:1955 年/170 - 009 - 11 - 2 - 200

2 国图档案:1955 年/170 - 009 - 11 - 2 - 200

3 国图档案:1980 年/185 - 009 - 11 - 4 - 001

4 国图档案:1981 年/185 - 009 - 11 - 4 - 001

5 北京图书馆同人文选编委会编. 北京图书馆同人文选. 北京:书目文献出版社,1987

6　北京图书馆业务研究委员会编．北京图书馆馆史资料汇编．北京:书目文献出版社,1992
7　黄宗忠．文献采访学．北京:北京图书馆出版,2001
8　顾犇．外文文献采访工作手册．北京:北京图书馆,2004
9　国家图书馆外文采编部编．新信息环境下图书馆资源建设的趋势与对策．北京:国家图书馆出版社,2009
10　長澤規矩也先生喜壽記念會編．長澤規矩也著作集:第一卷．东京:汲古書院,1982
11　中国大百科全书编辑委员会．中国大百科全书．北京:中国大百科全书出版社,1987

国家图书馆目录功能扩展的思考

吕　艺　外文采编部

[摘　要]随着网络的发展,图书馆的工作环境,用户的学习环境都发生了根本的变化。随着新的《国际编目原则声明》的发布,图书馆的变革进入了实际阶段,最直接地体现在目录功能的变化上。笔者就此对我馆的目录功能发展提出几点想法。

[关键词]国家图书馆目录　目录功能　国际编目原则声明　用户服务

2009年2月国际图联IFLA正式发布了《国际编目原则声明》(The Statement of International Cataloguing Principles,ICP),这是IFLA继1961年的"巴黎原则"40多年后发布的第二个编目原则。通过编目原则的变化,新的目录在资源类型、范围;著录的规则、理念;目录组织等方面都将面临深刻的变化。笔者从目录功能变化入手进行分析。

1　环境因素变化

1.1　社会的变化

信息交流越来越频繁,知识更新越来越快,获取新信息和知识、不断充实提高自己成为伴随人们终生的行为。学习超出了教育界范围,传播到经济和社会生活的各个层面。终身学习成为国家可持续发展的重要组成部分。

1.2　用户的变化

• 技术环境发生了变化,IT技术的广泛普及,网络信息的丰富,提供给人们高效、便利获取信息的条件。用户选择更具有主动性、灵活性、开放性。

• 用户成为信息社会的主体,成为信息的主动选择者,信息提供者(图书馆、媒体等)变成被动从属者。谁能满足用户的需求,被用户愉快接受就将成为信息社会的胜出者。

1.3　图书馆的变化

• 数字图书馆突破了时空的限制,给用户带来了根本的解放;知识交流以获取而非拥有为基础交流;支持一体化的文献检索、文献获取、文献利用过程。图书馆的活动内容与方法改变,随着时空限制的突破,服务基础从拥有到获取的转移以及用户知识查询与利用过程之间界限的模糊,图书馆工作正经历深刻的变化。图书馆建设由传统图书馆的藏与用的矛盾,变为现代图书馆的提供与被利用的矛盾。

• 《国际编目原则声明》首次将目录用户提供便利性列为最高原则,当编目规则与原则冲突时规则应作出适当让步。意味着编目的重点由揭示、组织资源变为用户使用。

• IFLA 引入书目记录功能需求(Functional Requirements of Bibliographic Records)的概念模型,以主要的编目传统为基础,应用"实体、属性和关系"重新构建目录功能。

1.4 目录功能的变化

• 1961 年"巴黎原则"以印刷纸本文献为编目对象,目录功能归纳为:

查询功能:保证用户能够查询到已知作者、题名或主题的图书;

聚合功能:揭示图书馆对于某一特定作者、某一特定主题或某一类型的文献拥有那些馆藏;

选择功能:帮助用户根据图书的版本或者其他特征选择图书。

• 2009 年新公布的《国际编目原则声明》包括所有资源类型,以《书目纪录的功能需求(FRBR)》实体—属性—关系概念模型为基础,实体分作品(work)、表现(expression)、表达(manifestation)、文献单元(item)四个层次。目录功能为五个方面:查找(find)、识别(identify)、选择(select)、获取(acquire)或存取(obtain access)、导航(navigate),获取文献超过图书馆范围,包括购买、远程获取等方式,导航可起到知识扩展的作用。

2 我馆目录功能扩展的思考

2.1 查找(find)

查找:在利用资源的属性或关系进行检索后,从某一收藏中查找书目资源(包括单个和成套资源),在《编目原则》中作为单独的一部分——第七部分进行论述。

(1)查找单个资源;

(2)查找下述成套资源:属于同一作品的全部资源;体现同一内容表达的全部资源;代表同一载体表现的全部资源;与特定个人、家族或团体相关的全部资源;关于特定主题的全部资源;通常进一步限制检索结果的其他检索条件(语言、出版地、出版日期、内容类型、载体类型等)所限定的全部资源。

在网络环境下,从技术上讲查找超过本馆的限制可实现全球范围的检索。以 WorldCat 为例,它的 OPAC(online public access catalog 联机公共检索目录)可提供72 035个成员馆 147 个国家和地区的检索服务。对其范围内的书目数据和数据库资源实现一体化检索,通过单一的搜索框提供 NetLibrary eBooks、eAudiobooks、联机电子馆藏电子期刊,OCLC FirstSearch 数据库,ArchiveGrid 档案收集说明和 CAMIO(艺术博物馆图片在线目录)等资源的综合接入检索服务。WorldCat 正在开发图书馆网络管理服务领域,不久可将其目录界面和简单的搜索框植入本地图书馆检索系统,支持在本馆界面上显示 WorldCat 的检索结果,使 WorldCat 的搜索结果本地化的,部分实现图书馆资源的全球化检索。

我馆应提高现行的联合编目范围、质量,建立全国公共图书馆范围的联合编目系统,从行政领导、业务指导等方面把握主动,未来与 CALIS 及科学院联合编目系统对接,在未来全国图书馆资源统一检索系统中增加话语权。

2.2 识别(identify)

识别:一个书目资源或代理(即确认所著录的实体对应于所搜寻的实体,或者区分具有相似特征的两个或多个实体)。关注《编目原则》中的第五部分“书目著录”,这是单件资源编目的依据;通过界面显示的文献封面、题名、著者及相关信息、主题等,使用户轻易判定文献。这是图书馆传统编目工作,应进一步细化、完善我们的工作,例如,明确外文中国学文献编目中加著统一题名及翻译题名的规定,为检索提供方便。

2.3 选择(select)

选择:一个适合用户需求的书目资源(即选取一个在媒介、内容、载体等方面能满足用户要求的资源,或放弃一个不适合用户需求的资源);用户选择适合需求的书目资源,关注《编目原则》中的第六部分“检索点”,目录以作品形式显示检索结果,提供多种内容表达、载体形式资源供用户选择。如 WorldCat 书目数据提供了 Publisher description(出版者说明)、Table of contents only(目录列表)和 Sample text(样本文本)三项出版社的链接,使用户可以借此获取更多的信息,将文献中的显性知识和用户的隐性知识(读者的水平、能力、阅读偏好等)得以相互转化与结合。“为每本书找到适合的读者,为每个读者找到适合的书。”

在笔者接触的外文图书中各出版社多有专门网页介绍,尤以剑桥大学出版社(Cambridge University Press)和斯普林格出版社(Springer)提供的信息标注最为清晰、具体,其余提供信息内容大致如下表:

	出版社	文摘前言描述	目录	部分原文	评价	作者介绍	参考书目、索引
1	Simon & Schuster	√	√	√	√	√	
2	Woodhead	√	√				
3	Yale University Press	√	√	√		√	√
4	Libraries Unlimited	√	√			√	
5	St. Martin's Press			√	√	√	√
6	Society for Industrial and Applied Mathematics	√	√		√	√	√
7	Springer	√	√	√		√	
8	Cambridge University Press	√	√		√		

2.4 获取(acquire)或存取(obtain access)

获取或存取:所著录的文献(即提供信息,使用户能够通过购买、借阅等方式获取某一文献,或者以电子方式通过联机连接远程来源检索某一文献),或者检索、获取或存取规范数据或书目数据。网络环境下,技术上全球资源都可作为获取的范围,获取的方式有购买、借阅、远程链接、本地下载、在线阅读、移动传输等,依各图书馆功能、服务方式的不同而不同。在编目中利用电子资源定位于访问 856 字段,将电子资源以链接的方式提供给用户。提高用户使用的便利性,方便用户判断、选择、获取文献,扩展用户知识,培养用户的信息素养。

在笔者接触的资源中有实体文献与网络开放的全文电子资源同时存在的情况,欧美大学论文这一情况较多。据笔者不完全统计美国的 21 所大学图书馆网站提供本校论文的电子资源全文。这 21 所学校包括：California Institute of Technology // Drexel University // Georgia Institute of Technology // Georgia State University // Lehigh University // Louisiana State University and Agricultural and Mechanical College // Marshall University // Michigan Technological University // Montana State University // North Carolina State University // Ohio State University // Pennsylvania State University // University of Cincinnati // University of Florida // University of Georgia // University of New Orleans // University of Notre Dame // University of Wisconsin-Madison // Virginia Polytechnic Institute and State University // Washington State University // West Virginia University

例：OhioLINK Library Catalog

100 1 Chen, Yung-jen, 1974 –

245 10 Analysis and performance aspects of György Ligeti´s Études pour Piano: Fanfares and Arc-en-ciel / by Yung-jen Chen

* * *

856 4 |uhttp://rave. ohiolink. edu/etdc/view? acc%5Fnum = osu1167697657|zConnect to resource online

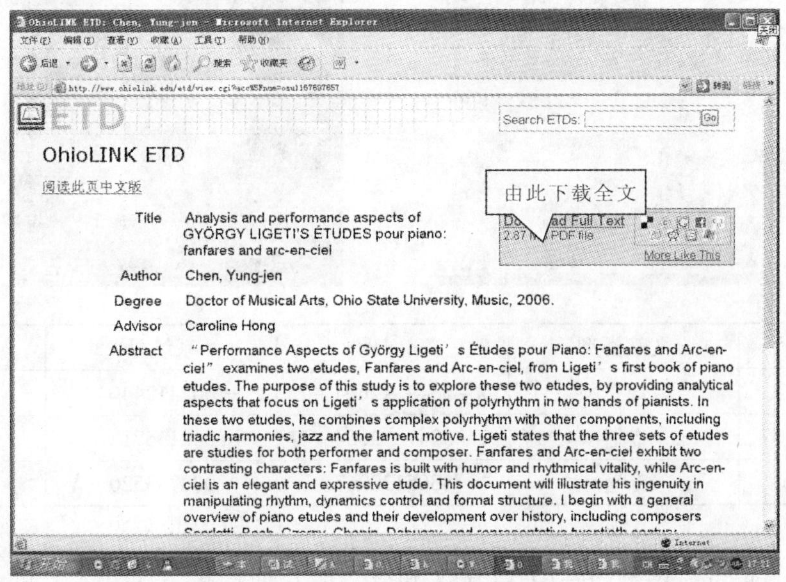

在实际编目中存在一定困难

• 编目规则缺乏明确的规定。856 字段的应用在 ISBD、AACRII 中没有规定。MARC 对 856 字段的规定是："本字段包含定位于访问电子资源所需的信息，即可用于电子资源的定位与访问，也可用于编目文献的电子版式相关电子资源的定位与访问。"在一条书目记录中集合不同文献载体的信息，需要编目规则上的认同。

• 对链接资源的判定的把握标准，也需要充分的研究和论证。

• 要保证外部资源链接的质量必须加强数据跟踪服务。由于网络技术故障或网络信息更新经常会出现信息迷失的现象，这是网络信息固有的特点。实际情况中美国国会图书馆数据的链接全部限于本馆的数据库,没有外部数据源的链接。而 WorldCat 数据的 856 字段则有外部数据源的链接,如 Springer 出版社的链接等。

2.5 导航(navigate)

导航:目录和目录以外的其他领域(即通过书目数据和规范数据的逻辑排列和清晰的漫游途径的展示,包括作品、内容表达、载体表现、单件、个人、家族、团体、概念、实物、事件和地点之间关系的展示)。关注《编目原则》中的第六部分"检索点",通过加强书目规范的管理力度,使作品、表现、表达、文献单元等在目录中相互连接起来。如下:

例:国图数据库检索　中国的使臣:卜弥格/爱德华·卡伊丹斯基;张振辉

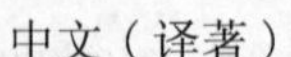

波兰文(原著)

文种	文献类型	ISBN 号	系统号	出版时间
中文(译著)	敦煌资料	7 – 5347 – 2604 – 2	002412440	2001
中文(译著)	专著	7 – 5347 – 2604 – 2	000135712	2001
波兰文(原著)	专著	8305130967	000783520	1999

此文献是一部作品,两种内容形式(中文和波兰语),通过题名规范集中同一作品,通过著者规范集中作者的全部作品,起到导航的作用。

目录工作从大处着眼即全球化的眼光,我馆现将中文数据上传 OCLC 是将中国介绍给世界,但在开发世界及本国资源方面我们还有许多工作要做,需要利用其他网络资源,如在检索界面加入 Google、WorldCat 的检索框、建设查询、获取为目的的全国图书馆资源统一检索窗口等,帮助用户扩大检索范围,提高信息获取能力。从小处着手即为用户服务,如上例中书目的连接问题,要解决从管理上涉及中外文数据库和规范库的建设问题,从业务上涉及规则、MARC、系统特点、用户检索需求等四方面。俗话说,"巧妇难为无米之炊",如果没有编目工作对信息资源的揭示和组织,就谈不上为用户服务。

3 结束语

经济史学家保罗.A.大卫(Paul A. David)在文章中指出:“电灯泡在1879年被发明出来,但电气化的开始和发挥作用却是几十年后的事情。因为仅仅是安装电动机和放弃旧技术(蒸汽发动机)并不代表什么,整个的生产流程都必须改造,包括建筑物、技术人员、管理人员和生产人员……才真正让电气化带动了生产力水平的提高。”同理,计算机与网络的广泛应用并不标志信息社会的到来,大量可靠、准确、及时、方便获取的高质量信息可被用户使用,是信息发挥作用的前提。目录工作是提高图书馆服务质量的保证,新的《国际编目原则声明》的实施将大大提高图书馆的信息管理能力,使图书馆成为促进信息社会发展的重要力量。

参考文献

1 国际编目原则声明.[2009-05-11]. http://www.ifla.org/files/cataloguing/icp/icp_2009-zh.pdf

2 编目精灵.[2009-05-11]. http://catwizard.blogbus.com/logs/38539202.html

3 OCLC. announces strategy to move library management services to Web scale

4 http://www.oclc.org/news/releases/200927.htm[2009-05-24]

5 林明,王绍平. 从巴黎原则到国际编目原则.[2009-05-11]. http://www.nlc.gov.cn/old2008/service/fuwudaohang/conf2006/conf2006_linming.htm

6 胡小菁.《国际编目原则声明》研究. 大学图书馆学报,2005(6)

7 王绍平.《国际编目原则声明》中的FRBR/FRANAR模型. 国家图书馆学刊,2007(1)

8 王绍平. 从《国际编目原则声明》看目录的查找功能. 图书情报工作,2006(8)

9 托马斯·弗里德曼. 世界是平的. 长沙:湖南科学技术出版社,2006

国家图书馆馆址的选择

——基于区位论的历史考察

靖翠峥　外文采编部

[摘　要]区位论是研究人类活动及其相关设施最优场所或空间(位置)的选择及组合的理论,目的是实现综合效益(利润、效用或福利)最大化。笔者尝试从区位论的角度探讨国家图书馆一个世纪以来的馆址的区位选择,从而为人们了解国家图书馆已经走过的百年历程提供一个新的视角。

[关键词]国家图书馆　馆址　区位论

2008年6月,中国国家图书馆新馆二期建成竣工,标志着国家图书馆的发展又进入了新的阶段,是国家图书馆馆舍建设的一个重要举措,为迎接2009年的百年馆庆献上了一份厚礼。对一个图书馆而言,馆址的选择与馆舍的建设,向来是图书馆事业中的重中之重。在中国国家图书馆已经走过的百年历程中,馆址的选择与馆舍的建设一直是图书馆人魂牵梦绕的大问题。因而,在以往的学术研究中,馆址变迁、馆舍建设等问题一直备受关注,出现了不少论文①。笔者对此问题也很关注,拟不揣浅陋,探讨一下馆址的变迁的问题。但本文的关注点不在于简单地讨论馆址的历史变迁问题,而是在前人的基础上,从区位论的角度,探讨一下馆址的选择问题,即为什么要在某个地方建设国家图书馆。

所谓区位论,又称"立地论"(Location Theory 或 Standortslehre),它起源于19世纪20—30年代的德国。区位论最早出现于经济学中,其主要内容是探讨人类经济活动的空间法则及一般规律,寻找工业、农业、商业等经济活动的最佳地点,即研究各种经济活动布局在什么地方最好。其"研究的核心是确定最有利的建设场所,寻求最低成本的经营(生产)区位,即我们习惯所称的'合理布局'"。② 今天,这项理论的适用已经远远超出了经济学的范畴,它已经涵盖了人类对所有事物占据位置的设计、规划。可以说,人类在地理空间上的每一个行为都可以视为是一次区位选择活动。例如,农业生产中农作物种的选择与农业用地的选择,工厂的区位选择,公路、铁路、航道等路线的选线与规划,城市功能区(商业区、工业区、生活区、文化区等)的设置与划分,国家各项设施的选址等。简而言之,区位论就是关于人类活动的空间分布及空间中的相互关系的学说。一次区位选择的过程,就是综合考察区位所在的位置的主客观条件的过程。当然,每一次区位选择都很难完全符合人的理想状态,所以,人们在作出区位选择时总是要考虑影响区位选择的主要因素,并对各因素的变化及其可能会产生的影响作出充分的预

① 比如,张季华. 北京图书馆80年. 中国图书馆学报,1992(4);杨宝华. 北京图书馆馆舍之沿革. 北京图书馆馆刊,1992(1);李致忠. 北京图书馆的历史沿革与历史定位. 北京图书馆馆刊,1997(3);金人. 北京图书馆的沧桑巨变. 纵横,2003(8);富平. 国家图书馆一期工程与二期工程建设比较. 国家图书馆学刊,2008(3);等等。

② 陆大道. 区位论及区域研究方法,北京:科学出版社,1988

测,从而在一定的时空范围内作出最合理的区位选择。本文所要探讨的就是那些决定国家图书馆馆址的选择和变迁的主要因素。

在国图以往的百年历程中,北海馆时期是国图(时称国立北平图书馆)历史上一个重要的转折点。在北海馆之前,北平图书馆馆址历经播迁,可谓居无定所,算是草创期。立馆北海之后,国图从此以后步入相对稳定的时期,一直到20世纪80年代迁到白石桥新馆。本文拟从三个时期的变化讨论一下国图馆址的区位选择问题。

一、草创期的馆址选择

早在1907年,也就是京师图书馆创立的前两年,著名学者罗振玉在列举图书馆的创立办法时,第一条就涉及馆址的选择与建设问题。他说:“图书馆宜建于往来便而远市嚣,不易罹火灾之处。规模宜宏大,约须用地四五十亩,预留将来推广地步。”①可见在近代图书馆开创伊始,有识之士已经意识到了图书馆选址的重要性及其基本原则。这些基本原则包括交通便利、环境宁静、位置安全、空间充裕等区位因素。这些要素,即便是在今天,仍旧是图书馆选址时必须加以考虑的。罗振玉未必通晓区位论,但他的主张却与区位论原理暗中契合。罗振玉的这种期待,在当时国力衰微的状况下,无力实现。

1909年(宣统元年),清廷采纳朝廷重臣、封疆大吏张之洞的建议,允设京师图书馆,此为中国国家图书馆的前身。同年9月,清廷计划在德胜门内净业湖及汇通祠官地建筑馆舍。因为地偏、款少,未能兴建。1910年10月租赁什刹海广化寺(今后海鸦儿胡同31号)为馆址。由于该寺属于私产,京师图书馆按月付租金。1911年,辛亥革命爆发,京师图书馆的筹建工作暂停。1912年,中华民国成立。2月,以袁世凯为首的北洋政府成立,北京政府之教育部任命江瀚担任京师图书馆馆长,馆址仍在广化寺。同年8月,正式开馆。

虽然京师图书馆在筹备3年后正式开馆了,但它的馆舍问题一开始就没有解决好。所以,在开馆的同年12月,馆长江瀚就呈文教育部指出:“现在租借之广化寺房屋,不惟地址太偏,往来非便;且房室过少,布置不敷;兼之潮湿甚重,于藏书尤不相宜。虽暂时因陋就简,借立基础,终非别谋建筑不能完备。”②所以,1914京师图书馆不得已在琉璃厂西门外前青厂租民房开办分馆。1914年10月,京师图书馆停止阅览。总馆停止阅览期间,由前青厂分管承担对外开放业务。与此同时,遵照教育部的训令,教育部社会教育司佥事鲁迅先生等人一边封存广化寺的图书,一边积极寻觅新的馆址。1917年1月,教育部根据鲁迅先生的建议,呈文大总统,申请将故宫的端门、午门一带设置为京师图书馆,获得北洋政府批准。呈文中提到,“端门午门一带,地方位置适中,门楼高敞,于设立图书馆收藏、观览均极相宜”。③ 可见,交通区位是京师图书馆选址的重要因素之一。但由于时局等原因,事情未果。最后决定将方家胡同内的国子监旧址作为新馆址。1917年1月26日,京师图书馆在方家胡同重新开放,此为京师图书馆的第二次

① 罗振玉. 京师创设图书馆私议,北京图书馆业务研究委员会编. 见:北京图书馆馆史资料汇编(1909—1849). 下册. 北京:书目文献出版社,1992

② 北京图书馆馆史资料汇编(1909—1849). 上册:35

③ 北京图书馆馆史资料汇编(1909—1849). 上册:87

开放。[①]

准确地说,这一阶段的馆址选择过程基本上是一个馆舍的选择过程,因陋就简,利用现成的房屋创立而成。从区位论的角度看,远没有达到区位选择所要求的“合理布局”。这主要是因为时局动荡,当时的政府没有、也不可能给予长远的打算。随着20世纪二三十年代国内局势的相对稳定,尤其是图书馆事业的勃兴[②],摈弃这种被动的局面,主动选择一个更有利于图书馆发展的区位,成为势在必行的要求。

二、北海馆的选址过程及区位分析

1. 北海馆馆址的选择过程

京师图书馆迁至方家胡同的国子监旧址,并不是一个长久之计。它的问题日益暴露,主要就是位置偏僻,地方狭小。这自然不符合区位论的基本理念,难以达到图书馆作为社会服务机构所应发挥的社会教育功能。所以,京师图书馆曾于1925年2月和5月两次呈文教育部,希望政府拨付北海附近隙地作为新的馆址。由于中华教育文化基金董事会的介入,这个过程颇为复杂。中华教育文化基金董事会(简称“中基会”)是美国政府为了管理和使用退还给中国的庚子赔款而要求中国设立的一个实际由美方控制的机构,它成立于1924年9月18日。在1925年6月于天津裕中饭店举行的会议上,中基会通过了资助中国发展图书馆的决议。由于京师图书馆藏书丰富,但“地址偏僻,馆舍湫敝,于保庋阅览,两均未臻妥善”。于是中基会向教育部提议,“双方合组一规模宏大,地址适中之新馆”。同年10月,中基会与教育部协商订约,决定合办“国立京师图书馆”。11月,教育部下令方家胡同的京师图书馆移入北海,改为“国立京师图书馆”。12月,还任命梁启超、李四光为正副馆长。中基会与教育部合办图书馆,订有契约:“一、教育部以原在方家胡同的旧籍移交行将组建的国立京师图书馆;二、中华教育文化基金董事会拨款一百万作为馆舍建筑费(后又有所增加并拨三十万购书费);三、每月双方各支付经常费用四千元。”[③]但当时中国政府国库空虚,契约规定的月拨日用费四千元也无法履行,故合办变成了中基会独家经办,由于不能擅用“国立京师图书馆”之名,中基会只得独立购买了养蜂夹道迤东、北海西涯清代之御马圈故地,绘图设计,筹建新馆,同时在北海赁屋,组织“北京图书馆”。1928年5月,北伐告成,南北统一,北洋政府瓦解,南京国民政府成立,北京改称北平。在政府的扶持下,设在方家胡同的国立京师图书馆移到中南海居仁堂,改称“国立北平图书馆”;而中基会主办的“北京图书馆”改称“北平北海图书馆”。直到1930年2月,国民政府教育部下令将两馆合组成“国立北平图书馆”,1931年新馆落成,6月开馆。[④]

2. 有关北海馆址的区位的思考

1925年2月京师图书馆给教育部总长的呈文中提及:“窃惟图书馆之设,不仅网罗典籍,保

---

① 李希泌. 鲁迅与图书馆. 北京图书馆馆史资料汇编(1909—1849). 下册:1291-1292

② 关于该时期图书馆事业的兴盛,参见:杨子竞. 1925—1936年中国图书馆事业兴盛的成因与评价. 图书馆学研究,2003(6)

③ 北京图书馆馆史资料汇编(1909—1849). 下册:1341

④ 李致忠. 中华教育文化基金会与国立京师图书馆. 国家图书馆学刊,2008(1);北平图书馆建筑委员会报告. 见:北京图书馆馆史资料汇编(1909—1849). 下册:1222-1223

存文献，且宜开放阅览，使平民得增进其常识，学者得稽考之机缘，所以宜馆址宜居适中地点，俾阅览者因交通上之利便，得以通读图书。北京，国之首都，凡娱乐场所□近闹市。而京师图书馆为钧部直辖机关，独僻处京城东北一隅，所藏典籍虽富甲全国，有志观光者辄以相隔窜远，有裹足不前之慨。"[①]同年5月23日的另一份上呈教育部请拨北海官房作为京师图书馆总馆的呈文中，同样陈述："本馆僻在京城东北一隅，年来阅览人数虽亦逐渐增加，而现在馆址究嫌偏僻。西南城一带学者纵有志观光，辄以相隔窜远，有裹足不前之慨。"这两份呈文深切地认识到，馆址偏远已经严重影响了图书馆的发展。除此之外，"方家胡同四面居民杂处，万一发生火警，无法抢救"[②]。简言之，保存图籍、提供阅览是图书馆的两项基本功能，但现有馆址既不具备区位优势，又不利于图籍保存。基于此，尤其是地处偏远这一点，京师图书馆主动向教育部提出恳请拨付北海附近隙地建设图书馆。

1925年2月京师图书馆给教育部总长的呈文中请示说："今查十三年四月曹（锟）前总统曾有将参谋部东首空场连同北海西岸隙地划作京师图书馆基地之议。当时并□设立委员会，令该会委员会同主管该项官地人员丈量基地，克日建筑。并有将养蜂夹道移至参谋部东墙外之议。此项官地本属旷地，而地位适中；在北海之滨，风景亦佳；适合建筑图书馆之用。理合再行呈请，尚祈鉴核，即于提出国务会议，将该项官地……拨给本馆作为馆址，以便筹款建筑……"[③]同年5月13日的另一份上呈教育部请拨北海官房作为京师图书馆总馆的呈文中，再次申请，并进一步阐释说："查北京各图书馆所藏典籍以本馆为最多，又为钧部直辖机关，处首都所在之地，观瞻所系，似宜力事振作，迁移交通便利之所，以慰人民之望。纵前屡有斯议，辄以无适宜地点而止。今幸阁议通过，将北海该作公园。北海处四城之中，地方辽阔，官房綦多。秉兹改创之时，允宜首先指定图书馆所在地，以示国家右文主旨。"另外还提出，将方家胡同馆的新书及旧书中的复本留存下来，作为第一分馆，以供东北城一带人民浏览。[④]

据上可知，京师图书馆选择北海作为新馆址体现了以下区位优势：

第一，地址适中。北海处在城市中间，交通便利，有利于读者往返，节省时间和精力，有利于图书馆高效能地为读者提供图书情报文献。正如区位论研究者所指出的那样，公共服务设施的布局如医院、学校、图书馆、邮局和消防局等，既要考虑公平，对所有人均等提供，这就要求布局依据人口的分布而进行区位决策，使覆盖的范围最可能最大化；同时又要兼顾效率，使公共服务设施或产品尽其所用，实现效用最大化，体现经济原则。[⑤]

第二，规模宏大。图书馆是一个成长中的实体。图书馆的馆藏、设备、管理人员以及读者将会不断地增长，它不会在一个水平上静止不动，因此新馆址的选择必须把不断扩充和增长的因素特别加以考虑，以便于发挥图书馆的"集聚效应"，克服因图书分散而给读者带来的不便。北海地方辽阔，建设用地充裕，无疑为图书馆的长远发展留有足够的空间。

第三，图书馆是读者借阅图书，追求科学文化知识，从事学习或研究活动的场所，所以，建设新馆应该选一个环境幽雅，能够促进思维活动，令人心旷神怡的地方。从另一方面讲，公园

---

① 北京图书馆馆史资料汇编（1909—1849）. 上册:108

② 李希泌. 鲁迅与图书馆. 北京图书馆馆史资料汇编（1909—1849）. 下册:1298

③ 北京图书馆馆史资料汇编（1909—1849）. 上册:109

④ 北京图书馆馆史资料汇编（1909—1849）. 上册:119 – 120

⑤ 张文忠. 经济区位论. 北京:科学出版社，2000:46 – 48

是公共阅览娱乐之地,此中设置图书馆,可以对读者起到不召而来,无言而化的功用。[①] 北海开辟为公园,环境幽雅,不失为馆址选择的理想区位。

总之,选择北海附近的御马圈故地作为国立北平图书馆的馆址,体现了图书馆这一特殊公共服务机构的区位选择的合理性和科学性,正如邓云乡先生所云:"(国立北平图书馆)成为当年远东最现代化的图书馆,为文化古城学子提供了一个地址最适中、条件最好的读书场所。"[②]

三、白石桥新馆的区位考察

1. 新馆址的确立与建设

自1931年北平图书馆于北海开馆后,北平图书馆在袁同礼先生的主持下,平稳发展,取得了在今天看来都很了不起的成就。馆舍的科学选择诚然起了很重要的作用。1949年新中国成立后,因业务工作不断扩展,北京图书馆对馆舍面积的需求也不断增长,空间的增长速度远远跟不上藏书的增长速度。北京图书馆在文津街院内、院外不断地新建、扩建、调拨、租借馆舍,以维持每年的新书入藏。其中,新建扩建的有1号楼、2号楼、3号楼、6号楼、7号楼,调拨的有4号楼、5号楼、柏林寺分馆、西黄城根报库以及北海公园的静心斋书库等。[③] 图书分散于各处,不仅读者使用不便,而且保管条件极差,馆舍拥挤、设备陈旧、资金短缺、人员不足,已经严重阻碍了北图的发展。20世纪60年代,曾经考虑筹建新馆,但因文革等原因,未能实现。到了70年代,实在难以为继,打算在原址重建。1973年周恩来总理在看了北图的原地扩建计划和模型后,认为只盖一座楼不能一劳永逸,指示"到城外另找地方盖,可以一劳永逸"[④]。1975年3月11日,病榻上的周总理批准了图书馆新馆工程。又经过几年的规划、设计,1983年11月开工建设,1987年7月竣工。这就是雄伟美丽的新馆一期工程。

2. 白石桥新馆的区位分析

(1)西北文教区的氛围

从区位论角度来看,国家图书馆选址白石桥和海淀地区的文教区氛围有着最直接的关系。

在民国时期,海淀地区就建立了两所著名的大学,即清华大学和燕京大学。这两所著名的学府都是利用清代的园林遗址建立起来的。清华大学首先是作为留美预备学校,是在1911年开始建立的,次年改称清华学校,其命名来源于所在的清华园。燕京大学为美国教会创办,是由北京汇文大学、通州协和大学和北京女子协和大学合并而成,原在北京城内,并无统一校址。1920年购地于海淀镇北紧相毗连的旧日小园林,主要包括明代的勺园遗址和清代的淑春园在内。1926年校园基本建成,统称燕园。清华、燕京两校本部建成后,又各有扩展,到新中国建立的前夕,已经是近在比邻。[⑤] 这是海淀高等教育发展的起点。

---

① 李希泌.鲁迅与图书馆.北京图书馆馆史资料汇编(1909—1849).下册:1301

② 邓云乡.邓云乡讲北京.北京:北京出版社,2005:21

③ 详细的解说参见:杨宝华.北京图书馆馆舍之沿革.北京图书馆馆刊,1992(1)

④ 谭祥金.北京图书馆新馆工程纪事(1975—1987).北京图书馆通讯,1987(3);此据:唐绍明.北京图书馆同人文选.第二辑.北京:书目文献出版社,1992:12

⑤ 侯仁之.北京城的生命印记.北京:三联书店,2009:430

1949年新中国成立,由于专门人才非常缺乏,急需培养,于是北京高等院校的建设来势迅猛,在北京各类建设中可谓“一马当先”。北京市政府决定以海淀镇为中心,创建首都文化教育区,如1953年夏天的《改建与扩建北京市规划草案的要点》中就提出:“西北郊在清华大学、北京大学等高等学校所在地区,以科学城为中心作为文教区。此外,有些高等学校、中等技术学校可设在城内及其他区域或工业区内。”①

其实,在明确提出上述“草案的要点”之前,中央和北京市就已经于1950年建设了中国人民大学。1951年建设了中央民族学院。1952年院校调整,撤销了燕京大学,北京大学由城内迁到燕京大学原址。1952年下半年起,国务院有关部门西北郊相继兴建了部属高等学校,出现了建设高校的高潮。除了高校,北京市的规划部门在1953年就会同中国科学院着手进行北郊科学城的规划,在中关村等地陆续修建了一大批较有影响的科研机构。到1953年底,在西北郊建设的高等院校和科研院所已达二十五所。经过几十年的建设,事实上的文教区业已形成,正如1982年的《北京城市建设总体规划方案》所承认的那样:“西北郊是科学研究机构和高等学校比较集中的地区。”②

中国国家图书馆(北京图书馆)属于公共性的中央图书馆,具有公共图书馆的性质,但侧重于为科学研究服务,服务对象主要是中央党政军领导机关、科学研究部门和重点生产建设单位。因此随着文教区在海淀区的兴起,本着服务机构与服务对象相契合,公共服务设施或产品尽其所用,实现效用最大化的原则,将国家图书馆定址于白石桥,是一次很科学的区位选择。

(2)毗邻紫竹院的环境因素

如同当年北海馆毗邻北海一样,白石桥新馆靠近紫竹院公园也是一个上乘的选择。紫竹院公园原为名刹万寿寺的下院,建于明万历年间,清乾隆时期建行宫,光绪十一年重修。湖面为古高粱河发源地,解放前湖面淤积,土地荒芜。③ 1953年,北京市在坑塘荒野的基础上挖湖堆山,将其辟为公园。当时的规划,准备将其建为野景公园,以后的规划又确定该公园要以葱郁的树木、自然的水景和简朴巧妙的园林建筑为其特点。经过多年的建设,紫竹院已经成为一个风景优美的好去处。早已存在的紫竹院公园也是被纳入了主事者们充分的考量当中,正如1975年万里指出的那样:“使图书馆紧靠紫竹院公园,读者看书疲倦了,一抬头就能望到美丽的园林。”④

一个国家级图书馆馆址的选择绝非是上述两个因素所能最终决定的,国家决策层的意见是最后的决定因素,但从客观上讲,上述两个因素肯定是被充分考虑了的。

四、二期工程暨国家数字图书馆工程选址的区位考察

随着信息科学和技术(如通信技术、计算机网络技术、多媒体技术等)的飞速发展,信息高速公路在全球的建设,国际互联网网络(Internet)的广泛应用,建立智能化的数字图书馆成为21世纪图书馆的时代要求,开展数字资源的采集、加工、组织、管理、保存和服务成为国家图书

---

① 北京市建设史书编辑委员会编.建国以来的北京城市建设.内部资料,1985

② 建国以来的北京城市建设.内部资料,1985

③ 张敬淦等.建国以来的北京城市建设资料.第二卷.城市环境:90

④ 谭祥金.北京图书馆新馆工程纪事.见:唐绍明主编.北京图书馆同人文选.第二辑:12

馆新的职责,但是国家图书馆一期工程已经不能满足时代的需求。在此情况下,国家图书馆二期工程暨国家数字图书馆工程的建设于 1999 年开始酝酿。二期工程依一期工程而建,从区位论的角度看,是非常有意义的。

其一,由于国家图书馆已经存在两处馆舍,假设又另外选址建设数字图书馆的话,加上文津街老馆和白石桥新馆两处馆区,其管理成本必然上升,同时也不便于读者使用。

其二,以上所述的白石桥新馆的区位优势,尤其是毗邻风景秀美的紫竹院公园给读者所带来的舒适和愉悦的阅读环境,必然成为数字图书馆所需求和继承的。

其三,白石桥新馆预留空地有容量建设数字图书馆。因为数字图书馆的馆藏是电子文献(或电子出版物),与传统的印刷型文献相比,占用空间更小,如光盘的储存体积只有书本体积的 2. 5 %。[①] 占地 8 万平方米的二期工程完全能够满足国家图书馆未来 30 年的发展需求。

五、结语

综上所述,本文认为,馆舍的区位选择是一个各种因素权衡博弈的过程,它涉及地理、环境、人文等多种因素,更与国家的政治、经济、文化时局息息相关。国家图书馆馆址的变迁从草创期的居无定址,到立馆北海,再到迁址白石桥,它不仅仅是一个馆舍的变迁历程,更是国家图书馆,乃是整个中国图书馆事业不断发展、不断壮大的一个缩影。从区位论的角度探讨国家图书馆馆址的区位选择,是一次新的尝试。笔者希望,通过本文的初步尝试,能为人们了解国家图书馆已经走过的百年历程提供一个新的视角,从而更好地了解到历代图书馆人为国家图书馆的发展所作出的光辉业绩。另外,我们也应当看到,赛博空间(Cyberspace)虽然打破了地理空间的限制,但电子阅览目前仍无法取代纸本阅读。如何在信息时代充分发掘和利用传统区位论的合理因素,是值得进一步思考的问题。

---

① 索传军. 试论电子图书馆的馆舍建设. 图书馆,1998(2):29

我国西文文献编目的变化与发展趋势

郁小波　外文采编部

[摘　要]本文回顾了我国西文编目历经的几种编目方式,介绍了西文编目所依据的著录规则对我国西文编目的影响,及其演变过程,揭示了我国西文编目必将实现全国范围的联机联合编目。由于 FRBR 理念的融入,文献著录方面所面临的重大变革。

[关键词]编目方式　编目规则　联机联合编目　FRBR

我国的西文文献编目工作始于20世纪的20至30年代。1949年以前,我国的西文编目工作十分落后,西文藏书无论从数量和种类上都十分有限,而且几乎没有一部较规范的编目条例。1949年以后,我国的西文编目工作有了显著的发展,编目方式经历了几个阶段。

1　我国西文编目方式的变化

1.1　分散编目

分散编目是指各个图书馆独立承担文献的编制工作,馆与馆之间没有任何联系。在20世纪90年代以前,我国大部分图书馆的西文编目都采取这种编目形式。它的缺点是浪费大量的人力、物力、财力,是手工编目时代的产物。国家图书馆西文编目仍然采取这种形式。笔者希望随着网络技术的发展,我馆的西文编目将会走上联机联合编目之路。

1.2　集中编目

从分散编目到集中编目是编目形式的一大进步。集中编目是由一个公认的编目中心按照统一的编目规则编制书目记录,并向其他文献收藏机构提供各种载体的书目数据的一种编目协作方式。这种形式大大提高了编目工作的质量,但它是依靠一个集中的编目部门或机构,因此编目成本相对较高,而且很难保证数据覆盖面的广度,影响检索概率。我国于1958年8月在北京成立了由中国图书进出口公司、北京图书馆、中国科学院图书馆等单位协作参加的西文图书卡片联合编辑组(西文统一编目组),开始对我国通过订购方式进口和我国出版的全部西文图书进行统一编目,并编制铅印目录卡片向全国发行。这种形式不适合在我国推广,偌大的中国拥有众多的大大小小的图书馆,对文献资源的种类及类型的需求是多种多样的,仅凭一个机构是无法满足的。

1.3　联机联合编目

1.3.1　联合编目

联合编目是指若干个图书馆根据协议和统一的工作标准,共同承担编目工作,共享编目成果的一种编目形式。初期的联合编目是在一个国家范围内进行,后来由于计算机技术在文献编目和检索领域的深入应用,发展成为多国范围的合作,这种编目方式逐渐演变为联机联合编目的形式。

1.3.2　联机联合编目

联机联合编目是指利用计算机和网络环境,由多个图书馆共同编目,合作建立具有统一标准的信息资源联合目录数据库,并在此基础上实现联机共享编目,即任何一个授权成员馆对采访到的信息资源编目上载记录后,其他馆可从网上查询并下载其书目。它的优点是:减少编目工作中的重复劳动,降低编目成本;有助于书目数据标准化规范化,提高书目数据的质量;分享专业知识技能;提高编目效率。联机联合编目真正实现了从传统图书馆向现代图书馆的跨越,是编目发展的必然趋势。

我国的联机联合编目网络始建于 1993 年,由中科院文献情报中心、北京大学图书馆和清华大学图书馆共同承担,即"中国科学院、北京大学、清华大学图书情报网络"(APTLIN)。目前规模较大、覆盖面较广的是中国高等教育文献保障中心(China Academic Library and Information System,CALIS),它的数据库里虽然有相当数量的西文信息资源数据,但它的范围只局限于部分高校图书馆。全国范围的西文信息资源联机联合编目还尚未形成,作为西编工作者我衷心地期待这一天的早日到来。

2　西文编目规则的变化及对我国的影响

我国西文编目一直以来不仅遵循着 AACR、ISBD 等国际编目规则,而且还根据我国的西文编目实际需要,同时遵循着我国自己出版的《西文普通图书著录条例》和《西文文献著录条例》及其后来的修订版。进入机读目录时代后,西文编目还要遵循 MARC21 书目数据著录格式。

2.1　巴黎原则

1961 年 10 月在法国巴黎召开的"国际编目原则会议",通过了"原则声明",即"巴黎声明"。"巴黎声明"成为国际编目规则在著录方面的依据,它为整个西方编目体系的统一提供了条件,为国际书目信息资源的共享、为扩大书目信息的交流范围铺平了道路,对以后编目条例的制定乃至世界书目控制的形成和发展均产生了深远影响。

在巴黎声明的影响下,在 AACR 和 ISBD 相继问世后,我国终于在 1985 年出台了《西文文献著录条例》。

2003 年,国际图联在德国法兰克福召开了国际编目规则第一次专家会议,这次会议通过了《国际编目原则声明(草案)》,2009 年 2 月,IFLA 新的《国际编目原则声明》正式发布。它们是对巴黎原则的修改、替代和拓宽。

2.2　英美编目条例

《英美编目条例》(Anglo-American Cataloging Rules,AACR)是一部使用范围广泛的国际编目规则。虽然为了适应机读目录的发展,AACR 自诞生以来进行过多次修订,而且《AACR2 1988 修订本》是卡片目录和联机目录并用的国际性编目规则。但是 AACR 仍过于偏重印刷型文献,对于电子期刊、联机数据库等新媒体类型资源难以处理。尽管增加了电子资源和集成性资源的条款,但仍不能满足数字资源著录与检索的要求。因此在2005年AACR修订联合执行委员会决定修订AACR,新规则的名称采用资源描述与检索(Resource Description and Access, RDA)。RDA与AACR相比,除了在结构和内容上有了很大的变动,在名词术语方面也进行了调整。

AACR对我国西文编目的影响非常大,在相当长的一段时期,一直按照AACR进行西文编目,虽然后来我国自己编写的西文文献著录条例出版了,但大部分规则还是沿用了AACR,只是在某些内容上进行了修改。

2.3 国际标准书目著录

《国际标准书目著录》(International Standard Bibliographic Description, ISBD)是国际图联根据1969年国际编目专家会议的建议而制定的一套供各种类型信息资源著录用的国际标准。制定ISBD的目的是帮助国际书目信息交流,使各国书目描述具有互换性,易于识别,便于使传统的手工书目记录转换为机读形式,实现资源共享。ISBD明确规定了八大著录项目,并固定了它们的著录顺序,以及首创了供各著录项目和著录单元使用的标识符。

我国的西文编目一直使用ISBD进行文献著录。但是在五六十年代,我们所使用的规则与ISBD有很大的差别。例如,当时在著录文献题名时,文献的正题名与副题名之间是用分号隔开,分号前面不空格。而ISBD的规定是用冒号隔开,并且冒号前后空格,例,Human action : a treatise on economics。

2.4 我国西文文献著录条例的诞生及影响

我国的西文编目大多不是直接采用AACR2和ISBD进行著录,而是根据我国的实际情况作了必要的调整。基于这种情况,1985年由中国图书馆学会组织国内专家编写的《西文文献著录条例》出版发行了。它是我国西文编目标准化进程中的一座里程碑,并对我国西文文献的著录工作起到了统一和规范的作用,从此我国的西文编目就按照此条例进行文献著录。与AACR2相比,《西文文献著录条例》在体例结构,尤其是在对团体名称、会议名称和中国人名、地理名称等方面,都作了特别的规定,具有明显的中国特色,更适合我国西文编目的实际需要。2003年又出版了《西文文献著录条例:修订扩大版》。

2.5 MARC21书目数据著录格式的使用

机读目录(Machine-Readable Catalog, MARC),指以代码形式和特定结构记录在计算机上的,并用计算机识别和处理的目录。它是世界各国在计算机环境下描述、存储、交换、控制和检索书目数据普遍遵循的规范标准,最先由美国国会图书馆于1965年开始研制。2000年正式更名成为的MARC21,经历了从MARCI、MARCII、LCMARC到USMARC的发展历程,它是USMARC一体化后的硕果。

我国开始使用MARC格式进行西文编目是在90年代。MARC21能够精确完整地记录了文献资源,有利于数据的交换。

但是MARC21记录的是单一作品,对应的是单一载体,已经不能适应多载体、多种版本信息资源的需要,因此如何处理这些问题一直是国会图书馆努力的方向。FRBR模型为此提供了一些启示,正如LC的CPSO主管Tillett指出FRBR模型或许可以帮助MARC格式改进内容表达及关系。

3 我国西文编目的发展趋势

我国的西文编目从形式上来讲,一定要走联机联合编目之路;从编目规则上来讲,由于 FRBR 这一国际编目新理念、新标准的出现,新的编目规则也将应运而生,必将对编目实践产生深刻影响。

3.1 实现全国范围的联机联合编目

全国范围的联机联合编目是我国西文文献编目发展的必然趋势。信息资源共建共享是现代图书馆的最新理念和发展模式,联机联合编目是全面彻底地实现信息资源共建共享的最佳途径。

我国的西文编目要实现全国范围的联机联合编目,首先应该有一个比较完备的联机联合编目系统。它除了必须具有创建、修改、套录书目记录和规范记录的基本功能外,还应具有批处理功能、MARC 转换功能、规范控制功能、馆际互借功能和统计功能,等等。其次,应支持多种数据传输协议,即除了支持 Z39.50 协议(ISO2709 格式 MARC 传输)外,还应支持 XML 架构的元数据的网上传输协议。第三,建立全国范围的联机书目数据库。这样所有的联机成员机构都能直接从数据库中存取数据,达到真正的信息资源共享。第四,编目技术的统一。即要共同遵守一套商定的编目规则,著录标准,主题和名称规范标准等。

联机联合编目带给我们的前景是信息资源的范围将更加广泛,联合目录数据库的功能将更加强大,图书馆的服务内容与品质将更加完善。联机联合编目系统不仅是信息系统,而且更是知识管理系统,将会促进业界人士的交流与合作,并进一步推进整个编目学的发展。

3.2 FRBR 与信息资源编目的未来

FRBR 是 IFLA 的研究组于 1998 年发布的《书目记录的功能需求:终结报告》(Function Requirements for Bibliographic Records:final report),它既不是一个新的 ISBD,也不是一部编目规则,而是一个实体—关系概念模型。FRBR 模型的最核心部分是定义了一系列与图书馆目录相关的事物类别(实体)、从属于每个类别的特征(属性),以及可能存在于各种类别之间的关系。如何把 FRBR 理念融入编目规则与编目实践,是一项新的工作和挑战。我相信,在 FRBR 精神的指引下,通过现代化技术的支持,编目界一定会在书目组织和使用户更容易地获取知识方面向前迈进一大步。

3.2.1 FRBR 与《国际编目原则声明》

巴黎原则颁布以来,信息技术取得了迅猛发展,数字信息资源的出现、机读目录与联机公共目录系统的普及,给传统的编目实践与理论带来了巨大的冲击。因此,IFLA 在 2009 年 2 月正式发布了新的《国际编目原则声明》,旨在推广图书馆目录中所用的书目记录和规范记录内容的标准,从而提高全世界编目信息的共享能力。新的声明以国际上主要的编目传统为基础,同时兼顾国际图联“书目记录的功能需求(FRBR)”提出的概念模型,它替代和拓宽了巴黎原则的范围:由只涉及文字内容的作品扩展到包括各种文献类型,由只涉及款目的选择和形式扩展到包括图书馆目录所使用的书目数据和规范数据的各个方面。它不仅包括原则和目标(即目录的功能),而且也包括应当收入各国编目规则的指导性规定,以及有关查找和检索功能的指南。其内容主要包括:范围,总原则,实体、属性和关系,目录的目标和功能,书目著录,检索点,查找功能的基础等。希望新的原则能够增进国际书目数据和规范数据的交换与共享,能够为制定一部国际性编目规则提供有效的指导。

3.2.2 FRBR 与 RDA

FRBR 的出现为 RDA 形成奠定了重要的理论基础。RDA 计划于2009 年编制完成并出版,为了在 RDA 中体现 FRBR 理念,英美编目规则修订委员会进行了多方面的研究,其影响主要有:FRBR 模型的采用将扩大 RDA 的适用范围、依据 FRBR 概念更新 RDA 的名词术语、RDA 将更容易理解和方便使用。其中依据 FRBR 概念更新 RDA 的名词术语表现在两个方面:

(1)名词术语的修订

前面提到 AACR2 修订后被称为《资源描述与检索》(Resource description and access,RDA),它把 FRBR 的概念融入其中,并对概念、术语进行了重新定义、更新,与 FRBR 的概念取得了一致。例如,在 FRBR 中有“作品”“内容表达”“载体表现”和“单件”等概念,但在 AACR 中有“作品”的概念,而没有“内容表达”“载体表现”的概念,“单件”的概念也与 FRBR 中的含义不尽相同,如今在 RDA 中都进行了更新、修正。在名词术语方面也进行了调整,如,标目改称检索点、规范控制改称检索点控制、统一题名改称选用题名、主要款目标目改称主要检索点等。这样的调整更加适应机读目录编目,也更科学、准确地反映了文献记录。

(2)统一题名的修订

FRBR 应用的直接形式就是将书目记录依作品集中。统一题名作为现有编目规则及机读格式与 FRBR 思想有机结合的桥梁,有利于建立基于 FRBR 模式的呈现级次的书目记录显示,是 FRBR 思想与现有编目规则和机读格式的最佳契合点。判断书目记录(载体表现)是否属于同一作品,取决于题名。集中显示同一作品的不同版本是一种趋势。

因此,为了表示内容表达层次的统一题名与用作共同题名的统一题名之间的不同,RDA 将对统一题名进行重新组织。而且,统一题名的概念将被修改。对于如何建立作品、内容表达层次的标目,JSC 格式转换工作组(Format Variation Working Group,FVWG)提议对统一题名增加限定元素以进一步识别或对内容表达进行区分。编目员可以对作品的标目增加一个或一个以上的元素进行特定内容表达的识别或区分,增加的元素可以根据图书馆的编目政策或需要而定。

3.2.3 FRBR 与 ISBD

2008 年《国际标准书目著录(统一版)》(中文版)问世了。它的目的有两个:一是根据各个专门的 ISBD 起草一个统一的、更新的 ISBD,以满足编目员和其他书目信息使用者的需要;二是在有可能统一的情况下提供为著录所有类型资源所用的一致的条款,并提供著录特定类型资源所要求的特定条款。为了使 ISBD 与 FRBR 之间的关系达到某种和谐,ISBD 著录单元与 FRBR 每一个实体、属性及关系都得到映射。

3.2.4 FRBR 与 OPAC

联机公共检索目录(online public access catalog,OPAC)是通过联机书目检索实现图书馆书目信息资源共享的检索系统,它是图书馆自动化集成系统的一部分,是用户从图书馆获取信息的最基本、最直接的手段。

基于 FRBR 的 OPAC 突破了原有的编目思路,开拓了一种新的资源组织方式,弥补了现有

OPAC 的不足。总体来看,FRBR 对 OPAC 带来的影响主要包括:(1)使书目架构立体化,从而改变了记录格式。使得记录格式具有树型的层次结构。(2)改善显示模式。树型结构的 OPAC,改善了其排序能力和显示形式,使资源间的关系更加明确,有利于用户基于关系进行扩检和缩检。(3)提高用户检索的全面性。因 FRBR 是以作品为基础来创建书目记录,执行一次检索就能获得所有相关资源。(4)有利于 OPAC 向 Web-OPAC 发展。由于 FRBR 的引入将在很大程度上节省编目开支,提高编目效率和质量,因此在网络环境下可以对信息进行迅速揭示和有效组织。另外基于 FRBR 的查询方式,增强了图书馆资源在网络中的可见度,促进了 OPAC 的发展。

4 结束语

展望未来,我们可以预测:(1)随着联机联合编目在全国范围内的最终实现,我国的西文信息资源编目也将与国际图书馆界一样,进入一个全新时代。我们终将迎来全球化的联机联合编目的时代。(2)采用 FRBR 概念模式的 RDA 必然会有广泛的适用范围,不但可在图书馆领域应用,还能用于全世界范围的艺术馆、档案馆、博物馆及其他信息机构,使 RDA 成为国际性的资源描述与检索的新标准。(3)由于 FRBR 模型为 OPAC 改善功能、建立用户导向服务等提供了重要基础,因此 FRBR 化的 OPAC 将成为今后发展的趋势。让我们共同期待吧。

参考文献

1 李晓新. 新编文献编目. 天津:南开大学出版社,2006

2 王作梅,严一桥,孙更新. 西文文献编目. 武汉:武汉大学出版社,1997

3 文榕生. 文献编目论. 图书馆,2000(3)

4 王松林. 信息组织论. 图书馆学刊,2005(6)

5 贾秀丽. 试论我国编目工作现状及其发展趋势. 山东图书馆季刊,1999(1)

6 高红. 编目思想史. 北京:北京图书馆出版社,2008

7 吴杏冉. FRBR 对编目理论和实践的影响. 图书馆杂志,2006(10)

8 高冉,叶玫,符绍宏. FRBR 模型对 OPAC 检索功能的影响. 国家图书馆学刊,2006(4)

9 赵光林,田乐胜. FRBR 对相关编目规则的影响. 图书与情报,2006(2)

10 王绍平,林明,刘素清. 国际编目原则声明. [2009-04-30]. http://www.libnet.sh.cn/upload/htmleditor/File/090223124129.pdf

11 顾犇. 国际标准书目著录(统一版). 北京:北京图书馆出版社,2008

数字图书馆与知识发现研究

蒋　斌　外文采编部

[摘　要]知识发现技术是有效开发和管理数字信息的关键技术之一,是当代数字图书馆建设的重要研究方向。知识发现技术可以从大量数据中获得有效的、新颖的、有潜在应用价值的和最终可理解的模式,它既是数字图书馆对网络信息资源进行组织研究的基础,更是提升数字图书馆信息服务能力的技术支持。

[关键词]知识发现　数字图书馆　网络信息资源

随着因特网的普及和数字信息资源成几何级数的发展,数字信息资源急剧增加,图书馆将发展为社会的知识中心,如何有效地存储、管理和开发数字信息资源逐渐成为数字图书馆发展的研究课题。未来的数字图书馆将充分利用现代化信息技术,有效发挥知识导航的功能,成为高度现代化的知识网络,并同时将更加重视知识管理在资源配置中的应用,进一步展开其知识管理的功能,包括开发网上信息的描述、管理和服务技术。简言之,数字图书馆的发展趋势是利用现代网络技术将更多的特色资源和常用资源数字化,通过元数据的应用和普及,对网络信息资源进行组织研究,使之更加有序化,最终形成知识库,供用户使用。

一、数字图书馆的研究方向之——知识发现(KDD)

全球对数字图书馆的研究,从数字图书馆概念提出到现在,在数字图书馆资源建设、管理方式、技术、知识产权等各方面都进行了广泛的研究。而且长久以来,研究不断深化,开发出更多更好的数字图书馆建设的技术、方法、途径。但是由于数据的长期积累和存储技术的不断发展,数据量变得非常庞大,目前数百万乃至上千万条记录的数据库已不罕见。通过互联网人们可以轻易获取大量的数据,但是要从数据中获取真正能够转化为生产力的知识却仍非易事。人们面对的问题不再是缺少数据,而是淹没在数据的海洋里,失去方向。面对这样的状况,一个新的研究领域——知识发现(Knowledge Discovery)应运而生。数据库中的知识发现(Knowledge Discovery in Databases,KDD),又称数据挖掘(Data Mining,DM),在学术领域通常被称作数据库中的知识发现,近年来已经成了人工智能、统计学、数据库、数字图书馆等领域研究和应用的热点方向之一。

知识发现(KDD)这个术语首次出现在1989年8月美国底特律的第11届国际人工智能联合会议的专题讨论会上,在美国国家科学基金会(NSF)的数据库研究项目中,KDD被列为90年代最有价值的研究项目。随后在1991年、1993年和1994年举行的KDD专题讨论会上,汇集来自各个领域的研究人员和应用开发者,集中讨论数据统计、海量数据分析算法、知识表示、知识运用等问题。再后来,随着KDD在学术界和工业界的影响越来越大,在1995年,国际KDD组委会把专题讨论会更名为国际会议,在加拿大蒙特利尔市召开了第一届KDD国际学术会议，规模由原来的专题讨论会发展到国际学术大会，知识发现从此流行，此后每年召开一次KDD 国际学术会议。除此之外，更多的关于知识发现的国际会议也逐渐开展起来，如：亚太知识发现与数据挖掘会议（PAKDD）、美国人工智能协会（AAAi）、美国电气电子工程师协会（IEEE）、数据挖掘国际会议（ICDM）、德国的数据仓库与知识发现国际会议（DaWaK）等。研究重点也不断完善升级，从发现方法到系统应用，更加注重多种发现策略和技术的集成，以及多种学科之间的相互渗透。

知识发现（KDD）系统的研究分为两个阶段：第一阶段是20世纪以前出现的知识发现系统工具，称为第一、二代知识发现系统；第二阶段是20世纪以后出现的知识发现系统，成为下一代知识发现系统，其特点是结合了面向服务的体系结构或网格技术。第一、二知识发现工具主要分为两类，即应用于特定领域的专用知识发现工具，特定领域的知识发现工具主要针对某个特定领域的问题提供解决方案。在进行知识发现算法设计时，设计者需要充分考虑特定领域的数据来源特点和发现需求等特殊性，并有针对性地对知识发现算法进行优化。

目前，随着知识发现（KDD）在其他领域的成功应用，并显示出巨大价值，引起了图书情报界人士对知识发现的关注，并逐渐尝试将知识发现应用于数字图书馆的资源建设中去，以避免数字图书馆因信息过量而可能造成的知识短缺现象，以及更好地应对如何充分发挥其海量数字资源的作用的问题。从而引发了对数字图书馆开展知识发现工作的研究热潮，受到图书情报界、信息界越来越多的关注。信息时代的数字图书馆建设，应从宏观的角度对数字图书馆的知识发现进行系统、全面的考虑，走更科学规范的研究道路，形成一套标准有序的知识挖掘过程，这是科学化研究的要求，是将知识发现从理论向在数字图书馆实际应用转变的可行途径，也是数字图书馆建设研究中的一个重要研究方向。

二、知识发现（KDD）概念简述

知识发现主要目标是采用有效的算法，从大量现有或历史数据集合中发现并找出最初未知但最终可理解的有用知识，并用简明的方式显示出来。发现了的知识可用于信息管理、查询优化、决策支持等，还可以用于数据自身的维护。当前，知识发现的对象也正从关系型或事务数据库的结构化转向半结构和无结构化的领域，如超文本文档和多媒体数据等。

知识发现是指从大量数据中获得有效的、新颖的、有潜在应用价值的和最终可理解的模式的高级处理过程。其中“有效”是指发现的模式对新数据来说应该保持正确；“新颖”是指发现的模式对组织来说应该是新的；“有用”是指组织应该能够按着这些模式运作以有利于效益和效率的提高；“可理解性”是指新的模式应该能够被用户理解，并能增加用户的知识。换言之，知识发现就是可以对大量的数据库、数据仓库或知识库进行分析处理，进而深层挖掘，寻找数据间潜在的关联（Associate）、模式（Pattern）、规则（Rule）、趋势（Trend）等，把人们对数据的应用从低层次的简单查询，提升到从数据中挖掘有用的信息和知识，并提供决策支持，是目前解决“信息丰富而知识贫乏”的一个最佳方法。

知识发现的主要技术和方法包括：人工神经网络技术、决策树方法、规则归纳法、各种聚类技术等。其主要知识形式为：数据间依赖性知识、分类规则、关联规则、聚类规则、描述性知识、概要性知识和变化与或偏差知识等。

知识发现技术一开始就是面向应用的。它不仅要完成特定数据的检索、查询、调用，而且要对这些数据进行统计、分析、综合和推理,以指导实际问题的求解,发现一事件和其他事件的相互关联,甚至利用已有的数据对未来的活动进行预测。所有发现的知识都是相对的,是有特定前提和约束条件且面向特定领域的。如在数字图书馆中,根据用户访问的模式、学科范围等,及时提供给用户相关的信息,就是知识发现的一种形式。

知识发现的目的是发现隐藏于大量数据信息背后、具有新颖性及潜在有用性、并可理解的知识。其知识类型有:反映同类事物共同性质的“广义型知识”;反映事物各方面特征的“特征型知识”;反映不同事物之间属性差别的“差异型知识”;反映事物之间依赖或关联的“关联型知识”;根据历史的和当前的数据推测未来数据的“预测型知识”;揭示事物偏离常规的异常现象的“偏离型知识”。

知识发现一般包含如下几个步骤:①理解相应的问题领域;②准备相关数据子集;③发现模式(数据挖掘);④所发现模式的后处理;⑤应用发现结果。

(1)关联分析(Association Analysis):数据关联规则是数据库中存在的一类重要的、可被发现的知识。关联分析的目的就是寻找数据库中隐藏的关联网,挖掘出数据中隐藏的关联规则,这些规则体现“属性—数值”频繁地在特定数据集中出现的条件,通常表现为“同时发生”或“从一个对象可以推断出另外一个对象”的规则,利用这些关联规则,可以通过对已知情况的分析,对未知问题进行推测判断。从大量数据、信息或知识中发现隐藏的关联规则,会对即将采取的操作行为有很强的指导作用。那么,同样的,从数字图书馆中大量的信息资源中发现文献与文献之间、用户与文献之间、用户与用户之间的关联规则,也必定会对数字图书馆的资源建设、服务方式及内容、服务发展方向等方面有很大的指导作用。

(2)分类和预测(Classification and Prediction):主要用于描述重要数据类的模型或预测未来的数据趋势。分类是预测分类标号(或离散值),而预测通常是通过建立连续值函数的模型来预测数据趋势,通过这两种分析方法可以从数据中发现潜在的信息和知识,用来支持辅助决策。那么,由于其有效的决策支持功能,其应用实例很多。在数字图书馆的建设中,我们也可以将数字资源的使用情况分为好、一般、较差三种类型,然后从中分析其特质,预测资源配置情况,指导购买行为,以优化数字图书馆的资源建设过程。

(3)聚类分析(clustering)聚类是把数据按照相似性归纳成若干类别,同一类中的数据彼此相似,不同类中的数据相异。聚类分析可以建立宏观的概念,发现数据的分布模式,以及可能的数据属性之间的相互关系。在数字图书馆的资源建设中,成功应用聚类分析与分类分析,将会对优化资源配置起到很好的辅助作用。

(4)序列模式(series pattern)。序列模式分析与关联分析相似,其目的也是为了挖掘数据之间的联系,但序列模式分析的侧重点在于分析数据间的前后序列关系。它能发现数序列模式的可用性,从而确定可用模式来指导行为。在此,如果针对数字图书馆的用户使用信息进行序列模式分析,分析结果知识将会对数字图书馆的个性化服务起到很好的指导作用。

使用知识发现系统的理想状况是能够为用户提供一种形如“给我一些感兴趣的而且有用的知识”的查询,也就是说,系统应该能够自动为用户发现那些有用的知识。事实上,这样的系统存在着许多困难,因为现实世界的数据库规模庞大,尽管研究人员提出了很多高效的算法,系统效率在实际应用中仍是困扰用户的主要问题之一。同时,无用户参与的知识发现系统往往导致从数据集合中发现了大量的知识,其数量甚至有可能超过数据集合本身。如果系统能够得到并利用一定的领域知识,就可以用来提供系统自身的学习或发现能力,有目标的进行知识发现。一方面可以缩小目标搜索范围,提高效率;另一方面可以提高发现模式或结果的兴趣度、可信度。同时兴趣度和可信度本身也和领域知识有关。因此,领域知识在知识发现过程中具有至关重要的地位,具有重要的研究和应用意义。

知识发现的模型及其算法研究在学术界应该说是一个持续的热点,研究的历史将近半个世纪,经过众多学者的努力,提出了大量的模型和算法。但是从实际应用情况来看却与学术研究状况极不相称,就作者接触的国内保险行业的两大巨头中国人民保险公司和中国人寿保险公司的应用状况来看,迄今还没有真正的知识发现应用。而企业内部对知识发现应用的需求却极为迫切,就作者接触的许多大型企业来说,几乎无一例外地都把以知识发现为核心的商务智能项目作为正在或将要实施的项目重点。可是,现阶段对于究竟该如何实施还未形成一套完整清晰的方法。

三、数字图书馆的知识发现的主要目标

数字图书馆的核心是信息,除了来自本馆收藏的电子文献外,目前大部分信息来自Internet。对Internet的数据开采是数字图书馆信息一个重要来源。Internet上数据源是无序的、非结构的,数据源之间存在冗余,数据源具有很强的动态性和多样性,这些特点导致了信息获取的困难。Web数据开采就是针对这些问题而发展起来的一项新技术。其实现过程包括Web信息的采集、文档的识别与分类等。数字图书馆的知识发现关注和强调的是利用自己独特的知识和能力,通过对知识的深层次加工,形成有独特价值的知识产品,解决用户只凭自己的知识和能力所不能解决的问题,从而实现图书馆的社会知识创新中的独特价值。一般来说,Web信息的采集可利用已有的Robot技术。Web数据开采的难点在于对采集后的信息进行文档自动分类和自动摘要。

文档自动分类:文档分类是指根据文档的内容或属性,将大量的文档归到一个或多个类别的过程。其关键是构造一个分类模型,并利用此分类模型将未知文档映射到给定的类别空间。分类器的构造一般采用机器学习方法、神经网络方法等。国外对文档分类技术的研究已开展多年,并在邮件分类、电子会议、信息过滤等方面得到了较广泛的应用。

自动摘要:其基本思路是首先扫描全文,对不同标识符后面的文本字串赋予不同的权值,后面的文本字串赋予最高的权值,然后根据字串的属性信息来调整字串的权值。

数字图书馆得知识发现的目标包括以下几点:

(1)发现数字图书馆资源中存在的特点和规律,提高数字图书馆资源配置的合理性,科学性。通过对资源的深层组织加工,再利用知识发现的关联分析、分类、预测、聚类方法从中发现资源内部深藏的规律性知识,以指导资源优化配置。

(2)发现数字图书馆资源中的隐藏知识,增强资源利用率。通过对资源中隐藏的、有用的知识发现,可以提高馆藏资源的利用率,从而减少盲目的资源购置、而忽视现有资源的充分利用的不合理现象。

(3)发现数字图书馆体系结构中的规律,构建一站式服务平台,提高检索智能化水平,从而提高用户的信息获取速度。对数字图书馆系统站点结构及用户访问的路径进行路径分析、关联分析,可以优化数字图书馆的服务结构体系,提高用户友好度。

(4)发现数字图书馆用户的行为特点和规律,提高数字图书馆个性化服务水平。跟踪用户

信息和用户行为,运用分类、聚类、关联分析、时间序列分析等方法,挖掘其中存在的特点和规律,并有效利用这些规律性知识,将有利于数字图书馆的个性化服务的开展。

(5)发现数字图书馆服务的潜能,提升数字图书馆的信息服务质量,拓展服务方式。通过对资源、用户信息、体系结构的全程挖掘,发现更多可利用的知识,将无疑有利于数字图书馆新业务的开展,增强数字图书馆自主知识产权开发的能力,进一步提高数字图书馆的时代地位。

数字图书馆已经成为社会信息设施的重要组成部分,正在全面改变人们的工作、学习和生活空间。为了更好地适应发展,以互联网为依托,进行信息收集、组织加工、存储和传递的数字图书馆概念迅速成为信息网络时代图书馆发展的方向。数字图书馆实现了多媒体存取、远程网络传输、智能化检索、跨库无缝链接、创造出超时空信息服务的新境界。为了提高数字图书馆的信息服务能力,使广大的用户在这一新境界中游刃有余,完美体验全、快、准地获取信息,找到知识。我们必须尽早发展知识发现技术,对数字图书馆这一个庞大的信息资源系统,进行更高级的知识挖掘,将是一个不断发展的项目。

参考文献

1 高文,刘峰. 数字图书馆——原理与技术实现. 北京:清华大学出版社,2000

2 Jia wei Han, Micheline Kamber 著;范明,孟小峰等译. 数据挖掘:概念和技术. 北京:机械工业出版社,2001(8)

3 Ken Mcgart. A survey of interestingness measures for knowledge discovery. The Knowledge Engineering Review, 2005(1)

4 李德毅. 数据挖掘研究现状. http://www.dwway.com

5 史忠植. 知识发现. 北京:清华大学出版社,2002

6 王实. 基于 WEB 访问信息挖掘的推荐方法研究. 中国科学院研究生院,2001(9)

7 韩惠琴,刘柏篙. 数字图书馆中的知识发现. 情报学报,2001(3)

8 黄敏. 数字图书馆信息服务机制研究. 情报科学,2003(8)

9 石向实,刘晨. 图书馆知识管理. 杭州:浙江大学出版社,2006

10 夏咏梅. 基于文本挖掘的分类与聚类技术. 情报探索,2005(3)

试述国家图书馆用户信息行为的发展趋势

王谢文　参考咨询部

[摘　要]在信息社会高速发展的今天,图书馆作为传播知识的重要窗口之一,已经成为用户获取、利用信息的主要场所。由于用户自身知识结构的千差万别和对信息需求的不同,用户的信息行为已经发生了不同程度的变化。本文以国家图书馆用户信息数据为基础,对图书馆用户信息行为的现状进行了分析与比较,并对图书馆用户信息行为的发展趋势进行了预测,以求对新时期图书馆的工作产生一定的指导意义。

[关键词]图书馆　用户　信息行为

1　用户信息行为概述

1.1　用户信息行为的含义

由于信息环境的变化,用户信息行为的含义也随着变化。人们常将通过纸质等传统信息载体获取信息的用户称为传统信息用户,而将利用网络环境获取信息的用户称为网络用户。

针对传统信息用户,用户信息行为是使用户在认知思维支配下对外部条件作出的反映,是建立在信息需求和思想动机基础上,历经信息查询、选择、搜集整个过程,并为用户吸收、纳入用户思想库的连续、动态、逐步深入的过程,是信息用户的信息需求得到满足的必然途径。

网络用户信息行为是指网络用户在信息需求和思想动机的支配下,利用网络工具,进行网络信息检索、选择、交流、发布的活动。①

1.2　图书馆用户信息行为的特点

从宏观上看,我国图书馆用户包括旨在以增长知识、提高素质为目的而利用图书馆获取知识信息的普通用户和利用图书馆的信息服务以满足其业务工作信息需求的专业用户。这两类用户往往难以严格区分,因为在通常情况下,专业用户利用图书馆信息服务从事专业工作的同时,也随之获取新知识、不断优化其知识结构并不断提高其业务素质。由此可见,我们只能按用户利用图书馆的主动目标及主导方面区别其类型。从总体上看,从事劳动密集型职业的用户、待业人员和学生大都属于普通用户,其需求主要在于从图书馆获取知识信息,以适应社会对各类职业愈来愈高的知识要求。图书馆的专业用户以知识密集型职业用户为主体,其需求由科学研究、技术开发、管理和经营等业务工作决定,包括图书馆信息服务在内的全方位信息服务的利用是其工作的基本保证。在现代信息环境与科学技术条件下,用户利用图书馆已不再限于单纯利用书目信息服务获取所需文献的线索和从图书馆索取原文。出于职业工作的需

---

①　李书宁. 网络用户信息行为研究. 图书馆学研究,2004(7)

求和知识积累与更新的需要，他们迫切希望通过图书馆获得从事业务工作所需的内容全面、类型完整、形式多样、来源广泛的知识信息，要求图书馆能够针对他们所承担的具体业务提供全程性、全方位的知识信息保障，开拓综合性强的、能够满足他们多方面、系统化的信息需求的综合化知识信息服务业务。

2 国家图书馆用户信息行为的现状分析与比较

2.1 国家图书馆发展初期读者种类与信息需求

若想了解一个地区的发展现状，简单的方法之一就是到该地区图书馆里看它借书证的状况，借书证的管理方法、读者使用情况可以折射出该地区文明程度与经济实力。借书证是开启知识宝库的金钥匙，是人们能否平等利用图书馆的一个标志。

表1 国家图书馆1989年读者成分列表

读者成分	高级职称	中级职称	处、局干部	其他人员	合计
数量	153	14	31	2	200
百分比(%)	76.5	7	15.5	1	100

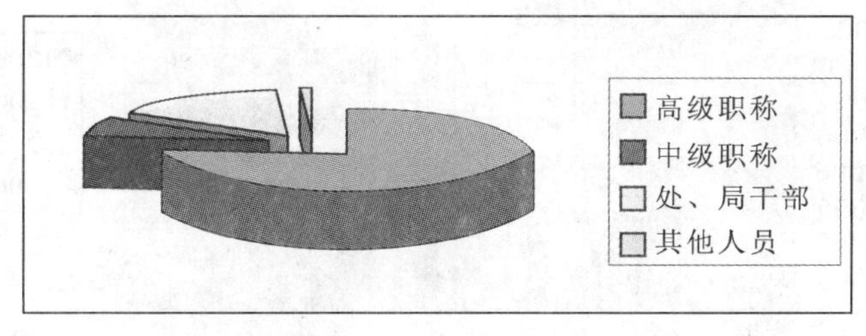

图1 国家图书馆1989年读者成分示意图

表2 国家图书馆2004年各类读者数量列表

读者类型	政府人员	技术人员	职员	学生	外籍人员	其他人员	合计
全年读者数量	5464	31 549	46 111	98 527	1243	14 771	197 665
日均读者数量	15	87	127	271	3	41	544
百分比(%)	2.7	15.9	23.3	49.8	0.8	7.5	100

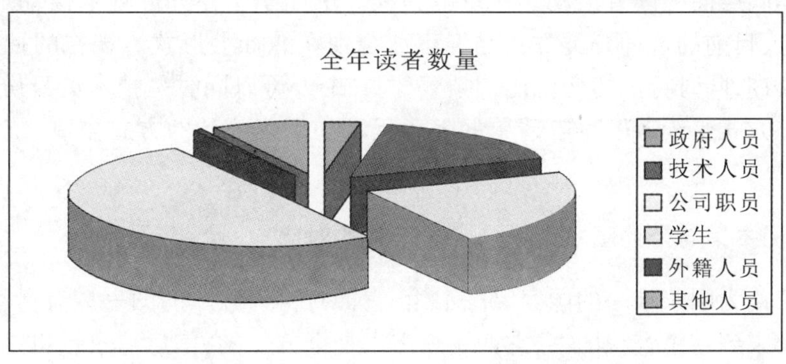

图2 国家图书馆2004年各类读者数量示意图

从表1中我们可以清楚地看出:对1989年的200个借书证成分分析读者均是高级职称或高职务者,成分比较单一。从表2中我们可以清楚地看出:对2004年全年办理的借书证成分分析成分呈现多样化。

对比图1和图2我们可以得出结论:1989年时,只有高职称或高职务的人有特权利用国家图书馆,"无职无权"的普通人则被拒之门外,用户需求集中在一些专业知识需求。而到2004年时,学生在国家图书馆的用户群中已经占到总数的近一半。这无疑与1998年12月22日江泽民总书记亲临国家图书馆视察,并在这里向全社会发出"大兴勤奋学习之风"的号召有极大关系。图书馆打开了知识宝库的大门,成为人们获取知识的主要途径之一,打消了"阶级等级",用户类型发生了变化,用户需求范围也随之扩大,普通读者和"双高"人员一样可以平等地利用国家图书馆。

2.2 国家图书馆近期读者种类与信息需求

我们对读者类型进行分类统计,通过这种统计的年度同比可以看出图书馆拥有的读者群的成分变化情况,如图3所示。

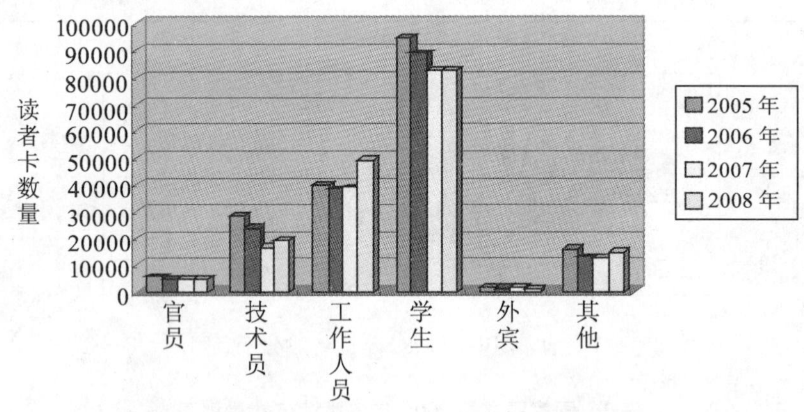

图3 国家图书馆2005—2008年读者类型对比示意图

根据近四年的统计比较可以看到,读者成分跟以前比基本变化不大。这一统计数字从表面看读者成分中学生的数量最多,但并不能说明我们的主要服务对象就是学生。因为办证处的统计数据受不同层面的读者活动频次影响很大。例如学生在办证处的活动最为频繁,所以数量最多。而且,目前的这种分类方式已经不适合现在的社会形式。现在的社会对于身份的概念已经比较模糊,同时身份的变化比较频繁,同一个人可以同时是技术员身份也可以是学生身份。此种统计方式受读者填写申请单的随意程度和手工统计的方式限制,统计数字有一定误差。

2.3 国家图书馆与公共图书馆用户信息行为的对比

国家图书馆作为国家唯一的国家级图书馆,它拥有得天独厚的图书拥有量,使得全国各地乃至外国读者都来到这里查找图书,它的用户需求是全方位的,信息需求量也是触及到各个知识领域。这一优势是其他公共图书馆所不能比的,但是公共图书馆也有一些国家书馆所没有的优势,如以西部公共图书馆为例:丰富的特色文献资源、国家文献信息资源"共享工程"的实施和西部各省(市、区)政府对图书馆自动化重视程度的加强,使西部公共图书馆事业具有更多的发展契机。如新疆的少数民族文献和地方文献;西域史料约有500种;西北地区及独联体中亚五国的农业文献。西藏的藏文文献,有德格板《甘珠尔》《丹珠尔》等2900余函珍贵木刻本古籍。这些特色资源无疑是西部公共图书馆发展的一笔宝贵财富。这些都是国家图书馆所缺少的,所以他们的用户类型和用户需求是不同于国家图书馆的。

2.4 结论

综上所述,图书馆经历了读者类型从开始的单一类型到现在的多样化类型转变过程。到馆人数的不断升高,说明了人们对信息需求的可望程度,图书馆面向大众打开大门之后,吸引了各行各业人士来到这里寻求知识,图书馆已不再是少数人的"专有"财产了。自从2008年春节以后,国家给了图书馆新的政策,即凭借第二代身份证就可直接进入各开架阅览室,即使办理读者卡也是免费的。读者群也随之发生了很大的变化,图书馆迎来了更多的读者来这里查询检索资料,在职人员和普通人员的数量在快速增长着,用户需求也随之发生了一定变化。国家图书馆的公共图书馆职能更加明朗化,这就要求图书馆要把日常工作做得更加细致更加具体,旨在更好地满足广大读者的用户需求,使图书馆真正地成为求知者和人民大众的图书馆。

3 对国家图书馆未来用户信息行为的预测

3.1 新形势下图书馆用户信息行为的变化

知识经济发展中,面对知识密集型行业的增长和社会职业活动的知识化,各部门用户的知识信息需求量倍增,与此相适应的是用户的个人计算机拥有量和现代通讯手段的利用率迅速提高。目前,愈来愈多的专业用户已经或正在成为包括因特网在内的计算机信息网络服务的利用者。20世纪90年代初以来,新技术革命及国际社会的信息化从根本上改变着用户信息需求结构,我国作为发展中国家,专业用户的信息需求结构由以传统型为主体向电子化与网络化方向发展已成为不可逆转的潮流。用户信息需求的这一发展趋势,反映在对图书馆的服务需求上便是图书馆知识信息的电子化组织和迅速实现网络化服务的要求。

3.2 网络环境下的用户信息行为的特点

网络环境下用户往往难以正确搜寻所需信息,以至于影响到其知识信息需求的全面满足,这就要求图书馆将馆藏服务扩展到面向联网用户的综合服务,即组织专业人员对网上信息资源进行开发,针对用户需求向其提供知识信息查询服务,揭示知识信息的网络来源,开展网络咨询业务。网络信息资源二次开发与综合服务旨在利用网络弥补图书馆馆藏的不足,将网络信息经过序化组织后提供给用户。① 国内外有关用户信息需求的研究已取得了丰硕成果,通过以上分析研究可以得出:用户信息需求研究在分析用户信息需求、信息交流、信息利用以及信息处理、行为规律的基础上,构建了面向用户的基于网络化、数字化的服务体系,讨论了信息推送、个性化服务、服务集成、知识服务和信息保障等服务业务的推进和传统服务的发展,提出了

① 董小英,张本波,陶锦. 中国学术界用户对互联网信息的利用极其评价. 图书情报工作,2002(10)

社会化信息服务组织模式的优化和实现全面管理的对策,研究了社会化用户信息需求服务机制和组织现代用户信息服务的优化模式及方法。

3.3 国家图书馆用户信息行为的发展趋势

国家图书馆要想保持住自己的优势的同时还要积极的拓展自己的薄弱环节,把读者留在自己的馆里,使自己的优势充分地发挥下去。积极地和地方图书馆、公共图书馆建立馆际互借,让读者不管在哪里都能找到自己所需要的资料。同时还要积极地开发网上阅读、网上咨询等网上服务功能,使得图书馆馆藏得以充分的发挥,把不到馆的读者和不利用图书馆的读者拉回到自己的身边。

参考文献

1 张卫群. 图书馆用户信息行为研究综述. 图书馆学研究,2006(8)

2 林平忠. 论图书馆用户的信息行为及其影响因素. 图书馆论坛,1996(6)

3 黄清芬. 用户信息需求探析. 情报杂志,2004(7)

4 胡昌平,乔欢. 信息服务与用户. 武汉:武汉大学出版社,2001

5 刘莹. 网络环境下图书馆用户的信息需求. 理论月刊,2002(9)

6 李静. 我国西部公共图书馆发展战略研究,2003

7 http//www. baidu. com

数字图书馆可持续发展的融资渠道和经营模式初探

余学玲　典藏阅览部

[摘　要]首先通过对数字图书馆可持续发展概念的介绍，引出融资渠道和经营模式在其中的重要性。然后讨论数字图书馆目前的资金来源，重点分析可持续发展的数字图书馆融资渠道，在此基础上提出资金来源演变模型。最后对可持续发展的经营模式进行探索性讨论。

[关键词]数字图书馆　可持续发展　融资　经营模式

自20世纪80年代末，随着计算机技术、数字存储技术、现代通信技术、网络技术的飞速发展与有机结合，数字信息日益广泛地用于综合信息资源，在这种数字信息浪潮的冲击下，一种新型图书馆——数字图书馆应运而生。[1]数字图书馆的建设得到了全球图书馆界的响应和参与，对数字图书馆的理论与实践的研究和建设也成为近10年来图书情报界的一大热点。然而长期以来对数字图书馆的研究主要都集中在数字图书馆的技术创新、版权纠纷或资源管理等问题。[2]本文拟就数字图书馆可持续发展的融资渠道和经营模式展开初步研究。

1　融资方式和经营模式的研究对数字图书馆可持续发展的重要性

数字图书馆领域可持续发展力是一个广义词，是开发一个数字图书馆所必须考虑和解决的问题。包括从建设初期到项目完工以及建成后持续良好的运营和服务的能力，涉及技术、管理、社会学等方方面面的问题。笔者认为数字图书馆可持续发展的关键是要成为一个独立的价值创造实体，利用并创造各种有利因素维持和提高自身的社会效益。一些学者也就数字图书馆可持续发展问题提出若干对策，其中主要涉及整体发展规划、统一标准和规范、以先进技术为依托、法律法规支持、市场化运作等。综上所述，可以看出纯粹技术上的成功并不能保证数字图书馆的长期可持续发展，它需要一个良好的经营模式来维持其进入良性循环。数字图书馆建设需要巨大的投资，为了保证不断的资金来源，必须引入市场机制，强化经济杠杆作用，走市场化商业运作的道路。因此融资方式和经营模式的研究对数字图书馆的可持续发展起着十分重要的作用。

2　数字图书馆的融资分析

2.1　数字图书馆目前的主要资金来源分析

数字图书馆的发展始于美国和英国，之后向全世界辐射。如今，数字图书馆已从最初的一些实验性项目转变成评价一个国家信息基础设施的重要标志之一，在信息产业价值链中也进行了重新的定位。目前世界上绝大多数数字图书馆的建设都是以国家政策主导、公共资金启动的项目。笔者对几个国外著名数字图书馆项目的启动情况作了简单统计，如表 1 所示。

表 1 国外数字图书馆项目启动情况一览

项目	启动时间	发起机构	响应机构/资助机构	投资经费
美国记忆项目	1989—1995	美国国会	各大公司、基金会以及个人资助	6000 万美元
美国国家数字图书馆项目	1995-05-01	保存与存取理事会	美国国会图书馆、12 个高校、美国国家档案与记录管理局、纽约公共图书馆、IBM 公司	初期 1300 万美元
美国数字图书馆创始工程一期	1994—1999	美国国家科学基金、国防部高级研究计划署、国家航空航天局	斯坦福、密西根、卡耐基·梅隆、加州大学伯克利和 Santa Barbara 分校、伊利诺顿大学	2440 万美元
美国数字图书馆创始工程二期	1999—2004	美国国家科学基金、国防部高级研究计划署、国家航空航天局、国家医学图书馆、国会图书馆、国家人文科学基金会、联邦调查局	国家档案局、图书馆科学学会、Smithsonian 协会和博物馆	6000 万美元
英国电子图书馆试验项目	1993—2001	英国国家图书馆和 IBM 英国公司	联合信息系统委员会	2000 万英镑
德国国家数字图书馆项目	1998—2003	德国教育与科研部	德国基础科学研究基金会、德国国家信息中心	1.2 亿德国马克
法国国家数字图书馆项目	1997	法国文化与交流部	各大公司、基金会以及个人资助	8100 万法郎

从上表可知，国外数字图书馆的资金来源主要由国家投资、基金会和专业机构的资助以及一些企业的赞助。如美国国会图书馆的“美国记忆”项目，就是由国会提供 1500 万美元启动，后由 John W. Kluge、AT&T 电话公司、福特基金会、Kodak 公司等资助 4500 万美元开展起来的。美国数字图书馆的创始工程是由美国国家科学基金发起，后经各大高校、研究机构的响应和多家企业的赞助而得以实施。一些专业机构也投资开展一些专业性数字图书馆项目，如美国计算机协会（ACM）于 1996 年开展的数字图书馆建设。

中国数字图书馆的发展和国外同行相比起步较晚，但在国家的高度重视和各地政府、各级部门的大力支持下，也取得了不菲的成绩。大型的项目有中国试验型数字图书馆项目（CPDLP）、中国高等教育文献保障体系（CALIS）、全国文化信息资源共享工程、中国数字图书馆工程、中国知识基础设施工程（CNKI）等。其中大部分是由国家和单位投入为主的运营模式，资金主要来源于国家统一拨款和各地政府的支持，如 CPDLP、CALIS 等。还有一部分是由企业投资进行市场化运营，如北京世纪超星信息技术有限公司所推广的超星数字图书馆，由清华同方光盘股份有限公司组织实施的中国知识基础设施工程,由中国数字图书馆公司开展的中国数字图书馆工程等。

2.2 数字图书馆可持续发展的融资渠道分析

根据著名数字图书馆专家 Ian H. Witten 的观点,数字图书馆主要有如下 5 点定位:(1)解决信息过载问题;(2)填补数字鸿沟,解决信息饥渴问题;(3)文化的抢救与保藏;(4)提升对新型内容的应用水平;(5)促进全人类文化的交流。从定位上看,数字图书馆应该是一项公益性事业。然而由于数字图书馆涉及的硬件、软件开支持续上升,系统维护成本居高不下,单纯依靠国家和政府的投资很难维持数字图书馆正常的运作、维护和升级。因此我们应当积极探索多渠道、多形式、多元化的投资融资体系,将研究重点集中在如何取得初期投资经费、如何获取持续的资金保障、如何使数字图书馆产生经济效益几大问题上,妥善处理好公益服务与商业运作之间的平衡。

目前,大部分数字图书馆的初期经费主要来源于国家政府投资或各基金会专项拨款,经费的多少部分程度上决定了数字图书馆的规模。然而一味地依赖拨款并不是数字图书馆可持续发展的长久之策,因此我们要将注意力投向那些潜在的融资渠道上。在研究这个问题之前我们首先要仔细分析维持数字图书馆的成本构成情况,如数字图书馆的基础设施费用,包括各种硬件、软件开销,系统维护、升级、更新等费用;数字图书馆的"原材料"费用(这里的"原材料"主要指数字图书馆购进的各类资源);数字图书馆的日常经营费用,包括组织的正常运作开支,人力资本等。对这三部分成本研究的侧重点是不同的,第一部分主要关注如何避免浪费,可能存在的问题是一些硬件过于昂贵却达不到应有的效果,一些软件和组织的业务流程无法兼容,新进系统没有考虑到遗留系统的对应问题等,如果事先规划清楚,就可以避免无意义的投资。第二部分主要关注如何合理选取资源,这要结合数字图书馆的可用经费、服务目标、服务范围、服务程度等综合考虑。第三部分主要关注人力资本的投入是否获得了较为理想的成效。在成本模型的基础上,国外一些专家比较推崇信息商品的模式,即让数字图书馆产生经济效益,包括:

(1)对信息进行加工,收取信息使用费和服务费。对用户收费包括两种模式:定购支付和交易支付。定购支付又分为面向团体的定购和面向个人的定购。研究表明,到目前为止,面向团体的订购服务要优于面向个人的模式。交易支付由于一些自身局限,如需求量小的时候,用户使用每单位信息的经济成本过高,操作过多、便利性差和安全性不高,目前的使用情况还不够理想。

(2)向作者收取一定的版面费。这一做法是建立在该数字图书馆的专业权威性和垄断性上。作者就发表的内容按相关规则支付数字图书馆运营商一定的费用。然而国外就此做法也存在不小的争议。主要体现在以下几点:①随着 Web 2.0 理念和技术的发展,内容的发布变得更加容易,作者大可不必选择数字图书馆作为其发布平台;②作者虽然在概念上既是数字图书馆的资源创作者,同时也是使用者,然而在实际中两者并非是直接统一的,因此向作者收取版面费如何体现作者的利益;③很多作者倾向于向传统权威期刊直接投稿,数字图书馆运营商如何介入去分这杯羹,因此这种做法还有待商榷。

(3)开展数字图书馆公共关系业务,拉动企业的赞助资金。这种方法的可操作性较强。首先数字图书馆要从国家、政府等相关部门获得大力支持和一定的特权。通过新闻媒体和相关宣传机构的帮助来吸引公众的注意力，对公众心理产生较强的影响，从而提高组织的形象和认知度。然后要向企业开展自我宣传活动，同时政府也应该对提供赞助的企业给予一定的优惠政策，作为它们参与公益活动的表彰和鼓励。

(4)相关产品服务的多元化经营。该模式的可操作性非常强。如今，多元化经营策略已成为全球著名企业集团的主要经营战略和发展壮大的法宝。数字图书馆也应当采取“以信息产品为主，多业并举”的经营方针，不仅可以促进生产要素的合理流动，有助于优化资本结构，实现规模经济效益，促进资本增值，同时还可以分散经营风险。如中国数字图书馆以数字图书馆整体解决方案、数字内容定向服务和电子图书为主要产品，同时大力开展连锁型多功能网吧的业务，计划在未来10年，通过开设新概念连锁直营店、带动加盟店发展的方式扩大市场份额，提升价值链增值能力，成为业内领先者。[3]

(5)对有许可证的信息资源的使用征收版权税。这种做法无疑会增加信息资源利用的开销，因此该模式在中国并不适用。

(6)广告收入。利用数字图书馆的空间资源(网站、宣传手册等)招揽广告是创造经济效益的一大手段。数字图书馆的品牌认知度越高，品牌效应越强，对其他企业广告投放的吸引力就越大。但在具体的实施过程中，不能一味地追求所谓的经济效益，还应当根据数字图书馆自身的组织形象选择那些具有一定文化融合度的企业播放它们的广告。同时，广告占据的篇幅不宜过多，放置的位置不宜影响到用户对数字图书馆正常的使用。

2.3 数字图书馆融资情况的演变分析

笔者认为，数字图书馆的资金来源结构会随着时间的推移和数字图书馆自身的发展而发生变化。本文试探性地将数字图书馆的发展分为三个阶段：Ⅰ国家扶持阶段；Ⅱ以商业性为主的发展阶段；Ⅲ公益性和商业性并重的发展阶段。具体如图1所示。其中的符号分别表示：①政府投入；②社会团体资助或基金会；③信息商品的使用费用和服务费；④广告收入；⑤企业赞助；⑥股份、股票期权；⑦多元化经营收入。

Ⅰ阶段主要是由政府投入和基金会资助，是数字图书馆发展的初级阶段，这一阶段的资金来源有强烈的依赖性。Ⅱ阶段数字图书馆可以通过其资源和服务为自身创造价值，同时具有一定的社会知名度和品牌渗透力，还可以通过企业化资本运作的手段成为合法的上市公司，发行自己的股票。这一阶段是数字图书馆发展的过渡阶段，主要通过商业化运作来扩大规模，减少政府的投入，资金来源逐渐从原先的依赖性转变为自主性。值得注意的是，这里的企业赞助和第一阶段的社会团体资助是有本质不同的：Ⅰ阶段主要依靠政府的干预来调动社会团体对数字图书馆进行资助；而Ⅱ阶段的企业资助是数字图书馆通过自身的社会影响力和品牌能力所吸引的企业投资；Ⅲ阶段兼顾了数字图书馆的公益性和商业性，是数字图书馆的可持续发展阶段，主要体现在对数字图书馆服务进行进一步细分，其中非商品性的服务应当免费提供，有偿服务部分信息商品

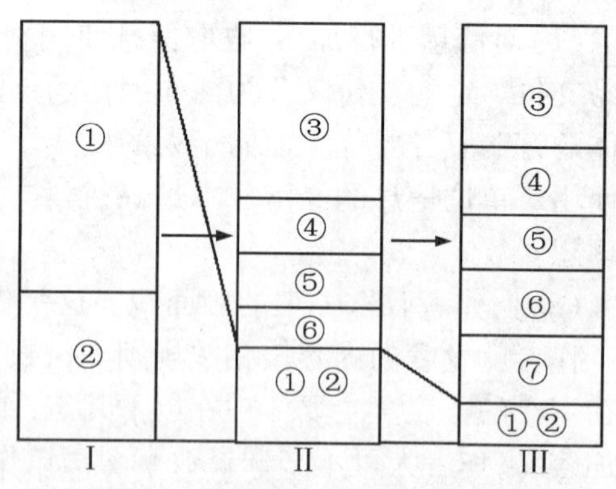

图1 数字图书馆融资演变模型

的使用费和服务费较之Ⅱ阶段也应有明显减少，从而让利给用户，使更多人能以较低的成本享受数字图书馆的资源和服务。由于这一阶段数字图书馆的品牌效应不断加强，对应的广告收入也会有所增加。通过Ⅱ阶段数字图书馆的资本积累和企业化运作，股份和股票期权带来的收益也会增加。同时由于规模效应，数字图书馆有能力进行多元化经营以创造更多效益。从三个阶段的演变可以看出，数字图书馆的依赖性资金来源呈递减趋势，而自主性资金来源呈递增趋势，从一定程度上为可持续发展提供了保证。

3 数字图书馆可持续发展的经营模式

3.1 实行企业化运营对数字图书馆可持续发展的重要性

我国数字图书馆很多都是在传统图书馆的基础上发展建立起来的，然而数字图书馆作为新经济的产物，其资产投入之大、技术更新之快都是传统图书馆所无法比拟的。同时，传统的行政管理模式也越发难以应付市场经济条件下层出不穷的新问题和新挑战，这些都从一定程度上制约着数字图书馆的可持续发展。因此数字图书馆有必要另辟蹊径，实行企业化经营与管理，积极开展资本运营。数字图书馆的企业化运营是在兼顾社会效益的前提下，为提高数字图书馆的运行效率，实现一定的经济效益的市场化运营模式。其核心是运用市场经济手段，对数字图书馆的资本进行市场运作，着眼于盘活现有的有形和无形资产，搞活增量资本，激活无形资产，[4]建立符合市场经济要求的文化事业投资新体制。

3.2 推进数字图书馆公司化的主要途径

现代企业制度的基本特征是产权清晰、权责明确、政企分开、管理科学。股份制是现代企业的一种资本组织形式，公司制是股份制的基本形式。推进数字图书馆公司化的主要途径有：(1)建立国有独资的有限责任公司；(2)建立国家控股的有限责任公司；(3)建立国家参股的有限责任公司。

数字图书馆作为国家信息基础设施，在建设的过程当中得到了国家的巨额拨款和各地政府的大力支持，因此目前的产权主体是国家政府，组建数字图书馆有限责任公司对可持续发展是切实可行的，既可以保证国家投资的这项工程仍由政府控股，同时可以广泛吸收社会资金，分散经营风险，[5]又有利于数字图书馆的所有权和经营权分离，从根本上改变原来图书馆产权模糊、虚置的状况，从而提高数字图书馆的资本运作效率。

3.3 案例介绍

中国数字图书馆有限责任公司于2000年1月经国务院批准成立，2000年4月18日正式挂牌经营。由中国国家图书馆控股，产权主体为国家图书馆，运营主体为中国数字图书馆，是一个实现自主经营、自负盈亏、服务于国家数字图书馆工程建设的高新技术企业，旗下包括北京中数创新、中数金航、上海中数、上海中禹、上海中数网络家园五个子公司。[3]公司通过股份制经营，多种形式广泛募集资金完成第一期融资。其网上资源分为完全公益性服务和深度有偿服务。采取市场化运营机制，致力于数字图书馆信息服务体系的建立与运营、相关技术标准规范的制定、核心技术研发与应用推广、数字内容整体解决方案、专业信息提供、数字版权管理与商业服务等。目前正在积极构建以资本运营为中心的内部管理新格局，从优化资本运营入手，使公司资本负债率降低，投资回报率提高。因此可以看出，中国数字图书馆有限责任公司正处于上文谈及的Ⅱ阶段。

4 小结

数字图书馆是信息基础设施建设中一个重要的组成部分，数字图书馆的可持续发展需要多阶段的努力、多方的大力支持、多个研究视角的共同作用。数字图书馆的经营模式是其成功运作的重要保障。在很多关于数字图书馆建设的文章中都谈到了数字图书馆资金来源不足、需要有效的经营模式等问题，但基本上都只是处于陈述问题的阶段，没有进行深入的研究。2003 年和 2004 年常友寅等先后撰写了《数字图书馆企业化经营与管理》和《数字图书馆企业化运营实务操作》，为数字图书馆经营模式这一领域的研究提供了一个系统全面的思路。然而数字图书馆是一个成长着的有机体，在市场环境、用户需求、政策法规等共同作用下不断发生着变化，因此没有任何经营模式是一劳永逸的，对这一问题的研究也将随着时间的推移而不断开展下去。

参考文献

1 李冠强．数字图书馆研究．北京：北京图书馆出版社，2002

2 杨向明．数字图书馆概论．北京：北京致公出版社，2001

3 中国数字图书馆有限责任公司．[2008－10－23]．http://www.d-library.com.cn

4 常友寅．数字图书馆企业化经营与管理．北京：北京图书馆出版社，2003

5 常友寅．数字图书馆企业化运营实务操作．北京：北京图书馆出版社，2003

国家图书馆馆藏西文藏书票概述

刘　杨　典藏阅览部

[摘　要]本文通过对藏书票的发展史及其与藏书章之差异的分析，结合国家图书馆馆藏西文藏书票的收藏情况，继而探讨开发馆藏西文藏书票的重要意义。

[关键词]国家图书馆　西文藏书　藏书票

近年来，收藏界对于藏书票的兴趣开始逐步升温。国外方面，由于藏书票起源于西方，早在18世纪前后，欧、亚、美许多国家相继成立了藏书票协会或俱乐部，1966年7月28日“国际藏书票联盟”（FISEA）的诞生使得藏书票领域有了国际交流的平台。目前，该联盟的成员国已扩展到41个，会员上万。国际藏书票双年展现已举办了32届，国外无论对于藏书票的历史、渊源等方面的研究还是对当代藏书票创作的探讨都较为深入。国内方面，1984年我国就成立了中国藏书票研究会，但是该组织将更多的注意力放在探讨有关藏书票的创作领域方面的问题。关于藏书票的起源、发展、源流等方面的分析研究在学界还处于起步阶段，藏书票作品集在已出版的相关普通中文图书中所占比重在40%左右，研究性的论著相对匮乏。特别是对于图书馆中收藏的西文藏书票的研究，更是甚为寥寥。造成这种现状，一方面是由于各大图书馆中19、20世纪甚至之前的外文图书的收藏数量本来就相对较少，给研究造成一定难度；另一方面，藏书票研究界目前还没有与图书馆联手进行藏书票的研究，他们接触到的只是流散于书店、民间的少量藏书票，故而无法对此领域进行更全面、深入的探讨。

众所周知，国家图书馆是国内收藏外文文献最多的图书馆，截至2008年年底，我馆收藏有1077.6万册（件）外文文献，其中外文图书约为350余万册，包括英语、法语、德语、日语、俄语以及其他小语种等多种语言图书。其中的西文图书，按照其出版时间，分为善本和普通图书两部分。在这两部分的西文图书中，均出现了张贴藏书票的情况。这些创作精美、风格迥异的藏书票与其所在的图书结为一体，为年代久远的西文图书增添了一抹艺术的色彩。本文的研究是基于普通西文图书进行的，重点对于这部分图书的馆藏情况进行概述。

1　藏书票发展史之简要介绍

《简明不列颠百科全书》中对于藏书票的解释是：“一种用以表明书的所有权的图案标志，通常贴在书的封里。”它一般是版画形式，多采用木刻、铜版、石版等方法印制，彩色、黑白兼有。藏书票通常10厘米见方，小的犹如邮票。

藏书票起源于15世纪中期的德国，起初是作为藏书标记使用的，作用大致等同于我国的藏书章或是藏书印。藏书票是艺术家为藏书者（或藏书机构）专门设计并贴于藏书之上的一种专用标记。藏书票票面一般公认要有Ex-Libris字样的拉丁文，意为“我的藏书”。早期藏书票中出现的大多是带有鲜明家族特征的徽章图案,出现这种情况,大抵是由于当时的书籍还仅仅掌握在上层贵族、教会等少数人的手上,一般民众根本没有机会接触。而欧洲有些贵族专门聘请艺术家为自己刻制代表家族姓氏和徽章的图案,也就逐渐演变成今日我们所见的藏书票。藏书票这种形式在其产生之初可以说一定程度上满足了藏书人显示身份和地位的高贵的作用。

后来,藏书票传到法国、英国以至整个欧洲,19 世纪初又流传到美洲和亚洲,在内容和题材方面都出现了许多新变化。从 19 世纪开始,藏书票开始走入寻常百姓家,许多爱好藏书的学者都有了自己的藏书票。著名的画家如马狄斯、高更等开始参与到创作藏书票的工作中来,福楼拜、雨果等作家也来使用藏书票,使藏书票的功能由单纯藏书标记的实用性开始向艺术审美层面发展,藏书票变得越来越精美。从这一时期开始,藏书票也逐渐成为学术研究的对象,诞生了一系列藏书票专著,如英国人 J. Leicester Warren 所著《A Guide to the study of bookplates》标志着藏书票艺术发展的黄金时期到来。

藏书票通常被认为是在 20 世纪 30 年代传入中国的。在最初的时候,由传教士、西方学者和外交官随书籍将藏书票带到了中国。1933 年前后,著名作家叶灵凤、诗人郁达夫等人开始注意和推介藏书票,1934 年,李桦创办"现代版画研究会",在其会刊《现代版画》第九期专出了藏书票特辑,这是我国第一个手工拓印本藏书票集。在我馆馆藏《京张路工摄影》集(约 1910 年初出版)一书封里页,发现的一枚"关祖章藏书"书票①,根据推算其制作时间最迟在 1910 年,它将我国第一枚藏书票的时间推前了 20 年。1984 年 3 月,中国第一个藏书票研究会(现称为"中国藏书票艺委会")在北京成立,李桦为顾问,梁栋为会长。1986 年中国举办了首次藏书票展览,展出作品千余枚,在全国反响甚大。之后,各地藏书票组织也相继成立,办展、交流、出刊,带动了中国藏书票创作和收藏活动的火热开展。中国藏书票同时介入国际交流,1987 年我国正式加入"国际书票联盟"。截至 2009 年,我国已举办了 11 届全国藏书票展,为弘扬藏书票文化,推动藏书票创作起到了积极作用。如今,藏书票更像是一种体现阅读趣味和值得收藏的艺术品,也越来越受到人们的关注。一系列介绍有关藏书票文化的专著,如《我的藏书票之旅》《藏书票风景》《中国藏书票史话》等书籍的出版,以及吴兴文、李允经等对于藏书票文化知识的普及与推广,都使人们对于藏书票的来源与鉴赏有了一定程度的了解。

2 藏书票与藏书章

同样作为图书收藏的标记,藏书章(印)与藏书票在中国却享有迥然不同的待遇。为什么国外多用藏书票,而我们多用藏书章(印),大致原因有二。其一,这和过去中外书籍所用纸张及装帧的不同有关。我国传统书刊的纸张质地柔软、透薄,并带有涩感,这就便于吃印油,钤印效果好。国外书刊用纸质地厚硬,尤其是封面、封里多用道令纸、铜版纸,不便钤印。我国传统书籍装帧主要是线装,可以曲卷,国外书刊多是"皮靴硬领"(鲁迅语),封里粘贴藏书票,是比较适宜的。正如唐弢所言:"大抵线装书纸质柔润,便于钤印,洋纸厚硬,也就以加贴藏书票为

① 关于此票的介绍参照黄润华先生的论文《从中国国家图书馆馆藏看藏书票的发展》(国家图书馆学刊 2000 年第 4 期)。

宜。”①其二，藏书票在形式上较为张扬、外露，一般反映了票主的喜好，以画为主，内容丰富，更与西方人的善于追求个性展现自我的性格息息相关；藏书章则在形式上较为内敛与含蓄，只在方、圆两种版式中篆刻着姓名、书斋等文字，东西方千百年传承下来的文化性格决定了藏书票与藏书印这两种不同的载体形式。而在 17 世纪藏书票传入中国后，二者又在其发展过程中相互交融、相互结合、共同发展。

3　馆藏情况

馆藏普通外文图书主要收藏在基藏库 8—11 层和 17 层，西文期刊主要收藏在基藏库 2—5 层。经过初步翻查，共找到 304 种藏书票。因基藏库 17 层集中存放有约 30 万册左右，1966 年以前的美国国会分类法和中图法草案编目的西文书，文献年代相对久远，因此，我馆所藏的西文普通图书的藏书票大多出现在其中，占总数的 63.2%。详见下表所示。

基藏库所藏西文藏书票情况一览表

楼层	2 层	3 层	8—9 层	17 层
文献类型	西文社科期刊	西文科技期刊	西文图书	西文图书
入藏年限	2006 年以前	1970 年以前 2004 年以后	1975—2009 年	1975 年以前
藏书票数量（种）	54	10	48	192

3.1　年代久远，来源广泛

由于西方古典书籍当中的藏书票一般不署制作者和印制年代，即使出现了姓名也难以推断是创作者的名字还是收藏者的，给辨别鉴定这批馆藏藏书票的创作时间带来了许多困难。因此，只能通过藏书票所粘贴的书籍的出版时间进行参照鉴定。

通过对馆藏西文普通图书进行翻查，我们对找到的 300 余种西文藏书票所在书籍的出版时间进行了分类汇总。根据这些图书的出版年代推算，此部分藏书票的创作肯定早于书籍的出版年份。其中，18 世纪只有两张，贴于 1778 和 1793 年出版的图书上，书名为《The dramatick works of Beaumont and Fletcher》和《Mémoires sur diverses antiquités de la Perse, et sur les médailles des rois de la dynastie des Sassanides》，分别为伦敦和巴黎出版；19 世纪的有 88 张，占总数的 28.9%；20 世纪的有 179 张，占总数的 68.8%，其余少量年代不可考证，但根据票面推断，年代应在上述范围之中。由此可以看出，藏书票传入中国应是 17—19 世纪由传教士、商人等西方人带到我国的。在 19 世纪藏书票发展的黄金时期，传入我国的外文书籍上所贴的藏书票在数量上也相应多了起来。

藏书票的最重要作用之一在于说明藏书的来源。这对于馆藏文献量大、文献来源复杂的图书馆来说，显得尤为重要。我们可以透过一枚一枚小小的藏书票，窥见出馆藏文献的多样来

---

① 唐弢．晦庵书话．北京：三联书店，1980

源。国家图书馆收藏的这批带有藏书票的普通西文书籍来源比较广泛，包括私人捐赠、机构赠书、自购等多种类型，十分珍贵。其中，个人类型藏书票方面，不乏一些近现代知名人士的藏书，包括国内著名戏剧家宋春舫先生的“褐木庐”藏书票，美国著名科学家、文学家本杰明·富兰克林所使用的藏书票，复制版林肯藏书票等；机构类型藏书票方面既有著名图书馆机构 ALA（美国图书馆协会）的藏书票，也有哥伦比亚图书馆、洛杉矶公共图书馆等的藏书票。

3.2 类型多样，内容广泛，品相较好

目前，国际书票联盟已经发布了 20 余种通用编号，用以区别和规范书票制多的版种和技巧，可大致分为五类。凹版、凸版、平板、孔板及其他。根据李允经先生的说法，大致可分为版画藏书票、手绘藏书票、通用藏书票和电脑藏书票四类。①

我馆所收藏的这部分西文藏书票在类型方面与西方同时期的藏书票保持了高度的一致。从早期的纹章、盾徽型到后期的木刻、版画、绘画型，还有一部分为传入中国后带有浓郁中国文化特色的藏书票，比如出现了带有中国印章色彩的藏书票，中文字样的藏书票等。通过这些藏书票，我们可以清晰地了解 18 至 19 世纪藏书票的发展历程。由于数量丰富，西文图书印刷质量较好，很多图书保存完好，一些彩色藏书票至今仍能保持原样。内容方面，由于基藏库所藏西文藏书票集中在 18 世纪末到 20 世纪，这些藏书票的画面构图不拘一格，题材较为广泛，既包括人物、动物、静物、风景、建筑等主题，也出现了寓言故事、神话传说、圣经故事等主题。所用图案有猫头鹰、鱼、鸟、天使、教堂、灯火、书架、家具，以及人物肖像等。

4 馆藏藏书票研究之意义

4.1 从藏书票这个小小的窗口探寻近代东西方文化碰撞、嬗递之深刻意义

藏书票主要通过两条途径传入和影响中国，一是通过西方的传教士、外交家、商人等将西方的图书连同藏书票一起带入中国；二是留学国外的中国学生率先使用藏书票，并将此引进中国。学术界对于近代西学东渐的研究多集中于洋务运动和科技领域，较少关注文化领域的碰撞与融合。在西学东渐过程中同样也使中国接受了许多西方的文明成果。当时，遍布各地的教堂一般都设有图书馆，收藏了许多传教士带来的图书，其中不少图书是募集的私人捐赠。尽管传教士和其他外国人较早就把藏书票带到中国，成为中外文化交流的实物例证，但藏书票始终没有引起人们的关注，更没有发挥其再现历史的作用，仍旧静静躺在图书馆的书架上。

4.1.1 藏书票在中国的传播与“藏书票之中国化”

通过对于馆藏藏书票的分析，探讨藏书票传入中国过程中，如何与中国文化相融合，借鉴吸收中国文化之精髓。具体可分为形式与内容两个层面：形式方面，西方藏书票出现借鉴中国藏书章形式的作品；内容方面，西方藏书票中出现了一批带有鲜明中国特色的藏书票，如“慎独”等内容出现在票面。深层内涵：在当时西学东渐的大背景下，不仅仅是中国接受西方的先进文化、先进技术，西方也在接受中国文化的源远流长、儒家思想的博大精深。他们通过探求中国文化奥秘，发掘东西文化的交融点，以促进西方文化在东方的传播。当时在西方很有影响的汉学家理雅各、卫礼贤等，对中国文化十分推崇，并从各自的价值取向出发去吸收与传播。

---

① 李允经．中国藏书票史话．长沙：湖南美术出版社，2000

他们认为中国文化与西方文化一样,“各代表一种具有强大生命力的类型”,因此,“它们特别适合于相互影响,相互提高,相互促进”。

4.1.2 西方藏书票在中国的传播促进了中国化藏书票的萌芽与发展——以叶灵凤为代表的中国文人对藏书票的接受

到20世纪30年代,随着西方版画传入中国,新兴的版画运动成为一种美术界的进步力量,藏书票得到一些文学艺术家的喜爱。鲁迅先生就收藏过藏书票,一些著名作家和版画家如李桦、叶灵风、郁达夫、姚雪垠等也都创作、使用过藏书票。有的还在刊物上撰文介绍藏书票或发表书票作品。这是藏书票在中国的第一次浪潮。尽管被卷入这一浪潮的只是少数文艺界人士,但对藏书票在中国的发展奠定了一个基础。时至今日,艺术界仍活跃着一批藏书票的创作者,他们不遗余力的推动着中国藏书票事业的发展。

4.1.3 从藏书票的发展分析近代东西方文化之互相融合,结合当代文化发展的大背景展望当代中国传统文化传播之前景

通过藏书票这个小小的窗口,我们可以窥见:晚清时期文化交流的主要特点是西学东渐,但同时也有文化反向传播的高潮。进入21世纪后,在全球一体化语境下的今天,文化交流日益活跃,回顾近代中西文化相互传播、交流的过程,我们更加认识到,在跨国文化交流与传播中,一定时期的文化主潮流向由强势文化地区流向弱势文化地区的同时,反向文化传播仍然是可能的,不要低估了文化双向交流的重要性。

4.2 有助于我们摸清馆藏源流,理顺馆藏来源

我馆一直以来都将揭示馆藏的重点放在善本古籍上,对于西文图书的揭示与开发还未起步。如果对于馆藏藏书票的研究工作能够进展顺利,将是文献开发领域特别是西文文献开发的一大突破,同时能够使我们在此过程中理出馆藏来源的脉络。同时,从近现代名家收藏的藏书票延伸至其藏书,可继而整理出藏书目录,也可以从另一角度深化对于名家的研究。

藏书票和邮票类似,从出现之日起,就演变为收集和收藏的对象,甚至有时其收藏的功能还盖过了藏书的标志功能。原因是,藏书票具有很高的艺术欣赏的价值,它图文并茂,色彩斑斓;小小票面不仅可以传递收藏者藏书爱书的思想,还适应各种画种和制作方法,给人无限遐想的空间。藏书票不仅具有艺术价值,在图书馆的馆藏中也占据着不容替代的地位,它们对于历史的还原与再现,使得它们在数百年后的今天仍然散发出熠熠光辉。借用藏书票收藏与研究界专家吴兴文先生的一句话:“藏书票的世界可说是一座名人的殿堂。……藏书票一方小小的天地,却如一面明镜,涵盛着数世纪以来西方文化精华的缤纷映影。”①

参考文献

1 黄润华. 从中国国家图书馆馆藏看藏书票的发展. 国家图书馆学刊,2000(4)

2 陶宝庆. 藏书印·藏书票·图书馆. 图书馆论坛,1991(8)

3 郑艺. 藏书票散论. 河南图书馆学刊,2001(9)

4 汪寿松. 晚清西学东渐与海外汉学研究述论. 天津大学学报(社会科学版),2005(1)

5 李允经. 中国藏书票史话. 长沙:湖南美术出版社,2000

---

① 吴兴文. 我的藏书票之旅. 北京:三联书店,2001

6 吴兴文．图说藏书票．石家庄：河北教育出版社,2005
7 吴兴文．藏书票风景．开封：河南大学出版社,2004
8 吴兴文．我的藏书票之旅．北京：三联书店,2001
9 梁栋,鹏程．藏书票艺术．上海:上海人民美术出版社,1990
10 熊月之．西学东渐与晚清社会．上海:上海人民出版社,1994

数字环境下图书馆信息资源导航的知识产权问题

张　建　数字资源部

[摘　要]数字时代的图书馆面临机遇与挑战,如何针对不同的用户需求提供更为便捷的服务,是一个现实的课题。信息资源导航便是新环境下的图书馆服务方式的重要变化之一。信息资源导航建立在知识管理的基础之上,运用多种先进的技术与手段,主动向读者提供知识信息服务的帮助与指导,以快捷高效的方式满足不同读者的需求。这无疑是我们图书馆服务模式的升华。但在信息资源库的建设和使用过程中会涉及诸多的知识产权问题,如果解决不好必将影响图书馆的发展进程。如何认定这些新领域的知识产权问题,并予以有效解决,是图书馆人亟须解决的重要问题。

[关键词]图书馆　知识产权　信息资源导航

随着数字时代的到来,图书馆也面临着资源建设、服务方式等的重要转型。信息资源导航便是新时代图书馆发展的重要内容之一,它通过知识、信息、的开发、利用、共享等一系列工作,使得用户从文献中获取知识信息,并通过用户的思维,达到知识创新的目的。信息资源导航具有信息链接、信息组织、信息导引等功能,能够根据不同用户的需求提供专业的、特色化的知识信息。

图书馆信息资源导航的过程中一般有两个环节会涉及知识产权问题,一个是信息资源导航库的建设,另一个是超文本链接的问题,即一个是内容建设问题,另一个是使用过程问题。

一、信息资源导航库的建设过程中的知识产权问题

知识导航库的建设主要从以下两个方面着手:一是运用成熟的信息处理加工技术,把通过互联网收集到的有价值的资源(包括论文、评述、学术博客、网页、免费数据库、出版信息等)按照一定的标准,进行保存、筛选、评价、分类、组织和序化整理等,并将相应的成果存入导航库中;二是建立自己的网站,并将本馆的馆藏书目信息、特色馆藏文献、各种数据库、其他馆藏电子文献等信息通过本馆的网站的馆藏页进行揭示。

1. 图书馆信息资源导航库建设过程中对互联网上有价值资源的搜集行为涉及的知识产权问题

网页是由 HTML 脚本语言等特定计算机语言技术制作的,以 HTTP 方式在网络中传递的,用于展示组织或个人有关内容的一种信息表现形式。每个网页上都有一种简称 URL 的地址。1996 年 12 月通过的《世界知识产权组织版权条约》规定,网上作品的作者应当享有作品的"专有权"。网页存档技术,其实质是将搜索到的网页资料全部拷贝并存储在网站特定的服务器上,再按用户的指令将其直接传送到用户终端。对于法定转载、摘编行为,最高人民法院《关于审理涉及计算机网络著作权纠纷案件适用法律若干问题的解释》规定:"已在报刊上刊登或者

网络上传播的作品,除著作权人声明或者报刊、期刊社、网络服务提供者受著作权人的委托声明不得转载、摘编的以外,在网络进行转载、摘编并按有关规定支付报酬、注明出处的,不构成侵权。但转载、摘编作品超过有关报刊转载作品范围的,应当认定为侵权。”因此,图书馆在信息资源导航库建设过程中对互联网上有价值资源进行转载、摘编过程中应当尊重原权利人的利益,并按有关规定支付报酬、注明出处。

2. 信息资源导航库建设中分数据库到开发涉及的知识产权问题

欧盟 1996 年 3 月颁布的《数据库指令》第 1 条第 2 款规定:“本《指令》所称‘数据库’是指经系统或在序排列,可以通过电子手段或其他方法单独读取的作品、数据或其他独立材料的汇编。”①同时,我国《著作权法》第 14 条规定:“汇编若干作品、作品的片段或者不构成作品的数据或者其他材料,对其内容的选择或者编排体现独创性的作品,为汇编作品,其著作权由汇编人享有,但行使著作权时,不得侵犯原作品的著作权。”可见,在对内容的选择和编排体现独创性的数据库的开发上,承认了该作品的权利属性,即独立的汇编作品,但同时强调必须尊重原作品的著作权,并取得相应的授权。图书馆信息资源导航库建设过程中,对其内容的选择或者编排体现了独创性,付出了大量的创造性劳动,因此应当对该汇编作品享有著作权。

3. 网络资源下载后二次上传过程中的知识产权问题

互联网上的资源具有不确定性和易逝性的特点,这意味着,导航库如果只采用单纯收集网址建立链接方法,用户若因网站的消失或网址的变更而链接不到目标网络资源,这将削弱导航库的导引功能。因此,若将网络资源下载到本地,让有价值的网络资源既可永久保存又可为回溯利用创造条件,还能提高网络资源被成功访问的概率。但《信息网络传播权保护条例》第 2 条规定:“权利人享有的信息网络传播权受著作权法和本条例保护。除法律、行政法规另有规定的外,任何组织或者个人将他人的作品、表演、录音录像制品通过信息网络向公众提供,应当取得权利人许可,并支付报酬。”所以在建设信息资源导航库的过程中如果未经权利人允许即从网上下载或者上传他人享有著作权的作品应当认定为侵权行为。首先侵犯了著作权人的作品使用权,如果被下载网站已从著作权人那里取得了专有使用权,那么这种行为还侵犯了该网站的专有使用权,当然也侵犯了网络传播权。因此要获得转载网络信息应在《信息网络传播权保护条例》和《著作权法》规定的范围内。此外社会公有信息,除非作者作出特别说明,否则均可自由使用。对受到版权保护的网上作品,无论是局部使用或者全文使用,都应征得版权人的许可,并支付报酬。但著作权人队伍中不同作品的著作权人,他们对公益事业的支持态度,对信息开放共享认识还有对作品的收益预期等存在差异,对作品处置也不同如教学科研人员,因其科研成果的专业程度较深,作品的发行量相对有限,其成果中涉及的技术秘密等无形知识资产,主要通过专利、产品等方式得到体现,其版权费用一般不会构成其收入的主要来源,而通过网络传播能够大幅度地提高著作的社会影响,他们可能愿意将著作授权给图书馆导航库建设项目。另外有的网站把作者的投稿划分为“网络专用版权”和“不完全版权”,即作者保留了向传统媒体投稿的权利两种。凡作者声明其作品为某网站专用版权的,网站享有独占使用权,并在刊登作品的同时,有权注明“非经许可,不得转载”的字样。对未注明上述字样的文章,一般

① 欧盟《数据库法律保护指令》,1996

网站只要求转载人包括传统媒体和网络媒体注明文章的出处。可见,有的网站对著作权保护概念表现出相当宽容的姿态。总之,我们在建设导航库时一定要遵循法律的规定办事,充分应用《信息网络传播权保护条例》和《著作权法》合理使用条款使用网络资源,对重要的受著作权保护的网络文献资源。

二、各种链接过程中的知识产权问题

图书馆信息资源导航过程中很多环节都会运用到超链接技术。包括与从互联网上获取的各种有价值的信息资源进行整合的导航库链接;对馆藏资源进行导航的链接;为实现资源共享而与国内图书馆及国际知名图书馆网址进行的链接等。这些链接按照程度和方式的不同又可以分为普通链接、深度链接、视框链接、埋置链接、镜像链接等。

1. 在本馆网站上建立与馆藏资源之间的链接过程中的知识产权问题

信息资源导航库的信息资源如果来源于本馆网站已有的数据库包括本馆的馆藏书目信息、特色馆藏文献、各种数据库、其他馆藏电子文献等信息,此时建立的不管是哪种方式的链接都基本上不会产生知识产权的风险,因为这些馆藏资源即便是不享有独立的著作权,相关的使用权已经在前期解决了,这里不再赘述。

2. 在本馆网站上建立与其他网站之间的链接过程中涉及的知识产权问题

图书馆在自己的主页上,通过运用链接技术来实现网络导航,该过程涉及的著作权问题主要是链接中的著作权问题。

(1)普通链接

普通链接的链接对象是网站的首页,用户点击设链网页上的链接标记后,用户浏览器上的内容从设链网页直接转换到被链网页,浏览器的地址栏由图书馆的域名变为被链者的域名,网页上没有设链者的任何信息。普通链接中,图书馆只是为用户提供了一条获取信息的途径,图书馆服务器上没有存储被链网页的复制件,用户也能明显地看到网站域名的变更,进行这种链接,用户行为不会构成侵权,因此,图书馆也不用承担侵权责任。

(2)深度链接

深度链接的链接标记中储存的是被链网站中的二级、三级或更深层级的网页,而不是该网站的首页,当用户点击链接标记时,计算机就会自动绕过被链网站的首页,直接指向具体的内容页,如果该内容页上没有被链网站的标记,用户会误认还停留在原来的网站上。纵深链接一般会认为有可能侵犯了版权人的改编权。对于改编,判例法国家要求满足“固定”下来,我国《著作权法》修改前后均未要求改变后的作品必须“固定”下来。因此尽管图书馆网站的服务器上没有形成复制件,但因纵深链接所形成的虚实融合的网页已经处于稳定状态,足以被进一步复制和传播。如果设链网站确实形成了具有独创性的新作品,根据《著作权法》的规定,是可以构成改编的。[①] 同时,如果不是作为公益性质的图书馆行业,而是作为一个企业或者一个营利性质的其他主体,深度链接未经被链网站同意,发布被链网站上的信息,增加设链网站的信

① 薛虹．网络时代的知识产权法．北京:法律出版社,2000

息量，吸引更多的用户访问其网站，提高其点击率，可能会增加其商业广告和经济收入；而深度链接绕开了被链网站的主页和主页上的广告，将用户吸收到设链者的网站，实质上是变相占用了被链网站主页上的广告时间，侵犯了被链网站的商业利益，是一种不正当竞争行为。

（3）视框链接

视框链接指的是通过视框的方式将网页分隔成不同的区间，设链者可以将其他网站的网页信息呈现在自己网页的某一视框内，而自己网页的内容依然存在，当用户进入视框链接的网页时，浏览器上的网址仍然是设链者网页的网址，而不是被链接网页的网址。视框链接也同样存在一定的侵权风险：首先，视框链接将被链网站的信息嵌入自己的网页中，而将被链网站的域名、网页标志隐藏或于不显眼的网页位上，侵犯了被链接网站的署名权、信息网络传播权和保护作品完整权；其次，视框链接同深度链接一样，变相占用了被链网站主页上的广告时间，侵犯了被链网站的商业利益，是一种不正当竞争行为。

（4）镜像链接

镜像是指将他人的网站或某些网页予以复制，从而使链接过程更为迅速和顺利，通过镜像，一个网站可以保存另一个网站的完整拷贝。虽然国内没有具体的规定，在英美法系典型的案例认为：建立镜像链接的确科宁对版权保护构成威胁，容易造成“帮助性侵权”。

《信息网络传播权保护条例》第23条规定：“网络服务提供者为服务对象提供搜索或者链接服务，在接到权利人的通知书后，根据本条例规定断开与侵权的作品、表演、录音录像制品的链接的，不承担赔偿责任，但是明知或者应知所链接的作品、表演、录音录像制品侵权的，应当承担共同侵权责任。”该条例对导航库使用正常链接提供一个“缓冲”，如发生侵权纠纷，链接者履行了要求和义务，可不承担责任（明知为侵权作品的除外）。虽然法律为信息资源导航库使用正常的链接提供了一个“避风港”，但针对不同情形的使用方式带来的风险，我们仍然应当谨慎对待：

首先，在使用链接方式时不能损害被链网站的商业利益。链接是网络上的一项公共技术，大多数网站都欢迎、支持用户进行链接，无需经过网站的授权或许可，但链接应当受到一定约束，要以不损害被链网站的商业利益为限。深度链接、视框链接存在损害被链网站商业利益的可能，图书馆不宜使用。

其次，应当注意保护被链网页的完整性。网页具备作品构成条件，应受著作权法保护，链接不应当破坏被链网页的完整性；同时，在收到著作权人告知后，有停止链接的义务。

最后，不宜使用图像链接。图像链接是以图案、照片、美术作品、摄影作品等作为链接标记的一种链接形式，图案、照片、美术作品、摄影作品具有独创性、可复制性，可成为著作权法保护对象。图书馆如果未经著作权人许可，将这些处于著作权保护期的作品链接到自己的网页上，将会侵犯著作权人的著作权。

总之，充分利用图书馆的合理使用条款，获得著作权人的原始授权，谨慎建设和使用，是图书馆人在信息资源导航领域应当遵循的合理模式。

参考文献

1 吴慰慈．图书馆学新探．北京：北京图书馆出版社，2007

2 段维．网络时代的版权法律保护．湖北：湖北教育出版社，2006

3 薛虹．网络时代的知识产权法．北京：法律出版社，2000

4 徐迈. 数字图书馆信息资源建设中的知识产权问题综述. 现代情报,2007(3)
5 郑萍. 学科网络资源导航库建设的知识产权问题分析. 新世纪图书馆,2007(3)
6 陈旭华."网络资源学科导航系统"不同建设模式所涉及的知识产权问题. 图书馆学研究,2006(10)

国家图书馆 Web 2.0 应用实践与思考

陈月婷　数字资源部

[摘　要]Web 2.0 所代表的技术与理念，已在信息产业、IT 业、E-Commerce、E-Learning 等多个领域内形成了巨大的影响。国内外图书馆也积极开展 Web 2.0 在图书馆的应用探索。本文将就国家图书馆一些较为典型的 Web 2.0 应用案例进行介绍与分析，探讨目前应用中尚存在的问题，并就 Web 2.0 对图书馆的价值进行分析，展望 Web 2.0 的未来发展。

[关键词]图书馆　Web 2.0

1　前言

Web 2.0 的概念始于 2004 年 O'Reilly 公司与 MediaLive 国际公司之间进行的一次头脑风暴会议。短短几年间，Web 2.0 所代表的技术与理念，已经对互联网产业形成了巨大的冲击和影响，一系列带有鲜明 Web 2.0 个性特征的网络服务陆续推出（以 YouTube、Facebook、Flickr 等为典型代表），并已逐渐深刻地改变了用户的观念及使用习惯。可以说，我们面临着外部信息环境与用户使用习惯的双重变革。在这种情况下，作为信息提供机构之一的图书馆必须对我们的服务方式进行重新的审视，并作出必要的调整，以使我们的服务能够适应新环境下用户的需要。

尽管仍然存在一些争议，但国内外很多图书馆，已经积极探索推进 Web 2.0 在图书馆的各项应用，如，英国国家图书馆不仅开通了图书馆的 Facebook，还在 Flickr 及 Youtube 上共享照片及视频；美国国会图书馆以 Blog 形式发布新闻公告，同时积极参与 Flickr 的"The Commons"项目，促进国会图书馆珍贵老照片的共享，并开放用户标签与评论以完善照片的描述；澳大利亚国家图书馆在 Web 2.0 应用方面推动了多个实践项目，包括与 Flickr 网站联合建立的"Picture Australia"项目；以 Wiki 为技术基础支持用户资源共享的"Australia Dancing"项目；建立在用户协作方式基础上的"People Australia"项目等。

与传统图书馆服务相比，Web 2.0 鲜明的用户参与及个性化特征极大地弥补了其传统服务模式中单向与被动的弱点，并极好地适应了图书馆倡导的用户中心服务模式中以用户为导向的思想和理念。这也是 Web 2.0 概念一经推出，就在图情领域引起较大反响的原因之一。Web 2.0 与图书馆的结合，也促使了 Lib 2.0 概念的诞生。基于此，国家图书馆也对 Web 2.0 所代表的技术与理念倾注了极大的关注，并从 2006 年起，逐步推动了多个 Web 2.0 项目在国家图书馆的应用。本文将就国家图书馆一些较为典型的 Web 2.0 应用案例进行介绍与分析，探讨目前应用中尚存在的问题，并就 Web 2.0 对图书馆的价值进行深入分析，同时展望 Web 2.0 的未来发展。

2 国家图书馆 Web 2.0 应用

2.1 Blog

博客(Blog)是 Web 2.0 典型的应用之一。作为零技术、零成本、零编辑、零形式的低门槛信息组织与交互方式,博客是对传统信息发布与交流模式的极大冲击与变革。世界著名博客搜索引擎 Technorati 在其 2008 年的统计报告中指出,自 2002 年以来,Technorati 索引的博客记录已达13 300万,博客已经成为一个日益主流化的全球性普遍现象,并已成为人们日常生活中的一部分。① 另据美国知名广告公司优势麦肯(Universal McCann)2008 年 4 月发布的调查显示,博客在大众文化及社会生活中的影响潜力持续增长,在互联网活跃用户中,有 77% 阅读博客,与 2007 年相比,这个比例上升了 11%,而中国更是以 4230 万的数量成为全球最大的博客市场。②

博客正在全球网民媒体信息消费中占据越来越重要的位置,作为信息服务机构之一的图书馆自然也不会忽略这种便捷的信息沟通方式,已经有越来越多的图书馆及信息服务机构开通博客。2007 年 4 月,世界最大的图书馆美国国会图书馆在其网站开通博客,③开放评论,并提供 Digg 及 Del. icio. us 分享;英国著名网络信息资源门户 Intute 于 2007 年 10 月开通博客。④国家图书馆出于树立我馆公共形象、加强与读者交流的目的,于 2008 年 9 月国家图书馆第九版网站推出之际,正式推出“国图博客”,提供 RSS 订阅,暂未开放用户评论。我们有理由相信,随着相关条件的进一步成熟,国家图书馆在 Web 2.0 应用方面将持续推进。

2.2 RSS

RSS 是“Rich Site Summary”或“Really Simple Syndication”的英文缩写,中文称作“简易信息聚合”,是一种基于 XML 的标准,用作互联网上的内容包装和投递协议。RSS 自 1999 年由 Netscape 公司推出以来,最初几年的应用并不是十分普遍。一方面支持 RSS 的站点还很有限,另一方面,RSS 需要专门的桌面阅读器,需在客户端安装相应的软件。2004 年开始,借博客勃兴之机,RSS 开始呈爆炸式增长,并很快成为 Web 2.0 的核心应用之一。⑤ 同时,RSS 的阅读客户端也呈现多样化发展格局,出现了以 Google Reader 为代表的在线阅读器、通过邮件收发程序(如 Foxmail 6.0、Outlook2007)或浏览器(如 IE7、FireFox、Maxthon)阅读的附加阅读器、手机 RSS 阅读器、IM 即时通讯工具阅读器(如 MSN Alerts)等多种 RSS 阅读方式。⑥ RSS 作为一种便捷有效的信息推送方式,已经为越来越多的用户了解和接受。

早在 2006 年,国家图书馆第八版网站就已经开始提供 RSS 服务。不过限于当时的技术条

---

① State of the Blogosphere / 2008. [2008 - 10 - 03]. http://technorati.com/blogging/state-of-the-blogosphere/

② Power to the people, Social Media Tracker, Wave 3. [2008 - 04 - 03]. http://www.universalmccann.com/

③ http://www.loc.gov/blog/

④ http://www.intute.ac.uk/blog/

⑤ 图书馆 2.0 工作室. 图书馆 2.0:升级你的服务. 北京:北京图书馆出版社,2008:64

⑥ 上海图书馆学会. RSS 技术在图书馆中的应用. [2008 - 07 - 01]. http://www.dlresearch.cn/download/SLAWhitePaper-RSS.pdf

件,采取的是手工生成制作 RSS Feed 的方法。在 2008 年国家图书馆第九版网站建设中,采用了开源的 PHPCMS 内容管理系统,该系统是基于 PHP + MYSQL 的先进的网站后台管理系统,支持博客、新闻等多个频道的创建和自动化管理,支持 RSS Feed 的自动生成,不仅极大地提升了工作效率,也确保了 RSS 更新的时效性。

2.3 国图工具栏

国图工具栏(Toolbar)是国家图书馆面向全国读者推出的通用浏览器插件,借助 Conduit 网站提供的免费在线 Toolbar 工具生成。国图工具栏旨在实现国图资源的主动推送服务,使国图的资源和服务融入读者个人信息化流程中去,是协助读者构建完整的个性化学术信息环境的有效尝试,也是国家数字图书馆面向公众提供的 Web 2.0 应用服务之一。①

读者下载并安装成功后,即刻就能将国图的资源和服务集成到自己的网页浏览器中,从而在自己熟悉的网络环境中、在学习和工作流程的任意时间,方便地使用国图的资源和服务,不但省却了前往国图的劳顿之苦和访问国图网站的程序,也避免读者的工作流程因资料查询而被打断。

国图工具栏具有操作便捷、功能强大的特点,具体如下。

- 支持多种通用浏览器,包括:IE、Firefox 等。软件装卸一步到位,所有组件可随意显示或隐藏。
- 支持快速检索国家图书馆的多种资源,包括:馆藏目录、特色资源、电子资源等,通过当前页面鼠标选词即可完成取词工作。
- 高效集成主要搜索引擎,如 Baidu、Google 等。同时集成多种实用检索,如:站内、百科、字典、图片、新闻、天气等检索。
- 可定制组件,将常用的应用软件嵌入工具栏以便浏览网页时随时调用,如:office 软件、媒体播放器、画图、MSN、计算器等。
- 可添加邮件提醒、天气预报等实用组件。
- 支持 RSS,可获取国图网站各个频道的最新更新信息。
- 拦截弹出式窗口。

2.4 掌上国图

掌上国图是国家图书馆推出的以移动终端——手机为平台、以手机用户为对象的信息推送和获取服务。其服务方式主要有以下几种:②

- 移动数字图书馆。以智能手机为服务媒介,根据自身资源特点推出国图动态、文化快递、书刊推荐、资源检索等频道内容,采用动态内容分发(DCD)技术,定期对内容进行更新。读者可以有选择地定制频道、自主选择阅读更新的内容。该服务突破了传统的短信、彩信等强制推送方式,利用新技术实现了信息主动推送与自主获取的结合,使服务提供者和服务使用者都具有相当的主动性。
- 短信服务。是国家图书馆推出的基于短信形式的服务方式,充分利用了手机短信覆盖

---

① http://www.nlc.gov.cn/gjs/gjxz.htm

② http://mobile.nlc.gov.cn/

面广、用户群体广泛、操作方便的特点，通过短信为读者提供图书催还、续借、预约到达通知、读者卡挂失等服务。读者还可以通过短信发表对国图服务的意见、建议等。

• 国图漫游。包括静态导航、动态导航和模拟国图三部分。其中，静态导航为读者提供了国图主楼和各楼层的平面图，读者可以从宏观上了解自己所处的位置和各阅览室的位置；动态导航部分则根据读者选定的初始点和终止点，仿真地为读者指示路径；模拟国图提供国图场景，读者可以身临其境般地漫游其中。

• 读者指南。读者提供下载到本地手机的读者帮助信息，读者可以通过手机便捷地获取国家图书馆阅览外借的相关基本信息，了解国家图书馆的规章制度及常见问题等。

另外，籍国家图书馆二期新馆开馆之际，国图还陆续推出了手机报服务、数字电视服务、虚拟现实服务等一系列特色服务。多元、现代、立体的各项服务正使百年国图焕发新的生机。

3 对国家图书馆 Web 2.0 应用的思考

尽管国家图书馆在 Web 2.0 应用方面推动了一系列实践方案，但总体而言，还存在以下一些问题：

（1）缺乏整体统筹规划

Web 2.0 是一套系统的理念，其应用更是涉及系统各个环节的整体工程，需要图书馆高屋建瓴，予以整体规划实施，甚至要集图书馆界全体之力，宏观规划，并在各个图书情报机构间进行跨地域、跨系统的协作，才能使 Web 2.0 得以彻底实施。

（2）应用范围有限

已有相当一部分学者认识到，并不是在图书馆服务中应用了一项乃至几项 Web 2.0 技术，就证明该图书馆 2.0 化了。考察一个网站或一个系统是否 2.0 化，一个简单的标志，即看该系统的核心业务流程或服务是否 2.0 化。对于图书馆而言，可以说 OPAC 是任何一个图书馆的核心资源和价值的体现，目前国外已有多个图书馆着手推动 OPAC 的 2.0 化，但国家图书馆在这方面还鲜有动作。

（3）开放程度不高

图书馆拥有的资源和服务十分丰富，但其使用往往局限在一馆范围之内。如何通过各种形式开放，供外部用户调用或 Mashup，将在很大程度上决定着资源的利用率。资源和服务开放的方式多种多样，既可以通过 Z39.50、开放 API 等方式，也可以将图书馆的资源主动推送到用户集中的外部平台中去。美国国会图书馆在将 3000 张馆藏历史图片发布到 Flickr 的第一周，点击率即达到一百万，超过了美国记忆（American Memory）的总点击率。而目前国家图书馆可供外部调用的开放 API 还很有限，主动推送到外部平台的资源就更罕有。

（4）用户互动缺乏

从"用户可以控制自己的数据"这个角度衡量，图书馆用户对自己数据的可控程度还不高。尽管国家图书馆已陆续推出了"个人数字图书馆""馆长信箱""网上咨询台"等可以与用户互动的栏目，但用户还无法像使用 Douban、Amazon 等网站一样，将自己的知识和智力贡献到国家图书馆的网站，也无法借助群体智慧发现新的知识。

（5）智力支持匮乏

目前，国内在 Web 2.0 应用方面较为积极的图书馆包括厦门大学图书馆、重庆大学图书馆、上海图书馆等,这些图书馆都有一个共同的特征,即上至馆长、下至技术人员,都对 Web 2.0 抱有极大的热诚,同时无论从管理层面还是智力投入方面,都有一定的支持与保障。而国家图书馆虽然已经认识到 Web 2.0 的重要性,但还没有投入专门的人力物力从事 Web 2.0 的研发。

正如很多专家学者已经认识到的,Web 2.0 对于图书馆而言,其应用的难点不在于技术,更在于观念。如何转变观念,以更加开放的眼光看待图书馆的整体流程,以更开放的态度组织图书馆的资源和服务,善于引进并利用新技术,缔造更加人性化、贴近用户需求的数字图书馆服务体系,将是图书馆 Web 2.0 应用突破的关键点。

4 未来的发展方向

学者 Leigh Dodds 在"The threads of Web 2.0"中指出,Web 2.0 并不是技术上的一种飞跃或革新,它是近年来社会、商业及技术发展的一个集中体现。[①] Web 2.0 的未来发展,主要集中在以下几个方面:

(1)重视用户贡献与社区行为挖掘

"社区"(Community)和"用户"对于互联网来说,并不是一个新鲜的概念。在早期的网络中,网站所有者即通过论坛、讨论组等方式将多个用户集结成社区,目的是保持用户黏性,吸引用户回归。较为典型的应用即形成门户(Portal),通过广告方式赢利。随着网络的不断发展,社区的模式和内涵也在不断丰富与细化,用户不再满足于仅从社区获取资源和信息,而是转向成为社区的贡献者。Flickr、Douban、Amazon 等一系列借助用户贡献成功的 Web 2.0 网站表明,在 Web 2.0 时代,用户的力量及自由意志值得尊重与重视。

对社区用户的行为进行分析可以更好地改善用户体验。用户在 Web 2.0 社区的各种行为,包括评论、获取与贡献资源等,都真实地反应了用户的信息需求,并且这种反馈是实时、迅速的。通过对这些行为的深入分析与挖掘,可以使网站针对用户需求做出更为灵敏的反应。

对于图书馆而言,一方面,可将图书馆的资源和服务推送至用户熟悉的信息利用流程与环境中去,变被动地等待和被发现,为主动的推送;另一方面,注重图书馆用户社区的培养与建设,图书馆本身即是一个巨大的知识体,有着固有的用户群体,如何通过鼓励用户参与和贡献,形成图书馆网络用户社区,并通过社区行为的挖掘,为资源和服务的调整提供依据,将是今后值得图书馆探索和改善的方向。

(2)鼓励数据开放与用户参与

在 Web 1.0 环境下,网络作为一种内容仓储,提供的是最基本的文件共享,在 Web 2.0 环境下,互联网从简单的信息交换平台转向信息创造与协作平台,也即从一种分布式系统转向合作信息环境——而合作和参与也正是 Web 2.0 的核心精神。

Flickr 作为 Web 2.0 的典型应用之一,其成功之处就不仅在于良好的用户界面,更在于其对用户参与及数据共享的支持与鼓励,这就使其与传统的网络照片存储网站产生了本质区别,从而使其在 2.0 时代在线照片共享领域处于支配地位。

另外,社会书签也是信息开放与共享方面的一个成功案例。利用书签收藏网站并不是

---

① Leigh Dodd. The threads of Web 2.0. Serials: The Journal for the Serials Community,2008(21):4-8

一个创新的功能，但 del. icio. us、雅虎收藏等社会书签网站将这种收藏提供网络共享，不仅产生了一种新的分类法——分众分类法（Folksonomy），还便于用户以一种新的形式发现信息。

（3）联网服务及其聚合（Mashup）

网络及软件产业的发展，经历了从客户端/服务器模式到联网服务的发展，网络应用从客户端的桌面直接移植至网上。用户使用这种网络服务，无需下载安装任何软件或客户端，只需要有一台联网的计算机，输入网络服务的地址即可。这种联网服务，不仅使用户的使用突破了客户端的限制，还使用户的浏览器从一个简单的文档浏览器发展成多来源网络服务的聚合平台。Programmableweb. com 网站整理了一张 Mashup 矩阵图（Beta 版）①，将所有开放 API 纵横列为两条轴线，理论上，任意两个不同 API 的交点处，都可以产生至少一个 Mashup 应用。目前两条轴线上罗列的 API 已多达一千多个，所产生的 Mashup 应用更是不计其数。

可见，目前用户获取的信息服务的来源，已不仅包括数字图书馆所提供的服务，还包括许多来自传统图书馆产业之外的信息提供者提供的丰富多样的网络服务。用户关注的焦点也不再是信息服务来自何处，而是如何将多个来源的服务按需合成，为我所用。这就要求数字图书馆在服务方式上要提供一种整合机制，营造一种"即插即用"的信息环境，使内部服务与外部网络服务在信息技术与相关标准支撑下，可以整合成以用户为导向的、统一的、综合化的信息服务环境。同时提供对服务的管理与评估，在对用户信息使用行为进行测量的基础之上持续进行调整与改进。

（4）三维显示与虚拟现实

最初的网络，尽管文档可以通过超链接进行连接，但仍是一维的显示格局。Google Maps 等工具出现之后，信息以二维的形式进行展示，用户无需借助专业的软件和技能即可创建属于自己的地图，同时，还可以通过 Mashup 将多个来源的数据和服务进行聚合。接下来的一个飞跃则是三维显示，如 Google Earth 及 NASA 的 World Wind，提供了地理信息及数据的三维用户接口；而 Second Life 则为用户提供了一个三维虚拟环境，用于创建用户的"第二人生"。目前，加拿大、美国、澳大利亚等国家均在 Second Life 开设了国家图书馆，许多公立图书馆和学术图书馆也开设了图书馆，另外，还有许多直接诞生于 Second Life 的网络图书馆（如 LibraryThing 等）。提供的服务也多种多样，包括馆藏目录检索、参考咨询、课程培训、图书收藏、标签添加等。

作为图书馆服务在虚拟世界的扩展，图书馆在三维领域有着极大的拓展空间，可以协助图书馆的服务和价值最大化。数字图书馆服务不应当停留在被动等待读者发现与使用的阶段，而应当主动融入用户的信息利用流程中去，在用户信息需要的关键时刻被发现与利用。从一维到三维，数字图书馆发展面临一个新的前沿，我们应当关注不断涌现的新的用户环境与信息利用途径，力图将整合化、专深化的数字图书馆信息服务嵌入用户的具体学习与工作应用中去，从而不断发掘图书馆数字资源和信息服务的潜在价值。

---

① http://www. programmableweb. com/matrix

5 结语

Web 2.0 不是简单一项或几项技术的堆砌，从根本上来说，它更是 Web 服务发展的一种大趋势，是一种开放自由的理念。图书馆应用 Web 2.0 的重点，也不仅仅在于对技术的应用和移植，而是将 Web 2.0 的思想和理念纳入图书馆信息服务模式整体建设考量中去，从更广阔、更开放的层次思考图书馆资源和服务的未来走向，用更真诚、更尊重的态度对待用户体验及用户贡献，这样才有可能将我们的图书馆建设成为用户真正需要、喜欢并且依赖的图书馆。

读者需求的变化分析与视频系统的调整策略

——浅谈建立国图特色的VOD视频点播系统

张志平　数字资源部

[摘　要]本文通过对读者需求的调查分析,探讨了音视频数据库在读者服务中的价值,强调了VOD视频点播系统的独特作用,并提出了具体的调整措施,以期为读者提供最好的服务。

[关键词]图书馆　视频　多媒体　数据库

视频资料是国家图书馆各种资源的重要组成部分,是读者不可缺少的阅读内容之一,随着网络技术的发展,图书馆的阅读环境发生了巨大的变化,视频资料的阅读形式也发生了很大变化,人们越来越追求方便快捷的数据库检索方式。在数字环境下,如何调整现有资源为读者服务,如何在不同视频资源中彰显国家图书馆特色,这是摆在我们面前的一个重要任务。

一、读者需求的变化分析

国家图书馆数字图书馆2008年9月落成并向读者开放,其中可供读者上网查询资料的固定电脑座位就达454个,分散在阅览区域的各个楼层之中,并有无线网络可供携带笔记本电脑的读者在馆内任何地方使用。数字图书馆的共享空间为读者提供专业数据库资源,包括书籍、报纸、期刊、会议论文、法律条款等以及音视频资料数据库,自开馆后读者络绎不绝。2008年12月国家图书馆举行每年一度的读者服务周活动,期间我们向近百位前来数字图书馆的读者展开服务调查,内容包括读者查询文献的习惯方式及读者对音视频资源服务的需求方向等,现就有关数据做如下分析,希望从中找到读者浏览图书馆视频资源的基本规律。

1. 不同载体资源的需求变化

首先请看读者所需资源主要类型的调查数据,见图1。

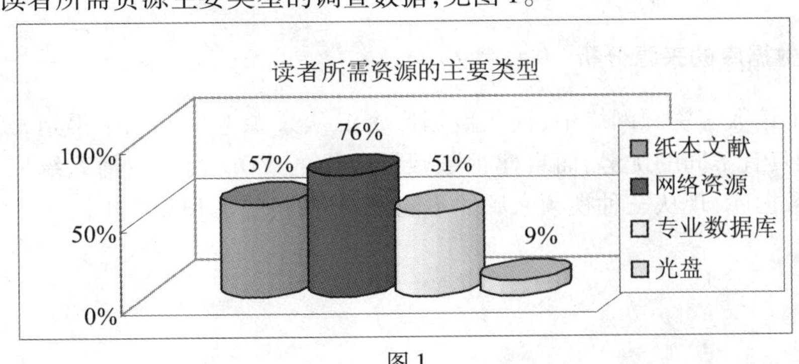

图1

由图 1 中可以看出，在国家数字图书馆中通过网络查询资料的人越来越多，现已超过对纸本文献资料的需求，占调查人数的 76%，而对数字图书馆专业数据库的需求也已达到了 51%。专业数据库的需求代表来馆读者的基本层面，说明专程到数字图书馆来做各种学科研究及查找理论依据的学者已占有相当的比例，数字图书馆已被众多学者所接受，数字共享空间已成为读者科学研究及学习知识的园地。图中的另一项数字显示了电子光盘的需求量仅为调查人数的 9%，不被读者重视，有逐渐被数据库替代的倾向，说明传统的电子光盘的借阅方式已经明显落后于网络数据库的使用方式，数据库查询的快捷方便已经越来越受欢迎。各种专业数据库已经成为数字图书馆中最大的注目亮点。

2. 音视频数据库与其他数据库的需求比例调查

数据库是指某类文件管理的集合。在数字图书馆中专业数据库是中外不同文献资料的数据库，包括全文期刊、电子图书、电子报纸、学位论文、专利标准、数值事实、文摘索引、工具类、音视频等数据库，它基本涵盖了图书馆数字资源的各个方面，可以满足众多读者到馆查阅专业领域文献的需要，是读者查阅资料最直接最快捷的检索方式。图 2 是专业数据库的需求调查，其中包括音视频数据库与其他专业数据库中需求量的比较：可以看到有 42% 的读者需要使用音视频数据库，47% 的读者需要使用全文期刊数据库和电子图书数据库，另外一些数据库的需求量都明显低于音视频数据库，音视频数据库的使用基本接近全文期刊及电子图书数据库的使用率，这表明接近一半的人需要使用音视频数据库，可见音视频数据库在读者心目中的位置。

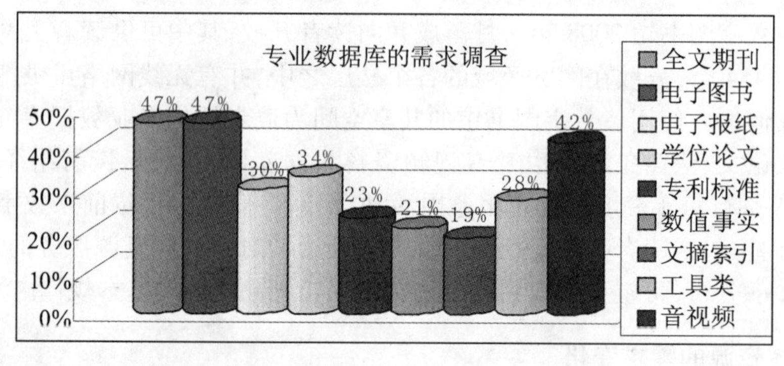

图 2

3. 音视频数据库的来源分析

在国家图书馆数字资源网络中，视频数据库资源从来源上共有三个渠道，即自建、外购和网络，它们分别具有不同的优势，而自建视频数据库中的 VOD 视频点播系统应该说是最经济最自主的视频数据库，现从三种视频来源的不同方面进行比较，请见表 1。

表 1

来源	库例	资源背景	内容设置	自主方式	使用时间	维护管理
自建音视频数据库	《VOD 视频点播》《多媒体光盘管理系统》	依靠图书馆几十年收藏	现有电影及多种多媒体光盘	可更换内容类别	无使用时间限制，可自我调控	可自行管理与维护
外购音视频数据库	《新东方多媒体学习库》	数据库商筹建	一般以某一专业领域的视频资料为主	不可更换内容类别	以外购合同时间为使用期限	需与数据库商协调管理与维护
网络音视频资源	各类音视频网站	依靠网络来源	网络视频多以纪实及影视为主	不同视频网站调控不同内容	以视频网站播放为准	视频网络商自行维护

由表中可以看出在三种不同来源视频数据库中自建视频数据库有比较强的优越性，它不受任何外界影响，可以自我把握内容方向、自我更新数据、自行调控使用时间，管理维修方便等，最主要的优越性还在于它有强大的资源背景，能够随时调配出适合读者需求的视频资源，并能及时更新，方便快捷。VOD 是自建数据库的一种，因此它可以依靠图书馆丰富的资源并根据读者的需求创建具有图书馆特色的音视频数据库。

4. 视频、音频资源内容需求上的不同变化

视频、音频资料常常是相互连在一起的，分别对这些资源的调查可以说明读者的需求变化方向。请比较图 3 和图 4：可以得知学习资料及各种课件等目前已成为音视频资源的主要点播内容，视频资料中对学习资料的要求绝对高于电影资料，占调查人数的 78%，高于电影需求量的 23%，而电影资源需求量占调查人数的 55%；在音频资料中，需要课程录音的读者也占有了较高数值，为 64%，音乐需求量占调查人数的 51%。

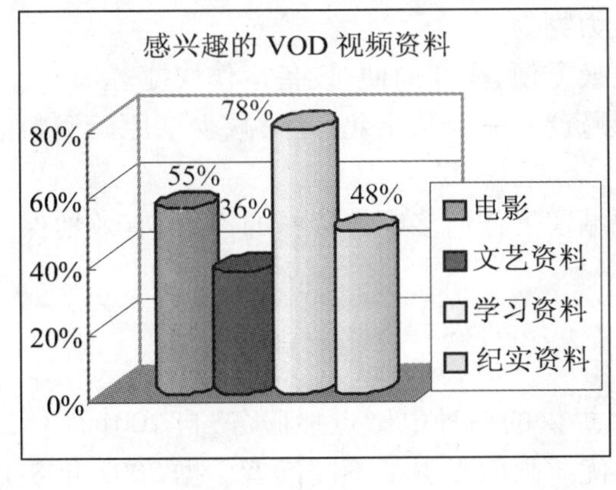

图 3

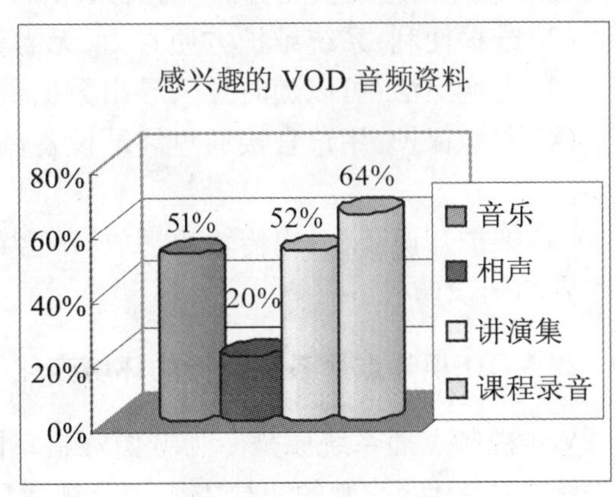

图 4

这一结果改变了我们以往对来馆读者视频需求方向上的自我推测，说明读者在利用音视频资料方面已经从原来单纯的经典电影及经典音乐资料中转移到能够向读者提供文化、教育、课程等方面的音视频资源，同时也说明音视频资源的需求范围在扩大，图书馆为读者提供的音视频数据库服务类别也要相应改变，因为越来越多的读者希望在数字图书馆中找到他们在网络视频中找不到的学习资料。

从以上几个数据资料的变化分析中可以看出：

(1)视频数据库是现代读者喜爱的数据库；

(2)读者在视频数据库内容需求上和过去比较已有所改变；

(3)自建数据库的自主更新能力可满足读者对文化教育类的需求。

二、VOD点播系统的独特价值及现实需求

VOD视频点播系统是图书馆现有自建数据库的一种，在数字图书馆领域可为读者提供各种视频资料，该系统更新能力强，管理方便，能够满足读者多种视频需求。

1. VOD点播系统的特点

视频点播(Video On Demand，VOD)是一种综合了计算机、通信和多媒体等多项技术的多媒体业务，视频服务器是VOD系统的核心，主要完成节目的存储和回放控制，管理着大量的视频节目，为多个并发用户实时地提供多个连续视频流。它由服务端、传输介质网络、客户端三部分组成。服务端主要由管理服务器、数据服务器、和宽带网络设备等组成；传输介质包括光纤、同轴电缆、双绞线等；客户端包括电脑、电视等可接受视频信息的设备。其基本工作原理是将编码压缩索引后的多媒体数据存储在介质中，服务端根据用户在客户端发出的请求指令通过传输介质网络将经过认证的与用户指令将对应的多媒体信息传送到客户端，经解码还原后供用户播放。在公共区域中VOD有被社会公认的如下优势：

(1)点播方便：支持多点并发，满足多人同时在线观看多个不同的音视频信息资料。选择自由、点播方便、速度快捷、优质画面做保证。

(2)维护便利：系统维护方便省力，无需另加人力物力。

(3)更换灵活：可以随时导入导出数据资料，更换方便，操作简便，设备运作快捷。

(4)资源保护：用户直接通过终端设备调阅视频资料，完全数字化程序，减少了原始资料的损伤。

(5)维护知识产权：边传输边播放，不会在客户端留下任何多媒体资料的拷贝，有效地保护了作者的知识产权。

2. VOD视频点播系统运行的环境变化

Vod视频点播系统原是专为音像资料室的读者提供的一种电影点播服务，自2001年使用以来深受读者喜爱，她的快捷方便以及视频质量的优质画面吸引了不同读者。据2002年8月至12月的统计数字表明，VOD平均每日接待读者人次为130至150人次，可供读者使用的机器是30台，内容建设主要以外国经典电影为主，外语对白、中文字幕，是学习外语人员经常光临的有效场所。VOD系统建设以来，电影光盘的借阅量相对减少，原有光盘借阅的繁琐手续被

VOD 的直接点播所替代，大大节约了读者的时间，也使光盘的磨损量相对降低，有效地保护了图书馆的原始资料。

随着国家图书馆数字图书馆的建成与使用，前来图书馆查询数据库资料的人络绎不绝，据2008 年 10 月至 12 月份的调查数字显示，数字图书馆内每天平均接待上机读者达 3173 人次（不包括无线上网人次）。另据读者服务周的调查，在“您是否利用音视频学习”的问题中有52%给予肯定的回答，若以每天读者人次及利用视频资料学习的读者比例计算，则每天查看视频资料的读者就有 1650 人次。可见数字图书馆中人们对视频资料的需求占有相当的比例。

3. VOD 视频点播系统的资源支持

VOD 视频点播的资料来源是以图书馆几十年的音像资料收藏为主，据调查，国家图书馆音像资料收藏 2008 年年底已达173 438张（盘、盒），电子文献的入藏量也已达到35 326张（盘、盒），二者总计收藏量为208 764张（盘、盒），且每年还以很大比例增长。这些资源内容涵盖文化、教育、军事、医学、政治、艺术等各个方面，是其他收藏不能替代的珍贵资源。为保护这些资源不被磨损，近年来阅览室采取所有光盘不借阅的基本原则，使读者难以接近第一手资料，所有音视频资源沉睡在库房之中。因此如何让这些资源为读者所用，如何让读者看到图书馆收藏的音视频资源，笔者认为 VOD 点播系统就是实现这一需求的直接桥梁。

此外，数字图书馆的网络环境及专业人员的技术能力为 VOD 系统工作的正常运行提供了可靠的技术保证。

4. 与其他自建音视频数据库的区别

目前在图书馆内自建音视频数据库有两个：一是多媒体光盘管理系统，该系统收录馆藏部分请求率高或实用价值较高的多媒体光盘资源，如百科全书、全国总书目、文化年鉴等书目性质的非书资料，以及计算机网络学习等相关内容，它支持光盘的检索和浏览，并可链接方正电子图书，阅读光盘时需在本地安装虚拟光驱软件。二是 VOD 视频点播系统，该系统以馆内DVD、CD 资源为基础，突出音视频特征，容易被更多读者所接受，且点播方便，影像质量上乘，它与多媒体管理系统在内容和形式上都有所区别，故它是图书馆内不可缺少的音视频资源。

三、创办国图特色的 VOD 视频点播系统

在数字图书馆视频网络环境下，现有 VOD 系统存在一些问题，比如播放资料更换较少，内容与网络视频重叠、缺少专人维护，更新速度不快，容量不够大等。这些问题若能在管理上加强规范与调整，VOD 视频点播系统的现状就会有所改变，就可以体现出国家图书馆视频资源的独特价值。具体措施应在以下方面考虑：

1. 根据读者需求，制定内容方案

以读者的需求为我们调整方案的根据应该是现实而有效方法，请见图 5。

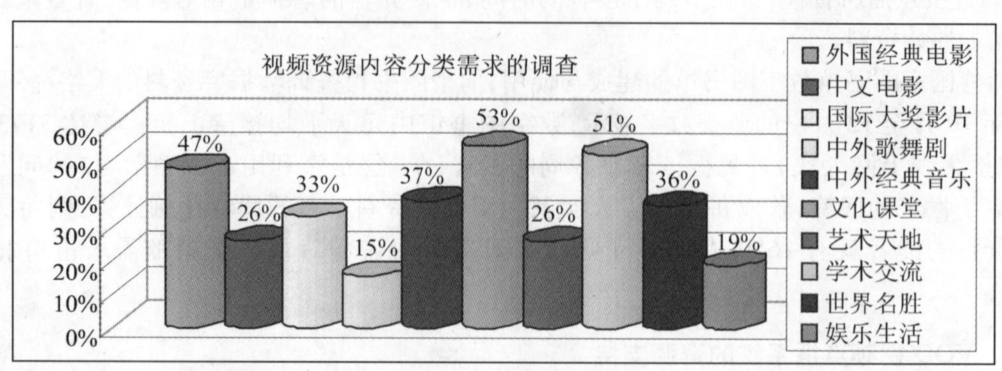

表 5 读者调查分析图

结果显示,读者对音视频资料中"文化课堂"和"学术交流"内容的需求较多;"中外经典电影"的需求排在第三位;其他视频需求比例则较少,可见读者对图书馆自建的视频资料的需求是有其一定要求的,他们更希望在国家图书馆内找到与文化教育有关的视频资料,这些资料可以为他们的学习工作带来进取和提高。在现有的网络环境下 VOD 应该做内容上的调整,应该充分考虑读者需求的变化。

2. 扩充系统容量,加大视频空间

目前 VOD 视频点播中可为读者提供的电影资料空间是 1200 部左右,如果调整内容并增加其他类别,则需扩充容量加大空间。在音像资料原始光盘中,优秀的文化教育类的视频资料往往以整套出版,需占有更多的空间,因此将这些资料上传到 VOD 系统中没有较大的容量是不能满足读者需要的。

3. 定期更新资料,专人负责管理

对于专门到图书馆查询视频资料的读者来说定期更新 VOD 资料尤为重要,要保留那些经典的作品,过滤那些过时的内容,要设立专人负责选材和维护,有些资料需跟上社会步伐,体现实时性,才能满足不同读者需求。

4. 适时做好宣传,引导读者观赏

在及时更新资料内容的基础上要做好 VOD 的宣传介绍,将随时变化的内容以各种方式通报给读者,比如可在局域网的桌面上做文字提示、打印宣传单、召开读者座谈会等,使资源与需求得到统一。

5. 依靠馆藏资源,彰显国图特色

依靠馆藏资源创建国图特色应该是我们工作追求的目标。在视频资料收藏方面,国图有得天独厚的优越条件,这是 VOD 内容的资源保证,在读者方面数字图书馆每天接待上网人员上千人次,其中 42% 的读者有视频需求,这是 VOD 有效使用的基本前提,因此加强 VOD 的管理与维护,调整 VOD 的方针与策略,使国图的视频资源得到有效利用,才能使 VOD 视频点播节目彰显国图特色，满足大众需求。

总之，VOD 系统是图书馆利用网络开展信息服务的重要组成部分，开发 VOD 的服务使其更好地履行图书馆职能，是我们服务工作的一个目标。随着网络的不断普及，用户对网上视频的点播需求增多，数字图书馆在网络环境、系统平台、存储设备、服务器的性能、交换机等方面也将不断完善，馆内自建的音视频数据库必将越来越受到更多读者的青睐。

参考文献

1 李华．数字图书馆视频点播系统的构建．成都大学学报（自然科学版），2006(2)

2 薛洪明．图书馆网络视频点播服务研究．现代图书情报技术，2004(6)

3 田阳．流媒体技术及其在图书馆中的应用．图书馆，2008(1)

4 张志平．立足于读者，服务于大众——浅谈国家图书馆音像资料的完善与利用．见：詹福瑞主编．文津论丛——国家图书馆第九次科学讨论会获奖论文选集．北京：北京图书馆出版社，2007

数字版权征集风险管理初探

——以“国家数字图书馆中文图书公益性网络阅读”项目为例

韩新月　冷　熠　数字资源部

[**摘　要**]数字版权征集是对数字资源建设和服务模式的新探索,面临着各种风险,主要有管理风险、社会风险、人员风险以及项目执行过程中各阶段存在的信息风险、资源风险等。本文探讨了在数字版权征集过程中实施风险管理,针对不同风险,采取不同的风险控制策略,采用风险回避、风险降低、风险转移、风险保留等措施降低风险损失,提高决策效率,为实现数字版权征集目标提供保障。

[**关键词**]数字版权征集　风险分析　风险控制　风险管理

在计算机技术和网络环境的推动下,用户的信息利用习惯发生了巨大转变,数字资源已经成为图书馆信息采集和提供服务的主要资源类型。在此背景下,图书馆界开始探索新的数字资源建设和服务模式,其中,征集数字版权为用户提供公益性网络阅读服务就是一种全新尝试。数字版权是版权(著作权)的一种延伸和补充,[1]主要指作品数字化形式的复制权与信息网络传播权。由于目前相关的法律、技术等条件尚未成熟,而且国内外没有成功的项目实施经验可供借鉴,数字版权征集工作面临着来自于各方面的风险。

风险具有客观性、偶然性、损害性、不确定性和可变性,因此,对风险进行有效管理具有重要的现实意义。数字版权征集风险管理是指对数字版权征集过程中所面临的风险进行识别和评估,并在此基础上有效地控制风险,以最低成本实现最大安全保障的科学管理方法。在数字版权征集过程中实施风险管理,有利于降低不利风险损失,提高决策效率,为实现数字版权征集目标提供保障。

1　数字版权征集的风险分析

从宏观层面上分析,数字版权征集过程中的风险主要由以下因素造成:

(1)数字版权的总体管理和交易状况复杂,市场不规范;

(2)相关的法律政策不够完善;

(3)数字版权征集工作属于全新尝试,其执行和管理流程可能存在漏洞。

本文以“国家数字图书馆中文图书公益性网络阅读”项目(以下简称“网络阅读”项目)中的数字版权征集工作为例,分析该类项目的风险管理问题。“网络阅读”项目始于2008年,目标是促进中文数字资源的永久保存、利用数字资源更好地开展公益性服务,该项目开创了我国图书馆征集数字版权提供服务的先河,在国内外图书馆界具有一定代表意义。

1.1　风险识别

风险识别作为数字版权征集风险管理的基本前提,是通过感知、判断或归类的方式发现风险的过程。[2] 常用的风险识别方法有：流程分析法、专家调查法、分解分析法、事故分析法等。综合考虑环境因素和实践活动的特点，“网络阅读”项目采用了流程分析法与专家调查法相结合的风险识别方法。该项目的主要流程如图 1 所示，其中，项目调研、前期准备、招标、版权征集和成果验收是数字版权征集所涉及的主要环节。

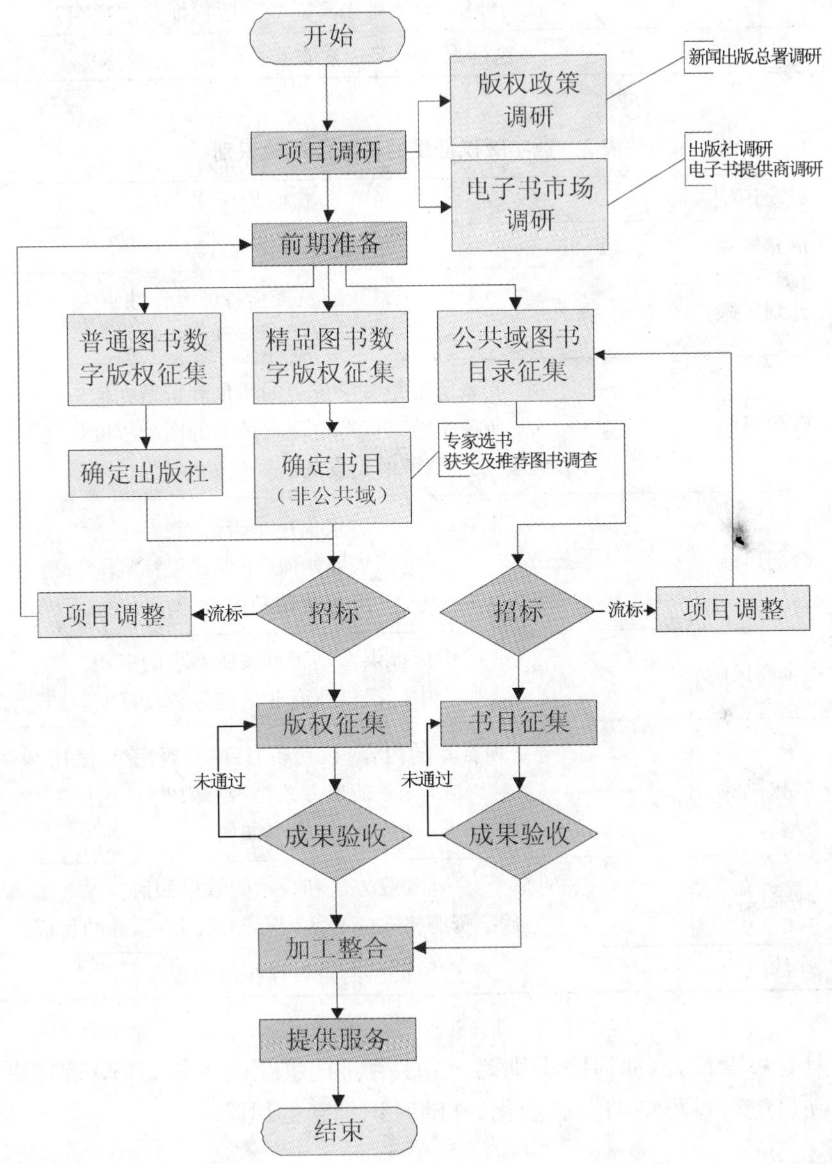

图 1 “国家数字图书馆中文图书公益性网络阅读”项目流程图

通过流程分析法，逐一调查分析数字版权征集的每个执行阶段，并广泛征求图书馆界、出版界及法律界专家的意见，挖掘出各环节中主要的现实风险和潜在风险及其损失规律，详见表 1 和表 2。

表 1　数字版权征集的全过程风险识别

风险识别	风险描述
管理风险	是否建立了完善的管理制度？ 管理效果如何？
社会风险	社会经济、政策等因素对数字版权征集的影响？
人员风险	执行人员的综合素质能否满足工作要求？

表 2　数字版权征集的各阶段风险识别

执行阶段	风险识别	风险描述
项目调研	信息风险	信息是否全面、准确？
前期准备	计划风险	项目计划是否具备可操作性？ 项目计划的可持续性如何？
	资源风险	所征集数字资源的质量和价值如何？ 所征集数字资源与原有馆藏的匹配程度如何？ 所征集数字资源的重复问题如何处理（包括多版本问题）？
招标	合同风险	需求描述是否恰当？ 招标结果如何（中标或流标）？ 发生费用是否合理？
	提供商风险	中标提供商是否具备所要求的资质？ 中标提供商商业信誉是否良好？
征集	版权风险	所征集的内容（权利和书目）是否完整、适用？ 征集方式是否有效？ 征集率如何？
成果验收	技术风险	验收方法和技术的效果如何？ 数字资源格式能否实现存储及网络服务的目标？
	违约风险	提供商是否存在违约现象？

由于风险具有可变性，因而风险识别是一项持续的、系统的工作，风险管理者必须密切注意原有风险在项目进行过程中的发展变化，并随时识别新的风险。

1.2　风险评估

通常情况下，开展风险识别的同时即可进行风险评估，利用适当的评估方法和评估工具，确定每个风险的级别，以便根据不同的风险级别，采取不同的应对措施，从而为风险控制奠定基础。

1.2.1　风险评估方法

在充分考虑风险特性及评估需要的情况下，应综合使用多种方法进行风险评估，总的说来,根据风险评估活动的属性,可以划分为定性(Qualitative)评估和定量(Quantitative)评估。定性评估法是目前采用最为广泛的一种风险评估方法,具体操作方法包括群体决策(如Delphi法)、检查列表(Checklist)、问卷(Questionnaire)、访谈(Interview)、知识分析法(Knowledge-based)等;定量评估法收集与风险有关的大量精确数据,按照某种数理方式进行加工整理,作为评估风险等级的依据,具体操作方法包括模型分析法(Model-based)、层次分析法(AHP)等。

实际上,由于目前开展的数字版权征集工作属于全新探索,缺乏可供分析的历史数据,不具备精确计算的条件,因此,不适宜采用完全的定量方法来评估风险。而定性评估法基于信息和经验的判断,具有简便、易用、全面分析的优势,成为数字版权征集的风险评估实践的主要方法。在"网络阅读"项目的数字版权征集风险评估中,项目人员确定了符合项目环境和目标要求的风险评估战略,对评估时间、力度、展开幅度和深度加以明确计划,在保证所采集的评估信息全面、准确、有效的前提下,开展了以定性评估法为主的风险评估活动。

1.2.2　风险评估结果

风险评估涉及两个主要因素:风险影响(Impact)(见表3)和风险概率(Probability)(见表4)。[3]这两项指标可以来自一定历史数据基础上的主观判断,也可以通过量化的方式计算。风险评估结果一般通过风险级别矩阵来表示(见表5),例如,"风险n"的等级为"I_2 P_2",表示在数字版权征集的某些时候,可能会发生某些环节受到风险影响的情况,但采取补救措施一定可以挽回风险带来的损失。

表3　数字版权征集的风险影响(Impact)

影响级别	名称	描述
I_5	灾难级	数字版权征集的全部工作被迫完全停止。
I_4	非常严重级	数字版权征集的全部工作意外中断,但采取补救措施可能继续进行。
I_3	严重级	数字版权征集的某些环节受到影响,但采取补救措施可能继续进行。
I_2	一般级	数字版权征集的某些环节受到影响,但采取补救措施一定可以挽回损失。
I_1	较小级	数字版权征集的某个环节受到影响,但对其他环节没有任何不利影响。

表4　数字版权征集的风险概率(Probability)

概率级别	名称	描述
P_5	很高	在大多数情况下都会发生。
P_4	高	在大多数情况下可能会发生。
P_3	一般	在某些时候应该会发生。
P_2	低	在某些时候可能会发生。
P_1	很低	只有在例外的时候会发生。

表5　风险级别矩阵

风险概率 / 风险影响	P_1 很低	P_2 低	P_3 一般	P_4 高	P_5 很高
I_1较小级					
I_2一般级		风险 n			
I_3严重级					
I_4非常严重级					
I_5灾难级					

根据需要和现实执行条件,"网络阅读"项目综合采用多种定性评估的方法,对数字版权征集中的各种风险进行了全面的评估,确定了风险级别矩阵,在此不再一一赘述。

需要注意的是,数字版权征集风险评估以定性评估法为主,而定性评估法通常只关注风险事件所带来的影响,忽略事件发生的概率。因此,在进行风险等级评估及利用风险级别矩阵时必须充分考虑这个因素,尽可能准确地反映特定环境下的风险影响。

2 数字版权征集的风险控制

不可能也没有必要消除所有风险,风险控制的目的是通过合适的调控,将风险损失最小化到可以接受的程度。[4] 风险控制必须把握全面性和适应性的原则,也就是说,风险控制不但贯穿数字版权征集的全过程,而且能够根据内外环境的变化,适时更新控制策略,保证风险管理决策的可操作性和有效性。风险控制的基本思路是针对不同的风险提出不同的控制方法,常见的风险控制方法有:[5]

(1)风险回避:主动避免风险损失发生的可能性,简单的风险回避是一种消极的风险控制方法。一般说来,只有在无力降低、转移或承担某种风险的情况下才会采用风险回避的方式。

(2)风险降低:也称为损失控制,通过制订计划和采取措施降低损失的可能性或者减少实际损失。

(3)风险转移:通过契约,将让渡人的风险转移给受让人承担的行为。

(4)风险保留:控制主体自身承担风险,适用于应对发生概率小且损失程度低的风险。

2.1 数字版权征集管理风险的控制

数字版权征集的管理风险主要存在于管理制度方面,是否建立完善的管理制度和采用有效的管理方法对数字版权征集的成效有至关重要的影响。“网络阅读”项目从一开始就致力于管理制度和方式的探索,采取了以下风险控制策略:

2.1.1 目标管理

明确数字版权征集目标和“网络阅读”项目目标,是一种风险降低策略。执行人员始终了解并执行总体目标和个人目标,有效降低因目标不清晰或行动路线错误而带来的风险损失,是完成项目的重要保证。

2.1.2 进度管理

在宏观层面上,对全部进程实施整体控制,使项目得以紧张而有序地开展。在微观层面上,加强对每项进度的控制,了解各个环节的实施方法和进度安排,并采取有效措施进行适时调节,如:在精品图书数字版权征集中,项目人员主动、及时地了解专家遴选书目的进度,并根据专家的建议补充了部分基础书目数据。

2.1.3 相关方管理

数字版权征集是一项系统工程,涉及不同机构、不同部门之间的沟通和协作。因此,需重视协调各相关方面之间的关系,充分发挥人力资源配置的效用,建立稳定的沟通机制和信息传递渠道,及时收集和反馈信息。因此,在项目启动阶段,必须考虑风险转移的策略,通过协议或契约预先确定相关问题的责任方,建立快速反应机制,提高解决问题的效率。

2.1.4 文件管理

文件管理是项目管理中的一项重要工作,也是风险降低的一种策略,应使之常规化、程序化。“网络阅读”项目指定了专人对全部项目文件进行存档和管理,包括项目计划、实施方案、相关协议、阶段总结、各种数据文档等,以备查用。

2.2 数字版权征集资源风险的控制

数字版权征集中，资源风险的控制主要从数字资源的质量、价值和书目数据的质量这三个方面来考虑。

2.2.1 资源质量与价值控制

选择来源可靠、数量丰富、质量较高的基础数据，是完成数字版权征集工作的重要前提。以精品图书数字版权征集为例，主要以国家图书馆人文社会科学类的书目数据为遴选依据，进而作为数字版权征集的对象，保证了所征集资源的质量，大大降低了因数字资源质量问题而带来的加工、服务等方面的风险损失。

2.2.2 资源目录数据控制

数字版权征集工作必然涉及大量的书目数据，因此，项目执行人员必须充分了解数字版权征集所用数据的基本知识和典型特征，制定灵活、有效的数据处理计划，能够利用各种软件工具执行给定条件下的数据清洗工作。另外，由于"网络阅读"项目采取了业务外包的执行方式，因此，必须重视验收后续工作，进一步剔除不符合征集要求的资源，核查存在疑问的书目数据，确保数字资源的可靠性和适用性。

2.3 数字版权征集版权风险的控制

在数字版权征集中，关于版权风险的控制是重中之重。综合考虑图书馆技术、人员、成本等因素，该类项目适宜采用业务外包的执行模式，图书馆重点进行项目管理。国家图书馆在开展"网络阅读"项目时，即采取了这种风险转移的策略，并通过明确需求、严格控制招投标程序、严格验收等风险降低的措施，最大程度保障了风险转移的效果符合图书馆的利益。

尽管通过风险转移的策略能够回避一部分风险，但是，图书馆必须独自承担验收过程中存在的风险损失，因此，风险保留的控制策略必须与验收环节的技术风险控制相结合。

2.4 数字版权征集技术风险的控制

数字版权征集的技术风险主要发生在成果验收阶段。对于业务外包模式，应加强验收管理，探索简便、高效的验收技术路线，并注意总结验收经验，不断改进工作方法，提高验收技巧，保证工作成果的真实性和合理性。同时，重视验收工具的开发和应用，如各种软硬件工具等。在"网络阅读"项目的阶段验收中，国家图书馆配置了专门的服务器，并授权验收人员使用相关的管理软件。此外，国家图书馆还计划开发版权征集管理平台，用于支持数字版权征集全流程的管理，通过技术保证降低风险损失。

3 数字版权征集风险管理的进一步要求

风险和效益总是并存于数字版权征集活动中，只有正确识别、评估、控制风险，才能为图书馆服务带来更大成效。国家图书馆开展了数字版权征集风险管理的初步探索，未来有更多相关问题需要进一步解决。在技术上，目前对风险评估工具的利用很有限，应在数字版权征集中加强对风险识别、风险分析和风险控制技术和方法的研究；在管理上，目前尚未进行风险控制效果评价，对风险控制决策科学性和适用性的验证应在未来得到解决。另外，随着管理体系的发展和完善,建立成熟的风险预警和干预系统,应成为风险管理的必要内容。

在风险控制过程中,由于风险发生概率和影响程度都存在差异,风险本身的发展也不平衡,所以,应当处理好全面控制与重点控制的关系,统筹全局,协调一致。对于关键环节和重要风险,宜进行重点控制;而对于一般性风险,密切关注其发展变化,并适时控制,以避免发展成为重要风险。

参考文献

1 李永先,宫宇,荣鸿悦. 网络环境下图书馆业务中数字版权保护问题研究. 图书馆界,2007(12)
2 郭永建,吴家柱. 数字图书馆风险管理研究. 新世纪图书馆,2007(5)
3 杨道玲. 数字馆藏风险管理初探. 图书情报工作,2007(1)
4 周亮文,李仁生. 略论文献资源采访风险管理模型建立及控制. 农业图书情报学刊,2008(11)
5 杨建平. 技术经济学教案——风险决策与风险管理.[2009-6-26]. http://202.200.144.17/jpkc/jsjjx/

MARC 四十年：回顾与反思

曹　宁　文化教育部

［摘　要］在回顾 MARC 四十年发展历程的基础上，讨论了 MARC 在图书馆信息资源组织领域的优势与缺陷，对“MARC 过时论”观点进行了辨析，对 MARC 的未来发展趋势作了展望。

［关键词］机读目录　信息资源编目　元数据

MARC 是 Machine－Readable Catalogue 的缩写形式，中文简称机读目录。2009 年是实用化 MARC 问世的 40 周年。1969 年 3 月美国国会图书馆开始向全国发行 MARC2 格式的英文图书机读目录磁带，标志着 MARC 从此走进图书馆自动化管理的历史舞台。

40 年间，MARC 从美国普及全世界，形成了阵容庞大的 MARC 家族。诸如 LCMARC、USMARC、MARC21、UNIMARC、CNMARC、CMARC 等名称令人眼花缭乱。以下我们对 MARC 家族的源起和流变做简单回顾。

1　MARC 简史

1.1　MARC 的发端

机读目录是伴随着计算机技术在图书馆的应用而产生的，最早出现在美国国会图书馆（Library of Congress）。LCMARC 中的“LC”即是美国国会图书馆的缩写。1961 年，美国国会图书馆在年度报告中提出了建立图书馆机械化系统的设想，并确定以书目编制的机械化为发端。1963 年，该馆引进了 IBM 计算机，并组织了图书馆计算机技术应用的可行性调查。1966 年 1 月，美国国会图书馆发布了《标准机器可读目录款式的建议》，史称 MARC1 格式。这是世界上第一个实验性的 MARC 格式，由于过多地考虑程序员编程上的便利，而不便于存储数据，距离实用化标准还有差距。又经过一年多的实验改进，美国国会图书馆在 1968 年提出了 MARC2 格式，并于一年后正式投入使用。MARC2 是世界上第一个实用性的 MARC 格式，也是目前使用的各种机读目录格式的母本。

1.2　MARC 的普及

从 20 世纪 70 年代初开始，美国国会馆继图书之后，按照不同文献类型又分别开发出连续出版物、地图、档案和手稿、计算机文档、乐谱、音像文献等 6 种 LCMARC 的版本。并在书目记录格式的基础上，进一步派生出规范记录格式。1971 年，LCMARC 被美国国家标准学会批准为《书目信息交换磁带美国国家标准》（ANSI Z39.2－1971）。自 1983 年起，上述 7 种 LCMARC 版本的合并版，被正式更名为 USMARC（“US”是美国的缩写）。

回顾 MARC 早期发展的历史，美国国会图书馆所做的贡献几乎超过了世界其他所有图书馆所做贡献的总和。正是由于该馆的示范、带动和推广,MARC 格式在全世界图书馆界迅速地普及和发展。20 世纪 70 年代前后,许多国家或地区都按照 LCMARC 所规定的记录结构,结合各自的编目条例和语言特点,制订了本国或本地区的机读目录通讯格式标准。其中在国际上有较大影响的如英国(UKMARC,1969);德国(MAB - 1,1972);法国(MONOCLE,1975);加拿大(CANMARC,1975)。同期发展起来的还有澳大利亚的 ANBIMARC、印度的 NISSAT、拉美地区的 MARCAL 等。

1.3 MARC 的国际标准化

随着 MARC 在世界范围内的普及,1973 年国际标准化组织(ISO)参考 LCMARC 的记录结构发布了《文献目录信息交换用磁带记录格式》(ISO2709)。该标准规定的是机读书目的框架格式,而非具体执行格式,即机读目录的逻辑组织原则和实施方法。在此基础上不同类型的文献机构可制订不同的执行格式。1971 年 8 月,国际图联(IFLA)成立了内容标识符研究小组,开始设计一种通用格式,以实现各国机读目录数据的共享。1977 年发布《通用机读目录格式》第 1 版(Universal Machine-Readable Catalogue, UNIMARC)。与同期的 LCMARC 相比,UNIMARC 可以容纳多种类型的文献,并综合考虑了多种编目规则的需要,在字段设置上体现出更大的灵活性;对数据的组织也更为科学与合理。因此上世纪 80 年代开始 MARC 研制工作的国家和地区大多参考或等效采用了 UNIMARC 标准。典型的如日本的 JMARC,俄罗斯的 RUMARC,中国的 CNMARC 以及中国台湾地区的 CMARC 等。自 1977 年以来,UNIMARC(书目格式)出版物的更新情况如下:

1977　UNIMARC—Universal MARC Format 第 1 版

1980　UNIMARC—Universal MARC Format 第 2 版

1983　UNIMARC Handbook

1987　UNIMARC Manual 第 1 版

1994　UNIMARC Manual 第 2 版 其后共更新 5 次

(1996、1998、2000、2002、2005)

2008.8　UNIMARC Manual 第 3 版印刷版出版

2008.12　UNIMARC Manual 第 3 版在线版发行

目前 UNIMARC 除书目格式(UNIMARC/Bibliographic)外,还有以下几种:

名称规范格式:UNIMARC/A—UNIMARC/Authorities

主题分类格式:UNIMARC/C—UNIMARC/Classification

馆藏格式:UNIMARC/H—UNIMARC/Holdings

据 IFLA 最新消息,上述格式将分别于 2009—2010 年推出最新版。

几十年来,在信息服务领域与 IFLA 发布的 UNIMARC 体系平行的还有以下几种 MARC 的国际标准:

(1)MARC21

1999 年,美国图书馆协会宣布 USMARC 正式更名为 MARC21,意即面向 21 世纪的 MARC。MARC21 对内实现了 USMARC 各文献类型的格式一体化,对外整合了 UKMARC(英国)和 CANMARC(加拿大),标志着这一格式标准正在向国际化方向迈进,并且就维护力度和更新速度而言,已经成为目前国际图书馆界事实上影响力最大的格式标准。

（2）CCF

联合国教科文组织（UNESCO）1974 年组织制订了国际情报界书目信息交换格式《UNISIST 机读书目著录参考手册》；1983 年，在 UNISIST（世界科技信息系统）的基础上组织制订了《共同通讯格式》（Common Communication Format，CCF）。1992 年该机构在文献书目信息交换格式（简称 CCF/B）的基础上又派生出了一个事实信息交换格式（简称 CCF/F），用以兼容项目管理信息、机构信息和个人信息。这是目前已知的基于文献信息数据处理的机读目录标准中，唯一将非书目信息资源与书目文献信息资源融为一体的实例。

（3）ISDS

即国际连续出版物系统（International Serials Data System）机读格式，同样遵循 ISO 2709 标准，具体的字段与子字段定义与其他格式不同。

1.4 MARC 在中国

自 1979 年起，北京图书馆开始订购 LCMARC 数据。上世纪 80 年代初，由北京图书馆牵头，成立了“北京地区机读目录研制协调组”，北大、清华、中科院图书馆等多家单位参加，通过学习 LCMARC 磁带，开始研究中国的机读目录格式问题。1986 年，北京图书馆以 1980 年发布的 UNIMARC 第 2 版为蓝本，依据等效采用原则，开始编制《中国机读目录通讯格式（讨论稿）》。该书几经补充修订，于 1991 年正式出版。1995 年，内容更为翔实的《中国机读目录格式使用手册》出版。1996 年中华人民共和国文化部发布文化行业标准《中国机读目录格式》（WH/T0503－96）。2001 年，《中国机读目录格式使用手册》推出修订版。2004 年，国家图书馆出版了《新版中国机读目录格式使用手册》。

2 MARC 在图书馆信息资源组织领域的优势

MARC 是一种用于计算机数据交换的磁带格式，尽管它的数据载体早已脱离了磁带介质，但其设计结构却始终没有改变。从严格意义上讲，今天我们所使用的 MARC 是一种带有特殊控制符号（主要是子字段标识符、字段结束符和记录间隔符）的线性文本文件，它适于机读而不适于人读。即我们无法直接阅读 MARC，更不能在通用文本编辑器（如 Word 或写字板）中直接编辑和修改它们。过去曾有人认为可视性差是 MARC 的一大缺点，其实从计算机管理角度看，作为交换格式的 MARC 在系统输出时确定记录长度和地址目次区结构，本身就是对数据信息进行校验和封装的过程，这一做法保证了交换过程中数据信息的完整性与可靠性。四十年来，MARC 在图书馆领域得到广泛应用，并始终在自动化系统中扮演着核心角色，这一现象绝非偶然。

2.1 MARC 很好地解决了文献信息资源描述过程中的不定长与可重复问题

MARC 实际上包括了交换格式和标记系统两部分定义体系。其交换格式决定了它的原始数据保存形式（以头标区、目次区、数据区的三段式结构为主要标志），而标记系统则构成了它的书目信息组织体系（以功能块的划分和字段、子字段的设置为主要特点）。

对 MARC 标记系统做进一步分析，我们会发现 MARC 最本质的特点是对信息描述的不定长和可重复。这是它与表单式文件或定长数据库结构相比，很大的优势所在。除了极个别的计算机控制字段(如 UNIMARC 的 100 和 105 字段)外,绝大多数 MARC 字段和子字段都是可变长的,并且或者是字段可重复或者是子字段可重复。而重复字段还是子字段,则原则上取决于相关编目规则是要求重复著录项目还是重复著录单元。当然,在 UNIMARC 中也有极个别情况,即字段与核心子字段(一般是$a)都可以重复(比如 215 和 610 字段)。这实际上是针对信息著录或标引过程中出现的复杂信息重复情况而设定的,实际上是对重复信息的分类整序。

MARC 的不定长与可重复特点,使其特别适合于文化记忆机构(如图书馆、博物馆、档案馆)所藏资源的信息描述和揭示,是其在上述机构的自动化系统中长盛不衰的重要原因之一。实际上,任何元数据如果无法妥善解决不定长和可重复问题,都无法在这一领域具有竞争力。

2.2 MARC 充分满足了所属编目规则在实际应用中的需要

就 MARC 的标记系统而言,从诞生之日起,其基本使命就是为了满足所属编目规则应用需要的。比如它的记录、字段、子字段设置直接对应于编目规则的款目、著录项目和著录单元的要求。换言之,MARC 标记体系的具体规定往往直接来自于编目规则的实际要求,MARC 的发展变化始终听命于或受制于编目规则的发展变化。当然,MARC 的成功之处也正在于,到目前为止,它的标记系统与编目规则结合得最彻底、最充分,是完美满足编目规则应用需要的一种元数据标准。

在所有元数据标准中,MARC 也是数据项目设置最复杂的一种。以 UNIMARC 为例,目前启用的子字段超过 200 个,其对信息描述内容分类的精细与复杂程度,都是其他元数据无法企及的。并且随着信息编目一体化的发展趋势,为囊括更多的文献类型(如博物馆与档案馆文献)与更广泛的编目规则,MARC 的标记系统有进一步复杂化的可能,这使得非专业领域的编目者对之望而却步,也颇有微词。

2.3 MARC 基本上实现了以书目数据为核心的图书馆计算机管理与控制的要求

如果说,满足编目规则实际需要是 MARC 格式设计的基本要求的话,那么实现计算机管理与控制则是 MARC 格式设计的扩展要求。比如 UNIMARC 中 1 字段(编码信息块)主要就是为了满足计算机管理、控制与统计需要的。后来又扩展为以编码形式记录特殊文献类型的各种复杂的属性特征,如电影制品(115 字段)、电子资源(135 字段)等。

另外 MARC 设置的字段指示符,最初的主要功能也是为了实现计算机抽取检索点或提供系统显示需要的。后来字段指示符的功能又扩展到限定字段内容类型,如 UNIMARC 的 710 字段(指明是团体或会议);或者对字段内容性质进行补充说明,如 327 字段(是结构化或非结构化)。

如果说 MARC 在满足编目规则应用需要方面非常成功的话,那么在实现计算机管理与控制方面则只能说基本合格,还有待完善。比如,UNIMARC 的 1 字段由于设计过于繁琐,极大地增加了编目工作量,一直为编目员所诟病。而且在 1 字段中很多当初设计可用于文献二次检索或限定检索的著录信息,在实际的书目检索系统中或者完全没有应用,或者只应用了一小部分,其著录的实用价值因此受到怀疑。当然,客观的评价,上述问题即是 MARC 自身设计的问题,也是计算机系统功能实现的问题。目前国际和国内的一些优秀软件,已经开始很好地理解和利用 UNIMARC 的 1 字段信息,在逻辑库划分、渐进检索、文献聚类等方面发挥了很好的作用。

当然,经过四十年的发展,在 MARC 记录中确有一些冗余数据,是当年计算机处理能力有限时遗留下来的(如嵌套字段中书目信息的组织方式),有必要改革或废止。

3 MARC 的缺陷和疑问

在上面我们已经谈及了 MARC 格式的一些缺陷,比如编码信息块设置繁琐、标记系统越来越复杂等,由此带来的必然疑问是:MARC 过时了吗? 特别是近年来,随着 DC 元数据的普及以及 MARCXML、MODS 等标准的推出,MARC 过时论时有耳闻。在图书馆专业博客中也出现了"愿 MARC 永垂不朽""MARC 必须去死""谋杀 MARC"等极端观点的文章。因此,我们有必要对"MARC 过时论"的观点进行比较深入的分析和研究。"MARC 过时论"观点主要集中在下述几个方面:

3.1 "受制于卡片思维或卡片本位主义"

这种观点认为,始于上个世纪 60 年代的 MARC 编制是以卡片目录为基础发展起来的。由于当时图书馆目录组织大多采用卡片式目录,MARC 只是打印卡片的中间产品,或者说产生卡片的媒介,因此 MARC 的字段和子字段设置从一开始就深深打上了卡片目录的烙印。比如著录信息块(UNIMARC2 字段)的设置,就完全是为了打印卡片目录格式和如实反映文献题名页而设计的。现在,既然卡片目录已逐渐退出图书馆的历史舞台,那么 MARC 当然随之而过时。

我们认为,这种观点在三个方面存在认识上的误区。其一,是混淆了 MARC 发端时期图书馆业务的主次需求。通过上文对 MARC 历史的简单回顾,我们可以清楚地看到,MARC 从产生伊始,就是为图书馆自动化系统(如书目检索和文献管理)服务的,这是 MARC 之所以产生的根本原因。至于打印卡片只是 MARC 产品的一种附加功能。除卡片外,MARC 还可以提供打印书本式目录、采访账目、催缴清单等,难道 MARC 因此也将打上这些产品的烙印吗? 其二,即使 MARC 编制确实受制于卡片显示的影响,其责任也不在 MARC 本身。与其说 MARC 带有卡片目录的痕迹,不如更透彻地说,是图书馆的现行编目规则,尤其是以 ISBD(《国际标准书目著录》)为主导的著录条例带有卡片目录的痕迹。其三,卡片作为一种载体已经过时,但这并不意味着卡片所承载的书目信息显示形式也一并过时。实际上卡片目录中的书目信息显示形式是严格遵循 ISBD 标准的,而 ISBD 所规定的一整套著录项目的顺序及其标记符号,能够将复杂的书目信息严密而准确地组织起来。它不仅可以用于详细书目的显示,同样能够用于简要的书目浏览,甚至用于指导编制索引和参考文献。当然,ISBD 标准不是凭空而来的,它无疑借鉴了长久以来图书馆使用卡片目录的丰富经验,带有卡片痕迹是不足为奇的,关键是这种组织模式是否科学和利于使用。时至今日,还没有人提出彻底否定 ISBD 的意见,更没有出现另一套书目标记规则能够在完善性和准确性上全面超越 ISBD,从而取代它在信息资源编目中的核心地位。只要 ISBD 不过时,MARC 在书目信息显示形式上应该也不会过时。

3.2 "MARC 结构繁杂,字段设置重复,编目员理解困难"

这种观点部分是事实(如结构复杂),部分是误解(如字段设置重复),至于编目员理解困难更是相对而言的,因为世界上没有一个结构复杂的系统是能够轻而易举了解和掌握的,但这并不是系统的缺陷,就像不能说相对论深奥而且抽象,是它的理论缺陷一样。

MARC 结构复杂的特点与它的定位直接相关。我们知道,MARC 是应编目规则的复杂而精细的规定而产生出的用于文献收藏机构的专业化编目格式。它的目标是追求以最详尽、最精确的手段组织与描述文献信息资源。从这一角度讲,MARC 格式结构复杂是其本质属性所决定的,如果没有这一特点 MARC 将不复为 MARC。换而言之,DC 之所以永远不能取代 MARC,正是因为彼此的目标不同。DC 的主要目标是为了实现方便的著录,达到更多人参与文献描述与检索工作的目的,这就决定了它的非专业化特点。尽管 DC 可以通过附加更多的扩展元素和特定修饰词(如“堪培拉限定词”),来进一步满足图书馆专业编目的需要,但这一发展趋势本身有将 DC 异化的危险,即 DC 将最终丧失掉简洁和非专业性的本质特征。因此未来 DC 的发展将会慎重地对待结构和要素无限制扩展的问题。

值得一提的是,近年来出现的 MODS 标准,就是 DC 和 MARC 之间的一种协调产物。它的复杂程度刚好介于两者之间,可以称之为是一种半专业化的元数据标准。粗略看起来,它更像是以字段名代替了字段号,并且以网络信息结构组织起来的 MARC 简化版。从近期的使用效果看,MODS 还存在诸多问题,判断它能否取代 MARC 尚需时日。

至于认为“MARC 字段设置重复”,确实是一种误解。一般认为,元数据在计算机系统中主要有三方面的作用:显示、管理、检索。为了详尽和精确的描述要求,MARC 在定义上严格区分了各个字段或子字段的三种作用,虽然部分字段起了双重作用,但为数很少(如 UNIMARC 的 200@a)。这就造成了在一条记录中确实存有形式相近的信息内容(因为它们担负着不同的书目任务),至于完全重复的内容应该说在 MARC 定义中并不存在,但在实际数据中有可能偶然出现。过去总有人认为 UNIMARC 的 200 $f 与 7 字段内容重复,应该合二为一。但实际上两者在使用上有很大的差别,前者著录的是责任者在文献中客观存在的显示形式(极端情况下,即使是印刷错误也要照录),这种描述对读者识别和获取文献是必不可少的因素。而后者著录的是责任者通用、常用、惯用并且能够准确地与其他责任者相区分的检索点形式,这对于汇集同一作者不同名称的文献以及区分同名作者各自的文献都是十分必要的。在具有名称规范控制的书目检索系统中,200 $f 与 7 字段的著录内容绝大多数是存在差异的。两者合并的设想并不现实。

3.3 “MARC 存在结构化缺陷”

这种观点认为,MARC 发展到今天,在技术层面上出现了一系列结构化缺陷,主要表现在记录长度限制以及数据开放性的问题上(指 MARC 数据无法直接面向万维网开放,无法通过搜索引擎向互联网用户提供链接)。这些问题确实都是客观存在的,而且也是 MARC 未来发展必须解决的问题。

认真分析上述问题,我们能够发现症结主要集中在 ISO 2709 的框架结构方面。比如按照 ISO 2709 的规定,UNIMARC 的记录长度上限为 99999 字符,而字段长度上限为 9999 字符。近年来,这一长度限制已经开始制约现代文献最求详尽编目的发展要求。比如在 UNIMARC 第 2 版 2002 年修订版中,引入了结构化的 327 字段,可以专门用于描述文献完整的目次信息,在实际编目中,对相当比例的文献而言,这个字段的描述长度都可能超过 1 万字符。今后解决 MARC 长度限制问题,如果只是通过修订 ISO 2709 的途径来实现,将只能是扬汤止沸,我们认为必须有彻底的变革措施方妥。实际上,对 MARC 而言,除了 ISO 2709 的交换格式外,还存在一种系统内的显示格式,或称为工作单格式、校对单格式等,这种格式属于自由文本,完全没有长度限制，并且在数据存储的长度、内容显示的便捷性方面都具有优于 ISO 2709 的特点，因此深受编目员的青睐。但是由于图书馆计算机系统各自独立开发，这一格式在异构系统间存在不小的差异。尽管过去曾有人呼吁各软件方应统一 MARC 工作单格式，以利于异构系统前端之间在图形编辑界面下记录的拷贝和粘贴，但却始终没能实现。

在 2006 年 7 月发布的 ISO 25577 草案（Information and documentation — MarcXchange）中，公布了 ISO 组织认可的 MARC 工作单标准。使 MARC 有了一种新的公认显示格式。ISO 公布的 UNIMARC 工作单样例如下：

00001142cam 2200301 a 4500

0010192122622@

010##$a0 - 19 - 212262 - 2 $d?2. 95@

020##$aUS $b59 - 12784@

020##$aGB $bb5920618@

100##$a19590202d1959####|||y0engy0103####ba@

1011#$aeng $cfre@

102##$aGB $ben@

105##$aac######000ay@

2001#$a{NSB}The {NSE}lost domain$fAlain - Fournier $gtranslated from the French by Frank Davison $gafterword by John Fowles $gillustrated by Ian Beck@

210##$aOxford $cOxford University Press $d1959@

215##$aix,298p,10 leaves of plates $cill,col. port $d23cm@

311##$aTranslation of: Le Grand Meaulnes. Paris: Emile - Paul,1913@

454#1 $1001db140203 $150010 $a{NSB}Le {NSE} Grand Meaulnes $1700#0 $aAlain - Fournier $f1886 - 1914 $1210##$aParis $cEmile - Paul $d1913@

50010 $a{NSB}Le {NSE}Grand Meaulnes $mEnglish@

606##$aFrench fiction $2lc@

676##$a843/. 912 $v19@

680##$aPQ2611. O85@

700#0 $aAlain - Fournier,$f1886 - 1914@

702#1 $aDavison,$bFrank@

801#0 $aUK $bWE/N0A $c19590202 $gAACR2@

98700 $aNov. 1959/209@

我们认为，如果利用此契机能够统一不同系统间的 MARC 编辑格式和 web 工作单显示格式，将极大地提高单条 MARC 数据或小批量数据跨系统复制以及异构系统之间数据上传下载的效率。从长远看，如果能较好地解决工作单文件的封装问题，它将是 ISO 2709 格式很好的补充和替代方式。

基于图书馆开放存取的要求，为解决网络环境下 MARC 的直接搜索与阅读问题，MARCXML 应运而生，它实际上是 MARC 在网络环境下的组织和显示形式。并且与工作单格式一样，MARCXML 改变的是 MARC 的 ISO 2709 交换格式，而不是 MARC 标记系统本身，对编目员而言 MARC 只是换了件衣服而已。

综上所述,关于 MARC 过时与否的争论,其实核心问题在于是否找到了一个可以替代它的公认标准。而事实是,至少到目前为止,这一标准还没有产生。因此在未来一段时间里,MARC 在文献收藏机构依然会生存下去。

4 MARC 未来的发展方向

对 UNIMARC 近年来更新特点的分析,将有助于我们把握 MARC 未来的发展方向。自 2005 年以来,UNIMARC 格式的主要变化具有三个显著特点。

4.1 文献涵盖范围进一步扩大,文献著录深度进一步深化

为推进编目一体化工作,尤其是为了满足网络资源和其他特种文献(如博物馆和档案馆资源)编目的特殊需要,UNIMARC 正在不断增设新的字段、子字段,以扩大格式影响力的途径,来谋求自身的生存与发展。比如,在 2008 年 UNIMARC 手册第 3 版中增设的 012 字段(指纹标识);036 字段(音乐初始);145 字段(表演媒介)就是这一思路的典型表现。

在扩大文献涵盖范围的同时,UNIMARC 在文献著录深度上也有所发展。比如在 2005 年以前,UNIMARC 规定 210 字段不可重复,字段指示符未定义。而在 2008 年新版 UNIMARC 手册中,对字段说明进行了内容增补,规定字段可重复,并启用了字段指示符。主要变化在于,新定义规定:本字段包含文献的出版、发行和制作及其相关时间的信息。也可以用于记载手稿撰写的时间和地点,以及复制者或抄写者的名称。特别是对于连续出版物数据可重复记录,以补充或替代 306 字段,说明出版、发行等相关信息。新标准规定 210 字段指示符 1 用于指明字段记录的出版、发行者以及出版时间、地点是最早的、中间状态的还是现在的(主要针对连续出版物的变更情况)。指示符 2 用于说明发行类型,是"生产多个复本,通常是正式出版或公开发行"(如普通图书)还是"不出版或不公开发行"(如手稿)。

4.2 进一步兼容各种编目规则

近年来,UNIMARC 增设和修改字段的另一出发点是为了满足特定编目规则的特殊需要。比如,2008 年 UNIMARC 手册第 3 版中增设了 740、741、742 字段:法律和宗教文献的统一惯用标目,就明显是为了满足特定编目规则需要的。

4.3 突出网络环境下书目资源的揭示和获取功能

在 2008 年新版 UNIMARC 手册中,比较引人注目地增加了 003 字段(持久记录标识)。该字段用于记录网络环境下开放式数据库中一条书目记录的固定网页地址,其主要功能在于实现开放存取。

示例:

001 FRBNF401336220000001

003 http://catalogue. bnf. fr/ark:/12148/cb40133622z/unimarc

在 OPAC 系统中,若点击该网页链接,将获得该记录工作单形式的完整书目信息。

总之,我们认为在可预见的将来,MARC 有可能在下述领域出现发展与变化:ISO 2709 的交换格式可能被舍弃,在传统图书馆编目环节工作单格式可能成为它的替代形式之一,在网络

传播与显示环节 MARCXML 将是其很好的实现手段;MARC 的编码信息块可能被逐步简化,以进一步提高格式的实用效果;为实现 FRBR 化的书目检索功能,MARC 处理复杂层级关系以及开放式链接的能力将被进一步强化,MARC 将尝试满足相同格式或不同格式的书目库之间,以及书目库与规范库之间更复杂的链接和跳转,为此 UNIMARC 的连接功能块(4 字段)以及引用功能块(500 字段及 6、7 字段)将可能出现定义上的拓展与更新;为充分满足 FRBR 的实体描述原则与关系分析原则,MARC 将有可能进一步整合内部的格式类型,名称规范格式与主题分类格式的一体化将可能会首当其冲,甚至效仿 CCF 实现书目与规范格式的一体化,也绝非妄言。

但我们相信,不管未来的 MARC 如何变化,与编目规则紧密结合的 MARC 标记系统,特别是字段、子字段的组织方法将依旧存在,甚至大部分字段、子字段的定义与使用方法也可能延续下来。MARC 的专业化、精细化的技术特点与编目理念将始终坚持。美国著名图书馆编目学家迈克尔·戈曼曾提出新的图书馆五定律,其中最后一点的表述是:尊重过去,开创未来(Honor the past and create the future)。我们认为,MARC 未来的发展变化也将会充分体现这一思想传统。

参考文献

1 冷红中．Marc 的未来．图书馆建设,2008(5)

2 韩明杰,周雪伟．从 MARC 看 Dublin Core. 四川图书馆学报,2005(4)

3 傅立云．MARC 格式中存在的不足及其改进．图书情报工作,2005(11)

4 吴万晔．论 MARC 元数据的缺陷及发展趋势．图书馆工作与研究,2006(2)

5 Roy Tennant. MARC Must Die. [2009－06－30]. http://www.libraryjournal.com/article/CA250046.html

6 Karen Coyle. Murdering MARC. [2009－06－30]. http://203.208.35.132/search?q=cache:9KnJjWqBiAYJ:schenizzle.wordpress.com/2006/09/06/coyles－information－murdering－marc/+Karen+Coyle.+Murdering+MARC&cd=1&hl=zh－CN&ct=clnk&gl=cn&st_usg=ALhdy29gamvNjYfVjX0WoTuboD－d0vm3_w

7 Keven. 愿 MARC“永垂不朽”. [2009－06－30]. http://my.donews.com/keven/2006/09/09/

8 编目精灵．MARC、MARC,为什么不死?[2009－06－30]. http://catwizard.blogbus.com/logs/3324167.html

9 编目精灵．2.0 时代究竟是让 MARC 安乐死还是让 MARC 继续活?[2009－06－30]. http://catwizard.blogbus.com/logs/19063485.html

Lib2.0 环境下的全球寻根网建设

肖　禹　古籍馆

[摘　要]本文从 Lib2.0 的研究现状出发，讨论了全球寻根网的用户需求分析、资源框架和功能框架与技术实现。

[关键词]Lib2.0　全球寻根网　数字资源建设

1　Lib2.0 的研究与实践

目前已知最早使用“Library 2.0”的是 Library Journal 2004 年的一篇专访《校园图书馆 2.0》。2005 年 10 月，电子期刊 Ariadne 刊登了 PaulMiller 的《Web 2.0：构建新的图书馆》，文中一个小标题就是“Web2.0 + Library = Library2.0？”，这篇文章是 Lib2.0 研究的最重要文献之一。[1]

国内的 Lib2.0 研究始于 2005 年，一些图书馆员创建了中文图林译站。在这个网站中，他们翻译了很多国外有关 Lib2.0 的博客文章。2006 年是 Lib2.0 广泛传播和激烈争论的一年，其中具代表性的有范并思、胡小菁的《图书馆 2.0：构建新的图书馆服务》和刘炜、葛秋妍的《从 Web 2.0 到图书馆 2.0：服务因用户而改变》。[2]

1.1　Lib2.0 的概念

到目前为止，Lib2.0 还没有统一的定义。维基百科的 Lib2.0 词条是这样描述的，Lib2.0 是图书馆世界内部的转变，它将改变与转换向图书馆用户提供服务的方式，图书馆 2.0 的概念借用了 Web2.0，与它有同样的理念与概念基础，这一概念的支持者期待最终的 Lib2.0 服务将取代过去数世纪以来过时的、单向的服务。[3] Talis 白皮书提出了 Lib2.0 的四项原则：图书馆无处不在、图书馆没有障碍、图书馆邀请参与、图书馆使用灵活的单项优势系统。[4]

Lib2.0 不仅仅是 RSS（简易信息聚合）、Blog（博客）、WIKI（维基百科）、Tag/Folksonomy（标签/大众分类）、SNS（社会网络）、IM（即时通讯）等一系列 web2.0 技术在图书馆应用，而且是图书馆发展理念的变革，Lib2.0 为用户带来真正的个性化，使用户充分享有信息自主权，图书馆和用户间平等、交互、去中心化，用户越多，服务也就越好。

1.2　Lib2.0 的研究现状

截至 2009 年 6 月，国内研究 Lib2.0 的期刊论文共 186 篇①，具体分布如表 1 所示。这些论

① 使用《中国期刊全文数据库》作为统计数据源，“Lib2.0”、“图书馆 2.0”、“OPAC2.0”为关键词，2009 年 6 月 20 日进行检索，统计后得到。

文主要讨论了 Lib2.0 的概念、Lib2.0 技术、Lib2.0 的应用前景与构想、Lib2.0 的服务模式等，也探讨了少量的 Lib2.0 的应用实例、Lib2.0 与 OPAC（联机公共目录检索）、Lib2.0 与 DRS（数字参考咨询）、Lib2.0 体现的人文精神等。

表 1

时间	论文数量	备注
2006	11	
2007	54	
2008	88	
2009	33	2009 年的数据不完整

统观全局，真正的 Lib2.0 范式仍未确立，国内外对 Lib2.0 的讨论仍局限在概念的重复传播和移植上，尚未见深刻的理论推进和独创的技术发明，因此需要继续深化研究。目前有关 Lib2.0 的研究动态可通过资源—技术—服务轴心理解：资源是基础，技术是关键，服务是目的。[5]

1.3 Lib2.0 存在的问题

Lib2.0 不仅是 Web2.0 技术在图书馆应用，而且是平等化、个性化、去中心化等理念导入的过程。与普通的 Web2.0 网站和资源提供商自建系统不同，图书馆作为维系社会知识获取公平的机构，导入 Lib2.0 时，要面临社会责任、公众利益、知识产权、资金、技术等诸多问题，同时还要考虑与 Lib1.0（Lib2.0 出现前的图书馆形态）对接问题。

Lib2.0 以用户为中心，而用户是否愿意投身到 Lib2.0 之中呢？现有的 Lib2.0 项目比较少，也没有用户参与度的统计，我们只好参照 Web2.0 网站的用户参与情况。据美国网站流量监测公司 Hitwise 的调查（2007 年）显示，视频分享网站 Youtube，只有 0.16% 的访问者在上传视频；图片分享网站 Flickr，上传图片的用户只占 0.2%；百科全书网站 Wikipedia，参与创建、编辑词条的用户占总访问量 4.6%。Hitwise 的调查结论认为，Web 2.0 网站的用户参与创造贡献内容的比例远比通常预期低。[6]

2 Lib2.0 环境下的全球寻根网建设

Lib2.0 的研究有待深化，Lib2.0 的建设也不可能一蹴而就，只有先推出一系列具有一定规模、具有较大影响的 Lib2.0 项目，才能促进 Lib2.0 的研究，积累 Lib2.0 建设的经验。国家图书馆的“全球寻根网”项目，从项目策划之初，就引入了平等化、个性化、去中心化等理念，依据用户需求，结合资源特性，选择适用的技术（包括 Lib2.0 的技术），分阶段进行项目建设。

2.1 全球寻根网的用户需求分析

国内的家谱热始于上世纪 80 代，出现了大量的新修（续修）家谱，寻根旅游等活动也持续升温。国家图书馆地方志家谱阅览室接待阅览家谱的读者中，有超过 60% 的读者是为了修谱，接受的家谱文献复制需求中,有超过 80% 的读者是为了寻根或修谱。互联网上与家谱相关的网站(网页)达到1 650 000个。① 2003 年创建的家谱网站 MyHeritage. com,6 年时间内注册用户超过 3 千万,支持 34 种语言(包括中文)。[7] 现有注册用户32 558 798个,人物数据350 132 093条,家谱关系图7 145 617个。②

通过对用户行为的分析可知,用户主要的需求是寻根和修谱,用户需要大量的家谱文献、族姓资料、家族人物信息(包括文字、图片、音视频等)和其他相关资料,需要高效的检索、浏览、数据分析工具、支持多人协同的修谱工具和多种家谱模板,还需要智能向导、在线帮助、专家咨询等功能。

2.2 全球寻根网的资源框架

"全球寻根网"项目中,为了满足用户的需求,在系统中要提供大量的家谱文献、族姓资料和其他相关资料。项目使用的文献资料比较广泛,又具有不同的粒度,支持不同的功能,如表 2 所示。

表 2

<table>
<tr><th>粒度</th><th>形式</th><th>内容</th><th>来源文献</th><th>功能</th></tr>
<tr><td rowspan="7">姓氏</td><td rowspan="7">姓氏词条</td><td>姓氏</td><td rowspan="7">姓氏专著和工具书</td><td rowspan="7">介绍姓氏文化
提供寻根线索</td></tr>
<tr><td>拼音</td></tr>
<tr><td>使用情况</td></tr>
<tr><td>地域分布</td></tr>
<tr><td>民族</td></tr>
<tr><td>来源</td></tr>
<tr><td>相关记载</td></tr>
<tr><td rowspan="8">家族</td><td rowspan="8">家谱目录</td><td>题名</td><td rowspan="8">家谱目录提要</td><td rowspan="8">提供家谱目录服务
提供家谱注册服务和信息交流
提供寻根线索</td></tr>
<tr><td>著者</td></tr>
<tr><td>朝代</td></tr>
<tr><td>版本</td></tr>
<tr><td>谱籍</td></tr>
<tr><td>始迁祖</td></tr>
<tr><td>堂号</td></tr>
<tr><td>纂修情况</td></tr>
</table>

① 使用 Google 作为统计数据源,"家谱"作为检索词,2009 年 6 月 20 日进行检索得到数据。

② 使用 MyHeritage. com 的动态数据统计作为数据源,引用 2009 年 6 月 28 日的数据。

续表

粒度	形式	内容	来源文献	功能
家族内部	家谱内容	序	家谱和族姓资料	提供寻根服务 提供家谱资料
		世系		
		像赞		
		家传		
		墓图		
		荣恩		
		家训		
		艺文		

以上的文献资料将全部数字化，建立影像、全文文本等对象数据和相应的元数据，同时将这些文献分解成大量的微内容，与用户创建的微内容共同构成 Lib2.0 的内容支撑。这些对象数据、元数据、微内容共同存在于时间、空间、文献（目录）、应用等不同维度构成的数据空间中，如图 1 所示。用户在数据空间中可以重构新的数据，用户和图书馆可以同时获得这些数据，并将这些新数据放置在数据空间中。

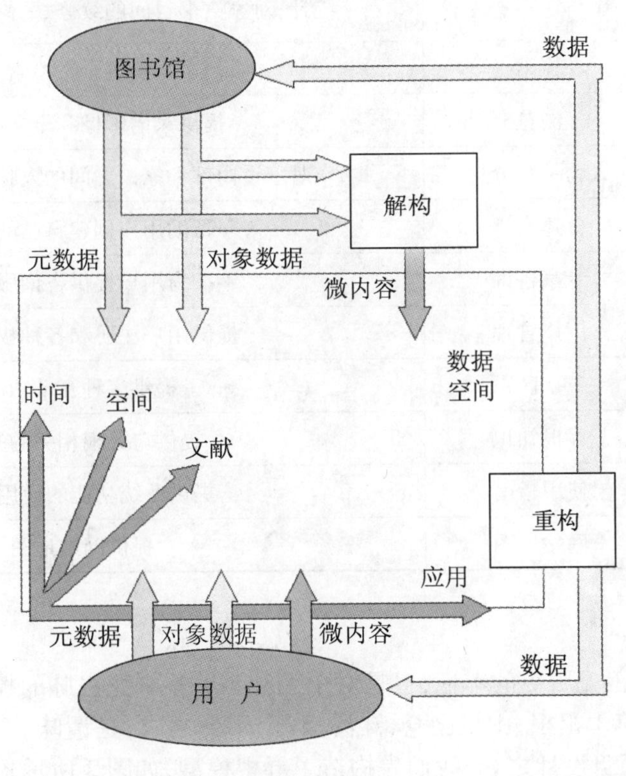

图 1

2.3 全球寻根网的功能框架与技术实现

基于当前的用户需求分析，结合全球寻根网的资源框架，将系统划分为寻根、家谱书目导航、家谱、互动和帮助五大功能模块，再将每一个功能模块细化为若干子模块，每一个子模块实现一个相对独立的功能，如表3所示。

表3

编号	模块	子模块	功能
1	寻根	寻根向导	引导用户输入寻根所需的信息，为用户提供寻根所需的知识
		姓氏导航	为用户提供寻根服务
		家谱导航	为用户提供寻根服务
		人物导航	为用户提供寻根服务
		互动推荐	向用户推荐“互动区”中有助于用户寻根的信息
2	家谱书目导航	检索	提供多种方式的家谱书目检索
		浏览	提供家谱书目浏览
		导航	按朝代、地域、堂号、始迁祖、版本、收藏等导航
		书目分析	对家谱书目按照按朝代、地域、堂号、始迁祖等进行分组、排序、统计，对家谱书目间的续修、重修等关系进行分析
3	家谱	检索	提供全文检索
		浏览	提供家谱影像和全文的浏览
		人物关系分析	对家谱内部和家谱之间的人物关系进行分析
4	互动	自建家谱	帮助用户创建自己的家谱
		专家咨询	为用户提供咨询服务
		用户管理	提供用户注册和各种权限管理
		社区	提供多种互动功能
5	帮助	寻根知识	提供与寻根相关的知识
		使用指南	提供系统功能的使用帮助
		网站地图	提供网站地图

2.3.1 寻根模块

寻根就是对自己祖先历史的考证，也是对个人社会关系来龙去脉的梳理。清人张澍在《姓氏寻源》自序中说：“草木祖根，山祖昆仑，江海祖源，不此之求，是谓昧。”每个人对寻根的理解都可能有所不同，在项目设计之初，我们先构造了寻根模型，如图2所示。

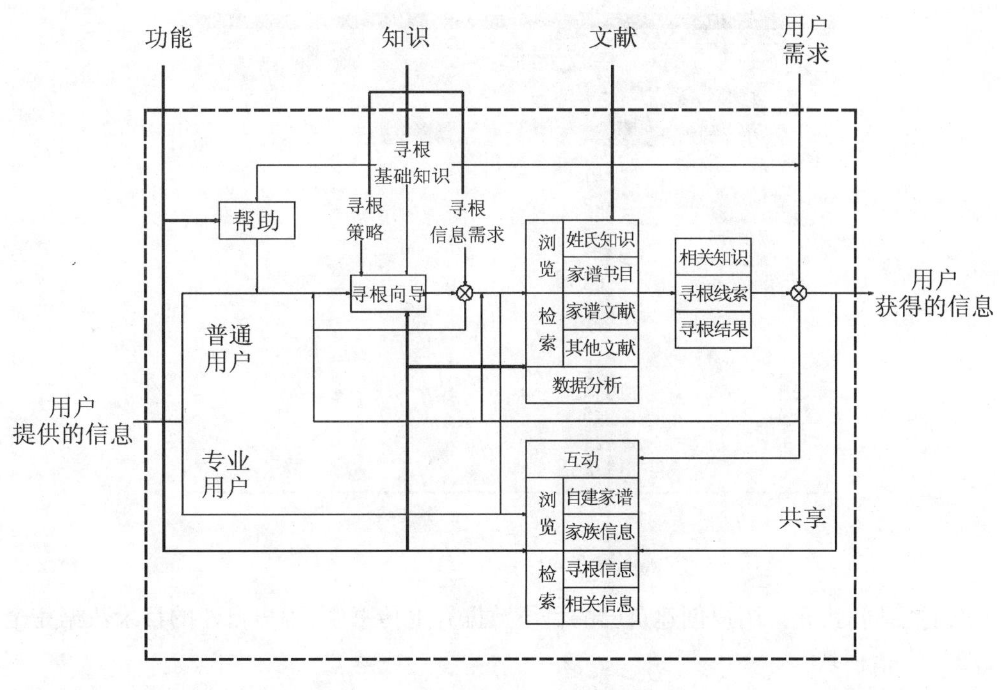

图2

在图2中,用户通过帮助和寻根向导获得寻根所需的知识,明确自身的需求,了解各种软件工具的功能和使用方法。在此基础上,用户在寻根向导的指引下,将用户已知的寻根信息输入到系统中,利用浏览、检索、数据分析等软件工具来使用系统中的各类数据,用户获得的寻根成果可能是寻根的直接结果,也可能是寻根的线索或相关的知识。用户还可以将获得的寻根成果发布到互动区。

为了满足用户的寻根需求,要不断地向系统中加入数据和软件工具。但更为重要的是不断向系统内部注入知识,知识既可以以数据的形式存储在系统中,也可以固化在软件工具内。只有这样,才能不断提高系统的智能化程度,给用户带来更好的寻根体验。

寻根模块要调用家谱书目导航模块、家谱模块、互动模块和帮助模块,只有这样才能完成寻根的功能。在寻根模块的设计中,需要智能向导、数据分析等非 Lib2.0 技术,通过引入 RSS、IM,提高寻根模块的易用性,增强用户间的沟通交流,充分发挥用户的积极性和创造性,带给用户好的寻根体验。

2.3.2 家谱书目导航模块

家谱书目导航为用户提供了家谱书目浏览、多种方式的家谱书目检索、按照姓氏、朝代、地域、堂号、始迁祖、版本、收藏等方式进行导航,并在导航的基础上进行分组、排序和统计,如图3所示,还可以对家谱书目间的重修、续修等关系进行分析。

家谱书目导航模块符合 OPAC2.0 的理念,需要智能检索、数据分析等非 Lib2.0 技术,通过引入 WIKI、Tag/Folksonomy,允许用户编辑书目和提要,使目录数据更丰富,更符合用户的需要。目前,家谱书目导航模块中有3万条家谱目录数据(一小部分数据有提要),这部分数据符合著录规则和规范控制原则,质量相对较高。系统对这部份数据不完全开放,只允许用户添加附

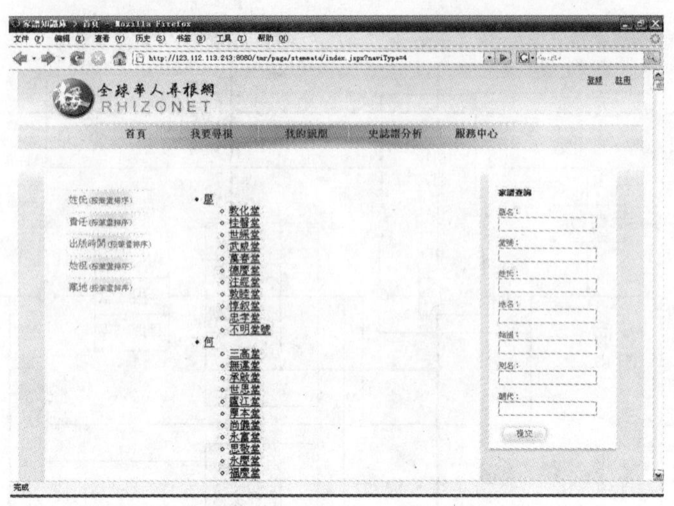

图 3

注信息和评论。同时,允许用户创建自己的目录数据并上传书影,用户自建的目录数据完全开放。

2.3.3 家谱模块

家谱模块主要提供家谱影像和全文浏览、全文检索、人物关系分析等功能。浏览和检索部分与 Lib1.0 的实现方式一样,但是家谱的谱系关系部分解构生成大量的微内容。在“全球寻根网”项目中,每一部家谱中的谱系图、谱系表都按照“家谱树”的方式存入数据库,每个人物作为一个节点,每个节点包含该人物的主要信息和父子、兄弟等亲属关系,同时将像赞、荣恩、家传、艺文等与该人物进行关联。“家谱树”中的每一个人物具有唯一的 ID 号,以结构化数据的方式记录每一个人物的姓、名、字、号等信息和父子、兄弟等关系。以家谱树为基础,系统可以生成比较规整的谱系图,用文字来描述人物的信息,用线段来表示人物之间的关系,如图 4 所示。

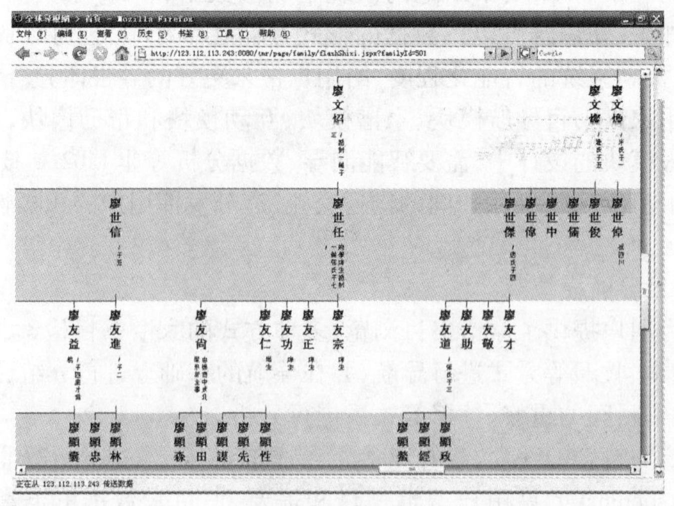

图 4

家谱的影像和全文数据面向所有用户开放使用，并依据用户的需求，不断向系统内添加新的数据，但暂时不允许用户进行修改。用户可以创建自己的家谱影像和全文数据，用户可以控制自建数据的开放程度。图书馆将对数据进行最低限度的审查，可能采用文字过滤等技术。

2.3.4 互动模块

互动模块的核心是建立以血缘关系为基础的社会网络，帮助用互建立自己的亲属关系图，如图5所示，再加入其他的信息，创建自己的家谱，同时提供专家咨询服务和一些其他的互动功能。这个模块完全基于SNS，与图书馆的虚拟参考咨询系统可以部分对接。

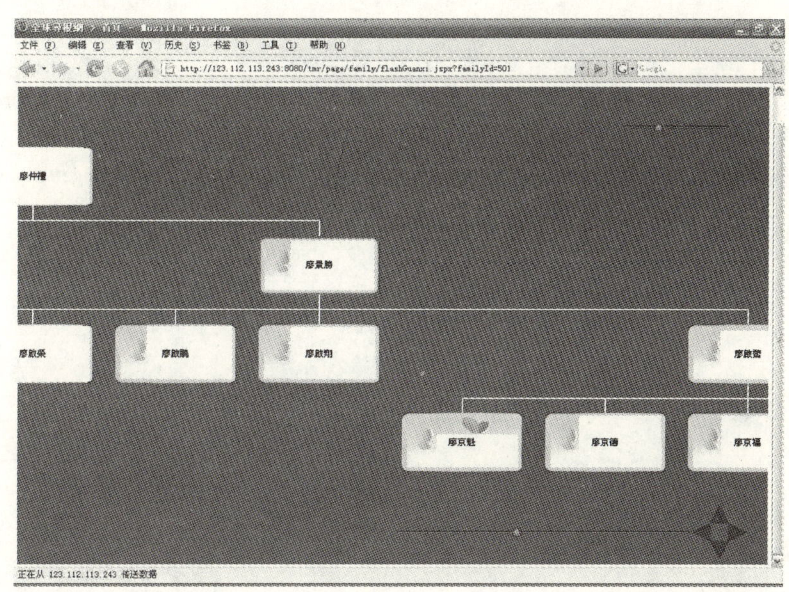

图5

在互动模块中，用户贡献数据，图书馆提供平台和工具，并依据用户的需求对平台进行调整和维护，并提供新的工具。同时，对系统中的数据进行最低限度的限制。与MyHeritage.com相比，在互动模块中创建亲属关系更符合中国的传统习惯，通过添加其他信息，选择家谱模版，可以自动生成电子书形式的家谱。同时，可以将系统内的各种文献资料引入到自建家谱中。

2.3.5 帮助模块

帮助模块为用户提供与寻根相关的知识、系统功能的使用帮助、网站地图等。Lib1.0的方法和技术可以满足用户的基本需求，通过引入RSS、IM，可以提高帮助模块的易用性和可用性，提供更好的用户体验。

3 结论

全球寻根网从项目策划之初，就引入了Lib2.0的理念与技术。但是Lib2.0的理论研究有待深化，又缺乏可以参考的Lib2.0项目，我们也只能边建设边摸索。到目前为止，全球寻根网项目已经基本完成了系统原型设计、数据标准设计、Demo系统和部分试验数据，Demo系统的内部测试结果还是基本令人满意的。

套用 Talis 白皮书提出的 Lib2.0 四项原则：我们希望全球寻根网能够无处不在，全球寻根网基本没有障碍，全球寻根网邀请用户参与，全球寻根网使用灵活的单项优势系统。

参考文献

1 范并思，胡小菁．图书馆 2.0：构建新的图书馆服务．大学图书馆学报，2006（1）

2 王群，敬卿．图书馆 2.0 研究综述．高校图书馆工作，2008（5）

3 Library2.0 In Wikipedia. [2009-06-20]. http://www.wikipedia.org/wiki/Library2.0

4 Card K, Miller P. Do Libraries matter? The rise of Library 2.0. [2009-06-20]. http://www.talis.com/downloads/white_papers/DoLibrariesMatter.pdf

5 叶鹰．图书情报学前沿研究领域选评．中国图书馆学报，2008（4）

6 Hitwise：Web2.0 的用户参与度远远低于预期. [2009-06-20]. http://news.iresearch.cn/0200/20070418/63297.shtml

7 MyHeritage In Wikipedia. [2009-06-20]. http://en.wikipedia.org/wiki/MyHeritage#History

国家图书馆唯一标识符系统建设探讨

童忠勇　李志尧　计算机与网络系统部

[摘　要]唯一标识符作为系统互操作的重要技术，将为国家数字图书馆的资源集成、服务整合和知识链接提供重要的手段。本文简单介绍了国内外唯一标识符系统的建设和研究进展，并在此基础上探讨了国家图书馆唯一标识符系统的功能和基本框架。

[关键词]国家图书馆　唯一标识符　数字资源

随着社会信息化进程和计算机技术、存储技术和网络技术的不断进步，数字图书馆在全球范围内得到迅猛发展。如何根据数字资源的特性很好地组织和标识各种信息资源，已经成为数字图书馆发展的热点问题之一。目前广泛使用的 URL 虽然在一定程度上解决了系统间的互操作问题，但由于 URL 直接与数字资源当前的物理位置相关，难以对数字资源进行移动、多复本选择、版本控制等操作，这就为数字资源的调用和数字图书馆的集成网络管理提出了更高的要求。因此数字图书馆和网络技术界提出数字资源唯一标识符技术，即通过永久性的逻辑标识符来唯一地标识每个数字资源，从而使数字资源的标识独立于物理位置、应用系统和存取协议而存在，有效链接数字资源的多个版本和多个复本，并在唯一标识符的基础上实现跨系统的指向、链接和读取，从而支持多个数字图书馆系统对分布数字资源的调用和集成操作。

1　国内外研究进展

数字资源唯一标识符在国外初具规模，在不同环境中已经具有很多应用的标识符方案。比如，连续出版物的单篇文献标识符(Serial Item and Contribution Identifier，SICI)[1]、图书内容片断(章节、前言、索引、段落)的标识符(Book Item and Contribution Identifier，BICI)[2]和出版物件标识符(Publisher Item Identifier，PII)[3]，它们详细地定义了其各自的构成规则并由特定机构对其进行登记管理，但是在制定这些标识符的同时并未设计相应的用于因特网环境的分布式解析和管理机制。PURL[4](Persistent URL)是 OCLC 开发并管理的永久性名称解析系统，简单实用，但逻辑上不够严格，它无法解决多复本、独立性、分布式的命名和管理等多个问题。

在实际应用中，美国出版协会(AAP)提出的数字化对象标识符(Digital Objects Identifier，DOI)的发展更为成功。[5] DOI 从最初提供持久可靠的名称重定向服务，发展到目前拥有上千万个已经分配并解析的 DOI 号码，注册代理机构和使用单位遍及美国、欧洲和澳大利亚等地。DOI 的第一次大规模应用是 CrossRef[6]，它是多个电子期刊出版商的同盟，由 12 个世界顶尖的科学、科技和医学学术出版商于 2000 年 1 月成立，目前全球近 150 家出版社加入了 CrossRef，提供数以千计的电子期刊和上百万的文献，CrossRef 同时还邀请图书馆以及其他信息服务商加入。现阶段 DOI 系统的应用以 Handle System(HS)[7]作为技术支撑。HS 是在因特网上对 DOI

进行名称解析和管理的通用名称服务系统，主要指的是包括数据结构、协议、管理机制和安全机制在内的整套应用系统规范，目前美国国会图书馆、美国国防科技信息中心和国际 DOI 基金会（International DOI Foundation，IDF）等机构或组织都在采用这一系统。虽然 DOI 系统具有一些优越性，但我们必须认识到它还不是一个完美的系统。更重要的是，该系统是美国拥有自主产权的技术，中国如果直接使用，除了需要每年交纳高额的管理费用，很可能存在数据安全风险以及软件专利等问题。[8]

世界上还有其他国家也建立了各自的唯一标识符系统，其中比较有代表性的就是日本的内容标识符论坛（Content ID Forum，CIDF）[9][10] 和欧洲多语种 DOI 登记机构（Multilingual European DOI Registration Agency，mEDRA）[11]。尽管同 IDF 的 DOI 系统相比，这些系统还需要不断完善，特别是在同数字资源出版商合作方面，但是他们都在某种程度上建立起了本国或者本地区的唯一标识符解析机制，解决了自主产权的问题，同时他们也采取各种方式和 IDF 的 DOI 系统保持联络，尽量保证与 DOI 系统的兼容和互操作。[12]

同国外相比，国内清华同方、万方数据、重庆维普等数字文献生产商在其内部都不同程度使用了唯一标识符，[13] 然而除了各自定义的唯一标识符规范以外，目前还没有成熟的唯一表示符解析体系。[14]

2　国家图书馆唯一标识符系统

国家图书馆作为全国总书库和文献信息服务中心，2002 年启动了“国家图书馆二期工程暨国家数字图书馆工程”项目，然而国家图书馆数字资源的建设是由多系统、多来源、多方式进行的，这在技术上给国家图书馆唯一标识符系统的建设增加了难度。

2.1　国家图书馆数字资源范围

截至 2008 年年底，国家图书馆外购数字资源 136 个，其中中文数据库 59 个，外文数据库 77 个，类型包括期刊论文、电子图书、电子报纸、事实数据、光盘数据库、引文、专利标准、学位论文。国家图书馆还链接国家科技图书文献中心为全国开通的全文科技期刊 107 种。国家图书馆自建总容量共约为 180TB，全文影像数据超过 1 亿 700 万页，共计 62 万余册（件），特藏珍贵文献超过 31 万册（件），离线存储光盘 6 万余张。

数字资源范围包括国家图书馆已有数字资源以及数字图书馆和相关领域应用与发展的所有元数据和对象数据。数字资源格式包括文本、图像、视频、音频等；内容包括数据库、软件、图书、期刊、古籍、拓片、年画、老照片、手稿、舆图等；形态包括物理对象和抽象对象以及各种在线、离线的资源。我馆数字资源语种丰富，还存在多版本、多复本等特殊情况，因此，需要多层次多深度的灵活标识我馆数字资源。

2.2　唯一标识符系统

国家图书馆数字资源唯一标识符系统是集国家图书馆数字资源唯一标识符的生成、解析和管理等的统一管理系统。

2.3　唯一标识符生成

唯一标识符的生成是根据资源对象的核心元数据，自动给每个资源对象生成一个唯一标识符,其系统流程图如图 1 所示。

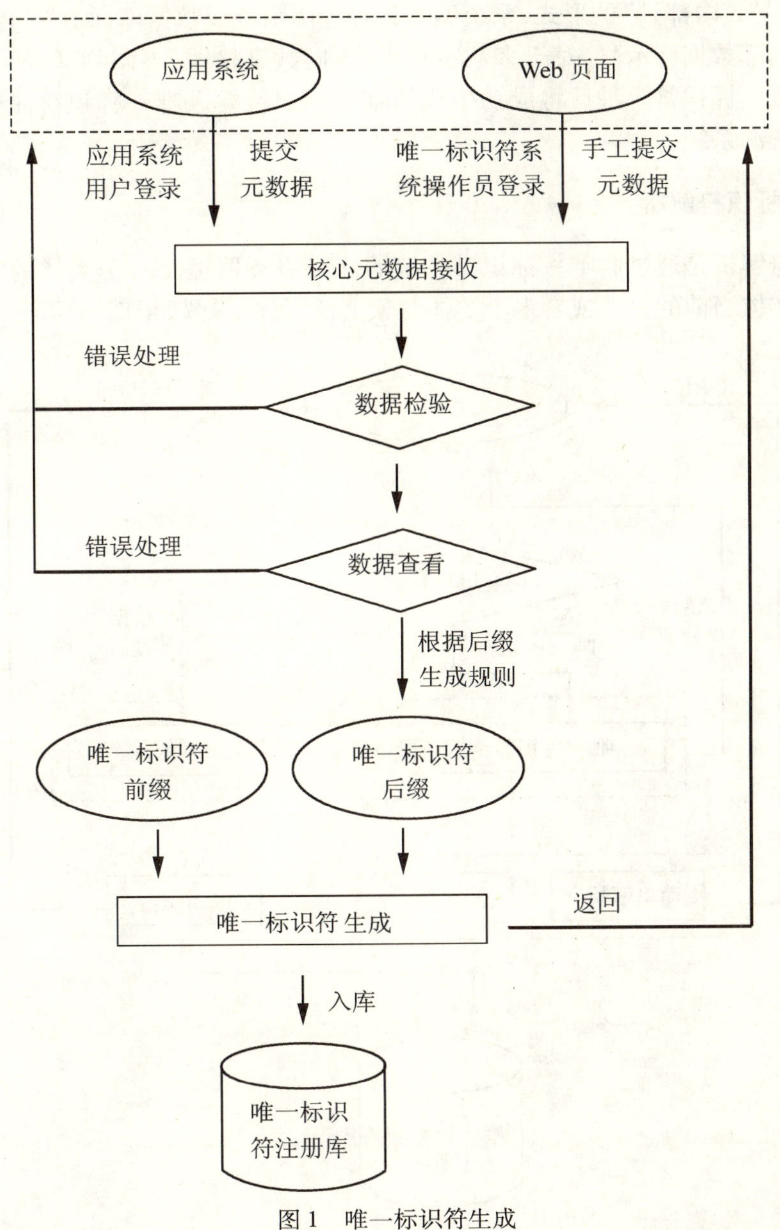

图 1　唯一标识符生成

唯一标识符核心元数据包括全国组织、单位或机构代码,系统编号,内部号,资源名称,作者,ISBN 或 ISSN,结构类型(抽象的、数字的或物理的),资源类型,与其他资源的关系,生成该唯一标识符的机构名称,状态标志位,URL 地址等。

唯一标识符生成支持单条和批处理两种方式,各应用系统按照核心元数据规则提交元数据或通过 Web 窗口手工填写元数据提交。系统根据提交的元数据,分别进行核心元数据格式校验和查重校验,将错误的核心元数据及时反馈给应用系统或用户,正确的核心元数据根据“前缀/后缀”的命名方式命名唯一标识符。前缀由二级子命名授权段组成:一级子命名授权段为中国唯一标识符命名授权，采用 cdoi；二级子命名授权段为全国组织、单位或机构代码。后缀采用“系统编号．内部号”的形式，系统编号为各应用系统或数据库标示号，内部号为各应用系统或数据库内部数据标示号，对于多数字复本、不同数字格式、不同物理资源的相同对象数据分配相同的唯一标识符。最后将成功生成的唯一标识符导入唯一标识符注册库，并将唯一标识符返回原资源系统。

2.4　唯一标识符解析

唯一标识符解析是通过向唯一标识符系统的网络服务器提交一个实体的唯一标识符，从而获取被标识实体当前的一个或者多个实体对象地址，其流程图如图 2 所示。

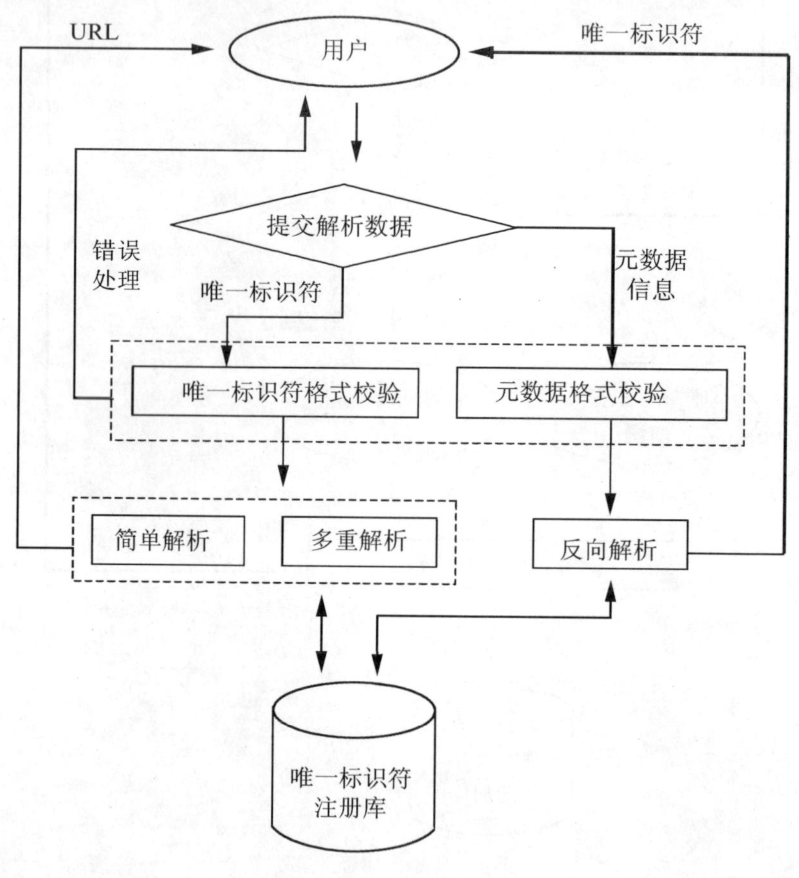

图 2　唯一标识符解析

唯一标识符解析提供正向解析和反向解析两种服务。正向解析又可以分为简单解析和多重解析。简单解析即单一的指向性解析，要求每个唯一标识符只有一个可解析的 URL 地址；多重解析允许一个唯一标识符可解析到多个结果，用户手工选择一个解析结果或者通过一个复杂的自动选择过程提取合适的结果，对于多数字复本、不同数字格式、不同物理资源的相同对象数据资源采用多重解析机制。反向解析是指可以根据元数据查询和解析唯一标识符，客户端向国家图书馆唯一标识符系统提出通过标识对象的元数据查询唯一标识符的请求，唯一标识符系统根据请求查询返回对应的唯一标识符名称或者返回系统判断信息。

2.5 唯一标识符管理

唯一标识符的管理包括唯一标识符维护、核心元数据维护、URL 维护以及唯一标识符注册库的备份与还原等。唯一标识符维护包括单个或批量增加、删除、修改唯一标识符名称。核心元数据维护支持对核心元数据的单个或批量增加、删除和修改。URL 维护支持对核心元数据 URL 字段的单个或批量增加、删除、修改操作,用户只能维护本机构代码下的 URL 地址,且受用户权限、IP 地址等条件约束。唯一标识符注册库的备份与还原指系统可根据唯一标识符名称、资源用户名称、资源用户 IP、唯一标识符生成时间、系统编号、资源类型(如古籍、拓片等)等核心元数据信息单个或组合方式灵活备份或还原唯一标识符注册库。

3 结束语

唯一标识符作为系统互操作的重要技术,将为国家数字图书馆的资源集成、服务整合和知识链接提供重要的手段。国家图书馆唯一标识符系统将对全国联合目录等资源主导项目和原文传递、统一门户、开放链接等服务主导项目提供基础性、技术性支撑。因此,国家图书馆唯一标识符系统的建设必将推动国家数字图书馆的快速积极发展。

参考文献

1 http://sunsite. berkeley. edu/SICI/version2. html

2 http://www. niso. org/bicidrft. html

3 http://www. ch. ic. ac. uk/ectoc/ectoc_pii. html

4 http://purl. oclc. org/docs/inet96. html

5 http://www. doi. org

6 http://www. crossref. org/

7 http://www. handle. net/

8 张书卿. 面对国际 DOI,我们何去何从? 出版参考,2007(34)

9 李 颖. 日本 DOI 相关研发工作. 前沿探索. 2007(2)

10 http://www. eidf. org/

11 http://www. medra. org/

12 王燕,毛军. 我国数字资源唯一标识符应用模式与管理机制. 现代图书情报技术,2005(2)

13 赵蕴华. 国内数字期刊资源唯一标识符的应用研究. 情报科学,2007(7)

14 毛军,孟连生,镇锡惠等. 试论我国数字资源唯一标识符发展战略. 现代图书情报,2005(2)

数字环境下国家图书馆读者个人门户构建研究

季士妍　计算机与网络系统部

[摘　要]论文介绍了读者个人门户的含义,在此基础上分析了国家图书馆建设读者个人门户的必然性与必要性,最后提出构建读者个人门户可以采用的基本模式。

[关键词]国家图书馆　读者个人门户　Web 2.0

随着知识经济和网络数字时代的来临,知识的重要性不言而喻,因此作为中国第一知识宝库的国家图书馆,扮演的角色也越来越重要。信息技术和手段的发展及其在图书馆的应用使得图书馆服务对象的范围已从传统的读者圈扩大到更为宽泛的用户圈,读者需求呈现出多元化、复杂化、模糊化、个性化等趋势,对图书馆的需求也从形式到内容发生了诸多变化,以"用户为中心"的国家图书馆如何扮演更为积极的角色,如何加强与读者之间的互动交流,提供更具个性化的服务,如何通过现代先进信息技术为广大读者相互之间提供一个交流沟通、展示自我的舞台,这些都是必须思考的问题。

1　读者个人门户的概念

随着 Web2.0 概念[1]的提出,个人门户(Personal Portal)这个概念也越来越被人们所熟悉。到目前为止,对于"个人门户"这个概念没有非常明确的定义。它可以理解为是一种聚合互联网内容与服务的应用,它将各种应用系统、数据资源和互联网资源集成到一个信息管理平台之上,并为用户提供个性化、自主性的服务。

个人门户的雏形出现于 1999 年 Yahoo 推出的 My Yahoo,随后新浪在 2000 年推出"新浪点点通",提供 RSS 新闻定制、阅读、管理等一系列个性化服务。[2]随着 RSS、Widget/Gadget 等技术的出现与广泛使用以及 Open API、Open Social 等理念的出现,推动了个人门户的快速发展。[3]目前有大量的国内、国外企业提供个人门户的产品和服务,如国外的 Netvibes、Facebook、Google 的 iGoogle、MSN/Live 的 My MSN/My live、yahoo 的 My yahoo 等;国内的中搜、百度、搜狐个性化首页(i. sogou. com)、新浪、搜狐、和讯、腾讯、雅蛙等。可以说,个人门户现在已经被平民大众所熟悉,被广大互联网服务提供商、个人门户网站所重视。

"读者个人门户"这个概念的提出,即是沿用了个人门户的概念,将服务提供者界定为图书馆,服务享受者界定为广大的读者。读者个人门户将作为读者与图书馆网络服务之间的通道,成为读者访问图书馆网站、获取资源服务的入口。读者可以通过读者个人门户定制自己感兴趣的资源信息,与其他读者进行信息交换,根据自己的个性制作属于自己风格的个人门户等。

2 国图读者个人门户建设的必然性与必要性

2.1 读者个人门户可以实现读者相关信息集中展现，简便读者操作

随着国家图书馆二期工程暨国家数字图书馆的开馆服务，国家图书馆（以下简称国图）成为仅次于美国国会图书馆、莫斯科图书馆的世界第三大图书馆。国图拥有超过70万的注册读者，并且读者数量的增长非常快。因此，如何为读者提供方便、快捷、优质的服务是国图读者服务一直以来的指导思想。但是目前，同一位读者在国图登记的与资源访问有关的个人信息分布在不同的资源服务系统中。例如，读者想更新自己借书卡上的个人信息或者修改自己的借书密码，则需要登录到"国图读者管理系统"中进行操作；读者想查询自己目前在借图书信息、预约图书信息，则需要登录到"联机公共目录查询系统"中进行查询；读者想知道自己的借书卡属于哪种类型的借书卡、具有哪些使用权限、在借阅图书方面有何限制，则需要找到工作人员，通过"Aleph系统"进行查询；读者想知道自己的借书卡中存有多少现金、何时花去多少现金、因为何原因花去多少现金，则需要找到工作人员，通过"一卡通系统"进行查询。诸如此类的读者信息查询方面的需求，都需要读者知道具体操作方法和流程，并分别到不同的应用系统进行查询操作，有的时候甚至还需要工作人员的协助才能获得，这样给读者造成了不必要的麻烦，并增加了操作的难度。尤其对于不方便来到图书馆的读者、对计算机操作不熟悉的读者，这样的系统查询对于他们来说困难较大。

在读者个人门户平台上，可以将与读者个人相关的、分布在国图多个应用系统中的分散信息进行整合，以统一的风格展现给读者。这样不但简化了读者信息查询操作流程、降低了操作难度，还体现了国图"以读者为中心"的服务理念。

2.2 读者个人门户可以实现众多资源服务的统一入口，提高资源服务能力

作为国家总书库的国图，拥有极其丰富的信息资源。国家数字图书馆作为世界上最大的中文数字信息保存基地与服务基地，将国图丰富的数字资源通过多种方式，面向全国乃至全球提供服务。截止到2008年年底，全馆馆藏文献总量达到2696万册（件）、数字资源总量达到250TB、外购数据库达到136个（中文数据库59个，外文数据库77个）。在总量超过250TB的数字资源中，网络信息采集信息资源达到11.6TB，自建数字资源达到180TB。

但是，目前国图提供的大量数字资源服务分布较分散，馆藏图书资源、外购数字资源、自建特色资源分别由不同的应用系统对读者提供服务。读者如果对图书馆的资源布局不清楚、不熟悉，常常会为了找到一篇合适的文献而不知从何下手。由于资源服务系统众多，常常会造成读者搞不清他所感兴趣的资源应该访问哪一个资源系统。

在读者个人门户平台上，可以将国图为读者提供服务的不同资源类型的服务系统整合在一个板块，提供统一展现、服务的接口。读者登录自己的个人门户，就可以清晰、明了地看到所有提供服务的资源，为读者享受资源服务提供了简单便捷的途径，也相应地提高了国图资源服务的能力。

国图的数字资源中包括自建资源和外购资源，有大部分资源的使用范围是限定国图内网的IP用户的，这样不但限制了读者的使用范围，使得广大非到馆读者不能享受服务，而且大大降低了资源的利用率，造成资源的浪费。虽然目前国图已经采用了诸如开通网上注册用户访

问的服务，但是还没有大范围地解决读者访问受限、资源空闲的问题。读者个人门户可以支持VPN 网络访问认证和授权，可以实现读者无论身处何处，都可以轻松自如地访问那些受网络限制的数字资源。由此，不但扩大国图资源服务的受众面，而且丰富了国图资源服务方式。

2.3 读者个人门户可以体现信息获取的实时性、交互性

在当今的信息时代，读者对资源服务不再满足于资源内容丰富、获取速度快，转而更加关注获取的信息是否具有新颖性、先进性。目前国图的众多资源系统虽然时时在更新，常常推出新的资源服务，但是如果读者不登录国图网站，不访问相应的系统，不关注相关的信息，那么他就不会第一时间获知资源更新的消息。相应地，国图在资源建设服务方面的效果就会大打折扣。读者个人门户则利用先进的技术，如 RSS、网摘（BookMark）、标签（Tag）、手机服务等实现信息及时推送的功能，做到信息的及时化。

随着国图二期工程的建设，使得为读者提供的服务方式丰富化，不但包括传统的网络服务，还增加了智能手机、手机短信息、手持阅读器、电子触摸屏、虚拟现实等多种先进手段的特色服务。但是这些服务对于图书馆与读者的交互性很弱，基本上都是读者单方面的接受国图服务。通过读者个人门户平台，可以开通博客（Blog）、圈子、书评、专题等特色服务，提供读者与图书馆、读者与读者之间的互动交流平台。同时，还可以通过这些互动交流，构建国内最专业、最权威的图书馆专业性交流平台。

2.4 读者个人门户可以满足读者个性化的要求

目前，所有读者访问国图的资源服务，看到页面都是相同的，获得的服务也是相同的。尽管国图已经在服务内容和服务质量上有了日新月异的提高，但是在彰显个性化的当今，读者迫切希望获得符合个人特色的针对性服务。国图“服务立馆”的战略目标指导对读者的服务理念应该“以人为本”“以读者为中心”。因此，通过读者个人门户平台，可以提供读者个性化定制的功能。读者可以根据自己的兴趣、爱好、习惯、学科等选择自己喜欢的页面，构建具有自己风格特色的个人主页；还可以选择自己感兴趣的功能模块、资源服务功能，组合成满足自己需求的服务集合。读者个人门户还可以通过读者在门户上的逐次操作，记录其浏览、访问记录、历次搜索记录、用户的个性选择、个性收藏以及用户注册的相关信息等，分析读者的需求特点，从而建立读者个性化服务资料。今后根据读者的个性化服务资料，由系统自动为读者推送个性化资源服务，提供针对个性的专业服务。

3 国图读者个人门户构建

3.1 国图读者个人门户定位

国图读者个人门户系统是在整合国图现有资源的基础上，以读者为中心，以服务为核心，建立读者与国图、读者与读者沟通、互动的桥梁，为国图广大读者提供便利性、服务性、公益性的专业读者个人门户。国图读者个人门户系统要通过资源整合、互动交流等机制实现“服务读者”的目标，并形成与之配套的业务流程、目录体系、分类依据、信息审核制度等，为广大读者提供具有权威性的、中国最大的读者个人门户系统。

3.2 国图读者个人门户基本模式

基于读者个人门户要实现的功能，设计将其按照图1所示的架构进行设计。

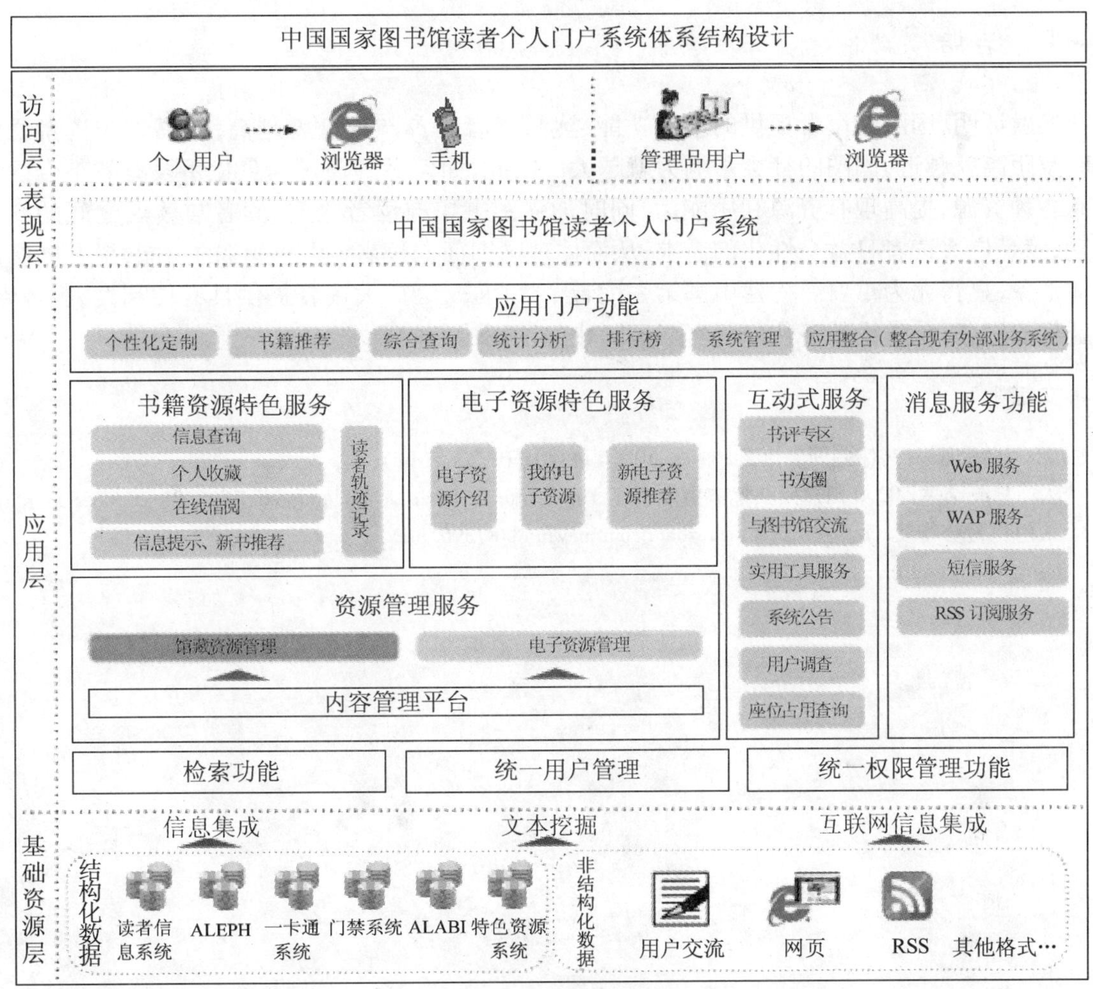

图1 国图个人门户功能架构

读者个人门户在功能实现上采用四层结构：

访问层实现读者和系统管理员直接访问读者个人门户的功能。其中读者可以通过浏览器或者手机终端来享受个人门户的服务；系统管理员直接通过浏览器访问，进行系统功能维护等操作。

表现层即为读者个人门户对外服务的表现形式。

应用层负责展现、执行读者个人门户系统中的所有功能。功能综合起来主要包括：用户个性化定制、资源特色服务、检索查询功能、统一用户权限管理。这些功能，在应用层以应用门户功能、书籍资源特色服务、电子资源特色服务、互动式服务、消息服务等模块，为读者访问获得。通过内容管理平台，由系统管理员对整个读者个人门户系统中的资源进行管理，同时，还可以进行统一用户管理、统一权限管理等操作。

基础资源层主要保存所有结构化和非结构化数据,通过信息集成、文本挖掘、互联网信息集成等多种手段,将系统中的数据提供给应用层进行表现。

4 结语

实践证明,国图为读者提供的服务功能越强,读者的参与程度就越高,图书馆和读者之间的时空距离就越近,国图的社会影响力就越大。因此,如何做到通过信息化手段有效整合国图现有各种资源,提高现有资源利用能力,同时加强图书馆与读者之间、读者与读者之间的交流互动,满足广大读者日益个性化的需求,从而体现国图面向读者、服务读者的功能,提升国图的整体形象,显得尤为重要。构建中国第一读者个人门户,为广大读者提供具有便利性、服务性、公益性的服务,是建设数字化、现代化、国际化的国图的必然要求。

参考文献

1 提姆·奥莱理著;玄伟剑译. 什么是 web2.0. 互联网周刊,2005(11)

2 个人门户终结 WEB2.0 门户巨头优势更加明显. http://tech.wswire.com/htmlnews/2006/03/20/665808.htm

3 个人门户蓄势待发. http://www.jizhezhan.com/newhtml/87396.htm

国家图书馆数字资源服务地方新模式的应用分析

魏达贤　李志尧　计算机与系统网络部

[摘　要]本文分析了目前国家图书馆在服务地方基层图书馆上的一些举措，在此基础上提出了一个新的服务模式，即通过基层资源分发与点播系统将国家图书馆的数字资源经加水印、加密封装后提供给地方图书馆使用。作者仔细分析了基层资源分发与点播系统的业务流程、系统架构，总结了系统运行特点。

[关键词]数字资源　资源服务　地方图书馆

国家图书馆作为图书馆界的龙头，历来重视与地方图书馆的合作，为它们提供资源、技术、培训等服务。近几年来，随着国家数字图书馆的建成，国家图书馆重点加大数字资源的建设力度，截至 2007 年底，数字资源建设已超过 200TB，自建数字资源总量达 130TB，通过网站、手机、电视等多种平台为读者提供查询、阅读等服务，同时国家图书馆也在不断探索如何将海量的数字资源更好地服务地方图书馆的新模式。

1　目前服务现状

国家图书馆积极探讨与各级地方图书馆、全国文化信息资源共享工程等单位合作，利用它们优势的网络途径，为全国民众提供数字资源服务，具体措施如下。

(1)与全国文化信息资源共享工程合作：依托共享工程网络体系，以卫星网、互联网、有线电视/数字电视网、镜像、移动存储、光盘等方式，将数字资源输送到全国各基层图书馆，实现优秀文化信息资源在全国范围内的共建共享，为全国人民提供服务。

(2)向基层图书馆赠送服务卡：为了更好地为基层图书馆提供服务，国家图书馆于 2006 年向全国 2000 多个县级公共图书馆赠送服务卡，通过服务卡各基层图书馆可使用国家图书馆授权第三方使用的数字文献资源，包括 50 万种中外文电子资源。

(3)建设国家数字图书馆分馆：2005 年国家图书馆开始有选择的在全国建立“数字图书馆分馆”，通过建设资源镜像网站、定向直播等方式将国家图书馆的数字资源提供给地方馆使用，这样极大提高了国家图书馆数字资源的利用效率，扩大了服务范围。

2　新的服务模式

为了更好地服务各地方图书馆，落实“数字图书馆分馆”服务战略，国家图书馆计算机与系统网络部开发建设了《基层资源分发与点播系统》。在严格遵守知识产权法律法规的前提下，国家图书馆通过该系统将数字资源分发给各地方图书馆，从而实现在地方图书馆本地就可以阅读国家图书馆的数字资源。该系统投入使用后可产生如下的经济效益和社会效益：

(1)避免资源重复建设:在当前互联网环境下,各个图书馆都在进行物理馆藏的数字化。由于各个图书馆的资源存在重复,这样易造成数字资源的重复建设。国家图书馆在数字资源建设方面具有丰富的经验,将建设好的数字资源通过该系统分发给地方馆,这样就避免了各个地方馆再去建设,有效地避免了资源重复建设,节省了资金。

(2)丰富地方馆的数字馆藏:国家图书馆将特有的数字资源(比如甲骨、西夏文献、地方志等)通过该系统分发给地方图书馆保存和使用,一定程度上丰富了地方馆的数字馆藏。

(3)提升了国家图书馆服务质量:由于受到网络带宽、服务器性能等限制,大量用户都来国家图书馆网站检索、阅读数字资源,势必会造成网络拥堵,用户体验性差。现在将国家图书馆的数字资源分布部署在全国各地方馆,这样当地的用户就可以在本区域网络内访问,阅读速度将会大大提高。

下面将分别介绍基层资源分发与点播系统的业务流程、系统架构和运行特点等。

3 系统的业务流程

基层资源分发与点播系统由资源分发管理系统和资源发布系统组成,它们之间的关系如图1所示:

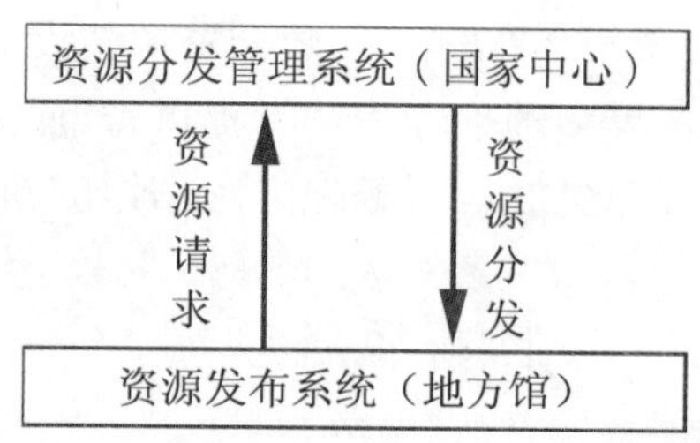

图1 子系统间关系图

资源分发管理系统是该系统的核心部分,部署在国家图书馆,负责接收地方馆的资源请求,审核请求资源的合法性,对审核通过后的资源进行加水印,将加完水印的对象数据和其相应的元数据封装成一个数据包,对这个数据包进行加密,最后通过网络下载或硬盘邮寄的方式将数据包分发给地方图书馆;资源发布系统部署在地方图书馆,负责将接收到的资源通过该平台发布出来,服务当地的读者。具体的业务流程如图2所示。

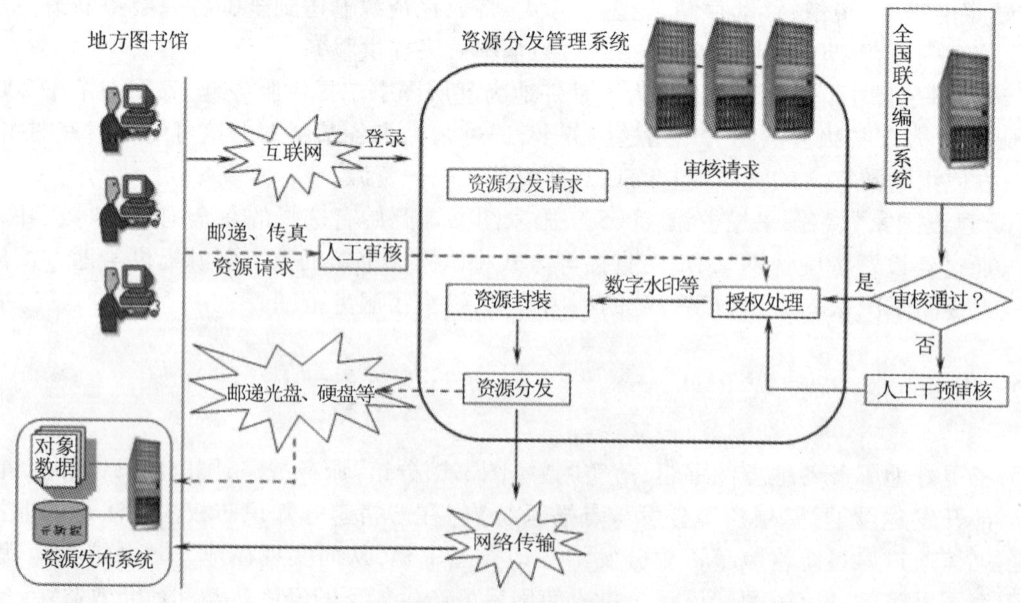

图2 国家数字图书馆基层资源分发与点播系统流程

从上图可以看出系统的处理流程主要分为以下五个方面：

(1)资源请求：地方馆通过互联网登录资源分发管理系统请求资源，若没有互联网环境，可通过邮递或传真的方式将要请求资源的清单发给国家图书馆。为了保护知识产权，各个地方馆请求的资源必须是其有物理馆藏的和已过版权保护期的资源。

(2)资源审核：资源审核分为人工审核和自动审核两种方式。人工审核是系统管理员针对地方馆提交的资源申请审核这些资源的有效性。在实际操作过程中，国家图书馆与各个地方馆签署使用协议，约定并承诺其馆藏中有这些提交的请求资源的物理馆藏；自动审核为系统平台将各地方图书馆发出的资源请求与“全国联合编目系统”挂接的方式进行审核，若在全国联合编目系统中能确认该图书馆拥有其发送的资源则审核通过，否则拒绝通过。另外，特殊情况下可以通过人工干预的方式将自动审核未通过的资源强制通过。

(3)授权处理：为了保证数字资源在传输和使用过程中的安全，防止数字资源被滥用，系统对通过审核资源的对象数据进行加水印，再将对象数据和其相应的元数据封装成一个数据包，然后对该数据包加密后分发给地方馆。

(4)资源分发：资源分发有网络下载和邮寄硬盘、光盘两种形式。网络下载是针对有互联网条件的地方馆，地方馆通过该系统提供的下载工具下载已完成加密封装的资源；若地方馆没有互联网条件，国家图书馆可将加密封装完的数字资源从系统中导出，通过硬盘或光盘的方式邮寄给地方馆。

(5)地方馆发布：地方馆接收到这些资源后，经过解密、解封装后导入网络版资源发布系统，该版本是基于 B/S 结构的，主要为规模较大、读者较多的地方馆使用的。另外为了满足较小规模图书馆的需求，系统提供了一套单机版的资源发布系统，它是一种简易的具备图书阅读、图片浏览和音视频播放功能的程序，不需要安装，能直接在 Microsoft Windows 环境中运行，能直接阅读浏览或观看光盘上的数字资源。

4　系统功能及架构

基层资源分发与点播系统由资源分发管理系统和资源发布系统两个子系统组成，下面分别介绍这两个子系统的功能及其系统架构。

4.1　资源分发管理系统

资源分发管理系统由数据层、业务逻辑层、后台管理层组成。数据层采用 oracle 数据库存储数字资源的元数据信息，采用 SAN 存储对象数据；业务逻辑层由用户认证、资源申报、资源审核、资源加水印加密封装、资源分发等主要功能模块组成；后台管理层主要负责用户管理、数据管理、日志统计。三层之间的逻辑关系如图 3 所示。

其中资源加水印、加密封装是系统实现的关键模块，该模块负责对用户请求的资源加双方图书馆标识、图书馆名、资源请求时间等明水印和暗水印信息，然后对这些资源加密封装，这些操作消耗大量系统资源。为保证加水印、加密封装的速度和效率，系统采用集群的方式即多台机器、每台机器上运行多个加水印加密封装线程来处理资源。

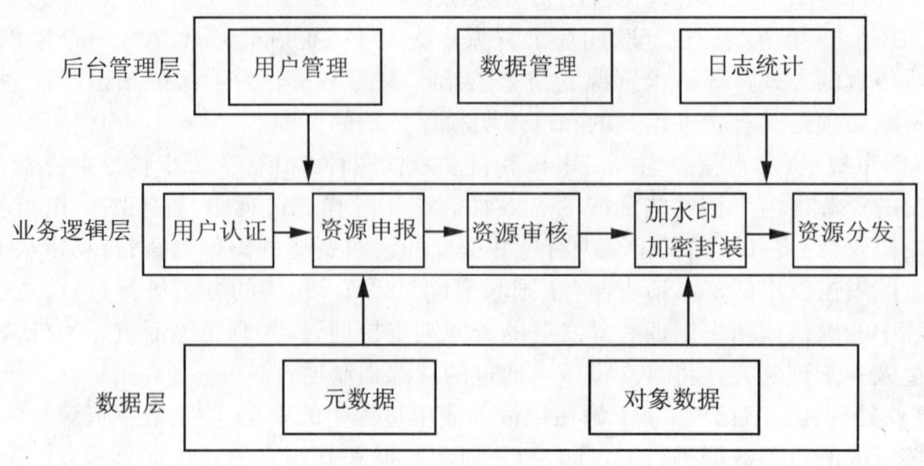

图3　资源分发管理系统逻辑结构图

4.2　资源发布系统

资源发布系统部署在各个地方馆,为了满足不同的地方馆需求,开发了资源发布系统网络版和单机版两个版本。

网络版资源发布系统的操作流程是:地方馆工作人员通过下载工具或硬盘/光盘邮寄的方式获得数字资源,然后将这些资源导入发布系统中,导入的过程中系统对数字资源要进行解封装,元数据、对象数据分别入库等操作。导入完成后,用户就可以查询、阅读这些数字资源。整个业务流程如图4所示。

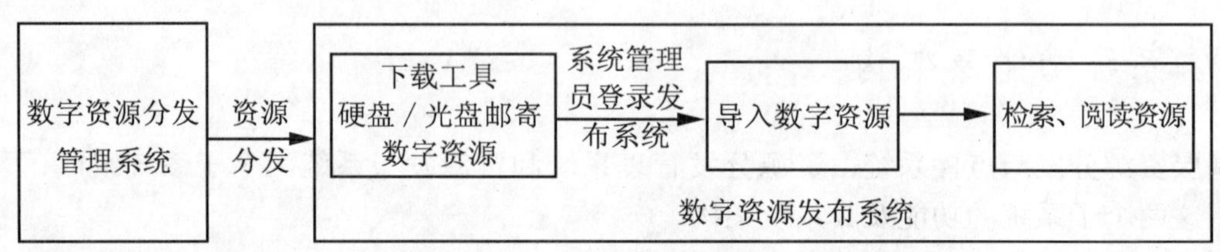

图4　资源发布系统网络版业务流程

单机版发布系统是将加密封装后的数字资源存储在光盘中,光盘放入光驱后程序可以自行启动,显示附在光盘中的文献资源列表,供用户选择浏览或观看。用户选择某种资源后,程序通过读取光盘中提供解密的密钥后自动解密该文献资源并显示(解密内容缓存到机器上,关闭程序之前自动清理缓存内容),供用户浏览或观看。

5　系统运行的特点

国家图书馆将数字资源下发给地方馆使用,为了避免在下发过程中应用系统和数字资源被滥用,系统在设计过程中,采用了多种措施来保护应用系统和数字资源的安全,具体措施如下：

5.1 实名制

地方馆必须使用实名注册该系统，注明馆名、联系人、联系电话等信息，国家图书馆工作人员将对其注册信息进行审核。只有审核成功后，地方馆才能登录系统进行资源申请等相关的操作。

5.2 数字水印

系统对审核通过的数字资源打上数字水印信息，包括在文档、图片及视频内容上标记版权信息、申请方和发送方地方馆的标识等可见水印，也包括隐含了版权信息、申请方和发送方图书馆标识、申请时间、封装时间、资源系统编号等信息的隐形水印。

5.3 非对称全文加密封装

系统对打上水印的数据封装成一个数据包（包括元数据和对象数据），然后对这个数据包进行加密，生成的公钥和私钥随数据包分发给地方馆。数据包下发到地方馆后，存储在服务器硬盘中时，是加密存储状态，仅在实际用户访问此资源时由应用系统即时对所访问资源在内存中解密使用，使用结束后，从内存中卸载相应数据，从而防止非法用户通过对服务器硬盘的直接访问获取解密后的数字资源。

5.4 系统控制

每个地方馆只能安装一套资源发布系统用来发布接收到的数据，为防止应用系统和数据被复制滥用，系统采用了如下的控制方法。

（1）在线实时与中心服务器校对：若地方馆有互联网环境，通过将地方馆资源发布系统服务器的硬件信息写入中心馆的系统中，中心馆每隔一定时间与地方馆校对硬件信息，若中心馆发现地方馆的硬件信息发生变更，则地方馆的服务中断，这样就保证了每个地方馆只能安装一套资源发布系统。

（2）离线采用硬件加密狗的方式实现控制：若地方馆无法通过互联网与中心馆进行硬件信息校对，则通过在地方馆的服务器上安装硬件加密狗的方式来实现。地方馆的资源发布系统在启动时自动检测加密狗，只有正确读取了加密狗中的信息后，资源发布系统才能启动起来。

5.5 另外系统实现了整合多种资源、主动分发资源的功能

（1）整合多种资源：系统整合了国家图书馆中文图书、博士论文、甲骨、地方志、音视频等14类自建特色资源，实现资源集中检索、请求、审核、加水印、封装、加密、分发等一系列流程。

（2）网络下载与系统主动分发：地方馆可以自行申请资源，经系统处理后通过系统提供的下载工具自行下载；中心馆也可以根据各个地方馆的特色主动将资源推送给他们，比如中心馆可以将儿童书籍资料主动推送给儿童图书馆等。

6 总结

基层资源分发与点播系统在国家图书馆与地方图书馆之间建立了一座资源沟通的桥梁，国家图书馆通过这座桥将海量的数字资源快速、高效的输送给地方图书馆，地方图书馆通过发布系统将这些资源展示出来，为当地的读者提供服务。

参考文献

1 国家图书馆. 国家数字图书馆基层资源服务系统业务需求书,2008

2 中华人民共和国著作权法. 北京:中国方正出版社,2004

3 李黎. 数字水印的发展简介——水印背景、算法及相关理论. 浙江大学 CAD&CG 国家重点实验室,2001